Inhaltsverzeichnis

Vorwort

Dieses Buch zur Didaktik und Methodik der Heilerziehungspflege wendet sich sowohl an den Lehrer als auch an die Studierenden. Es ist somit ein Handbuch für die Gestaltung des Unterrichts und gleichzeitig ein Arbeitsbuch für das selbstständige Tun bzw. Weiter-Lernen. Es stellt in seiner Struktur die Praxisfelder der Heilerziehungspflege in den Mittelpunkt des Interesses und leitet von ihnen Aufgaben und weiterführende Hinweise für das Lernen und Arbeiten ab. Auf einer theoretischen Grundlage werden Konzeptionen und Ansätze für die Gestaltung von heilerziehungspflegerischen Handlungsprozessen in unterschiedlichen Einrichtungen der Behindertenhilfe vorgestellt, analysiert und konkretisiert. In der Struktur der einzelnen Kapitel wird diese Grundidee wie folgt umgesetzt:

Nach einer kurzen Einleitung in die Thematik des Kapitels, zumeist mit einem Foto und handlungsleitenden Fragen hierzu, werden die theoretischen Bezüge und Zusammenhänge der jeweiligen Thematik vorgestellt. Hierbei handelt es sich um aktuelle oder wissenschaftstheoretisch anerkannte und fundierte Grundlegungen der einzelnen Themenfelder. Im Anschluss hieran werden Möglichkeiten der pragmatischen und methodischen Umsetzung der einzelnen Thematiken dargelegt. Es geht hierbei vor allem darum, die Realisationsmöglichkeiten der theoretischen Ansätze in und für die Praxis der Heilerziehungspflege zu überprüfen, bzw. vorzunehmen. Des Weiteren finden sich in den Kapiteln unterschiedliche Anregungen, welche die Thematik, häufig mit Fallbeispielen, Literaturtipps und Materialien, methodischen Konzepthinweisen u. Ä. weiter differenzieren und dem Studierenden die Möglichkeit geben, sich noch weiterführender mit den einzelnen Themen zu beschäftigen. Das Lehren und Lernen der Inhalte kann somit in und mit den Schritten „theoretische Begründung" – „konzeptionell-methodische Umsetzung" – „individuell-persönliche Reflexion" geplant und realisiert werden.

Der „Bausteincharakter" dieses Buches wird durch diese Gliederungssystematik ebenfalls deutlich: Alle Kapitel und Unterkapitel können hierdurch miteinander verknüpft werden. Zudem finden Verweise zwischen den einzelnen Punkten statt, sodass sowohl eine exemplarische als auch eine vernetzte Vorgehensweise bei der Bearbeitung der Themen möglich ist. In der Darstellung aller Themen und Kapitel finden sich viele und unterschiedlichste Fragestellungen, welche auf die Zusammenfassung oder Wiederholung der vorgestellten Inhalte ausgerichtet sind, eine Anwendung der Konzeptionen oder Themen verlangen und reflexive Prozesse bei den Studierenden ermöglichen.

Im Mittelpunkt dieser „Praxisorientierten Heilerziehungspflege" steht also die Praxis in zweierlei Hinsicht: zum einen in Form der vorgestellten Praxisfelder und -themen, zum anderen in der Art und Weise, wie diese praxisnah bearbeitet und vertieft werden können. So wird eine Einführung in die Didaktik und Methodik der Heilerziehungspflege möglich, welche aus der Praxis für die Praxis konzipiert und realisiert wurde.

1 Grundlagen

- *Wo werden Heilerziehungspfleger eingesetzt?*

- *Welche Bedeutung haben „Heilen" und „Pflegen" im erzieherischen Arbeitsfeld der Heilerziehungspflege?*

- *Wie werden die Praktika in der didaktischen/methodischen Ausbildung strukturiert? Wie sieht die Praktikumsanleitung aus? Welche Leistungsnachweise werden erwartet?*

Der Mensch

„Der Mensch entstammt der Wiege.
Zwischendurch lebt der Mensch in der Arbeit.
Wenn das Menschengeschlecht nicht arbeitet, kippt es in die Abgründe.
Arbeit erhält die Sinne steif.
Der Mensch braucht Wasser, Flut, Feuer, Licht und Finanzspritzen.
Der Mensch behaust überall, wo er hinkommt, das Erdreich.
Auf der Welt hat er seinen Ansitz.
Im Beichtstuhl tilgt der Mensch den Sündenfall.
Die Feuerwehr schützt die Leute vor der Brandursache.
Der Mensch futtert den Fresssack voll.
Eine wichtige Menschenerfindung ist das Erdbeben.
In der Not trinkt der Mensch aus dem Strohhalm.
Mit der Bahre sagt der Mensch dem Ableben adieu.
Nach dem Sterben kommt der Tod.“

(Paulmichl, 2001, S. 76)
Georg Paulmichl, geboren 1960, lebt in Prad in Südtirol. Dort arbeitet er in der Werkstatt für behinderte Menschen. Seit mehr als 20 Jahren schreibt und malt er. Von und über ihn sind bereits mehrere Bücher mit Texten, Bildern und Briefen erschienen.

Ich habe hier viele Freiheiten, aber andererseits

„Stellen Sie sich mal vor, Sie wären erwachsen. Und ein anderer Mensch kommt auf Sie zu und sagt Ihnen, wann Sie abends zu Hause sein und zu Bett gehen sollen. Bei der Arbeit fordert Sie eine Person auf, die jünger ist als Sie es sind, zur Toilette zu gehen, obwohl Sie gar nicht müssen, und bleibt dann vor der WC-Tür stehen. Und wieder eine andere Person sagt Ihnen, wo Sie demnächst wohnen werden und mit wem, und dass es leider nicht anders geht, und dass nun alle gemeinsam einen schönen Spaziergang machen werden.

In Freiheit leben und sich entwickeln können ist ein unveräußerliches Recht. Freiheit findet ihre Grenzen dort, wo sie diejenige des anderen Menschen berührt. Aber besonders eingeschränkt ist sie, wenn Menschen ständig unter Aufsicht und Betreuung sind. Zwar sind die Zeiten des rigiden Anstaltslebens vorbei und der Gesetzgeber hat mit der Abschaffung des Begriffs „Vormundschaft“ ein Signal gesetzt. Aber es bleibt dabei: Wo Menschen mit geistiger Behinderung in Einrichtungen begleitet werden, entscheiden permanent berufliche Helfer über ihr Leben, und zwar in großen wie in kleinen Angelegenheiten. Zu rechtfertigen sind solche Eingriffe nur, wenn sie damit begründet werden können, dass ein gutes Leben für den betroffenen Menschen anders nicht möglich ist, jedenfalls nicht unter den gegebenen Umständen.“

(Haus Hall, 2001, o. S.)

„Keine Scheu vor Körperkontakt"

„Gisela Becker, Heilerziehungspflegerin im Familienentlastenden Dienst, blickt zurück:

Schon als Jugendliche wusste ich: Ich möchte gerne mit Menschen arbeiten. Ich komme aus der ehemaligen DDR, und damals gab es bei uns die Ausbildung zur Sprechstundenschwester, zu der ich mich entschloss.

In diesem Beruf arbeitete ich mit großer Freude und war unter anderem in den Bereichen Gynäkologie, Schwangeren- und Eheberatung tätig sowie in der Psychiatrischen Ambulanz und in der Pädiatrie. Schon hier war ich mit dem Thema Behinderung konfrontiert, wenn es zum Beispiel darum ging, Eltern mitzuteilen, dass sie ein behindertes Kind bekommen haben. Das hat mich sehr berührt.

Ich engagierte mich in der Lebenshilfe, was den Anstoß für meine spätere Berufswahl gab. Ich bereitete die Eröffnung eines Familienentlastenden Dienstes in Altenburg vor, den ich heute leite. Ich machte etliche Fortbildungslehrgänge und dann eine berufsbegleitende Ausbildung zur Heilerziehungspflegerin.

In meiner praktischen Arbeit geht es darum, die Eltern zu entlasten, ihre Kinder stundenweise zu betreuen, ihnen mit Rat und Tat zur Seite zu stehen. Mein Tätigkeitsspektrum umfasst: Betreuung, Vorbereitung zur Aufnahme in andere Einrichtungen, pflegerische Hilfen, Unterstützung bei Fördermaßnahmen und Therapien, Freizeitgestaltung, Assistenzleistungen, Krisenintervention.

Die Tätigkeit in unserem Dienst erfordert hohe Flexibilität und Einsatzbereitschaft, auch an Sonn- und Feiertagen. Sie schafft bei guter Zeitplanung aber auch Freiräume, da unsere Arbeitszeiten nicht so starr sind. Man wächst an den vielseitigen Anforderungen. Die Dankbarkeit und Freude der Eltern und Kinder entschädigt für manche Überlastungssituation.

Der direkte Kontakt zu behinderten Menschen und das Kennenlernen familiärer Problematiken hinterlässt Spuren und führt zu lebenslangem Lernen und Reflektieren eigener Handlungen. Berufsanfängern würde ich zu einem Praktikum vor der Ausbildung raten, um sich mit den Anforderungen in der Behindertenarbeit vertraut zu machen.

Um den Beruf der Heilerziehungspflegerin oder des Heilerziehungspflegers auszuüben, ist sowohl eine berufsbegleitende als auch eine berufliche Grundausbildung an einer Fachschule möglich. (Zugangsvoraussetzungen und Ausbildungswege sind in den einzelnen Bundesländern unterschiedlich.)

Voraussetzung für diese Arbeit: keine Scheu vor Körperkontakt – auch nicht im Intimbereich."

(Bundesvereinigung Lebenshilfe, 1999, S. 27–28)

Aufgaben

1. Wie gefällt Ihnen der Text von Georg Paulmichl? Wo erkennen Sie sich selbst und Ihr eigenes Leben wieder? Übrigens erfahren Sie mehr über den Autor im Internet: www.georgpaulmichl.com

2. Sie werden im ersten Absatz von „Viele Freiheiten ..." aufgefordert, sich einige Sachverhalte vorzustellen. Tun Sie es.
   Im zweiten Absatz werden diese Sachverhalte begründet. Können Sie es nachvollziehen und akzeptieren? Falls nicht: Welche anderen Begründungen fallen Ihnen ein?

3. Frau Becker (siehe: „Keine Scheu vor Körperkontakt") arbeitet als Heilerziehungspflegerin ein einem Familienentlastenden oder Familienunterstützenden Dienst. Was ist das und welche Tätigkeiten übt sie dort aus? Warum darf sie keine Scheu vor Körperkontakt haben?

„Der lange Marsch hat begonnen"

„Man ist nicht behindert, man wird es. Erst der Vergleich mit anderen und die hierdurch geweckte Erkenntnis von Defiziten lässt uns Behinderung als Benachteiligung empfinden. Zu Recht spricht daher das Grundgesetz nicht vom Benachteiligtsein, sondern vom Benachteiligtwerden. Unser eigentliches Problem ist weniger unsere Behinderung als unsere nicht behinderte Umwelt. Sie reduziert uns auf unsere Schwächen, sie gestaltet unser Umfeld nach Maßstäben, die keine Rücksicht auf unsere Bedürfnisse nehmen, sie zwingt uns Normen auf, denen wir nicht entsprechen können.

Wären wir Betroffene unter uns, bräuchten wir vermutlich kein Benachteiligungsverbot. Nicht dass Menschen mit einer Behinderung bessere Menschen wären, doch die Erfahrung eigener Begrenztheit, die wir tagtäglich zu machen gezwungen sind, lässt uns vielleicht toleranter, verständnisvoller als andere sein. (...) Was heute behinderten Bürgern geschieht, kann morgen schon auf andere Gruppen der Bevölkerung übertragen werden. Zwar hört man bei Festreden und ähnlichen Anlässen immer wieder das geflügelte Wort: „Wir sind alle behindert." Nur in den seltensten Fällen steht hinter dieser Aussage jedoch ein tatsächliches Begreifen der Situation. Meist dient sie als Trostpflästerchen, um eigene Nichtbetroffenheit zu überspielen.

Sich ernsthaft mit uns, den behinderten Gliedern der Gesellschaft, zu solidarisieren, hieße, unsere Anliegen nicht als Anliegen einer separaten Gruppe zu verstehen, sondern die Verletzung unserer Würde bewusst als Verletzung der eigenen Würde zu erkennen."

(Radtke, 1997, S. 252 ff.)

Aufgaben

1. Was will Peter Radtke mit seinen Anmerkungen „Man ist nicht behindert, man wird es" und „unser eigentliches Problem ist weniger unsere Behinderung als unsere nicht behinderte Umwelt" zum Ausdruck bringen? Welche Meinung haben Sie dazu?

2. Warum ist für Peter Radtke die Bemerkung „Wir sind alle behindert" eine Anmaßung Nichtbetroffener? Können Sie seine Ansicht nachvollziehen und akzeptieren? Reden Sie in einer kleinen Gruppe darüber. Finden Sie Gemeinsamkeiten und Unterschiede in ihren Standpunkten.

Gedicht aus der Wanderausstellung „Mit Schwung ins volle Leben"; Behinderten-Sportverband NRW:

Normal

„Lisa ist zu groß
Anna zu klein
Daniel zu dick
Emil zu dünn
Fritz ist zu verschlossen
Flora ist zu offen
Cornelia ist zu schön
Erwin ist zu hässlich
Hans ist zu dumm
Traudel ist zu alt
Theo ist zu jung

Jeder ist irgendetwas zu viel
Jeder ist irgendetwas zu wenig
Jeder ist irgendwie nicht normal

Ist hier jemand,
der ganz normal ist?
Nein, hier ist niemand,
der ganz normal ist.

Das ist normal."

(Landschaftsverband Westfalen-Lippe (Hrsg.), 2003, S. 104)

Aufgaben

1. *Was bedeutet Ihres Erachtens „normal"?*
   Und was bedeutet Ihres Erachtens dann das Gegenteil von normal?

2. *Was ist für Sie ein normaler Mensch? Was charakterisiert ihn?*

3. *Wenn jeder Mensch „besonders" ist – gibt es dann überhaupt „normale" Menschen?*

Assistenten als Fürsprecher

Häufig haben Menschen mit geistiger Behinderung Schwierigkeiten, ihre Situation oder Lebensperspektive zu überschauen und zu antizipieren sowie Normen, die an sie herangetragen werden, kritisch zu reflektieren.

Gerade bei Menschen mit schwerer geistiger Behinderung muss der Assistent oftmals stellvertretend (Ich-stützend und advokatorisch) entscheiden, handeln und Lebenszukunft planen.

Aufgabe einer persönlichen Assistenz wäre in dem Falle, eine Fürsprecherfunktion zu übernehmen und individuelle Übersetzungs- und Meinungshilfe zu leisten. Eine solche Interessenvertretung muss eindeutig und authentisch sein und hat die Vorstellungen, Entscheidungen oder Lebensentwürfe des Betroffenen zu respektieren.

(Theunissen/Hoffmann, 1999, S. 9)

Aufgabe

Was sagen Sie zu der Überlegung, dass man als Heilerziehungspfleger „Anwalt" bzw. „Advokat" des Menschen mit Behinderung sein soll? Was gefällt, was missfällt Ihnen daran? Diskutieren Sie im Klassenverband gegensätzliche Ansichten dazu.

1.1 Geschichte der Heilerziehungspflege

Der Begriff „Heilerziehungspfleger" wurde erstmals 1957 als Berufsbezeichnung für Mitarbeiter in einer konfessionellen, stationären Einrichtung, in der Menschen mit Behinderungen leben und arbeiten, benutzt. Bis dahin waren vor allem Mitarbeiterinnen mit karitativem bzw. diakonischem Lebenshintergrund in der Heimbetreuung von Menschen mit Behinderung tätig. Neben diesen engagierten kirchlichen Mitarbeitern mangelte es an sozialpädagogisch ausgebildeten Betreuungskräften. Häufig wurden ungelernte Kräfte eingesetzt, um so die umfassenden Aufgaben in den großen Einrichtungen meistern zu können.

Ungefähr zur gleichen Zeit schafften sich Elterninitiativen behinderter Kinder Gehör. Im Jahre 1958 bildete sich der Verein „Lebenshilfe für das geistig behinderte Kind". Die bundesweite Organisation wuchs innerhalb kürzester Zeit zu einer großen Vereinigung, die eine Vielzahl von Verbesserungen für das Leben von Menschen mit geistiger Behinderung bewirken konnte. Zu den sozialpolitischen Verbesserungsvorschlägen zählten auch Forderungen nach modernen Formen der erzieherischen Behindertenfürsorge.

Eine professionelle Ausbildung auf sozialpädagogischer Grundlage mit pflegerischen Elementen wurde 1971 erstmals in einigen Bundesländern (Baden-Württemberg, Bayern und Niedersachsen) staatlich anerkannt. Die Berufsbezeichnung lautete „Staatl. anerk. Heilerziehungspfleger" und kann seitdem verglichen werden mit anderen Ausbildungen für Fachkräfte in der beruflichen Arbeit für Menschen mit Behinderungen.

Heute ist die Ausbildung in allen Bundesländern geregelt und staatlich anerkannt. Die Ausbildungszeit beträgt in der Regel drei Jahre. Die ausbildenden Schulen können sich über Landesarbeitsgemeinschaften (LAG-HEP) und eine Bundesarbeitsgemeinschaft (BAG-HEP) über die Ausbildungsneuerungen und Entwicklungen in den Regionen austauschen. So gibt es z.B. in NRW ungefähr 45, in Sachsen 30, in Niedersachsen 20 Ausbildungsstätten (Stand: Dezember 2008).

Der Begriff des Heilens hat eine lange Tradition in der erzieherischen Arbeit für Menschen, die im heutigen Sinne behindert sind. Eine ausschließlich medizinische Sichtweise des Gebrechens, das mit medizinischen Mitteln „geheilt" werden sollte, führte bereits früh an unüberwindbare Grenzen. Später glaubte man, mit erzieherischen Mitteln in bestimmten Fällen ebenfalls einen Beitrag zur „Heilung" eines Menschen leisten zu können. Damit übertrug man eine medizinische Vorstellung vom Heilen einer Behinderung in den Erziehungsalltag. Die enge Verknüpfung von Medizin und Pädagogik zeigte sich im gesamten System der Fürsorge für Menschen mit Behinderungen: stationärer Lebensalltag, große Einrichtungen, Ärzte und Pädagoginnen/Lehrerinnen in Leitungsfunktionen usw.

Heutzutage wird „Heilen" in der erzieherischen Arbeit für Menschen mit Behinderungen anders, und zwar im übertragenen Sinne interpretiert: „Heil" wird nicht im Sinne von Unversehrtheit und Gesundheit verstanden, sondern als menschliche Befindlichkeit: So gesehen bedeutet „Heil sein" Wohlbefinden, Geborgenheit und Sicherheit trotz Entwicklungsgefährdungen oder Entwicklungsstörungen durch Behinderungen. Damit bezieht sich „Heilen" auf die Gesamtheit der Lebensumstände und damit auf die allgemeine Sinnerfüllung des Lebens eines zu betreuenden Menschen mit Behinderung.

Aufgaben

Der Begriff des „Heilens" ist nicht unumstritten, denn schließlich wurden z.B. zur Zeit des Nationalsozialismus in sogenannten „Heilanstalten" unzählig viele Menschen ermordet. Urs Haeberlin, ein bekannter Schweizer Fachautor, bemerkt dazu:

> Es gehörte zu den festen Überzeugungen der Nationalsozialisten, dass ihr Auftrag die Heilung der Welt sei, und zwar Heilung durch Vernichtung der Schwachen, Kranken, Gebrechlichen.
>
> (...) Wir wissen heute, dass ab 1939 bis zum Kriegsende rassenhygienische Kindervernichtungen durchgeführt wurden, wovon viele tausend behinderte Kinder erfasst wurden. Die Amtsdeutsche Umschreibung des Tötungsvorganges war der Begriff „Behandlung"; sie wurden in speziellen „Kinderfachabteilungen" durchgeführt. Diese „Kinderfachabteilungen" wurden schließlich sogar in „Heilanstalten" umbenannt(!) (...). Dieser Blick in die Vergangenheit stimmt uns nachdenklich. Wenn wir daraus für die Zukunft lernen wollen, dann ist es folgendes: Wandlungen und Tendenzen in den Berufsfeldern der Heilpädagogen hängen auch und vielleicht in erster Linie von gesellschaftlichen Wandlungen und Tendenzen ab. Dies bedeutet: Der Heilpädagoge wird in Zukunft stets ein wachsamer Bürger sein müssen, welcher behindertenfeindliche Wandlungen und Tendenzen in der Gesellschaft erkennen und verhindern muss.

(Haeberlin, Allgemeine Heilpädagogik, 1985, S. 56)

1. Können Sie Haeberlins Standpunkt nachvollziehen? Wie stehen Sie dazu? Kann der an sich wirklich schöne, positive Ausdruck des „Heilens" wirklich noch in der Erziehung angewandt werden?

2. Welche Meinung haben Sie zu anderen Begriffen, die sich jedoch nicht durchgesetzt haben, z.B. „Sondererziehung", „spezielle Erziehung" oder „Rehabilitationspädagogik"?

1.2 Der Behinderungsbegriff

In „Haus Hall"

Für ein Formel-1-Rennen würde Jens Schulte mitten in der Nacht aufstehen. Aber wenn es morgens regnet, ist er kaum aus dem Bett zu locken. Florian Pasekamp wird ganz hektisch, wenn man ihn auf einen Fehler hinweist. Seit seinem Unfall arbeitet er in der WfB.

Paula Settrup humpelt, solange man sie kennt. Musik ist ihr Leben. Anne Frohmann spricht nicht mit Worten, sondern mit den Augen. Sie braucht Hilfe, um eine Treppe gehen zu können. Karin Menge schlägt sich selbst, wenn etwas sie sehr beunruhigt. Leidenschaftlich sammelt sie alles, was sich im Wind bewegt. Carola Wiedmann ist in vielen Dingen langsamer als die Kinder in ihrer Straße. Und mir hat der Augenarzt schon wieder stärkere Gläser verschrieben.

Jeder von uns ist ein einmaliges Geschöpf. Mit Stärken und Eigenarten. Viele von uns mit Besonderheiten, die auffallen, für Gesprächsstoff sorgen, Interesse oder Ablehnung auslösen. Manchmal sind es Besonderheiten, die einschränkend sind und deren Folgen vielleicht das ganze Leben prägen – in den Zustand der Behinderung hinein. Jeder zehnte Deutsche, sagen die Statistiker, ist behindert. Und jeder von uns könnte schon morgen betroffen sein.

Auslöser für Behinderungen gibt es viele. Aber behindert ist man nicht nur einfach so, man wird es auch durch die Lebensumstände. Zum Beispiel durch eine unpassende Wohnung. Oder durch einen Mangel an Lernmöglichkeiten. Durch vereiste Gehwege oder die Hindernisse der Bürokratie. Behindert durch ein Leben ohne Liebe, den schlechten Rollstuhl, falsche Ernährung, die Menschen in der Umgebung.

Unbehindert leben und arbeiten können ist unser Ziel – zwischen Menschen mit vielen Eigenarten in einem Umfeld ohne Hindernisse. Manche Menschen leben hier in Haus Hall unbehinderter als anderswo. Allerdings: Wir können nicht allen Menschen geben, was sie brauchen. Manchmal misslingt uns auch, was wir uns mit ihnen vorgenommen haben. Und manche Behinderung produziert die Einrichtung selbst.

Zum Glück liegen gute und schlechte Erlebnisse nebeneinander. Gestern noch die misslungene Teambesprechung. Dann der Jux im Schwimmbad, als Alfons Moormann unfreiwillig mit ins Wasser ging. Und Eva Kattenbohm: Sie ist morgens schon beim Wecken ansteckend fröhlich, auch wenn sie es am Vorabend wieder mal geschafft hatte, das gemeinsame Abendessen völlig durcheinanderzubringen.

(Haus Hall, 2001, o. S.)

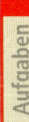

Aufgaben

1. *Im Text heißt es: „Wir können nicht allen Menschen geben, was sie brauchen." Wie ist diese These hier gemeint? Welche Erfahrung haben Sie selbst in diesem Zusammenhang schon gemacht? Kommen Sie im Klassenverband miteinander ins Gespräch.*

2. *„Manche Behinderung produziert die Einrichtung selbst" – was könnte damit gemeint sein?*

Beispiel

Mareike Senden, 44 Jahre alt

Mareike Senden ist es immer noch nicht möglich, sich an Teile ihres Lebens zu erinnern. Vor zehn Jahren bekam sie einen Hirnschlag und fiel für Monate ins Koma. Der Hirnschlag war wahrscheinlich Folge einer massiven Trunksucht. Zurück blieben schwere hirnorganische Schäden, die es ihr auch heute noch erschweren, den Alltag zu gestalten. Sie lebt nun in einem Wohnhaus für Menschen mit Behinderung. Ihr Ziel für die nahe Zukunft wird es sein, ein wenig selbstständiger zu werden, um später einmal in einer eigenen Wohnung leben zu können.

Nach dem Schlaganfall lebte Mareike Senden noch sechs Monate im Krankenhaus. Nachdem sich ihr Zustand stabilisiert hatte, zog sie in ein Pflegeheim. Dort verbrachte sie die nächsten sechs Jahre. In dieser Zeit erlernte Mareike Senden mühsam wieder das Sprechen, das Gehen und einige andere alltägliche Verrichtungen. Dennoch fällt es ihr sehr schwer, Zusammenhänge zu begreifen. In vielen Bereichen des Lebens wird Mareike Senden stets auf die Hilfe anderer Menschen angewiesen bleiben. Die Erinnerung kam Mareike ein wenig wieder zurück, aber immer noch gibt es große Lücken. So erinnert sie sich kaum an ihre Kindheit. Und was in den Monaten vor dem Schlaganfall in ihrem Leben geschah, davon weiß Mareike Senden überhaupt nichts mehr. Ihr Leben hat sich radikal verändert.

Viele Menschen hatten sich von Mareike Senden aufgrund der erkennbaren Suchtproblematik bereits vor dem Hirnschlag abgewandt. Danach gab es überhaupt keine Kontakte mehr zu früheren Verwandten und Bekannten. Ihre jetzigen Freunde lernte Mareike Senden in einem Heim für geistig- und mehrfach behinderte Menschen und in der dortigen Werkstatt für Menschen mit Behinderungen kennen. Dort lebt und arbeitet sie seit vier Jahren.

Mareike hat ihr Leben mit Behinderung akzeptiert. Sie hat einen gesetzlichen Betreuer, der sich zum Beispiel um finanzielle Angelegenheiten kümmert, und sie wird täglich von Menschen assistiert, die das beruflich machen und dafür bezahlt werden.

Aufgaben

1. *In welchen Bereichen des täglichen Lebens wird Mareike Senden behindert bleiben? Stellen Sie Mutmaßungen an.*

2. *Was ist ein „gesetzlicher Betreuer" und welche Aufgaben kann dieser für einen Menschen mit Behinderungen übernehmen? Informieren Sie sich.*

3. *Wer könnte sich mittlerweile beruflich um Mareike Senden kümmern? Welche Aufgabenschwerpunkte könnte es geben?*

Im Grundgesetz

Im Zuge der Verfassungsreform von 1994 wurde der Grundrechtskatalog der bundesrepublikanischen Verfassung um ein Diskriminierungsverbot für Menschen mit Behinderungen erweitert. Zu den vorhandenen Aussagen in GG Art. 3.3, dass niemand wegen seines Geschlechts, seiner Abstammung, seiner Rasse usw. benachteiligt oder bevorzugt werden dürfe, wurde ein zweiter Satz hinzugefügt mit dem Inhalt, dass niemand wegen seiner Behinderung benachteiligt werden dürfe. Damit wurde die Integration von Menschen mit Behinderungen zum ersten Male ausdrücklich in eine deutsche Verfassung aufgenommen. Dass dies gerade im Zusammenhang der Grundrechte geschehen ist, unterstreicht die Bedeutung dieser Aussage.

Von einigen Seiten wurde die Aufnahme einer solchen Formulierung eines Benachteiligungsschutzes für Menschen mit Behinderungen in das Grundgesetz nicht als Fortschritt angesehen, vielmehr fand man es bemerkenswert, dass damit etwas, was eigentlich selbstverständlich sein sollte, einer besonderen Kodifizierung bedürfe.

Bei den Beratungen in der Gemeinsamen Kommission aus Bundestag und Bundesrat zur Verfassungsreform wurde deutlich, dass die Integration von Menschen mit Behinderungen und ihr Schutz vor Benachteiligung von einem breiten Konsens getragen wurde. Für ein Benachteiligungsverbot sprach sich eine klare Mehrheit der Kommissionsmitglieder aus, aber die erforderliche Zwei-Drittel-Mehrheit für eine Empfehlung der Verfassungskommission wurde verfehlt. Ein entsprechender Passus wurde dennoch in das Reformpaket zur Verfassungsänderung aufgenommen und von Bundestag und Bundesrat später mit verfassungsändernder Mehrheit beschlossen. Dabei wählte man nicht den Weg, einfach den bisherigen Grundrechte-Katalog zu erweitern, sondern man beschloss ein spezielles Diskriminierungsverbot zugunsten von Menschen mit Behinderungen mit einer eigenen Formulierung, wie sie sich jetzt in GG Art. 3, Abs. 3, Satz 2 findet:

Niemand darf wegen seiner Behinderung benachteiligt werden.

(in: Möckel/Adam/Adam, 1999, S. 213)

Aber immer noch gibt es überall im Alltagsleben und in den Köpfen Nichtbehinderter Hindernisse, die weder durch Gesetze noch durch gute Worte aus der Welt zu schaffen sind.

- Wer im Rollstuhl sitzt, dem bleiben Treppen unüberwindbar.
- Wer blind ist, wird überall im Straßenverkehr auf Hindernisse stoßen.
- Wer geistig behindert ist, wird nie einen Beruf ausüben können, der Reichtum und gesellschaftlich hohes Ansehen verspricht.
- Wer in einem großen Wohnheim lebt, ist häufig gezwungen, zentralversorgende Dienste in Anspruch zu nehmen statt selbst über alltägliche Dinge bestimmen zu dürfen (z. B. Essen aus der Großküche statt selbstbestimmte Essenswahl, Zentraleinkauf von Kleidung oder Möbelstücken statt Auswahl nach eigenem Geschmack und Vermögen).

Was der schillernde Begriff „Behinderung" theoretisch bedeutet, dazu können Interessierte je nach angefragter Wissenschaftsdisziplin viele verschiedene Antworten bekommen. Medizin, Soziologie, Psychologie und natürlich auch die Pädagogik liefern Definitionen. In der heilerziehungspflegerischen Didaktik/Methodik wird der Praxis ein stärkeres Gewicht gegeben und daher gibt es statt einer weiteren Definition Meinungen von Betroffenen. Die Statements dieser „Spezialisten in eigener Sache" bieten die Chance zu einem ungeschönten Blick auf die Lebensgestaltung und Alltagsbewältigung der Menschen, mit denen zukünftige Heilerziehungspfleger täglich zu tun haben werden.

Eine unkommentierte Auswahl:

„Eine Behinderung ist jede Maßnahme, Struktur oder Verhaltensweise, die Menschen mit Beeinträchtigungen Lebensmöglichkeiten nimmt, beschränkt oder erschwert", **so definiert es das Forum behinderter Juristinnen und Juristen in der BRD 1995.**

Behinderte

Die Welt braucht keine behinderten Menschen.
Aber da sind sie trotzdem.
Mit Geburtsgebrechen hat Jesus die Behinderten in die Welt geschickt.
In der Behindertenwerkstätte basteln sie Korbgeflechte.
Die Dorfbewohner sind froh, wenn sie keine Gehinderten zu Gesicht kriegen.

Bei der Opfermesse singen sie die falsche Tonleiter.
Im Neubau der Behindertenwerkstätte wird das Leben eingeübt.
Die Betreuer sind streng und voller Ungeduld.
Die Körperbehinderten sind in den Rollstuhlsitz integriert.
Ob sie im Himmel Einlass finden, weiß nur der liebe Gott.

(Der selbst geistig behinderte Georg Paulmichl, 2001, S. 50)

„Als neuester Ausweg wird nun die Formulierung ‚behinderte Menschen' als Ersatz für ‚Behinderte' gebraucht. Es soll deutlich gemacht werden, dass Behinderte auch andere Eigenschaften haben. Der stets angeführte Zusatz, wir seien doch zuerst Menschen und dann Behinderte, verschleiert aber die Tatsache, dass wir in allen wesentlichen Lebensbereichen durch unsere Behinderung festgelegt und definiert werden. Was wir auch tun und wohin wir auch ausweichen, unsere Behinderung ist immer schon da."

So formuliert es Lothar Sandfort (1993, S. 75 f.), Autor verschiedener Bücher zum Thema und als Querschnittsgelähmter selbst Betroffener.

„Stottern behindert, aber nur beim Sprechen."
„Geistig behindert ist auch normal."
„Behindert ist man nicht. Behindert wird man."
„Sie behindern mich."
„Gesucht wird: Der perfekte Mensch. Schön. Erfolgreich. Intelligent. Sportlich. Humorvoll. Erfahren. Erotisch. Charmant. Behindert?"

Diese Aussagen konnte man 1997 überall in Deutschland auf großen Plakaten oder kleinen Aufklebern lesen. Sie stammen von der „Aktion Grundgesetz", einer Kampagne, bei der auch zahlreiche Selbsthilfeverbände behinderter Menschen mitgearbeitet haben.

Aufgaben

1. Wie sind Ihre ersten, spontanen Eindrücke? (Erschreckend? Humorvoll? Witzig? Überraschend? ...) Halten Sie je ein oder zwei Worte zu jedem Zitat kurz schriftlich fest. Stellen Sie Ihre Aufzeichnungen in einer kleinen Gruppe vor und vergleichen Sie sie miteinander.

2. Welche Erfahrung behinderter Menschen könnten mit den Zitaten verbunden werden? Stellen Sie Vermutungen an – „erfinden" Sie etwas.

3. Was könnte man als zukünftiger Heilerziehungspfleger aus den Zitaten lernen? Sprechen Sie im Klassenverband darüber.

1.3 Berufsbild und Tätigkeitsfelder

Menschen mit Behinderungen haben Anspruch auf Unterstützung durch ausgebildete Fachleute, um gleichberechtigt und möglichst selbstbestimmt am gesellschaftlichen Leben teilhaben zu können. Heilerziehungspflegerinnen und Heilerziehungspfleger sind Fachkräfte im Bereich des Sozial- und Gesundheitswesens, die erzieherische und pflegerische Kompetenzen haben. Zu ihren fachlich unterstützenden Aufgaben gehören Assistenz, Beratung und Begleitung von Menschen mit Behinderungen jedes Alters und mit allen Behinderungsformen. Die Bandbreite der beruflichen Anforderungen reicht von einer klientenbezogenen punktuellen Unterstützung in genau definierten Aufgabenstellungen bis hin zur dauerhaften Lebensbegleitung und pflegerischen Betreuung.

Pflege wird verstanden als integraler Bestandteil heilerziehungspflegerischen Handelns. Heilerziehungspflegerinnen und Heilerziehungspfleger ermitteln den Pflegebedarf und gehen dabei von den Fähigkeiten und Bedürfnissen des Menschen mit Behinderung aus. Pflege wird ganzheitlich verstanden und gestaltet. Emotionale und somatische Bedürfnisse des zu pflegenden Menschen gilt es dabei zu berücksichtigen. Dieses ganzheitliche Pflegeverständnis umfasst sowohl eigenständiges und eigenverantwortliches Pflegehandeln, als auch koordinierendes und interdisziplinäres Arbeiten. Diese Gestaltung und Durchführung der Pflege ist ein Prozess, der stetige Aufmerksamkeit und damit professionelle Pflegekompetenz erfordert.

Die heilerziehungspflegerischen Handlungsfelder erstrecken sich auf die gesamte Lebenswelt des Menschen mit Behinderung:
- Unterstützung im Bereich Wohnen durch Hilfen bei der Auswahl einer gewünschten Wohnform und bei der Bewältigung des Wohnalltags
- Assistenz und Beratung im Arbeitsleben
- Anregungen und Unterstützung bei der Freizeitgestaltung
- Initiierung, Begleitung und Förderung von Lernprozessen in jedem Lebensalter

Die Fachlichkeit von Heilerziehungspflegerinnen und Heilerziehungspflegern zeigt sich durch die folgenden Fähigkeiten:
- Ermittlung des Hilfebedarfs eines Menschen mit Behinderung
- Ressourcen, und Fähigkeiten eines Menschen mit Behinderung stärken
- Bei der Interessensvertretung und Interessenswahrnehmung eines Menschen mit Behinderung helfend unterstützen
- Wichtige Situationen und Geschehnisse des Menschen mit Behinderung erkennen und Rat geben
- Den gesetzlichen Betreuer und andere wichtige Menschen im sozialen Umfeld des Menschen mit Behinderung beraten und unterstützen
- Heilerziehungspflegerische Maßnahmen planen, durchführen, nachbereiten und auswerten
- Im Team und teamübergreifend mit anderen Fachkräften zusammenarbeiten
- Leistungen von Dritten für den Menschen mit Behinderung koordinieren und überprüfen
- Die Einhaltung oder Weiterentwicklung von Standards gewährleisten
- Betriebswirtschaftliche Zusammenhänge der sozialen Dienstleistungsunternehmen berücksichtigen

Aufgaben

1 *Was bedeutet der Begriff „gleichberechtigt" ganz allgemein? Was bedeutet er in Ihrem Leben? Was könnte er für einen Menschen mit Behinderung bedeuten?*

2. *Was bedeutet „selbstbestimmt"? Wodurch ist ein „selbstbestimmtes Leben" gekennzeichnet? Wo zeigt sich in Ihrem Leben Selbstbestimmung? In welchen Bereichen fühlen Sie sich noch nicht genügend selbstbestimmt?*

3. *Das Gegenteil von Selbstbestimmung ist Fremdbestimmung. Ist Fremdbestimmung stets etwas Negatives? Begründen Sie ihre Meinung.*

4. *„Fachkräfte" – Was bedeutet das?*

5. *Was zählt in Deutschland zum Bereich des „Sozial- und Gesundheitswesens"?*

6. *Was bedeutet „Assistenz" ganz allgemein? In den letzten Jahren ist der Begriff Assistenz zu einem Schlüsselbegriff in der Arbeit für Menschen mit Behinderungen geworden. Warum? Sammeln Sie Informationen dazu.*

7. *Was unterscheidet „Beratung" von „Begleitung" – und in welchen Situationen ist sich beides sehr ähnlich? Finden Sie Beispiele.*

8. *Was versteht man unter einem „Klienten"? Warum ist der Begriff Klient auch in der Arbeit für Menschen mit Behinderungen ein passender Begriff?*

9. Was ist „Ganzheitlichkeit" im pädagogischen Sinne?

10. Was könnten „punktuelle Unterstützungen" für einen Menschen mit Behinderungen sein? Sammeln Sie in kurzen Beschreibungen einige Beispiele und sortieren Sie diese nach einer selbstgewählten Einteilung.

11. Was könnte „fachlich koordinierendes Handeln" einer Heilerziehungspflegerin sein? Finden Sie eine beispielhafte Situation dazu.

12. Was ist „interdisziplinäres" Arbeiten in der Heilerziehungspflege?

13. Was ist „Kompetenz" bzw. wie erkennen Sie einen kompetenten Menschen? Wie kann man Kompetenz erlangen? Wodurch erhält man den Nachweis einer Kompetenz?

14. Was ist „Professionalität"?

15. Was unterscheidet Ressourcen eines Menschen von seinen Fähigkeiten – und was haben beide miteinander zu tun?

16. Nennen Sie beispielhafte Situationen, in denen Sie selbst Ihre Interessen vertreten können.

17. Nennen Sie Situationen in denen ein anderer Mensch Ihre Interessen vertritt. Haben Sie ihn mit der Interessensvertretung beauftragt? Handelt er nur und stets in Ihrem Interesse? Ist die Interessensvertretung in irgendeiner Weise befristet? Kostet Sie die Interessensvertretung etwas oder kostet sie anderen etwas?

18. Mit welchen Aufgaben kann ein gesetzlicher Vertreter eines Menschen mit Behinderungen beauftragt werden? Informieren Sie sich dazu differenziert und ausgiebig in Ihrem Lehrbuch für den Bereich Recht.

19. Was ist ein Team – ganz allgemein? Im Sport? In einer Einrichtung für Menschen mit Behinderungen? Welche Eigenschaften gehören Ihres Erachtens dazu, um erfolgreich und zufrieden in einem Team zu arbeiten?

20. Was bedeutet der Begriff „teamübergreifend"?

21. Was könnte die Bemerkung „Die Einhaltung oder Weiterentwicklung von Standards gewährleisten" bedeuten?

22. Was könnte die Bemerkung „Betriebswirtschaftliche Zusammenhänge der sozialen Dienstleistungsunternehmen berücksichtigen" bedeuten

23. Die Inhalte der Ausbildung in der Heilerziehungspflege sind in jedem Bundesland in sogenannten „Richtlinien und Lehrplänen" festgeschrieben. Sie unterliegen einem Prozess der Weiterentwicklung und gelegentlich auch der Veränderung. Besorgen Sie sich die Richtlinien und Lehrpläne, die in Ihrem Bundesland derzeitig gültig sind. Was ist dort zum „Berufsbild" und zum „Ausbildungsziel" verfasst worden? Vergleichen Sie es mit den hier zu lesenden Anmerkungen. Wo sind Ähnlichkeiten oder Gemeinsamkeiten? Gibt es auch signifikant Unterschiedliches?

Die heilerziehungspflegerische Arbeit kann erfüllend, aber auch belastend sein. Die Arbeitszeiten können wechseln (Schichtdienst) und an Wochenenden ganz besonders anstrengend sein. Manchmal wechseln die Einsatzorte (verschiedene Wohngruppen oder in den einzelnen Wohnungen verschiedener Menschen, die alleine leben). Der häufige und regelmäßige Körperkontakt mit behinderten, auch schwerst- und mehrfachbehinderten Menschen muss vom Lernenden akzeptiert werden können. Manchmal müssen pflegerische Tätigkeiten in unbequemer und gebückter Haltung erledigt werden. Den Geruch von Körperausscheidungen gilt es zu ertragen, manchmal sind die Infektionsgefahren größer als in anderen Berufen. Gelegentlich müssen Situationen der Aggression oder anderen Verhaltensauffälligkeiten miterlebt werden. Der Kontakt zu manchmal verständnislosen Angehörigen kann die eigene Arbeit zusätzlich erschweren. Besonders schwierig kann es werden, wenn man sich um schwer erkrankte oder auch im Sterben liegende Menschen mit Behinderung zu kümmern hat. Jedoch ist gerade die vertrauensvolle und vertraute Zusammenarbeit ein Kennzeichen dieser beruflichen Tätigkeit, die gesucht und gewollt ist. Ein Beruf kann dadurch zu einer Berufung werden oder er kann dazu beitragen, dass sich der Mensch mit seiner Arbeit identifizieren mag. Heilerziehungspflege wird so zu einem Bestandteil persönlicher Selbstverwirklichung. Es gibt viele in diesem Beruf Tätige, die hier genau das gefunden haben, was sie gesucht haben: Bezahlung für Tätigkeiten die man sinnvoll findet und zumeist gerne macht.

Heilerziehungspflegerinnen können in unterschiedlichen Beschäftigungssystemen zum Einsatz kommen:

– Wohnen – Arbeit – Freizeit – Bildung –

Die überwiegende Mehrzahl ausgebildeter Heilerziehungspflegefachkräfte ist im Bereich „Wohnen" beschäftigt. Auch in bestimmten Arbeitsbereichen, insbesondere in Abteilungen für schwerstbehinderte erwachsene Menschen, arbeiten Heilerziehungspfleger. Immer häufiger findet man Anstellung in typischen Freizeit- oder Bildungsbereichen, z. B. im Familienunterstützenden Diensten.

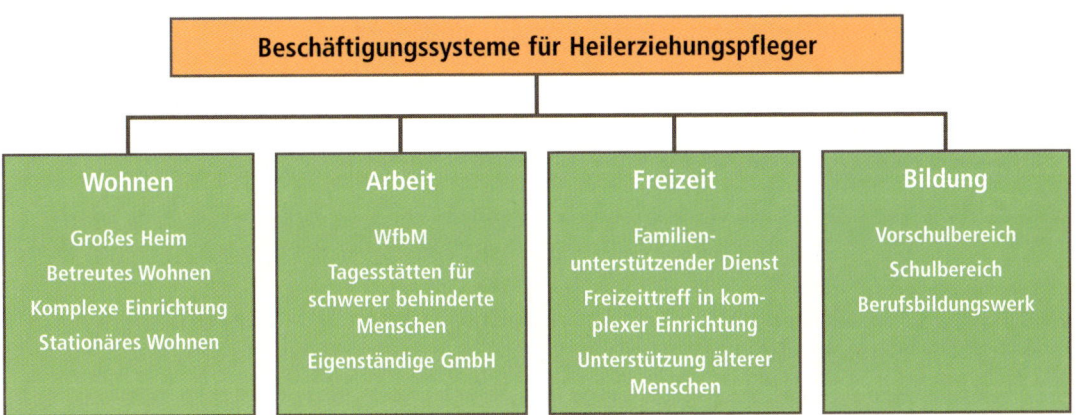

Beschäftigungssysteme für Heilerziehungspfleger			
Wohnen	**Arbeit**	**Freizeit**	**Bildung**
Großes Heim Betreutes Wohnen Komplexe Einrichtung Stationäres Wohnen	WfbM Tagesstätten für schwerer behinderte Menschen Eigenständige GmbH	Familien-unterstützender Dienst Freizeittreff in komplexer Einrichtung Unterstützung älterer Menschen	Vorschulbereich Schulbereich Berufsbildungswerk

Wohnen

Menschen mit Behinderungen wohnen in
- großen Heimen mit mehr als 100 Bewohnern
- komplexen Einrichtungen, die wie eine eigene Gemeinde (mit nicht selten 500 Bewohnern) oder ein eigenes Dorf (mit mehr als 1 000 Bewohnern) eigenständige Sozialgefüge darstellen. Häufig haben diese Einrichtungen eine lange Tradition und befinden sich in eher ländlichen Gebieten.

Einrichtungen wie Haus Hall im westfälischen Gescher bieten ein differenziertes Wohnangebot, das von intensiv betreuten Gruppen für schwerst- und mehrfachbehinderte **Bewohnerinnen** bis zu **Wohngruppen** in den umliegenden Städten und Gemeinden reicht.

Haus Hall

- „Außenwohngruppen"
  Das sind angemietete Wohnungen oder eigenständige Häuser in normalen Wohngebieten, in denen Bewohner mit Behinderungen in einer Wohngemeinschaft außerhalb der größeren Einrichtung leben.
- Landeskrankenhäuser, psychiatrische Kliniken und Fachkrankenhäuser, Rehabilitationseinrichtungen
  Diese Wohnbereiche unterscheiden sich von den reinen Wohnstätten durch eine vorrangig stationär bzw. teilstationär orientierte Lebensführung: Zentrale Versorgungssysteme (z. B. Essen aus einer Großküche, Fahrdienst, Reinigungsdienst), zahlreiche therapeutische Angebote, die das Alltagsleben stark bestimmen, oder ein größerer und eigenständiger Verwaltungsbereich sind kennzeichnend.
- Internate,
  z. B. in Anlehnung an spezielle Berufsbildungszentren für Berufsschüler mit bestimmten Behinderungen
- Wohngemeinschaften oder Einzelwohnungen („Betreutes Wohnen")
  Als Heilerziehungspfleger assistiert man den Menschen mit Behinderungen zu regelmäßigen Zeiten, um ambulante Hilfestellungen zu geben. Dabei können die Tätigkeiten nicht nur die Alltagsbewältigung betreffen. Auch als vertrauensvolle und kompetente Gesprächspartner in wichtigen Lebensfragen ist man gefragt.
- Familien
  Als Heilerziehungspflegerin unterstützt man die Familien in der Betreuung, insbesondere auch in pflegerischen Situationen, durch stundenweisen ambulanten Einsatz. Dies kann z. B. von einer Sozialstation, einer Frühförderstelle (bei kleinen Kindern mit Behinderung) oder einem Familienunterstützenden Dienst (FuD) koordiniert werden.

Aufgaben

1. *Worin unterscheiden sich Wohnbereiche von Menschen mit Behinderung von Wohnbereichen von Menschen ohne Behinderung? Sprechen Sie darüber in einer kleinen Gruppe und präsentieren Sie anschließend Ihre Ergebnisse in der Klasse.*

2. *Wie wohnen Sie selbst? Welche Qualitätsanforderungen hätten Sie an Ihnen vielleicht noch bevorstehende Wohnbereiche, damit Sie sich dort wohl fühlen würden?*

3. *Welche allgemeingültigen Aussagen zu einer guten heilerziehungspflegerischen Arbeit könnten aus Ihren Überlegungen zur vorherigen Aufgabe getroffen werden? Sammeln Sie diese Aussagen zunächst in einer kleinen Gruppe.*

4. *Im Jahre 2006 lebten rund 220 000 Menschen mit Behinderungen in stationären Wohneinrichtungen. Demgegenüber standen rund 24 000 Wohnplätze (Tendenz: stark steigend) in ambulant betreuten Wohnformen. Wer stationär lebt, wird rund um die Uhr durch ein eher starres Versorgungssystem versorgt. Ambulant bedeutet, dass einzelne Teile der Versorgung ausdrücklich (auf Antrag) gewünscht und nach Bewilligung eher flexibel geleistet werden.*
   a) Informieren Sie sich darüber, was es bedeutet, in einem stationären System zu wohnen.
   b) Informieren Sie sich darüber, was es bedeuten kann, mit ambulanter Versorgung zu wohnen. Wo sehen Sie die Vorteile und wo die Nachteile dieser beiden Wohnformen?

5. *Die bundesweit größte Einrichtung für Menschen mit Behinderungen, und damit auch die größte Wohneinrichtung für Menschen mit Behinderungen, befindet sich in der Ortschaft Bethel im westfälischen Bielefeld. Die „von Bodelschwinghschen Anstalten Bethel" sind nach dem Gründer Friedrich von Bodelschwingh (1831–1910), einem adligen Landwirt und Verwalter, Theologen und Pfarrer mit Kenntnissen in der Krankenpflege benannt. Zu den Anstalten Bethel gehören 525 Gebäude auf einer Größe von 266 Hektar. An zehn weiteren Standorten in Deutschland ist Bethel ebenfalls vertreten, so zum Beispiel in Lobetal bei Berlin oder in Freistatt nahe Bremen. Daneben hat Bethel mehr als 70 Kooperationen, vor allem in Osteuropa und in Afrika, gemeinsam mit der Vereinten Evangelischen Mission. Die von Bodelschwinghsche Anstalt ist mit 9 000 Beschäftigten der größte Arbeitgeber seiner Art und der bedeutendste Arbeitgeber in Bielefeld. In Bethel wohnen 8 000 behinderte und nichtbehinderte Menschen (Stand: 2006).*
   a) Informieren Sie sich über die Geschichte der Anstalten Bethel.
   b) Informieren Sie sich über den Gründer Friedrich von Bodelschwingh.
   c) Welche Wohnangebote für Menschen mit Behinderungen werden in den Anstalten Bethel angeboten?

Arbeit

In einer „Werkstatt für behinderte Menschen" finden geistig, körperlich oder psychisch behinderte Menschen einen Arbeitsplatz. Die dort Beschäftigten werden in einzelnen Arbeitstrainings-, Arbeits- und Fördergruppen betreut. Die Betreuung wird je nach Tätigkeitsschwerpunkt von pädagogisch besonders geschulten Handwerksmeistern oder von Gruppenleitern mit erstrangig erzieherischer Fachausbildung (z. B. Heilerziehungspflege) geleistet. Heilerziehungspfleger arbeiten insbesondere in Werkstattbereichen für eher schwerer behinderte Menschen.

Vor Aufnahme in eine WfbM steht für einen Menschen mit Behinderung zunächst ein **Eingangsverfahren**. Dabei wird geprüft, ob die WfbM der geeignete Ort für eine Arbeitstätigkeit ist. Zum Eingangsverfahren gehören
- Beratungsgespräche mit dem zuständigen Arbeitsamt,
- ärztliche oder psychologische Untersuchungen,
- Praktikum.

Es folgt für jeden neu in die WfbM aufgenommenen Beschäftigten eine berufsfördernde Bildungsmaßnahme. Hier kann der Interessierte die verschiedenen Arbeitsfelder der WfbM kennen lernen. Im Berufsbildungsbereich
- wird in kleineren Gruppen gearbeitet,
- wird das manuelle Geschick überprüft und geschult,
- werden soziale Kompetenzen gefördert,
- wird der typische Tages- und Wochenablauf in einer WfbM erfahren.

Zum Abschluss der Berufsbildungsmaßnahme wird eine Empfehlung zur Beschäftigung im Arbeits- und Produktionsbereich der WfbM ausgesprochen.

Der große **Arbeits- und Produktionsbereich** ist je nach Ausrichtung der WfbM unterteilt in verschiedene Gruppen. In vielen WfbMs gibt es
- den Metallbereich,
- den Holzbereich,
- die Montage- und Verpackungsbereiche,
- die Gärtnerei,
- die Gruppe zur Landschaftspflege,
- einen Verpflegungsbereich (Großküche),
- die Fördergruppen (o. Ä.) für schwerer Behinderte.

Aufgabe

Wo gibt es in Ihrer Nähe Werkstätten für behinderte Menschen? Informieren Sie sich. Laden Sie einen Mitarbeiter zum Gespräch in die Fachschule ein.

Freizeit

Menschen die aufgrund ihrer Behinderung ein spezielles Freizeitangebot benötigen, gestalten diese Freizeit z. B. in speziellen Freizeittreffs großer oder komplexer Einrichtungen oder in einem FuD. Hier werden auch durch Heilerziehungspflegerinnen spezielle Angebote gemacht, bei denen die Behinderungen berücksichtigt werden.

Ein Familienunterstützender Dienst (FuD) betreut und berät Angehörige von Menschen mit Behinderungen. Viele komplexe Einrichtungen der Behindertenhilfe, aber auch Selbsthilfevereine und überregionale Träger bieten mittlerweile

Familienunterstützungen an. Deren Hilfen werden insbesondere von Eltern in Anspruch genommen, die mit einem behinderten Kind leben.

Viele FuDs bieten
■ Individuelle Beratung
  – Hilfen in sozialrechtlichen und finanziellen Fragestellungen
  – Hilfen bei Antragsverfahren (z. B. bei Krankenkassen, Versicherungen und Ämtern)
  – Beratung in Krisensituationen
  – Beratung zu erzieherischen Fragen
■ Kontakt zu anderen Diensten oder Einrichtungen
  – Vermittlung von Kurzzeitbetreuung oder Urlaubsbetreuung
  – Begleitung bei Ämter-, Arzt oder Therapieterminen
■ Entlastung der Familie im Alltag
  – Einkaufen oder sonstige Hausarbeiten
  – stundenweise oder tageweise Betreuung des behinderten Familienmitglieds
  – Betreuung in Notfällen, z. B. bei Krankheit
  – Freizeitgestaltung des behinderten Familienangehörigen
  – Mitbetreuung der nicht behinderten Geschwister
  – Urlaubsmaßnahmen

In FuDs arbeiten
■ angestellte Mitarbeiter mit fachlichen Qualifikationen
  – Heilerziehungspfleger, Erzieherinnen, Sozial- oder Heilpädagogen
  – Hauswirtschafterinnen
■ sozial engagierte Personen
  – Hausfrauen und Mütter, die ihre Fähigkeiten und Erfahrungen weitergeben wollen
  – Praktikanten oder Studenten, die dort Aufgaben im Rahmen ihrer Ausbildung übernehmen

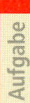

Aufgabe

Wo gibt es einen Familienunterstützenden Dienst in Ihrer Umgebung? Informieren Sie sich über die dortigen Aufgabengebiete. Laden Sie zum Gespräch in die Fachschule ein.

Bildung

Menschen mit Behinderungen erhalten Bildungsangebote in den unterschiedlichsten Institutionen. Heilerziehungspfleger sind dabei vorrangig in Sonderkindergärten, integrativen Kindertagesstätten und heilpädagogischen Tageseinrichtungen beschäftigt.

Hier werden an Wochentagen (zumeist „ganztags" bis zum späten Nachmittag) behinderte Kinder im Vorschulalter betreut. Bei diesen Tätigkeiten werden heilerzieherische und pflegerisch orientierte Elemente vereint. Dabei arbeitet man in Teams (zumeist mit Erzieherinnen) und wird häufig von therapeutischen Fachkräften unterstützt. Die Beratung der Eltern ist ein weiteres ständiges und wichtiges Aufgabengebiet.

Zwei komplexe Einrichtungen für Menschen mit Behinderungen

Zwar arbeiten viele Heilerziehungspfleger in eher kleineren Werkstätten oder Wohnheimen für behinderte Menschen, aber immer noch ebenso bedeutsam sind große und komplexe Anbieter in der Behindertenhilfe. Insbesondere kirchliche Träger, aber auch vormals eher „kleine" Initiativen haben aufgrund des großen Zuspruchs Modernitäten erfahren und wurden (und werden immer noch) zu Motoren für ein möglichst selbstbestimmtes Leben behinderter Menschen. Zwei ganz unterschiedliche komplexe Einrichtungen werden hier folgend vorgestellt:

- aus der Hauptstadt Berlin („Mosaik e.V.")
- aus der westfälischen Gemeinde Maria Veen („Benediktushof")

Der bedeutendste Gastronomieanbieter Berlins: eine WfbM!

Nicht etwa irgendeine Fastfoodkette ist der bedeutendste Gastronomieanbieter in Deutschlands Hauptstadt, sondern der eingetragene gemeinnützige Verein „Mosaik". 1965 wurde er von einer kleinen Gruppe Interessierter des Deutsch-Amerikanischen Frauenclubs in Zusammenarbeit mit dem Jugendwerkheim Wilmersdorf gegründet. Anfangs wurden mit unglaublichem Engagement Räumlichkeiten und Ausstattung von Müttern der Schwerbehinderten zur Verfügung gestellt. Bis 1980 entstanden an zehn verschiedenen Standorten in Berlin Tagesstätten und Arbeitsgruppen. Es folgten bis zur Eröffnung eines ersten Wohnheims im Jahre 1991 viele weitere Produktionsbetriebe als Werkstätten für Menschen mit Behinderungen, so u. a. auch die große WfbM am Paul-Lincke-Ufer in Kreuzberg.

Im Jahr 2008 hat Mosaik e.V. zusammen mit der Mosaik-Services Integrationsgesellschaft mbH, wo Menschen mit Behinderungen zu tariflichen Bedingungen arbeiten, Unternehmen an 40 Standorten über das ganze Berliner Stadtgebiet verteilt eröffnet. Große Werkstätten für Menschen mit Behinderungen sind in Berlin-Mitte, Spandau, Charlottenburg, Reinickendorf, Kreuzberg und Neukölln angesiedelt. Mit 2 000 Mitarbeitern ist Mosaik einer der größeren Arbeitgeber Berlins.

Im Lauf der Jahre wurden zudem viele Wohnheime und Wohngemeinschaften überall in Berlin gebaut, gekauft oder angemietet.

Naturkostläden, ein Malerbetrieb, ein Gebäudereinigungsunternehmen, eine Wäscherei, eine Vollkornbäckerei, ein Betrieb zur Garten- und Landschaftspflege und eine Kunstwerkstatt wurden zu weiteren Orten, an denen häufig nichtbehinderte und behinderte Arbeitnehmer zusammen arbeiten. 1990 eröffnete Mosaik e.V. erstmals einen Gastronomiebetrieb („Restaurant Charlottchen") und bot seine Leistungen der Berliner Bevölkerung öffentlich an. Ein Catering-Service, viele Restaurants, Cafés und Kantinen sollten noch folgen. So z. B.:

- Kantine in der Fa. Gühring
- Café „Schwartzsche Villa"
- Restaurant „Dorfkrug Kuhhorst"
- Restaurant im Martin-Gropius-Bau
- Café und Kantine im Filmhaus im Sony-Center am Potsdamer Platz
- Café im Pergamonmuseum auf der Museumsinsel
- Bistro im Konzerthaus am Gendarmenmarkt
- „Cafe Dix" in der Berlinischen Galerie in der Nähe des Jüdischen Museums
- Bistro im Naturkundemuseum, Invalidenstraße
- Cafeteria im Polizeipräsidium
- „Cafe Schliemann" im Museum für Vor- und Frühgeschichte, Spandauer Damm
- Cafeteria im Kammergericht und im Amtsgericht Spandau
- Die für jeden Gast zugängliche, öffentliche Kantine in der WfbM in Berlin-Mitte

Nähere Informationen können über www.mosaik-berlin.de im Internet abgerufen werden.

Aufgaben

1. *Vergleichen Sie die Geschichte von Mosaik e. V. mit der Geschichte einer Ihnen bekannten komplexen Einrichtung. Was ist ähnlich? Was ist anders?*

Aufgaben

2. Falls Sie Berlin einmal besuchen, können Sie den gastronomischen Service von Mosaik e. V. testen. Vielleicht auf der Museumsinsel, am Potsdamer Platz oder im Martin-Gropius-Bau, dem bedeutendsten Ausstellungsstandort Berlins.

3. Die Servicebetriebe sind Integrationsbetriebe. Die Beschäftigten werden nach Tarifrecht entlohnt. Was bedeutet das? Informieren Sie sich.

In einem Dorf: Der „Benediktushof"

Der Benediktushof in der westfälischen Gemeinde Maria Veen ist eine komplexe Einrichtung der Josefs-Gesellschaft e. V. für Menschen mit körperlicher oder mehrfacher Behinderung jeden Alters. Auf einem Areal, so groß wie 30 Fußballfelder, leben und arbeiten ungefähr 500 Menschen mit körperlichen Behinderungen. Sie werden von ca. 350 Mitarbeitern betreut. Zum Benediktushof gehören sehr alte, restaurierte, aber auch ganz moderne, neue Gebäude. Im Laufe der letzten Jahrzehnte entstand so ein „Mix" verschiedener Wohnformen, Bildungseinrichtungen, Freizeiteinrichtungen und Arbeitsplätze (siehe auch www.benediktushof.de).

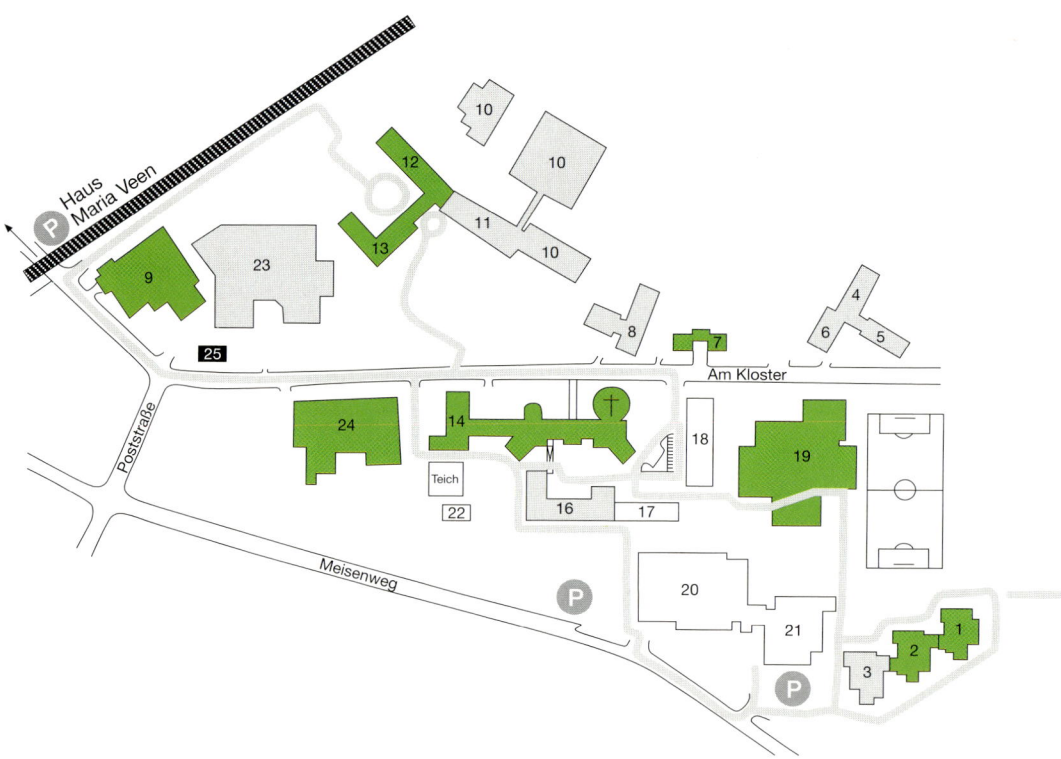

Wohnen – Arbeit – Bildung

- Internat für Schüler der Sonderschule (12, 13)
- Internat für Auszubildende des Berufsbildungswerkes (1, 2, 3)
- Wohnen für Erwachsene
  - Wohnheime mit Wohngruppen (4–8, 14–17)
  - Stationäre Wohngruppen im Wohnheim (in 15, 16)
  - Stationäres Wohnhaus (25)
  - Wohntrainingsbereich (in 8)
  - Betreutes Wohnen für (Ehe-) Paare (in 16)
  - Ambulant betreutes Wohnen in Häusern und Wohnungen in umliegenden Gemeinden (nicht im Bild)

Bildung/Arbeit

- Sonderschule für Körperbehinderte, Träger: Landschaftsverband Rheinland/Westfalen-Lippe (10, 11)
- Berufskolleg (17)
- Berufsbildungswerk (23)
- Werkstatt für behinderte Menschen (19, 24)
- Eigenständige GmbHs (in 19, 23, 24)
- Gärtnerei mit Laden (9)
- Werkstattladen (in 14)
- Verwaltung (in 21)

Freizeit

- Platz für Rollstuhlsport (zwischen 12 und 13 und zwischen 19 und 21)
- Halle für Rollstuhlsport (in 19)
- Hallenbad (in 19)
- Mehrzweckrasenplatz (rechts)
- Parkanlage (zwischen 24 und 20)
- Gasthaus „Haus am See" (22)
- Großer Freizeitkeller (in 15 und 1, 2, 3)
- Cafeteria (in 19)
- Großer Mehrzwecksaal (in 15)

Und

- Verwaltungsbereich und Energiezentrale (20, 21)
- Therapeutische Bereiche (in 15)
- Seelsorge und Benediktuskapelle (in 15)
- Zentralküche mit Kantine (in 19)

Aufgaben

1. *Welche Vorteile und welche Nachteile bieten komplexe Einrichtungen*
   - *für dort wohnende körperbehinderte Menschen?*
   - *für dort lernende oder arbeitende körperbehinderte Menschen?*
   - *für dort beschäftigte Mitarbeiter?*

2. *Erstellen Sie den Grundriss einer komplexen Einrichtung in Ihrer Nähe.*

1.4 Pflege in der Heilerziehung

Pflege ist ein mehrdimensionaler Begriff und geht weit über das hinaus, was früher unter Krankenpflege (Versorgung bei Krankheit) verstanden wurde. Sich selber pflegen bedeutet, sich etwas Gesundes und wohltuend Gutes zu gönnen. Ausgiebig duschen, ein duftendes Bad, eine entspannende Massage, ein Saunabesuch, bei dem man „die Seele baumeln lassen kann". Einen anderen Menschen pflegen, bedeutet, sich aktiv und intensiv mit ihm zu beschäftigen: regelmäßig und mit helfender Zurückhaltung, sorgsam und fürsorglich, ernsthaft und zugleich abwechslungsreich, mit genügend Zeit und konzentrierter Ruhe.

Der Pflegebegriff kann aber auch eine andere Bedeutung haben. Man denke nur an die Pflegeversicherung mit ihren Antragstellungen, Überprüfungen und Auswirkungen oder an Pflegeheime oder Pflegestationen, in denen unheilbar kranke Menschen auch bis zum Tode bleiben.

Pflege ist Bestandteil heilerziehungspflegerischen Handelns. Pflege bedeutet Begegnung mit dem behinderten Menschen und wird damit immer zu einer pädagogischen Handlung, denn Pflege wird in der Heilerziehungspflege immer als umfassende Sorge für das körperliche Wohl des Menschen mit Behinderung verstanden. Ziel ist stets die weitestgehende Selbstbestimmung und Selbstständigkeit des betreuten Menschen.

> *„Seitdem die Menschheit besteht, gibt es auch Pflege im Sinne von der Sorge um das Wohlergehen und die Entwicklung von Menschen. Dazu gehört es, sich gegen Leid und Schmerzen zu schützen, Schäden an Leib und Seele zu verhüten und ggf. zu heilen bzw. sich um Heilung zu bemühen und die eigene Gesundheit zu fördern und zu erhalten."* **(Rohls, 2006, S. 8/9)**

> *„Pflegerisches Handeln geht, (…) ‚unter die Haut' und berührt emotionale Schichten der Persönlichkeit. Wohlbefinden breitet sich aus, Vertrauen wächst, gemeinsame Arbeit zur Weiterentwicklung dessen, was der betroffene Mensch möchte und/oder braucht, wird möglich. Pflege und Pädagogik berühren sich."* **(Kiss, 1998, S. 1)**

Pflege bedeutet im Wesentlichen die notwendige Unterstützung in den Aktivitäten des täglichen Lebens: Atmen, Essen und Trinken, Ausscheiden, für Sicherheit sorgen, Körpertemperatur kontrollieren und Hautzustand prüfen, für genügend Bewegung sorgen, waschen, kleiden, ruhen und schlafen, miteinander kommunizieren, sich beschäftigen, Erleben sexueller Erfüllung, Sinn im Leben finden oder auch Begleitung in Krisensituationen.

Menschen ohne Behinderungen sind normalerweise in der Lage, die aufgezählten Lebensaktivitäten alleinverantwortlich zu realisieren. Behinderungen erschweren diese und machen eine persönliche Selbstständigkeit mühsam oder unmöglich. Durch heilerziehungspflegerisches Handeln können Begleiter von Menschen mit Behinderungen
- noch vorhandene Ressourcen aktivieren und damit Hilfe zur Selbsthilfe geben,
- unterstützend etwas beibringen,
- bestimmte Aktivitäten des täglichen Lebens verantwortlich übernehmen, ohne ein Zutun des beeinträchtigten Menschen erwarten zu können (z. B. bei bestimmten Menschen mit schwersten Behinderungen).

Aufgaben

1. Bei welchen der oben aufgezählten Aktivitäten des täglichen Lebens können Sie sich persönlich
   - eher nicht vorstellen, unterstützende Hilfen zu geben?
   - unter bestimmten Umständen vorstellen, unterstützende Hilfe zu geben?
   - in der Regel vorstellen, unterstützende Hilfen zu geben?
   Reden Sie in einer kleinen Gruppe über Ihre Beweggründe.

2. Falls Sie sich bei bestimmten Aktivitäten eher nicht vorstellen können, unterstützende Hilfen geben zu können: Wer wäre Ihres Erachtens denn für notwendige Hilfen verantwortlich?

3. Welche der aufgezählten Aktivitäten bereiten Ihnen eher Widerwillen, Angst oder Ekel? Unter welchen Umständen könnte es dazu kommen, diese Gefühle zu überwinden? Wäre es Ihres Erachtens akzeptabel, diese Gefühle in einem heilerziehungspflegerischen Arbeitsfeld anderen bewusst zu machen in der Hoffnung, mit diesen Arbeitsaktivitäten nicht konfrontiert zu werden? Ist nur derjenige in der Heilerziehungspflege einsetzbar, der alle aufgezählten Aktivitäten ausführen kann?
   Sprechen Sie zunächst in einer kleinen Gruppe miteinander. Welche Standpunkte haben Sie? „Sagen" Ihnen „Bauch" und „Kopf" Unterschiedliches? Suchen Sie gemeinsam nach Möglichkeiten. Tauschen Sie sich anschließend in der Klassengemeinschaft aus.

4. Kommen Sie mit Fachschülerinnen der Altenpflege und der Krankenpflege zum Thema ins Gespräch. Welche Gemeinsamkeiten, welche Unterschiede ergeben sich? Was kann man voneinander lernen?

Aufgaben

5. Es gibt verschiedene Kategorien und Umschreibungen von Pflege. Suchen Sie Informationen zu den folgenden drei Begriffen:

- Selbstpflege
- Laienpflege
- Professionelle Pflege

Was kennzeichnet diese drei Pflegeformen? Was grenzt sie voneinander ab?

Abhängigkeiten in der Pflege

Beispiel

Nehmen wir einmal an ...

... Sie waren schon einmal im Krankenhaus? Nein, nicht zu Besuch: als PatientIn, so richtig mit Pflegebedarf morgens und abends, mit Katheter und Abführen, öffentlich-intimer Wäsche, hilflos, ausgeliefert. Oder können Sie sich vorstellen, wie das wäre?

Unser professioneller Verstand sagt uns, dass das aus der Sicht des Pflegepersonals vermutlich kein Problem ist.

Aber wie lange bleibt es ein Problem des Patienten/der Patientin? Gedankenfragmente, rein hypothetisch:

Jetzt mach ich ins Bett wie ehedem und die Schwester muss mich waschen wie ein kleines Kind ... wenn es doch nicht ausgerechnet die Frau aus der Nachbarschaft wäre, ich wusste gar nicht, dass die im Krankanhaus arbeitet ... ob die mich ab jetzt im Geist immer nackt sieht, wenn wir uns begegnen ... was geht wohl in so einem pflegenden Menschen vor, wenn er erwachsene Patienten saubermachen muss ... die OP ist eigentlich nicht das Schlimmste am Krankenhausaufenthalt ... ich bin ganz schön dick geworden, in den letzten Jahren, wenn ich doch bloß in den letzten Wochen ...

Fragen wir uns doch einmal ...

... wie sich selbstbestimmtes Leben und die Abhängigkeit als zu Pflegende/r in Einklang bringen ließe. Zunächst muss die Feststellung erlaubt sei, dass auch zu pflegende Menschen nicht alle gleiche Bedürfnisse haben (von den medizinisch-pflegerischen Notwendigkeiten einmal abgesehen): Da gibt es auch unter den geistig behinderten Menschen die, die ganz penibel, pingelig sind, was ihre hygienische Versorgung angeht, die ihren Unmut über ihnen nicht gemäße Versorgung deutlich äußern, verbal wenn es geht, oder durch „Verhaltensprobleme" wie zum Beispiel „einen schlechten Tag". Am anderen Ende der Bedürfnisskala stünde vielleicht der behinderte erwachsene Mensch, der für sich das Recht auf Verwahrlosung einklagt, natürlich nur so weit, wie andere Mitmenschen dadurch nicht nachhaltig betroffen wären.

(Geyler, 1998, S. 7)

Aufgaben

(Zum Text „Nehmen wir einmal an ...")

Wenn Sie die zu Anfang gestellte Frage mit „ja" beantworten können, wie hat dann die weitere Beschreibung auf Sie gewirkt? Sprechen Sie in einem kleinen Kreis darüber. Falls Sie die anfängliche Frage mit „nein" beantworten, erscheint Ihnen die Beschreibung nachvollziehbar und glaubhaft? Falls dem so ist, welche allgemeingültigen Ableitungen lassen sich für den Berufsalltag als

Aufgaben

Heilerziehungspfleger in einer Wohneinrichtung für Menschen mit Behinderungen aufstellen? Reden Sie im Klassenverband darüber.

(Zum Text „Fragen wir uns doch einmal …")

Welche Bedürfnisse haben Sie selbst im Zusammenhang mit Ihrer persönlichen Pflege? Ist Pflege ein wichtiger Bestandteil Ihres Lebens? Sind Sie hier aufmerksam, penibel oder sorgsam? Cremen Sie sich gerne ein? Mögen Sie Düfte? Neigen Sie zur morgendlichen „Katzenwäsche"? Fühlen Sie sich in Ihrem Bad wohl? Baden Sie gerne und häufig stimmungsvoll? Was bedeuten Maniküre und Pediküre für Sie? Was machen Sie mit Ihren Haaren? Lassen Sie sich massieren? Reden Sie in einer kleinen Gruppe über Ihre Standpunkte. Sind Ihnen andere Meinungen verständlich? Können Sie sich vorstellen, Ihre eigenen Standpunkte zu verändern? Warum bzw. unter welchen Umständen?

Beispiel

Nähe und Distanz in der Pflege

Ich bin, wie meine ältere Schwester auch, seit meiner Kindheit an progressiver Muskeldystrophie erkrankt. Jetzt bin ich Ende 30 und schon sehr lange auf Hilfen durch andere Personen angewiesen. Meinen 24-Stunden-Hilfebedarf organisiere ich seit über dreieinhalb Jahren mit persönlichen Assistentinnen nach dem Arbeitgebermodell.

D.h. ich suche mein Pflegepersonal durch Anzeigen beim Arbeitsamt oder in der Zeitung selbst und stelle die Assistentinnen direkt mit Arbeitsvertrag ein.

Das Motto, das ich in den letzten Jahren versucht habe umzusetzen, lautet „Distanz trotz Nähe". Das Problem der sehr großen Nähe zu Pflege- bzw. Assistenzpersonen will ich nicht in den Vordergrund rücken lassen, sondern versuche einen Weg zu finden, trotz der engen „Beziehung" zwischen mir und meinen Assistentinnen einen gewissen Abstand zu wahren.

Anfangs lehnte ich Hilfe, die mir Freunde, Bekannte und Verwandte anboten, ab. Ich wollte nicht von „anderen" gehoben werden. Einerseits aus Angst, dass sie nicht richtig zugreifen und ich fallen würde, andererseits war mir der Gedanke an die körperliche Nähe nicht gerade angenehm. Ich wollte nicht, dass mich andere berührten oder anfassten. So nahm ich manche Einladung nicht an, weil ich nicht wollte, dass z. B. mein Cousin mir beim Aufsuchen der Toilette behilflich ist. Damit stieß ich allgemein auf großes Unverständnis, die Helfer meinten es doch nur gut und mein Verhalten sei albern!

Durch das Arbeitgebermodell habe ich jetzt die Wahl und mich dafür entschieden, dass ich nur weibliches Personal einstelle. Aus den Bewerberinnen kann ich speziell für mich geeignete Assistentinnen auswählen und einarbeiten. Es ist nicht nur wichtig, dass jede Assistentin die Anweisungen meinen Bedürfnissen entsprechend ausführt, Sympathie und ein gutes Miteinander spielen dabei natürlich eine große Rolle. Es ist eine vertrauliche Stellung, denn die Assistentinnen halten sich in meiner Privatsphäre auf. Sie waschen und kleiden mich an, sie bringen mich auf die Toilette. Sie kochen nach meinen Anweisungen, spülen das Geschirr ab, waschen und bügeln die Wäsche. Sie öffnen die Wohnungstür, wenn es klingelt, holen meine Post aus dem Briefkasten, gehen mit mir zur Sparkasse und begleiten mich, wenn ich Termine haben oder ins Kino oder Konzert gehe. All das ist mit sehr großer Nähe verbunden, nicht nur im körperlichen Sinne.

Beispiel

Deshalb ist es für mich von großer Bedeutung, darauf zu achten, dass eine gewisse Distanz gewahrt wird.

Zeitweise ist es schwierig, trotz der allzu großen Nähe eine gewisse Distanz herzustellen. Die Assistentinnen erfahren viele private und intime Dinge von mir und über mich, aber sie gehören nicht zu mir, nicht zu meiner Familie oder zu meinem Freundeskreis.

Das ist ein Zustand, den ich grundsätzlich nicht ändern kann. Im Laufe der Zeit habe ich gelernt, mit Assistenz zu leben. Ich brauche diese Hilfe- bzw. Assistenzleistungen, um ein normales und selbstbestimmtes Leben führen zu können.

(Hauschild, 2003, S. 6–7)

Aufgaben

1. *Versuchen Sie, sich in die Lage der Autorin zu versetzen:*
   Welche Situationen wären für Sie schwierig oder heikel zu durchleben? Wo überwiegt Erleichterung?

2. *Was unterscheidet Hilfe, die von Freunden, Bekannten und Verwandten angeboten wurde, von späteren Situationen, in denen Assistenten diese Hilfen leisteten?*

3. *Behinderte Menschen als „Arbeitgeber für Dienste in eigener Sache". Wie finden Sie das? Könnten Sie sich so eine berufliche heilerziehungspflegerische Tätigkeit vorstellen?*

Zur Karikatur:

4. *Machen Sie sich ein paar Gedanken zum Cartoon. Erfinden Sie einige Erlebnisse drum herum. Spielen Sie sie.*

1.5 Methodik

Die Begriffe Didaktik und Methodik stehen in der Pädagogik oft als Einheit beieinander und umfassen in der Heilerziehungspflege ein weites Feld. Didaktik, aus dem Griechischen kommend, bezeichnet eigentlich die „Lehrkunst" und wurde demnach zur Bezeichnung der gesamten „Wissenschaft vom allgemeinen Lehren und Lernen". Dieser vom Ursprung her umfassende Begriff bezieht sowohl die Fragen zu pädagogischen Zielen und Inhalten als auch die Organisation der vorhandenen Lernbedingungen und unterstützenden Lernhilfen mit ein (siehe Kapitel 2).

Der wichtigste Teilbereich der heilerziehungspflegerischen Didaktik ist seit vielen Jahren die Beschäftigung mit den methodischen Möglichkeiten in der Bewältigung des Alltags behinderter Menschen.

Als Methoden (griechisch „Wege, etwas zu erreichen") bezeichnet man in der Heilerziehungspflege unterstützende, geplante und zielgerichtete Verfahren, Initiativen oder Wege, um das Alltagsgeschehen, die Bildung, Arbeit und Freizeit von Menschen mit Behinderungen in weitestgehender Selbstbestimmung zu ermöglichen. Ein methodisches Vorgehen ist in der Heilerziehungspflege stets das Suchen und Finden von viel versprechenden neuen Wegen oder die Umsetzung bereits erprobter und damit überprüfbarer Vorgehensweisen, um die behinderungsbedingten Nachteile im Leben eines Menschen zu verkleinern. Dies kann nur dann gelingen, wenn fachtheoretische Fähigkeiten erworben und praktisch erprobt, erweitert und stets aufs Neue den sich im Laufe eines Lebens ändernden Umweltbedingungen behinderter Menschen angepasst werden.

Diese enge Verzahnung von erlernbaren methodischen Handlungsansätzen am Schulort und praktisch erlebbaren Erfahrungen am Praktikums- bzw. Praxisort macht den besonderen Charakter einer didaktisch/methodisch orientierten Ausbildung aus.

Didaktik und Methodik in der Heilerziehungspflege bedeuten theoretisches Wissen als Grundlage für praktisches Können: Wie macht man was, wann und warum?

Methodische Hilfe

Wer einem anderen Menschen hilft, damit dieser vielleicht bald einmal ohne Hilfe wird auskommen können, der macht sich methodische Gedanken. Nehmen wir mal an, die Heilerziehungspflegerin im Praktikum soll einem jungen Mann mit geistiger Behinderung helfen, seine Wäsche zu waschen. Ihre ersten vorbereitenden Ideen dazu könnten z. B. folgende sein:

- Was kann der junge Mann bereits alleine?
- Was hat er schon einmal versucht, ist aber noch nicht gelungen?
- Gibt es andere in der Gruppe, die ihre Wäsche bereits alleine waschen? Was könnte er von ihnen lernen?
- Wann wird im Wohnheim normalerweise die Wäsche gewaschen?
- Was gehört alles zum Vorgang „Wäsche waschen im Wohnheim" hinzu? Wäsche sortieren? Gemeinsam mit der Wäsche anderer waschen? Waschmittel besorgen? Wäsche zum Trocknen aufhängen? Bügeln?

Erst wenn Antworten auf diese Fragen gefunden wurden, wird sich die Heilerziehungspflegerin Gedanken zu ihren helfend unterstützenden Handlungen machen:

Sind eher **offene Unterstützungen** möglich? Dazu gehören:
- anbieten, zur Verfügung stellen, reichen, vorschlagen, empfehlen
- ausprobieren lassen
- wählen, aussuchen oder/und entscheiden lassen

Sind eher **direkte** und damit zugleich stärker **steuernde Handlungen** nötig?

- vormachen (zeigen) und nachmachen (wiederholen)
- imitieren
- zeigen, aufmerksam machen, demonstrieren, darstellen
- unterbrechen, ignorieren (nichts tun), überraschen, provozieren

Sind eher rein **sprachliche Mittel** angesagt?

- vorschlagen
- erklären, erläutern, konkretisieren, unterrichten
- diskutieren, auseinandersetzen
- begründet belehren, vortragen, kritisieren
- widersprechen
- beruhigen
- fragen, erklären lassen (wissen wollen)

Sind **körpernahe Begegnungen** hilfreich?

- zeigen, anfassen
- berühren, beruhigen
- führen, fühlen, tasten

Aufgaben

1. Welche der vier Handlungsrichtungen sagt Ihnen warum eher zu? Welche nicht? Begründen Sie Ihre Meinungen.

2. Wie können alle vier Handlungsrichtungen „geübt" werden? Oder trifft Ihres Erachtens die Behauptung „Lernen kann man das nicht. Entweder man kann es – oder man kann es nicht" zu?

3. Gibt es Situationen, in denen einer der vier Bereiche eher oder sogar ausschließlich zu bevorzugen ist?

4. Warum wird es beim Thema „Wäsche waschen" in der Regel zu einem „Stilmix" der vier Bereiche kommen?

5. Machen Sie sich (schriftlich) Gedanken zu Ihren Methoden bei der unterstützenden Hilfe zum Thema
   a) „Den Tisch für das Abendbrot decken"
   b) „Mit dem Bus zur WfbM fahren"
   c) „Duschen"
   d) „Morgens Brötchen einkaufen"
   e) „Blumenpflege"
   f) „Ein Regal aufbauen"
   g) „Eine Geburtstagsfeier planen"
   h) „Schleife und Knoten binden"

6. Finden Sie ein weiteres, ebenfalls eher „lebenspraktisches Thema" und bieten Sie es in der Klasse zur Bearbeitung an.

Methodische Assistenz im heilerziehungspflegerischen Alltag

„Unterstützungen bei der Benutzung öffentlicher Verkehrsmittel"

Dieser Bericht (in Auszügen) ist ein „Zwischenfazit" einer umfassenden methodischen Aufgabe. Er stammt von Matthias Pauge, einem jungen Studierenden der Heilerziehungspflege zum Ende des ersten Ausbildungsjahres. Herr Pauge arbeitete zu diesem Zeitpunkt in einer Wohnstätte der Bundesvereinigung Lebenshilfe für Menschen mit geistiger Behinderung in einer größeren Stadt im Ruhrgebiet. In seinem Bericht werden zahlreiche methodische Unterstützungen deutlich. Die Begründung des Themas steht in direktem Zusammenhang zu den Wünschen der erwachsenen Bewohnerin, die um diese Unterstützung angefragt hat.

Begründungen und Vorüberlegungen

Marie Henrich, eine Bewohnerin der Wohnstätte in der ich arbeite, fragte mich, ob ich ihr in Zukunft helfen könne, gewünschte Zielorte mit Bussen und Bahnen zu erreichen.

Diese Anfrage empfand ich als Herausforderung, da wesentliche Teile der Hilfen nicht in der „bekannten" Wohnstätte geleistet werden. Ich werde zusammen mit Marie an verschiedenen Orten und zu verschiedenen Zeiten sein. Vieles wird unvorhersehbar sein und wahrscheinlich müssen wir immer mal wieder improvisieren und nach neuen Lösungen suchen. Zudem ist das System öffentlicher Verkehrsmittel derart komplex, dass selbst Menschen ohne geistige Behinderung Probleme haben, sich darin zurechtzufinden:

- Die Fahrpläne sind schwer zu verstehen.
- Anschlussstellen müssen gefunden werden, Bahnhöfe, U-Bahn-Haltestellen und Haltestellen für Busse müssen erreicht werden.
- Die Verkehrsmittel müssen zur Erreichung vieler Ziele gewechselt werden.
- Die Geltungsbereiche der verschiedenen Tickets müssen erkannt werden.
- Man muss erkennen können, wann man aus- oder umsteigen muss.
- Die verschiedenen Fahrscheinautomaten müssen bedient werden können.
- Man sollte wissen, wann man Hilfe benötigt und man muss erkennen, wen man um Hilfe bitten kann.
- Man muss sich im Wirrwarr eines Bahnhofes oder einer U-Bahn Haltestelle orientieren können.

Hier im Ruhrgebiet gehen die kleineren, mittleren und großen Städte oftmals direkt ineinander über, sodass dieses Ballungsgebiet im öffentlichen Nah- und Fernverkehr schwieriger zu erkunden ist, als so manche Metropole bzw. Millionenstadt. Manchmal müssen für relativ kurze Entfernungen die Verkehrsmittel gewechselt werden (z.B. U-Bahn und Bus), manchmal können größere Strecken mit der Eisenbahn ohne Zwischenstopps bewältigt werden.

Der Anreiz für diese Unterstützung kommt von Marie selbst. Sie benutzt häufig öffentliche Verkehrsmittel und möchte diese unbedingt selbstständig und ohne Begleitung benutzen können. Aber Sie fühlt sich eher unsicher, wenn sie ihr noch nicht vertraute Wege erledigen möchte. Ihr bekannte Strecken fährt sie bereits seit einiger Zeit allein, also ohne unterstützende Begleitung.

Marie fährt häufig auch spontan zu Freunden außerhalb des Wohnortes und sie besucht gelegentlich Konzerte in den umliegenden Großstädten. Musik ist eines ihrer Hobbys. Sie möchte die Wege dahin unbedingt alleine schaffen, aber oft bereitet ihr die Planung Probleme. Ich möchte ihr gerne bei den spontanen Umsetzungen ihrer Ideen helfen. Da ich in meiner Jugend ebenfalls ständig mit dem öffentlichen Nahverkehr unterwegs war (Schulwege, zu Freunden und Verwandten, zum Schwimmbad im Nachbarort usw.) kann ich Maries Fragen und ihren Ehrgeiz, diese Wege bewältigen zu wollen, gut verstehen. Ich kenne mich im Ruhrgebiet recht gut aus und glaube daher, dass ich ihr aufgrund meiner Erfahrungen die angefragte Unterstützung auch werde geben können.

Marie Henrich

Marie Henrich ist 24 Jahre jung. Sie wohnt seit ungefähr einem Jahr in der Wohnstätte im Stadtzentrum von D. Zuvor hat sie ein Jahr in einer sehr großen Einrichtung der Behindertenhilfe in einem Nachbarort gewohnt. Es war ihr Wunsch, dort auszuziehen. Marie arbeitet im berufsbildenden Bereich in der Werkstatt für behinderte Menschen hier in D. Sie hat zuvor eine Förderschule für geistige Entwicklung, ehemals Sonderschule für geistig Behinderte, besucht. Neben ihrer geistigen Behinderung gibt es laut Heimakte medizinische Diagnosen im Bereich der Verhaltensauffälligkeiten und leichte motorische Einschränkungen.

In ihrer Tagestruktur ist Marie sehr flexibel. Sie orientiert sich nicht an Mahlzeiten, klammert sich auch nicht an einen bestimmen Tagesrhythmus und unternimmt gerne und oft spontane Aktionen. Sie kann lesen und schreiben. Für Schlagermusik interessiert sie sich sehr und manchmal geht sie alleine oder mit Freunden auf Konzerte in verschiedenen Städten des Ruhrgebiets. Zu diesen Konzerten gelangt Marie immer mit öffentlichen Verkehrsmitteln. Auch besucht sie oft Freunde und Bekannte, die sie auch nur mit öffentlichen Verkehrsmitteln erreichen kann.

Bereits vor fünf Jahren hat Marie für 18 Monate Förderung durch den örtlichen FuD (Familienunterstützender Dienst) erhalten. Einmal in der Woche wurde sie von einer Mitarbeiterin besucht, die mit ihr das Benutzen öffentlicher Verkehrsmittel übte.

Zumeist ist Marie alleine mit öffentlichen Verkehrsmitteln unterwegs. Wenn es eine Strecke ist, die sie noch nicht kennt, dann lässt sie sich die Verbindung von Betreuern erklären und bittet darum, ihr die Wege aufzuschreiben. Bei Unsicherheiten fragt sie sehr häufig und lässt sich die Strecke auch von verschiedenen Personen (Mitarbeiter, Mutter, Vater, Freunde, Arbeitskollegen) unabhängig voneinander erklären. Die möglicherweise verschiedenen Antworten verunsichern sie natürlich zusätzlich. Wege die sie öfters fährt, wie zum Beispiel zu ihren Eltern oder zu Freunden nach Oberhausen, bereiten ihr keine Probleme. Meistens ist Marie am Wochenende mit öffentlichen Verkehrsmitteln unterwegs. Sie fährt dann wie geschrieben gerne auf Konzerte, zu ihren Eltern und sie bummelt gerne durch die Fußgängerzonen der Innenstädte im Ruhrgebiet. Innerhalb des Wohnortes kennt sie sich gut aus. Weder das Betreuerteam noch sie selber sorgen sich, wenn sie alleine in D. unterwegs ist. Anders ist es jedoch, wenn sie Fahrten außerhalb von D. unternimmt. Wir bitten sie dann, von ihrem Handy aus anzurufen, oder wir selbst rufen an und fragen nach, ob alles in Ordnung ist.

Wünsche und Absichten

Als ich während meiner Vorbereitungen zum Thema bemerkte, wie unerwartet gut sich Marie an bekannten Orten zurechtfindet, wollte ich von ihr wissen, wobei sie sich denn noch nicht so sicher fühle und was sie gerne besser beherrschen wolle. Sie wünschte sich vor allem, dass ich ihr die Fahrpläne, die verschiedenen Fahrscheinautomaten und das Öffnen der schweren Türen in Zügen näher erklären solle. Und sie sei sich nicht sicher, ob sie an den Bahnhöfen immer wissen wird, wo es zu den Bussen oder zur U-Bahn gehe.

Auf meinen Tipp hin hat sich Marie am Informationsschalter im Bahnhof am Ort ein dickes Taschenbuch, den „Fahrplaner" der Verkehrsbetriebe gekauft. Drinnen stehen in unzähligen Tabellen die Wegenetze, genaue Streckenbezeichnungen und Streckenverläufe, Anschlussmöglichkeiten, An- und Abfahrtszeiten und vieles mehr. Den Fahrplaner haben wir seitdem bereits häufig zu Rate gezogen und Marie hat ihn unterwegs immer in ihrer Tasche dabei. Mittlerweile sucht und findet sie selbstständig viele Informationen darin. Vor einigen Tagen hat sie mich gefragt, ob ich mich denn in dem Fahrplaner wohl schon genau so gut auskennen würde wie sie selbst! Sie wollte von mir sogar „Wege-Aufgaben" bekommen *(„Wie kommt man vom Wohnheim zur Ruhrallee in Essen?"* Oder: *„Fahren die Bahnen nach Bochum sonntags zu anderen Zeiten als montags?")*. Selbstbewusst und mit sichtlichem Stolz konnte sie die Aufgaben beantworten. Ich werde ihr demnächst zeigen, wo man sich an den Bahnhöfen in den umliegenden Städten Informationen über Anschlussstrecken und Fahrkarten holt. Auch zeige ich ihr, wie man sich in Bahnhöfen anhand wegweisender Schilder und Markierungen orientiert und wie man das Personal dort findet, um Antworten auf Fragen zu bekommen.

Marie bat mich, ihr zu helfen, in der nächsten Zeit einige Ziele zu erreichen, zu denen sie noch nicht wisse, wie man dort hinkomme. Diese Ziele seien: Das Kongresszentrum in der Nähe der Westfalenhalle in Dortmund; das Centro, ein großes Einkaufszentrum in Oberhausen; das neue Wohnheim in Castrop-Rauxel, in dem vor kurzer Zeit ihre Arbeitskollegin eingezogen ist. Diese Ziele wollen wir zunächst gemeinsam erreichen. Dabei werde ich versuchen, möglichst viele Schwierigkeiten für Marie zu erkennen, um ihr dann noch weitere Hilfen anzubieten. Wie bereits beschrieben, ist es ihr Wunsch, diese Strecken möglichst bald alleine mit dem Nahverkehr erreichen zu können. Meine Aufgabe wird es sein, sie auf schwierige Sachverhalte aufmerksam zu machen; ihr mögliche Alternativen vorzuschlagen oder etwas zu empfehlen; ihre eigenen Vorschläge zu verstehen und sie dabei zunächst zu begleiten und sie zu beruhigen, wenn etwas „schiefgeht".

Drei Erfahrungen

Schließlich begannen wir eher spontan eine **erste** gemeinsame Fahrt mit noch unbekanntem Ziel. Unsere Reise fing in der U-Bahnstation in der Nähe der Wohnstätte an. Ich ließ mir von Marie die Fahrpläne am Bahnsteig erklären. Das konnte sie sehr gut. Auch die richtige Orientierung (Wege, Treppen, Richtung) in der Station war kein Problem für sie.

Am Hauptbahnhof in D. beantwortete ich ihr die Fragen zu den Fahrplänen und durch einige Fragen meinerseits (Abfahrtszeit, Zielbahnhof, Gleis) verschaffte ich mir einen Eindruck über ihre Sicherheit beim Lesen des Fahrplans. Dann zeigte ich ihr den Umgang mit den elektronischen Fahrplanauskünften. Gegenseitig stellten wir uns dabei einige Aufgaben *(„Wann fährt die nächste Bahn nach Essen?" „Wann kommt heute Abend der letzte Zug aus Dortmund?")* und suchten und fanden die Antworten. Marie mag es gern, Aufgaben wie diese zu lösen und ich nehme mir vor, derartiges auch weiterhin mit ihr zu üben. Solche Terminals findet man an allen Bahnhöfen im Ruhrgebiet und sie helfen sehr, auch an fremden Orten Informationen zu bekommen.

Wir begaben uns auf einen Bahnsteig und Marie überlegte sich spontan ein Ziel. Sie wolle mal zur Arena nach Gelsenkirchen, dem Stadion des FC Schalke 04.

Mithilfe des Planers informierten wir uns am Bahnhof in D. über mögliche Wege nach Gelsenkirchen. Marie suchte und fand verschiedene Möglichkeiten. Ich hielt mit Papier und Stift fest, was sie aus dem Planer zitierte und anschließend schauten wir uns die Notizen noch einmal an. Wir diskutierten und schließlich fasste Marie einen Entschluss, welche Möglichkeit ihres Erachtens die beste sei. Sie fragte, ob ich auch der Meinung sei und ich bestätigte ihren Vorschlag. Wir wollten mit der S-Bahn von D. zum Bahnhof in Gelsenkirchen und von dort mit der U Bahn zur Arena „auf Schalke". Dort wollen wir uns ein wenig umsehen. Ich sagte ihr, dass es dort einen „Fan-Shop" gebe, vielleicht könne man beim Training einer Jugendmannschaft zuschauen und im Café dort etwas essen. Entweder 60, 90 oder 120 Minuten später können wir auf gleichem Weg wieder zurückfahren.

Unsere **zweite** Fahrt fand vier Tage später statt. Wir fuhren nach Dortmund zu den Westfalenhallen. Im „Goldsaal" sollte, so sagte Marie es mir, im nächsten Monat ein Konzert stattfinden, was sie sehr interessiere. Stolz teilte sie mir mit, dass sie sich den Weg dahin bereits heute vormittag in der Werkstatt rausgesucht habe. Zusammen mit ihrer Kollegin und mit dem Gruppenleiter habe sie alle Angaben zur Fahrstrecke, Fahrzeiten und Anschlüsse im „Fahrplaner" gefunden. Ich schaute wohl etwas skeptisch, aber sie war sich ganz sicher und ich solle ihr einfach vertrauen. „Das klappt – ganz bestimmt", sagte sie mir an der U-Bahnstation beim Wohnheim. Und es klappte wirklich! Um 16 Uhr fuhren wir mit der S-Bahn nach Dortmund. Gegen 17 Uhr kamen wir dort an. Die Abfahrts-, sowie Ankunftszeit hatte Marie völlig korrekt morgens mithilfe des Fahrplaners herausgefunden. Im Bahnhof stellten wir fest, dass auch die Zeiten für die späteren Rückfahrten korrekt waren. Im Dortmunder Hauptbahnhof suchten wir den Bahnsteig für die U-Bahn. Marie orientierte sich ohne Mühen anhand der Symbole (Pfeile) und Schilder („U-Bahn"), und das obwohl wir mitten im Trubel des „Feierabend-Verkehrs" dort ankamen. Wir suchten und wir fanden den Weg zur richtigen U-Bahn zu den Westfallenhallen. Dort angekommen, musste ich ihr jedoch helfen. Es gab mehrere Ausgänge und sie fragte mich, ob ich denn wüsste, welchen man denn jetzt nehmen müsse, um an der richtigen Stelle aus der Station herauszukommen. Das sei ihr doch recht fremd und unübersichtlich hier. Ich war mir auch nicht sicher und daher schlug ich vor, gemeinsam auf einem Stadtplan zu schauen, wo denn der gesuchte Goldsaal genau liege, denn das Gelände an den Westfalenhallen sei doch recht groß. Wir stellten fest, dass sich der Goldsaal ein wenig abseits der Hallen befindet. Wir wählten einen Ausgang und mussten noch ungefähr fünf Minuten gehen. Dort angekommen, suchten wir den Eingang und fanden sogar ein Plakat zu Maries gewünschtem Konzert im nächsten Monat. Auf dem Rückweg, mit einem Eis „auf die Hand", erklärte Marie mir den Weg zum Konzertort noch einmal.

Eine Woche später unternahmen wir unsere **dritte** Fahrt. Diesmal war der Weg nicht so weit. Es ging nach Castrop-Rauxel, zum Wohnheim, in dem seit kurzer Zeit Maries Arbeitskollegin wohnt. In Castrop-Rauxel kenne sie sich ein wenig aus und Marie war der festen Überzeugung, dass man mit der Buslinie XXX zum Wohnheim kommen werde. Da ich selbst in Castrop wohne, war mir klar, dass „ihr" Weg zwar zum Ziel führen wird, aber es gäbe noch eine andere, einfachere Möglichkeit. Ich fragte Marie, ob ich uns für den Rückweg eine Variante aussuchen dürfe. Anschließend könne sie ja selbst entscheiden, welcher Weg ihr besser gefallen wird, wenn sie demnächst alleine zum Wohnheim ihrer Kollegin fahren will. So fuhren wir mit der U-Bahn zum Hauptbahnhof. Von dort nahmen wir die S-Bahn nach Castrop-Rauxel, Hauptbahnhof. Dort angekommen fand Marie mithilfe der Hinweisschilder und Symbole den Bussteig. Von dort nahmen wir den richtigen Linienbus in die gewünschte Richtung. Wir stiegen an der Haltestelle kurz vorm Wohnheim aus und waren nach einigen Minuten Fußweg am Wohnheim. Den Rückweg fuhren wir einen etwas anderen, kürzeren, und meiner Meinung nach einfacheren Weg, doch Marie gefiel „ihr" Weg besser und sie wolle es auch in Zukunft lieber wieder so probieren.

(Pauge, Matthias, 2008 (unveröffentlicht))

1. *In dem Bericht gibt es zahlreiche Hinweise auf methodisch relevante Situationen. Wo gab Matthias welche methodischen Hilfen?*

2. *Methodische Hilfen in komplexem Geschehen sind immer ein „Methoden-Mix". Wo gab Matthias offene Unterstützungen, direkte Unterstützungen und wo setzte er sprachliche Methoden ein?*

3. *Schauen Sie sich eine der drei Fahrten noch einmal etwas genauer an. Finden Sie in jeder Situation, in der Matthias eine methodische Hilfe gab, mindestens eine alternative Form. Sprechen Sie in einer Gruppe über diese verschiedenen Möglichkeiten und bewerten Sie sie.*

4. *In welchen Situationen entschied sich Matthias, keine methodischen Unterstützungen zu geben? Wie bewerten Sie in diesen Situationen die Zurückhaltungen?*

5. *Wie sollte man sich Ihres Erachtens verhalten, wenn man als Begleiter bemerkt, dass es eine „bessere", als die gewählte Möglichkeit gibt?*

6. *Wie stehen Sie zu der Meinung, dass man am besten aus Fehlern lerne?*

7. *Was halten Sie von dem Prinzip „Lernen durch Versuch und Irrtum"?*

Die Ausbildung verantwortlicher didaktisch-methodischer Arbeit bedeutet für die angehenden Heilerziehungspflegerinnen, in den folgenden drei grundlegenden Bereichen Kompetenzen zu erlangen:

Zielorientierung

Heilerziehungspflegerisches Tun ist absichtsvolles Tun. Zielorientiert und zugleich verantwortlich handelt man, wenn
- die Eigenheiten der zu Betreuenden erkannt werden,
- relevante Situationen wahrgenommen und interpretiert werden,
- Mittel festgelegt werden, die zur Erreichung eines gewünschten Ziels führen,
- das Geschehen rückblickend bewertet wird und Folgerungen daraus gezogen werden.

Gemeinsamkeit

Heilerziehungspflegerinnen begegnen in ihrem Berufsalltag anderen Menschen und stehen mit Menschen in Beziehungen. Diese Beziehungen werden im direkten Kontakt mit Menschen mit Behinderungen sichtbar und auch in der Zusammenarbeit mit Kolleginnen. Als Heilerziehungspfleger handelt man gemeinschaftlich, wenn
- die Belange behinderter Menschen und die der Mitarbeiter im Team berücksichtigt werden,
- die eigenen Neigungen und Fähigkeiten nicht aus den Augen verloren werden,
- man sich der eigenen Möglichkeiten und Grenzen im Arbeitsalltag bewusst wird und sie mit denen der Kolleginnen abgleicht und im Gleichgewicht hält,
- man ein angemessenes Vertrauen in das Tun und Lassen der zu Betreuenden und der Kollegen aufbaut,
- institutionelle Gegebenheiten genutzt oder positiv verändert werden.

Aufrichtigkeit

Dieses Kriterium bezieht die Selbsteinschätzung von Heilerziehungspflegerinnen mit ein. Am Tun und Lassen ist zu erkennen, ob das Verhalten überzeugend „echt" und persönlich ist oder ob es „unecht", unpersönlich und damit unglaubwürdig ist.

Wenn man sich z. B. selbst für spontan und gefühlsbetont hält, kann man den Wunsch haben, sich auch im Berufsalltag eher spontan und gefühlsbetont zu verhalten. Wenn man dies tut, identifiziert man sich mit seinem beruflichen Tun und ist damit authentisch. Falls diese Spontaneität im Team nicht gewünscht ist, dieses der Heilerziehungspflegerin auch deutlich wird, so bleibt ihr Handeln dennoch glaubwürdig, wenn sie die geforderte Handlung vor sich selbst immer noch verantworten kann. Ein Tun oder Lassen, welches mit dem eigenen Gewissen nicht vereinbart werden kann, würde an der Aufrichtigkeit zweifeln lassen.

1. Was könnten die Hintergründe sein, wenn Sie am ersten Tag in einem Praktikum eine der folgenden Aussagen hören?
- *„Theoretiker können wir hier nicht gebrauchen!"*
- *„Alles, was du in der Praxis benötigst, wird dir auch nur in der Praxis beigebracht."*

Wie stehen Sie zu diesen Aussagen?

Falls Ihnen diese Aussagen nicht zusagen, was könnten Sie erwidern?

2. Wie stehen Sie zu den folgenden Aussagen?
   - „Arbeit ohne theoretisches Wissen kann auf lange Sicht nicht zufriedenstellen."
   - „Theoretisches Wissen ist die Grundlage für professionelle Heilerziehungspflege."

3. Was halten Sie von den folgenden Aussagen im Hinblick auf die Ausbildung zum Heilerziehungspfleger?
   - „Erst einmal überlegen, dann anpacken."
   - „Es gibt nichts Gutes, außer man tut es."

4. Zielorientierung, Gemeinsamkeit, Aufrichtigkeit sind Persönlichkeitsmerkmale, die in Ihrer beruflichen Bedeutung erkannt werden müssen (Selbstreflexion). Wie ist es möglich, diese Merkmale zu erweitern bzw. sie in wichtigen Bestandteilen einzuüben?

   Stellen Sie sich zu allen drei Kriterien Situationen eines Berufsalltags vor, in denen zielorientiertes, gemeinsames oder aufrichtiges Tun beispielhaft deutlich werden.

   a) Finden Sie in einer kleinen Gruppe mindestens fünf dieser Situationen. Benennen Sie dazu die Aspekte der Zielorientierung, Gemeinschaftlichkeit oder Glaubwürdigkeit.

   b) Stellen Sie je eine Situation zu den drei Kriterien in kurzen Rollenspielen vor der Klasse dar. Sprechen Sie mit der Klasse über das Erlebte.

1.6 Persönliche Motive

Haben Sie sich schon einmal gefragt, warum Sie eigentlich Heilerziehungspfleger werden wollen? Welche verschiedenartigen Beweggründe gibt es, die Sie zu Ihrer Ausbildungswahl geführt haben? Vielleicht erkennen Sie Ihnen bekannte Absichten, wenn Sie die folgenden Statements lesen. Vielleicht gibt es noch weitere, sekundäre Motive, die Ihr primäres Motiv unterlegen:

„Mitmenschlichkeit und Wärme ist doch das Allerwichtigste. Dann geht vieles von ganz alleine. Das will ich anderen Menschen geben."

„Der Lohn spielt für mich kaum eine Rolle. Viel wichtiger ist es, dass ich Menschen, denen es nicht so gut geht wie mir, helfen kann."

„Ich weiß selber ganz genau, was Behinderung bedeutet und was man da alles erleiden muss. Ich werde nicht all diese Fehler machen, die ich durch andere erleben musste."

„In meiner Familie bin ich mit einem behinderten Neffen sozusagen groß geworden. Dabei haben wir alle in der Familie wirklich etliche Fehler in der Erziehung gemacht. Dem Kind wurde alles abgenommen, nichts durfte es selber ausprobieren. Daher glaube ich zu wissen, was wirklich wichtig ist. Und das wird jetzt angegangen."

„Ein Beruf, der irgendwie eher eine Berufung ist. Klar muss man dazu auch noch etwas lernen, aber wichtiger ist, dass man an sich und seine Fähigkeiten schon jetzt überzeugend glaubt."

„Nächstenliebe und Professionalität sind für mich keine Gegenpole. Das Erste meine ich bereits zu haben bzw. anderen geben zu können – und das Zweite werde ich jetzt mit der Ausbildung anpacken."

Beispiel

„Ich weiß nicht, ob ich das wirklich aushalten kann – aber ich weiß, dass ich nicht acht Stunden lang in einem Büro hocken will. Tagein tagaus immer das Gleiche. Alles, bloß das nicht."

„Mit anderen Menschen den ganz normalen Alltag erleben. Mal spannend, mal langweilig. Mal ärgerlich, mal lustig. Essen kochen, putzen, die Wäsche, abends was spielen oder fernsehen, gemeinsam Urlaub machen, Feste feiern – alles wie in einer Großfamilie. Das würde mir Spaß machen."

„Ich glaube, ich wäre ein guter Elternersatz für die behinderten Kinder im Wohnheim. Schließlich habe ich bereits eigene Kinder großgezogen."

„Partnerschaftlichkeit als Beruf. Verantwortung tragen für das Wohlergehen eines Menschen, der für sich alleine nicht sorgen kann. Das möchte ich gerne beruflich lernen."

„Ich habe irgendwo mal den Begriff vom ‚Anwalt der Behinderten' gelesen. Genau das werde ich als Heilerziehungspfleger sein."

„Erst mal diese Ausbildung als Einstieg, dann Weiterbildung, dann Gruppenleitung übernehmen, vielleicht ein passendes Fachhochschulstudium hinterher. Auch im Erziehergeschäft kann man schließlich Karriere machen – und das ist ja schließlich nicht verwerflich, oder?"

„Die Bezahlung ist zwar nicht berauschend – in meinem bisherigen Beruf habe ich wirklich mehr verdient. Aber dafür kann man mit dieser Ausbildung in einem ziemlich krisensicheren Bereich tätig werden. Und auf diese Arbeitsplatzsicherheit kommt es mir an."

„Einfach mal was ganz anderes machen. Etwas, was keiner von mir erwartet hat."

Aufgaben

1. Welche der Aussagen sagen Ihnen zu? Welche Motive erscheinen Ihnen „suspekt"? Kann es Ihres Erachtens überhaupt „gute", „bessere" oder „schlechte" Motive geben? Sprechen Sie mit anderen darüber.

2. Welche der Aussagen können Sie mit eigenen Motiven in Einklang bringen? Sprechen Sie – soweit Sie es wollen – mit anderen in einer kleinen Gruppe darüber. Können Sie die persönlichen Ansichten anderer in der Gruppe nachvollziehen? Fühlen Sie sich selber von anderen verstanden?

3. Warum möchten Sie Heilerziehungspfleger werden? Führen Sie dazu in ruhiger Atmosphäre ein Gespräch in einer kleinen Gruppe.

1.7 Heilerziehungspflegerische Praxis

Im Mittelpunkt der heilerziehungspflegerischen Arbeit steht stets eine partnerschaftliche Hilfe für Menschen mit Behinderungen. Je nach Art und Ausprägung der Behinderung verändern sich die Schwerpunkte der Arbeit.

Heilerziehungspflegerische Assistenz

Assistenten sind „helfende Mitarbeiter", die einem Menschen mit Behinderung zu weitestmöglicher Selbstständigkeit verhelfen sollen. So wird versucht, einer Isolation des behinderten Menschen entgegenzuwirken, um ein hohes Maß an Selbstverwirklichung und sozialer Integration zu erreichen. Der Assistenzbegriff wurde vor einigen Jahren, insbesondere von engagierten Menschen mit Körperbehinderungen und Sinnesschädigungen, in die Diskussion gebracht. Als „Experten in eigener Sache" wollen sie selbst entscheiden, wie geholfen werden kann, den Alltag zu bewältigen. Die Assistenz bei Menschen mit geistiger Behinderung geht über die Rolle eines praktischen Helfers in der Regel weit hinaus. Hier begreift sich der heilerziehungspflegerische Assistent als Bezugsperson, die hilft, menschliche Grundbedürfnisse nach Zusammensein, Anerkennung, Nähe und Mitmenschlichkeit zu ermöglichen (siehe Kapitel 7.1).

> **Aufgaben**
>
> 1. *Welche Menschen verhelfen Ihnen in Ihrem Leben zu einem hohen Maß an „Selbstverwirklichung" und „sozialer Integration"? Ausschließlich Freunde und Familienangehörige? Sind das Menschen, die dies beruflich tun? Was „leisten" diese Menschen? Ist dieses Tun für Sie selbstverständlich? Wird es von Ihnen bezahlt oder anders honoriert?*
>
> 2. *Sprechen Sie in einer kleinen Gruppe darüber, was unter „Selbstverwirklichung" und „sozialer Integration" verstanden werden kann.*
>
> 3. *Was halten Sie davon, wenn behinderte Menschen sich als „Experten in eigener Sache" sehen?*

Heilerziehungspflegerische Lebensbegleitung

Wer mit schwer behinderten Menschen zusammenarbeitet, versteht seine Aufgaben in erster Linie als Lebensbegleitung. Dabei ist damit nicht Bevormundung, sondern verantwortungsvolle Teilhabe am gesamten Leben und Erleben der Menschen mit schwersten Behinderungen gemeint. Grundlegend geht es darum, Geborgenheit, Sicherheit, Nähe, Hoffnung, Anerkennung und auch Verbundenheit zu vermitteln. Befindlichkeiten, Notwendigkeiten und Wünsche des behinderten Menschen müssen von der Heilerziehungspflegerin wahrgenommen, akzeptiert und in ihrem alltäglichen Tun berücksichtigt werden.

> **Aufgaben**
>
> 1. *Welche Unterschiede gibt es Ihres Erachtens zwischen einer eher assistierenden und einer eher lebensbegleitenden Heilerziehungspflege?*
>
> 2. *Welche Kompetenzen sollte man besitzen, um verantwortungsvoll die Aufgaben der „Lebensbegleitung" behinderter Menschen zu bewältigen? Wie kann man diese Kompetenzen erwerben oder erweitern?*
>
> 3. *Warum könnte es als ausgebildeter Heilerziehungspfleger von Vorteil sein, selber bereits ein größeres Maß an „Lebenserfahrung" (Lebensalter, Berufsjahre in anderen Berufen, Kindererziehung, ehrenamtliches Engagement o. a.) zu haben? Warum könnte diese Lebenserfahrung auch eher hinderlich sein? Sammeln Sie in einer kleinen Gruppe Argumente zu beiden Fragen. Präsentieren Sie anschließend Ihre Arbeitsergebnisse in der Klasse.*

1.8 Im Praktikum

In einem Praktikum während der Ausbildung wird Ihnen Gelegenheit gegeben, den heilerziehungspflegerischen Arbeitsalltag in einem typischen Tätigkeitsfeld kennenzulernen.

Die folgenden Aufgaben können Ihnen dort übertragen werden:

- **Die Einrichtung der Behindertenhilfe kennenlernen**
  - Geschichte, Konzeption, Zielsetzung
  - Besichtigung wichtiger Bereiche oder Abteilungen (z. B. Therapie-, Freizeit-, Arbeits- und weitere Wohnbereiche in einer komplexen Einrichtung)

– Struktur der Einrichtung (z. B. Finanzierung, Trägerschaft, Leitung, Organisation, Befugnisse)
– Gemeinde- und Verkehrsanbindung, integrative Gesichtspunkte

■ **Die zu Betreuenden im Alltag kennenlernen**
– Einarbeitung durch die Praktikumsanleiterin erfahren
– Tagesstrukturen und Wochenstrukturen kennenlernen und in die eigene Arbeit integrieren
– Beziehungen der zu betreuenden Menschen mit Behinderungen untereinander erleben und berücksichtigen
– Gewohnheiten und Besonderheiten einzelner zu Betreuender erfahren
– Die zu Betreuenden auf die Beendigung des Praktikums vorbereiten und verantwortlich in die eigene Tätigkeit integrieren

■ **Arbeit im Team erleben**
– Aufgabengebiete aller Teammitglieder kennenlernen
– Formen der Teamarbeit erfahren
– Relevanz von Absprachen, Übereinkünften, Kompromissen (o. Ä.) erfahren
– An Übergabegesprächen und an weiteren Teamgesprächen in Absprache mit der Praktikumsanleiterin bzw. dem Praktikumsanleiter teilnehmen

■ **Bedeutung methodischer Arbeit erkennen**
– Methoden des erzieherischen Umgangs im Alltag erkennen
– Methoden alltäglicher Pflege erkennen
– Besondere Methoden und Schwerpunkte erkennen (z. B. Förderpflege oder spezielle Fördermaßnahmen)
– Sich über kurz- und langfristige Ziele, die mit diesen Methoden verfolgt werden, informieren
– Bedeutung von „Freiräumen" und „Anleitungen" erfahren
– Umgang mit schwierigen Situationen (z. B. Konflikte oder problematische Verhaltensweisen) nach Absprachen mit dem Praktikumsanleiter erkennen und sich über helfende Maßnahmen informieren

■ **Tagesablauf in einzelnen Tätigkeitsfeldern mitgestalten**
– Nach Absprache mit der Praktikumsanleiterin in alltagsrelevanten Arbeitsbereichen unterstützend tätig sein
– Bei Schichtdienst: Arbeit in verschiedenen Schichten erleben
– Eigene Neigungen und Interessen mitteilen und nach Absprache in den Tätigkeitsbereich integrieren
– Besondere Fähigkeiten (z. B. im musischen, kreativen, spielerischen oder sportlichen Bereich) nach Absprache in den Tätigkeitsbereich integrieren

■ **Reflexion heilerziehungspflegerischen Handelns**
– Stets mit erfahrenen Mitarbeitern tätig sein
– In regelmäßigen Abständen gesonderte Gespräche mit der Praktikumsanleiterin führen
– Unbekanntes hinterfragen
– Standpunkte vertreten und Meinungen mitteilen
– Empfänglich sein für positive und negative Kritik
– Ein gesondertes Abschlussgespräch mit der Praktikumsanleiterin führen

In einem weiteren Praktikum zu einem späteren Ausbildungszeitpunkt werden Sie an einem weiteren Praktikumsort darüber hinaus:
■ bestimmte Methoden erkennen und aufzeigen,
■ schwierige Situationen wahrnehmen und sich über Lösungsmöglichkeiten informieren (z. B. problematische Verhaltensweisen eines zu Betreuenden),
■ einen bestimmten Arbeitsauftrag methodisch eigenständig vorbereiten und in weitestgehender Eigenverantwortung durchführen und reflektieren,
■ dabei im ständigen Austausch mit Ihrer Praktikumsanleiterin stehen,
■ diesen Arbeitsauftrag gemeinsam mit der Praktikumsanleiterin und den Lehrern der Fachschule schriftlich vorbereiten, praktisch durchführen und selbstkritisch und gemeinsam mit den genannten Personen und den beteiligten Menschen mit Behinderungen, so weit es möglich ist, über den gesamten Zeitraum reflektieren.

1. Sammeln Sie Adressen und Informationen zu möglichen Praktikumsstätten. Tragen Sie diese Informationen im Klassenverband zusammen.

2. Welche Praktikumsplätze erscheinen Ihnen besonders interessant? Was könnte Sie interessieren? Welche weiteren Informationen hätten Sie noch gerne?

3. Wie bewirbt man sich um einen Praktikumsplatz in den Sie interessierenden Einrichtungen? Wen müssen Sie ansprechen? Welche schriftlichen Unterlagen müssen eingereicht werden? Welche Arbeitszeiten erwarten Sie?

4. Warum ist es sinnvoll, seine Praktika in verschiedenen Einrichtungen zu absolvieren?

5. Warum ist es sinnvoll, seine Praktika in verschiedenen Tätigkeitsfeldern zu absolvieren?

6. Warum könnte es sinnvoll sein, seine Praktika alle in einer Einrichtung zu absolvieren? (Welche Schwierigkeiten könnte es dennoch bei einer späteren Arbeitsplatzsuche geben?)

7. Welche Fragen möchten Sie in einem eventuell auf Sie zukommenden Bewerbungsgespräch gerne stellen? Welche Fragen könnten eventuell vom Vertreter der Einrichtung gestellt werden?

8. Führen Sie ein Rollenspiel durch zum Thema: „Ein Bewerbungsgespräch für ein Praktikum in einer Wohngruppe für behinderte Erwachsene". Vergeben Sie die Rollen. Lassen Sie jeden Spieler sich zusammen mit einem „Berater" auf das Gespräch in Ruhe vorbereiten. Spielen Sie anschließend. Nach dem Spiel: Wie haben sich die Beteiligten gefühlt? Wann waren sie unsicher, wann fühlten sie sich sicher? Was können sie aus dem Erlebten lernen?

Praktikumsanleitung während eines Praktikums

Eine gute Einrichtung der Behindertenhilfe verpflichtet sich,
- eine qualifizierte Anleitung für die gesamte Praktikumsdauer zu gewährleisten,
- Zeit und Raum für regelmäßige Praktikumsgespräche bereitzustellen.

In der Regel wird die Praktikumsanleitung durch eine erfahrene Fachkraft (Heilerziehungspfleger, Erzieherin, Krankenpfleger, Heilpädagogin o. Ä.) mit Berufserfahrung erfolgen. Sie wird von der Einrichtung ausdrücklich benannt und mit den Aufgaben der Anleitung betraut. Ein Praktikumsanleiter soll im Einsatzbereich des Praktikanten tätig sein und bei wechselnden Dienstzeiten stets oder so oft wie möglich den Praktikanten im Alltagsgeschehen erleben können. Nur in einem begründeten Ausnahmefall soll die Praktikumsanleitung von einer Person außerhalb des Einsatzbereiches geleistet werden.

Besuche durch eine Lehrerin der Fachschule

Eine Ihnen und der Praktikumsstätte benannte Lehrerin wird mit der Praktikumsanleiterin Termine zum Besuch des Schülers in der Einrichtung vereinbaren. Bei diesen Besuchen wird die Praktikumsanleiterin anwesend sein. Nach vorheriger Absprache mit allen Beteiligten (z. B. Bewohnerinnen oder weiteren Mitarbeitern) wird die Lehrerin den Praktikanten in alltäglichen Arbeitssituationen erleben wollen und als geladener Gast bei diesem Geschehen anwesend sein (z. B. in einer Essenssituation in einem Wohnheim, bei einem Spaziergang mit einer Gruppe von Bewohnern, zur unterstützenden Hilfe bei einer Freizeitaktivität mit einer Gruppe von Bewohnern u.v.m.). Dabei wird die Lehrerin keine Unbeteiligte sein, sondern in das geplante Tun integriert werden. Das schafft allen Beteiligten, insbesondere den anwesenden Menschen mit Behinderungen, ein höheres Maß an Natürlichkeit und gibt dem Praktikanten in der Regel mehr Sicherheit bei den Aktivitäten. Diese erlebten Situationen werden manchmal als Leistungsnachweise zensiert, in jedem Falle aber direkt nach dem Geschehen reflektiert.

Auch zum Ende eines Praktikums wird ein abschließendes Reflexionsgespräch mit der Lehrerin stattfinden. Die Praktikumsanleiterin wird bei diesem Gespräch anwesend sein und sich beteiligen. Dieses Gespräch wird in der Regel umfassend sein und in der Form eines vom Praktikanten vorzubereitenden Fachgespräches (Kolloquiums) in der Einrichtung der Behindertenhilfe stattfinden. Dieses Fachgespräch kann ebenfalls zensiert werden.

Aufgaben

1. *Finden Sie Antworten im Gespräch in einer kleinen Gruppe auf die folgenden Fragen: Was könnte ein Lehrer für ein Interesse haben, Sie während eines Praktikums zu besuchen/mehrfach zu besuchen? Worauf könnte er besonderen Wert legen? Wie kann man den zu Betreuenden den Besuch/die Besuche des Lehrers verdeutlichen?*

2. *Versuchen Sie bereits jetzt, also vor Beginn eines Praktikums, Ihre Unsicherheiten zu benennen. Machen Sie diese Unsicherheiten im gemeinsamen Gespräch mit dem Lehrer deutlich. Lassen Sie sich vom Lehrer seine Erwartungen und Hoffnungen verdeutlichen.*

Ihre Vorbereitung auf ein abschließendes Reflexionsgespräch

In einem Reflexionsgespräch sollen Sie den Nachweis antreten, dass Sie didaktische/methodische Arbeitsweisen erkannt und nach vorheriger Absprache bewältigt haben. Zugleich sollen Sie als zukünftige Fachkraft in der Arbeit für Menschen mit Behinderungen üben, dieses Tun bewusst zu erinnern, zu hinterfragen, zu bewerten und von anderen (Praktikumsanleiterinnen, weiteren Mitarbeiterinnen im Praktikum, Lehrern) bewerten zu lassen.

Die folgenden Satzanfänge, Satzfragmente oder Fragen werden Ihnen anregende Hilfen geben können, um sich auf ein Reflexionsgespräch vorzubereiten. Beschäftigen Sie sich bereits im Verlaufe des Praktikums mit diesen Anregungen. Manchmal kann das Aufschreiben einzelner Erinnerungen (in Stichpunkten) eine gute Übung für das Gespräch sein. Es genügt normalerweise, wenn Sie sich mit vier bis sechs dieser Anregungen beschäftigen. Wählen Sie diejenigen aus, die Ihnen am wichtigsten erscheinen und zugleich am deutlichsten **einzelne Situationen** zum Praktikum in Erinnerung rufen.

Beispiel

„Folgendes Erlebnis mit ... hat mich nachteilig beeindruckt:"
„Die folgenden Gewohnheiten oder Besonderheiten eines zu Betreuenden bestimmten Teile meines Arbeitsalltages:"
(Welche Ziele ergaben sich aus diesen Arbeitsaufträgen? Wie wurden diese Ziele gefunden? Wie wurden sie überprüft? Was waren dabei Ihre eigenen Anteile? Was geschieht mit diesen Arbeitsaufträgen jetzt, wo Ihr Praktikum beendet ist und in der Zukunft?)

„Besonders gern habe ich hier Folgendes gemacht:"
„Ich habe zunächst nicht verstanden, dass man von mir verlangte, dass ich ... "

„In folgenden Situationen war ich selbst Beteiligter methodischer Prozesse: ...
Dabei gab ich anderen folgende Freiräume und Anleitungen: ...
Folgende Rückmeldungen von zu Betreuenden und Kolleginnen habe ich erhalten: ...
Im Nachhinein bewerte ich mein eigenes Tun und Lassen wie folgt."

„Folgende meiner Fähigkeiten und Interessen kamen im Praktikum nicht zur Geltung:"
„Hier hätte Folgendes anders sein müssen, damit ich besser hätte arbeiten können:"

„Skeptisch war ich, als ich zusammen mit ... "
„Unsicher war ich, als ich zusammen mit ... "
„Angst hatte ich, als ich ... "
„Vor folgender Situation wäre ich am liebsten geflohen:"
„Ich habe es toll gefunden, dass man mir ... "

„Meine Rolle als Praktikantin war ein Thema, als ...
Dabei war es für mich nachvollziehbar, dass man mir ...
Es war für mich nicht nachvollziehbar, dass man mir ...
Mittlerweile denke ich darüber ... "

„In folgender Situation habe ich anders als die Mitarbeiter agiert ...
Das geschah, weil ich ...
Daraufhin habe ich von Mitarbeitern ... "

„Das folgende Geschehen verdeutlicht die Verantwortung in meiner Praktikantentätigkeit: ... "
(Wie durchlebten Sie die Situation? Erscheint Ihnen rückblickend Ihr Handeln oder Unterlassen angemessen? Wie haben Sie Ihr Erleben gegenüber einzelnen Mitarbeitern oder dem Team verdeutlicht? Was haben Sie aus dem Geschehen gelernt?)

„Beim folgenden Geschehen kam ich an meine Grenze: ... "
(Was war das Leidvolle, Unaushaltbare oder Schreckliche an der Situation? Wie haben Sie, wie mögen andere Beteiligte diese Situation durchlebt haben? Was haben Ihnen Menschen gesagt, die nicht Beteiligte waren, denen Sie aber darüber berichtet haben? Wie hat diese Grenzsituation Ihr weiteres Handeln im Praktikum beeinflusst? Welchen Einfluss könnte diese Grenzsituation auf persönliche berufliche Entscheidungen haben? Was haben Sie durch dieses Geschehen gelernt?)

„In folgender Situation habe ich mich zurückgehalten, weil ... "
„In folgender Situation sagte ich ‚Das kann und will ich nicht tun': ...
Daraufhin ... "

„In folgender Situation habe ich einen Fehler gemacht: ... "
„Die folgenden heilerziehungspflegerischen Fähigkeiten möchte ich demnächst lernen: ... "
„Die folgenden, in diesem heilerziehungspflegerischen Arbeitsfeld wichtigen persönlichen Eigenschaften oder Fähigkeiten fehlen mir noch: ... "

„Meine Vorbildfunktion für Bewohner wurde mir deutlich, als ... "

„Im Teamgespräch habe ich mir Folgendes zugetraut: ... "
„Es kam zu einem Streit im Team (bei dem ich beteiligt war), als ich ... "
„Ich fühlte mich ungerecht behandelt, als ... "
„In folgender Situation hat meine Erfahrung oder Ansicht dazu geführt, dass hier zukünftig ... "
„Auch ungefragt teile ich anderen meine Meinung mit. Das zeigte ich, als ... "

„Obwohl ich der Meinung war, dass ... habe ich in folgender Situation ... "
„Anderen ist bewusst, dass ich folgende Handlungen entgegen meiner eigenen Überzeugung ausführte: ... "
„Es gab alltägliche Arbeiten, die einfach von mir erwartet wurden, obwohl ich anderen gegenüber bereits häufiger mitgeteilt habe, dass ... "

Einschätzungen der Praktikumsanleiterin werden in diesem Abschlussgespräch von der Lehrerin erfragt

Dabei können die folgenden Fragen gestellt werden:

- „Wo stimmen die Selbsteinschätzungen vom Studierenden mit Ihren Einschätzungen überein? Wo gibt es unterschiedliche Auffassungen? Wie kam es zu diesen Unterschieden?"

- „Wo liegen die Stärken des Studierenden? In welchen Bereichen fehlt es an Fähigkeiten? In welchen Arbeitsfeldern wäre es Ihres Erachtens wichtig, noch weitere Erfahrungen zu sammeln?"
- „Welche Defizite des Praktikanten erscheinen Ihnen im Verlaufe des Praktikums unerklärlich?"
- „Können Sie sich nach der Ausbildungszeit eine weitere Zusammenarbeit vorstellen?"

Aufgaben

1. *Welche dieser Satzanfänge, Satzfragmente oder Fragen ...*
   a) *... möchten Sie voraussichtlich lieber nicht beantworten (warum)?*
   b) *... interessieren Sie aufgrund Ihres Berufswunsches besonders?*
   c) *... erinnern Sie an eine andere, Ihnen persönlich wichtige Lebenssituation?*
   d) *... werden Sie sich voraussichtlich eher in einem ersten Praktikum stellen?*
   e) *... könnten in Praktika zu einem späteren Ausbildungszeitpunkt hinzukommen?*

2. *Warum ist es wichtig, dass Heilerziehungspflegerinnen sich diesen Satzanfängen, Satzfragmenten oder Fragen stellen? Schreiben Sie Ihre Meinungen dazu als Thesen zusammen (Arbeit in einer kleinen Gruppe) und präsentieren Sie diese der gesamten Klasse.*

3. *Sortieren Sie alle Satzanfänge, Satzfragmente oder Fragen zu je einer der drei didaktischen/ methodischen Basisqualifikationen:*
   Zielorientierung – Gemeinschaftlichkeit – Glaubwürdigkeit.
   (Blättern Sie noch einmal zurück, lesen Sie die Erklärungen und sortieren Sie die Fragmente abschließend mithilfe eines Meinungsaustausches in einer kleinen Gruppe).

Erfahrungsbericht zum ersten Praktikum

Aufgaben

Fertigen Sie als schriftlichen Leistungsnachweis einen Erfahrungsbericht zu Ihrem Praktikum an. Der Punkt 3 umfasst mindestens die Hälfte Ihres Berichtes. Ihr Bericht wird wie folgt unterteilt:

1. *Institution*
   a) *Standort*
      (Ort bzw. Lage, Gemeinde- und Verkehrsanbindung, Größe, Gelände und Gebäude usw.)
   b) *Entwicklung*
      (Wichtige Daten und Geschehnisse der Entstehungsgeschichte in Kurzform)
   c) *Struktur*
      (Trägerschaft, Leitung, Finanzierung, Bereiche, Berufsgruppen usw.)

2. *Tätigkeitsbereich*
   a) *Mitarbeit/Team*
      (Zahl der Mitarbeiterinnen, Berufsgruppen, allgemeine und spezielle Aufgabengebiete der Mitarbeiterinnen, Arbeitszeiten, Übergabe- oder sonstige gemeinsame Gesprächssituationen, „enges" und „erweitertes" Team, Struktur (Weisungsbefugnisse und Zuständigkeiten)
   b) *Räumlichkeiten*
      (Skizzierung bzw. Beschreibung)
   c) *Unterstützter Personenkreis*
      (Darstellung in Kurzform: Alter, Geschlecht, Behinderung, Krankheiten, Arbeitstätigkeiten, Freizeitinteressen)
   d) *Beschreibung eines typischen Arbeitstages*
      (Darstellung in Kurzform unter Berücksichtigung der Tagesstruktur, der Tätigkeiten, der Zeit und Dauer)

3. Persönliche Stellungnahme und Reflexion

Aufgaben

Einrichtung — | Gefühle, Einstellungen, Erfahrungen, Erlebnisse, Ängste, Sorgen, Hoffnungen, Erwartungen | — Aufgaben

Unterstützte — | **Ich** | — Tagesablauf

Team — | Freude, Ärger, Wut, Akzeptanz, Lernmöglichkeiten, Fähigkeiten, Interessen, Anleitung, Selbstständigkeit | — Reflexion

Erfahrungsbericht zu einem Praktikum im zweiten oder dritten Jahr der Ausbildung

Aufgaben

1. Institutionsbeschreibung
   a) (wie zuvor)
   b) (wie zuvor)
   c) (wie zuvor)
   d) Organigramm zur Darstellung der Aufbauorganisation (einschl. eigene Position und Hinweise auf direkte Vorgesetzte und Weisungsbefugte)
   e) Fort- und Weiterbildungsmöglichkeiten für Mitarbeiter und zu Unterstützende
   f) Bemühungen zur Förderung der Integration oder der Interessenvertretung für Menschen mit Behinderungen

2. Darstellung des Praktikumsbereiches
   a) (wie zuvor)
   b) (wie zuvor)
   c) Gestaltung der Wohnung bzw. des Beschäftigungsbereiches (z. B. WfbM) und des Hauses

   Gesichtspunkte bei einem Wohnbereich:
   – Ästhetik und Komfort
   – Alters- und Kulturangemessenheit
   – Individuelle Gestaltungsmöglichkeiten
   – Privateigentum und Gemeinschaftseigentum
   – Möglichkeiten zur Intimität und Geselligkeit

   Gesichtspunkte bei einem Beschäftigungsbereich
   – Art der Arbeitstätigkeiten, kognitive, motorische und soziale Anforderungen
   – Ästhetik und Komfort
   – Technische Ausstattung
   – Individuelle Gestaltungsmöglichkeiten
   – Sicherheit, Gefährdungsmöglichkeiten
   – Möglichkeiten zur Geselligkeit
   – Weitere Angebote

3. Zusammenleben und Rechte der zu Betreuenden (Bewohnerinnen, Beschäftigte, Patienten oder andere Nennungen)

a) Kontaktmöglichkeiten für Bewohner/Beschäftigte/Patientinnen
(in der Gruppe und zwischen Gruppen; in der Einrichtung; in der Nachbarschaft und Gemeinde; Freizeitgestaltung; Umgang mit gesetzl. Betreuern o. Ä.)

b) Verfügungsmöglichkeiten für Bewohnerinnen/Beschäftigte/Patienten
(„Schlüsselgewalt"; Umgang mit Geld und Vermögen; Anschaffungen; Freizeit- und Urlaubsmöglichkeiten; zeitliche Vorgaben durch andere; Entscheidungsspielräume und Entscheidungsfreiheiten; Mitbestimmungsmöglichkeiten o. Ä.)

2 Didaktik

- ■ *Was sind die Grundkriterien und Leitbegriffe der Didaktik?*
- ■ *Warum ist eine systemisch-konstruktivistische Didaktik sinnvoll?*
- ■ *Welche Konsequenzen ergeben sich für heilerziehungspflegerisches Handeln?*

In diesem Kapitel werden die Grundlagen zu einem Verständnis der Didaktik dargelegt. Im Anschluss hieran wird eine systemisch-konstruktivistische Didaktik skizziert, so wie sie für die Arbeit in der Heilerziehungspflege nutzbringend sein kann. Abschließend werden konkrete Hinweise für ein didaktisch-methodisches Vorgehen in der Heilerziehungspflege benannt.

Was ist nun Didaktik?

Grundlegend kann davon ausgegangen werden, dass Didaktik sich als eine Teildisziplin der Pädagogik bzw. der Erziehungswissenschaften verstehen lässt. Hierzu können verschiedene Ansätze benannt werden (vgl. Kron 1993, S. 29):

- Ein Verständnis von Didaktik als wissenschaftliche Disziplin in der Erziehungswissenschaft: Sie würde hierbei generell zur allgemeinen Pädagogik gezählt werden.
- Eine geisteswissenschaftlich beschriebene Didaktik, welche als Teildisziplin der sog. Geisteswissenschaftlichen Pädagogik beschrieben werden kann und hierbei vor allem den Unterricht meint.
- Ein Didaktikverständnis, welches sowohl den Forschungsbereich als auch den Bereich der Lehre in Hochschulen und Fachhochschulen bestimmt – dieses letzte Verständnis wird in diesem Kapitel nicht weiter ausgeführt werden.

Die Didaktik stellt sich somit als ein Teilfeld der Erziehungswissenschaften dar, mehr noch: Sie teilt sich sogar mit der Erziehungswissenschaft unterschiedliche Handlungsfelder und Gegenstandsbereiche, so zum Beispiel die Auseinandersetzung mit anthropologischen Bedingungen, die Skizzierung von Aussagen zur Sozialisation der zu Erziehenden, die Auseinandersetzung mit Institutionen und Organisationsformen sowie bestimmte Verweise auf die Handlungskompetenz im Feld der Pädagogik (vgl. Kron 1993, S. 31). So erscheint es dann auch logisch, dass sich die Didaktik, wie die Pädagogik, mit den unterschiedlichen Nachbar- bzw. Referenzwissenschaften auseinandersetzt bzw. sich auf diese bezieht, so z. B. auf die Psychologie, die Soziologie, die Politikwissenschaft, die Philosophie, die Theologie, die Anthropologie aber auch die Medizin und die Biologie. Beide Wissenschaftsbereiche (also die Pädagogik und die Didaktik) richten sich hierbei aber auch auf bestimmte gemeinsame Aufgabenbereiche aus, wie es zum Beispiel in der Wahrnehmung empirischer Forschungsmethoden, in der Ausrichtung auf die Erziehung und den Unterricht sowie auf die wechselseitigen Bezüge zum Lernen, zum Denken und zur Motivation der Kinder und Jugendlichen und Erwachsenen der Fall ist (vgl. Kron 1993, S. 32).

Die Didaktik stellt sich somit als Schnittstellenfeld dar, welches mit unterschiedlichen Nachbardisziplinen und Handlungsfeldern kooperiert. In unserem Falle ist es vor allem relevant, auf die didaktischen Möglichkeiten im Hinblick auf die Heilerziehungspflege einzugehen, bzw. im Vorfeld zu begründen, welche Art von Didaktik für die Wahrnehmung der Arbeit mit Menschen mit Behinderung wichtig ist. Aussagen zur schulischen Didaktik, d. h. also wie Heilerziehungspflege gelehrt wird, werden somit in diesem Kapitel nicht weiter verfolgt.

Versucht man nun das Wort Didaktik zu bestimmen, bzw. auf seine ursächliche Basis zurückzuführen, erscheint dies sehr problematisch, da die Begriffsbestimmungen in unterschiedlichen Jahrhunderten sehr mannigfach gestaltet waren: So wurde Didaktik unter anderem als Wissenschaft vom Lehren und Lernen verstanden, Didaktik bezog sich mehr auf die Theorie bzw. auf die Wissenschaft des Unterrichtens, Didaktik wurde als theoretische Begründung der Bildungsinhalte verstanden, Didaktik diente in theoretischer und praktischer Hinsicht der Steuerung von Lernprozessen, bzw. als Anwendung psychologischer Lern- und Lehrtheorien und vieles andere mehr (vgl. Kron 1993, S. 42–47). Auch wenn es somit recht unterschiedliche Hinweise zur Bestimmung der Didaktik gibt, können doch mindestens folgende Grundkriterien benannt werden, um eine erste Definition des Begriffes bzw. der Wissenschaft der Didaktik zu erlangen (vgl. Kron 1993, S. 48):

2.1 Grundkriterien zur Didaktik

- Didaktik ist eine Wissenschaft von den Vermittlungsprozessen von Kultur in ganz spezifischen Gesellschaften; Didaktik vermittelt in Lehr- und Lernprozessen somit immer auch ganz bestimmte Aspekte der kulturellen Gegebenheiten, so wie sie in einer ganz bestimmten Gesellschaftsform vorherrschend sind bzw. zur Norm erhoben wurden. Diese Handlungsprozesse sind immer Ausdruck des gesellschaftlichen und sozialen Handelns von Menschen. Diese Handlungen bedingen jeweils die Kultur und die Gesellschaftsprozesse in denen der Mensch lebt, sodass ein Kreislaufmodell hierzu angedeutet werden kann.
- Didaktik ist eine sozialwissenschaftliche Vorgehensweise; didaktisches Handeln bezieht sich hierbei direkt auf die Praxis, und zwar auf eine Praxis in welcher es darum geht, die Bedingungen von Handeln aufzuklären bzw. zu fördern.
- Hieraus ergibt sich eine dritte Kategorisierung, nämlich dass Didaktik sich als verstehende und erklärende und somit auf die Handlung zielende sozialwissenschaftliche Vorgehensweise verstehen lässt. Somit wird in diesem Schritt schon deutlich, dass es in der Didaktik immer um ein sehr umfassendes Methodenverständnis geht, welches sowohl von den verstehenden, d.h. hermeneutischen Vorgehensweisen ausgeht, aber auch empirische Verfahren bzw. Aktionsforschungselemente hierbei nicht auslässt.
- Das Gegenstandsfeld einer solchermaßen verstandenen Didaktik sind Lehr- und Lernprozesse unterschiedlichster Art, welche sich an unterschiedlichsten Orten vollziehen können. Dieses Verständnis von Didaktik beschränkt sich somit nicht nur auf die didaktischen Arbeitsformen im Unterricht, vielmehr werden alle Handlungs-, Lehr- und Lernprozesse benannt, welche auch im Alltag stattfinden können, bzw. vorzufinden sind.
- Grundlegende Inhalte dieser Lehr- und Lernprozesse sind hierbei kulturelle und soziale Orientierungen sowie die normativen Gegebenheiten und Bedingungen einer Gesellschaft. Ein solchermaßen verstandenes didaktisches Vorgehen erforscht diese Inhalte, um sie dann später im Hinblick auf konkrete Lehr- und Lernprozesse zu operationalisieren.
- Als letztes ist noch einmal zusammenzufassen, dass sich eine solche Didaktik als Teildisziplin der Erziehungswissenschaften versteht, welche in der Kooperation mit anderen Wissenschaften in diesem Handlungsfeld agiert und somit als Allgemeine Didaktik verstanden werden kann.

Aufgaben

1. Leiten Sie von den vorangegangenen Punkten einer Grundlegung der Didaktik mögliche Konsequenzen für heilerziehungspflegerisches Handeln ab.

2. Stellen Sie aus der Referenzwissenschaft der Philosophie mögliche Grundlagen für eine hermeneutische Didaktik, bzw. aus der Referenzwissenschaft der Soziologie Begründungen für eine empirische Didaktik zusammen. Vergleichen Sie diese miteinander und stellen Sie Gemeinsamkeiten bzw. Widersprüche fest. Welche dieser didaktischen Formen ist für heilerziehungspflegerisches Handeln besonders bedeutend und warum?

3. Welche Aussagen aus der Psychologie könnten für eine Begründung der Didaktik – vor allem für die Heilerziehungspflege – sinnvoll und nutzbringend sein? Begründen Sie Ihre Ausführungen möglichst ausführlich.

4. Welche Kritik könnten Sie aus der Sicht der Praxis der Heilerziehungspflege an einer solchermaßen verstandenen Didaktik (vgl. Frage 1) benennen? Diskutieren Sie Ihre Ergebnisse.

2.2 Leitbegriffe zur Didaktik

Im Hinblick auf eine praxisrelevante Beschreibung von Didaktik können drei Leitbegriffe benannt werden (vgl. Kron 1993, S. 121–193):
- **Bildung**
- **Lernen**
- **Interaktion**

Diese drei Begriffe sollen im Weiteren kurz erläutert werden:

1. Bildung: Der Bildungsbegriff ist in vielfältiger Weise in den theoretischen Begründungen einer Didaktik wiederzufinden. So führen beinahe alle Aussagen der Bildungsforscher im Rahmen einer bildungstheoretischen Diskussion zu der Einsicht, dass alle Menschen in einem wechselseitigen und lebendigen Verhältnis zur kulturellen Welt stehen und diese Welt sinnverstehend deuten. Mehr noch: der Mensch produziert (ja beinahe konstruiert, s. u.) sein Verhältnis zur Welt bzw. die Dinge und Symbole. Er schafft hierdurch kulturelle Leistungen, er entäußert sich sozusagen in diesen Leistungen und Handlungen. Kron fasst diese Aussage wie folgt zusammen:

> *„In der Sprache der Bildungstheoretiker werden diese Momente als materialer und formaler Aspekt dieses Prozesses, der Prozess selbst als Bildungsprozess bezeichnet; denn in diesem Prozess bringt der Mensch sich selbst und über sich selbst auch die Kultur hervor. Damit ist das Individuum in seinem Bildungsprozess in das Zentrum pädagogischer und didaktischer Diskussion und Forschung gerückt". (Kron, 1993, S. 122)*

Die Vermittlung von Kultur durch Bildung bzw. die Bildung durch kulturelle Elemente stellt somit ein unhintergehbares Moment jeglicher didaktischer Prozesse dar. Gerade in der Arbeit mit Menschen mit Behinderung ist somit grundlegend davon auszugehen, dass die Vermittlung von Kulturgütern jedweder Art ein wichtiges Handlungsmotiv und Handlungsmoment darstellen muss. Gerade auch in der Auseinandersetzung mit integrativen Maßnahmen (wie dieses auch in den sogenannten Schulen mit besonderem Förderbedarf der Fall ist) spiegelt sich diese Motivation aktuell wieder. Die Diskussion um Integrationsprozesse von Menschen mit Behinderung ist somit ohne einen Bezug auf eine allgemeine Didaktik (so wie diese auch von Georg Feuser seit Jahren immer wieder gefordert und begründet wird) nicht zu realisieren. Solchermaßen verstandene Bildungsprozesse bzw. hieran anschließende didaktische Konstruktionen umfassen alle Menschen, welche in einem ganz bestimmten Kulturfeld kooperieren und miteinander leben – ein Ausschluss verbietet sich schon auf dieser Ebene der Argumentation von selbst. Didaktik führt somit schon vor diesem Hintergrund zu einer allgemeinen Erziehung und Bildung, sie umfasst alle Momente dessen, was Menschsein in einer ganz bestimmten Kultur ausmacht. Didaktische Prozesse haben sich in ihrem Vermittlungsprozess jedoch darauf zu beziehen, einzelne Elemente dieses Feldes zu typisieren bzw. die Konstruktionsmechanismen, welche der Einzelne in diesem Feld mitbringt bzw. auf welche er sich bezieht, zu evaluieren bzw. im weiteren Verlauf der didaktischen Handlung zu operationalisieren.

2. Lernen: Didaktische Prozesse beziehen sich immer wieder auf die Fähigkeiten und Möglichkeiten der Menschen, zu lernen. Eine lernorientierte Didaktik hätte sich somit damit auseinanderzusetzen, wie diese Lernprozesse beim Einzelnen, aber auch bei bestimmten Gruppen, situiert sind, wie sie verlaufen, mit welchen Methoden und Medien sie unterstützt werden können bzw. vorab all dieser Überlegungen: In welchen anthropologischen und sozialen Begründungen sie verortet sind. Zum Abschluss und im Anschluss an diese Lernprozesse müsste dann ein reflexiver Vorgang stattfinden, in welchem alle Beteiligten eingebunden werden, um weitere Lernprozesse ggf. auf einer weiteren Abstraktionsstufe zu verändern bzw. zu optimieren. In der Arbeit mit Menschen mit Behinderungen ist es somit notwendig, ihre Lernprozesse genau zu kennen, zu wissen, wie sich diese entwickeln, vor welchem Hintergrund, bzw. in welcher Gemengelage welcher Syndrome diese stattfinden, um ihnen adäquate Lernumgebungen zu ermöglichen, bzw. in diesen Lernumgebungen Lernprozesse anzuregen. Gerade das Alltagsgeschehen bietet sich hierbei in hervorragender Art und Weise an, weil dieses (orientiert am Tages-, bzw. Wochenverlauf) vielfältige Möglichkeiten bietet, Lernprozesse zu begründen und durchzuführen. Damit diese Prozesse im Nachhinein überprüft werden können, ist es sinnvoll, sie im Vorfeld gut zu planen – auch wenn bestimmte Formen einer konstruktivistischen Didaktik, so wie diese weiter unten beschrieben wird, sich als nicht planbar bzw. als (auch wenn dieses nun beinahe paradox erscheinen mag) multiperspektivisch planbar erscheint (vgl. Kron, 1993, S. 149–157; Siebert, 2003, S. 11–30).

3. Interaktion: Die wechselseitige Handlung von Personen stellt einen wichtigen Bezugspunkt dieser didaktischen Prozesse dar, welche Bildungsprozesse initialisieren und von Lernprozessen ausgehen. Gerade die Wechselseitigkeit der unterschiedlichen Konstruktionsmechanismen der Handlungspartner ist hierbei als wichtiges Moment zu kennzeichnen. Interaktion stellt hierbei die wechselseitige Bedingtheit bzw. die wechselseitige Beeinflussung zweier oder mehrerer Handlungspartner dar, welche sich in einem ganz bestimmten Handlungsfeld begegnen (vgl. Kron 1993, S. 170). In diesen Interaktionsprozessen realisieren sich Kommunikationsweisen dieser Handlungspartner, in ihnen und durch sie werden unterschiedliche Konstruktionen von der Welt abgeglichen und aufeinander bezogen, mehr noch: Die Welt wird in und durch diese Interaktionsprozesse erst geschaffen. Wie alle anderen Kommunikationsprozesse auch, entwickeln sich die Handlungsprozesse in didaktischen Vollzügen somit mit Bezug auf einen Vermittlungsaspekt, d.h. es geht darum, bestimmte Elemente zu lernen, sich diese anzueignen bzw. durch einen Impuls darzubieten. Des Weiteren werden bestimmte Inhalte vermittelt, diese werden durch die Beziehung der unterschiedlichen Handlungspartner aufeinander bezogen. Dennoch kann es immer wieder zu ganz bestimmten Störaspekten kommen, welche diese Prozesse gegebenenfalls irritieren (dieses kann z.B. in der Raumgestaltung, aber auch in der Gestimmtheit der pädagogischen Partner oder in der Behinderung selbst begründet sein). Diese Elemente können in ihrer Wechselseitigkeit nun wie folgt grafisch abgebildet werden:

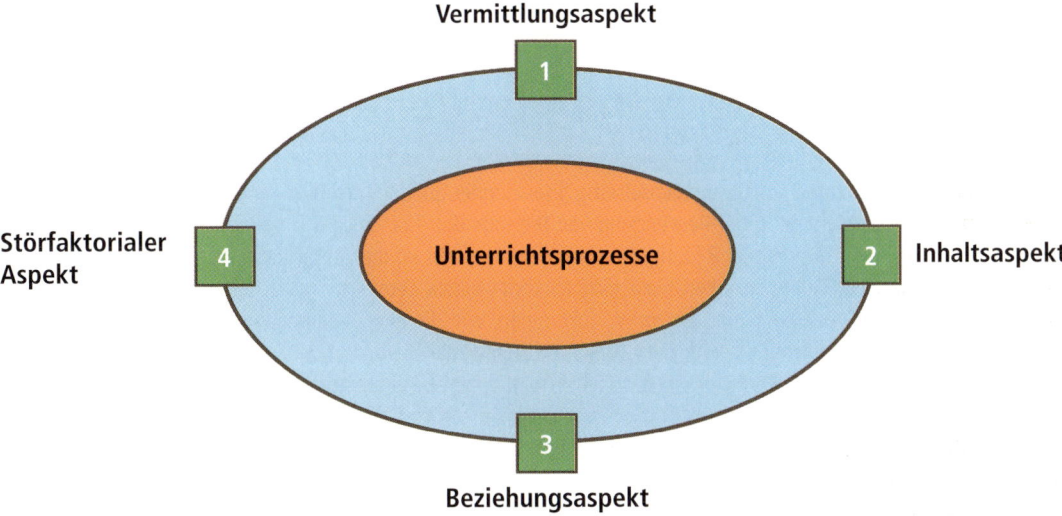

Die vierfache Aspektierung des Unterrichts nach Rainer Winkel (in: Kron, 1993, S. 191)

Zusammenfassend kann somit festgehalten werden, dass sich die Prozesse der Bildung, des Lernens und der Interaktion in einem ständigen Wechselspiel ergeben und ereignen, sodass von ihnen didaktische Prozesse abgeleitet werden können. Diese Vollzüge ereignen sich jedoch auch in umgekehrter Reihenfolge: Didaktische Vorgänge zielen ab auf Bildungsprozesse, sie realisieren sich durch die unterschiedlichen Fähigkeiten des Lernens und ereignen sich in wechselseitigen und voneinander abhängigen Interaktionsmustern der jeweils Handelnden. Auch diese Verläufe können nun grafisch wie folgt dargestellt werden:

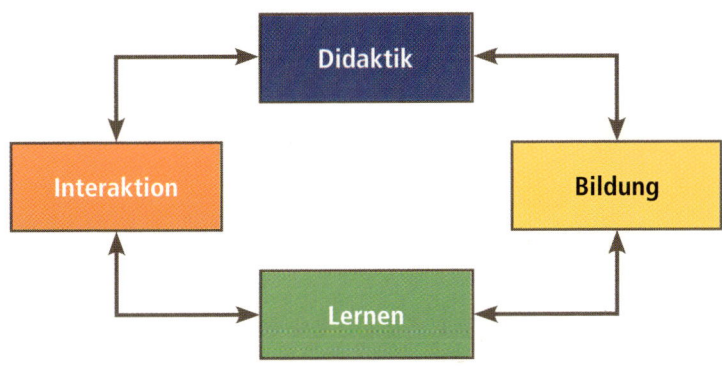

Vernetzung didaktischer Grundelemente

1. Erläutern Sie anhand alltäglicher Vorgänge in der Heilerziehungspflege die Dimensionen der Bildung, des Lernens und der Interaktion so wie sich diese für didaktische Prozesse in der Heilerziehungspflege als nutzbar erweisen können.

2. Konkretisieren Sie an einem Beispiel die wechselseitigen Verwobenheiten von Vermittlungsaspekt, Inhaltsaspekt, Beziehungsaspekt und möglicherweise Störfaktoren.

3. Gibt es Unterschiede zwischen der didaktischen Vorgehensweise im Schulbereich und im Wohnbereich von Menschen mit Behinderungen? Diskutieren Sie Ihre Ergebnisse im Klassenverband.

4. Welche Kritik ist gegebenenfalls an einem Modell von Didaktik zu äußern, das die wechselseitigen Konstruktionen von Wirklichkeit und Welt in den Mittelpunkt seiner Begründung stellt? Begründen Sie auch hier Ihre Ausführungen möglichst ausführlich.

2.3 Eine systemisch-konstruktivistische Didaktik für die Heilerziehungspflege

Wie bereits oben angedeutet, stellt die wechselseitig voneinander abhängige Wahrnehmung und Konstruktion von der Welt ein wichtiges Moment in der Begründung von Didaktik dar – ja, diese Begründung ist in den letzten Jahrzehnten sehr zielführend für vielerlei Bildungsprozesse geworden. Es können somit nicht nur didaktische Prozesse zielführend sein, welche davon ausgehen, dass ein Lehrender einem Lernenden ganz bestimmte Inhalte beibringt und dass diese Inhalte genauso beim Lernenden ankommen, wie diese vom Lehrenden gemeint sind. D. h. wenn der Heilerziehungspfleger davon ausgeht, dass seine Worte bzw. die Gestaltung eines Raumes zielführend sind, in welchem dann ein Mensch mit Behinderung das Ziel verfolgt, einen Tisch für eine Abendbrotsituation zu decken, so ist dieses reine „Input-Output-Modell" nicht realistisch. Vielmehr werden die Handlungsanweisungen, die Pläne des Heilerziehungspflegers, die räumlichen Gegebenheiten und vieles andere mehr die Wahrnehmung des Menschen mit Behinderung modifizieren, sodass er seine eigene Sichtweise der Dinge im Rahmen dieser Abendbrotsituation entwickelt. Seine Sichtweise wird wiederum Einfluss nehmen auf den Heilerziehungspfleger, sodass dieser gegebenenfalls genötigt ist, seine Pläne im Hinblick auf die Strukturierung dieses Bildungsprozesses zu verändern.

Wovon geht der Konstruktivismus grundlegend aus? Folgende Elemente können hierbei als Basisbegründungen zu einer konstruktivistischen Sichtweise von Didaktik benannt werden (vgl. Siebert 2003, S. 29):

Begründungen einer konstruktivistischen Didaktik:

■ Der Mensch konstruiert das, was er wahrnimmt. Er bildet somit eigene neuronale Netzwerke und bildet in ihnen nicht die Wirklichkeit ab, sondern konstruiert diese in all ihrer Vielfältigkeit neu.

■ Das Gehirn ist hierbei sozusagen operational geschlossen: Es handelt und interagiert mit seinen eigenen Zuständen und Zustandsmodalitäten. Das, was im Gehirn geschieht, geschieht in der Tat im Gehirn – es bezieht sich auf diejenigen Zustands- und Funktionsprozesse, welche grundlegend für die neuronalen Prozesse sind und welche nur so neuronal festgelegt werden können (so ist der Mensch, anders als z. B. die Fledermaus, nicht dazu in der Lage ganz bestimmte Frequenzen wahrzunehmen).

■ Der Mensch lernt nur dann nachhaltig, wenn er das, was er lernt, an Erfahrungen die schon vorhanden sind anschließen kann. Diese Anschlussfähigkeit setzt voraus, dass die Lernprozesse und die Lerninhalte Relevanz für sein Leben und seine Alltagsgestaltung haben.

■ Die Struktur der menschlichen Wahrnehmung determiniert das, was der Mensch verarbeiten kann; die kognitiven sowie die emotionalen und sensorischen Strukturen sind somit dafür verantwortlich, was er aufnimmt und was er im Rahmen seiner Interaktionsprozesse der Umwelt anbietet.

- Denken und Handeln finden somit in Übergängen statt. Es gibt keine operational eindeutigen Handlungs- und Wahrnehmungswege, vielmehr entwickeln die Menschen ihre Wahrnehmung im Kontext von unterschiedlichen Rationalitäten und Widersprüchen.
- Es kommt hierdurch somit auch zu einer deutlichen Relativierung und Relationalisierung von Wahrheiten und Wahrnehmungen. Es gibt nicht mehr die eine Wahrheit – vielfältige Blickwinkel und Perspektiven auf die Wirklichkeit sind möglich, ja sogar notwendig, um miteinander Sinn zu gestalten.
- Letztlich bleibt das, was Welt und Wirklichkeit ausmacht, verborgen, da nur die Konstruktionsprinzipien und Mechanismen des Menschen darüber „entscheiden", was für den konkreten Menschen in einer konkreten Situation relevant ist.
- Die Prozesse der Kommunikation in diesem Feld schaffen somit Verständigungsmöglichkeiten und gemeinsame Welten der Verständigung – auch wenn diese Kommunikation immer wieder anfällig ist für Störungen und Missverständnisse.
- Lernprozesse finden somit immer wieder individuell statt, sie müssen passend und brauchbar sein, damit der Mensch die in ihnen und durch sie erfahrenen Kontexte und Erlebnisse nutzen kann. Diese Viabilität (also: „Passung") stellt ein wichtiges Merkmal konstruktivistischer Bildungsprozesse dar.
- Lernprozesse sind also nicht von außen gestaltbar, sondern im hohen Maße selbst gesteuert. Eine konstruktivistische Didaktik muss somit Lernfelder begründen, in welchen dann Bildungsprozesse stattfinden. Die Idee des „Nürnberger Trichters", welcher davon ausging, dass Wissen einfach in die Köpfe der Lernenden eingefüllt werden könne, ist ad acta zu legen zugunsten eines Modells, in welchem Lernender und Lehrender aufeinander bezogen sind und Bildungsprozesse immer auch im Umkehrschluss verlaufen und funktionieren.
- Die Reflexion dieser Prozesse, d.h. die Beobachtung der unterschiedlichen Handlungspartner durch die Beobachtung stellt ein wichtiges Moment in der (vorsichtigen und vorläufigen) Planung dieser didaktischen Prozesse dar.
- Zusammenfassend kann somit behauptet werden, dass Lern- und Bildungsprozesse in hohem Maße unberechenbar und nicht festlegbar sind, da die lebenden Systeme selbstreflexiv auf- und miteinander agieren und reagieren. Nicht so sehr die Fremdsteuerung, sondern vielmehr die Eigendynamik komplexer lebender, psychischer und sozialer Systeme ist somit als Begründungsmoment einer konstruktivistischen Didaktik anzunehmen.

Welche Konsequenzen sind nun aus dieser konstruktivistischen Perspektive für didaktisches Denken und Handeln ableitbar?

Folgende Konsequenzen können hierzu benannt werden (vgl. Arnold 2007, S. 67–101):
- Lernprozesse sind nicht machbar, sie sind vielmehr nur anregbar. Der Konstruktivismus spricht an dieser Stelle von Pertubation, d.h. von Störungen. Diese Störungen kommen von außen in ein System hinein, stören es, bzw. regen es zu weiteren Entwicklungsmöglichkeiten an, wobei das System selber entscheidet, wie heftig es diese Störungen empfindet, ob diese dazu beitragen sich neu zu orientieren, oder ob sie als für das System nicht relevant bezeichnet werden.
- Diese Lernprozesse ereignen sich somit in jeder Person selbst und immer wieder aufs Neue. Sie werden zwar von außen angeregt, aber jeder kann nur für sich selber lernen.
- Wobei hierzu die Einschränkung zu machen ist, dass sich diese Lernprozesse auch immer wieder in Gruppen vollziehen, wobei diese Gruppen selbstverständlich aus Individuen bestehen, welche miteinander interagieren und sich wechselseitig aufeinander beziehen. Eine konstruktivistische Sicht von Didaktik hätte somit die individuelle Sichtweise mit der Sichtweise von Gruppenhandlungen zu verbinden. Gerade in der Heilerziehungspflege ist dieses notwendig, da dort häufig in Gruppenprozessen interagiert wird (so z.B. in Vollzügen des Wohnens, aber auch während der Arbeits- und der Freizeitgestaltung).
- Da somit vom Einzelnen nicht die Außenwelt kritiklos aufgenommen, sondern diese vielmehr in all ihrer Farbigkeit neu gestaltet wird, muss die Didaktik Lernfelder bereitstellen, bzw. Modelle präsentieren, in denen Lehren und Lernen stattfinden kann. Die Aufgabe der Heilerziehungspflege bestünde somit darin, Lernarrangements zu entwickeln, also Lernfelder zu gestalten, in welchen vielfältige Möglichkeiten des Lernens realisiert werden können. Die Heilerziehungspfleger hätten somit im Kontext ihrer Alltagsprozesse Lernfelder zu generieren, in welchen die Handlungsoptionen vergrößert werden – Einschränkungen durch isolierende Möglichkeiten verbieten sich somit von

alleine, die Prozesse der Integration (so wie sie oben skizziert worden sind) dienen des Weiteren als Begründung für eine Realisierung dieser didaktischen Möglichkeiten.

■ Der Sinn dieser Lehr- und Lernprozesse besteht somit in der Tat in der Entwicklung von Sinn beider Handlungspartner. Das was Welt in Wirklichkeit ausmacht, die Entwicklung von sinnhaften Vollzügen, entsteht in der wechselseitigen Wahrnehmung und Konstruktion eben dieser Wahrnehmungsprozesse – auch wenn diese häufig sehr vorreflexiv vonstatten gehen. Der Respekt vor der Wahrnehmung des Einzelnen steht somit (auch anthropologisch) im Mittelpunkt der Entwicklung von Bildungsprozessen. Wie er meine Angebote wahrnimmt, welche er auswählt, welche für ihn relevant sind, wird durch ihn bestimmt – und durch niemand anderen sonst. Die Heilerziehungspflegerin ist somit nicht mehr die Macherin im Kontext dieser Lernprozesse, sie hat sich vielmehr als Mediatorin zu verstehen, welche Anregungen schafft, damit Lernen stattfinden kann – ohne hierbei natürlich aus der direkten Kommunikation herauszutreten bzw. die Verantwortung hierfür aufzugeben; so einfach ist Konstruktivismus dann doch wiederum nicht!

■ Die vielfach erlernte Hilflosigkeit in den Bereichen der Heilerziehungspflege, d.h. die nicht mehr oder scheinbar nicht mehr vorhandene Fähigkeit der Menschen mit Behinderung, ihre Dinge eigenständig anzugehen, ihre Lebensgeschichte selbstständig in die Hand zu nehmen, ist somit aufzulösen durch eine permanente Forderung bzw. Anforderung aller Handlungspartner, das eigene Handeln in den Mittelpunkt zu stellen. Die Verantwortung für das, was Leben ist, ist nun nicht zurückzugeben, weder durch den Menschen mit Behinderung an den Heilerziehungspfleger, noch durch die Heilerziehungspflegerin an irgendwelche ominösen Mächte im Rahmen des organisatorischen Eingebundenseins. Vielmehr sind alle Prozesse einer konstruktivistischen Didaktik im freien wechselseitigen Vollzug, bzw. in der Notwendigkeit einer eigenständigen autonomen Gestaltung von Leben zu realisieren. Der Einzelne, das Individuum, verliert sich somit nicht in dieser konstruktivistischen Sichtweise, es gerät vielmehr in den Mittelpunkt aller Handlungen, welche Bildungsprozesse präformieren und operationalisieren. Die ethische Begründung konstruktivistischen Handelns liegt hierbei somit auch in der Wahrung und Wahrnehmung des einzelnen Schicksals eines jeden Menschen.

■ So verstanden, sind Lehr- und Lernprozesse auszubalancieren zwischen Angeboten und Demonstrationen dessen was notwendig erscheint, bzw. zwischen Beobachtungen und Evaluationen eben dieser Konstruktionen. Eine intensive Verantwortung liegt hierbei selbstverständlich beim heilerziehungspflegerisch Handelnden, da er über die notwendigen professionellen Kompetenzen verfügt, Handlungsräume zu gestalten. Die Organisation muss dementsprechend eben diese Handlungsräume vorhalten, sie muss dem heilerziehungspflegerisch Handelnden jedoch auch die Möglichkeit gewährleisten, diese Reflexionsprozesse nachvollziehen zu können.

Ein konstruktivistischer Lernprozess, d.h. die Basis einer konstruktivistischen Didaktik in der Heilerziehungspflege, hat somit vernetzte Lernprozesse darzulegen. Diese Lernprozesse verknüpfen unterschiedliche Elemente miteinander:

> *„… Thesen mit Antithesen, Altes mit Neuem, Alltagswissen mit theoretischem Wissen, eigene Erfahrungen mit Erfahrungen anderer, Begriffe mit Beispielen, Bilder mit Kommentaren, Aktionen mit Reflexionen, Emotionen mit Kognitionen, Visionen mit Realitäten, Ursachen mit Wirkungen, Theorie mit Praxis, Eigeninteresse mit Gruppeninteresse, Argumente mit Gegenargumenten. Charakteristisch für vernetztes Lernen ist die Offenheit, die ‚Unabgeschlossenheit‘. Lösungen und Antworten sind stets vorläufig, gelten nur ‚bis auf weiteres‘. Ein vernetztes Lernen ist zwar autopoietisch und operational geschlossen, aber doch aufgeschlossen für ‚Störungen‘ (Pertubationen) und Irritationen. Diese permanenten Verunsicherungen von außen halten den Lernprozess in Gang. Die Lernergebnisse gelten auf Widerruf, nichts ist endgültig und unwiderruflich." (Siebert, 2003, S. 42 f.)*

Die Wahrnehmung und Darstellung dieser vernetzten Lernprozesse fordert vom heilerziehungspflegerisch Handelnden nicht gerade wenig: Er ist dazu genötigt, sich selber im Kontext aller Alltagsprozesse zu reflektieren, diese Alltagsprozesse in ihrer Wechselwirkung zu sehen, sie im Hinblick auf Lebens- und Lernprozesse für und mit den Menschen mit Behinderung zu aktualisieren bzw. zu planen, um somit Lernfelder zu schaffen, in welchen umfangreiche und vielfältige Erfahrungen möglich werden. Die heilerziehungspflegerisch Handelnden haben somit unterschiedliche Dimensionen dieses vernetzten Lernens zu realisieren:

```
                    komplementär
                      analog
                        |
                        |
    ökologisch    ┌─────────────┐    systemisch
  ──────────────  │  Vernetztes │  ──────────────
    relational    │   Lernen    │    zirkulär
                  └─────────────┘
                        |
                        |
                  interdisziplinär
                    transversal
```

Dimensionen vernetzten Lernens (aus: Siebert, 2003, S. 44)

Da konstruktivistische Handlungsprozesse an unterschiedlichen Schnittstellen, besser: Systemen, stattfinden, hierin unterschiedliche Beziehungen realisiert werden und wechselseitig voneinander abhängig sind, kann Erziehung „als wirkungsunsicheres, systemisches Handeln" (Arnold, 2007, S. 13) verstanden werden. Das was ist, ist in seinen Wirkungen nie endgültig vorhersagbar; es bleibt ein offener Spielraum, in welchem sich die Handlungspartner auch wechselseitig aus dem Feld gehen können. Ja mehr noch, sie werden dies tun, wenn sich das didaktische Feld als für sie nicht passend herausstellt. Dies gilt gleichermaßen für die heilerziehungspflegerisch Handelnden, als auch für die Menschen, mit denen sie tätig werden: Die heilerziehungspflegerisch Handelnden werden sich selber als nicht autonom erleben, wenn die Organisationsstrukturen sie zu sehr einengen, die Menschen mit Behinderung werden die Handlungsangebote, welche für sie als didaktische Momente gültig sein sollen, nicht verstehen und realisieren, wenn diese nicht ihre Lebenswirklichkeit betreffen. Eine intensive Wahrnehmung der wechselseitigen Abhängigkeiten voneinander stellt somit den Dreh- und Angelpunkt einer konstruktivistischen Sichtweise von Didaktik dar, so wie sie dann für die Heilerziehungspflege relevant ist. Die didaktischen Angebote, so wie sie in diesem Buch wiederzufinden sind, sind somit auch als Handlungsalternativen bzw. als Aufforderung zu verstehen, diese im wechselseitigen Verhältnis zu realisieren, bzw. als Optionen unterschiedliche Möglichkeiten von Wirklichkeit zu schaffen, bzw. den Menschen mit Behinderung anzubieten. Es geht nun in der Heilerziehungspflege darum, nicht eine strategische sondern eine „Ermöglichungsdidaktik" (Arnold, 2007, S. 33) zu realisieren, in welcher die heilerziehungspflegerisch Handelnden den Menschen mit Behinderung unterschiedliche Handlungsweisen ermöglichen, sie quasi positiv dazu nötigen, autonom im Kontext dieser wechselseitigen Weltgestaltungsmöglichkeiten tätig zu werden. Es ist nicht das Faktum, welches diese Didaktik leitet, sondern die Option. Mehr noch: Eine solchermaßen verstandene Didaktik versucht den Raum des „zwischen" auszuloten. Das, was in den Handlungen zwischen den Personen, zwischen den Lebensfeldern geschieht, gerät in den Mittelpunkt einer konstruktivistischen Planung und Realisierung von Bildungsprozessen. Die Erfahrungen, welche zwischen diesen unterschiedlichen Personen entstehen, sind es letzten Endes, welche Leben und Entwicklung ermöglichen und erweitern (vgl. Arnold 2007, S. 102–108).

Aufgaben

1. *Entwickeln Sie für die Handlungsfelder des Wohnens, der Arbeit und der Freizeit konkrete didaktische Modelle, welche vom konstruktivistischen Grundgedanken abgeleitet sind.*

2. *Setzen Sie die grundlegenden Annahmen zum Konstruktivismus mit weiteren Modellen aus der Psychologie bzw. der Soziologie in Bezug, vergleichen Sie diese miteinander und stellen Sie ggf. Unterschiede, Widersprüche oder Gemeinsamkeiten heraus.*

3. *Welche Kritik ist an einem radikalen konstruktivistischen Vorgehen gegebenenfalls zu üben? Begründen Sie Ihre Meinung möglichst ausführlich.*

4. *Stellen Sie in einem Rollenspiel die wechselseitige Entstehung von Welt dar. Wechseln Sie in diesem Rollenspiel häufiger die Rollen und tauschen Sie sich über Ihre Erfahrungen aus.*

5. *Was lösen die Begriffe Wohnen, Arbeit, Handeln, Medikamente, Freundschaft bei Ihnen aus? Stellen Sie Vermutungen darüber an, was diese Begriffe bei einem Menschen mit Behinderung auslösen könnten. Vergleichen Sie Ihre Arbeitsergebnisse miteinander.*

2.4 Didaktisches Handeln in der Heilerziehungspflege

Auch wenn didaktische Prozesse grundlegend wechselseitig konstruiert sind, ist es dennoch notwendig, diese Prozesse zu planen bzw. die stattgefundenen Handlungsprozesse auszuwerten. Nach Martin (2005, S. 57–73) kann dieser Prozess einer didaktischen Reflexion in vier Schritte gegliedert werden:

1. die Analyse, in welcher die didaktische Situation beschrieben und erklärt wird,
2. der Planungsprozess, in welchem Entscheidungen zu fällen sind, was mit wem wie ge- und verhandelt wird, danach wird die didaktische Situation konkret vorbereitet,
3. der Handlungsprozess als praktische Umsetzung eben dieser Planungen und
4. der Auswertungsprozess, in dem das was realisiert wurde evaluiert wird, um es dann erneut in einen weiteren Analyseprozess einzuspeisen.

Diese vier Prozesse beziehen sich nun nicht nur allein auf den Menschen mit Behinderung, sie wirken vielmehr auch auf den handelnden Heilerziehungspfleger zurück, sodass auch er seine Situation analysiert, sein Verhalten plant und natürlich auch seine Möglichkeiten und Handlungsoptionen evaluiert. Es kann somit ein doppeltes Modell dargestellt werden, in welchem die Prozesse der Analyse, der Planung, des Handelns und der Auswertung sowohl in sich selber zurücklaufen, als auch als zwischen Menschen mit Behinderung und heilerziehungspflegerischem Handeln vernetzte bezeichnet werden können. Didaktisches Handeln stellt sich somit auch auf diesem Hintergrund als wechselseitige Störung dar, welche erst durch diesen interdependenten Charakter dazu in der Lage ist, Bildungsprozesse zu begründen und zu gestalten. Das Verlaufsmodell einer didaktischen Arbeit im Rahmen einer Heilerziehungspflege kann nun folgendermaßen dargestellt werden (siehe nebenstehende Abbildung).

Der und die heilerziehungspflegerisch Tätige hätte somit einen Spagat zu leisten zwischen einer konstruktivistischen Begründung didaktischen Handelns, in welcher vieles möglich, aber nicht alles notwendig ist, und einer Planung, in welcher diese konstruktivistischen Prozesse aber als Begründungen und Reflexionsmöglichkeiten didaktischen Handelns verstanden werden können. Didaktik zu realisieren, ist somit alles andere als eindimensional, vielmehr stellt sich ein wechselseitiger Prozess dar, in welchem alle Variablen dieses Handlungsprozesses von professionell tätigen Heilerziehungspflegern beachtet und betrachtet werden müssen:

- die individuelle Situation seiner eigenen Person,
- die Geschichte und individuelle Situation der Person, bzw. der Personen mit welchen er handelt,
- die Gestaltung der Raumsituation im Kontext einer Gesamtorganisation,
- die Situiertheit dieser Organisation im historischen und gesellschaftlichen Raum,
- die kulturellen Prozesse, welche diesen Raum bzw. diese Organisation, bzw. diese Gruppe und diese Beziehungen geprägt haben,

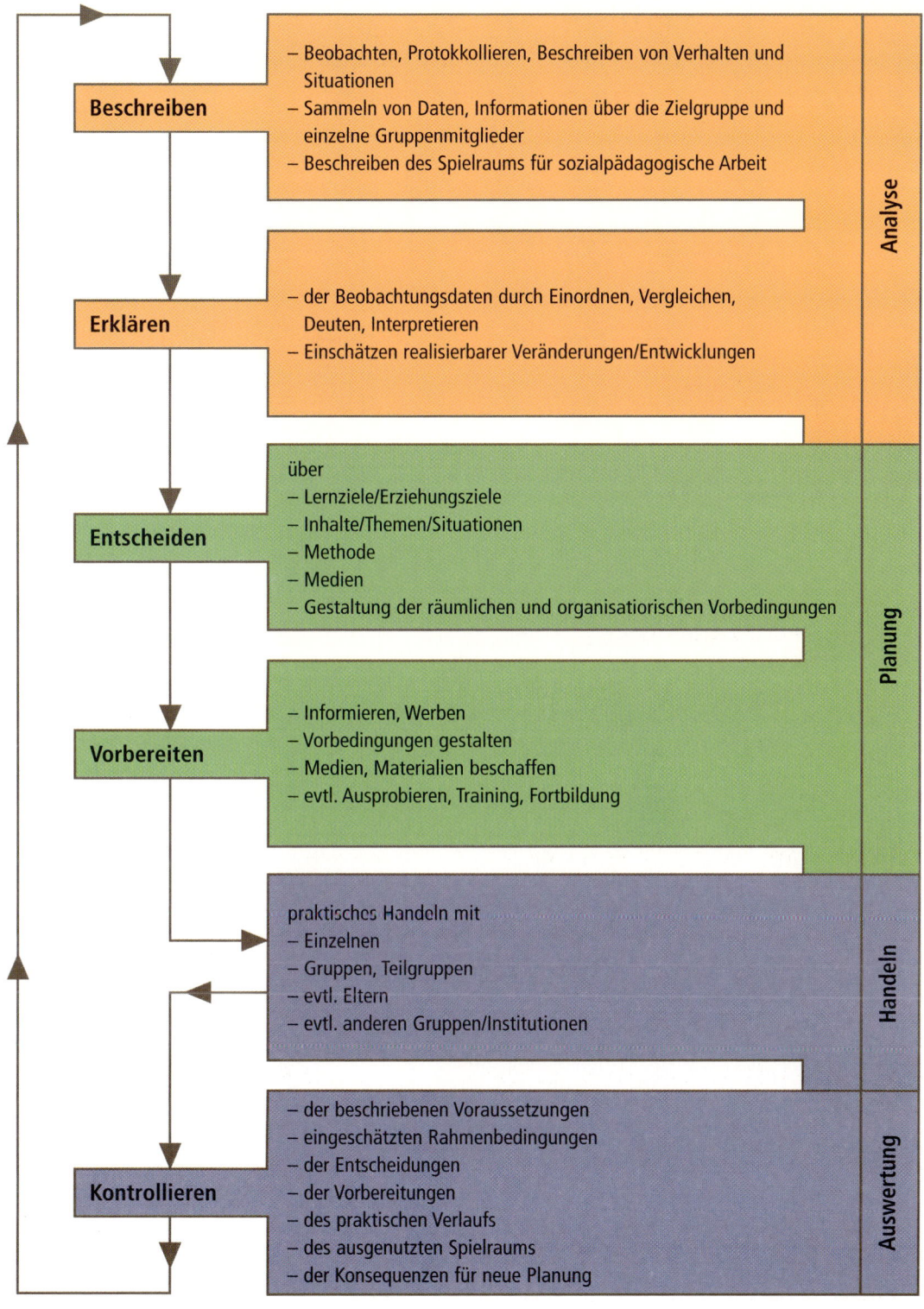

Beschreiben
- Beobachten, Protokollieren, Beschreiben von Verhalten und Situationen
- Sammeln von Daten, Informationen über die Zielgruppe und einzelne Gruppenmitglieder
- Beschreiben des Spielraums für sozialpädagogische Arbeit

Erklären
- der Beobachtungsdaten durch Einordnen, Vergleichen, Deuten, Interpretieren
- Einschätzen realisierbarer Veränderungen/Entwicklungen

Analyse

Entscheiden
über
- Lernziele/Erziehungsziele
- Inhalte/Themen/Situationen
- Methode
- Medien
- Gestaltung der räumlichen und organisatorischen Vorbedingungen

Vorbereiten
- Informieren, Werben
- Vorbedingungen gestalten
- Medien, Materialien beschaffen
- evtl. Ausprobieren, Training, Fortbildung

Planung

praktisches Handeln mit
- Einzelnen
- Gruppen, Teilgruppen
- evtl. Eltern
- evtl. anderen Gruppen/Institutionen

Handeln

Kontrollieren
- der beschriebenen Voraussetzungen
- eingeschätzten Rahmenbedingungen
- der Entscheidungen
- der Vorbereitungen
- des praktischen Verlaufs
- des ausgenutzten Spielraums
- der Konsequenzen für neue Planung

Auswertung

Verlaufsmodell der didaktischen Arbeit (Martin, 2005, S. 61)

- die Ziele, welche in einem Bildungsprozess verfolgt werden sollen,
- die Idee von Bildung, welche diesen folgt, bzw. wiederum konstitutiv für diese Prozesse ist,
- die konkreten Handlungen, welche diese Ziele in genau diesem Raum verfolgen,
- die Möglichkeiten, all diese Prozesse zu kontrollieren und zu evaluieren,
- wobei immer ein letzter Rest an Unschärfe und Risiko verbleibt.

Auch diese Prozesse können nun grafisch wie folgt zusammengefasst werden:

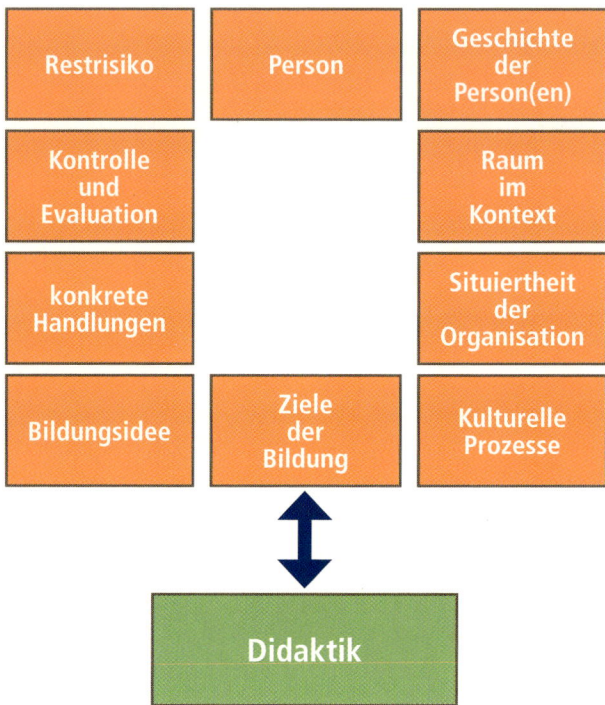

Variablen didaktischer Prozesse

1. *Entwickeln Sie anhand der Abbildung von Martin ein didaktisches Verlaufsmodell für die Arbeit mit Menschen mit einer schweren Behinderung.*

2. *Entwickeln Sie auf dem Hintergrund des Verlaufsmodells von Martin ein didaktisches Modell einer Arbeit mit Menschen mit leichten Behinderungen .*

3. *Vergleichen Sie Ihre unterschiedlichen Ergebnisse zu Aufgabe 1 und 2 miteinander.*

4. *Entwickeln Sie im Rahmen Ihrer Praxiskontakte eine Wahrnehmung, wie in diesen Praxisfeldern Didaktik realisiert wird. Vergleichen Sie im Klassenverband Ihre Ergebnisse miteinander.*

5. *Welche Ungenauigkeiten können sich ergeben, wenn man ein didaktisches Modell realisiert, welches den Weg über Analyse, Planung, Handlung und Evaluation im Rahmen konstruktivistischer Prämissen verfolgt? Wie sind diese Unschärfen ggf. aufzulösen? Stellen Sie Ihre Ergebnisse möglichst ausführlich dar.*

3 Organisation und Systeme

- *Welche Faktoren wirken auf Teamarbeit ein?*
- *Wie sind Einrichtungen der Behindertenhilfe aufgebaut?*
- *Wie stehen Einrichtungen der Behindertenhilfe und ihr soziales Umfeld zueinander?*

3.1 Das Team

Ansprüche und Leitbilder

„Oh je, was heißt hier Team?"

> *„Also, was ich unter Team verstehe ... – ja, Team, das heißt eigentlich so miteinander arbeiten, wenn so ... viele zusammenarbeiten oder so. – Aber bei uns, da ist das nichts mit Team. Eigentlich haben wir gar nichts, was wie ein Team aussieht. Obwohl – eigentlich sollten wir ja alle die gleiche Arbeit machen – aber jeder hier macht seinen eigenen Stiefel, jeder hat so seine Interessen bei der Arbeit, das ist hier nichts mit Team."*

(Becker/Meifort, 1994, S. 248)

So antwortet ein Mitarbeiter einer Einrichtung spontan in einem Interview. Und ein anderer:

> *„Oh je, was heißt hier Team? Team, das ist immer so was Ganzes, so insgesamt gesehen, oder? Bei uns auf der Gruppe gibts sowas eigentlich nicht, weil – wir arbeiten höchstens zu zweit oder zu dritt, wenns hoch kommt, und da ist immer die Schwierigkeit, dass man sich immer auf andere Kollegen einstellen muss. Und das ist einfach irgendwie nicht möglich, das auf einen Nenner zu bringen..."*

(Becker/Meifort, 1994, S. 248)

Was verstehen Sie unter Teamarbeit? Bringen Sie es auf den Punkt: Je vier Schüler diskutieren darüber und einigen sich auf die fünf wichtigsten Merkmale von Teamarbeit. Vergleichen Sie Ihre Listen in der Klasse.

Definition

> „Teamarbeit beschreibt die Zusammenarbeit in einer Gruppe, in der unter Einsatz unterschiedlicher fachlicher und persönlicher Möglichkeiten der Mitglieder und bewusster Beachtung bestimmter Regeln auf ein gemeinsames Ziel hingearbeitet wird. Sie kann ihren Schwerpunkt in gemeinsamer Sacharbeit oder in der gemeinsamen Kontrolle und Auswertung von Einzelarbeit haben. Die Zusammensetzung der Gruppe in fachlicher Hinsicht ist vom Arbeitsfeld und den zu erfüllenden Aufgaben abhängig. Teamarbeit ist sowohl unter Kollegen von gleicher als auch von unterschiedlicher Ausbildung möglich."

(Stahmer, 1996, S. 521)

Diese Definition ordnet Teamarbeit eindeutig dem beruflichen Sektor zu. Ursprünglich kommt der Begriff aus den USA. Dort ist es seit den 30er-Jahren ein Arbeitsprinzip in Wirtschaftsunternehmen. Daneben ist das Wort im Sport gleichbedeutend mit „Mannschaft".

Voraussetzungen und Chancen

Damit Teamarbeit entstehen kann, müssen mindestens die folgenden Bedingungen erfüllt sein:
- überschaubare Zahl der Mitglieder (ca. 4–9),
- gemeinsamer Wille, an der Aufgabe zu arbeiten,
- geregelte Aufgaben und Zuständigkeiten des Einzelnen,
- ausreichende Gelegenheiten für Absprachen hinsichtlich der sachlichen Aufgaben,
- übereinstimmende Bereitschaft, Unstimmigkeiten offen und direkt bearbeiten zu wollen.

Wenn diese Voraussetzungen erfüllt sind, bietet Teamarbeit im Gegensatz zu Einzelarbeit besondere Chancen:
- Teams können durch die Bündelung mehrerer und unterschiedlicher Kompetenzen ihrer Mitglieder komplexe Aufgaben und Probleme besser lösen.
- Teams geben ihren Mitgliedern emotionalen Rückhalt.
- Teams geben Anlass, den Umgang mit Dritten, z.B. Klienten, kritisch zu sehen und sind somit ein Instrument der Selbstkontrolle.

Aufgaben

1. *In einer kleinen Gruppe: Beschreiben Sie die fünf verschiedenen Voraussetzungen und die drei Chancen mit folgenden Beispielen:*
   „Küche, Thekendienst und Bedienung in einem Restaurant";
   „pflegerische Arbeit auf einer Station im Krankenhaus".
   Tragen Sie Ihre Aufzeichnungen im Klassenverband vor und vergleichen Sie diese miteinander.

2. *Finden Sie eine weitere beispielhafte Team-Situation und stellen Sie diese als Aufgabe für eine andere Kleingruppe in der Klasse. Nehmen Sie deren Aufgabe entgegen und erarbeiten Sie wiederum die Voraussetzungen und Chancen.*

Protestbewegungen und der Kampf um Ideale

Wer verstehen will, warum die Idee der Teamarbeit als Prinzip – nicht unbedingt als Realität – in den Einrichtungen der Behindertenhilfe so ernst genommen wird, sollte auf folgende Entwicklungen zurückschauen:
- Ordensangehörige waren in vielen Einrichtungen jahrzehntelang prägend. Es war selbstverständlich, dass eine Schwester, eine Diakonisse, ein Ordensmann usw. die Gruppenleitung innehatten. Mit dem Rückgang der Ordenstätigkeit drängen „weltliche" Mitarbeiter auf gleichberechtigte Mitarbeit und Zugang zu Leitungspositionen.
- Die Demokratiebewegung der 1960er-Jahre protestierte gegen autoritäre Führung und verlangte die Beteiligung der Basis in allen Bereichen des gesellschaftlichen Lebens. Die Parole „Keine Macht für niemand" brachte das

grundsätzliche Misstrauen gegen die Herrschenden zum Ausdruck. In Einrichtungen erhob sich die Forderung, Vorgesetzte wählen zu können.

■ Die Reformen in der Behindertenhilfe in den 1970er-Jahren unter dem Motto „Wohnen – Ort zum Leben" verstanden sich auch ausdrücklich als Gegenmodell zum Krankenhauswesen (wo ja, insbesondere in psychiatrischen Großeinrichtungen, noch lange Zeit viele Menschen mit geistiger Behinderung untergebracht waren). Die am Chefarzt und an medizinischen Kategorien ausgerichtete Krankenhausstruktur wurde als starre Hierarchie erlebt und abgelehnt.

■ Der Personalmangel in den 1970er-Jahren (in manchen Regionen bis heute) führte dazu, dass unausgebildete Mitarbeiter eingestellt werden mussten. Um daraus entstehende Spannungen zwischen Fachkräften und Helfern auszuschalten, wurde in vielen Teams und Einrichtungen das Prinzip „Wir sind alle gleich" gewissermaßen beschlossen und als geltend unterstellt. Unterschiede zwischen Personen nach Ausbildung, Alter usw. wurden ignoriert, weil sie das Prinzip stören würden.

■ Die Idee der autonomen Selbstorganisation brachte in den 1980er-Jahren junge Mitarbeiterinnen, zum Beispiel aus studentischen Projekten heraus, in die Einrichtungen hinein. In solchen experimentellen Projekten sollte jeder jede Tätigkeit ausüben können und dürfen, von der pädagogischen Arbeit über Leitungsfunktionen bis zum Toilettendienst; dies möglichst in rotierenden Amtszeiten.

■ Auch die Automobilindustrie, die Bundeswehr, die Werbebranche usw. sprechen längst mit größter Selbstverständlichkeit von Teamarbeit. Ist nun Teamarbeit in allen Teilen unserer Arbeitsgesellschaft „das Übliche" oder zumindest „das Erstrebenswerte" geworden?

Aufgaben

1. Welchen der hier skizzierten Strömungen sind Sie in Ihrem letzten Praktikum begegnet?

2. Welche Auswirkungen auf das Klima und den Alltag in der Einrichtung haben Sie feststellen können?

Mehr Unterschiede als Gemeinsamkeiten?

Zusammenspiel der Fähigkeiten

In den Einrichtungen der Behindertenhilfe ist Teamarbeit längst zum Normalzustand erklärt worden. Schon in Stellenanzeigen kann jeder nachlesen: „Die Bereitschaft zur Teamarbeit wird erwartet." Für die meisten Heilerziehungspflegerinnen gehören zu „ihrem" Team die Kollegen aus der gleichen Gruppe, in der Menschen mit Behinderung unmittelbar betreut werden. Diese Kollegen wiederum kommen nicht alle aus dem gleichen Beruf, sondern können sein: Heilerziehungspfleger, Erzieherinnen, Praktikanten, Kinderpflegerinnen, Sozialpädagogen, Zivildienstleistende, Heilpädagogen, Krankenschwestern, unausgebildete Helfer usw. (Als gemeinsame Bezeichnung spielt sich inzwischen das Wort „Betreuer" ein, unabhängig vom „juristischen" Betreuer im Sinne des entsprechenden Gesetzes.)

Die Personen in einem Team streuen nicht nur hinsichtlich ihrer erworbenen Ausbildungen. Hinzu kommt eine Vielfalt durch unterschiedliche Dienstalter sowie Lebensalter, zwischen denen leicht eine Generation liegen kann. Diese Heterogenität ist ein wesentliches Merkmal für die Wirklichkeit in den Einrichtungen und Dienststellen. Sie beinhaltet große Chancen, gleichzeitig erhebliche Spannungsmomente.

Aufgaben

1. Mit wem würden Sie lieber in einem Team beruflich zusammenarbeiten: Berufsanfängern? Erfahrenen? Gleichaltrigen? Jüngeren? Älteren? Männern? Frauen? Engagierten Menschen? Ruhigen Menschen? „Frohnaturen"? Bilden Sie ein Team nach Ihren eigenen Wünschen. Setzen Sie dazu einzelne Klassenmitglieder nebeneinander vor die Tafel und schreiben Sie über „deren Köpfe" Eigenschaften/Zuschreibungen, die Ihnen sympathisch wären. Jedoch dürfen Sie zu

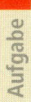

jeder Person lediglich ein Wort schreiben! Stellen Sie „Ihr Team" anschließend der Klasse vor. Suchen Sie sich anschließend jemanden aus, der „sein" Team bildet.

2. Bilden Sie einmal ein Team, welches Ihnen persönlich „etwas heikel" oder „schwierig" erscheinen mag. Was könnte Ihnen Schwierigkeiten bereiten? Begründen Sie Ihre Standpunkte. Wie könnten einige dieser Schwierigkeiten im Laufe der Zeit vielleicht kleiner werden oder ganz verschwinden? Hören Sie sich die Tipps der Klasse an. Welche der Tipps könnten Sie am ehesten annehmen?

Wie eine Gewürzmischung

„Wenn wir Gewürze wären (in der Suppe der WG ‚Linde'), würden wir alle irgendwie dazu passen, der Geschmack wäre recht abgerundet (vielleicht durch mich etwas pfeffrig). Nun handeln (betreuen) wir eben oft allein: Dann hat die Suppe mal diesen, mal jenen Geschmack, und Reto schmeckt nicht alles gleich gut.

Häufiger arbeiten wir zu zweit. Dann sind, sagen wir mal, heute Abend Salz und Kümmel da, morgen Muskat und Rosmarin und übermorgen Pfeffer und Lorbeer. Bei sechs Personen sind 15 verschiedene Paare möglich!

(...) Dazu kommt der Personalwechsel. Iris verlässt uns (der feine Rosmarin in der Gruppensuppe). Dass gerade sie, die Bezugsperson von Reto, geht, wird bei Reto tief gehende Bewegungen auslösen. Er wird Trauerarbeit leisten müssen. Aber an Iris' Stelle kommt Barbara (die Gewürznelke). Das Team wird nun nie mehr ‚wie mit Iris' sein, sondern ein Team ‚mit Barbara'. Es wird alles anders schmecken."

(Weber, 1996, S. 159 f.)

Was meinen Sie: Welches Gewürz bringen Sie selbst in ein Arbeitsteam ein?

Mitarbeiterstatus laut Arbeitsvertrag

Unterschiedliche Berufe, aus denen die Kollegen kommen, unterschiedliche Persönlichkeiten, die im Team aufeinander treffen: Neben diesen bestimmenden Faktoren kommen als weitere starke Größen die unterschiedlichen Arbeitsverträge hinzu.

Mitarbeiterinnen mit Teilzeitverträgen sind im Dienstplan anders verfügbar als Vollzeitkräfte und somit als Person anders präsent. Vor Jahren noch in den Einrichtungen der Behindertenhilfe eher die Ausnahme, stellen sie inzwischen einen zahlenmäßig starken Anteil der Belegschaft in vielen Häusern dar. Manche von ihnen sind nur am Wochenende tätig, andere nur für eine ganz begrenzte Zeit in den frühen Morgenstunden. Die Kommunikation im Team steht dann vor neuen Aufgaben. Insbesondere die Weitergabe von Informationen muss sorgfältig organisiert werden.

Mitarbeiterinnen ohne Ausbildung auf sogenannten Helferstellen können und dürfen nicht alle Aufgaben übernehmen, die die Mitarbeiter einer Wohngruppe zu bewältigen haben. Wenn eine Fachkraftstelle durch eine Helferstelle ersetzt wird, muss das Team die Aufgabenverteilung neu regeln.

In manchen Fällen werden ausgebildeten Heilerziehungspflegern Helferstellen angeboten – ein Dilemma für alle Beteiligten. Für die betreffende Person ist dies möglicherweise der gewünschte Einstieg in das Berufsleben, aber mit einem erheblich schlechteren Status und mit einer Bezahlung unter dem üblichen Tarif. Die Situation wird als ungerecht empfunden und kann zu Abwanderungsgedanken führen; die Teamkollegen müssen damit rechnen, dass ihr „Helferkollege" sie wieder verlässt, sobald sich ihm eine bessere Alternative bietet.

Ähnliches gilt für Mitarbeiter mit befristeten Verträgen. Auch ihr steigender Anteil stellt längst eine Realität in den Einrichtungen der Behindertenhilfe dar. Sobald einer betroffenen Person eine unbefristete Stelle in einer anderen Gruppe oder in einer anderen Einrichtung angeboten wird, ergibt sich die Frage: Wechseln oder nicht?

> **Aufgaben**
>
> 1. *Teilzeitstellen, Helferstellen, zeitlich befristete Verträge: Tragen Sie zu jedem der genannten Aspekte mögliche Auswirkungen auf die Zusammenarbeit in einem Team zusammen. Stellen Sie dabei Ihre Beurteilung der Dinge zunächst zurück und benennen Sie neben den denkbaren Nachteilen auch die Chancen.*
>
> 2. *Welche gefühlsmäßigen Reaktionen lösen Vertragsbedingungen bei Ihnen aus, die nicht dem klassischen Vertragsmodell (volle Wochenarbeitszeit, keine Befristung, volles Gehalt) entsprechen?*
>
> 3. *Wie würden Sie nach Abschluss Ihrer Ausbildung auf ein entsprechendes Angebot reagieren?*

Zusammenarbeit organisieren

Eine größere Einrichtung, in der erwachsene Menschen mit geistiger Behinderung betreut werden, hat den Versuch unternommen, ein gemeinsames Verständnis von wünschenswerter Teamarbeit zu formulieren. In einem Papier, das allen Wohngruppenmitarbeitern zugeht, heißt es:

> „Ein Team entsteht dadurch, dass mehrere Betreuer in derselben Gruppe arbeiten und eine bewusste und willentliche Entscheidung zur Zusammenarbeit treffen; es entsteht nicht nur dadurch, dass die Betreuer die gleiche Aufgabe haben.
>
> Dabei behält jeder Mitarbeiter die persönliche Verantwortung dafür, sich mit seinen Möglichkeiten an den gemeinsamen Aufgaben und dem Team zu beteiligen und beide mitzugestalten.
>
> Die Aufgaben als Erzieher bzw. Heilerziehungspflegerinnen sind im X-Papier beschrieben. Als Arbeitsteam haben Sie diese Aufgaben als gemeinsamen Auftrag unter der Koordination des Gruppenleiters. Unter Berücksichtigung der Ziele und Leitideen der Einrichtung entwickeln Sie gemeinsame Ziele für Ihre Bewohnerinnen.
>
> Ihren Auftrag erfüllen die Teams, indem die individuellen Fähigkeiten und Fertigkeiten der einzelnen Teammitglieder sich gegenseitig ergänzen und für die Aufgabe gebündelt werden. Nicht Gleichheit und Gemeinsamkeit um jeden Preis macht das Team arbeitsfähig, sondern das Zusammenspiel der Fähigkeiten der einzelnen Teammitglieder.
>
> Organisiert wird die Zusammenarbeit des Teams in den Gruppenbesprechungen, den Teamgesprächen und den Übergabegesprächen. Diese dienen der Information und Meinungsbildung aller Teammitglieder zu wichtigen Themen der Gruppe, des Wohnbereiches, der gesamten Einrichtung; ein hoher Informationsstand aller Teammitglieder ist Voraussetzung für den notwendigen Meinungsbildungsprozess. Jeder ist an seiner Stelle dafür verantwortlich, Informationen an die Kollegen weiterzugeben bzw. sich hinsichtlich sämtlicher Gruppenbelange selbst kundig zu machen."

(Pohl, 1995, S. 12)

Aufgaben

1. Nehmen Sie sich das Papier Satz für Satz vor: Finden Sie zu jeder Aussage Situationen, Personen oder Aufgaben, die diese Aussagen beispielhaft erklären.

2. Wo treffen sich diese Aussagen mit Ihren eigenen Wünschen für „Ihr" ideales Team? Suchen Sie nach Gemeinsamkeiten.

3. Wie könnten Sie die Unterschiede zu „Ihrem" idealen Team dennoch lernen zu akzeptieren?

Infokanäle

Aufgaben

Wie Teams „sind", zeigen sie also unter anderem daran, wie sie mit Informationen umgehen. Erinnern Sie sich bitte an Ihr letztes Praktikum. Erstellen Sie eine Liste aller Wege, um Informationen innerhalb des Teams weiterzugeben, die Sie dort kennen gelernt haben, z.B. Pinnbrett, Frühbesprechung usw. Denken Sie sowohl an die offiziellen als auch an die inoffiziellen, z.B. Raucherecke, Geburtstagsfeiern usw. Markieren Sie mit einem +, welche Wege Sie als positiv, mit einem –, welche Sie als negativ erlebt haben.

Sprechen Sie anschließend im Klassenverband über die verschiedenen Erfahrungen. Welche generellen Aussagen lassen sich aus den speziellen Erlebnissen ableiten?

Reden auf niedrigem Niveau?

„In den Gruppenbesprechungen und den Teamgesprächen werden Absprachen getroffen, ihre Einhaltung überprüft und ggf. verändert, es werden Regeln entwickelt, Zusammenarbeit gestaltet, Unterstützung gegeben. Konflikte benannt und nach Möglichkeiten gesucht, wie damit umgegangen wird." (Pohl, 1995, S. 12)

Diesem Anspruch, was Besprechungen leisten sollten, stehen in der Praxis Erfahrungen von Gelingen und Misslingen gegenüber. Bekannt sind Teams, in denen engagiert etwa über die individuelle Befindlichkeit der Bewohnerinnen gesprochen wird, Verbesserungen ihrer Lebensumstände überlegt werden usw. Bekannt ist aber auch, dass in Teamsitzungen der Tagesordnungspunkt „Verschiedenes" oder etwa die Organisation eines Festes leicht dermaßen viel Zeit und Raum einnehmen können, dass über die zu betreuenden Menschen mit Behinderung nur unangemessen wenig gesprochen wird.

„Konkret: In Übergabe- oder Teambesprechungen werden im Regelfall einfachste Alltagsthemen, ersatzweise Medikamentierungs- oder Reglementierungsfragen besprochen; Förderungsthemen oder methodisch-inhaltliche Fragen werden ebenso regelmäßig ausgeblendet." (Becker/Meifort, 1994, S. 249)

Die Autoren dieser Untersuchung, die sich auf Interviews mit Heilerziehungspflegern stützt, kommen zu einem harten Urteil:

„Diese generell für die Heilerziehungspflege geltende Unentschiedenheit – Klarheit bei den Routinen (in der ‚Grundpflege'!), Unklarheit bei den eigentlichen Arbeitsinhalten – führt letztlich dazu, dass inhaltliche oder Zieldiskussionen normalerweise auf einem (niedrigen!) Niveau abgehandelt werden, das den Problemstellungen des Arbeitsbereichs meist nicht im Entferntesten entspricht!"(Becker/Meifort, 1994, S. 249)

1. *Wie stehen Sie zu diesen Einschätzungen? Erscheinen sie Ihnen glaubhaft oder unglaubwürdig?*

2. *Wo können Sie die Aussagen durch eigene Erlebnisse bestätigen? Bringen Sie dazu eigene Erlebnisse mit bestimmten Textstellen in Verbindung.*

3. *Stellen Sie sich vor: Sie sind Leiterin dieses Teams von Mitarbeitern einer Wohngruppe. Worauf werden Sie in einer Teambesprechung Wert legen? Finden Sie mindestens fünf verschiedene Werte. Vergleichen Sie sie mit den Standpunkten der Mitschülerinnen. Was ist vielen, was ist nur wenigen Mitschülerinnen wichtig? Schreiben Sie die der Klasse wichtigsten Werte als Thesen an die Tafel.*

4. *Welche strukturellen Hilfen (z.B. hinsichtlich Zeitpunkt oder Ort der Besprechung) oder „technischen" Hilfen (z.B. hinsichtlich einer Mitschrift oder einer Gesprächsführung) lassen sich finden, um die zur Verfügung stehende Zeit einer Gruppenbesprechung effektiv zu nutzen?*

5. *Warum kann es akzeptiert werden, beim Punkt „Verschiedenes" auch mal „Privates" zum Bestandteil einer Gruppenbesprechung zu machen? Machen Sie Ihre Meinungen dazu als Standpunkte klar. Führen Sie eine Pro-und-Contra-Diskussion zu diesem Thema. Finden Sie zum Schluss der Diskussion einen Kompromiss.*

Gruppenleiter im Team: ein unmöglicher Job?

1. *Was fällt Ihnen zum Begriff „Leiter"/„Leitung" ein? Was ist positiv, was negativ?*

2. *Zu welchem Urteil kommen Sie: Soll es in einem Team einen Leiter geben?*
   Wenn ja: Welche Voraussetzungen und Fähigkeiten sollte ein Gruppenleiter haben bzw. wie kann er sie erwerben?
   Wenn nein: Welche Voraussetzungen und Fähigkeiten sollte ein „Team ohne Leiter" haben bzw. wie kann es sie erwerben? Fragen Sie in Ihrer Klasse ein Meinungsbild ab.

3. *Was halten Sie von der These, eine Gruppenleiterin müsse die beste Betreuerin im Team sein?*

4. *Sind Mehrheitsabstimmungen ein geeignetes Mittel für den pädagogischen Alltag? Nennen Sie Vorteile und Nachteile.*

5. *Welche Möglichkeiten gibt es noch, um zu Entscheidungen zu kommen? Welche davon sagen Ihnen zu? Welche nicht? Begründen Sie Ihre Standpunkte.*

Pädagogische Beschlüsse herbeiführen

„Meine Aufgabe als Gruppenleiter sei die ‚fachliche und organisatorische Leitung des Wohngruppenteams', heißt es in der Stellenbeschreibung. Die Aufträge des Teams, deren Ausführung ich also fachlich und organisatorisch zu leiten habe, sind aufgelistet. Aber es bleiben viele Fragezeichen, auch wenn wir das in GruppenleiterInnen-Sitzungen oft bearbeitet haben. Was heißt fachlich? Meine Kollegin und Mitarbeiterin, die vor dem Abschluss einer Ausbildung steht, hat differenzierteres Fachwissen als ich. Als Betreuer bin ich nicht der Beste. Ich habe Ideen und Ansichten: Darf ich sie aufgrund der hierarchischen Kompetenz durchsetzen? Oder bin ich nur Organisator?

In der Realität entsteht eine Mischung, die meinen Kenntnissen, meinem Pflichtgefühl und meinem Gespür entspricht. Die schwierigste Aufgabe ist es, das Team zu pädagogischen Beschlüssen zu führen. Wenn wir keinen Konsens finden, kann ich eine Abstimmung durchführen und den Mehrheitsbeschluss ins Protokoll schreiben lassen. Nun habe ich das Vergnügen, ein Team mit hohem Qualitätsbewusstsein zu leiten. Wäre das nicht so, wären auch Mehrheitsbeschlüsse sehr problematisch. Ich bin ja fachlich verantwortlich und müsste, meinem Gewissen folgend, oft als Leiter gegen eine Mehrheit ankämpfen und schließlich einen Leiterentscheid durchsetzen. Die Leiterin einer Nachbargruppe ist an ihren hohen Qualitätsmaßstäben gescheitert – oder an ihrem autoritären Führungsstil, je nach Blickwinkel."

(Weber, 1996, S. 87 f.)

Beziehungsgestaltung als Aufgabe

Teams, in denen Heilerziehungspfleger arbeiten, haben nur geringen Einfluss darauf, wer neu zu ihnen kommt. Es sind hauptsächlich andere, die ihre Zusammensetzung bestimmen: Die Einrichtungsleitung, die bestimmte Bewerberinnen einstellt, der Träger, der einen bestimmten Personalplan beschließt, der Kostenträger, der einen bestimmten Personalschlüssel finanziert usw. Demnach fühlen sich Teams mehr oder weniger zusammengewürfelt und müssen nun, wohl oder übel, miteinander auskommen.

Der berufliche Alltag bedeutet ständige Nähe und Aufeinanderangewiesensein und bietet nur bedingt Möglichkeiten des Ausweichens oder des Rückzuges. Gleichzeitig bewirkt das, was der eine beim anderen erlebt, permanent Reaktionen wie z.B. Zustimmung, Ablehnung, Überdruss, Überraschung usw.

Dass die Zusammenarbeit aller auf Anhieb wie von selbst und ohne Reibungsverluste funktioniert, diesen Wunsch hat wohl jeder. Dahinter steht die Illusion von der Übereinstimmung aus sich selbst heraus, ähnlich der Vorstellung von der Liebe auf den ersten Blick.

Aber was passiert, wenn ein Mitarbeiter sich daran stört, dass die Kollegin einem Bewohner dreimal täglich oder zehnmal täglich oder gar nicht die Haare kämmt? Oder zum Beginn der Frühschicht als erstes einen bestimmten Radiosender laut einstellt? Oder mit einem bestimmten Bewohner besonders gut oder besonders schlecht zurechtkommt? Gelingt es, das, was stört, anzusprechen? Und wie nimmt der andere es auf? Dürfen Erwartungen ausgesprochen werden? Und können neue Umgangsweisen ausgehandelt werden?

> *„Immer wieder ist von Berufsangehörigen davon berichtet worden, dass ‚ein offenes Klima im Team schon gut wäre', aber dass man noch größere Angst hat, ‚Kritik einstecken zu müssen' – und dass diese Kritik immer wieder persönlich gewertet wird." (Becker/Meifort, 1994, S. 250)*

Spätestens in diesem Zusammenhang müsste es jedem Teammitglied klar werden, dass es ihm bei der Zusammenarbeit nicht nur um sachliches Arbeiten, sondern auch um viele andere Wünsche und Bedürfnisse geht. Einige davon liegen auf der Beziehungsebene. In durchaus unterschiedlichem Maße brauchen wir alle Verständnis, Sicherheit, Anerkennung, Liebe – womit nicht umsonst die Werbung erfolgreich operiert. Diese Bedürfnisse lassen sich vor allem durch klare Beziehungen immer wieder neu erfüllen. Da es für unsere Gesellschaft typisch ist, dass wir auf diesem Gebiet von klein auf mit Enttäuschungen leben müssen, suchen wir nach ihrer Erfüllung heimlich und meiden die offene Auseinandersetzung.

Wenn es gelingt, sich selbst und den anderen im Team einzugestehen, dass er Anerkennung sucht, dass er sich wohl fühlen möchte usw., der trägt zu mehr Offenheit bei …
- Ein Mitarbeiter wirkt auf mich aggressiv; ich fürchte mich vor seinem Widerspruch; er lähmt mich manchmal.
- Ein anderer scheint mir geistig abwesend, uninteressiert und das stört mich.
- Von einem Dritten fühle ich mich in letzter Zeit besonders gut verstanden und unterstützt.

Wenn ich solche Eindrücke wahrnehme und sie dem Betreffenden mitteile, dann gebe ich ein Feedback.

1. *Klären Sie die Ihnen unbekannten (Fach-) Begriffe. Wissen Sie z.B., was „Personalplan", „Kostenträger" oder „Personalschlüssel" bedeuten?*

2. *Warum könnten sich scheinbar banale Unterschiede in der heilerziehungspflegerischen Arbeit (z.B. morgens stets den einen oder einen anderen Radiosender einstellen) nach einiger Zeit bedeutend auswirken? An welche ähnlichen Vorgänge im privaten oder auch im beruflichen Bereich können Sie sich erinnern? Welche Vorgeschichte und welche Auswirkungen gab es?*

3. *Wenn es in der heilerziehungspflegerischen Arbeit nicht nur auf sachliches Tun ankommt, sondern stets Wünsche und Bedürfnisse auf der Beziehungsebene gegeben sind,*
   a) *... wie kann es gelingen, diesen Tatbestand in der alltäglichen Arbeit zu berücksichtigen?*
   b) *... kann es dann nur gelingen, mit Ihnen sympathischen Menschen zusammen zu arbeiten? Begründen Sie Ihre Meinung.*
   c) *... welche Möglichkeiten habe ich, auch mit mir eher unsympathischen Menschen ehrlich und gut zusammen zu arbeiten?*

4. *Erweitern Sie die zum Schluss des Berichtes aufgezählten drei Beispiele verschiedener Mitarbeiter um mindestens drei weitere Beispiele. Vergleichen Sie sie mit den Aufzählungen anderer Mitschüler. Schreiben Sie verschiedene Beispiele an die Tafel. Falls Sie bereits berufliche Erfahrungen in der Gruppenarbeit haben: Welche der angeschriebenen „Mitarbeiter-Typen" könnten am ehesten Ihrer eigenen Persönlichkeit nahekommen? Reden Sie mit anderen darüber in einer kleinen Gruppe.*

Ein Tag für das Team

Seit einigen Jahren bietet eine stationäre Einrichtung ihren Mitarbeiterinnen die Freistellung für so genannte „Teamtage" an. Wenn die Betreuung der Menschen mit Behinderung durch eine Vertretung gewährleistet ist, stehen ein ganzer Tag oder ein Nachmittag und Abend sowie der folgende Vormittag zur Verfügung. Ursprünglich eine reine Feuerwehrmaßnahme, z.B. bei schweren Störungen in der Zusammenarbeit, wächst inzwischen die Unbefangenheit der Teams gegenüber diesem Angebot. Für einige Teams ist dies inzwischen ein regelmäßiger, selbst gewählter Fixpunkt im Jahreskreis oder bei Bedarf. „Die Heimleitung befürwortet Teamtage und sieht darin ein wichtiges Instrument zur Förderung der Zusammenarbeit im Team. Teamtage bieten einen besonderen Rahmen", so die Richtlinien, und dieser sei notwendig, „weil die tägliche Arbeit häufig zu wenig Zeit für eine ausführliche Reflexion der Arbeit im Team zulässt." (Haus Hall, 1993) Die Verantwortung für die Gestaltung liegt in der Regel bei einem Mitarbeiter des begleitenden Dienstes.

Methoden, die sich bewährt haben, um einen Einstieg in das Gespräch über die Teamsituation zu finden:
- Assoziatives Bildmaterial, z.B.: „Saga – 55 Bildkarten zum Erfinden und Erzählen von Mythen, Märchen und Legenden". Jeder wählt ein passendes Bild für sich und die anderen Teammitglieder.
- Fieberkurve: Jeder zeichnet eine Entwicklungslinie des Teams mit Höhen und Tiefen und besonderen Punkten, aus den letzten Monaten.
- Familienbild: Stellen Sie sich vor, das Team wäre eine Familie. Wer wäre Vater, Mutter, Sohn, Tante usw.?
- Teamhierarchie: Wer hat in diesem Team wie viel Einfluss? Stellen Sie alle Personen in der Reihenfolge ihres Einflusses auf.

Im weiteren Verlauf des Teamtages geht es um die Ziele:
- Verbesserung der Kommunikation im Team
- Erhaltung und Verbesserung der Arbeitszufriedenheit
- Weiterentwicklung der Qualität der pädagogischen Arbeit

Es genügt nicht, wenn am Ende des Tages das Fazit nur heißt: „Es ist gut, dass wir darüber gesprochen haben." Entscheidend ist, ob verbindliche Absprachen getroffen werden, die dann im Alltag in die Tat umgesetzt werden.

Wie ein Mobile ...

kann man sich ein Team vorstellen. Wer schon einmal eines aus leichten Materialien selbst gebastelt hat, der weiß, wie lange es dauert, bis die einzelnen Figuren am dünnen Draht ausbalanciert sind. Erst wenn sie im Gleichgewicht zueinander sind, funktioniert das Mobile: Es wirkt lebendig und harmonisch dadurch, dass es sich bewegt. Es gibt keinen starren Zustand, höchstens dann, wenn alles verstrickt und verheddert ist; dann hängen alle Teile nur schlaff herunter. Dies kann leicht passieren, wenn aus dem Mobile eine Figur herausgenommen wird, ohne dass die Verhältnisse der übrigen sofort neu austariert werden. Auch kann ein zu plötzlicher Windstoß das Mobile in Unordnung bringen. Am schönsten ist es, wenn ein warmer Luftstrom das Mobile zum Tanz animiert ...

1. Was könnte mit dem Begriff „Feuerwehrmaßnahme" gemeint sein?

2. Übertragen Sie das Symbol des Mobiles auf ein Team, das Sie im Praktikum erlebt haben. Was fällt Ihnen dazu ein?

Anregungen und Materialien

Sitzprobe: Stellen Sie sich vor, es ist Teambesprechung. Fünf Minuten nach der vorgesehenen Anfangszeit haben alle Platz genommen. Zwei Personen haben ihre Stammplätze, ein Dritter lehnt sich noch hinüber zu ...
Stellen Sie die Sitzordnung einer Teambesprechung, die Sie im Praktikum erlebt haben, genau nach. Wer sitzt wo wie worauf? Setzen Sie so viele Mitschüler Ihrer Klasse dafür ein, wie Sie brauchen. Ohne Namen zu nennen, ordnen Sie jedem stellvertretend die Identität eines „echten" Teammitgliedes zu mit Funktion, Beruf, Alter und Dienstalter. Beschreiben Sie den Raum, in dem das Ganze stattfindet.
Was kommt in der nachgestellten Sitzordnung darüber zum Ausdruck, welche Bedeutung die Mitglieder der Teambesprechung beimessen?

Wer trägt die Verantwortung?
Angenommen in einer Einrichtung, die Menschen mit Behinderungen betreut, haben sich alle Beteiligten für Teamarbeit ausgesprochen. Wer trägt, nach Ihrem Ermessen, die Verantwortung dafür, dass die Teamarbeit tatsächlich gelingt?
a) *In erster Linie die Mitarbeiter eines Teams gemeinsam. Sie können ihre Zusammenarbeit am besten selbst regeln und mögliche Schwierigkeiten direkt bearbeiten. Jeder hat aus seiner Aufgabe heraus die Pflicht, sich dafür einzusetzen.*
b) *Hauptsächlich der Gruppenleiter eines Teams, denn es ist seine Aufgabe, die Verteilung der Arbeit zu organisieren und einzugreifen, wenn es Schwierigkeiten gibt.*
c) *Grundsätzlich die Einrichtungsleitung, z.B. die Heimleiterin. Sie hat das Team zusammengestellt und in die Aufgaben und Ziele eingewiesen. Sie hat die Verantwortung für das Wohl der Betreuten und der Mitarbeiter.*

1. Welcher Aussage stimmen Sie zu? Welche lehnen Sie ab? Begründen Sie Ihre Meinung.

2. Wenn es in einem Team Konflikte gibt – wer sollte Ihrer Meinung nach etwas unternehmen?

Thesen zur Diskussion:

1. Teams haben, ähnlich wie Familien, ihre ungeschriebenen Gesetze. Über die wichtigsten wird nie gesprochen.
2. Das Prinzip Teamarbeit lockt junge Menschen in soziale Berufe. Nach der Ausbildungsphase bringt die Praxis für die Berufsanfänger Ernüchterung und Enttäuschung, aber auch Befriedigung.
3. Je größer ein Team, desto mehr Zeit wird gebraucht für Besprechungen. Ein achtköpfiges braucht doppelt so viel Zeit wie ein vierköpfiges.
4. Wo Einzeldienste üblich sind, besteht permanent die Gelegenheit, aneinander vorbeizugehen. Die Versuchung ist groß, Absprachen für den pädagogischen Umgang zu vermeiden und im Team nur über die Alltagsorganisation zu sprechen.
5. Wenn ein Team kompetent diskutieren kann, bedeutet dies noch lange nicht, dass es auch kompetent reflektieren kann.
6. Wenn Teams mit ihrer Zusammensetzung unzufrieden sind, haben sie die Aufgabe, dies ihren Vorgesetzten mitzuteilen.

> **Aufgaben**
>
> 1. *Suchen Sie sich als Kleingruppe eine der sechs Thesen aus und führen Sie dazu ein Rollenspiel im Klassenverband vor. Spielen Sie die Szene mit offenem Ende. Sprechen Sie mit der Klasse über verschiedene weiterführende Situationen und Möglichkeiten. Welche dieser Situationen und Möglichkeiten erscheinen helfend, welche hemmend?*
>
> 2. *Nennen Sie zu jeder These ein heilerziehungspflegerisch relevantes Beispiel und nehmen Sie dazu Stellung.*

Teamarbeit im Unterricht

Wenn Teamarbeit in der Praxis der Behindertenhilfe einen so großen Stellenwert hat und die Ausbildung zum größten Teil an Fachschulen stattfindet, dann hat dies Auswirkungen auf die Unterrichtsgestaltung. Berufliche Kompetenz für soziale Berufe kann nicht allein mit den althergebrachten schulischen Methoden vermittelt werden. Es gibt Möglichkeiten, Teamarbeit in der Schule zu trainieren, z.B.:

- Projekte in und mit Einrichtungen: Schülergruppen organisieren mit den Bewohnerinnen einer Einrichtung ein Fest, einen Ausflug, eine ungewöhnliche Aktion.
- Beratungsgruppen treffen sich während eines Praktikums 14-tägig, um ihre Erfahrungen zu besprechen.
- Unterrichtsthemen werden von Lerngruppen erarbeitet und präsentiert.
- Gesprächsgruppen diskutieren Unterrichtsinhalte und probieren dazu unterschiedliche Wege der Gruppenbildung aus, z.B. nach erlebten Praxisfeldern, nach Interessensgebieten, nach Sympathie ... und werten diese Erfahrungen aus.
- Schüler befragen ihre Lehrerinnen nach Teamarbeit im Kollegium.

> **Aufgaben**
>
> 1. *Mit welcher Form von Teamarbeit im Unterricht haben Sie Erfahrungen? Was möchten Sie von Ihrem Lehrer bzw. mit Ihrem Lehrer im Fach „Didaktik/Methodik" über Teamarbeit lernen?*
>
> 2. *Sammeln Sie Ideen, um Teamarbeit im Sinne der fünf vorgestellten Möglichkeiten umsetzen zu können. Wie sähen erste Schritte in die gewünschte Richtung aus? Wie können Sie einen eventuell notwendigen Einsatz „über den Stundenplan hinaus" sicherstellen? Sprechen Sie mit interessierten Lehrern über die Möglichkeiten der Kooperation und auch über Leistungsnachweise und Leistungsbewertung.*

Spiele-Tipp

Assoziative Kartenspiele

Im Team-Alltag geht es stets darum, aus einer gemeinsam erlebten Situation die notwendigen Aufgabenstellungen zu erfassen, sich miteinander abzusprechen und Lösungswege zu probieren. Anschließend wird das Geschehen reflektiert, um sich gegenseitig durch Rückmeldungen zu helfen. Dieses berufliche Alltagserleben kann übertragen werden in eine eher spielerisch motivierte Ausgangssituation im Unterricht. Hilfsmittel dazu sind die im Folgenden vorgestellten Kartenspiele.

Im Grenzbereich zwischen Kartenspiel und therapeutischem Material können die künstlerisch gestalteten Wort- und Bildkarten der *OH-Spielreihe* angesiedelt werden. Mit den Kartenspielen *Saga, Ecco, Persona, Morena* u.a. *(Verlag Moritz Egetmeyer, 79196 Kirchzarten, Postfach 1251, im Direktvertrieb erhältlich)* werden die Mitspieler eines Teams eingeladen, durch Betrachtung der Motive frei zu assoziieren, Geschichten anzufangen und weiterzuknüpfen. Nicht Taktik oder Strategie sind gefragt, sondern Fantasie und empathisches Einfühlen in die Gedanken der Mitspieler. Jedoch werden diese Spiele nur denjenigen ein Gewinn sein, die bereit sind, anderen aufmerksam zuzuhören. Ein Kennenlernen anderer Menschen und neuer Sichtweisen gelingt dann spielerisch interessant. Die Karten können darüber hinaus helfen, Barrieren zu überwinden, Unerfreuliches auszusprechen, Hemmungen abzubauen oder Bedrückendem eine Darstellungsform zu geben.

Zwei der Spiele in Kurzvorstellung:
Zu *OH* gehören 88 Bildkarten mit Ausschnitten des täglichen Lebens. Hinzu kommen 88 Wortkarten, die die Bildkarten mit ihren Begriffen umklammern. Auf jede große Wortkarte wird demnach eine Bildkarte gelegt. Dadurch gibt es eine Vielzahl von Kombinations-, oder genauer gesagt: Beziehungsmöglichkeiten. So werden die Mitspieler zu gänzlich anderen Ideen und Geschichten kommen, wenn z.B. auf einer Bildkarte eine erwachsene Frau ein Kind festhält und dazu entweder die Wortkarte „Hoffnung" oder „Machtkampf" unterlegt wird.

Die 99 Bildkarten von *Ecco* weisen abstrakte Motive auf. Sie eignen sich für uneingeschränkte Erzähl- oder auch Meditationsanreize, da sie kaum erkennbare Vorgaben enthalten. Dadurch können nicht nur alltägliche Situationen, sondern vor allem Verbindungen zu eigenen Befindlichkeiten hergestellt werden.

3.2 Die Institution

Aufgaben

Eine Institution gründen

Stellen Sie sich vor, Sie erhalten den Auftrag, eine neue Wohneinrichtung für Menschen mit geistiger Behinderung als Leiterin aufzubauen. Ein geeignetes Gebäude für etwa 40 Plätze ist vorhanden.

Woran denken Sie zuerst? Welche Schritte unternehmen Sie? Welche Personalstellen richten Sie ein? Worauf werden Sie bei der Einstellung von Mitarbeitern Wert legen? Welche Zuständigkeiten geben Sie wann an wen ab?

Strukturen kontra Beziehungen?

Organisationen
Menschen organisieren ständig ihre Verhältnisse zueinander, ob in der Straßenbahn, am Arbeitsplatz, am Badestrand, im Computernetz, im Sportverein: Ständig werden Beziehungen abgeklärt, sei es spontan oder geplant, ausgesprochen oder ausschließlich durch Handlungen. Menschen bilden soziale Organisationen. Diese sollen einem gemeinsamen Zweck dienen und die dazu passenden Handlungsweisen koordinieren. Soweit ist die soziale Organisation eine vielfältige Alltagsrealität.

Aufgabe

Beschreiben Sie die soziale Organisation in einer Straßenbahn, auf einem Schützenfest, in der Pausenhalle Ihrer Schule, in einem stecken gebliebenen Fahrstuhl.

Institutionen

Im engeren Sinne sind Institutionen als soziale Organisationen auf längere Dauer angelegt. Sie ordnen durch ihre feste Struktur und bestehende Regeln das Verhalten der Menschen, die ihnen angehören oder ihrem Einfluss unterstehen. Sie stellen Ziele und Normen auf oder treten jedenfalls für solche ein. Sie weisen Positionen zu, die mit Erwartungen an den Positionsinhaber verknüpft, also relativ personübergreifend sind.

Vereinfacht ausgedrückt sind Institutionen Einrichtungen, die einen bekannten Zweck erfüllen sollen und dafür entsprechend materiell ausgestattet sind (vgl. Institute). Uns interessieren hier insbesondere die sozialen Institutionen für Menschen mit Behinderung, in denen Heilerziehungspflegerinnen arbeiten, also Einrichtungen, die im Rahmen von Betreuung, Förderung, Erziehung usw. tätig sind.

Aufgaben

1. *Was unterscheidet Organisationen von Institutionen?*

2. *Wie bzw. wann wird aus einer Organisation eine Institution? Finden Sie ein real passendes Beispiel.*

Wo fängt die Ordnung an?

Im Wesentlichen gibt es zwei gedankliche Zugänge, um zur Konstruktion einer Institution, beispielsweise eines Wohnheimes, zu kommen: der Ansatz von der unmittelbaren Betreuungssituation aus (bottom up) oder der Ansatz vom Einrichtungsträger aus (top down).

„Brigitte – eine schwierige Bewohnerin im Wohnheim"

„Menschen wie Brigitte (in ihren schlechten Zeiten) erzeugen sozusagen stets eine erhöhte Temperatur in ihrem Umkreis. Sie können bewirken, dass die Problematik ihrer Existenz zum Problem vieler anderer Menschen wird. Sie lassen ein zahlreiches Personal für sich arbeiten. Man kann auch sagen: Brigitte hat ein großes Beziehungsnetz aufgebaut, aber nicht auf ihrer Ebene (z.B. Freundschaften, Partnerschaften etc.), sondern Helferbeziehungen. Gleichzeitig ist es ihr immer wieder gelungen, dieses Netz aufzureißen, neu zu verknoten, zu verwirren ...

... Das Heim hat auf Ansprüche, Konflikte, Krisen, Gefahren reagiert. Lange war es tatsächlich ein Reagieren, bis wir die Situation im Griff hatten, dass wir auch vorausschauend reagieren konnten: ...

- das Betreuungsteam der WG Linde natürlich
- mehrere Betreuerinnen von anderen Wohngruppen ...
- die Leiterin der Wäscherei, wo Brigitte anfänglich beschäftigt wurde ...
- der Physiotherapeut ...
- die Pflegeverantwortliche
- der Heimarzt und mehrere Spezialärzte ...
- die Psychologin ...
- die Leiterinnen der Bereiche Wohnen und Hauswirtschaft sowie der Heimleiter ...
- der Küchenchef, der oft zu Hilfe gerufen wurde ...
- der Hauswart, der zertrümmerte Türen und anderes flickte ...
- die Vormundschaftsbehörde ihrer Wohnsitzgemeinde usw. ...

Das sind gegen fünfzig Personen, die nicht nur strukturell in den ‚Fall Brigitte' involviert waren, sondern mit ihren persönlichen Gefühlen und Handlungen. Auch ihre Beziehungen untereinander wurden von diesen Ereignissen geprägt. Einerseits wächst die Gemeinschaft an den Schwie-

---

rigkeiten, die gemeinsam zu lösen sind, man rückt über Hierarchien und trennende Strukturen zusammen. Andererseits ist diese Situation ein Nährboden für Schuldgefühle, Schuldzuweisungen und Besserwisserei.

(Weber, 1996, S. 42 f.)

In dieser Betrachtungsweise entfaltet sich die Institution ausgehend von Brigitte, ihrer Situation und ihren Bedürfnissen. Unterschiedliche Fachkräfte und Dienststellen treten an sie heran und miteinander in Verbindung. Die Beteiligten arbeiten an Lösungen mit und für Brigitte und arbeiten gleichzeitig, eher indirekt, an der Regelung ihrer Verhältnisse (Wer berät wen? Wer hat was wem zu sagen? Wer setzt sich durch? usw.). Wenn nicht schon vorhanden, differenzieren sich Zuständigkeiten und Verantwortung und damit auch Rang und Macht.

Aufgaben

1. *Zählen Sie auf, welche Mitarbeiterinnen bzw. Funktionsdienste an Ihrer letzten Praktikumsstelle mit einer behinderten Person befasst waren.*

2. *Welche Bedeutung messen Sie diesen Personen in der Beziehung zur behinderten Person bei? Stellen Sie Ihre Einschätzung in einer Skizze dar.*

3. *Welche Bedeutung kann eine Praktikantin für eine Bewohnerin in deren Beziehungsnetz haben? Zählen Sie verschiedene eigene Erlebnisse auf.*

Konstruiert von oben nach unten

Ein anderer Zugang zur Wirklichkeit einer Institution ergibt sich, wenn man den Blickwinkel des Trägers einnimmt. Alle Einrichtungen gehen auf Gründungen zurück – durch Stiftungspersönlichkeiten, kirchliche Stellen, Vereinigungen usw. Meistens sind die Gründer oder ihre Rechtsnachfolgerinnen auch in der Gegenwart im obersten Führungs- oder Aufsichtsgremium der Institution repräsentiert. Dieses Gremium, gleichgültig ob demokratisch gewählt oder hierarchisch bestimmt, setzt den Einrichtungsleiter ein und hat damit einen ganz wesentlichen Einfluss auf alles Folgende. Dem Einrichtungsleiter wird die Verantwortung für die laufenden Angelegenheiten übertragen, eine entsprechende Vollmacht festgelegt und i.d.R. die Kompetenz für Personaleinstellungen zugewiesen. Der Leiter hat dafür zu sorgen, dass geeignete Mitarbeiterinnen im Sinne der Einrichtung tätig sind und die konkrete Betreuungsaufgabe erfüllen. Er kann im Einvernehmen mit dem Träger und den anderen zuständigen Stellen gruppenübergreifende Dienste aufbauen. Und er kann Teile seiner Leitungsaufgaben an untergeordnete Mitarbeiter delegieren. Schließlich hat er die Aufgabe, für eine funktionierende Ordnung in der Zusammenarbeit der verschiedenen Stellen im Hause zu sorgen.

> *„Das Bemühen um wirkungsvolle Arbeitsweisen und um Zufriedenheit der Mitarbeiterinnen erfordert zweckmäßige Aufbau- und Ablaufstrukturen. Ihre eindeutige Festlegung ist umso wichtiger, je größer die Einrichtung und je vielfältiger ihre Aufgabenstellungen sind."* **(Dt. Caritasverband, 1992, S. 15)**

Die Festlegung von Zuständigkeiten, Dienstwegen und Entscheidungskompetenzen wird auch als formale Organisation bezeichnet. Dabei unterscheidet man Ablauforganisation (Bearbeitungs- und Entscheidungswege) und Aufbauorganisation (Sachgebiete sowie Über- und Unterordnung). Es ist üblich, diese in einem Organigramm darzustellen. Das Schaubild zeigt die Aufbauorganisation einer größeren stationären Einrichtung.

Aufgaben

Übertragen Sie das Musterorganigramm auf der nächsten Seite auf die Einrichtung, in der Sie Ihr letztes Praktikum absolviert haben.

Übertragen Sie es auch auf die Fachschule, die Sie besuchen. Falls erforderlich, recherchieren Sie die Ihnen noch unbekannten Strukturen. Beachten Sie auch die Trägerschaft.

Organigramm

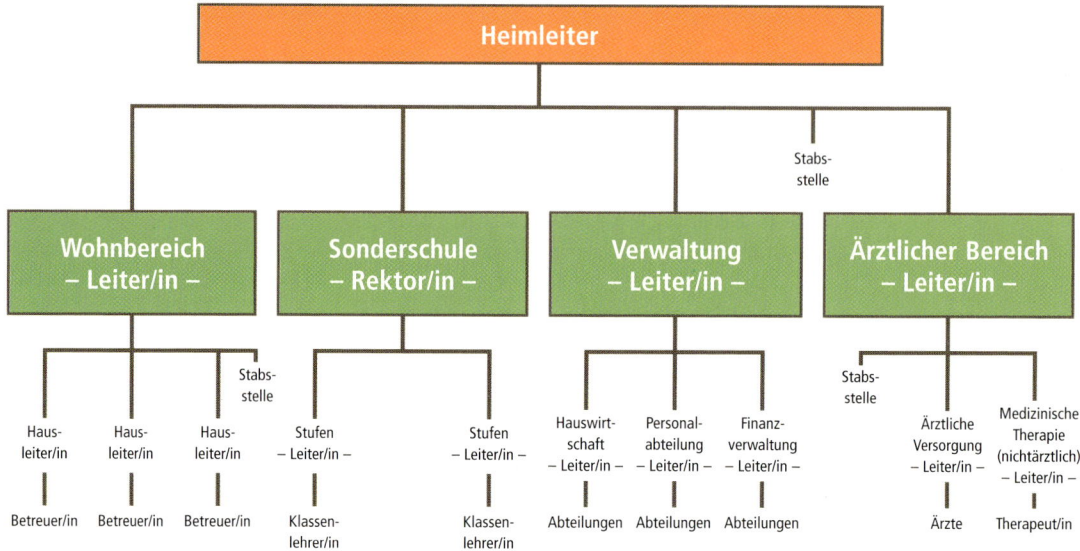

(Neumann, 1988, S. 186)

Die informale Organisation

Nun wäre es ein Irrtum zu glauben, dass mit der formalen Struktur, z. B. per Organigramm, eine Institution schon vollständig beschrieben und erklärt wäre. Daneben gibt es eine informelle Organisation mit ungeschriebenen Gesetzen und Regeln, mit vielerlei kleinen und großen Gewohnheiten, die maßgeblich bestimmen, was man darf und tut und was nicht. Dazu gehört z. B. der häufig sogenannte „inoffizielle Dienstweg", Tricks und Kniffe also, um sich etwas zu beschaffen, das „offiziell" nicht oder nicht ohne Weiteres oder nicht so schnell zu bekommen wäre.

> *„Die hierarchische Gliederung der Einrichtungen wird durch diese Einflussfaktoren in ihrer Wirksamkeit eingeschränkt: Das Nichtbeachten oder Unterlaufen vorgegebener Regeln, das Umgehen von Dienstwegen etc. sind in allen Organisationen zu beobachtende Phänomene, durch die die Mitglieder der Organisation sich in ihrem Arbeitsalltag Freiräume verschaffen und sich der Einflussnahme von Vorgesetzten entziehen."* **(Neumann, 1988, S. 191)**

Aufgaben

Beschreiben Sie eine mögliche Strategie, wie man als Gruppenleiterin im Wohnheim
- *eine notwendige Reparatur beschleunigen kann,*
- *die Pausen der Mitarbeiter stets um 10 Minuten verlängern kann,*
- *den Umzug eines Bewohners beschleunigen kann,*
- *den Umzug eines Bewohners verhindern kann.*

Weiterhin zählen zur informalen Struktur Verhaltensregeln, die ungeschrieben sind, aber eingehalten werden. Solche Verhaltensregeln, die von niemandem direkt eingefordert werden, können beispielsweise sein:
- Man äußert sich im Gespräch mit Kollegen niemals positiv über Vorgesetzte.
- Man ist bereits fünf Minuten vor Arbeitsbeginn am Arbeitsplatz.
- Wer nur leicht erkrankt ist, geht trotzdem zum Dienst. Krank „feiert" man nur, wenn man nicht mehr Auto fahren kann.
- Man zeigt sich nicht mit Krawatte, nicht mit Minirock, immer in Jeans usw.

Aufgabe

> *Nennen Sie weitere Beispiele für solche ungeschriebenen Gesetze, Spielregeln oder Rituale, die Sie in einer Einrichtung kennengelernt haben. Spielen Sie drei Verhaltensregeln in einem kurzen Rollenspiel der Klasse vor. Sprechen Sie anschließend über das Erlebte.*

Persönliche und private Aspekte können starken Einfluss darauf haben, wie die dienstliche Rolle des Einzelnen und die berufliche Zusammenarbeit zwischen Personen wahrgenommen werden. Sympathie und Antipathie, verwandtschaftliche Beziehungen, Befangenheit, Schuldgefühle usw. können sich förderlich und hinderlich auswirken. Dies anzusprechen wird in der Regel von den Beteiligten vermieden. Wenn die offizielle Struktur ausdrückt, wie die Institution sein soll, kommt bei Betrachtung der informalen Struktur eher zum Vorschein, wie das Beziehungsnetz in der Institution wirklich ist bzw. erlebt wird.

Schließlich sind ideelle oder ideologische Aspekte wichtige Merkmale der informalen Organisation. Hinweise darauf bekommt, wer der Frage nachgeht, was in der jeweiligen Einrichtung eine „gute Mitarbeiterin" auszeichnet, also welche Haltungen, Tugenden, Merkmale eine Mitarbeiterin verdienstvoll machen. Es ist zu hinterfragen, ob dieses Bild vom „guten Mitarbeiter" ein Entwurf der Leitung, eine Tradition unter Mitarbeitern oder eine Fantasievorstellung in den Köpfen Einzelner ist. Jubilarehrungen geben entsprechende Signale und lösen neue Fantasien aus.

Beispiel: Das Ansehen langjähriger Mitarbeiterinnen kann offiziell als hoch gelten; subjektiv fühlen sich diese Mitarbeiterinnen möglicherweise dennoch als „altes Eisen" oder „Auslaufmodell", wenn die Leitung in der Außendarstellung auf „junges Styling" Wert legt und sehr betont, dass die Einrichtung modern, flexibel, veränderungswillig sei.

Weitere allgemeine Eigenschaften von Organisationen:
- Sie können wenige offizielle Ziele, aber ihre Mitglieder viele verschiedene Interessen haben, die wiederum im Konfliktfall hinter offiziellen Zielen getarnt werden.
- Organisationen regulieren, wer die Macht hat. Führungs- und Einflussoppositionen werden fortlaufend definiert und nach Möglichkeit stabilisiert.
- Organisationen haben die Tendenz, sich zu vergrößern und sich zu differenzieren.
- Organisationen versuchen, auf Veränderungen ihrer Ziele oder ihres Umfeldes nicht mit ihrer Auflösung, sondern mit Anpassung zu reagieren, um zu überleben.

Soziale Zwitter

> „Behindertenheime sind formale Organisationen, deren Strukturen sich aus den Prinzipien der Arbeitsteilung, der Abgrenzung von Kompetenzen, den Mechanismen von Macht und Kontrolle, der Gestaltung des Informationsflusses und den Regelungen der Partizipation erschließen lassen. Behinderteneinrichtungen stellen zugleich – zumindest ihrem Anspruch nach – Wohn und Lebensgemeinschaften dar, die sich an Werten und Normen der Mitmenschlichkeit und der sachgerechten und professionellen Standards entsprechenden Hilfe und Unterstützung orientieren.
>
> Diese beiden Aspekte, die den Heimen den Charakter eines ‚sozialen Zwitters' (Goffmann) verleihen, lassen sich nicht bruchlos miteinander verbinden. Spannungsverhältnisse ergeben sich vor allem daraus, dass organisationsbezogenes Handeln und humanitäre fachliche Hilfe teilweise konträren Handlungsprinzipien folgen. Während im Ablauf der Organisation Normen wie Wirtschaftlichkeit, Planbarkeit und Rationalität Geltung beanspruchen, hat sich die Betreuung behinderter Menschen nach emotionalen und physischen Bedürfnissen zu richten, die sich weitgehend der Planung und Kontrolle entziehen."

(Neumann, 1988, S. 184)

Anders gesagt: In einer Wohneinrichtung treffen zwei unterschiedliche Kulturen des sozialen Umgangs aufeinander: die eher distanzierte Kultur der geregelten Institution und die eher näheorientierte Kultur des Zusammenlebens und Zuhauseseins. Wenn die Beziehungsarbeit den Kern der Hilfe darstellt und diese gleichzeitig in einer komplexen Institution stattfindet, entsteht daraus eine Polarität, die sich jederzeit und aus unterschiedlichen Anlässen zum Konflikt entwickeln kann und neu ausgeglichen werden muss. Diese Polarität ist ein ganz wesentliches Merkmal sozialer Einrichtungen, das sich von Unternehmen anderer Wirtschaftsbranchen deutlich unterscheidet.

Zwei Kulturen in einem Haus

Umgangskultur der Nähe	Umgangskultur der Distanz
Wohn- und Lebensgemeinschaft	soziales Unternehmen
zusammen sein plaudern erzählen berühren feiern	besprechen berichten konferieren delegieren anordnen
spontan	geplant
bedürfnisorientiert	zielorientiert
Hilfebedarf des einzelnen Menschen	ausgleichende Gerechtigkeit für alle
Beziehung	Dienstweg
Verantwortungsgefühl	Zuständigkeit
Hilfe von Mensch zu Mensch	Arbeitgeber-Arbeitnehmer-Verhältnis
Beziehungskonstanz	Dienst auf Zeit
privat	beruflich
familiär brüderlich solidarisch	professionell qualitätsbewusst
individuell persönlich	sachgerecht personenunabhängig
inneres Engagement	dienstlicher Auftrag
„Du"	„Sie"

Je nach Standpunkt des Betrachters wird die konkrete Einrichtung etwas mehr dem einen oder dem anderen Pol zugehörig erscheinen. Es ist aber davon auszugehen, dass die einzelnen Merkmale sich innerhalb einer einzelnen sozialen Institution vermischen und dadurch auf unverwechselbare Weise den jeweiligen „Stil des Hauses" prägen.

Dann hab' ich jedesmal ein komisches Gefühl ...

Die beschriebenen Spannungsverhältnisse schlagen sich vorrangig in Grauzonen nieder, in Situationen, die uneindeutig und unbestimmt sind, aber nicht brisant genug, um zu offenen Themen zu werden. Persönlichen Zugang dazu erlebt man, wenn man solch uneindeutigen Situationen nachspürt und Gefühle ernst nimmt. Bei näherer Betrachtung stellt sich möglicherweise heraus, dass sich in solchen, scheinbar nebensächlichen Momenten typische Themen sozialer Institutionen abbilden. Beispiele:

- Dienst, der nicht im Dienstplan steht: Welche zusätzlichen Tätigkeiten darf man eintragen, sind Nachfragen dazu üblich oder unüblich (Feste für Bewohnerinnen mitfeiern, Begleitung von Kranken und Sterbenden in der Nacht, Dienstzeitregelungen bei Ferienfahrten)?

- Duzen oder Siezen: Wer duzt wen? Nach welchen Regeln, bis zu welchem Rang? Stimmt der übliche Stil mit den eigenen Gefühlen überein?
- Mittlere Leitungsebene, falls es sie gibt: Wie werden Abteilungsleiter u. Ä. erlebt – stärker als Leitung mit Aufsichts- und Kontrollfunktion oder stärker als „höhere Kollegen" und Fürsprecher bei der Leitung? Stimmt das Rollenbild, das sie erzeugen möchten, überein mit dem Rollenbild, das ihre Mitarbeiter von ihnen haben?

Aufgaben

1. *Die Kultur der Nähe und die Kultur der Distanz: Nennen Sie Situationen, in denen Sie das Auf-einanderprallen der Gegensätze erlebt haben. Welche Kultur war in dem Moment stärker?*

2. *Wann wäre für Sie als Heilerziehungspflegerin eine Umgangskultur der Distanz hilfreich? Wann wäre für Sie eine Umgangskultur der Nähe hilfreich?*

Von der Anstalt zur Wohnstätte

In der Behindertenhilfe in Deutschland stellen die stationären Großeinrichtungen noch den größten Anteil der Wohnplätze. In der Umgangssprache haftet dem Wort „Anstalt" ein negativer Beigeschmack an, und es lässt denken an Gefängnisse, rigide Erziehungsmethoden usw. Der viel beachtete Soziologe Goffmann (1922–1982) hat schon im Jahr 1972 unter dem Titel „Asyle" Analysen über Anstalten veröffentlicht, die bis heute wichtige Kennzeichen herausstellen.

Wenn heute das Wort „Anstalt" noch als Fachbegriff verwendet wird, soll damit im neutralen Sinn eine größere vollstationäre Einrichtung mit mehreren parallelen Betreuungsangeboten und einer arbeitsteiligen internen Infrastruktur gemeint sein – etwa im Gegensatz zu kleineren, gemeindenahen Wohnheimen, für die in NRW beispielsweise die Höchstgrenze von 40 Plätzen gilt. Anstalten bieten Vorteile und müssen gleichzeitig mit Nachteilen leben. Otto Speck geht mit ihnen hart ins Gericht:

„Organisatorische Großsysteme bringen Eigengesetzlichkeiten hervor, die das Zusammenleben, Lernen und Arbeiten qualitativ verändern und über reglementierende Sachzwänge immer mehr von der Normalität entfernen. Sie entwickeln sich zu abgeschlossenen Imperien oder erstarren im bloßen Funktionieren." **(Speck, 1988, S. 54)**

Ein Heilerziehungspfleger drückt dies in einem Interview so aus: „Wenn man ein einigermaßen normales Maß haben will, dann darf man nicht solche Rieseninstitutionen bauen. Und wenn so eine Rieseninstitution mal besteht, dann ist sowieso das A und O und der erste Selbstzweck, wie hält sich die Institution am Leben. Und: Welche Bedürfnisse haben die Behinderten zu erfüllen, damit die Institution weiter existieren kann, damit die Arbeitsplätze erhalten bleiben und, und, und ... Da ist der Behinderte bloß noch das Rädchen, das die Institution am Funktionieren hält."

(Neumann, 1988, S. 203)

Großeinrichtungen kennen dieses Problem:

„Verwalten und Wirtschaften muss sich als Dienstfunktion stets am Gesamtziel der Einrichtung, Hilfen für Menschen mit geistiger Behinderung leisten zu wollen, ausrichten." **(Dt. Caritasverband, 1992, S. 22)**

1. *Nehmen Sie Stellung zu diesen drei Aussagen.*

2. *Welche Vorteile bieten Anstalten – für wen? Welche Nachteile bringen sie mit sich – für wen? Listen Sie die Punkte in zwei Spalten auf. Zu welchem Urteil kommen Sie?*

3. *Gibt es nach Ihrer Meinung eine maximale Größe, ab der die Nachteile einer Großinstitution überwiegen?*

4. *Wenn eine Wohngruppe sich am Wochenende von der Essensversorgung durch die Zentral-küche abmelden will, um selbst zu kochen, und ihr gesagt wird, das gehe aus organisatorischen Gründen nicht ...*
   Wenn der Zentraleinkauf bestimmt, welche Wandfarbe ins Wohnzimmer kommt ...
   Nennen Sie Beispiele für sogenannte Sachzwänge, an denen der Konflikt zwischen Zentralisie-rung und Individualisierung deutlich wird.

Im Schatten der Großen?

„Zentrierende Großsysteme bedingen auch eine Gefährdung der kleinen, gemeindenahen Diens-te. Durch Großzentren wird der heute weithin geforderte Aufbau und Ausbau gemeindenaher ambulanter und mobiler Hilfen infrage gestellt. Es wird auf der einen Seite die ‚Optimierung der Hilfe' versprochen, auf der anderen Seite aber übersehen, dass damit die Mentalität des blo-ßen Ablieferns von Problemen an hoch differenzierte Spezialdienste verstärkt und zugleich die Alltagssolidarität, die Aktivierung von Helferdiensten noch weiter abgebaut wird bzw. ihr entge-genwirkt."

(Speck, 1988, S. 255)

„Experten selbst sind weder Supermenschen noch Roboter. Sie leiden selber darunter, wenn sie unter dem Einfluss der Organisationssysteme, denen sie angehören, immer weniger sie selbst sein können: spontan, direkt, einfach helfender Mensch. Was sie entgegen ihrem Engagement weithin bestimmt, ist das, was man als Industrialisierung der Hilfe bezeichnen kann. Diese aber verfremdet.

Der Effekt immer mehr ‚industrialisierter' sozialer Hilfe ist es, der heute in wachsendem Maße auf Widerspruch stößt. Die Gegenbewegung kommt von der Gemeindeorientierung her. Die natürlichen, lebensnahen menschlichen Gemeinschaften haben, bedingt durch die Industrialisie-rung, immer mehr Funktionen an Sonderinstitutionen abgegeben.

Das menschliche Zusammenleben wurde dadurch offensichtlich immer ärmer.

Gemeindenahe Hilfen bedeuten die Aktivierung von mehr Hilfe in der angestammten Umge-bung, bedeuten die unmittelbare Einbeziehung des sozialen Feldes, erleichtern die tatsächliche Eingliederung."

(Speck, 1988, S. 257)

„Im Schatten der Großen können die Kleinen nicht hochkommen." Stimmen Sie dieser These zu? Begründen Sie Ihre Meinung mit Beobachtungen in Ihrer Region.

Klein, aber organisiert

Neben der Anstalt, als dem in Deutschland klassischen Typus der Einrichtungen für Menschen mit geistiger Behinderung, hat sich längst eine Vielfalt von kleineren Wohneinrichtungen etabliert. Diese Institutionen bezeichnen sich z. B. als gemeindenahes Wohnheim, Dorfgemeinschaft, Wohnkollektiv, betreutes Wohnen bis hin zur Wohnung mit Assistenz als die am stärksten selbst organisierte Form. Bei aller fachlichen und ideologischen Abgrenzung gegenüber den Großeinrichtungen kann nicht übersehen werden, dass es sich auch hier um regelrechte Institutionen handelt, die sich ebenfalls im Spannungsfeld zwischen Privatheit und Professionalität ihre eigenen Lösungen schaffen müssen. Die Rollen und Funktionen, in denen sich die Beteiligten begegnen, setzen in der Zusammenarbeit Akzente und können in ihrer Vermischung Rollen- und Interessenkonflikte hervorrufen. Beispiele:

- Wenn Eltern und Angehörige von Bewohnern auch als Trägervorstand und damit als Arbeitgeber fungieren,
- wenn hauptamtliche und ehrenamtliche Mitarbeiterinnen zusammenwirken,
- wenn demokratisch aufgebaute Trägervereine Konflikte mit dem Personalrat der Mitarbeiter auszutragen haben,
- wenn selbstständig wohnende Menschen mit Behinderung sich von ihren Assistenten nicht ernst genommen fühlen und daran denken, die Kündigung auszusprechen.

„Die Bedürfnisse der behinderten Bewohner liegen in Richtung Gestaltung einer Primärgruppe, einer privaten Lebensgemeinschaft, eines Zuhauses oder einer Heimat. Organisationen haben dienenden Charakter, dieser Sinn kann aber verloren gehen und menschliches Leben wird unverhältnismäßig reglementiert, formalisiert und unpersönlich gemacht. Die Mitarbeiter haben aber die Möglichkeit, die Spannung von ‚Primärgruppen-Sein‘ (Privatheit) und ‚Organisations-Sein‘ (Zweckgemeinschaft) zu lösen und eine Verstärkung der Primärgruppeneffekte (Gemeinschaft) zu erreichen. Einige Beispiele sollen dies verdeutlichen:

1. Freiwilligkeit bzw. Zwang des Beitritts;
   Beteiligung der Bewohner an der Gruppenzusammensetzung bzw. der Neuaufnahme; wer lebt mit wem in einem Zimmer;
   Probewohnen um zu prüfen, ob man zusammenpasst.

2. Formalisierung oder Vertrautheit der Beziehungen;
   Dienstpläne an den Bedürfnissen der Bewohner orientieren;
   direkte Kommunikation ermöglichen, regelmäßige Gruppenbesprechung; gemeinsame Erlebnisse als Gruppe ermöglichen.

3. Normen und Hausordnung gemeinsam erarbeiten, den Sinn erschließen und lebbar machen.

4. Gruppengröße
   Mit der Gruppengröße steigt der Grad der Formalisierung der Beziehungen und die Gefahr der Unüberschaubarkeit für die Bewohner. Die Spannung erkennen und gestalten bedeutet aber nicht, dass sie völlig aufgehoben werden kann, auch bei einer Idealgröße bleibt die Wohngruppe eine Organisation im soziologischen Sinne."

(Thesing, 1990, S. 116 f.)

Aufgaben

1. *Stellen Sie sich vor, Sie sind Mitarbeiterin einer Außenwohngruppe. Welche Möglichkeiten sehen Sie noch, in Anlehnung an die Beispiele von Thesing, mit den Bewohnern zu guten Lösungen zu kommen?*

2. *Erarbeiten Sie in Kleingruppen zu allen Beispielen Ideen zur praktischen Umsetzung.*

Anregungen und Materialien

Begegnung mit der Autorität

Institutionen sind Projektionsflächen für persönliche Erlebnisse und Einstellungen zu dem Lebensthema „Autorität". Das geflügelte Wort von „Vater Staat" und „Mutter Kirche" lässt etwas davon ahnen. Indem Institutionen Menschen versorgen und Beziehungen ordnen, dabei Macht verteilen, Ansprüche stellen, Normen und Werte vertreten und ihre Mitarbeiter kontrollieren, provozieren sie latent das immerwährende Elternthema. Und sie provozieren die einzelne Person, sich zur Institution „in Position" zu bringen. Wie dies individuell wahrgenommen und gestaltet wird, hängt von biografischen Faktoren ebenso ab wie vom herrschenden ideellen Zeitgeist und kollektiven Ängsten und Wünschen. Dabei beeinflussen sich Bewohnerinnen, Mitarbeiter, Leiterinnen und andere gegenseitig und lösen erneut Ängste, Wünsche, Fantasien usw. aus.

Zum Ausdruck kommen solche Projektionen z. B.
- wenn Mitarbeiter jegliche Leitungskompetenz ihrer Vorgesetzten strikt ablehnen („Du hast mir nichts zu sagen"),
- wenn Leitende ihre Rolle nicht einhalten und sich unangemessen kollegial zeigen („Ich möchte einer von Euch sein"),
- wenn an den Gesamtleiter das Wunschbild des „guten Vaters" gerichtet wird („Kommen Sie doch einfach mal vorbei, kümmern Sie sich um mich, sorgen Sie sich um uns").

Dazugehören wollen

Letztlich muss sich jede Mitarbeiterin bis zu einem bestimmten Grad nicht nur mit der beruflichen Aufgabe identifizieren können, sondern auch mit der Einrichtung, in der sie tätig ist. Eine überwiegend ablehnende Haltung ist auf Dauer für beide Seiten unerträglich.

> **Aufgabe**
>
> *Wenn Sie mit Freunden und Bekannten über „die Firma", die Schule, die Einrichtung sprechen – sagen Sie „Wir sind, wir haben ..." oder „Sie sind, sie haben ..."? Welche Formulierungen hören Sie bei Ihren Kolleginnen? Was schließen Sie daraus?*

„Wenn mich jetzt jemand Außenstehender anmachen würde und etwa sagen würde: ‚Ach, diese elende Einrichtung, die finde ich ja schon absolut übel', dann würde ich mich schon so dazugehörig fühlen, dass ich sagen würde: ‚Also hör mal, so brauchst du auch nicht zu reden. Schau mal das und schau mal das, das ist doch ganz o.k. Klar gibt es auch schlechte Seiten.' Also dann wäre ich schon so weit damit identifiziert, dass ich das Ganze ein bisschen in Schutz nehmen müsste. Weil ich finde auch, mit etwas, mit dem man sich absolut nicht identifiziert – wie will ich dort arbeiten?"

(Neumann, 1988, S. 204)

Interessenkonflikte

Telefonanruf: In der WfbM ist ein Beschäftigter vormittags krank geworden und hat Fieber. Sein Gruppenleiter ruft den Leiter der Wohneinrichtung an (es handelt sich um ein kleines gemeindenahes Wohnheim) und bittet darum, dass der kranke Beschäftigte abgeholt wird. Der Heimleiter sagt, dass dies nicht möglich sei und dass die Wohngruppe erst ab 16:30 wieder besetzt sei.

Betriebsversammlung: Zwischen den Angestellten der WfbM und den Angestellten der Wohngruppen einer großen Einrichtung kommt es zu einer Diskussion darüber, wie lang die Mittagspause in der WfbM sein soll. Die WfbM-Kollegen plädieren überwiegend für eine Verkürzung, die Mitarbeiter der Wohngruppen überwiegend für die Beibehaltung der Zeit von 90 Minuten. Ihr Hauptargument: Für die Menschen mit Behinderung, die in einer der Wohngruppen auf dem Einrichtungsgelände zu Hause sind, sei es wichtig, die Pause dort wie gewohnt verbringen zu können; nur so könnten sie sich ausreichend entspannen.

Aufgaben

1. *Führen Sie in Ihrer Klasse Rollenspiele durch, in denen die unterschiedlichen Interessen der Beteiligten deutlich werden. Beachten Sie, dass die Auseinandersetzung nicht auf Personen zielt, sondern institutionelle Konflikte darstellt.*

2. *Nach der Durchführung des Rollenspieles: Stellen Sie auch spielerisch dar, welche Stellungnahmen andere Beteiligte abgeben: der Mensch mit Behinderung selbst, die Betreuerinnen der Wohngruppe, die Angehörigen, weitere …*

Beispiel

Radikaler Strukturwandel: Einzelne Anstalten haben sich besonders stark dezentralisiert. Sie haben ihre Wohnangebote und weitere Dienstleistungen für Menschen mit Behinderung von ihrem ursprünglichen (Stiftungs-) Gelände ausgelagert und konsequent in kleineren Einheiten in die Stadtteile und das Umland verlegt. Beispiele sind die ehemaligen Alsterdorfer Anstalten in Hamburg, jetzt „Stiftung Alsterdorf" sowie die Stiftung Hephata in Mönchengladbach. Sie beschreiben ihre großen Veränderungsprozesse auf ihren Webseiten www.stiftung-alsterdorf.de und www.hephata-mg.de.

Der Umbau der Institutionen wird gefördert: Die Stiftung Mensch, die über erhebliche Finanzmittel verfügt, unterstützt diejenigen Einrichtungen, die eine ähnliche Richtung einschlagen wollen. Sie hat ein großes langfristiges Förderprogramm aufgelegt unter der Überschrift „Umwandlung von Groß- und Komplexeinrichtungen in differenzierte gemeindenahe Wohnangebote". Der Name ist Programm und signalisiert, dass es der Aktion Mensch längst nicht nur um die verwaltungsmäßige Verteilung von Spendengeldern geht, sondern um eine aktive politische Gestaltung der Lebensbedingungen von Menschen mit Behinderung in Deutschland. Mehr Informationen unter www.aktion-mensch.de.

Literatur

Empfehlenswerte Bücher zur thematischen Vertiefung:

- **Goffman, Erving:** *Asyle. Über die psychische Situation psychiatrischer Patienten und anderer Insassen. Frankfurt: 2006.*

- **Mertens, Wolfgang und Lang, Hans-Jürgen:** *Die Seele im Unternehmen. Psychoanalytische Aspekte von Führung und Organisation im Unternehmen. Berlin: 1991.*

- **Schmidt, Rupert:** *Die Paläste der Irren. Kritische Betrachtung zur Lebenssituation geistig behinderter Menschen in Österreich. Wien: 1993.*

3.3 Das Umfeld

Bezugssysteme der Gesellschaft

In den vorausgegangenen Abschnitten dieses Kapitels wurden Aspekte der Binnenorganisation entfaltet. Damit sind diejenigen Zusammenhänge angesprochen, die die Heilerziehungspflegerin in ihrer beruflichen Praxis unmittelbar erlebt und in denen sie den verschiedenen Handelnden persönlich begegnet. Das Team und die Institution werden zusammengenommen meist als „drinnen", der Rest der Welt als „draußen" angesehen und bezeichnet – eine Sprech- und Denkweise, die umso weiter verbreitet ist, je größer die Einrichtung ist. Anders gesagt: Je komplexer die Institution, desto mehr wird der Blick verstellt auf die Tatsache, dass es „außerhalb" Einflussgrößen gibt, die direkt oder indirekt das Geschehen „innerhalb" maßgeblich bestimmen. Eine Betreuungsgruppe lebt jedoch nicht auf einer autonomen Insel und eine komplette Anstalt ebenfalls nicht. Zu einer professionellen Betrachtungsweise der Praxis der Heilerziehungspflege gehört der Zusammenhang mit denjenigen Organisationen, die ihr Umfeld bilden. Um diese zu beschreiben, bietet sich der Begriff System an.

Aufgaben

1. *Denken Sie an eine reale oder fiktive Einrichtung der Behindertenhilfe: Schreiben Sie – unsortiert – auf, welche Stellen, Menschen, Organisationen usw. Einfluss auf das Leben in der Einrichtung haben. Vergleichen Sie dies anschließend mit den Aufzeichnungen der Mitschüler. Was wurde häufig genannt – obwohl unterschiedliche Einrichtungen gemeint sind? Was scheint speziell nur für bestimmte Einrichtungen zuzutreffen?*

2. *Suchen Sie sich in einer Kleingruppe eine ganz bestimmte (reale oder fiktive) Einrichtung der Behindertenhilfe aus: Ordnen Sie die Stellen, Menschen, Organisationen usw. des Umfeldes in einer Skizze an, sodass deutlich wird, wie sie zueinander in Verbindung stehen.*

Der Begriff **System** hat in den letzten Jahren fachübergreifend große Bedeutung gewonnen. Systemtheorien und das sogenannte systemische Denken prägen z.B. die Biologie, die Psychotherapie, den Industrieanlagenbau usw. Otto Speck, längst ein Klassiker der Heilpädagogik, hat der Anwendung dieses Denkens ein ganzes Lehrbuch gewidmet.

„Der Begriff System wird hier nicht auf die Inhalte von Institutionen und Organisationen reduziert, sondern im allgemeineren Sinn von strukturierten Zusammenhängen verstanden." (Speck, 1988, S. 16)

Alle Systeme sind vielschichtig, von Menschen und ihrer Persönlichkeit geprägt, durch Ordnungen reguliert und gleichzeitig den Gesetzen der chaotischen Entwicklung unterworfen, stabil und in ständiger Veränderung gleichzeitig, und vor allem: Sie beeinflussen sich gegenseitig. Sie können größer oder kleiner sein, viele Menschen oder auch ganze Nationen umfassen. Kein System ist dem anderen wirklich „übergeordnet", in dem Sinne, dass es andere Systeme völlig dominieren könnte, vielmehr üben sie zu aller Zeit Wirkung aufeinander aus, reagieren usw. Man kann auch sagen, dass soziale Systeme nichts anderes sind als die aktuelle Summe kommunikativer Prozesse in einer bestimmten Umgebung.

> *„Die verschiedenen sozialen Systeme einer Gesellschaft stehen in einer gewissen Interdependenz miteinander, können sich aber auch relativ stark voneinander abheben." (Speck, 1988, S. 251)*

Das Prinzip der wechselseitigen Beeinflussung ist ganz entscheidend für das Verstehen von Systemen: Ein Teilsystem wäre nicht so, wie es ist, wenn das andere Teilsystem nicht so wäre, wie es ist. Ein Teil bedingt das andere und somit das Ganze. Würde eines ganz wegfallen, wäre das Gleichgewicht des Ganzen zerstört.

Mit welchen Systemen sich die Behindertenhilfe auseinandersetzen muss, wird schnell deutlich, wenn man darüber nachdenkt, von welchen gesellschaftlichen Kräften sie beeinflusst wird. Dabei wird man feststellen, dass einige Kräfte direkt, andere indirekt, einige öffentlich sichtbar, andere eher im Verborgenen wirken, einige als nah, andere als fern erlebt werden usw.

Zusammengefasst sind hier einige wichtige Systeme im Umfeld der Praxis genannt:

- Das lokale System, das Dorf, die Stadt. Dieses umfasst die Kommune, in der sich die Einrichtung befindet. Wie verhält sich die Gemeinde gegenüber Menschen mit Behinderung? Wie sind die sozialen Kontakte? Liegt die Einrichtung „hinter den sieben Bergen" oder im Wohngebiet? Stellt sie einen bedeutenden Arbeitgeber dar? Werden Bauanträge der Einrichtung genehmigt oder abgelehnt? usw.
- Das Trägersystem. Die meisten Einrichtungen, in denen Heilerziehungspfleger arbeiten, sind einem überörtlichen fachlichen Verbund angeschlossen. Welchem Verbund, welchem Wohlfahrtsverband gehört die Einrichtung an? Wie wirkt sich dies aus? Mit welchem Profil will sich der Verband schmücken, welches wird von den Mitarbeitern erlebt? Leistet der Verband erfolgreiche Interessenvertretung und Lobbyarbeit? Ist den Mitarbeitern überhaupt etwas über den Verband bekannt?
- Das rechtliche System. In vielfacher Hinsicht wirkt die Rechtsordnung in die Behindertenhilfe hinein und bestimmt ihre Alltagswirklichkeit. Welche Gesetze, Verordnungen und Urteile setzen die aktuellen Maßstäbe und schaffen Fakten? Dürfen die Bewohner einer Außenwohngruppe sich sonntags im Garten ihres Reihenhauses aufhalten oder gilt dies als unzumutbar für die Nachbarn? Ist der Anblick von Menschen mit Behinderungen im Speisesaal eines Ferienhotels zumutbar oder nicht? Wie viel darf die Unterbringung in einem Heim kosten? Wie viele Plätze maximal sind landesrechtlich erlaubt, wenn ein gemeindenahes Wohnheim neu errichtet wird? usw.
- Das Berufssystem. Die Berufsgruppe ist einerseits in vielen Einrichtungen zahlenmäßig stark vertreten, andererseits formal wenig organisiert. Welches Ansehen, welches Selbstverständnis hat der Berufsstand des Heilerziehungspflegers? Wer bestimmt die Ausbildung? Welchen Status hat er in der Einrichtung gegenüber anderen Berufen, welches Ansehen? Wie stark ist seine verbandliche Interessenvertretung?
- Das politische System. In Deutschland teilen sich bislang staatliche und freie Wohlfahrt die Verantwortung für ihre Aufgaben. Wie weit zieht sich der Staat zurück? Überlässt er es den Mechanismen des freien Marktes, wie künftig Menschen mit Behinderung und ihre Angehörigen die notwendige Hilfe finden?

Die sogenannte öffentliche Meinung, also die Summe von veröffentlichten Meinungen, bekannten Meinungsgruppen und Meinungsmehrheiten im ortsnahen wie im gesamtgesellschaftlichen Zusammenhang. Welche Einstellungen hat die Bevölkerung zu Menschen mit Behinderungen? Welche Einstellungen hat sie demnach zu Heilerziehungspflegerinnen? Und welche Ereignisse und Meinungen werden von den Medien widergespiegelt? Welche Bilder erzeugen die Medien von den Einrichtungen, den helfenden Berufen, den Wohlfahrtsverbänden, dem Sozialstaat?

1. Welches der sechs aufgezählten Systeme
   - könnte Ihren Arbeitsalltag besonders stark beeinflussen?
   - möchten Sie am liebsten gar nicht berücksichtigen müssen?
   - interessiert Sie überhaupt nicht?
   - möchten Sie durch Ihr Tun positiv verändern?
   - ist so stark, dass Sie sowieso überhaupt keinen Einfluss darauf haben?

2. Finden Sie Beispiele:
   Welche der genannten Systeme wirken auf welche Art und Weise eher
   - direkt und öffentlich sichtbar?
   - indirekt und eher im Verborgenen?
   - nah?
   - fern?

3. Finden Sie zu allen sechs genannten Systemen beispielhaft passende Situationen im heilerziehungspflegerischen Alltag.

4. Drei Thesen zur Diskussion und Meinungsbildung:
   a) „Wenn mir das alles zu viel wird, dann konzentriere ich mich ganz einfach auf den alltäglichen Trott – sehe weder links noch rechts, sondern nur noch geradeaus."
   b) „Ich mache meine Arbeit. Ich will sie gut und ehrlich machen. Was andere tun, ist erst mal nicht meine Sache."
   c) „Ich verstehe mich als ‚Anwalt der Behinderten'. Dadurch habe ich gelernt, mich für die Bewohner stark zu machen."
   Welche heilerziehungspflegerischen Alltagserlebnisse können zu den Thesen „passen"? Wie wirken die Thesen auf Sie? Unter welchen Voraussetzungen könnten Sie sich die Thesen zu eigen machen?

Anregungen und Materialien

„Kein neues Wohnheim"
Der Bauausschuss der Gemeinde Pusemuckel hat den Antrag für ein kleines Wohnheim mit zwölf Plätzen in einem Neubaugebiet abgelehnt.

Wie beurteilen Sie diese Entscheidung? Nennen Sie denkbare Argumente pro und kontra Baugenehmigung. Wer ist von wem abhängig? Wie werden die verschiedenen beteiligten Interessengruppen auf die Entscheidung reagieren? Welche Maßnahmen sollten Ihrer Meinung nach ergriffen werden, um doch noch zu einem positiven Beschluss zu kommen?

Öffentlichkeitsbeauftragte
Die größere Wohneinrichtung für geistig behinderte Erwachsene am Ort möchte die Arbeitsstelle einer „Öffentlichkeitsbeauftragten" einrichten.

1. Was halten Sie spontan davon?

2. Welche Aufgaben könnten wichtig sein?

3. Wie könnte ein „typischer" Arbeitstag einer Öffentlichkeitsbeauftragten aussehen?

Aufgaben

4. Fertigen Sie eine Stellenanzeige an. Geben Sie u. a. auch Informationen über die gewünschte Qualifikation der Bewerber.

5. Führen Sie in einem Rollenspiel ein Bewerbungsgespräch durch. Welche Rollen sollen besetzt werden? Welche Vorinformationen erhalten die Spieler? Worauf sollen die Zuschauer achten?

6. Was spricht Ihrer Meinung nach eher dagegen, eine solche Stelle einzurichten?

Beispiel

Tag der offenen Tür
Beim Tag der offenen Tür präsentiert sich das neue Wohnheim für geistig behinderte Erwachsene erstmals der interessierten Nachbarschaft in einem Neubaugebiet. Das Interesse ist groß. Stolz präsentieren die Bewohner ihre (Einzel-) Zimmer und ihren Besitz: neue Möbel, große behindertengerechte Küchen und Badezimmer, großer Garten, PC, Fernseh-DVD-Kombinationen, Handys, usw. Bei genauer Beobachtung kann man bei den Besuchern aber nicht nur Wohlwollen erkennen ...

Aufgaben

1. Führen Sie den Aufsatz – schriftlich – weiter. Vergleichen Sie ihn mit den Aufzeichnungen anderer.

2. Tragen Sie dazu Rollenspiele vor.

3. Welche Auswege gibt es aus dem Dilemma? Welche ersten Schritte können hilfreich sein?

Literatur

- **Gehm Theo:** Kommunikation im Beruf. Hintergründe, Hilfen, Strategien. 4. Auflage, Weinheim: 2006.

- **Lumma, Klaus:** Die Teamfibel oder Das Einmaleins der Team- und Gruppenqualifizierung im sozialen und betrieblichen Bereich, Hamburg: 2006.

4 Pädagogische Prozesse

- *Wodurch kann die menschliche Wahrnehmung erklärt werden und welche Wahrnehmungsfehler können dem Menschen unterlaufen?*

- *Was zeichnet eine methodische Verhaltensbeobachtung aus und wie kann sie in der Heilerziehungspflege realisiert werden?*

- *Wie können heilerziehungspflegerische Abläufe geplant werden?*

- *Was ist heilerziehungspflegerische Qualität und wie kann sie bestimmt und gesichert werden?*

4.1 Wahrnehmung

Aus dem Tagebuch eines Heilerziehungspflegers:

„Mein erster Arbeitstag. War ganz schön anstrengend: neue Menschen, neue Tagesabläufe, Behinderungen … Am spannendsten fand ich die Begegnung mit Paul. Wie war das doch noch gleich? … Bettina, meine Kollegin, die die Gruppe, in der ich arbeiten soll, schon einige Jahre kennt, informierte mich über die einzelnen Bewohner, und Paul, so meinte sie, sei mit Vorsicht zu genießen. Auf neue Gesichter würde er manchmal sehr heftig reagieren, er würde dann vielleicht sich und andere schlagen. Ich sollte mich ihm gegenüber zuerst um eine gewisse Distanz bemühen. Nachdem sie mir alles erklärt hatte, ging ich zur Verwaltung des Wohnheimes, um noch einige organisatorische Dinge zu erledigen. Unterwegs kam mir ein behinderter Mann entgegen, auf welchen die Beschreibung zu Paul zutraf. Er musste es sein. Ich versuchte, möglichst unauffällig an ihm vorbei zu gehen, doch er blieb stehen, schaute mich an und schrie: „Du Arschloch!" – Ich erwiderte nichts und ging, mit Angstschweiß auf der Stirn, in die Gruppe zurück und erzählte Bettina die Geschichte. Diese lachte am Ende meiner Ausführungen laut auf und meinte: „Da hast du ja Glück gehabt. Paul bezeichnet jeden, den er mag, als ‚Arschloch'."

Aufgaben

1. Wie kam es zu dem Bild, das der Heilerziehungspfleger von Paul hatte?

2. Könnte die erste Begegnung mit Paul das Bild verändert haben?

3. Wie könnte das Bild, welches die Kollegin hat, entstanden sein?

4. Haben Sie schon einmal ähnliche Erfahrungen gemacht? Tauschen Sie sich darüber aus.

Personenwahrnehmung und Wahrnehmungsfehler

Die grundlegende Frage zur Gestaltung pädagogischer Prozesse im Umgang mit Menschen mit Behinderungen lässt sich wie folgt formulieren:

> „Wie gelange ich zu einem annähernd richtigen oder umfassenden Verständnis, zu Beurteilungen und Interpretationen über Fähigkeiten, über Verhaltensweisen, deren Ursachen und Motive, über innere Zustände und Befindlichkeiten der Person, mit der ich lebe, lerne und arbeite."
> **(Strasser, 1997, S. 35)**

Aktuelle wissenschaftstheoretische Erkenntnisse gehen bei der Beantwortung dieser Frage davon aus, dass es eine einzige richtige, widerspruchslose und objektive Wahrnehmung nicht geben kann. Jeder Wahrnehmungsprozess sei lediglich eine Annäherung an eine Konstruktion von Wirklichkeit (Realität), oder das, was wir dafür halten, sei somit immer ein Schöpfungsakt, welcher sich auf der Basis der Erfahrungen der Wahrnehmenden vollzieht. Diese kommen hierbei immer wieder zu unterschiedlichen Wahrnehmungsergebnissen und -konstruktionen (vgl. Kap. 2).

Dieses Konstruieren von Wirklichkeiten (was zumeist hochgradig un- oder vorbewusst geschieht) ist nicht einfach, erst recht nicht, wenn es sich bei den wahrgenommenen Personen um Menschen mit Behinderungen handelt, da diese

- „in uns manchmal nicht nur positive Zuwendung oder optimistisches Abwarten auslösen, sondern vermutlich oft auch Reaktionen der Ratlosigkeit, des Befremdens, manchmal auch der Abwehr und Abwendung,

> ■ *sich selber wegen ihrer Behinderung nur schlecht verständlich machen können oder durch uns nicht verstanden werden,*
> ■ *darum kaum Gelegenheit erhalten, in den Beurteilungsprozess [...] korrigierend einzuwirken."*
> *(Strasser, 1997, S. 35)*

Aufgaben

1. Beschreiben Sie Situationen, in welchen einer (oder mehrere) dieser Punkte Ihre Wahrnehmung beeinflusst hat.

2. Diskutieren Sie die Relativität von Wahrnehmung. Ausgangspunkt Ihres Gespräches könnte die Frage nach der Korrektheit und Wirklichkeit bestimmter Fragen („Der Polizeiwagen ist grün") und Formen („Der Mann trug einen Bart") sein.

Welche Faktoren beeinflussen nun den Prozess der Wahrnehmung? Folgendes Modell mag dieses veranschaulichen:

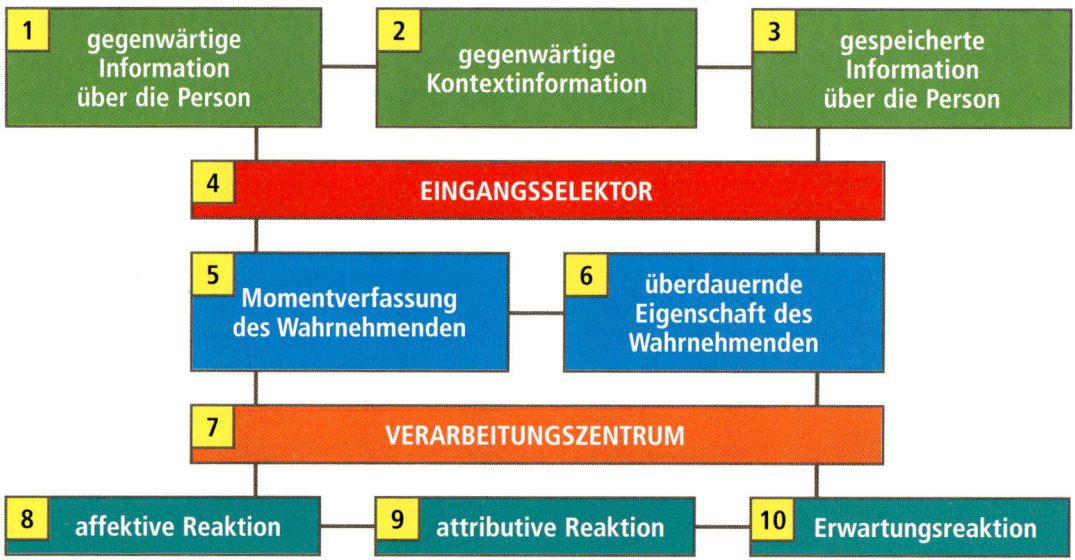

Modell der Personenwahrnehmung nach Graumann (1969), in: Strasser, 1997, S. 35

Die einzelnen Ebenen dieses Modells bedeuten konkret:

1. Gegenwärtige Information über die Person
   Hierunter ist alles das zu verstehen, was im Augenblick der Wahrnehmung aufgenommen wird: Aussehen, Geschlecht, Haarfarbe, Körpergröße, Mimik, Gestik, Sprachverhalten usw.
   Da Menschen mit Behinderungen sehr oft sprachliche und motorische Probleme haben, sie zudem häufig nicht in das Bild des „Normalen" zu passen scheinen, kann es geschehen, dass ihre Person und ihre Äußerungen verfälscht wahrgenommen werden.

2. Gegenwärtige Kontextinformation
   Hiermit ist das Umfeld gemeint, in welchem Wahrnehmungen vollzogen werden: Wohnheim, Psychiatrie, Werkstatt für behinderte Menschen usw. Dieser (zumeist organisatorisch festgelegte) Kontext gibt bestimmte Rollendefinitionen (welche Erwartungen werden vom Wahrnehmenden an den Wahrgenommenen gestellt?) vor.

3. Gespeicherte Information über die Person

   Hierunter kann das verstanden werden, was über die wahrgenommene Person an Vorinformationen dem Wahrnehmenden zur Verfügung steht. Mündliche Informationen der Kolleginnen, frühere Erfahrungen, Akteneinträge und Protokolle beeinflussen die Erwartungshaltung, welche der Wahrnehmende in Bezug auf sein Gegenüber einnimmt.

4. Eingangsselektor

   Der Wahrnehmende wählt unbewusst aus den o.g. Informationen diejenigen aus, welche für seine Wahrnehmungen und Schlussfolgerungen zweckdienlich sind. Dieses geschieht auf der Basis der

5. Momentanverfassung des Wahrnehmenden

   Wie geht es ihm im Moment der Wahrnehmung? Ist er ausgeglichen oder nervös? Ist er müde oder ausgeruht, gesund oder krank oder Ähnliches? Eine zweite Basis bezeichnet

6. Überdauernde Eigenschaften des Wahrnehmenden

   Hierunter sind Wertungen, Bilder und gegebenenfalls Charakterzüge zu verstehen, welche der Wahrnehmende im Verlauf seines Lebens erworben oder sich angeeignet hat, wie z.B.: Vor welchen Menschen hat er Angst? Welche empfindet er als hübsch oder hässlich? Wie nimmt er Frauen, wie Männer wahr?

7. Verarbeitungszentrum

   Auf physiologisch-neurologischer Basis verarbeitet er nun im Gehirn das Wahrgenommene und kommt hierbei zu folgenden Reaktionen:

8. Affektive Reaktion

   Hierunter sind die Gefühle zu verstehen, welche beim Wahrnehmenden zumeist hochgradig unbewusst entstehen können. Sie hängen einerseits natürlich mit der wahrgenommenen Person zusammen, aber andererseits auch von der Lebens- und Lerngeschichte des Wahrnehmenden ab.

9. Attributive Reaktion

   Der Wahrnehmende schreibt der wahrgenommenen Person hierbei bestimmte Eigenschaften und Verhaltensweisen zu, auch – oder gerade – wenn er sie nicht konkret wahrgenommen hat. Menschen mit Behinderung können demzufolge aggressiver, gefährlicher und hässlicher erscheinen als Menschen ohne Behinderung.

10. Erwartungsreaktion

    Hiermit ist nun schließlich die Handlung gemeint, welche der Wahrnehmende vom Wahrgenommenen erwartet: „Wenn ich diese Informationen besitze, es mir so und so geht, ich mich so fühle, dann kann er gar nicht anders als nun dieses oder jenes tun.

Aufgaben

1. *Spielen Sie die Tagebuch-Szene zu Beginn dieses Kapitels und versuchen Sie, die einzelnen Ebenen des Wahrnehmungsprozesses zu beschreiben. Dieses kann nun sowohl von den Spielenden als auch von den Beobachtenden erarbeitet werden.*

2. *Stellen Sie verschiedene Situationen dar, in welchen Sie analog zum dargestellten Modell wahrgenommen und empfunden haben.*

3. *Versuchen Sie eine kritische Diskussion des vorgestellten Wahrnehmungsmodelles.*

Abschließend zum Problemfeld der Wahrnehmung sollen einige Wahrnehmungs- und Reaktionsfehler vorgestellt werden.

Implizite Persönlichkeitstheorie: Die individuelle und private Theorie des Beobachters über den Menschen, die verschiedenen Eigenschaften einer Person, deren Beziehung untereinander und das Entstehen von Verhalten bestimmt mit, wie wir die Lücken in der Wahrnehmung von Personen füllen und ergänzen. (z.B.: „Es wundert nicht, dass L. mit einer so schlechten Arbeitsmotivation auch in den Kulturtechniken keine Fortschritte macht.")

Attribution, Attribuierung: Die Lücken zwischen der wahrgenommenen Wirklichkeit und dem persönlichen Eindruck werden durch Zuschreibung von nicht beobachteten Eigenschaften oder Interpretationen bezüglich der Ursachen und Motiven für ein bestimmtes Verhalten oder der Umweltbedingungen, die zu diesem Verhalten führen können, geschlossen. (z.B. „W. kann nicht", „W. will nicht", „W. ist ...", „Die Aufgabe ist zu schwer für W.", „Wenn W. sich anstrengen würde, dann könnte er ...", „Weil W. Zuwendung möchte ...")

Projektive Ähnlichkeit: Der Beobachter schreibt dem behinderten Menschen positive oder negative Eigenschaften zu, die er bei sich selber erkennt, in Anspruch nimmt und entsprechend beurteilt (z.B.: „E. arbeitet exakt und zuverlässig, trägt Sorge um seine Kleider und erledigt auch seine Ämter sehr genau. Mit der Ordnung im eigenen Zimmer hat er zwar Mühe, aber das geht mir ja auch manchmal so."

Stereotypisierung: Die Angehörigen einer Gruppe, einer sozialen Schicht, einer Rasse oder des Geschlechts werden mit überdauernden und starren Sichtweisen und Überzeugungen bezüglich ihrer Merkmale und Eigenschaften belegt (z.B. „Die Mütter von Menschen mit Autismus haben ein gestörtes Verhältnis zu ihrem Kind.")

Logischer Irrtum: Oft nehmen Beobachter an, dass bestimmte Eigenschaften und Verhaltensweisen gemeinsam miteinander auftreten, ungeachtet ob dies wirklich zwingend der Fall sein muss. (z.B. „B. sieht nicht, hört nicht und ist zudem schwer geistig behindert. Da man ihn ohnehin nicht mit Beschäftigung aktivieren kann, verbringt er den halben Nachmittag im Bett.")

Halo- oder Hof-Effekt: Aufgrund von positiv oder negativ wahrgenommenen Eigenschaften und Verhaltensweisen werden entsprechend dieser Beurteilung alle weiteren Eigenschaften und Verhaltensweisen entsprechend wahrgenommen, während die gleichen Merkmale bei anderen Personen nicht beachtet werden oder sogar als positive Eigenschaften beurteilt werden. (z.B. „M. arbeitet gut mit und fügt sich gut in die Gemeinschaft der Wohngruppe und der Schulklasse ein. Ihre gelegentliche Essensverweigerung muss als altersgemäße Autonomie-Kundgebung gewertet werden.", oder aber „O. verhält sich sowohl in der Schule als auch in der Wohngruppe unruhig und opponiert gegen alle Regeln. Besonders schwierig ist die Situation am Mittagstisch, wo er gelegentlich das Essen verweigert.")

Pygmalion-Effekt (auch Rosenthal-Effekt oder Selbsterfüllende Prophezeiung): Die Erwartungen des Beobachters oder der Bezugsperson bezüglich des Verhaltens eines behinderten Menschen bewirken mit größerer Wahrscheinlichkeit, dass sich dieser Partner in Richtung dieser Erwartung verhält. (z.B. „Schwer geistig behinderte Erwachsene sind wie Kinder." Oder aber: „Auch schwer Geistigbehinderte sind lernfähig!")

Milde-Effekt: Beobachter tendieren unter Umständen dazu, positiv wahrgenommene und wünschenswerte Eigenschaften stärker zu gewichten sowie negative und ungünstige zu mildern. („L. hat sehr viel Gemüt, auch wenn er oft stark trotzt.")

(Strasser, 1997, S. 42)

Aufgaben

1. *Erarbeiten Sie Beispiele zu den einzelnen Wahrnehmungsfehlern.*

2. *Wo gibt es bei den Reaktionen Überschneidungen?*

3. *Diskutieren Sie Möglichkeiten, solche Reaktionen zu vermeiden oder in Grenzen zu halten.*

Der Gridtest

Die oben beschriebenen Möglichkeiten, Personen und Dinge wahrzunehmen und einzuschätzen, scheinen den Schluss zuzulassen, dass es zu Problemen und Wahrnehmungsfehlern kommt – ganz gleich, was oder wen ich wahrnehme. Würde dieses so sein, wäre jedwede Ausbildung der Sinnlosigkeit anheim gestellt. In der Wahrnehmung von Menschen mit Behinderungen können zwei Modelle hilfreich sein, Wahrnehmungen zu erkennen, zu strukturieren und gegebenenfalls zu verändern:

Die Urteilsgenauigkeit bei der Personenwahrnehmung

Um die Genauigkeit von Wahrnehmungsurteilen zu überprüfen, benötigt man drei Elemente:
„1. eine Präsentationsform des zu beurteilenden Menschen, gewöhnlich Beurteilungsziel oder Beurteilungsstimulus genannt; 2. eine Menge von Wahrnehmungsreaktionen seitens des Beurteilenden und 3. ein verlässliches Eichmaß (...), anhand dessen wir die Richtigkeit der abgegebenen Urteile überprüfen können." (Forgas 1999, S. 23).

Ein Beispiel hierzu:

Beispiel

Ich nehme einen körperbehinderten Menschen wahr, welcher mir in einer Rehabilitationseinrichtung in seinem Rollstuhl entgegenkommt (Präsentationsform: persönlicher, direkter Kontakt). Ich habe nun die Aufgabe, diesem Menschen mitzuteilen, dass ich ab heute für seine Einzelförderung zuständig bin und herausfinden möchte, was er allein kann, noch nicht kann oder möchte (Wahrnehmungsreaktionen: körperliche und geistige Fähigkeiten, evtl. Gespräche mit Ärzten, Orthopäden u. Ä.). Nachdem dieser Mensch eingewilligt hat, begeben wir uns beide in die Räume der Einzelförderung und ich führe mit ihm einen Motoriktest durch (Eichmaß: ein wie auch immer gearteter Test zur Überprüfung der Motorik, evtl. der LOS-KF-18).

Alle drei genannten Techniken können nun noch weiter ausdifferenziert werden:

Merke

Techniken zur Erforschung der Genauigkeit von Personenwahrnehmungen

1. Techniken zur Präsentation einer Stimulusperson:
   - persönlich (direkte Begegnungen oder Interview)
   - persönlich (Beobachtung hinter einem Einwegspiegel)
   - per Videoband
   - per Film
   - per Fotografie
   - per Tonband
   - durch Test- oder Einstellungswerte, mittels standardisierter Instrumente erhoben
   - durch persönliche Dokumente (Briefe, Bilder, autobiografische Aufzeichnungen)
   - durch Zurückgreifen auf frühere persönliche Erfahrungen oder Beurteilungen

2. Techniken zur Erhebung von Wahrnehmungsurteilen:
   - Schätzungen aus bipolaren Skalen
   - Prognosen über das zukünftige Verhalten der Zielperson

- Vorhersagen über Beurteilungen der Zielperson durch Experten, z.B. durch Psychiater
- Vorhersagen über das Abschneiden der Zielperson bei standardisierten Tests
- Einschätzung der Zielperson mittels einer Eigenschaftswortliste
- Einordnen der Zielperson in eine – hierarchisch geordnete – Reihe anderer Personen
- freie Beschreibung der Zielperson
- Entscheidungen, deren Gegenstand die Zielperson war (Beruf, erworbene akademische Grade, etc.)

3. Kriterien zur Evaluierung der Urteilsgenauigkeit:
   - Abschneiden der Zielperson bei objektiven psychologischen Tests
   - Information von der Zielperson selbst (z.B. Selbsteinschätzungen)
   - Beurteilungen von Arbeitskollegen oder Vorgesetzten
   - demografische oder andere Tatsacheninformationen
   - direkt beobachtete Merkmale oder Verhaltensweisen

(Cline in Forgas, 1999, S. 224 f.)

1. Erarbeiten Sie für alle Techniken und Spiegelstriche Beispiele aus der heilerziehungspflegerischen Arbeit.

2. Erarbeiten Sie analog zum oben Gesagten ein Beispiel zur Verknüpfung der Techniken.

3. Führen Sie die Techniken in Realsituationen (z. B. im Praktikum) durch und fertigen Sie ein möglichst genaues Protokoll Ihrer Vorgehensweise an.

Der sogenannte Gridtest

Wie oben festgestellt, lenken die Erwartungen die Personenwahrnehmung. Aus diesen konstruiere ich ein Bild des anderen Menschen und sehe ihn durch eben diese Brille:

„Der Mensch betrachtet seine Welt durch transparente Muster oder Schablonen, die er sich schafft und die er dann auf die Realitäten der Welt zu übertragen versucht." (Kelly, 1986, S. 8 f.)

Um diese Konstrukte zu erkennen, entwickelte der Psychologe George Kelly den sogenannten Gridtest. Hierbei fragt die Person, deren Wahrnehmungsverhalten erörtert werden soll, in welcher Hinsicht sich zwei ihr gut bekannte andere Personen (Ehefrau, Ehemann, Freund, Freundin) ähnlich sind und gleichzeitig von einer weiteren dritten Person (Kollege, Bruder) unterscheiden. Mithilfe einer ausführlichen Liste solcher Fragen lassen sich dann eine Vielzahl von Konstrukten erarbeiten, anhand derer ein Mensch zwischen ihm wichtigen Personen unterscheidet.

Dieses kann nun sowohl für die Arbeit mit den Berufskolleginnen in der Institution der Behindertenhilfe als auch für die Arbeit mit den Menschen mit Behinderungen sinnvoll sein. Der Gridtest stellt eine Reihe von Möglichkeiten bereit, das Bild des anderen sowie seine Wahrnehmung der anderen Personen kennenzulernen. Für Diagnose, Planung und Überprüfung pädagogischer Prozesse ist dies eine unabdingbare Voraussetzung.

Ein mögliches Beispiel hierzu:

Die Gridtechnik

Schreiben Sie unter jede Personenkategorie den entsprechenden Namen:

Ich	(Ehe-) Partner(in)	Vater	Mutter	Beste(r) Freund	Ein flüchtiger Bekannter	Ein alter Lehrer	Ein Feind aus jüngeren Tagen	Konstrukte
●		●		●				
	●		●		●			
		●				●	●	
●					●	●		
			●	●			●	
●					●			
●		●	●					

„Vervollständigen Sie das Gridschema in folgenden Schritten:

1. Schreiben Sie über jede Spalte den wirklichen Namen des jeweils beschriebenen Menschen und denken Sie an die Betreffenden von jetzt an nicht mehr als abstrakte Kategorien, sondern als einzelne Individuen.

2. In jeder Zeile stehen drei Kreuze.
   Denken Sie über die drei so markierten Personen gründlich nach und überlegen Sie, in welcher Hinsicht zwei davon einander ähnlich und gleichzeitig von der dritten Person verschieden sind. Tragen Sie das betreffende Merkmal rechts in die „Konstrukt-Spalte" ein.

3. Schätzen Sie alle acht Personen bezüglich dieses Merkmals auf einer Sieben-Punkte-Skala ein, die anzeigt, in welchem Umfang es den einzelnen Personen zu eigen ist: Ist jemand zum Beispiel überhaupt nicht betroffen, geben Sie ihm den Wert „1", ist das Merkmal sehr stark ausgeprägt, den Wert „6" oder „7".

Jetzt ist Ihr Gridschema komplett und Sie können es nach verschiedenen Gesichtspunkten analysieren. Die Konstruktspalte sagt Ihnen etwas über die Merkmale, derer Sie sich bei der Beurteilung von Menschen typischerweise bedienen, auch wenn das Schema sehr „klein" ist und nur einen winzigen Ausschnitt Ihres persönlichen Konstruktsystems widerspiegelt.

Als nächstes möchten Sie vielleicht etwas über Ihre implizite Persönlichkeitstheorie erfahren, d.h. darüber, wie Sie in Ihren Urteilen jeweils zwei Konstrukte zueinander in Beziehung setzen.

Für jedes mögliche Paar von Konstrukten könne Sie einen „Ähnlichkeitswert" berechnen. Alles was Sie dazu brauchen, ist die Summe der Differenzen Ihrer Einschätzungen von jeder Zielperson auf diesen beiden Konstrukten.

Sie können auch analysieren, wie Sie die einzelnen Personen in Relation zueinander wahrnehmen. Dazu berechnen Sie einen Ähnlichkeitswert zwischen allen möglichen Paarungen von

Zielpersonen, indem Sie die absoluten Differenzen zwischen Ihren Einschätzungen jeden Paares auf jedem Konstrukt bilden und aufsummieren. So bekommen Sie ein Modell Ihres „Personenraumes", dem Sie entnehmen können, wie Sie die beteiligten Individuen in Relation zueinander wahrnehmen.

Natürlich ließe sich die Analyse mit entsprechenden statistischen Techniken noch sehr viel weiter verfeinern, aber vielleicht vermittelt Ihnen bereits diese kleine Demonstration ein Gespür für die Methode. Die Technik ist zwar recht simpel, gestattet aber oft überraschende Einsichten in die eigenen Persönlichkeitstheorien und die Art und Weise, wie man vertraute Personen wahrnimmt."

(Forgas, 1999, S. 38 f.)

Aufgaben

1. *Erarbeiten Sie ein neues Schema, indem Sie in die letzten Spalten Ihnen bekannte Arbeitskolleginnen eintragen.*

2. *Das Gleiche machen Sie dann mit Ihnen bekannten Menschen mit Behinderungen.*

3. *Vergleichen Sie beide Schemata miteinander. Wo kommt es zu Übereinstimmungen? Wo zu Unterschieden? Diskutieren Sie mögliche Gründe hierfür.*

4. *Können Sie erkennen, nach welchen Konstrukten Sie „Ihre" Wirklichkeit wahrnehmen? Versuchen Sie diese in einer Zeichnung, einem Bild, einer Geschichte, einer Skulptur, einem Rollenspiel auszudrücken.*

Anregungen und Materialien

Aufgabe

Beschreiben Sie in Anlehnung an die nachfolgende Liste die Eigenschaften, die Sie mit folgenden Personengruppen verbinden:
- *Menschen mit zerebralen Lähmungen*
- *Menschen mit geistiger Behinderung*
- *Rollstuhlfahrer*
- *Bettlägerige Menschen mit Mehrfachbehinderungen*
- *Blinde Menschen*
- *Gehörlose Menschen*
- *Menschen mit autistischen Verhaltensweisen*
- *Erzieherinnen*
- *Sozialpädagogen*
- *Psychologinnen*
- *Psychiater*

Liste und Beschreibung der von einer Gruppe Universitätsstudenten am häufigsten genannten „Studententypen" (Auszug):

„1. Radikale: schmuddeliges Äußeres; protestieren häufig, tragen Overalls oder indische Klamotten, verteilen Flugblätter auf dem Campus, tragen Abzeichen, organisieren Protestmärsche, sind freimütig, laut, meistens links, leben in Wohngemeinschaften, aggressiv.

2. Christen: ziemlich harmlos, freundlich, sparsam, studieren eifrig, sauber, anteilnehmend, engstirnig, auf der Aktentasche „Jesus loves you"-Aufkleber, auf den Büchern das Fischzeichen, wollen andere bekehren, besuchen Bibellesungen.

3. Studenten reiferen Alters: ängstlich, gewissenhaft, die Frauen eher hausbacken, vernünftig angezogen, geregelte Gewohnheiten, sind freundlich, ergreifen in Tutorien oft das Wort, sind stabil, mütterlich, gut situiert, mittleren Alters, konservativ.

4. Der eifrige Student: hart arbeitend, blass, verbissener Gesichtsausdruck, gewissenhaft, sauber angezogen, arbeitet auch in den Ferien, verbringt viel Zeit in der Bibliothek, gibt seine Seminararbeiten pünktlich ab, liest mehr als die angegebene Literatur, schreibt in den Vorlesungen jedes Wort mit, schwänzt nie, bekommt gute Noten, hat wenig gesellschaftlichen Umgang.

5. Faule Hänger: schmuddelig, unordentlich, sitzen nur ihre Zeit ab, gelangweilt, apathisch, liegen in der Sonne, arbeiten so wenig wie möglich, schwänzen Vorlesungen, fallen durch Prüfungen, wissen nicht, warum sie überhaupt an der Uni sind, versuchen, andere für sich arbeiten zu lassen, sind gleichgültig gegenüber anderen.

6. Collegetypen: gesundes Aussehen, sauber geschnittenes Haar, sind gutmütig, ein bisschen verwirrt von dem Ganzen, tragen College-Pullover, betrinken sich oft, machen sich eine gute Zeit, verbringen die Ferien auf dem Land, haben College-Freunde.

7. Medizinstudenten: konservativ angezogen, stammen aus der Mittelschicht und benehmen sich auch so, treten in Cliquen auf, snobistisch, elitär, egozentrisch, tragen Laborkittel, geben sich cool, scharen sich um die Cafeteria des Golfclubhauses, reden über Medizin, haben kaum Kontakte außerhalb ihrer Fakultät, sind materialistisch, reich."

(Forgas, 1999, S. 48)

Aufgaben

1. Vergleichen Sie Ihre Notizen miteinander. Was fällt Ihnen auf?

2. Worauf führen Sie die Arbeitsergebnisse zurück?

3. Treffen Sie aus Ihren Beschreibungen eine beliebige Auswahl und versuchen Sie, diese Rolle in dem folgenden Spiel zu übernehmen: Der so definierte Mensch mit Behinderungen kommt aus der Werkstatt zurück ins Wohnheim und bittet schon vor dem eigentlichen Beginn des Mittagessens eine betreuende Person, ihm etwas zu Essen zu geben. Diese weigert sich.
Spielen Sie die Situation mehrmals mit wechselnden Rollen durch, nehmen Sie sie auf Video auf und vergleichen Sie die Ergebnisse miteinander. Was fällt Ihnen auf? Welche praktischen Konsequenzen ergeben sich aus Ihren Ergebnissen?

Tipp

Filmtipp:
„Koyaanisqatsi" (1983)
Dieser Film von Godfrey Reggio und Francis Ford Coppola mit der Musik von Phillip Glass lenkt die Wahrnehmung des Zuschauers auf eben diese, indem er einmal nicht die Personen in den Mittelpunkt stellt, sondern natürliche und ökologische Prozesse wiedergibt.

Literatur

■ **Argyle, Michael:** *Soziale Interaktion.* Köln: 1986, 478 S.
Ein Klassiker zur Interaktionsforschung und – noch immer – ein umfangreiches Kompendium zum Themenfeld der menschlichen Interaktion.

■ **Forgas, Joseph P.:** *Soziale Interaktion und Kommunikation.* Weinheim: 1999, 325 S.
In wissenschaftlicher Form, aber dennoch gut lesbar gibt der Autor klassische und neueste Ergebnisse zur Sozialpsychologie wieder. Beginnend bei der Personenwahrnehmung über die Kommunikationstheorien bis hin zu ökologischen Aspekten menschlicher Interaktion reicht hierbei das Spektrum seiner Erörterungen.

■ **Strasser, Urs:** *„Wahrnehmen – Verstehen – Handeln".* Luzern: 2005, 279 S.
*Der Autor gibt mit diesem Buch eine leicht verständliche und praxisorientierte Einführung in
die Prozesse menschlicher Wahrnehmung und pädagogischer Planung auf dem Hintergrund
förderdiagnostischer Vorgehensweisen und Methoden.*

Wohnangebote verändern sich

Stark vereinfacht kann man die Entwicklung der Wohneinrichtungen für Menschen mit geistiger Behinderung in den
1980er- und 1990er-Jahren in Deutschland so zusammenfassen: Die großen Einrichtungen schaffen außerhalb ihres
ursprünglichen Stammgeländes Außenwohngruppen insbesondere für relativ selbstständige und mobile Bewohner
und leisten somit einen (begrenzten) Beitrag zur allseits geforderten Normalisierung. Daneben entstehen zahlreiche
kleinere Wohnheime meist örtlicher Träger, die die steigende Nachfrage nach Plätzen und den Wunsch nach heimat-
nahen Wohnmöglichkeiten aufgreifen.

Seit der Jahrtausendwende nimmt das Tempo der Veränderungen stark zu. Die von Einrichtungsleitungen wie auch
von Kostenträgern proklamierten Ziele lauten: Individualisierung, Selbstbestimmung und Teilhabe (an der sogenannten Normalgesellschaft). Gleichzeitig sollen die Gesamtausgaben für die Behindertenhilfe gesenkt oder zumindest ihr
Anstieg gebremst werden. Finanzielle Motive werden offen diskutiert und als Argument für Veränderungsprozesse
eingebracht. Der Druck auf die Einrichtungsleitungen, wirtschaftlich arbeiten zu müssen, nimmt stark zu. Aus dieser
Vermischung unterschiedlicher Motive treten zwei parallele Entwicklungsrichtungen deutlich hervor:

Ambulantisierung: Die öffentliche Hand, der mit Abstand wichtigste Kostenträger, drängt insbesondere die großen
Einrichtungen darauf, dass Bewohner aus der vollstationären Unterbringung ausziehen, in privaten Wohnungen leben
und dort lediglich stundenweise durch Mitarbeiter von ambulanten Diensten betreut werden.

Dezentralisierung: Einrichtungsleitungen entschließen sich dazu, Plätze auf ihrem ursprünglichen Gelände (häufig in
abgelegener Lage) abzubauen und stattdessen neue Wohnmöglichkeiten in Innenstadtlagen oder Wohngebieten zu
schaffen, in der Absicht, dort mehr Nähe und Nachbarschaft mit der Normalgesellschaft teilen zu können.

1. *Welche Folgen der Ambulantisierung sind Ihnen aus Ihren praktischen Erfahrungen bekannt?
   Nennen Sie Beispiele für „Auszüge" von Bewohnern aus „Ihrer" Wohneinrichtung, die Sie für
   gelungen halten/die Sie für problematisch halten.*

2. *„Eigentlich ist jeder Mensch in der Lage, selbstständig zu leben. Es ist sogar sein gutes Recht.
   Das gilt selbstverständlich genauso für Menschen mit Behinderung." Diskutieren Sie diese These
   zwischen einer Pro- und einer Kontra-Gruppe.*

Umstrukturierung von Wohngruppen
Jahrzehntelang galt „die Gruppe" als Standard-Einheit, in der Menschen mit Behinderung unter mehr oder weniger
familienähnlichen Bedingungen zusammenwohnen. Etwa zehn oder zwölf Bewohner bilden eine Tisch-, Freizeit- und
Lebensgemeinschaft; die Zahl variiert etwas, je nach Einrichtungskonzept. Diese Gemeinschaftsbildung hat nicht nur
betriebsorganisatorische Gründe, sondern gilt auch als sozialer Wert, als Lebensraum.

Unter dem Primat der Individualisierung suchen die Einrichtungen nun nach Möglichkeiten, die Strukturen stärker zu
differenzieren und die Zwangsaspekte der großen Wohngruppen abzubauen. Antworten liegen zunächst in kleineren
Tischgemeinschaften und stärkerer Differenzierung in der Freizeitgestaltung.

Zusätzliches Tempo bekommt diese Entwicklung, wenn bestehende Doppelzimmer konsequent abgebaut werden,
damit jeder Bewohner ein Einzelzimmer hat. Das führt dazu, dass die Zahl der Bewohner in der Gruppe abnimmt und

die Personalstruktur daraufhin angepasst werden muss, denn wenn die Bewohnerzahl von beispielsweise zehn auf sieben Personen sinkt, muss dies Auswirkungen auf die Zahl der Mitarbeiter haben.

Einrichtungsverantwortliche, die nicht einfach Personal „abbauen", sondern bessere Lebensbedingungen für Bewohner (unter den gegebenen wirtschaftlichen Verhältnissen) schaffen wollen, denken über alternative Modelle nach. Das Motto: Haus statt Gruppe. Das bedeutet: Umbau der Räumlichkeiten zu kleineren Wohneinheiten unterschiedlicher Größe, Verzicht auf die bisherige Gruppenstruktur und Aufbau von hausbezogenen Mitarbeiterpools. Für die Bewohner heißt das, dass sie künftig in einer kleineren Wohngemeinschaft oder in einem Einzelappartement (möglicherweise unter dem alten Dach) ihr Zuhause finden und sie nicht mehr „alles" mit einer großen Gruppe teilen müssen; ihr Bezugsfeld verkleinert sich. Für die Mitarbeiter heißt das, dass sie einem größeren Team als bisher angehören, welches sich die Betreuung der 14 oder 16 oder 20 Bewohner im Haus aufteilt; das Aktionsfeld der Mitarbeiter vergrößert sich somit.

Neue Wohnstätten können von vornherein nach dem Prinzip der differenzierten Struktur aufgebaut werden.

Ein Beispiel: In einer Kreisstadt errichtet ein freier Träger innenstadtnah eine Wohnstätte für 20 Menschen mit Behinderung. In dem Haus befinden sich: eine Wohnung für sechs Bewohner, zwei für vier, eine für drei, eine für zwei und ein Appartement für einen Bewohner. Die Wohnungen sind klar voneinander abgegrenzt. Die Betreuung leistet ein 10-köpfiges Team nach dem Bezugsprinzip. Fast alle Mitarbeiter haben Teilzeitstellen; der Dienstplan orientiert sich an den betreuungsintensiven Zeiten.

Aufgaben

1. *Welche Chancen, welche Risiken sehen Sie für die Bewohner, die in die beschriebene Wohnstätte ziehen?*

2. *Welche Vorteile, welche Nachteile sehen Sie für sich als Mitarbeiter in der beschriebenen Wohnstätte?*

4.2 Beobachtung

1. Betrachten Sie das Foto auf Seite 97. Welche Gefühle könnte der Beobachtende haben? Welche der Beobachtete?

2. Warum beobachtet er?

3. Haben Sie selber eine ähnliche Situation erlebt? In welcher Rolle haben Sie sich hierbei befunden (in der des Beobachters oder in der des Beobachtenden)?

Grundlagen zur pädagogischen Beobachtung

Grundsätzlich kann festgestellt werden, dass sich die pädagogische Beobachtung von der Alltagsbetrachtung durch folgende Kriterien unterscheiden lässt. Sie ist

- zielgerichtet, d.h. sie geschieht bewusst und auf ein vorher festgelegtes Ziel hin orientiert;
- differenziert, d.h., sie beobachtet den festgelegten Gegenstand oder die Person möglichst umfassend und nicht nur in Bezug auf einige wenige Merkmale;
- um eine sachliche Vorgehensweise bemüht, bei welcher der Beobachtende seine eigenen Gefühle im Prozess der Beobachtung bewusst wahrnehmen sollte.

(vgl. Strasser, 1997, S. 43)

Diskutieren Sie folgende Fragen:

1. Können diese Kriterien in der Heilerziehungspflege in allen Punkten umgesetzt werden?

2. Was spricht für eine Umsetzung? Was dagegen?

3. Welche Probleme können bei einer solchen Beobachtung im Kontakt mit den Menschen mit Behinderungen entstehen?
   Eine pädagogische Verhaltensbeobachtung kann in verschiedenen Arten erfolgen. Es können grundsätzlich drei Beobachtungsarten unterschieden werden (vgl. Kobi 2003, S. 29):
   - eine freie Beobachtung während einer vorher festgelegten Situation. Eine solche Beobachtung kann in der Gruppe, der Familie, aber auch in Testsituationen stattfinden.
   - eine strukturierende Beobachtung, welche sich eines konkreten Beobachtungsschemas bedient. Hierbei können z.B. bekannte oder vermutete Behinderungen, Schädigungen oder sonstige Verhaltensweisen beobachtet werden.
   - eine an einem vorgegebenen Fragenkatalog orientierte Beobachtung.

Die Art und Weise der Beobachtung variiert hierbei und ist abhängig vom eigentlichen Beobachtungsziel. So können Beobachtungen „peripher (vom Rande des Geschehens aus, evtl. hinter Einweg-Spiegeln sogar verdeckt) oder zentral (als Situations-Teilnehmer) erfolgen (sogenannte Teilnehmende Beobachtung)." (Kobi, 2003, S. 30)

1. Welche Beobachtungsform(en) halten Sie in Bezug auf den heilerziehungspflegerischen Alltag für sinnvoll? Begründen Sie Ihre Meinung.

2. Warum lassen sich bestimmte Formen nicht oder nicht so gut realisieren? Diskutieren Sie im Klassenverband.

Verhaltensbeobachtungen können in unterschiedlicher Art und Weise dokumentiert werden. Grundsätzlich können folgende Dokumentationsarten genannt werden:
- ein Stichwortprotokoll
- eine Video- oder Tonbandaufnahme
- ein Gedächtnisprotokoll
- ein Frageleitschema

1. *Welche dieser Dokumentationsarten sind Ihnen bekannt? Sammeln Sie Beispiele aus Ihren Praktika und vergleichen Sie die Anwendung dieser Dokumentationsarten miteinander.*

2. *Stellen Sie mögliche Gemeinsamkeiten und/oder Unterschiede in der praktischen Umsetzung dar.*

Ein Problem jeglicher Verhaltensbeobachtungen stellt die Subjektivität des Beobachters dar. Der Beobachter bringt immer seine eigene Geschichte, seine eigene Wahrnehmung und deren Fehler (vgl. Kapitel 4.1) in eine Beobachtung ein. Eine

„objektive Beobachtung durch ein Subjekt ist eine paradoxe, unerfüllbare Forderung. ‚Objektivität' kann lediglich im Sinne einer intersubjektiven Übereinstimmung angestrebt werden. Wo immer Subjekte (einander) beobachten, sind sie Figur und Hintergrund zugleich. Ist im Zusammenhang mit Beobachtung (...) von ‚Objektivität' die Rede, so kann damit nicht Personenunabhängigkeit gemeint sein. Im Beobachtungsmaterial und vor allem in dessen Interpretation ist der Beobachter mit enthalten." **(Kobi, 2003, S. 30)**

Dieses Zitat beschreibt die Situation, in welcher sich jeder Beobachter ständig befindet: Er ist nicht losgelöst von seiner Beobachtungssituation zu sehen. Diese Situation existiert im eigentlichen Sinne erst durch ihn. Eine wirkliche Beobachtung im Sinne der Erkenntnis unabhängiger Wahrheiten kann somit nie angestrebt werden oder gelingen. Sie ist immer konstruiert (vgl. Kap. 2).

1. *Stellen Sie Situationen des heilerziehungspflegerischen Alltags zusammen, in welchen dennoch von einer objektiven Beobachtung bzw. objektiven Ergebnissen ausgegangen wird.*

2. *Erarbeiten Sie in einem Rollenspiel eine Situation, in welcher zwei Beobachter eine Situation beobachten, aber zu völlig unterschiedlichen Ergebnissen kommen. Lassen Sie dann die Beobachter ihre Ergebnisse diskutieren. Hierbei sollte jeder von seiner Situation und Beobachtung überzeugt sein. Beobachten Sie diese gesamte Situation (evtl. mittels Videokamera) und werten Sie auch diese Beobachtungen nach den Kriterien der Objektivität bzw. Subjektivität aus.*

Um eine Beobachtung dennoch kommunizierbar zu gestalten, um ihre Inhalte dem anderen darzulegen, sind bestimmte Orientierungsmarken zur Verständigung zwischen den unterschiedlichen Beobachtern notwendig (Kobi, 2003, S. 31).

- Welche Verhaltensweisen sind im festgelegten Beobachtungskontext überhaupt beachtenswert? Nach welchen Kriterien soll beobachtet werden?
- Was kann in einer Beobachtungssituation als auffälliges Verhalten bestimmt werden? Wie, wann und wodurch verhält sich der Beobachtete abweichend?
- Was fällt dem Beobachtenden aufgrund seiner Fachlichkeit zuerst ins Auge? Wofür ist er aufgrund seines Berufes, seiner Position in der Einrichtung, seiner Fortbildung u. Ä. sensibilisiert?

Diese drei Aussagen lassen sich hinsichtlich folgender Vereinbarungskriterien, besser: Güterkriterien zusammenfassen:

„■ Relevanz: Was soll als bedeutsam (...) und hinsichtlich der Zielsetzung als wichtig gelten?
■ Validität: Welches Beobachtungsvorgehen soll als (...) den Zielsetzungen angemessen erachtet werden?
■ Objektivität: Diese bildet als Sachbezogenheit (...) die Klammer, die sicherstellen soll, dass wir in derselben Weise, mit derselben Zielsetzung dasselbe beobachten und im Weiteren dann nach klar deklarierten Vorgaben und Maßstäben (...) deuten." **(Kobi, 2003, S. 31)**

1. *Vergleichen Sie diese drei Kriterien mit den zu Beginn dieses Kapitels skizzierten Unterscheidungsmerkmalen zwischen der Alltagsbeobachtung und der pädagogischen Beobachtung. Wo erkennen Sie Gemeinsamkeiten, wo Unterschiede?*

2. *Erarbeiten Sie ein möglichst genaues und realistisches Modell, wie diese Kriterien in der heilerziehungspflegerischen Praxis umgesetzt werden könnten.*

3. *Auf welche Schwierigkeiten könnten Sie bei einer solchen Realisierung stoßen? Wie könnten diese verringert werden?*

Zusammenfassend kann zur Methode einer pädagogischen Beobachtung Folgendes festgestellt werden: Sie soll möglichst planmäßig, kontrolliert und nachvollziehbar erfolgen. Sie muss sich ihres theoretischen Hintergrundes bewusst und hypothesengeleitet sein. Die einzelnen Kriterien einer Beobachtung sind von allen am Beobachtungsprozess Beteiligten gemeinsam auszuhandeln, zu bestimmen und in regelmäßigen Abständen zu überprüfen. Nach Kobi können hierbei folgende Fragen handlungsleitend sein (vgl. Kobi, 2003, S. 32):

1. Was haben Kollegen beobachtet? Ist/War es dasselbe?

2. Wie zeigt sich das beobachtete Verhalten in unterschiedlichen Situationen?

3. Kann dieses Verhalten wiederholt beobachtet werden? In welchen Abständen oder Regelmäßigkeiten kommt es zu einer Wiederholung des beobachteten Verhaltens?

4. Kann das beobachtete Verhalten nur unter ganz bestimmten Umständen beobachtet werden? Zeigt es sich nur unter diesen und keinen anderen Umständen?

5. Welchen Sinn kann das beobachtete Verhalten für den Beobachteten besitzen?

6. Kann das beobachtete Verhalten (pädagogisch, psychologisch, didaktisch-methodisch) beeinflusst werden? Wodurch lässt es sich evtl. konkret modifizieren?

7. Kann über den Sinn sowie die Bedeutung des beobachteten Verhaltens eine Übereinstimmung zwischen dem Beobachter und dem Beobachtenden hergestellt und kommuniziert werden?

1. *Übertragen Sie diese Fragen auf ein konkretes Beispiel aus dem heilerziehungspflegerischen Alltag. Stellen Sie hieran den Verlauf einer Beobachtungssituation dar.*

2. *Diskutieren Sie folgende Aussagen von Kobi: „Die Beobachtung einer Person stellt stets auch einen leisen aggressiven Akt der Inbesitznahme und des Eindringens in Intimbereiche dar (...) Pädagogische Beobachtung verlangt taktvolle Offenheit: Wer sehen will, muss auch sich selbst sehen lassen (im Sinne des beobachtbaren Beobachters)." (Kobi, 2003, S. 32) – Was spricht für diese Aussagen? Was dagegen? Wie kann auf diesem Hintergrund eine strukturierte Beobachtung (s.o.) in der Heilerziehungspflege gelingen?*

Beobachtungsformen und Beobachtungsmethoden

Grundsätzlich können folgende Hauptformen der Beobachtung unterschieden werden. Sie gehen hierbei auf ihre Begründung durch und ihre Anwendung in der Psychologie zurück (vgl. Strasser, 1997, S. 44).

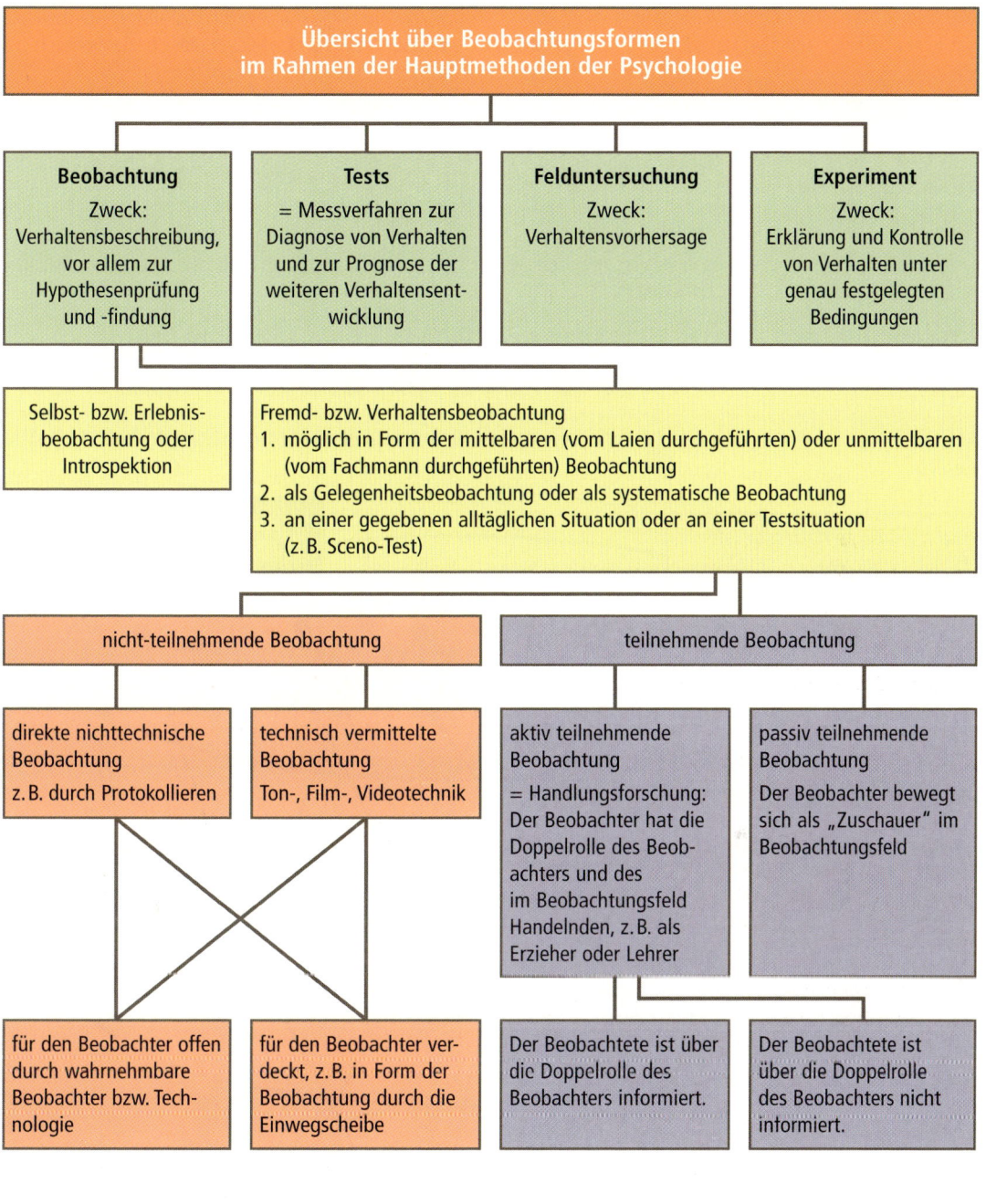

Übersicht über Beobachtungsformen im Rahmen der Hauptmethoden der Psychologie

Beobachtung
Zweck: Verhaltensbeschreibung, vor allem zur Hypothesenprüfung und -findung

Tests
= Messverfahren zur Diagnose von Verhalten und zur Prognose der weiteren Verhaltensentwicklung

Felduntersuchung
Zweck: Verhaltensvorhersage

Experiment
Zweck: Erklärung und Kontrolle von Verhalten unter genau festgelegten Bedingungen

Selbst- bzw. Erlebnisbeobachtung oder Introspektion

Fremd- bzw. Verhaltensbeobachtung
1. möglich in Form der mittelbaren (vom Laien durchgeführten) oder unmittelbaren (vom Fachmann durchgeführten) Beobachtung
2. als Gelegenheitsbeobachtung oder als systematische Beobachtung
3. an einer gegebenen alltäglichen Situation oder an einer Testsituation (z. B. Sceno-Test)

nicht-teilnehmende Beobachtung

teilnehmende Beobachtung

direkte nichttechnische Beobachtung
z. B. durch Protokollieren

technisch vermittelte Beobachtung
Ton-, Film-, Videotechnik

aktiv teilnehmende Beobachtung
= Handlungsforschung: Der Beobachter hat die Doppelrolle des Beobachters und des im Beobachtungsfeld Handelnden, z. B. als Erzieher oder Lehrer

passiv teilnehmende Beobachtung
Der Beobachter bewegt sich als „Zuschauer" im Beobachtungsfeld

für den Beobachter offen durch wahrnehmbare Beobachter bzw. Technologie

für den Beobachter verdeckt, z. B. in Form der Beobachtung durch die Einwegscheibe

Der Beobachtete ist über die Doppelrolle des Beobachters informiert.

Der Beobachtete ist über die Doppelrolle des Beobachters nicht informiert.

Aufgaben

1. *Nennen Sie zu jeder Beobachtungsform mögliche Beispiele aus der Heilerziehungspflege.*

2. *Welche Formen halten Sie für die Heilerziehungspflege für nicht relevant bzw. problematisch? Begründen Sie Ihre Meinung.*

3. *Zwischen welchen Formen kann es gegebenenfalls zu Überschneidungen und somit zu Ungenauigkeiten in der Anwendung kommen?*

Wie kann es nun aber zu einer Verknüpfung von Verhaltensbeobachtungen und erarbeiteten Hypothesen im pädagogischen und pflegerischen Alltag kommen? Strasser hat hierzu ein Modell dargelegt, welches diese Beziehungen recht
gut wiedergibt.

Aus der vom Beobachter konstruierten, erlebten und beschriebenen Realität (also dem, was er für die Wirklichkeit
hält) fasst er ganz bestimmte Gedanken und Gefühle zusammen und bildet hieraus Erklärungen bzw. Hypothesen
für das Verhalten eines Beobachteten oder einer beobachteten Situation. Diese werden dann von ihm hinsichtlich
folgender Kriterien beurteilt:

1. Nach den möglichen Ursachen einer Verhaltensweise oder Situation bzw. nach dem mutmaßlichen oder wirklichen
   Entwicklungsstand des Beobachteten;

2. Nach den Zielsetzungen bzw. den Anforderungen in einer bestimmten, evtl. zu verändernden Situation;

3. Nach den an dieser Situation beteiligten Handlungs-, Interaktions- und Beobachtungspartnerinnen.

Anhand eines alltäglichen Beispiels (dem Einnässen eines Bewohners) kann dieser Ablauf wie folgt dargestellt
werden:

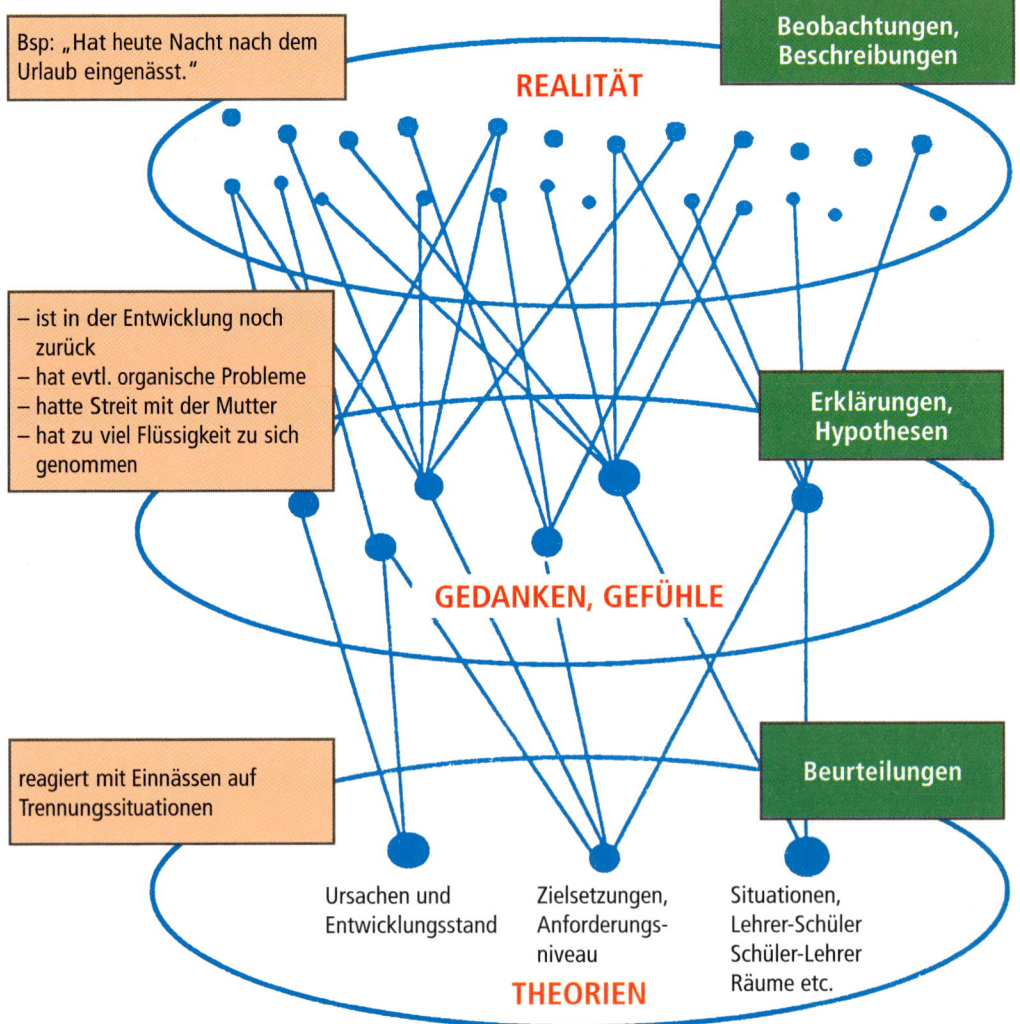

(Strasser, 1997, S. 50)

1. *Übertragen Sie dieses Modell auf eine weitere Situation des heilerziehungspflegerischen Alltags.*

2. *Stellen Sie in einem Rollenspiel (evtl. ein Teamgespräch) den konkreten Verlauf eines solchen Modells dar. Welche Probleme entstehen hierbei? Wie können diese vielleicht verringert oder gelöst werden?*

3. *Was ist an dem Modell von Strasser zu bemängeln? Welche Ebene müsste eigentlich nach der dritten („Theorien") folgen, damit das Modell den Kriterien von Kobi (vgl. Kapitel 4.2.1) entspricht?*

Wenn nun alle Möglichkeiten der Verknüpfung von Verhaltensbeobachtung und Hypothesenüberprüfung erarbeitet worden sind, müssen die Beobachtungen notiert, also aufgeschrieben werden.

„Die Wirkung von Beschreibungen auf den Zuhörer oder Leser hängt [...] vom verbalen Niveau ab, das der Beobachter gebraucht. Bei der Übersetzung von wahrnehmbaren Beobachtungen in sprachliche Äußerungen wird [...] von zwei unterschiedlichen sprachlichen Niveaus mit unterschiedlicher Wirkung gesprochen [...] nämlich vom verbalen und adverbialen Niveau sowie vom adjektivischen oder substantivischen Niveau." **(Strasser, 1997, S. 45)**

Diese beiden Niveaus können wie folgt verdeutlicht werden:

Verbales, evtl. adverbiales Niveau

Die Beschreibung erfolgt mittels Verben, allenfalls Adverbien. Es wird Verhalten beschrieben.
„Josef lächelt ..."
Mit Adverbien wird vorsichtig umgegangen.
„Josef lacht vernehmlich."
„Josef wirft einen Bauklotz heftig auf die fertig gestellte Burg von Martin. Dazu lacht er vernehmlich."
Erklärungen und abschließende Beurteilungen werden von der Beobachtung getrennt dargestellt.
„Josef wirft einen Bauklotz heftig auf die fertig gestellte Burg von Martin. Dazu lacht er vernehmlich.
(Mögliche Erklärung: Josef möchte auch in die Burg von Martin, hat aber Angst vor ihm. Die beiden hatten zudem in der Pause Streit.
Beurteilung/Hypothese: Martin verfügt über mangelnde Frustrationstoleranz.)"

Adjektivisches und substantivisches Niveau

Die Beschreibung erfolgt mittels Substantiven und Adjektiven. Es werden Eigenschaften beschrieben.
„Josef ist autistisch."
Es werden Adjektive, Substantive oder Adverbien verwendet, die eine Erklärung oder Beurteilung beinhalten.
„Der erregte Josef wirft heftig und böse den Bauklotz auf die Burg des mongoloiden Martin."
„Aggressiv wirft Josef einen Bauklotz auf die Burg von Martin. Sein heftiges Lachen zeigt, dass seine Gefühle keinen Bezug zur Situation haben."

(Strasser, 1997, S. 45 f.)

1. Formulieren Sie einen Text (ca. eine halbe DIN-A4-Seite), in welchem Sie eine beobachtete Situation nur auf dem adjektivistischen/substantivistischen Niveau beschreiben.

2. Schreiben Sie dann einen Text (von gleicher Länge), in welchem Sie die gleiche Situation auf dem verbalen bzw. adverbialen Niveau beschreiben.

3. Lesen Sie beide Texte jeweils unterschiedlichen Personen vor und befragen Sie diese dann nach der Wirkung Ihres Textes.

4. Welcher Text war leichter zu verfassen? Warum war das so?

5. Vergleichen Sie die Texte in der Klasse. Was fällt Ihnen in Bezug auf Ähnlichkeiten und Unterschiede zwischen den beiden Niveaus auf?

6. Lesen Sie aktuelle Zeitungs- oder Zeitschriftenartikel. Arbeiten Sie die Formulierungsfallen heraus, mit welchen die Autoren evtl. gearbeitet haben. Es kann sich hierbei um folgende Formulierungsfallen handeln (Kobi, 2003, S. 113):

Formulierungsfallen

„Auch in der sprachlichen Formulierung von Diagnosen (Gutachten) können sich verzerrungen in der Art so genannter ‚Sprachlügen' einstellen.

Die wichtigsten sind die folgenden:

– Euphemismus (-ismen): Darunter versteht man beschönigende, verharmlosende Bezeichnungen und Formulierungen. In der Heilpädagogik spielen Euphemisierungen mit entsprechendem Etikettenwechsel eine bedeutende Rolle (vgl. die historische Reihe: Blödsinnige → Schwachsinnige → Geistesschwache → geistig Behinderte → Kinder mit speziellem Förderungsbedarf). Ein häufig verwendeter Euphemismus besteht darin, Geistigbehinderte als ‚retardiert' zu bezeichnen und damit die irrige Vorstellung eines Aufholenkönnens zu erwecken.

– Antiphrase: Darunter versteht man die Ersetzung eines zwar hässlichen, aber sachgerechten Ausdrucks durch einen gegenteiligen (z. B. Drogentod → Goldener Schuss). Schwerst geistig behinderten Kindern mit nur diffusen Äußerungsmöglichkeiten wird gelegentlich im Zuge von Autismus-Legenden ein markanter Wille und weise Abgeklärtheit zugesprochen.

– Progression/Hyperbel: Darunter versteht man verschärfende bzw. übertriebene Aussagen, die je nachdem mehr zeitlicher (‚immer'; ‚dauernd'), räumlicher (‚total', ‚überall'), nummerischer (‚tausenderlei', ‚hundertmal gesagt'), adjektivisch-superlativischer (streng → autoritär → brutal) Art sind.

– Litotes (Abschwächung/Unbestimmtheiten): Solche Abschwächungen werden erreicht durch Möglichkeitsformen (würde, wäre, könnte), Formwörter (wohl, kaum, eigentlich), abschwächende Komparative (die ‚ältere' Dame ist die Verjüngungsform der alten Dame), Verneinung des Positivums (‚unschön' statt ‚hässlich') oder eines Negativums (‚nicht dumm').

– Verknappungen (Sudeldiagnosen: ‚Stat. n. Frühgeb./P.O.S; Ivi.O.')

– Faktualisierung von Bewertungen ohne Angaben von Beurteilungskriterien: Nicht selten mit dem identisch, was manche Ärzte in psychologischer Kompetenzanmaßung als ‚klinischen Eindruck' zum Ausdruck bringen (‚familiäre Oligophrenie: KM debil, KV Psychopath')."

Nach diesen grundsätzlichen Aussagen zu praktischen Fragen der pädagogischen/psychologischen Verhaltensbeobachtung werden nun zwei Beobachtungsmethoden vorgestellt, wie sie u. a. für die Arbeit mit Menschen mit Behinderungen entwickelt worden sind. Es handelt sich hierbei um (vgl. Feuser 1984; Feuser/Meyer 1987):

1. die Sequentierte Interaktionsanalyse
2. das Time-Sampling-Verfahren

Beide Methoden gehören zur Kategorie der nicht-teilnehmenden Beobachtung, d.h. der Beobachter befindet sich im Lebensfeld der zu Beobachtenden, ist aber kein eigentlicher Handlungspartner im Geschehen des Beobachtungsfeldes. Hierdurch kommt es somit nicht zu einer intensiven Beeinflussung des Lebens in diesem Beobachtungsfeld. Natürlich können diese Methoden auch in einer videogestützten Analyse angewendet werden.

Beide Methoden gehören weiterhin zur Kategorie der „Feldbeobachtung", d.h. das Verhalten wird an dem Ort beobachtet, an welchem es stattfindet. Zudem kann von einer „offenen Beobachtungsform" ausgegangen werden, d.h. die zu Beobachtenden sind darüber informiert, dass sie beobachtet werden. Des Weiteren stellt dieser Beobachtungstypus eine „deskriptive Vorgehensweise" dar. „Die Aufzeichnungen müssen also ohne Wertung (...) vorgenommen werden. Dazu ist es nötig, dass die Beobachtungskategorien (...) sehr präzise definiert und angemessen sind (...)". (Feuser/Meyer, 1987, S. 108)

Schließlich gehören diese Methoden zu den „diskontinuierlichen Verfahren", d.h. dass sie Verhaltensweisen stichprobenartig erfassen.

„Sequentierte Interaktionsanalyse"

Diese Beobachtungsmethode basiert auf der Möglichkeit, Handlungen und Handlungsprozesse in Sequenzen (Abschnitten) zu unterteilen, um sie dann in diesen Sequenzen exakter betrachten und auswerten zu können. Jeder Handlungsprozess bzw. jede Verhaltensweise kann somit in folgende (zeitliche) Sequenzen unterteilt werden:

1. Situation (als Ausgangsbedingung für eine Sequenz des Verhaltens; hierbei kann sowohl der eine als auch der andere Handlungspartner eine Situation beginnen),
2. Verhalten (was vom jeweiligen Handlungspartner auf die zuerst genannte Situation entgegnet wird),
3. Konsequenz (als Antwort auf das Verhalten; hierbei handelt nun wiederum der die Sequenz beginnende Handlungspartner).

Dieser Verlauf kann an folgendem Beispiel verdeutlicht werden:

1. Situation: Die Heilerziehungspflegerin A sagt: „Räume bitte dein Zimmer auf."
2. Verhalten: Der Bewohner B entgegnet: „Nein, ich habe keine Lust."
3. Konsequenz: Die Heilerziehungspflegerin A erwidert: „Gut, dann machst du es nach dem Abendessen."

Aber auch im umgekehrten Fall ist eine solche Methode darstellbar:

1. Situation: Die Bewohnerin A sagt: „Darf ich vor dem Essen noch spazieren gehen?"
2. Verhalten: Der Heilerziehungspfleger B entgegnet: „Klar, das machst du doch immer."
3. Konsequenz: Die Bewohnerin A erwidert: „Ja, dann bis gleich."

Es müssen somit zwei Handlungsfolgen unterschieden werden:

- diejenigen, welche von der pädagogischen Fachkraft ausgehen,
- diejenigen, welche der Bewohner/Nutzer, Schüler/etc. zeigt.

Ein mögliches Formblatt, um diese Beobachtungen zu notieren, könnte wie folgt aussehen:

Sequentierte Interaktionsanalyse

Institution: _____   **Gruppe:** _____

Tag: _____   **Zeit:** _____

Beobachter: _____   **Lfd. Beob.-Nr.:** _____

Qualität:
A: Pädagogin → Bewohner/Schüler/Kind

B: Bewohner/Schüler/Kind → Pädagogin

A	B	A	B	A	B

Aufgaben

1. *Skizzieren Sie eine alltägliche Situation, in welcher Sie diese Methode anwenden können.*

2. *Erarbeiten Sie Kriterien, wie Sie Ihre Ergebnisse auswerten können.*

3. *In welchen heilerziehungspflegerischen Situationen ist eine Anwendung möglicherweise problematisch? Begründen Sie Ihre Meinung.*

„Time-Sampling-Verfahren"

Stellt die Methode der „Sequentierten Interaktionsanalyse" ein Beobachtungsverfahren dar, um die Qualität der Beziehungen aufzuzeigen, so dient das „Time-Sampling-Verfahren" dazu, die Quantitäten (also die Menge an Verhaltensweisen) aufzuzeigen. Es werden somit die Kontaktaufnahmeprozesse der Pädagogin oder des Heilerziehungspflegers (also die Initiative einer Verhaltensweise) wie aber auch seine Reaktionen (in den Sequenzbestandteilen des Verhaltens und der Konsequenz) erhoben.

Bei dieser Form der Verhaltensbeobachtung müssen einzelne Zeitabschnitte abgebildet werden. Als sinnvoll haben sich Abschnitte von 15 Minuten herausgestellt. Über diese einzelnen Beobachtungsphasen „wird ein Zeitraster von 10-Sekunden-Intervallen gelegt; d.h. eine 15-minütige Beobachtungseinheit besteht aus 90 Intervallen". (Feuser/Meyer 1987, S. 128)

Die Auswertung der erhobenen Beobachtungsdaten erfolgt durch eine quantitative Auszählung der einzelnen Kategorien. Diese einzelnen Daten können dann zudem noch in Säulendiagrammen dargestellt werden.

Das Formblatt zur Durchführung des „Time-Sampling-Verfahrens" sieht wie folgt aus (der erste Erfassungsblock muss allerdings dreimal vorhanden sein. Aus Platzgründen ist er an dieser Stelle nur einmal abgebildet):

Time-Sampling-Verfahren

Institution: _____   Gruppe: _____

Tag: _____   Zeit: _____

Beobachter: _____   Lfd. Beob.-Nr.: _____

Zeit (sec) Kategorie	10	20	30	40	50	60	10	20	30	40	50	60	10	20	30	40	50	60	10	20	30	40	50	60	10	20	30	40	50	60
1 z.B. Frage ohne Blickkontakt																														
2 z.B. Frage mit Blickkontakt																														
3 usw.																														
4 usw.																														
5 usw.																														
6 usw.																														

Kategorie	Häufigkeit
1	
2	
3	
4	
5	
6	

Aufgaben

1. Führen Sie das „Time-Sampling-Verfahren" an einer beliebigen Alltagssituation durch (beobachten Sie z. B. das Verhalten einer Verkäuferin in einem Geschäft, das Verhalten der Mitschüler auf dem Schulhof etc.). Werten Sie dann Ihre Ergebnisse aus.

2. Übertragen Sie dann beide Methoden der Verhaltensbeobachtung auf eine konkrete Situation des heilerziehungspflegerischen Arbeitsfeldes. Bilden Sie somit Hypothesen und versuchen Sie, diese mittels der Methoden zu überprüfen. Stellen Sie Ihre Arbeitsergebnisse im Klassenverband vor.

3. Diskutieren Sie mögliche Vor- und Nachteile beider Methoden. Beachten Sie hierbei auch einen möglichen (oder unmöglichen) Einsatz unter konkreten, unterschiedlichen Praxisbedingungen.

Anregungen und Materialien

Aufgaben

1. Analysieren Sie die auf Seite 108 folgenden Texte hinsichtlich dieser Fragen:
   - Bei welchen Texten handelt es sich um Beschreibungen von Verhaltensweisen?
   - In welchen Textteilen interpretiert der Autor, erklärt oder beurteilt?
   - Welche Note würden Sie diesem Text im Hinblick auf die Qualität der wiedergegebenen Verhaltensbeobachtungen geben?

„Jacqueline, 0;7, versucht, eine auf ihrer Daunendecke liegende Zelluloidente zu ergreifen. Sie hat sie fast, schüttelt sich und die Ente rutscht an ihre Seite. Sie fällt ganz in die Nähe ihrer Hand hin, aber hinter die eine Falte ihres Betttuches. Jacqueline hat die Bewegung mit den Augen verfolgt, sie hat sie sogar mit der Hand, mit der sie versucht hat, sie zu ergreifen, verfolgt. Aber sobald die Ente verschwunden ist ... nichts mehr! Sie kommt keineswegs auf den Gedanken, hinter der Falte des Betttuches zu suchen, was doch sehr einfach wäre." (Piaget, 1975, 44).

„Lucienne, 0;11, sitzt in ihrem Bett und sucht unter einem Tuch zu ihrer Linken, an Stelle A meine Uhr, die sie immer noch begeistert. Dann lasse ich die Uhr unter dem Bett zu ihrer Rechten, an Stelle B verschwinden. Drei aufeinanderfolgende Versuche.

1. Sie schaut nach B und sucht in der richtigen Richtung. Sie beugt sich vor, um besser zu sehen. Dann eine Gebärde des Unwillens; sie meckert sogar. Darauf, als komme ihr eine Idee, sucht sie mit Beharrlichkeit an Stelle A unter dem Tuch; schließlich gibt sie auf.
2. Genau die gleichen Reaktionen, aber sie sucht zu ihrer Linken nur sehr schnell, gleichsam um ihr Gewissen zu beruhigen. Es findet keine weitere Suche mehr statt.
3. Gleiche Reaktion, aber Lucienne beschränkt sich darauf, das Tuch an Stelle A zu bekneifen, ohne es hochzuheben oder zu suchen: Sie glaubt also nicht mehr an das, was sie macht!

In der Folge geht Lucienne ins fünfte Stadium über." (Piaget, 1975, 63)

„Die Therapeutin legt Anna auf die Matte und zieht ihr die Schienen aus. Sie setzt sich anschließend mit ihr auf den Sitzbock nahe an den Tisch, indem sie Anna vor sich hin setzt und bequem die Hände von Anna führen kann. Dann legt sie das Hilfsmittel mit den verschiedenen Verschlussformen nahe vor Anna hin. Sie nimmt die Hände von Anna und führt sie zum Klettverschluss. Verkrampft versucht Anna, diesen Verschluss zu öffnen. Die Tätigkeit verursacht in ihr große Abwehr."

(Strasser, 1997, S. 47)

2. Stellen Sie Vermutungen über die Formen der Beobachtungen an, welche sich hinter den folgenden Berichten verbergen. Wie könnte dort beobachtet worden sein? Mit welchen Kriterienpunkten würden Sie die Autoren dieser Berichte konfrontieren?
Ein psychiatrischer Bericht:

Lea, geb. 1973

Sehr geehrte Damen und Herren,

wir haben Lea im September 1979 ausführlich untersucht und jetzt eine Verlaufskontrolluntersuchung durchgeführt.

Lea leidet an einer schweren kongenitalen Amblyopie. Dadurch macht das Kind eine krankheitsspezifisch verzögerte und veränderte psychomotorische Entwicklung durch. Vor einem Jahr war Lea in ihrer effektiven Entwicklung retardiert und noch sehr wenig umweltbezogen. Bei unserer jetzigen Kontrolluntersuchung konnten wir feststellen, dass

Lea in ihrer motorischen, sprachlichen und effektiven Entwicklung deutliche Fortschritte gemacht hat. Sie zeigt nun vor allem vermehrte Selbstständigkeit und einen konstanteren Umweltbezug.

Die schwere Sehbehinderung und die verzögerte und veränderte affektive Entwicklung machen eine Sonderschulung für Lea notwendig. Wegen der von Lea vor allem im letzten Jahr gezeigten deutlichen Entwicklungsfähigkeit scheint uns eine Sonderschulung in der Sehbehindertenschule angezeigt.

Wir möchten Sie deshalb bitten, zu prüfen, ob Sie Lea ab Frühling 1981 in Ihre Schule aufnehmen können.

Mit freundlichen Grüßen

Dr. P.   Dr. Q.   Oberarzt

(aus: Kobi, 1990, S. 91)

Ein logopädischer Bericht:

Corinne, geb. 1973

Diagnose: sprachlicher Entwicklungsrückstand, cong. Dysarthrie bei CP-Mischform Athetose-Ataxie

Corinne ist seit dem 19.8.1976 einmal pro Woche bei mir in der Sprachtherapie. Sie ist ein eher scheues Kind, ist aber sehr interessiert, aktiv, zutraulich, wenn sie mit den Leuten vertraut ist. Sie hat große Sprechhemmungen bei fremden Personen oder in ungewohnten Situationen oder sobald sie merkt, dass sprachlich etwas von ihr erwartet wird. Es ist dies die Reaktion darauf, dass sie sehr oft nicht verstanden wird. Sie arbeitet sehr kooperativ mit, spricht viel zu Hause und in der Therapie. Abwechslungen oder neue Situationen in der Therapie bereiten ihr keine Schwierigkeiten, gleichzeitig kann sie auch schon recht ausdauernd an einer Sache bleiben. Wenn ich sie allein mit Material lasse, das sie gerne hat (Puppenstube, Puppenecke etc.), spielt sie dort nicht gerne alleine, wartet lieber, bis ich ihr Anleitungen gebe. Sie bringt noch nicht sehr viel Fantasie ins Spiel, aber nie spielt sie stereotyp, sondern bringt Gesehenes oder Ausprobiertes. Sobald sie müde ist, wird sie unruhig und überdreht.

Zu Hause hilft sie gerne der Mutter, räumt auf und ein und hat immer etwas zu tun. Im Kindergarten, den sie zeitweise besucht, scheint sie gut aufgenommen zu sein, hat aber keine starken Beziehungen.

Motorik

Corinne geht frei, breitspurig, leicht ataktisch. Die athetotischen Bewegungsabläufe sind gesamtmotorisch sicherer und gezielter geworden, z.B. kann sie mit einem Farbstift zwischen zwei Linien durchfahren, die 2–3 cm voneinander Abstand haben. Aber sie hat Mühe, die motorischen Leistungen zu koordinieren, z.B. wenn sie mit den Händen arbeitet, verkrampft sich die Zunge und bleibt nicht im Mund. Sie ermüdet auch, wenn sie lange steht und hantiert dazu.

Motorik im Mundbereich

Es bestehen keine Ess- und Trinkprobleme mehr. Corinne isst und trinkt selbstständig und sauber, mit normalem Besteck.

Es bestehen aber weiterhin große mundmotorische Probleme für die Lippen- und Zungenfunktion. Die Zunge, und vor allem die Zungenspitze, ist beweglicher geworden, gewisse Bewegungen können aber noch nicht ausgeführt werden. Es gelingt ihr auch, recht präzise nachzuahmen. Wir üben weiterhin am Desensibilisieren und Mundschluss, jetzt oft mit Eigenkontrolle (eine gewisse Zeit mit und ohne Spiegel den Mund geschlossen halten).

Atmung und Stimme

Die Spontansprache ist durch die unregelmäßige Atmung sehr abgehackt. Corinne spricht praktisch Wort für Wort, setzt sogar innerhalb gewisser Worte ab. In der Übungssprache kann sie oft 3-silbige Wörter sagen und laut und lange tönen. Und wenn sie sehr gelöst ist und sich in stabiler Körperstellung befindet, ist die Koordination Atmung-Stimme ebenfalls besser. Sie spricht allgemein lauter als früher, kann aber die Stimme nicht unter Kontrolle halten, z.B. bleibt ihr bei schwierigen Wörtern oder bei Aufregung der Ton weg (kein Stottern).

Verarbeitung

Sie ist allgemein nicht sehr stark verlangsamt. Im optischen Bereich hat Corinne vor allem Mühe mit der feineren Differenzierung. Früher war ihr Gesichtsfeld stark eingeschränkt auf Dinge, die sie auf Augenhöhe sehen konnte. Nun trägt sie eine Brille. Sie kennt und benennt viele Farben, hat auch einen gewissen Zahlenbegriff (zählt bis ca. 8 und findet gleiche Mengen wieder). Es ist oft schwierig für Corinne, sich den Ablauf einer Bewegung vorzustellen oder Zusammenhänge zwischen Bewegung und Handlung zu sehen, Reihenfolgen zu entdecken oder zu bilden oder durchzuhalten (Dysgrammatismus). Sie kennt und braucht auch Orts- und Zeitbezeichnungen (vor/hinter/in etc. morgen). Sie erfasst auch die Bedeutung von Situationen und Objekten. Das Vorstellungsvermögen ist beschränkt (wenn ich ihr z.B. etwas erkläre, das auf dem Tisch steht und sie aussuchen soll, oder ich frage anhand eines Bildes. was man damit tun könnte oder was wohl Leute machen, wenn sie dies oder jenes fertig gemacht haben), auch weil ihr viele Erfahrungen fehlen, die Gleichaltrige sonst haben.

Sprache

Die Spontansprache ist für Außenstehende nicht immer verständlich. Auch ich habe von Zeit zu Zeit Mühe, zu wissen, was Corinne meint. Sie kann sich auch nicht präzise ausdrücken oder Umschreibungen finden, wenn sie ein Wort nicht sagen kann. Sie hat aber einen großen passiven Wortschatz und kann auch schon viel sagen in Worten oder kleinen Sätzen. In letzter Zeit bildet sie lange, dysgrammatische Sätze oder kleine, die richtig sind. Sie behält auch neue Wörter gut.

Von den Lauten können G und R nicht gebildet werden. H ist nicht eingebaut, ch nicht. S/Z/SCH werden falsch gebildet, EI sind gepresst, die Umlaute sind noch nicht präzise (öäü). Die Zungenlaute werden interdental ausgesprochen, viele Laute werden ersetzt (z.B. d für g) oder verwechselt. Aber es gibt eine ganze Reihe von Wörtern, die gut verständlich sind: ässe, bade, Balle, Bode, Auto, ufe, Chatz, Nase, Bett, Buch. Sie lernt auch immer wieder dazu und spricht nach, korrigiert sich auch.

Beurteilung

Seit ich Corinne kenne, hat sie große Fortschritte gemacht (sie hat damals kaum gesprochen, konnte im Mundbereich nicht berührt werden) in Wahrnehmung, Sprechmotorik,

Aufgaben

Atmung, Stimme, Artikulation, Orientierung, Denkvorgängen, Satzbau, sprachlichem Ausdruck, Bewegungsvorstellung, Wortschatz. Sie braucht unbedingt Sonderschulung an einer Schule für motorisch Behinderte, da die Bewegungsstörung das zentrale Problem ist und sie Physiotherapie, Ergo- und Sprachtherapie braucht. Innerhalb der Schule wird es auch möglich sein, die Sprachtherapiestunden auf 2 pro Woche zu erhöhen, da ihre Ausfälle vor allem im sprachlichen Gebiet sind, was Schulungsfähigkeit anbelangt, und die verbale Sprachbehinderung sehr groß ist.

Bericht der Sprachtherapie
F.G.

(aus Kobi, 2003, S. 93 f.)

Literatur

- **Feuser, Georg:** *Gemeinsame Erziehung behinderter und nichtbehinderter Kinder im Kindertagesheim. Bremen 1984*

- **Feuser, Georg/Meyer, Heike:** *Integrativer Unterricht in der Grundschule. Solms-Oberbiel 1987*

Diese beiden Publikationen stellen recht beispielhaft die beschriebenen Beobachtungsmethoden und ihre Anwendung dar.

4.3 Planen

„Ja, mach nur einen Plan,
Sei nur ein großes Licht,
Und mach dann noch 'nen zweiten Plan,
Gehn tun sie beide nicht.

Denn für dieses Leben
Ist der Mensch nicht schlecht genug,
Doch sein höheres Streben
Ist ein schöner Zug."

(aus: „Lied von der Unzulänglichkeit menschlichen Strebens"; Die Dreigroschenoper/Bertolt Brecht, 1928)

Aufgaben

1. *Denken Sie an Ihre Lebenspläne? Welche sind bislang in Erfüllung gegangen? Welche nicht?*

2. *Was möchten Sie noch gern verwirklichen?*

3. *Stellen Sie sich folgende Situation vor. Ein Ihnen völlig unbekannter Mensch verplant Ihre Lebenszeit und deren Inhalte. – Wie reagieren Sie? Was würden Sie ihm entgegnen?*

Die Planung pädagogischer Prozesse

In diesem Kapitel werden relativ kurz die unterschiedlichen Schritte zur Planung pädagogischer Prozesse erläutert. Im nachfolgenden Kapitel wird dann auf die Praxisrelevanz einer Projektplanungsmethodik eingegangen. Zunächst erfolgt die Skizzierung verschiedener methodischer Ansätze:

- die Anamnese (Vorgeschichte)
- Tests
- Befragung/Exploration/Interview
- die Katamnese (Nachgeschichte)

Um einen heilerziehungspflegerischen Prozess zu planen, ist es notwendig, die verschiedenen Schritte zur Sichtung und möglicherweise Konstruktion der Wirklichkeit zu kennen.

Die Anamnese

Eine Anamnese kann sich auf dreierlei beziehen:

- auf eine potenzielle oder aktuale Behinderung oder Störung und deren bisherige Entwicklung. Hierbei geht es vor allem um das medizinische Datenmaterial. Dieses sollte an dieser Stelle immer als Original-Quelle verwandt und zitiert werden. Für heilerziehungspflegerisches Arbeiten weitaus relevanter ist hierbei die Frage nach der heilerzieherischen Bedeutsamkeit einer Behinderung, also nach ihrer Entwicklung.
- auf die Person des betroffenen Menschen und seine bisherige Entwicklung. Hierbei können die Erkenntnisse der Entwicklungspsychologie eine große Rolle spielen. Heilerziehungspflegerisch Tätige sollten sich auf jeden Fall mit den unterschiedlichen Erkenntnissen zur menschlichen Entwicklung vertraut machen. Grundsätzlich kann an dieser Stelle davon ausgegangen werden, dass sich die „psychische Entwicklung behinderter Kinder [...] im Grundmuster nach denselben Sequenzen und Regeln vollzieht wie jene nichtbehinderter Kinder." (Kobi, 2003, S. 28)
- auf mögliche Veränderungen in den Lebensumständen. Dieses ist deshalb relevant, da ein Mensch mit Behinderung, wie jeder andere Mensch auch, auf Veränderungen in seiner psychosozialen Umwelt reagiert. Ein Wohnortwechsel, der Antritt eines Arbeitsplatzes, der Tod eines Elternteils etc. können hierbei wichtige Punkte der Veränderung, der Krise, aber auch der Chance sein (vgl. Kobi, 2003, S. 28).

Aufgaben

1. *Stellen Sie zu Ihrer Person die für Sie wichtigen Lebensdaten zusammen. Was war für Sie besonders wichtig? Was angenehm? Was unangenehm? Woran erinnern Sie sich kaum noch? Stellen Sie Hypothesen darüber auf, warum das so ist.*

2. *Stellen Sie nun einen gleichen Datenbogen für einen Klassenkameraden zusammen. Tauschen Sie sich über Ihre Erlebnisse in den beiden unterschiedlichen Rollen aus.*

3. *Erarbeiten Sie eine Anamnese für einen Menschen mit Behinderung. Wo gibt es Unterschiede, wo Ähnlichkeiten zwischen seiner und Ihrer Geschichte?*

4. *Formulieren Sie Hypothesen über mögliche Ursachen dieser Ähnlichkeiten oder Unterschiede.*

Tests

Als heilerziehungspflegerisch Tätige werden Sie selbst sehr wahrscheinlich keine Tests durchführen. Sie werden jedoch über die Entwicklungsberichte bzw. über die Zusammenarbeit mit Psychologinnen und Ärzten Kontakt zu Tests und Testergebnissen bekommen.

Eine Definition:

Tests können als nach bestimmten Regeln durchgeführte Abklärungstechniken beschrieben werden (vgl. Kobi, 2003, S. 33). Es handelt sich hierbei zumeist um geeichte Prüfverfahren, die sich in der Regel auf bestimmte Fähigkeiten richten. Die Intelligenz, die Konzentration, die Motorik, die Merkfähigkeit usw. werden hierbei nach der Maßgabe einer Eichpopulation überprüft. Kobi begründet den heilerzieherischen Nutzen von Tests in einem dreifachen Vergleich.

Er unterscheidet

> „■ *einen interpersonellen Vergleich des Probanden mit dem Durchschnitt seiner Altersgenossengruppe,*
> ■ *einen intrapersonellen Vergleich zwischen den verschiedenen Fähigkeitsbereichen des Probanden,*
> ■ *einen sequenziellen Vergleich durch Testwiederholung in bestimmten Zeitabständen".*
> **(Kobi, 2003, S. 33)**

Ohne die ganze Vielfalt der Tests wiedergeben zu können, lassen sie sich in folgende vier Hauptgruppierungen unterteilen:

1. Strukturierte Fragebögen und Einschätzskalen
2. Allgemeine Intelligenz- und Entwicklungstests
3. Spezielle Leistungstests
4. Projektive Testverfahren

1. Welche Testverfahren kennen Sie? Ordnen Sie diese den vier Gruppen zu.

2. Was spricht aus Sicht der Heilerziehungspflege gegen den Einsatz von Tests?

3. Wie kann der o.g. dreifache Vergleich für die Praxis der Heilerziehungspflege, also in Ihrem Alltag, nutzbar gemacht werden?

Befragung/Exploration/Interview

In eine Befragung werden die unmittelbar an einer Behinderung beteiligten Personen einbezogen. In der Regel sind das die Eltern, Erzieherinnen, Ärzte, Therapeutinnen sowie selbstverständlich auch der Mensch mit Behinderung, sofern er auch nur in geringster Weise dazu in der Lage ist. Allen Beteiligten werden Fragen zum Ablauf und zum Erleben der aktuellen bzw. der vergangenen Situation gestellt.

„Hierbei ist zu beachten, dass die Befragung (...) immer noch ein sozialer Vorgang mit sprachlichem und nichtsprachlichem Austausch, unter Einfluss kultureller Normen und situativer Bedingungen (ist), der jedoch durch das zielgerichtete Interesse des einen Interaktionspartners gelenkt wird."
(Strasser, 1997, S. 58)

Erarbeiten Sie einen Fragebogen zum (Er-) Leben eines Menschen mit Behinderungen. Überprüfen Sie Ihren Bogen an der Wirklichkeit, indem Sie ihn in einem Praktikum in einer ganz konkreten Einrichtung der Behindertenhilfe durchführen.

Die Katamnese (Nachgeschichte)

Echte, systematische katamnesische Untersuchungen und Überprüfungen sind in den meisten heilerziehungspflegerischen Bereichen noch recht selten anzutreffen.

„Das mag ein gutes Stück weit am Bildungssystem liegen, innerhalb dessen Kinder (aber auch Erwachsene;) immer wieder in andere Untersysteme und Abteilungen und mithin in nur bedingt miteinander vergleichbare Rahmenbedingungen wechseln. Dazu kommt, dass pädagogische Interventionen in ihren Auswirkungen nur kurzfristig erkennbar bleiben und sich rasch vermischen mit anderweitigen Einflüssen.

Kausal-lineare Prospektion (Planung) und Retrospektion (Genese) erweisen sich im soziodynamischen Beziehungsnetz als höchst fragwürdig und spekulativ." *(Kobi, 2003, S. 43)*

Trotz dieser berechtigten Einschränkung und Kritik sind regelmäßige Überprüfungen hinsichtlich der Erziehungs-, Förder- und Pflegeplanung von unabdingbarer Wichtigkeit. Gerade in diesen sequenziellen Vergleichen (s.o.), in welchen über unterschiedlich lange und subjektiv festgelegte und somit bedeutsame Zeitabschnitte überprüft wird, liegt die Wichtigkeit und Bedeutung der heilerziehungspflegerischen Planung begründet.

1. *Formulieren Sie Fragen, mit welchen Sie eine mögliche Katamnese durchführen wollen.*

2. *Fragen Sie in Ihnen bekannten heilerziehungspflegerischen Einrichtungen nach der Umsetzung katamnestischer Vorgehensweisen. Vergleichen Sie mögliche Katamnesebögen mit den von Ihnen erstellten.*

3. *Diskutieren Sie mögliche Bestätigungen oder Verneinungen der o.g. These von Kobi. Welche didaktisch-methodischen Konsequenzen ziehen Sie aus Ihrer Diskussion?*

Zielorientierte Projektplanung

Auf dem Hintergrund der oben skizzierten Grundlagen einer pädagogischen Planung soll nun die Methode einer **„zielorientierten Projektplanung"** (Bernath u.a., 1993, S. 12–51) erläutert werden.

Was ist nun aber ein Projekt?

> *„Ein Projekt ist ein zeitlich befristetes, einmaliges Vorhaben, welches in seiner Zielsetzung ein klar definiertes Ziel beschreibt." (Bernath u.a., 1993, S. 7)*

In dieser Beschreibung geht es darum, den pädagogischen, psychologischen, didaktisch-methodischen Weg vom Ist- zum Soll-Zustand darzulegen.

Bernath u.a. listen zur genaueren Kennzeichnung eines Projektes folgende Merkmale auf:

> „■ Die gestellte Aufgabe ist neu oder in wesentlichen Teilen neu. Sie wird in einen Zusammenhang gestellt, welcher einmalig ist und sich in dieser Form nicht wiederholt. Projekte sind zielorientierte und zeitlich befristete Vorhaben. Daher ist der Zeitpunkt von Projektbeginn und -ende klar festgelegt.
> ■ Ein Projektvorhaben ist eine zu den üblichen zusätzliche Aufgabe.
> ■ Für das Projekt sind spezielle finanzielle und personelle Mittel sowie eine projektspezifische Organisation notwendig.
> ■ Ein Projekt zeichnet sich durch einen hohen Komplexitätsgrad und enge Vernetzung aus.
> ■ Jedes Projekt ist mit Risiken und Unsicherheiten verbunden, es kann scheitern oder gelingen.
> ■ Die Projektaufgaben verlangen im Allgemeinen ein interdisziplinäres und interinstitutionelles Vorgehen.
> ■ Ein Projekt wird mindestens einmal durchgeführt. Unumgänglich ist die Auswertung am Projektende."

(Bernath u.a., 1993, S. 7)

1. *Sammeln Sie aus Ihren Praxiserfahrungen Bereiche, in welchen die Durchführung eines Projektes möglich wäre.*

2. *Haben Sie schon Projekte oder projektähnliche Maßnahmen kennengelernt? Waren hierbei alle o.g. Merkmale zu erkennen? Wie erklären Sie sich die An- bzw. Abwesenheit bestimmter Merkmale?*

3. *Welche Rolle hätte der heilerziehungspflegerisch Tätige in einem Projekt in Einrichtungen der Behindertenhilfe? Begründen Sie Ihre Meinung.*

Der Verlauf eines Projekts lässt sich hierbei in folgende Phasen gliedern (Bernath u. a., 1993, S. 7):

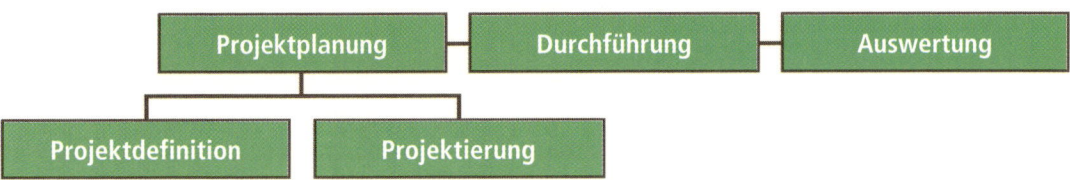

Diese einzelnen Projektphasen werden nun kurz beschrieben:

Die „Projektplanung"

Die Phase der Projektplanung teilt sich auf in die Bereiche der „Projektdefinitionsphase" und der „Projektierungsphase".

In der Projektdefinitionsphase geht es darum, die eigentlichen Projektziele zu benennen und zu planen. Hierbei sind folgende Fragen zu stellen und zu beantworten:

> „■ Warum? Warum soll das Projekt durchgeführt werden? Was sind die generellen Zielsetzungen?
> ■ Was? Was muss unternommen werden? Was sind die spezifischen Projektziele?
> ■ Wie? Wie soll vorgegangen werden? Welche Mittel und Ressourcen werden für das Projekt benötigt?
> ■ Wo? Wo wird am Projekt gearbeitet? Standort?
> ■ Wer? Welche Institutionen beziehungsweise Personen sind an der Durchführung und an der Finanzierung des Projektes beteiligt?
> ■ Wann? Wann wird mit dem Projekt begonnen und wann muss es fertig sein?
> ■ Wie viel? Wie viel wird das Projekt kosten?
> ■ Wie gut? Welche Qualitätsziele müssen erreicht werden?"

(Bernath u. a., 1993, S. 8)

Zudem müssen alle Bedingungen und Variablen des Ist-Zustandes geklärt werden. Es handelt sich hierbei maßgeblich um folgende Komplexe:

1. Die möglichst genaue Abgrenzung und Darstellung der unbefriedigenden Situation
2. Die Analyse der möglichen Zusammenhänge und Hintergründe
3. Die Erörterung und Beschreibung der Hindernisse und Ressourcen
4. Die Zusammenfassung einer ersten, evtl. vorläufigen Problemdefinition.

Aufgaben

1. Stellen Sie für eine Sie unbefriedigende, evtl. schulische Situation die genannten vier Bedingungen eines Ist-Zustandes zusammen.

2. Versuchen Sie dann vor diesem Hintergrund eine erste Zielplanung (Was wollen Sie warum wie und wo verändern? Wer ist hieran beteiligt? Wann geschieht das und wie viel wird es kosten?).

3. Vergleichen Sie im Klassenverband die einzelnen Schritte zur Zielplanung – was fällt Ihnen hierbei auf?

In der „Projektierungsphase" geht es im Folgenden um die Festlegung von Teilzielen. Hierbei wird auch der mögliche Arbeitsaufwand exakter gefasst. Zudem werden Informations- und Dokumentationssysteme zur Projektdurchführung aufeinander abgestimmt.

Diese Phase umfasst vor allem folgende Bereiche und Aussagen:

„■ die zusammenfassende Beschreibung der Projektdefinitionen und der Projektziele,
■ die Planung von Etappenzielen: möglichst konkrete Festlegung der Ergebnisse der einzelnen Etappen,
■ die Ermittlung der durchzuführenden Tätigkeiten in allen einzelnen Entwicklungs- und Realisierungsphasen (Projektstruktur und Projektstrategie; mit entsprechenden Teilprojekten, deren Zusammenhänge und Nahtstellen (...),
■ das Abschätzen des Projektaufwandes (Personal-, Zeit-, Geld-, Sachmittel- und Raumbedarf),
■ die Bestimmung der für die Tätigkeiten verantwortlichen Stellen und Personen, Gremien, Instanzen, Zuordnung von Aufgaben und Kompetenzen),
■ die Zuordnung von Terminen zu Tätigkeiten und die Terminierung des Ablaufs (Festlegung von Zwischen- und Endterminen) und
■ die Planung des Informations- und Dokumentationssystems (Versorgung der am Projekt beteiligten und davon betroffenen Personen mit wichtigen Informationen; Aufträge, Anweisungen, Protokolle (...)“

(Bernath u. a., 1993, S. 9)

Der Ablauf dieser Phase lässt sich grafisch wie folgt darstellen:

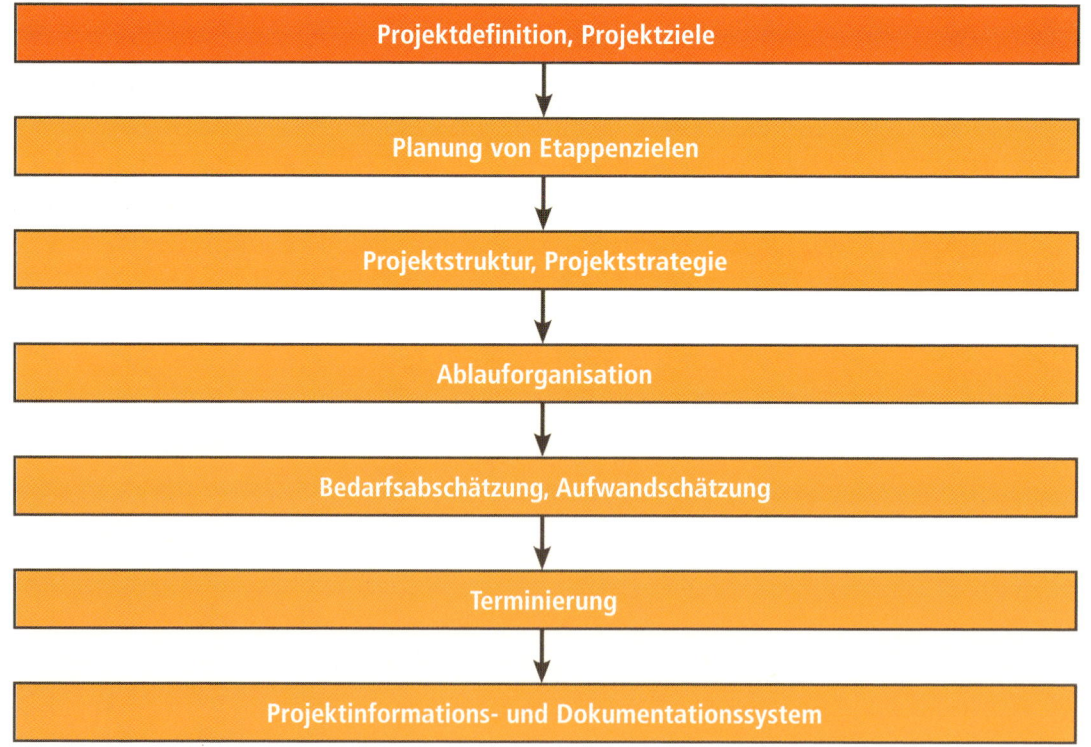

Projektierung

(Bernath u. a., 1993, S. 10)

1. Übertragen Sie Ihre Ergebnisse zur Projektdefinitionsphase auf die Projektierungsphase und führen Sie für das Feld einer Projektierung in einer Einrichtung der Behindertenhilfe eine solche Phase durch. Arbeiten Sie hierbei möglichst konkret und exakt.

2. Stellen Sie Ihre Ergebnisse im Klassenverband vor und vergleichen Sie diese miteinander. Wodurch könnten evtl. Unterschiede in der Vorgehensweise entstanden sein?

3. Überprüfen Sie Ihre Projektierungsphase, wenn möglich, an einer realen heilerziehungspflegerischen Einrichtung. Kommen Sie hierbei mit möglichst vielen Mitarbeitern ins Gespräch. Dokumentieren Sie Ihre Vorgehensweise und vergleichen Sie die Ergebnisse wieder im Klassenverband.

Die Projektdurchführung

In dieser Phase müssen die sachlichen und organisatorischen Bedingungen und Voraussetzungen dargelegt werden.

Es sollen hierbei
- die Verantwortlichkeiten geregelt werden. Dieses kann durch die Erstellung eines Organigramms geschehen;
- die möglichen, schon bekannten Aufgaben verteilt werden. Hierbei müssen evtl. noch einmal bestimmte Zuständigkeiten abgeklärt und festgelegt werden;
- die Abläufe innerhalb der eigentlichen Organisation des Projektes beschrieben werden. Es kommt hierbei zur Zuordnung bestimmter Aufgaben. Die Einsetzung von Projektmitgliedern ist zu klären. Terminpläne sind zu erstellen und vieles andere mehr;
- die benötigten Hilfsmittel beschafft werden (wie gegebenenfalls Computer zum Auswerten der Daten, statistische Auswertungsverfahren, Entwicklungs- und Diagnoseverfahren etc.);
- die Einsatzmöglichkeiten der eigens für das Projekt qualifizierten Mitarbeiterinnen geplant und festgelegt werden (vgl. Bernath u. a., 1993, S. 10).

In dieser Phase kommt es auch zu einer stärkeren Präzisierung der Aufgaben der Projektleitung (diese kann im Prinzip durch jede qualifizierte Person im Bereich der Heilerziehungspflege übernommen werden). Ihr kommen nun folgende Aufgaben zu:

> „■ Zielorientierte Projektbearbeitung mittels Soll/Ist-Vergleichen:
> – Einhaltung der Projektziele
> – Einhaltung der Termin- und Kostenvorgaben
> – Organisation und Administration des Projekts
> ■ Führung, Koordination, Beratung und Motivation der Projektmitarbeiter
> ■ Analyse von Abweichungen vom Zielkurs und Vornahmen anfälliger Korrekturen
> ■ Sicherstellung, dass Einzelinteressen stets im Rahmen des Ganzen beurteilt werden, allenfalls auftretende Konflikte überwunden und die Prioritäten innerhalb des Gesamtprojekts gemeinsam gesetzt werden.“

(Bernath u. a., 1993, S. 11)

1. Erstellen Sie in einem mehrtägigen Rollenspiel die Durchführung eines Projektes für Ihre Klasse oder Schule. Benennen Sie hierbei einen Projektleiter sowie die für Ihr Projekt notwendigen unterschiedlichen Projektmitglieder bzw. deren Rollen im Projekt.

2. Stellen Sie Ihr Projekt der Klasse/Schule vor. Reagieren Sie auf mögliche Kritikpunkte, indem Sie diese in eine erneute Planung bzw. Durchführung einbeziehen.

3. Führen Sie in Kleingruppen ein Projekt mit einer Einrichtung der Behindertenhilfe durch. Greifen Sie hierbei auf die in dieser Einrichtung vorhandenen Systeme, Gremien und Gruppierungen zurück.

4. Stellen Sie Ihre Projekte im Klassenverband vor und vergleichen Sie Ihre Ergebnisse miteinander. Wodurch könnten diesmal mögliche Unterschiede (oder Ähnlichkeiten) entstanden sein? Diskutieren Sie diese im Hinblick auf eine neue Planung und Durchführung.

Die Projektauswertung

Die Auswertung eines Projekts gehört zu den Aufgaben der Projektleitung. Diese wird sie jedoch in enger Abstimmung mit den anderen Projektgruppenmitgliedern vornehmen. Diese Auswertung geschieht zum einen im Prozess der Durchführung (s.o.), andererseits erfolgt eine Gesamtauswertung zum Ende des Projektes.

Eine solche Auswertung kann in zwei Arten durchgeführt werden (vgl. Bernath u.a., 1993, S. 11):

- die externe Kurzanalyse. Hierbei erfasst und bewertet ein interdisziplinär zusammengesetztes Team nicht nur die tatsächlichen, sondern auch weitere mögliche Auswirkungen des Gesamtprojektes. Die grundsätzlichen Meinungen der einzelnen Teammitglieder sind hierbei schon von Anbeginn als äußerst divergierend zu beschreiben. Von ihnen werden nun folgende Dimensionen untersucht: der Inhalt des Projektes, das Ausmaß der Durchführung (Erfolg und Misserfolg) sowie das Risiko der Planung und Durchführung.

- die interne Kontrolle. Hierbei geschieht eine Überprüfung durch die Mitglieder der Projektgruppe. Es werden in dieser Form in noch festzulegenden Zeitabständen die einzelnen Projektebenen hinsichtlich ihrer Abweichung von den geplanten Zielen hinterfragt. Zudem kommt es zu einem Abgleich zwischen dem Ist- und dem Sollablauf des Projektes.

1. Überprüfen Sie die durchgeführten Projekte einer anderen Gruppe des Klassenverbandes. Lassen Sie aber auch Ihre eigenen Projekte evaluieren.

2. Vergleichen Sie Ihre Ergebnisse miteinander.

3. Diskutieren Sie Ihr Erleben in den unterschiedlichen Rollen der „Überprüfer" und der „Überprüften". Versuchen Sie mögliche Begründungen dieser Erlebensweisen.

Abschließend bleibt zur Methode einer „zielorientierten Projektplanung" noch festzuhalten, dass es sich beim Planen „nicht nur um das Abarbeiten einer mechanischen oder mechanistischen Konzeption handelt. Vielmehr ist es eine anregende und kreative Tätigkeit. Es erfordert sowohl Disziplin und Systematik wie auch Fantasie und Intuition." (Bernath u.a., 1993, S. 51)

1. Erstellen Sie vor dem Hintergrund der „Beteiligtenanalyse" (s.u.) ein mögliches Projekt. Beachten Sie hierbei alle Schritte, welche zu einer zielorientierten Projektplanung gehören.

2. Welche Probleme könnten hierbei entstehen? Versuchen Sie diese mit in Ihre Planung einzubeziehen.

3. Welche kreativen Fähigkeiten haben Sie in der Durchführung einer Projektplanung einbringen können? Welche haben Sie aber auch hierbei erst kennengelernt?

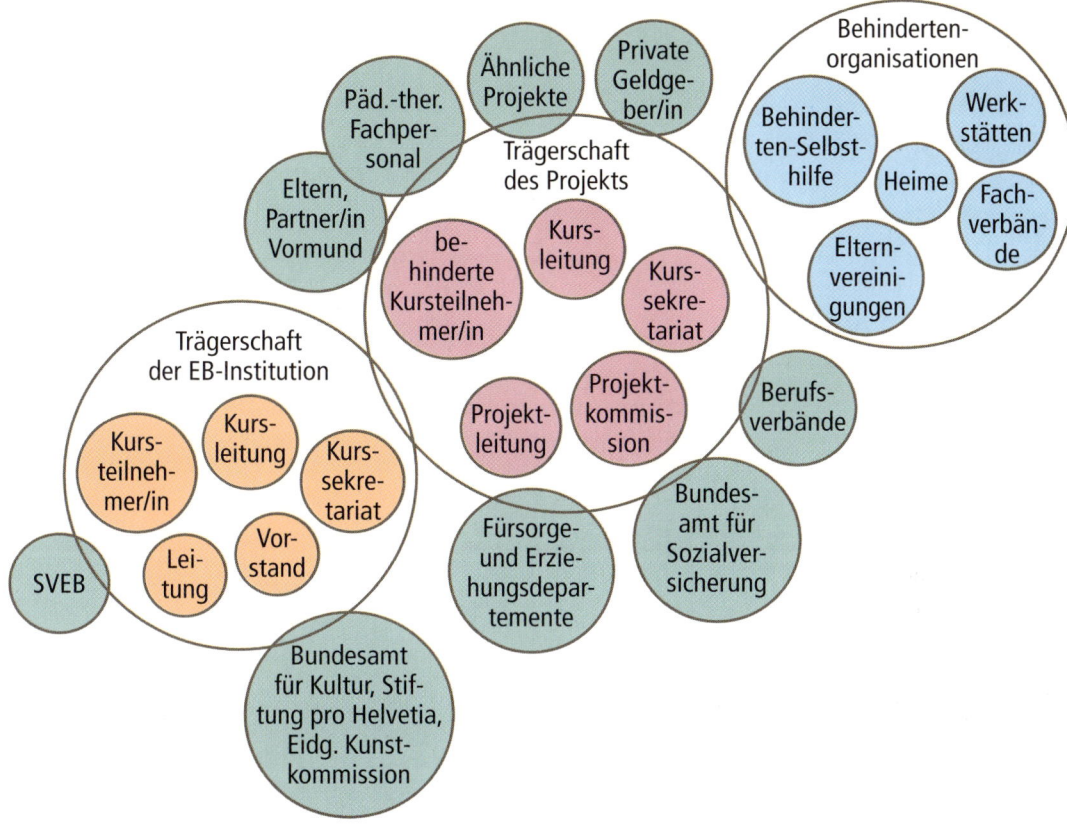

Beteiligtenanalyse am Beispiel des Projekts „Erwachsenenbildung für Menschen mit geistiger Behinderung" in der Schweiz.

(Bernath u.a., 1993, S.15)

Anregungen und Materialien

■ **Bernath, Karin/Haug, Martin/Ziegler, Franz:** Projektmanagement. Eine Orientierungshilfe für Projekte im sozialen Bereich. Luzern: 2000.

Dieses kleine Buch stellt auf wenigen Seiten sehr praxisnah und lesenswert eine theoretische Begründung und beispielhafte Durchführung der Methode der „zielorientierten Projektplanung" vor. Es bezieht sich hierbei vor allem auf die Arbeit mit Menschen mit einer (geistigen) Behinderung.

4.4 Überprüfen – Qualitätsmanagement

„Qualität ist das Gegenteil des Zufalls." (Alfred Lisson)

„De gustibus non est disputandum." (Über Geschmack kann man nicht streiten.)
(römische Weisheit)

1. Welche grundlegenden Überzeugungen verbergen sich hinter dem Satz von A. Lisson bzw. hinter dem römischen Zitat?

2. Suchen Sie für beide Aussagen Beispiele aus Ihrem Lebensumfeld und aus möglichen heilerziehungspflegerischen Zusammenhängen. Vergleichen Sie diese Arbeitsergebnisse miteinander. Worin bestehen die Gemeinsamkeiten, worin die Unterschiede zwischen Ihrem Lebensumfeld und einer möglichen heilerziehungspflegerischen Praxis? Worin liegen jeweils die Gründe hierfür?

Qualität und Qualitätssicherung

Was ist „Qualität"?

Die Qualitätsdiskussion im Sozialbereich geht auf die Novellierung des § 93 BSHG sowie des § 80 PflegeVG und § 77 KJHG zurück. Nach diesen rechtlichen Begründungen müssen Einrichtungen (seit 01.01.1999) Vereinbarungen über die Art, den Inhalt und den Umfang sowie über die Qualität ihrer Leistung und über deren Überprüfung abschließen, damit eine kostengerechte Refinanzierung erfolgen kann. Zudem werden in jüngster Zeit immer wieder Forderungen nach der Effektivität sozialer Tätigkeiten in Zeiten knapper werdender Ressourcen laut. Weiterhin haben sich auch die sozialen Institutionen und Organisationen mehr und mehr an betriebswirtschaftlichen Prämissen zu orientieren. Nicht zuletzt ist auch das Bewusstsein der Bevölkerung und der Mitarbeiter sozialer und heilpädagogischer Organisationen hinsichtlich der Qualität bzw. der Bewertung der Tätigkeiten gestiegen (vgl. Heller, 1998, S. 143).

Im Alltag wird der Begriff der „Qualität" häufig mit dem Erstellen oder Hervorbringen einer sehr guten Leistung in Verbindung gebracht. Hierdurch wird dem Qualitätsbegriff eine recht objektive Sichtweise zugesprochen. Qualität, also auch die Sicherung und das Management von Qualität, ist aber im Gegenteil ein ganz und gar subjektiver Vorgang. Dieser kann sich in drei möglichen Schritten vollziehen:

- „Eine Gegenstandsbeschreibung (über Beobachten und Messen) gibt Aufschluss über die Eigenschaften einer Leistung (Material, Verarbeitung, Design, etc.). Beobachtungen sind in dem Sinn objektiv, als das beschriebene Objekt unabhängig vom Beobachter existiert.
- Im zweiten Schritt werden die beobachteten Eigenschaften (über Studien, Erfahrungsbildung, Schlussfolgerungen) in Bezug auf Variablen wie z.B. Haltbarkeit, Fehlerhaftigkeit, Pannenhäufigkeit, etc. interpretiert.
- Schließlich wird die Leistung nach den interpretierten Eigenschaften bewertet. Bewertungen sind subjektiv, da sie notwendig nach Wertmaßstäben erfolgen, die in der Person des Bewertenden liegen." (Innerhofer/Innerhofer, 1996, S. 370)

Eine Allgemeinverbindlichkeit der Qualität (das beste Auto, der ideale Lebenspartner, die absolut professionelle Organisation etc.) ist somit nie zu erreichen. Dennoch hängt das Empfinden einer bestimmten Bewertung, also auch die Festlegung einer konkreten Qualität, von situativen Bedingungen ab. Diese beziehen sich in der Feststellung industrieller Qualitätsstandards, aber mehr und mehr auch im sozialen Bereich, auf die Eignung des geprüften Mittels, Gegenstandes oder Vorganges, festgelegte oder vorausgesetzte Forderungen umzusetzen.

Qualität lässt sich somit in einem ersten Schritt wie folgt definieren:

> *„Qualität ist ein Prädikat, das auf subjektiven Wertmaßstäben beruht. Deshalb gibt es keine allgemeingültige Definition von Qualität. Standards hingegen reflektieren die situativen Lebensbedingungen und sind damit für den Außenstehenden nachvollziebar."* **(Innerhofer/Innerhofer, 1996, S. 371)**

Aufgaben

1. *Führen Sie die Schritte der Qualitätsbeurteilung an einem konkreten Gegenstand Ihrer Lebenswelt durch (wie z. B. an einer CD, einem Fernseher oder einer Tafel Schokolade). Überprüfen Sie dann mit diesen Schritten die Qualität einer sozialen Leistung. Vergleichen Sie beide Vorgehensweisen miteinander.*

2. *Diskutieren Sie folgende Aussagen (evtl. auch in Rollenspielen):*
   - *„Wenn Qualität subjektiv ist, dann ist in den Einrichtungen der Behindertenhilfe doch alles möglich. Selbst Einschließen und ständiges Ruhigstellen mit Medikamenten."*
   - *„Die Qualität meiner Arbeit kann nur an ihren Ergebnissen überprüft werden."*
   - *„Was soll's: Nach mir kommt doch sowieso immer noch eine Qualitätskontrolle …"*
   - *„Bei Fehlern ist die Suche nach dem Schuldigen doch wohl das Wichtigste."*

3. *Welche Elemente machen für Sie eine gute Beziehung aus? Notieren Sie Ihre Ergebnisse und vergleichen Sie diese im Klassenverband miteinander.*

Wie kann ein System zur Qualitätssicherung bestimmt werden?

> *„Wenn das Management von Qualität sich auf die Sicherung, also letztlich auf die Überprüfung von Standards bezieht, dann wird in einem zweiten Schritt deutlich, dass die Qualitätsmanagementverfahren sehr unterschiedliche Dinge und Prozesse untersuchen können. In jedem Fall dienen sie dazu, sicherzustellen, dass ein Produkt oder eine Dienstleistung definierten Standards entspricht."* **(Innerhofer/Innerhofer, 1996, S. 371)**

Ursprünglich stammt dieser Begriff aus der Erstellung und Vermarktung von Produkten, welche sich aus vielfältigen Bausteinen und Elementen zusammensetzen. Diese moderne Form von Arbeitsteilung und Kooperation zwischen unterschiedlichen Firmen, Ländern und Bereichen verlangte nach einer Art der Überprüfung, welche sicherzustellen in der Lage war, dass alle Elemente auch zusammenpassten. Dies wiederum führte dazu, Instrumente der Überprüfung zu entwickeln. Hierbei konzentrierten sich jedoch in der Industrie die meisten Qualitätssicherungssysteme auf die Qualität des Endproduktes. Zunehmend wurden dann auch mehr und mehr soziale Dienstleistungen als Produkt begriffen und evaluiert.

> *„Von da aus kann die Brücke zu den Leistungen einer sozialen Einrichtung geschlagen werden. Ein QS-System in diesem Bereich hätte die Aufgabe, sicherzustellen, dass die Dienstleistungen auf hohem qualitativem Niveau angeboten werden."* **(Innerhofer/Innerhofer, 1996, S. 372)**

Aufgaben

1. *Sammeln Sie Elemente oder Prozesse sozialer Einrichtungen, welche überprüfbar sind.*

2. *Was ist an diesen Prozessen konkret überprüfbar, was scheint sich einer Überprüfung zu verweigern?*

3. *Was würden Sie in heilerziehungspflegerischen Einrichtungen keinesfalls überprüfen wollen, was jedoch auf alle Fälle? Begründen Sie Ihre Meinung.*

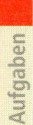

4. *Führen Sie ein Rollenspiel durch, in welchem ein Leiter einer sozialen Einrichtung Sie dazu anhält, Ihre Arbeit zu überprüfen. Versuchen Sie ihn von einer Nichtüberprüfbarkeit Ihrer Tätigkeit zu überzeugen. Diskutieren Sie anschließend die Vor- und Nachteile Ihrer Vorgehensweise.*

Worin besteht der Unterschied in der Qualitätssicherung wirtschaftlicher Unternehmen und sozialer Institutionen?

Es können zur Beantwortung dieser Frage drei Ebenen der Betrachtung benannt werden:
- die grundlegenden Unterschiede zwischen den Unternehmen und den sozialen Einrichtungen,
- die Unterschiede zwischen den Mitarbeitern,
- die Unterschiede zwischen den Kunden.

Um diese drei Gruppen zu präzisieren, soll an dieser Stelle ein längeres Zitat von Innerhofer/Innerhofer folgen, die diese Punkte zusammengefasst haben:

„Unterschiede zwischen Unternehmen und den sozialen Einrichtungen:

- Motivation zu Qualität. Für ein Unternehmen ist Qualität als Zufriedenstellung der Kunden eine Überlebensfrage und daher ein existenzielles Anliegen des Managements. Soziale Einrichtungen stehen in keinem direkten Wettbewerb miteinander. Finanzielle Überlegungen spielen beim Bestreben um Qualität eine weniger herausragende Rolle.
- Innovationsdruck. Unternehmen stehen unter starkem Innovationsdruck, da jeder der Mitbewerber sich durch Innovationen Wettbewerbsvorteile zu verschaffen sucht. Veränderungen in sozialen Einrichtungen sind dagegen eher selten. Es muss der bürokratische Weg gegangen werden, der lang, umständlich und innovationsfeindlich ist.
- Fortbildung. Fortbildung ist in der Wirtschaft von den Unternehmenszielen bestimmt. In sozialen Einrichtungen hingegen findet Fortbildung eher mitarbeiterorientiert statt.

Unterschiede zwischen den Mitarbeitern:

- Motivation zu Qualität. Das Interesse an Qualität ist beim Mitarbeiter im Unternehmen eher gering und muss daher durch materielle Anreize und durch Führungsmaßnahmen geweckt werden. In sozialen Einrichtungen ist das Interesse des Mitarbeiters an Qualität stärker durch die Arbeit selbst gegeben.
- Arbeitsmotivation. Die Arbeitsmotivation ist im Unternehmen stark an die Entlohnung gekoppelt. Die meisten Motivierungssysteme setzen daher beim Geld an und bieten Leistungsprämien, Gewinnbeteiligung oder andere materielle Anreize.
  In einer sozialen Einrichtung steht hingegen eher der soziale Aspekt der Arbeit im Vordergrund: einem Behinderten zu helfen, an seinem Schicksal Anteil zu nehmen, sich einzulassen auf Menschen – das sind für den Mitarbeiter einer sozialen Einrichtung zentrale Arbeitsmotive.
- Leistungsdruck. Der Leistungsdruck ist in Unternehmen groß, in sozialen Einrichtungen dagegen gering, da es keinen Konkurrenzdruck gibt. Leistungsnachweise sind selten zu erbringen. Das Zeitmanagement erfolgt nicht nach Kostengesichtspunkten. Es gibt kaum Leistungsvergleiche und Leistungsanreize.
- Karrierestreben. Das Karrierestreben in Unternehmen ist stark, in sozialen Einrichtungen dagegen gering, teilweise sogar verpönt. Führungspositionen sind auch nicht mit den Gratifikationen ausgestattet wie in der Privatwirtschaft, weshalb es sich weniger lohnt, darum zu kämpfen.

- Freiheit, die Arbeit zu gestalten. Die Möglichkeit des einzelnen Mitarbeiters, seine Arbeit nach eigenen Richtlinien zu gestalten, ist in Unternehmen eher gering, in sozialen Einrichtungen dagegen relativ groß.
- Zusammenarbeit. Zusammenarbeit ist in Unternehmen in den meisten Bereichen zur Zielerreichung notwendig und deswegen klar geregelt. In sozialen Einrichtungen findet Zusammenarbeit eher auf der Basis freier Entscheidung des Mitarbeiters statt und ist daher stark personenabhängig.

Unterschiede zwischen den Kunden:

- Wer sind die Kunden? Für Unternehmen ist die Lage klar: die einzelne Person, die eine Leistung in Anspruch nimmt. Für soziale Einrichtungen hingegen ist die Lage komplizierter. Nehmen wir den Fall, dass für ein lernbehindertes Kind der Antrag auf Aufnahme in eine Sonderschule gestellt wird. Ist nun das Kind, das die Dienste in Anspruch nimmt, der Kunde? Sind es die Eltern, die die Entscheidung für die Aufnahme treffen? Oder ist es die Behörde, die die finanziellen Lasten der Dienste trägt?
- Bedürfnisse der Kunden. Der Kunde eines Unternehmens kann gewöhnlich sagen, was er vom Unternehmen oder vom Produkt erwartet. Für den Kunden sozialer Einrichtungen trifft das hingegen nur bedingt zu. Meist kann ihm nur der Fachmann sagen, was möglich und sinnvoll ist.
- Forderung nach Qualität. Für den Kunden eines Unternehmens ist die Frage nach Qualität einfach zu beantworten: die Erfüllung seiner Erwartungen. Auch hier ist die Ausgangssituation für soziale Einrichtungen komplizierter. Für die Verbände und die öffentliche Hand heißt Qualität, sparsam und dennoch effizient mit vorhandenen Mitteln umzugehen, sicherzustellen, dass den Betroffenen eine möglichst befriedigende Lebensführung in der Gemeinschaft ermöglicht wird und sie vor Missbrauch geschützt werden. Für die Betroffenen selbst heißt Qualität u.U. mit Nicht-Behinderten zusammenleben zu können, Wahlmöglickeiten zu haben, ein vielfältiges Angebot an Stützmaßnahmen und Hilfsvorrichtungen in Anspruch nehmen zu können."

(Innerhofer/Innerhofer, 1996, S. 373–375)

Aufgaben

1. Stellen Sie für alle drei Gruppen von Unterschieden Beispiele aus Einrichtungen der Behindertenhilfe zusammen.

2. An welchen Stellen kann es gegebenenfalls zu Problemen in diesen Einrichtungen kommen? Wo widersprechen sich evtl. die einzelnen Bereiche?

3. Diskutieren Sie den Begriff des „Kunden" für heilerziehungspflegerische Einrichtungen. An welchen Stellen lässt er sich nicht mit dem Kundenbegriff der Wirtschaftsunternehmen in Einklang bringen?

4. Welche Anforderungen stellen Sie an die Qualität einer behindertenpädagogischen Organisation?

5. Wie lassen sich Ihre Anforderungen an eine behindertenpädagogische Organisation realisieren? Entwickeln Sie mögliche Modelle hierfür.

Welche Elemente sollte ein System der Qualitätsüberprüfung in heilerziehungspflegerischen Einrichtungen umfassen?

Nach Heller (1998, S. 134–138) können neun Schritte formuliert werden, um eine mögliche Form des Qualitätsmanagements in Einrichtungen des Sozialbereiches einzuführen.

Diese Schritte sind im Einzelnen:

1. Die Erstellung eines Leitbildes für die Arbeit der Einrichtung
Hierbei ist zu berücksichtigen, wo sich die einzelne Organisation zurzeit ideologisch, strukturell und grundsätzlich befindet bzw. wohin sie sich kurz-, mittel- und langfristig bewegen soll. Zudem sind in einem Leitbild möglichst konkrete Aussagen zur Führung der Mitarbeiter, zur Kommunikation und Organisation enthalten.

Damit ein solches Leitbild auf einer möglichst breiten Basis entstehen kann, sind an seiner Entstehung möglichst viele Mitarbeiterinnen zu beteiligen. Nur so ist es möglich, dass aus subjektiv-individuellen Zielen Ideen und Ziele für die gesamte Einrichtung werden.

Die Umsetzung eines Qualitätsmanagements hat nun dafür zu sorgen, dass das erarbeitete Leitbild weiter fortgeschrieben und in seiner konkreten Umsetzung, also in seinem tatsächlichen Ergebnis überprüft wird.

2. Der Entwurf sowie die Umsetzung einer Qualitätspolitik
Aus dem erarbeitetem Leitbild werden Qualitätsziele entwickelt. Auch dies geschieht mit möglichst vielen Mitarbeitern bzw. Mitarbeiterebenen. Zudem muss die Qualitätspolitik Aussagen darüber treffen, wie, wann und mit wem die vereinbarten Arbeitsschritte zu realisieren sind.

3. Die Festlegung von Verantwortlichkeiten
In diesem Schritt müssen auf allen Ebenen einer heilerziehungspflegerischen Organisation die Verantwortlichkeiten hinsichtlich bestimmter Tätigkeiten und Arbeitsvollzüge bestimmt werden. Dieses kann durch Organigramme oder Stellenbeschreibungen geschehen.

4. Die Festlegung der bedarfsorientierten Qualitätsziele
Auf dieser Ebene werden die Ziele der unterschiedlichen Bereiche und Tätigkeitsfelder einer Einrichtung festgehalten. Die Orientierung erfolgt hierbei an den jeweils vorhandenen personellen und materiellen Ressourcen, ist also somit realitätsbezogen zu strukturieren.

5. Die Identifizierung von Kernprozessen und die Klärung von Prozessabläufen
Kernprozesse können als diejenigen Prozesse einer Einrichtung definiert werden, welche hinsichtlich der Erreichung der Qualitätsziele eine besonders wichtige Bedeutung haben. Im Sozial- und Gesundheitswesen können diese in drei Dimensionen (nach Donabedian; vgl. Heller 1998, S. 148) aufgeteilt werden:

- Dimension der Strukturqualität; diese bezieht sich auf die Voraussetzungen für mögliche Dienstleistungen oder Produkte (wie z. B. die finanzielle, technische und personelle Ausstattung).
- Dimension der Prozessqualität; diese bezieht sich auf das konkrete Handeln und macht Aussagen über die einzelnen Leistungen, welche eine Einrichtung erbringt.
- Dimension der Ergebnisqualität; diese bezieht sich auf das konkrete Ergebnis einer Dienstleistung oder Produktion und legt dar, ob und wie die angestrebten Ziele erreicht worden sind.

Die Kernprozesse legen fest, ob und wie die einzelnen Abläufe und Verantwortlichkeiten auch zu den eigentlichen Zielen führen bzw. ob und wie es hierbei zu Problemen kommt. Hierbei sind schon mögliche Lösungen dieser Schwierigkeiten wahrzunehmen.

6. Die Analyse und mögliche Vereinfachung einrichtungsinterner und -externer Schnittstellen

Als interne Schnittstellen können die Übergänge zwischen den einzelnen Arbeitsbereichen einer Organisation bezeichnet werden. So kommt es z. B. zwischen dem eigentlichen pädagogischen Dienst und der Verwaltung, zwischen dieser und der Leitung zu unterschiedlich stark ausgeprägten Übergängen.

Externe Schnittstellen kennzeichnen die Übergänge zwischen der heilerziehungspflegerischen Institution und anderen ähnlichen Einrichtungen, zu den Eltern, zum Träger der Organisation etc.

Ein Ziel einer solchen Analyse kann in der Vereinfachung und Reduzierung der internen Schnittstellen bestehen. Hierdurch können dann gegebenenfalls Doppelzuständigkeiten oder Mehrfachbearbeitungen eines Arbeitsfeldes oder -prozesses vermieden werden.

In Bezug auf die externen Schnittstellen stellt sich eine Optimierung nicht so problemlos dar. Zunächst ist aber auch hierbei eine Klärung von Verantwortlichkeiten und Prozessabläufen anzustreben und durchzuführen (siehe Schritt 3). Erst danach kann mit einer Modifikation dieser externen Übergänge begonnen werden.

7. Die ständige Verbesserung in Qualitätszirkeln

In speziell hierfür zusammengesetzten Teams oder Kleingruppen soll die Entwicklung und Überprüfung der Qualität einer Einrichtung fortgeschrieben werden. Es geht darum, Ursachen von Fehlern zu finden und zu korrigieren. Diese Qualitätszirkel können dann auch die nächste Aufgabe übernehmen:

8. Das Erstellen eines Qualitätshandbuches

In jeder heilerziehungspflegerischen Organisation muss ein eigenes Qualitätshandbuch erarbeitet werden, welches die originären Bedürfnisse und Möglichkeiten genau dieser Einrichtung benennt und festlegt. Als Hauptbestandteile eines solches Handbuches sind folgende zu nennen:

- das ausformulierte Leitbild,
- die Qualitätspolitik,
- die Qualitätsziele,
- die Beschreibung der Verantwortungsbereiche und Aufgabenfelder,
- die Darstellung der Kernprozesse (im Hinblick auf ein Ablaufdiagramm und auf Qualitätsprüfkriterien),
- die Darstellung der Dokumente, mit welchen das Qualitätsmanagement durchgeführt wird und
- Angaben über die Überprüfung des Qualitätssicherungssystems.

Ein optimales Qualitätshandbuch bietet allen beteiligten Mitarbeitern eine Orientierung in ihrer Arbeit. Bei der Erstellung ist somit auch darauf zu achten, dass es nicht zu einem unnötigen Überfrachten dieses Handbuches kommt. Zu viele Informationen und zu unübersichtliche Abläufe und Prozesse wirken eher kontraproduktiv als hilfreich. Auch das Handbuch muss in regelmäßigen Abständen evaluiert und fortgeschrieben werden, da es in einer Einrichtung nie zu einem Stillstand kommt.

9. Die Durchführung von Verbesserungsgesprächen

Durch interne oder externe Mitarbeiter (sog. Auditoren) kommt es hierbei zu regelmäßigen Kontrollen des gesamten Qualitätssicherungsprozesses. Besonderer Wert wird hierbei vor allem auf eine Überprüfung der Kernprozesse und der Dienstleistungen gelegt.

Zusammengefasst können die neun Schritte zur Einführung eines Qualitätsmanagementsystems im Sozialbereich wie folgt dargestellt werden:

Schritte zur Einführung von Qualitätsmanagement im Sozialbereich

1. Visionen und Leitbilder der eigenen Arbeit in der Einrichtung entwickeln	**6. Schnittstellen analysieren und vereinfachen**
2. Qualitätspolitik entwerfen und umsetzen	**7. Kontinuierliche Verbesserung in Qualitätszirkeln: Fehlermöglichkeiten finden und korrigieren, Probleme lösen**
3. Verantwortlichkeiten festlegen	
4. Bedarfs- und kundenorientierte Qualitätsziele entwickeln	**8. Qualitätshandbuch erstellen**
5. Kernprozesse identifizieren und Prozessabläufe klären	**9. Interne und externe Audits Gegenseitige Begutachtungen**

(Heller, 1998, S. 147)

Aufgaben

1. *Erarbeiten Sie für eine konkrete heilerziehungspflegerische Einrichtung Beispiele zu den neun Schritten zur Einführung eines Qualitätsmanagementsystems.*

2. *An welchen Stellen vermuten Sie die größten Probleme?*

3. *An welchen Stellen ist eine Realisierung vergleichsweise einfach?*

4. *Formulieren Sie die Aufgaben der heilerziehungspflegerisch Tätigen im Prozess der Einführung eines solchen Systems.*

5. *Welche Aufgaben gelingen Ihnen evtl. recht einfach? Bei welchen haben Sie größere Schwierigkeiten? Begründen Sie Ihre Antworten.*

Lebensqualität

Die Lebensqualität von Menschen mit Behinderungen

Ganz gleich um welches Tätigkeitsfeld es sich in der Heilerziehungspflege handelt, die Lebensqualität der zu begleitenden oder betreuenden Menschen steht immer im Mittelpunkt der pädagogischen oder pflegerischen Arbeiten. Unter „Lebensqualität" soll Folgendes verstanden werden.

„Der Begriff der Lebensqualität als Zielbegriff für die Wirkungen, die soziale Dienste erzielen sollen, meint (…), dass es darum geht, objektive Lebensbedingungen und das individuelle Wohlbefinden gleichermaßen zu verbessern und die Wünsche, Bedürfnisse und Sichtweisen der Menschen ernst zu nehmen. Seine Verwendung signalisiert die Abkehr von eindimensionalen Zielkategorien und fordert dazu auf, weg von rein ideologischen zu fachlich und empirisch begründeten Nachweisen der Qualität von Angeboten zu kommen."

(Beck, 1994, S. 12)

Aufgaben

1. Was ist für Ihr Wohlbefinden unabdingbar? Was benötigen Sie, um mit Ihren Lebensbedingungen einverstanden zu sein? Vergleichen Sie die Ergebnisse im Klassenverband.

2. Stellen Sie Vermutungen über die Wünsche der Menschen mit Behinderungen zur Lebensqualität an. Überprüfen Sie Ihre Ergebnisse an der Wirklichkeit.

3. Was sind für Sie problematische Orte zum Leben? Begründen Sie Ihre Meinungen zu folgenden Einrichtungsarten:
   - Psychiatrien
   - Großeinrichtungen (sog. Anstalten)
   - Pflegeeinrichtungen
   - Außenwohngruppen
   - integrative Einrichtungen

An welchen Kriterien kann die Lebensqualität von Menschen mit Behinderungen erkannt oder benannt werden? Mit Beck (1994, S. 14) können folgende Faktoren hierzu herangezogen werden (sie beziehen sich hierbei vor allem auf die Ergebnisqualität der Arbeit):

- materielle Bedingungen (wie die Sicherung der Grundbedürfnisse, also relativ objektive Faktoren zur Darstellung der Lebensqualität),
- die Erfüllung der Bedürfnisse nach Zugehörigkeit, Selbstverwirklichung und emotionalen Bedingungen und Bedingtheiten,
- die Erfüllung des Bedarfes zur Bewältigung der möglichen Folgen von Beeinträchtigungen in den unterschiedlichen Lebensbereichen und Lebensphasen des Menschen mit Behinderungen,
- das Ermöglichen des Lebens und Erfahrens von Kompetenzen,
- die Erfahrung von Wahl- und Teilnahmemöglichkeiten (politischer und kultureller Ausprägung),
- das Ausleben von Rechten und Pflichten,
- das Eingebundensein in ein soziales Netzwerk (wie Nachbarschaft, kirchliche und/oder politische Gemeinde, Verbände etc.),
- das Erleben von Lebensperspektiven (Hoffnung und Zukunft),
- die Erfahrung eines umfassenden Wohlbefindens und einer Zufriedenheit mit dem Leben (in allen möglichen und relevanten Teilbereichen sowie mit dem Leben im Ganzen).

Aufgaben

1. Verbinden Sie diese Faktoren zur Ergebnisqualität mit denjenigen zur Angebotsqualität (s. u.). Stellen Sie ein mögliches Modell für die Arbeit in einer heilerziehungspflegerischen Einrichtung zusammen.
   Faktoren der Angebotsqualität (nach Beck, 1994, S. 17):
   - Leitbilder, Werte und Ziele im Sinne einer Philosophie der Einrichtung
   - Fachlichkeit und Konzeptionen
   - das Profil des Angebotes der Institution

- *die Struktur der Institution (nachzuvollziehen u. a. im Organigramm hinsichtlich der Ablauf- und Aufbauorganisation, der hierarchischen Ebenen, der Kommunikations- und Entscheidungsstrukturen etc.)*
- *das Personal (Ausbildungsstandards, Stellenbeschreibungen, Zufriedenheit mit dem Arbeitsfeld)*
- *die Planung und Überprüfung der Arbeit (siehe: Aussagen zum Qualitätsmanagement)*
- *die Ausstattung der Einrichtung sowie das eigentliche Gebäude*
- *die Zusammenarbeit mit den Angehörigen, der Nachbarschaft, möglichen Selbsthilfegruppen etc.*

2. *Nehmen Sie Stellung zu folgender Aussage: „Lebensqualität ist Zufriedenheit in Übereinstimmung mit den Standards. Als Standards können z. B. die Erfahrung von Gesundheit, die Qualität des Arbeitslebens, die Gestaltung der Freizeit, die Verfügung über Güter und Dienstleistungen sowie persönliche Freiheitsrechte genannt werden. All dieses ist für Menschen mit Behinderungen aber immer nur in Teilbereichen zu realisieren." (Beck, 1992, S. 26)*

Die Rollen von Menschen mit Behinderungen

Eng verwoben mit dem Begriff der Lebensqualität stellt sich das Verständnis der Rollen dar, welche Menschen mit Behinderungen erfüllen bzw. zu erfüllen haben. König stellt einige Grundannahmen (nach Wolfensberger) zusammen, um den Aufbau bzw. die Verfestigung von Rollen von Menschen mit Behinderungen und „ihren" Einrichtungen zu präzisieren. Um die Lebensqualität von Menschen mit Behinderungen zu verbessern, muss es zu einer Neu- bzw. Umbewertung dieser Annahmen kommen. Diese sind im Einzelnen:

> „1. In sozialen Einrichtungen überwiegt (…) unbewusstes bzw. unreflektiertes Denken und Handeln in Bezug auf die Existenz, das Ausmaß und die Dynamik sozialer Ausgrenzung (…) einer beträchtlichen Anzahl solcher Menschen, die aufgrund von als negativ bewerteten Abweichungen ihres Verhaltens und/oder ihres Äußeren abgelehnt werden.
> 2. Gesellschaftlich negativ bewerteten Personen werden in der Regel negative Rollenerwartungen entgegengebracht.
> 3. Bei Häufung negativer Auffälligkeiten in einer Person bzw. der Häufung negativ bewerteter Personen an einem Ort treten Stärken in der Wahrnehmung der bewertenden Gesellschaft zurück und verlieren an Gewicht. (…)
> 4. Dem „Lernen am Modell" (…) kommt zentrale Bedeutung zu.
> 5. Alle Aspekte des Umgangs mit (…) behinderten Menschen müssen daraufhin überprüft werden, welches Bild sie vom Einzelnen wie von der Gruppe (…) an die Öffentlichkeit vermitteln."

(König, 1992, S. 43–46)

Um die Rollen von Menschen mit Behinderungen in der Gesellschaft, aber vielleicht auch in den einzelnen Einrichtungen zu verändern, müssen zwei Dimensionen beachtet werden:
- die Betrachtung und mögliche Veränderung des Erscheinungsbildes oder Status,
- die Kompetenzen der Menschen mit Behinderungen.

Es geht hierbei also um die positive Veränderung, die Aufwertung der sozialen Rollen der Menschen mit Behinderung. Wenn unter einer „Rolle" die Gesamtheit der Erwartungen an einen bestimmten Menschen (oder eine bestimmte Gruppe von Menschen) verstanden werden kann, wenn nun zudem die o.g. fünf Thesen von König heilerziehungspflegerisch relevant sind, kann eine Konkretisierung oder Operationalisierung von sozialen Rollen wie folgt dargestellt werden:

Ziel

Mehrung und Verteidigung positiv bewerteter (geschätzter) sozialer Rollen

Strategien

| Reduzierung/Verhinderung negativ bewerteter Charakteristika bei einer gefährdeten Person oder Gruppe | Veränderte Wahrnehmung und Einstellung der wahrnehmenden Person gegenüber der gefährdeten Person oder Gruppe |

Weitere Ziele

| Verbesserung des sozialen Images (Ansehens) der gefährdeten Person oder Gruppe | Steigerung der Kompetenzen der gefährdeten Person(en) |

Ansatzpunkte

Positive persönliche Erscheinung, gepflegtes Äußeres, gepflegte Kleidung	Architektonische Strukturen, die kompetenzfördernd wirken
Positiv bewertete Aktivitäten	Gruppierungen in einer Weise, dass kompetentere Personen als Lernmodelle zur Verfügung stehen
Altersentsprechende Gestaltung des Umfeldes	Intensive und effektive Förderung
Positive Ansprache	Hohe Individualisierung der Programme
Dezentralisierung der Einrichtungen und der Gruppierungen	Förderung persönlichen Besitzes und Nutzung von Material, das anregungsreich und kompetenzfördernd ist
Lokalisierung der Einrichtungen an positiv bewerteten Orten	
Positives Image der Mitarbeiterinnen	

(König, 1992, S. 48)

---

1. *Stellen Sie in einem Rollenspiele die Veränderung möglicher sozialer Rollen dar. Konzipieren Sie hierbei das Spiel unter Einbeziehung folgender Personen:*
   - *einer Gruppe von Menschen mit Behinderungen,*
   - *eines heilerziehungspflegerischen Teams,*
   - *eines Heimleiters,*
   - *Menschen aus der Nachbarschaft der Einrichtung.*

2. *Befragen Sie Passanten. Mögliche Fragen könnten lauten: „Was wissen Sie über Menschen mit Behinderungen?" – „Was würden Sie zu einem Wohnheim mit behinderten Menschen in Ihrer Nachbarschaft sagen?" – „Dürften Ihre Kinder mit behinderten Kindern spielen?" Werten Sie dann Ihre Ergebnisse im Hinblick auf das Bild von Menschen mit Behinderungen in der Gesellschaft aus.*

Die Darstellung eines Instrumentes zum Qualitätsmanagement („LEWO")
In den letzten Jahren kam es aufgrund der im Kapitel 4.4.1 genannten Zusammenhänge zu einer raschen Zunahme von Qualitätsmanagementverfahren. Aus der Vielzahl dieser Ansätze soll nun einer skizziert werden. Es handelt sich hierbei um das Verfahren „LEWO".

„LEWO" versteht sich als Instrument zur Erhebung von Lebensqualität in Wohnstätten für erwachsene Menschen mit geistiger Behinderung. Es wurde von der Bundesvereinigung Lebenshilfe in Marburg und der Gesamthochschule Siegen entwickelt und evaluiert (vgl. LEWO 2001). Es orientiert sich an zwölf Leitlinien und sieben Aufgabenfeldern, welche bei der Überprüfung einer Einrichtung berücksichtigt werden müssen.

Bei den Leitlinien handelt es sich um folgende:
■ Bedürfnisorientierung
■ Selbstbestimmung
■ Förderung des Ansehens
■ Alters- und Kulturangemessenheit
■ Förderung von Integration
■ Partnerschaftlichkeit/Respekt
■ Individualisierung
■ Erweiterung des Rollenbildes
■ Förderung von Kompetenz
■ Entwicklungsorientierung
■ Rechte/Schutz
■ Berücksichtigung der besonderen Verletzlichkeit von Menschen mit Behinderungen

Die sieben Aufgabenfelder, nach denen eine Einrichtung überprüft wird, sind:
■ Wohnort, Einrichtung und Gestaltung der Wohnung und des Hauses
■ Alltagsstrukturen, Routinen, Angebote, Tätigkeiten
■ Zusammenleben
■ Nichtprofessionelle Beziehungen und Netzwerke
■ Rechte/Schutz
■ Mitarbeiterinnenführung
■ Organisationsentwicklung

Für das zuerst genannte Feld des „Wohnortes" können nun z.B. folgende zu überprüfende Gegenstände skizziert werden:
■ Wahlfreiheit und Kontinuität des Wohnortes und der Wohnform
■ Standort
■ Individuelle Gestaltung und Privateigentum
■ Ästhetik und Komfort
■ Alters- und Kulturangemessenheit

Ein idealtypischer Verlauf einer Durchführung von LEWO sieht wie folgt aus:

Idealtypischer Verlauf einer Evaluation mit dem Instrument LEWO

1. Einsatz einer Steuergruppe
- Grobplanung: Vorentscheidung über Ziele, Schwerpunkte und Ablauf der Evaluation; Kalkulation des sächlichen und personellen Aufwandes; Festlegung des Kostenrahmens
- Entscheidung über die Zusammensetzung der Evaluationsgruppe

2. Erfassung und Aufbereitung der Strukturdaten
a) dienstbezogen (Strukturfragebogen I)
b) nutzerbezogen (Strukturfragebogen II)

3. Konstituierung des Evaluationsteams
- Idealtypische Zusammensetzung: Nutzer, Angehörige/Fürsprecher(innen), Fachkräfte im Gruppendienst, Begleitender Dienst, Leitungsebene, externe Berater(innen)
- Detaillierte Verlaufsplanung: verbindliche Festlegung von Zielen und Schwerpunkten der Evaluation

4. Systematische Informationssammlung
a) Sichtung der Strukturdaten und weiterer Materialien (z.B. „Instrumentarium zur Ersteinschätzung")
b) Hospitationen, Erkundung des Umfelds des Dienstes
c) Gespräche, teilnehmende Beobachtungen usw.

5. Bewertung der Gegenstandsbereiche und Indikatoren
a) anhand der nutzerbezogenen Indikatoren
b) anhand der angebotsbezogenen Indikatoren
   - Austausch über die individuellen Erkundungen und gemeinsame Einschätzung der Gegenstandsbereiche und Indikatoren im Evaluationsteam
   - Erstellung von Gesamteinschätzungen (Angebotsprofile und Nutzerprofile)
   - Vergleich zwischen beiden Profilen

6. Bestimmung des vorrangigen Unterstützungs- und Veränderungsbedarfs
a) nutzerbezogen
b) dienstbezogen

7. Erstellung eines Qualitätsberichts
anhand der Ergebnisse der Schritte 5 und 6; Rückkopplung an die Steuergruppe

8. Handlungsplanung
Erstellung eines Aktionsplans durch die Steuergruppe auf der Grundlage des Qualitätsberichts

9. Überprüfung und Kontrolle in Alternativen wie
a) Wiederholung der gesamten Evaluation in bestimmten zeitlichen Abständen
b) spezielle Überprüfung der vordringlichen Problembereiche
c) alltagsbegleitende Kontrolle in Tagesprotokollen, Entwicklungsberichten usw.

(Bundesvereinigung Lebenshilfe, LEWO, 2001)

Folgende Materialien sind zur Vorbereitung einer Evaluation nach „LEWO" zusammenzustellen:

1. Dokumentierte Ziele und Aufgabenbeschreibungen des wohnbezogenen Dienstes
   a) Beschreibung der Zielsetzungen, Informationen zum Personenkreis usw.
   b) Materialien zur Selbstdarstellung des Dienstes, Informationsbroschüren usw.
   c) ausgefüllter Strukturfragebogen I des Instruments LEWO

2. Eine Beschreibung des Führungskonzeptes (z.B. Führungsgrundsätze, Vereinbarungen zur Zusammenarbeit usw.)

3. Organigramme zur Darstellung der Aufbauorganisation (Funktionsbereiche und Hierarchie-ebenen, inklusive Anzahl der jeweils zugeordneten Mitarbeiterinnen)

4. Flussdiagramme zur Darstellung der Ablauforganisation (interne Arbeits- und Kooperationsformen, Besprechungsformen inklusive Häufigkeit und Teilnehmer(innen), Beschreibung des Einstellungs- und Einarbeitungsverfahrens für neue Mitarbeiterinnen, Ablauf von Aufnahmen und Umzügen usw.)

5. Eine Zusammenstellung von Stellenbeschreibungen aller Mitarbeiterinnen (inklusive Arbeitsbeschreibungen für Hilfskräfte, Zivildienstleistende usw.)

6. Eine Liste mit regionalen sozialpolitischen und fachlichen Gremien bzw. Arbeitskreisen, in denen Mitarbeiterinnen des wohnbezogenen Dienstes regelmäßig mitwirken.

7. Hausordnung und andere vergleichbare Vereinbarungen (Satzungen des Eltern- oder Sorgeberechtigtenbeirats usw.)

8. Ein Muster des verwendeten Heimvertrages

9. Verschriftete Arbeitskonzepte (zur Freizeitpädagogik, zur sexualpädagogischen Begleitung, zum Wohntraining usw.)

10. Eine Mustersammlung von nutzerbezogenen Dokumentationsmaterialien und Verfahren
    a) ausgefüllter Strukturfragebogen II des Instruments LEWO
    b) aktuelle Entwicklungsberichte
    c) eingesetzte Instrumente, etwa zur Erhebung von Kompetenzen (z.B. P-A-C, HKI).

(Bundesvereinigung Lebenshilfe, LEWO, 2001)

Aufgaben

1. *Vergleichen Sie die Bausteine dieses Verfahrens mit den theoretischen Begründungen zum Qualitätsmanagement. Inwieweit stimmen Sie damit überein? Inwieweit nicht?*

2. *Vergleichen Sie dieses Verfahren mit anderen (evtl. dem Verfahren des Deutschen Caritasverbandes „SYLQUE" oder dem Instrument der Diakonie). Arbeiten Sie Unterschiede und Gemeinsamkeiten heraus.*

3. *Was fehlt Ihnen bei diesen Instrumenten? Begründen Sie Ihre Meinung.*

4. *Führen Sie mit einer Einrichtung der Behindertenhilfe ein Verfahren probeweise durch. Stellen Sie Ihre Ergebnisse sowohl in dieser Einrichtung als auch im Klassenverband vor.*

5. *Konzipieren Sie ein eigenes Verfahren zur Überprüfung der Qualität Ihrer schulischen Ausbildung. Welche Bestandteile haben Sie hierbei zu berücksichtigen?*

6. *Erarbeiten Sie Thesen, welche gegen eine Überprüfung der Qualität in Einrichtungen der Behindertenhilfe sprechen könnten.*

7. *Welche Inhalte oder Kategorien müssen Qualitätsmanagementverfahren in Kindergärten, Schulen und Pflegeeinrichtungen umfassen? Begründen Sie Ihre Meinung.*

„Die Qualität der sozialen Kontakte im Heim, betrachtet man sie unter dem Blickwinkel der Messlatte „Liebe" in allen Facetten, die mit liebevollem Umgang verbunden sein können, ist sicher verbesserungsbedürftig. Eine mögliche Lösung ist die Suche nach Partnern und Freunden „draußen", in der Gemeinde. Bemühungen der Einrichtungen, den Kontakt ihrer Bewohner zu Einzelpersonen wie zum gesamten sozialen Umfeld zu fördern, lassen sich in vielfältiger Weise beobachten. Dennoch bleibt die soziale Einbindung defizitär. Dieser Ansicht sind Mitarbeiterinnen und Mitarbeiter, Heimleitungen und Bewohnerinnen und Bewohner in gleicher Weise.

Gemeinschaft gelingt bislang wenig mit der Gemeinde, Gemeinschaft gelingt aber auch nur ungenügend innerhalb der eigenen Reihen. Nun könnte man diesen Gemeinschaftsverlust auch positiv interpretieren im Sinne einer zunehmenden Individuierung und Emanzipation. Dafür gibt es aber kaum empirische Anhaltspunkte. Denn der Weg zur Individualisierung würde größere Chancen und eine größere Wahlfreiheit beim Eingehen und Aufrechterhalten von persönlichen Liebesbeziehungen und Freundschaften voraussetzen. Für Emanzipation bedarf es der Erfahrung mit dem Gelingen und Misslingen zwischenmenschlicher Beziehungen. So bestimmt derzeit weniger Individualisierung als Reglementierung das Leben im Heim. Beim Betrachten der Hürden, die freundschaftlichen, partnerschaftlichen, intimen und sexuellen Beziehungen im Heimalltag entgegenstehen, zeigt sich ein Feld breiter Blockaden der Ich-Entwicklung von Menschen mit Behinderung.

Das Fragezeichen hinter dem Titel dieses Beitrags „Liebe im Heim?" steht dort wohl zu Recht. Dabei könnte das Gelingen sozialer Kontakte ein wesentlicher Schlüssel auf dem Weg zur Verbesserung der Lebensqualität der Bewohnerinnen und Bewohner sein. Etwas von dieser Idee gab bereits GOETHE seinem Wilhelm Meister mit auf den Weg, wenn er sagt: ‚Nichts ist auf der Erde ohne Beschwerlichkeit! Nur der innere Trieb, die Lust, die Liebe helfen uns, Hindernisse zu überwinden, Wege zu bahnen und uns aus dem engen Kreise, worin sich andere kümmerlich abängstigen, emporzuheben.'."

(Wacker, 1999, S. 248)

Aufgaben

1. Welche Fragen würden Sie den Mitarbeiterinnen bzw. den Bewohnern einer Wohneinrichtung zum Thema „Liebe im Heim" stellen?

2. Wie könnte die Thematik der „Liebe" von Qualitätsinstrumenten erfasst werden?

3. Problematisieren Sie Ihre Antworten zur Frage 2.

4. Wie könnte eine Bewohnerin einer heilerziehungspflegerischen Einrichtung den Satz von Goethe gesagt bzw. gemeint haben?

Literatur

Folgende Publikationen geben einen guten Überblick über die Begründung und Durchführung von Qualitätsmanagement im Feld der Heilerziehungspflege:

- **Bundesvereinigung Lebenshilfe; „LEWO II".** Marburg 2001

- **DHG – „TIME OUT"?** – „Harte Zeiten für Menschen mit geistiger Behinderung", Publikation zur Fachtagung vom 10./11.11.1994, in Münster, Bremen 1994

- **GFO: Wer bestimmt was gut ist?** Wohnformen in der Diskussion. Schwäbisch Hall 1997

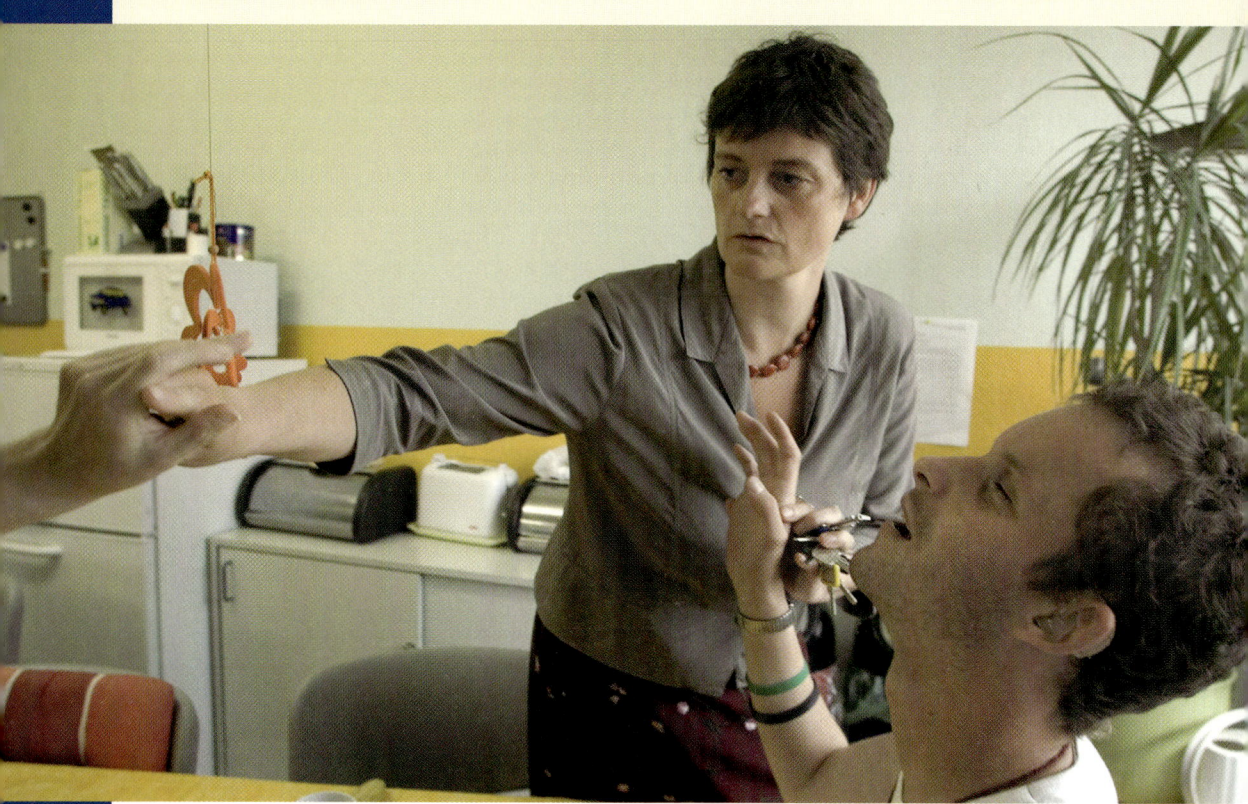

5 Begleitung und Gestaltung im Alltag

- Welche theoretischen und praktischen Erkenntnisse gibt es zum „Wohnen"?
- Wie kann ein Tagesablauf in einer Organisation der Behindertenhilfe strukturiert werden?
- Wie kann die Freizeit eines Menschen mit Behinderung gestaltet (oder verunstaltet) werden?
- Welche Elemente sollte eine Erwachsenenbildung in der Heilerziehungspflege umfassen und welche Bedeutung kommt der Arbeit von Menschen mit Behinderungen zu?

In diesem Kapitel werden die praktischen Umsetzungen im Bereich **professionelle Lebens- und Alltagsbegleitung** von Menschen mit Behinderungen erarbeitet und erfahren.

Dabei geht es im Wesentlichen um die Erkenntnis, dass sich in der beruflichen Hilfebeziehung „ganze" Menschen begegnen.

Berufliche Hilfebeziehungen zeichnen sich im Besonderen durch das Spannungsverhältnis zwischen oft sehr ausgeprägter persönlicher Nähe (physischer und psychischer) und der geforderten beruflichen respektvollen Distanz aus.

Die eigene Haltung, die Grundlage allen professionellen Handelns ist, muss geprägt sein von einer großen Achtung sich selbst und dem anderen gegenüber. Diese Haltung muss immer wieder im Umgang mit sich selbst und in der Folge im Umgang in der Arbeit mit Menschen mit geistiger Behinderung überprüft und gegebenenfalls neu definiert werden.

Aufgaben

1. *Beschreiben Sie einen „normalen Tag" in Ihrem Leben und erläutern Sie, welche Dinge in seinem Ablauf für Sie wichtig sind.*

2. *Beschreiben Sie Ihre Pläne: Wie soll Ihr Leben, wenn Sie es sich komplett aussuchen könnten, in Zukunft verlaufen.*

3. *Überprüfen Sie, wo in Ihrem Leben Sie selbst- und wo fremdbestimmt sind.*

4. *Unterstellen Sie bei sich selbst eine Behinderung und beantworten Sie die Fragen 1–3 unter diesem Aspekt.*

5. *Vergleichen Sie Ihre Antworten und diskutieren Sie in Kleingruppen über die Ergebnisse.*

Die von uns in unserem Leben häufig als besonders wichtig angesehene Selbstbestimmung ist und wird in der Regel bei Menschen mit Behinderung eingeschränkt. Um diesem entgegenzuwirken ist es unabdingbar, ein lebenslanges Lernen anzubieten und zu unterstützen, Basis für die Steigerung der Selbstbestimmung.

Kinder, Jugendliche und Erwachsene mit einer geistigen oder schwerstmehrfachen Behinderung sind in ihrer Sozialisation vorwiegend auf lebenspraktisches Lernen angewiesen. Eine wichtige Rolle nehmen hierbei das Lernen am Modell und das Lernen durch Nachahmung ein. Konkrete Handlungsabläufe müssen überschaubar, in Einzelschritte zerlegt dargeboten werden. Auf diese Art und Weise können Menschen mit geistiger Behinderung zu den Fähigkeiten gelangen, die sie zu ihrer alltäglichen Lebensverwirklichung benötigen.

Dabei gilt der Grundsatz: Alles muss immer in Absprache und mit der Zustimmung des Menschen mit Behinderung geschehen.

Eine wichtige pädagogische Grundhaltung für die Begleitung und Gestaltung des Alltags von und mit Menschen mit geistiger Behinderung stellt das auf den Dänen Bank-Mikkelsen und den Schweden Nirje zurückgehende **Normalisierungsprinzip** dar. Wenngleich dieses Prinzip in der westlichen Welt schon lange bekannt und als Grundhaltung gilt, so bedarf seine Umsetzung im Lebensalltag der Menschen mit Behinderung noch deutlicher Anstöße.

Das Normalisierungsprinzip stellt acht Grundforderungen auf, deren Realisierung in jedem pädagogischen Handeln im Umgang mit Menschen mit geistiger Behinderung die Basis darstellen muss.

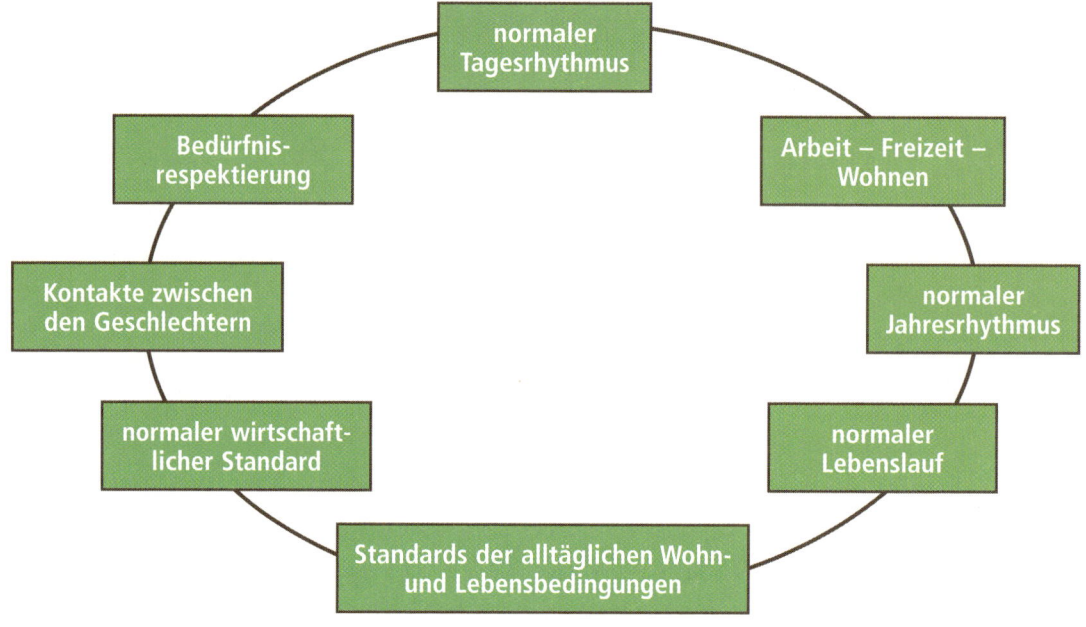

Normaler Tagesrhythmus

Die Tagesabläufe und entsprechende tagesstrukturierende Maßnahmen müssen sich so weit als möglich an den Bedürfnissen der Menschen mit Behinderung und an vergleichbaren Rhythmen nicht-behinderter Altersgenossen orientieren.

In Einrichtungen der Behindertenhilfe wird allerdings der Tagesrhythmus häufig durch strukturelle institutionsbedingte Vorhaben und Abläufe bestimmt. Eine Orientierung an den Bedürfnissen der Bewohner dagegen hieße, dass sich zum Beispiel die Arbeitszeiten der Küchenmitarbeiter an den Anforderungen des Alltags der Bewohner festmachen und nicht umgekehrt.

Trennung von Arbeit-Freizeit-Wohnen

Um eine Normalisierung zu gewährleisten, ist es notwendig, die Bereiche Arbeit, Wohnen und Freizeit sowohl räumlich als auch personell zu trennen.

Bieten noch viele Einrichtungen der Behindertenhilfe aus langer Tradition Wohn-, Freizeit- und Arbeitsbereiche unter einem Dach oder auf einem Gelände an, so sind doch in jüngster Vergangenheit immer mehr Bestrebungen im Gange, entsprechende räumliche und inhaltliche Trennungen herzustellen.

Durch die Trennung der Bereiche werden vielfältige Kontakte und Lernerfahrungen möglich, die zu einer größeren Selbstständigkeit und Selbstbestimmung führen. So kann der Wohnbereich seine „normalen" Werte annehmen, nämlich als Ort des Erholens, des sich Wohlfühlens, der Zerstreuung, der Ruhe und Entspannung, des sich „Zu Hause Fühlens" (s. Kapitel 4.1)

Normaler Jahresrhythmus

Auch Menschen mit geistiger Behinderung müssen die ganz normalen Jahreszeitenfolgen mit deren spezifischen Möglichkeiten, Erschwernissen und Pflichten erleben.

us je nach individuellen Möglichkeiten des
führt werden können. Dabei liegt es an den
keiten des Erlebens zu schaffen.

hen ohne Behinderungen lernen, alters-
ebens weiterzuentwickeln und selbstbe-

werden dürfen und sich dadurch kindliche Ver-
Grundsatz hierzu gilt: **Altersentsprechende
n und Fähigkeiten eines Menschen ab.**

chen Einschränkungen eine Entwicklung vom
nter anderem auch in scheinbar banalen Ne-
nd Frisuren, aber auch in der Förderung und

Respektieren ..

Um das Respektieren der Bedürfnisse der Menschen mit Behinderung zu erreichen, muss zunächst auch ein „Raum" für die Entwicklung eigener Bedürfnisse geschaffen werden.

Das Leben der Menschen mit Behinderung darf nicht durch Betreuer, Therapeuten, Eltern usw. fremdbestimmt werden, vielmehr muss – auch durch stellvertretendes Handeln – dort wo scheinbar eigenes „Wollen" nicht vorhanden ist, dies gefördert und gefordert werden. Betreuer müssen sich im umfassenden Sinn als „Dienstleistende" verstehen, die ihr Handeln an den Bedürfnissen der Menschen mit Behinderung orientieren.

Dieser „Machtwechsel" der Bezugsgruppen trägt unweigerlich zur Übernahme neuer Verantwortungsbereiche durch die Menschen mit Behinderung bei und erweitert deren Kompetenz und Autonomie. Gleichzeitig setzt er bei den Mitarbeitern ein hohes Maß an professioneller Kompetenz voraus.

Angemessene Kontakte zwischen den Geschlechtern

Freundschaften und Liebe zwischen den verschiedenen Geschlechtern dürfen nicht behindert, sondern müssen ermöglicht werden.

Dabei gilt, dass Menschen mit Behinderung nicht per se als „asexuelle Wesen" gesehen werden dürfen. Wichtig hierbei ist eine Begleitung, die ihnen einen altersentsprechenden und „normalen" Umgang mit der eigenen Sexualität und der anderer vermittelt. Die Intimsphäre ist selbstverständlich zu beachten.

Normaler wirtschaftlicher Standard

Um einen normalen wirtschaftlichen Standard zu erreichen, ist es wichtig, darauf zu achten, dass das zur Verfügung stehende Geld – wenn irgend möglich – von den Menschen mit Behinderung selbst verwaltet, eingeteilt und ausgegeben werden kann.

Auch in Fällen, in denen der eigenständige Umgang mit Geld ganz erheblich eingeschränkt scheint, muss der selbstständige Umgang mit einem gewissen Taschengeldbetrag pädagogische Zielsetzung sein.

Standards der alltäglichen Wohn- und Lebensbedingungen

Orientiert an durchschnittlich vorfindbaren Lebensbedingungen und -möglichkeiten bildet die Schaffung normaler Lebensbedingungen und normaler Hilfen für Menschen mit Behinderungen die Basis für das Ziel der Integration.

Hilfe hierbei ist auch die Schaffung verschiedenster Wohnangebote bis hin zum ambulant betreuten Wohnen.

1. Bilden Sie Kleingruppen. Diskutieren Sie gemeinsam, inwieweit die Standards der Normalisierung in Ihnen bekannten Einrichtungen der Behindertenhilfe umgesetzt werden.

2. Erarbeiten Sie in der Kleingruppe die professionelle Grundhaltung, die die Umsetzung der Normalisierung in Einrichtungen der Behindertenhilfe ermöglicht.

3. Paradigmenwechsel (vom Objekt zum Subjekt eigenen Handelns) und Normalisierung: Diskutieren Sie den Zusammenhang.

4. Erstellen Sie die „zehn Gebote" des professionellen Helfers.

5.1 Wohnen

Wohnen heißt „zu Hause sein".

1. Für welche dieser Wohnformen und warum würden Sie sich entscheiden?

2. Beschreiben Sie die Bewohner der jeweiligen Wohnform. Diskutieren Sie Ihre Ergebnisse.

3. Welche dieser Wohnformen käme nach Ihrer Meinung auch für einen Menschen mit Behinderung in Frage, begründen Sie Ihre Meinung.

Der Wohnplatz stellt für jeden Menschen den Ort seiner maximalen Souveränität dar. **Damit ist er der wichtigste Ort der persönlichen Individuation.**

Dem Individuum bietet sich hier ein Schutzraum, der eine Sphäre der Intimität schafft und sichert. Dies bedeutet, der Mensch kann im intimen Umgang mit sich selbst und jenen Menschen, die an seiner Intimität teilhaben, seine persönliche Selbstverwirklichung in einem angstfreien Milieu erreichen.

Behinderung als solche stellt – wie auch immer – eine Störung des Verhältnisses Mensch-Mensch und Mensch-Umgebung dar. Sie hängt deshalb nicht nur von der persönlichen Situation des behinderten Menschen, sondern auch von dem Umfeld ab, in dem er lebt.

Die Art wie diese Störung sich auswirkt, ist entscheidend für die Lebensbedingungen von Menschen mit geistiger Behinderung.

Eine maximale Souveränität, die einen Wohnplatz, ein „zu Hause Sein", definiert, kann nur dort gewährleistet werden, wo sich dem Menschen mit Behinderung echte Beziehungen bieten.

Dabei zeichnen sich „echte" Beziehungen dadurch aus, dass sie auf Gegenseitigkeit beruhen. Das Verhältnis zwischen Menschen mit Behinderung und Menschen ohne Behinderung zeichnet sich aber nicht selten durch eine sehr einseitige Prägung zuungunsten des Menschen mit Behinderung aus. Dies gilt im Besonderen im beruflichen Umgang mit Menschen mit Behinderung. Art und Ausmaß der Beziehung wird „von außen" bestimmt, die gleichberechtigte Beteiligung aufgrund der geistigen und/oder körperlichen Einschränkung nicht ermöglicht.

Gleiches gilt für das Zusammenleben in Wohneinrichtungen mit anderen Menschen mit Behinderungen. Nur die freie Entscheidung aller dort lebenden Menschen zugunsten dieser Wohnform und Gruppe kann eine persönliche Selbstverwirklichung und damit eine maximale Souveränität ermöglichen.

Merke

Je stärker die jeweilige Behinderung, desto stärker die Bestimmung von außen.

Menschen mit einer schwerstmehrfachen Behinderung können kaum das subjektive Besondere ihrer Person jenseits von Mangel und Gebrechen darstellen.

Merke

Durch den Mangel an „echten" Beziehungen lässt sich die maximale Souveränität im Wohnen und das damit verbundene Gefühl des „zu Hause Seins" bei Menschen mit Behinderungen nur sehr schwer erreichen und dies unabhängig vom Grad der Behinderung

Aufgaben

1. *Besuchen Sie in Kleingruppen eine stationäre Wohneinrichtung der Behindertenhilfe. Erstellen Sie vorab einen Fragebogen bezüglich der oben geschilderten Kausalitäten.*

2. *Befragen Sie die Mitarbeiterinnen und Bewohnerinnen anhand Ihres Fragebogens.*

3. *Werten Sie Ihren Fragebogen aus und erstellen Sie eine Reihenfolge der sich „zu Hause" befindenden Bewohner.*

4. *Stellen Sie Ihre Ergebnisse in der Großgruppe vor, begründen Sie Ihre Auswertung und Ihre Wahrnehmung.*

5. *Entwickeln Sie Strategien zur Verbesserung der Wohn- und Beziehungsstrukturen.*

Damit „echte" Beziehungen im Wohnen sich entwickeln können, muss der Mensch mit Behinderung von sich selbst und anderen als ganzer Mensch, als mitbestimmendes **Subjekt** erlebt werden. Zudem muss er in seiner Rolle als Mensch (nicht als Patient, **Objekt** oder in Teilfunktionen gesehen werden.

Eine Organisationsform im stationären Wohnbereich, die die Bedingungen zur Entfaltung solcher Ziele bietet, ist die Milieutherapie bzw. die Milieupflege.

Milieutherapie-Milieupflege

Die Milieupflege ist gekennzeichnet durch drei entscheidende Einflussgrößen:
- Die Mitarbeiterinnen
- Die Bewohnerinnen
- Das Verhältnis einer „Milieueinheit zur Gesellschaft"

Der Milieuansatz wurde in größerem Umfang in den USA nach 1945 entwickelt. Dabei hatte er zum Ziel, ohne große Expertengruppen den massenhaft auftretenden psychischen Erkrankungen in geeigneter Form zu begegnen.

Der Begriff **therapeutic community** wird seit 1946 gebraucht. Er bezeichnet im Ursprung eine Form der Behandlung, bei der die Patienten zu einer aktiven Teilnahme herangezogen werden. Wurden die Patienten bisher passiv versorgt und an den sie betreffenden Entscheidungen nicht beteiligt, so wurde nun die Gruppe der Betroffenen weitgehend im Rahmen ihrer Möglichkeiten zum Subjekt der Therapie ihrer Mitglieder.

Für die Praxis bedeutet dies, dass die Angelegenheiten des Gruppenlebens durch **alle** am Gruppenleben Beteiligten besorgt und besprochen werden müssen und in diesem Zusammenhang auch persönliche Probleme und Verhaltensweisen thematisiert werden.

Dabei setzt die Milieupflege weder an den Außenbeziehungen der Einrichtung noch am Verhalten der einzelnen Bewohner an. Vielmehr befasst sie sich mit dem unmittelbaren Lebensraum und Lebensumfeld der zu betreuenden Menschen.

> **Merke**
>
> *Unter „Milieugestaltung" verstehen wir diejenigen Maßnahmen, die zu einer nach therapeutischen Gesichtspunkten geplanten Umwelt führen.*

Berufliche soziale Arbeit im Milieukonzept bedeutet, dass die Mitarbeiter sich selbst als Teil der therapeutischen Gemeinschaft verstehen. Dabei nähern sie sich über eine gemeinsame Aufgabenstellung und ein Arbeitsbündnis mit den Bewohnerinnen dem therapeutischen Ziel (Subjektivierung, Individuation, Aufhebung der Störung Mensch-Mensch und Mensch-Umwelt). Die Basis hierzu bildet die Entwicklung einer heterarchischen Gruppenstruktur (Verteilung von Zuständigkeit) im Gegensatz zur hierarchischen Gruppenstruktur (heilige Herrschaft).

Das Arbeitsbündnis, das hierbei zwischen den Mitarbeiterinnen und den Menschen mit Behinderungen geschlossen wird, sichert den Beteiligten eine „Begegnung auf Augenhöhe" zu und stellt damit die das Milieukonzept bedingende pädagogische Grundhaltung dar.

> **Aufgaben**
>
> *1. Diskutieren Sie den Begriff „Milieu" unter den vorgenannten Gesichtspunkten.*
>
> *2. Welche Erfordernisse stellt ein therapeutisches Milieu Ihrer Meinung nach an die Mitarbeiterinnen?*
>
> *3. Beschreiben Sie den Unterschied Milieutherapie-aktive Mitgestaltung.*
>
> *4. Diskutieren Sie den Begriff „Arbeitsbündnis". Welche professionelle Haltung verlangt das Arbeitsbündnis im Unterschied zur Assistenz?*

Die Umsetzung des therapeutischen Milieus in die Praxis hat eine allgemeine Demokratisierung zur Folge. Diese ist gekennzeichnet durch mehr Wohnlichkeit, Selbstverantwortung und Mitverantwortung sowie durch viele Gruppensitzungen und **Einzel- und Teamgespräche**. Es herrscht dabei eine **Gesprächskultur**, die Basis aller Entwicklungen ist.

Bei der Milieutherapie handelt es sich nicht um eine Steigerung der methodischen Therapie. Sie beinhaltet vielmehr eine **besondere Pflege der zwischenmenschlichen Beziehungen**, d.h. einen dialogischen Stil des Umgangs bei möglichst freiem Gefühlsausdruck (angstfreies Milieu). Dabei stellt das Zusammenwohnen und Zusammenleben die Grundlage dar, wodurch der eine auf den anderen angewiesen ist und eine Erfahrung von Zusammengehörigkeit machen kann.

Das Milieukonzept soll:
■ Durch Stimulation den Einschränkungen entgegenwirken und Fähigkeiten wecken.
■ Durch „gemeinsame Aufgabenstellungen" Ordnungen, Orientierungen und Rollen klären.
■ Durch eigene Normen den speziellen Betreuungs-, Pflege-, Therapie- und Integrationsproblemen gerecht werden.

Stimulation
Stimulation in diesem Zusammenhang meint, dass den Bewohnerinnen adäquate (Alter, Geschlecht, Interessen etc.) Angebote gemacht werden müssen. Diese sollten sowohl aus der Mitarbeiterschaft, als auch von den Bewohnerinnen selbst angeregt und initiiert werden. Die stimulierenden Angebote müssen sich sowohl an die einzelnen Gruppen (Wohnbereiche) richten, als auch gruppenübergreifend wirken. Durch eine, wie bereits oben beschrieben, entsprechend eingeführte Gesprächskultur (festgelegt als fachliche Routine) werden die jeweiligen Stimulationen immer wieder auf ihre Wirkungsweise bzw. Effektivität hin überprüft und entsprechend beibehalten oder moduliert.

Ordnungen
Hierbei sind zunächst zwei Differenzierungen vorzunehmen: **die Raumordnung** und **die Zeitordnung**

Als Raumordnung sind alle Maßnahmen zu verstehen, die Räumlichkeit bewusst einteilen und gestalten (Wohnbereich, Sanitärbereich, Arbeitsbereich etc.)

Wichtig hierbei ist im Besonderen das Wissen darüber, **dass jede räumliche Veränderung Einfluss auf die Menschen nimmt, die darin leben.** Im therapeutischen Milieu darf also keine Raumordnung dem Zufall überlassen bleiben. Die Gestaltung der Wohngruppen muss geplant werden und zielorientiert verlaufen. Im therapeutischen Milieu hat jede Uhr, jeder Spiegel, jeder Kalender, jede Platzierung von Möbeln usw. ihren Sinn und ist geplant. Wichtig ist: **Die Planung darf nicht an den Bewohnerinnen und Mitarbeiterinnen vorbeilaufen.** Vielmehr muss eine offene Gesprächskultur die Planung von Raumordnungen begleiten.

Zeitordnung meint milieutherapeutische Maßnahmen im engeren Sinn. Dazu gehört z.B. die Erstellung von Wochenplänen in den Gruppen und Veranstaltungsrhythmen. Aber auch das Durchschaubarmachen von Veränderungen in der Mitarbeiterschaft oder in der Bewohnerschaft ist eine milieutherapeutische Maßnahme der Zeitordnung.

Aufgaben

1. *Überprüfen Sie Ihre Wohnung und Ihr Leben auf Raum- und Zeitordnungen hin. Welche sind Ihnen wichtig und warum?*

2. *Erläutern Sie unter milieutherapeutischen Raumordnungsaspekten die Zerstörungstendenzen in Hochhaussiedlungen.*

3. *Erläutern Sie einen möglichen Zusammenhang zwischen Desorientierung und Wohnraum. Durch welche Maßnahmen kann dem entgegengewirkt werden?*

4. *Besuchen Sie mit einer Kleingruppe eine Wohngruppe der Behindertenhilfe. Erfassen Sie dort die Raumordnungs- und Zeitordnungssysteme. Überprüfen Sie diese Systeme auf ihre Entstehung. Wer hat sie warum eingeführt, woran orientieren sie sich, werden sie weiterentwickelt?*

5. *Vergleichen Sie Ihre Ergebnisse in der Großgruppe und überprüfen Sie Ihre Ergebnisse auf die Auswirkungen auf die dort jeweils lebende Bewohnerschaft hin.*

Normen

Wohngruppen in Einrichtungen der Behindertenhilfe wirken als „Minigesellschaften" und sind als solche geprägt von den sie bedrohenden Problemen wie z.B. Randständigkeit, körperliche und geistige Einschränkungen, Desorientierung. Daraus ergibt sich die Notwendigkeit der Entwicklung sozialer Kompetenzen der Mitglieder dieser Gesellschaft. Die für das Zusammenleben notwendigen Normen müssen aufgrund der jeweiligen Einschränkungen oft spezifiziert werden. Für selbstständigere Bewohnerinnen und Mitarbeiterinnen erfordert dies neben einer Sensibilität gegenüber der Bedürfnisse Schwächerer auch eine große **Normentoleranz**.

Auch hier bedarf es – soll das System gelingen – einer offenen und verstehenden **Gesprächskultur.** Nur dann kann die Normendifferenzierung für alle Systembeteiligten einsichtig und nachvollziehbar werden und damit der milieutherapeutische Gewinn der Individuen erreicht werden.

Im richtigen Maße und mit der richtigen Haltung mitzuschreien, mitzuspinnen, scheinbar sinnlose Antworten auf scheinbar sinnlose Fragen geben zu können, Körperkontakte zuzulassen und sich nicht in neurotische Strategien verwickeln zu lassen, erfordert von den Mitarbeitern in den Milieueinheiten sehr viel professionelle Rollendistanz, Ich-Stärke, Regressionsfähigkeit (wie ein Kind zu sein) und den Schutz der Institution vor dem Urteil Außenstehender.

Wird unter milieutherapeutischen Gesichtspunkten eine *individuelle Normendifferenzierung* vorgenommen (wobei allgemeingültige Normen und Werte in ihrem Grundsatz erhalten bleiben und zunächst auch eine allgemeine Gültigkeit haben), so relativieren sich sehr schnell Urteile wie jemand sei neurotisch, psychotisch, depressiv oder schizophren.

Aufgaben

Rollenspiel: Heterogene Wohngruppe erwachsener Menschen mit geistiger Behinderung unterschiedlicher Ausprägung. Zwei Mitarbeiterinnen, Essenssituation. Eine Bewohnerin stört durch auto- und fremdaggressives Verhalten.

1. *Analysieren Sie das Rollenspiel unter besonderer Berücksichtigung milieutherapeutischer Aspekte. Welche milieubedingten Gegebenheiten beeinflussen das Verhalten der Bewohnerin?*

2. *Entwickeln Sie Fantasien in der Normendifferenzierung, die eine Integration der „auffälligen" Bewohnerin ermöglichen.*

3. *Bilden Sie Kleingruppen. Beschreiben Sie eine Ihnen aus der Praxis bekannte „auffällige" Bewohnerin. Arbeiten Sie in der Kleingruppe die Normen heraus, durch deren Verstoß die Bewohnerin auffällig wird. Nehmen Sie nun eine milieutherapeutische Normendifferenzierung vor und formulieren Sie die zu erwartenden Konsequenzen.*

4. *Stellen Sie Ihre Ergebnisse im Plenum vor.*

Mitarbeiter

Das Konzept der Milieutherapie setzt eine enge Einbindung der Mitarbeiterschaft voraus. Im Kern geht es darum, dass es ihnen gelingt, ein individuelles und in der Arbeitsgruppe gemeinsames Verhältnis aus Nähe und Distanz zu schaffen, das offen ist für *Neuerungen* und *persönliches Wachstum*. In einer therapeutischen Gemeinschaft bringen auch die Betreuer ihre eigenen Probleme (im Sinne des Arbeitsbündnisses) vor – wie die Betreuten die ihren.

Die Ansprüche an den einzelnen Mitarbeiter in einer therapeutischen Gemeinschaft sind hoch, sie müssen sich diesen gewachsen fühlen. Grundsätzlich besteht zum einen die Gefahr, dass Mitarbeiter in ihrem Verhältnis zur therapeutischen Gemeinschaft einen Laissez-faire-Stil entwickeln, zum anderen besteht die **Gefahr der Intimisierung**.

Da die Milieupflege zuerst die Aufnahme einer möglichst *normalen* Beziehung erfordert, folgt daraus die Frage nach der Beziehungsfähigkeit und -bereitschaft der Betreuerinnen. Die Alltagssituation in den Einrichtungen ist aber in hohem Maße mit Routine durchsetzt und stellt psychosozial ein äußerst differenziertes Netz von Spannungspolen

(Intimisierung – Technologisierung; ökonomische Interessen der Berufsangehörigen – Interessen der Klienten etc.) dar. Dabei kann es leicht zu Vereinseitigungstendenzen kommen, die immer ein therapeutisches Milieu behindern.

Die Mitarbeiterinnen müssen in der Lage sein, bewusste aktive therapeutische Beziehungen zu entwickeln, die im Gegensatz zu den oft vorherrschenden unbewussten Interaktionsmustern stehen. Damit dies gelingt, müssen die Beziehungsmodelle immer wieder analysiert und aufgedeckt werden.

Aufgaben

1. *Welche Methoden zur Analyse von Beziehungsmodellen kennen Sie?*

2. *Beobachten Sie eine Ihnen bekannte Gruppe in einer Einrichtung der Behindertenhilfe. Erstellen Sie ein Soziogramm und beziehen Sie dabei die Mitarbeiterinnen der Gruppe und sich selbst mit ein.*

3. *Werten Sie das Soziogramm unter besonderer Berücksichtigung Ihrer eigenen Rolle aus.*

4. *Geben Sie Ihr Soziogramm innerhalb der Lehrgruppe anonym weiter, werten Sie gegenseitig Ihre Soziogramme aus unter besonderer Berücksichtigung der Rollen der Mitarbeiterinnen. Stellen Sie Ihre Ergebnisse im Plenum vor und diskutieren Sie diese.*

5. *Rollenspiel: Stellen Sie im Plenum eine Szene aus Ihrem beruflichen Alltag nach. In der anschließenden Betrachtung analysieren Sie dezidiert die Beziehungsmodelle.*

   „Das Personal klagt ständig über mangelnde Zeit, Hektik, Organisationsfehler usw. Werden Bemühungen unternommen, dies zu ändern und findet sich Zeit, so werden die Freiräume nicht genutzt; das Klagen bleibt. Fallbesprechungen und Projektgruppen finden statt, um nach einiger Zeit folgenlos, aber als weiterer Beweis, wie schlimm alles sei, eingestellt zu werden. Von Vorgesetzten wird Verantwortungsübernahme gefordert und selbst Anspruch auf Qualifikationen und Leistung erhoben, ohne selbst Verantwortung tragen zu wollen." Diskutieren Sie diese Aussage unter dem Aspekt der Milieutherapie. Erarbeiten Sie Lösungsmöglichkeiten.

   Was versteht man Ihrer Meinung nach in diesem Zusammenhang unter „erlernter Misserfolgserwartung" der Mitarbeiterinnen?

Ziele und Grenzen der Milieupflege

Ziel der Milieupflege ist
1. den Einschränkungen bei den Bewohnern entgegenzuwirken, die mit dem dauerhaften Aufenthalt in Einrichtungen verbunden sind.
2. vorhandene, aber nicht entwickelte bzw. verlorengegangene Fähigkeiten und Fertigkeiten neu zu entwickeln und ein sicheres Feld für die Erprobung zu schaffen.

Ihre Grenzen hat Milieutherapie dort, wo tatsächlich externe Krankenpflege oder therapeutische Maßnahmen notwendig werden, weil die Betreffenden akut krank werden. Eine andere Grenze verläuft dort, wo das Bemühen von Mitarbeiterinnen von äußeren Einflüssen, die auf die Einrichtungen wirken, unterlaufen wird.

Aufgaben

1. *Beschreiben Sie die Milieupflege und ihre Inhalte.*

2. *Beschreiben Sie den Zusammenhang: Milieupflege – Normalisierungsprinzip – Arbeitsbündnis.*

3. *Überlegen Sie unter dem Aspekt der Milieupflege erneut, warum Sie sich in Punkt 5.1 für eine bestimmte Wohnform entschieden haben.*

4. *Gestalten Sie optisch eine Wohngruppe (Malen, Basteln) unter milieutherapeutischen Gesichtspunkten; beschreiben Sie die darin lebenden und arbeitenden Menschen und deren Reaktion auf ihr „Milieu".*

5. Teilen Sie sich in Kleingruppen auf. Jede Kleingruppe sucht einen vorher festgelegten Ort in der Stadt auf (z. B. Rathaus, Supermarkt, Schwimmbad, Bahnhof). Beobachten Sie dort über einen längeren Zeitraum die Menschen, die Umgebung, die Aktionen und die Reaktionen. Bearbeiten Sie Ihre Beobachtungen unter milieutherapeutischen Gesichtspunkten. Stellen Sie Ihre Beobachtungen und Analysen im Plenum vor. Vergleichen Sie Ihre Ergebnisse.

6. Überprüfen Sie Ihre eigenen Verhaltensweisen in verschiedenen „Milieus".

Betreutes Wohnen

Im Zuge des 2001 in Kraft getretenen Gesetzes zur Rehabilitation und Teilhabe behinderter Menschen (SGB IX) wurde der Paradigmenwechsel in der Behindertenhilfe normiert und die Rechte behinderter Menschen auf Selbstbestimmung und Teilhabe mit deutlich größerer Verbindlichkeit ausgestattet. Dies führte zu grundsätzlichen strukturellen Veränderungen im System der Behindertenhilfe.

Das hierzu neu eingeführte Instrument der **Hilfeplanung (Hilfeplanverfahren)** folgt dem Paradigmenwechsel und ersetzt die bis dahin auch in der Arbeit mit erwachsenen Menschen üblichen Entwicklungspläne.

Konzeptionell verfolgt die Hilfeplanung folgende Ziele:
1. Individuelle und passgenaue Ziele
2. Die Beteiligung des behinderten Menschen und somit die Berücksichtigung seiner Wünsche und Ziele
3. Umsetzung des Grundsatzes der „Lebensfeldorientierung"
4. Stärkung des Prinzips „ambulant vor stationär"
5. Nicht die Defizite des behinderten Menschen sollen im Vordergrund stehen, sondern seine Ressourcen und die seines Umfeldes.
6. Auch nicht-professionelle Hilfen sollen berücksichtigt werden
7. Die Hilfeplanung wird als Prozess verstanden, der zielgerichtet, überprüfbar und reversibel ist.

Im Besonderen das Prinzip „ambulant vor stationär" hat die Lebenssituation vieler Menschen mit Behinderung deutlich verändert. Bis in die späten 90er-Jahre wurde die Wohn- und Lebensform des **ambulant betreuten Wohnens** (BEWO) vorrangig für Menschen mit psychischer Behinderung angeboten, für Menschen mit geistiger Behinderung gab es nur ein geringes Angebot.

Heute wird das ambulant betreute Wohnen von einer immer größer werdenden Zahl von Menschen mit geistiger Behinderung zu einer besseren Verselbstständigung genutzt.

Ambulant betreutes Wohnen heißt, dass der erwachsene Mensch mit Behinderung allein oder in einer Wohngemeinschaft selbstständig in der eigenen Wohnung lebt. Dabei wird er durch einen Mitarbeiter eines ambulanten Dienstes in einer vorher festgelegten Stundenanzahl bei der Verselbstständigung und der eigenen Haushaltsführung unterstützt.

Für die **Mitarbeiter** in dieser ambulanten Betreuungsform stellen sich ganz neue Herausforderungen. Motivation und Aktivierung, aber auch „Los-lassen" und die Wünsche des Nutzers in den Mittelpunkt des eigenen Handelns stellen, erfordert von den Mitarbeiterinnen ein hohes Maß an Empathie und Distanzfähigkeit. Gleichzeitig arbeiten die Mitarbeiterinnen nicht mehr vor Ort in einem Team, was ein höheres Maß an selbstständigem Handeln voraussetzt.

1. Vergleichen Sie die Arbeit in stationären Einrichtungen der Behindertenhilfe mit der des betreuten Wohnens. Legen Sie eine Tabelle an und diskutieren Sie in der Gruppe die Vor- und Nachteile aus unterschiedlichen Perspektiven (Bewohner, Mitarbeiter, Angehörige etc.).

Aufgaben

2. Erstellen Sie einen Fragebogen: „Warum haben Sie sich für das BEWO entschieden, welche Vorteile sehen Sie für sich im BEWO etc.". Bilden Sie Kleingruppen; suchen Sie Menschen auf, die im betreuten Wohnen leben und bereit sind, Ihre Fragen zu beantworten.

3. Werten Sie Ihre Ergebnisse aus und diskutieren Sie erneut – unter Berücksichtigung Ihrer Ergebnisse – Aufgabe 1.

Die theoretischen Zusammenhänge für das „Wohnen" gelten in modifizierter Form für die stationäre Wohnform im gleichen Maße wie für das ambulant betreute Wohnen.

Beispiel

Beim Bezug eines Wohnheimes durch junge Männer, die bis dahin in einer Anstalt für Menschen mit geistiger Behinderung gelebt hatten, wies man die Zimmer nicht einfach den künftigen Bewohnern zu, sondern ließ sie selbst aussuchen. Ein junger Mann wählte eine winzige Dach-Mansarde. Weil auch noch größere und schönere Räume zur Verfügung standen, fragte man ihn nach dem Grund seiner Wahl und war über seine Antwort erstaunt. „Weil man kein zweites Bett hineinstellen kann" sagte er. Dieses einfache Beispiel veranschaulicht sehr schön, welche Zusammenhänge zwischen Selbstbestimmung und menschlichen Bedürfnissen bestehen. **(Hahn, 1992, S. 28)**

5.2 Tagesabläufe im Alltag

Es blitzt ein Tropfen Morgentau
Im Strahl des Sonnenlichts
Ein Tag kann eine Perle sein
Und ein Jahrhundert nichts
Gottfried Keller

1. Interpretieren Sie den Vers von Gottfried Keller.

2. Setzen Sie den Vers in Zusammenhang mit dem Tagesablauf eines Menschen mit Behinderung (in einer Einrichtung der Behindertenhilfe/im ambulant betreuten Wohnen).

3. Beschreiben Sie einen „alltäglichen" Tag in Ihrem Leben.
   Analysieren Sie diesen Tag unter folgenden Kriterien:
   ■ Welche Menschen beeinflussen Ihren Tag?
   ■ Inwieweit sind Sie bei der Gestaltung der einzelnen Tagesabschnitte abhängig bzw. unabhängig von Einflüssen Dritter?
   ■ Welche Strukturen hat Ihr Tag und warum?
   ■ Was ist Ihnen bei Ihrem „alltäglichen Tag" besonders wichtig?
   ■ Arbeiten Sie heraus, was diesen Tag zu „Ihrem" Tag macht.

4. Beschreiben Sie einen „alltäglichen" Tag im Leben eines Menschen mit geistiger Behinderung (in Ihrem Alter und Ihres Geschlechts).
   Analysieren Sie diesen Tag unter den Kriterien von Frage 4.

5. Vergleichen Sie die beiden Tage und beschreiben Sie die Parallelen bzw. die Unterschiede.

6. Beschreiben Sie, welche Unterschiede in den Tagesabläufen sich allein aufgrund der Behinderung ergeben.

7. Formulieren Sie auf der Basis des Normalisierungsprinzips notwendige Kriterien, um die Unterschiede, die sich aus der Behinderung ergeben, zu neutralisieren.

Die Gestaltung der Tagesstruktur hängt im Wesentlichen von den zugrunde liegenden Handlungskonzepten ab.

> **Merke**
>
> *Handlungskonzepte sind umfassende Weltbilder und Grundauffassungen, die praktisches Handeln steuern.*

Im Wesentlichen können drei Grundauffassungen für die Arbeit mit Menschen mit Behinderung definiert werden. Sie sind historisch nacheinander gültig, kommen aber dennoch nebeneinander vor.

1. Die historisch älteste Aufforderung ist christlich geprägt und bezieht sich auf die Gültigkeit ethischer Normen und unmittelbarer Interaktion der Menschen: das *caritative Leitbild.*
2. Das *rationale Leitbild* meint die naturwissenschaftliche Auffassung mit ihren ausgeprägten, zweckrationalen Normen. Sie geht von einer geregelten Interaktion zwischen den Menschen aus. Im Vordergrund der Arbeit in Einrichtungen der Behindertenhilfe stehen in der Konsequenz fremdbestimmte Regeln und Tagesabläufe.
3. Das *ganzheitliche Leitbild* steht gegen die rationale Auffassung. Es ist die Negation der naturwissenschaftlichen Herrschaft. Es geht davon aus, dass der Mensch auch im Zustand größter Behinderung sein soziales Wesen nicht einbüßt und ist damit die Basis für die gesellschaftliche Forderung der Inklusion.

Gemeinwesenorientierte, ganzheitliche Arbeit mit Menschen mit Behinderungen ist der Versuch, ihre soziale und historische Eingebundenheit und Selbstverantwortung zu betonen, Beherrschungsverhältnisse in gemeinsame Aktionen zu wenden und Organisationen zu schaffen, die sinnvolle neue Lebensformen möglich machen. Die Umsetzung dieses Handlungskonzeptes muss sich in der Alltagsgestaltung und in der Tagesstrukturierung in den Einrichtungen, aber auch im ambulant betreuten Wohnen widerspiegeln (Arbeitsbündnis).

Alltagsorientierung in der sozialen Rehabilitation bedeutet in diesem Sinne, den Blick weniger auf die Verhaltensweisen von Menschen, als vielmehr auf die individuelle Lebenswelt einer einzelnen Person im gesellschaftlichen Zusammenhang zu richten und ihr die Ressourcen verschiedener Lebensfelder (Wohnen, Arbeit, Freizeit) zugänglich zu machen.

> **Aufgaben**
>
> 1. *Beschreiben Sie je einen Tagesablauf in einer fiktiven Wohngruppe für Menschen mit Behinderungen unter besonderer Berücksichtigung der o.g. Handlungskonzepte. Arbeiten Sie die Unterschiede heraus.*
>   *Listen Sie zu den jeweiligen Handlungskonzepten Kriterien auf, die diese beschreiben.*
>
> 2. *Definieren Sie das Handlungskonzept in einer Ihnen bekannten Einrichtung der Behindertenhilfe unter Zugrundelegung der von Ihnen entwickelten Kriterien.*
>
> 3. *Diskutieren Sie die Vor- und Nachteile der jeweiligen Handlungskonzepte in Bezug auf das Individuum (Mitarbeiterinnen, Bewohnerinnen) und auf die Gruppe (Wohngruppe, Wohnheim, Gesamteinrichtung etc.).*
>
> 4. *Begründen Sie, warum das gemeinwesenorientierte ganzheitliche Handlungskonzept die Basis für sinnvolles Alltagshandeln und sinnvolle Tagesstrukturierung darstellt.*

Alltag ist das, was wir alle Tage tun: eine Vielzahl selbstverständlicher Handlungen, Routinen, Tätigkeiten und Interaktionen mit anderen Menschen, die unserem Leben eine verlässliche Struktur geben. Zum Alltag gehört aber nicht nur das Verlässliche und Gewohnte, sondern ebenso das Neue und Überraschende. Für die Arbeit mit Menschen mit Behinderungen bedeutet dies, dass ihnen sowohl Schutz und Entlastung (**Routinen**) garantiert, als auch Anregungen und **Entwicklungsmöglichkeiten** geboten werden müssen.

Damit Menschen mit Behinderungen Selbstverantwortung entwickeln können, müssen Spielräume für individuelle Besonderheiten geschaffen werden. Dabei obliegt den Mitarbeiterinnen die individuelle und bedürfnisorientierte Begleitung. **Diese verfolgt im Wesentlichen zwei Ziele: die Herstellung, Vermittlung und Sicherung tragfähiger sozialer Beziehungen und die Erschließung neuer, individuell sinnvoller Erfahrungsfelder.**

Aufgaben

1. Rollenspiel: Alltagssituation in einer Wohngruppe mit Menschen mit Behinderungen (z. B. Frühstück).

2. Diskutieren Sie die Verhaltensmuster der beteiligten Personen unter besonderer Berücksichtigung der o. g. Aspekte.

3. Benennen Sie Routinen in Einrichtungen der Behindertenhilfe. Überprüfen Sie, welche dieser Routinen dem Anspruch, Schutz und Entlastung zu garantieren, gerecht werden und welche dem Bedürfnis nach Neuem und Überraschendem entgegenwirken.

Einrichtungen der Behindertenhilfe sind im Alltag für die Sicherstellung der elementaren Lebensgrundlagen und für die Befriedigung der mit dem Wohnen verbundenen Grundbedürfnisse der dort lebenden Menschen verantwortlich. Dazu gehören unter anderem Ernährung und Körperpflege, Wärme und Bekleidung, Schlaf und Aktivität, Ansprache und Privatheit. **Unbedingt zu beachten** für die Mitarbeiter bei den Alltagsroutinen ist, dass **Anregungen und Verselbstständigung** dabei im Mittelpunkt stehen müssen und somit einer fremdbestimmten Vollversorgung **entgegengewirkt wird**.

Die professionelle soziale Arbeit im Alltag setzt voraus, dass sich die Mitarbeiterinnen bei der notwendigen Bewältigung der täglichen Probleme stets nach den Zielen und der Angemessenheit des eigenen Handelns fragen.

Die Gestaltung des Alltags bzw. der Tagesstruktur sollte unter vier übergeordneten Gesichtspunkten geschehen:
1. Zentrale und abhängigkeitsfördernde Leistungen sollten grundsätzlich nicht angeboten werden.
2. Die ganze Bandbreite normaler Lebensfelder muss zugänglich gemacht werden.
3. Der Alltag muss überschaubar, planbar und verlässlich sein.
4. Es müssen Möglichkeiten eröffnet werden, im Alltäglichen das Spirituelle des eigenen Daseins zu erfahren.

Zu 1. Zentrale und abhängigkeitsfördernde Leistungen sollten grundsätzlich nicht angeboten werden.

Jeder Mensch mit Behinderung hat das Recht auf individuelle und angemessene Unterstützung bei einer selbstbestimmten Gestaltung des eigenen Lebens. Die im Folgenden benannten Aspekte selbstständigen Handelns müssen im Rahmen des Arbeitsbündnisses immer zwischen Mitarbeiterinnen und Bewohnerinnen kommuniziert und als pädagogisches Konzept vereinbart werden.

Selbstständigkeit
Wie selbstständig ein Mensch ist, hängt im Wesentlichen auch davon ab, wie viel Selbstständigkeit ihm seine Umgebung zugesteht. Für Mitarbeiterinnen kommt es in diesem Zusammenhang darauf an, in jeder Alltagssituation das individuell richtige Maß des Tuns und Lassens, der Hilfe, Unterstützung und Begleitung zu finden.

Selbstbestimmung und Verantwortlichkeit
Verantwortung bei den sogenannten „großen" Entscheidungen der Lebensplanung (z. B. wie und mit wem man wohnen möchte, welche Arbeit man verrichten will, welche Freundschaften man eingeht) kann nur langsam auf der Grundlage kleinerer Entscheidungen im Alltag erlernt werden. Daher ist es notwendig, den zu Betreuenden in jeder Alltagssituation Wahl- und Entscheidungsmöglichkeiten einzuräumen. Werden das Arbeitsbündnis und somit Selbstbestimmung und Eigenverantwortlichkeit ernst genommen, muss im Zweifelsfall auch akzeptiert werden, wenn ein Mensch mit Behinderung hinsichtlich seiner Lebensplanung eine scheinbar „unvernünftige" Entscheidung trifft.

Selbstbestimmung und soziale Verantwortung
Die Betreuerinnen haben die Aufgabe, nicht nur gezielte Hilfen für die Übernahme von Verantwortung für die eigene Person zu geben, sondern auch gleichzeitig für Mitbewohnerinnen oder andere Personen des sozialen Umfeldes.

Menschen mit Behinderungen müssen in die Lage versetzt werden, sich in verschiedenen sozialen Kontexten (Paare, Kleingruppen, größere Gruppen etc.) und Rollen (Gastgeber, Freunde, Organisatoren etc.) als aktiv tätig und verantwortlich zu erleben.

Normaler Alltag als „Training"

Der Tagesablauf eines Menschen mit Behinderung sollte in Organisation und Ablauf grundsätzlich demjenigen eines nicht behinderten Menschen in der jeweiligen Altersphase entsprechen. **Es muss ihm ermöglicht werden,** sich in verschiedenen Lebensbereichen zu bewegen und dabei unterschiedliche Rollen wahrzunehmen. Aufgabe des Betreuungspersonals ist es, bei der Gestaltung eines „gelingenden" Alltages unterstützend tätig zu sein.

Anregung und Gestaltung von Lernprozessen im Alltag

Der Alltag und seine inhaltliche Gestaltung sollten so aufbereitet werden, dass jedem Menschen mit Behinderung individuelle Lernerfahrungen ermöglicht werden. Dies bedeutet im Einzelnen:
Die Gestaltung des Alltags muss

- individualisiert erfolgen, also am Stand der jeweiligen Kompetenzen und Möglichkeiten ansetzen,
- die individuelle Lebensgeschichte berücksichtigen (z.B. welche Wertevorstellungen wurden bisher vermittelt?)
- immer auch ein wenig über die momentanen Möglichkeiten und Fähigkeiten hinausweisen. Dies bedeutet, immer wieder zu fordern ohne dabei zu überfordern.
- aktives, eigenes Handeln in den Vordergrund stellen, der Alltag muss also selbst gelebt und erlebt werden.

Umgang mit Geld

Der autonome Umgang mit Geld ist eine wichtige Voraussetzung für einen normalisierten Alltag, entsprechend dem eines nicht behinderten Menschen.

Urlaub vom Alltag

Der Alltag kann auf Dauer nur gelingen, wenn in Abständen immer wieder Möglichkeiten geboten werden, aus ihm „auszubrechen". Wenn Menschen Neues in ihrer Umwelt und damit auch eigene Möglichkeiten neu entdecken können, hat dies positive Konsequenzen für das normale Alltagserleben und Handeln.

Aufgaben

1. *Rollenspiel: Morgendliche Situation in einer Wohngruppe für Menschen mit Behinderung. Überprüfen Sie die gespielte Situation auf die o.g. Unterpunkte hin in Bezug auf das Individuum und die Gesamtgruppe.*
   Benennen Sie Positiv- und Negativbeispiele zu den o. g. Unterpunkten.

2. *Normaler Alltag als „Training". Beschreiben Sie ausführlich und belegen Sie anhand von Beispielen die praktische Umsetzung in der Arbeit mit Menschen mit Behinderung.*

3. *Erstellen Sie in Kleingruppen ein vergleichendes Diagramm. A: Setzen Sie sich in den Mittelpunkt und beschreiben Sie die Abhängigkeiten im Alltag, die auf Sie einwirken. B: Setzen Sie einen alters- und geschlechtsentsprechenden Bewohner einer Einrichtung der Behindertenhilfe in den Mittelpunkt und beschreiben Sie die Abhängigkeiten im Alltag, die auf ihn einwirken. C: Setzen Sie einen alters- und geschlechtsentsprechenden Menschen im ambulant betreuten Wohnen in den Mittelpunkt und beschreiben Sie die Abhängigkeiten im Alltag, die auf ihn einwirken. Formulieren Sie die Unterschiede und diskutieren Sie deren Ursache.*

Zu 2. Die ganze Bandbreite normaler Lebensfelder muss zugänglich gemacht werden

Die Lebensfelder Wohnen, Arbeit, Freizeit müssen für jeden Menschen mit Behinderung adäquat zugänglich gemacht werden.

Am Beispiel des Lebensfeldes Arbeit werden im Folgenden grundsätzliche Voraussetzungen für den Zugang beschrieben:

Ein Ziel jeder sozialen Rehabilitation von Menschen mit geistiger Behinderung ist, ihnen durch bestmögliche Qualifizierung, Begleitung und Förderung in der Ausbildung und bei ihrer beruflichen Tätigkeit ein Höchstmaß an gesellschaftlicher Teilhabe und angemessene arbeitsbezogene Perspektiven zu eröffnen.

Gesellschaftliche Teilhabe
Arbeit als eine Form gesellschaftlicher Teilhabe meint stets die Verrichtung von Tätigkeiten, die als sozial und damit als objektiv notwendig eingeschätzt werden. Gesellschaftlich notwendig will jeder Mensch sein. Deshalb ist eine angemessene Beschäftigung bzw. Arbeitstätigkeit für jeden Menschen mit Behinderung unumgänglich.

Trennung zwischen Arbeits- und Wohnort
Entsprechend dem Normalisierungsprinzip muss eine räumliche und inhaltliche Trennung zwischen Wohn- und Arbeitsort auch für Menschen mit Behinderung gewährleistet werden.

Bedürfnisgerechte Arbeit
Die Arbeit sollte sowohl inhaltlich als auch in ihrer zeitlichen Struktur auf die Bedürfnisse der Menschen mit Behinderung hin ausgerichtet sein. (z. B. Wahlangebot verschiedener Arbeitsplätze, Teilzeitarbeit, andere tagesstrukturierende Tätigkeiten, die als bedeutsam erlebt werden).

Aufgaben

1. *Differenzieren Sie entsprechend dem Bereich Arbeit die Bereiche Wohnen und Freizeit im Hinblick auf den Zugang für Menschen mit geistiger Behinderung.*

2. *Überprüfen Sie Ihre Differenzierung im Hinblick auf Menschen mit unterschiedlichem Hilfebedarf (z. B. schwerstmehrfache Behinderung). Erarbeiten Sie Lösungsstrategien anhand von praktischen Beispielen.*

3. *Menschen mit herausforderndem Verhalten stellen an die Mitarbeiter einen besonderen Anspruch. Entwickeln Sie in Kleingruppen ein Konzept, wie auch diesen Menschen die ganze Bandbreite normaler Lebensfelder zugänglich gemacht werden kann, unter besonderer Berücksichtigung der notwendigen Befähigung der Mitarbeiter.*

Zu 3. Der Alltag muss überschaubar, planbar und verlässlich sein

Damit Zeit individuell sinnvoll genutzt werden kann, muss das subjektive Zeitmaß eines Menschen Schritt halten können mit den Vorgängen und Wandlungen in seiner Umwelt. Wahrnehmungen benötigen eine gewisse Zeitspanne, um zu Empfindungen zu werden und in das Bewusstsein zu gelangen.

Dabei hat jeder Mensch ein individuelles Zeitbewusstsein. Dies bedeutet für die Praxis, dass der Tagesablauf durch die Betreuerinnen in Absprache mit den Menschen mit Behinderungen so organisiert werden muss, dass die anfallenden Aufgaben des Alltags in der Regel ohne Hektik erledigt und gleichzeitig hinreichend flexibel und individualisiert gestaltet werden können.

Flexible Zeitgestaltung
Zeiteinteilungen in Einrichtungen der Behindertenhilfe dürfen nicht allzu starr sein. Vielmehr muss es immer möglich sein, sie flexibel an die Bedürfnisse des Einzelnen anzupassen. Unter anderem bietet dies die Möglichkeit, die Eigeninitiative der Bewohner zu stärken; bedingt doch ein individueller Tagesablauf die Notwendigkeit, eigene Pläne und Handlungen mit ihren zeitlichen und räumlichen Rahmenbedingungen mit anderen abzusprechen und gelegentlich auch auszuhandeln.

Damit der Alltag lebendig wird, ist es zudem notwendig, gelegentlich zur täglichen Routine bewusst auf Distanz zu gehen, regelmäßig scheinbar Bewährtes zu hinterfragen und neue Wege auszuprobieren.

Strukturierte Zeit

Menschen haben ein Bedürfnis nach Verlässlichkeit von Abläufen, Vorhersehbarkeit von Ereignissen und rechtzeitigen Information über anstehende Veränderungen. Dies gilt im gleichen Maße für Menschen mit Behinderungen. Entsprechend sollten alle Anforderungen in Bezug auf ihren zeitlichen Aufwand und ihren Schwierigkeitsgrad in einem normalen Maße kalkulierbar und vorhersehbar sein.

Ein strukturierter und planbarer Tagesablauf schließt dabei eine flexible und individuelle Gestaltung des Tagesablaufes nicht aus. Vielmehr besteht ein Bedürfnis und die Notwendigkeit nach Beidem, und es ist Aufgabe der Betreuerinnen, beides dem zu Betreuenden im entsprechenden Maß zu gewährleisten.

„Erfüllte" Zeit

Alltag ist immer auch geprägt von Gleichmaß und Eintönigkeit. Es gilt, dies zuzulassen und nicht durch „blinden" Aktionismus zu zerstören. Es kann durchaus genügen, dass die Mitarbeiterinnen im Betreuungsdienst einfach nur anwesend sind. Das daraus resultierende Gewährenlassen heißt dabei nicht, keine Grenzen und Anregungen zu setzen, sondern aufmerksam zu sein, auf Anregungen einzugehen und dabei Zeit für die Betreuenden zu haben.

Zeitliche Abläufe im Zusammenleben

Die Mitarbeiterinnen im Betreuungsdienst sollten den Unterschied zwischen größtmöglicher Selbstbestimmung im Privatbereich und eingeschränkter Verfügung über zeitliche Abläufe im Zusammenleben mit anderen berücksichtigen, indem zwischen eigenverantwortlichen und gemeinschaftsbezogenen Aufgaben unterschieden wird.

Aufgaben

1. *Beschreiben Sie den Zusammenhang von Alltagsstrukturen und Zeitstrukturen.*

2. *Bearbeiten Sie alltägliche Situationen in einer Einrichtung der Behindertenhilfe (Frühstück, Baden und Duschen usw.) unter den o. g. Zeitaspekten.*

3. *Verbinden Sie die scheinbar gegensätzlichen Begriffe planbare Zeit – flexible Zeit. Belegen Sie diese Verbindungen anhand von praktischen Beispielen.*

4. *Klaus Dörner (1990) benutzte, auf die Lebensgeschichte von psychiatrischen Langzeitpatienten bezogen, den Satz: „Zeit spielt keine Rolle". Übertragen Sie diesen Satz auf die Arbeit mit Menschen mit Behinderungen und beschreiben Sie die inhaltlichen Konsequenzen, die sich daraus ergeben.*

5. *Mitarbeiterinnen im Betreuungsdienst und die Betreuten erfahren Zeit unterschiedlich. Definieren Sie warum und erarbeiten Sie die sich daraus ergebenden Konsequenzen für die Einrichtungen der Behindertenhilfe.*

Zu 4. Es müssen Möglichkeiten eröffnet werden, im Alltäglichen das Spirituelle des eigenen Daseins zu erfahren.

Die Spiritualität ist ein Bereich, der sich dem rationalen Zugang entzieht, der aber unmittelbar zum Menschsein gehört und der ein notwendiger Bestandteil jeder Individualität ist. Die Zugangsmöglichkeiten zu spirituellen Erfahrungen sind dabei u. a. abhängig von den Vorstellungsmöglichkeiten eines Menschen und seiner lebensgeschichtlichen Entwicklung. Spirituelle Erlebnisse und Erfahrungen sind nicht wie zunächst impliziert außergewöhnlich, sondern durchaus ein Bestandteil des Alltags.

Mitarbeiterinnen im Betreuungsdienst müssen bei der „alltäglichen" Arbeit mit Spiritualität und Religion folgende übergeordnete Gesichtspunkte beachten:
■ Erfahrungen und Gefühle mit dem Übersinnlichen sind nur individuell verstehbar.
■ Ansatzpunkte für einen Austausch über Religion und Spiritualität ergeben sich nur dann, wenn der individuelle Zugang uneingeschränkt akzeptiert wird.

■ Eine Verleugnung des Übersinnlichen kann ebenso eine Manipulation sein wie der Versuch, den Zugang zu Spiritualität und Religion allgemeinverbindlich festzulegen.

Begleitung in Fragen der Religion und Spiritualität

Religiöse Begleitung sollte stets sehr individuell erfolgen und viel Spielraum für eigene Erfahrungen lassen. Das Wesentliche, also eigene Erfahrungen zu machen. Anteilnahme und Zuneigung zu empfangen und diese Gefühle zurückzugeben, ist keine Frage intellektueller Kompetenzen. Für Mitarbeiterinnen im Betreuungsdienst erwächst hieraus die Aufgabe, ein Gefühl für Sinnerfahrungen, Geborgenheit, Annahme und Zugehörigkeit im gemeinsamen Zusammenleben zu vermitteln. Dabei eröffnet sich der Zugang zu Religion und Spiritualität im **gemeinsamen Handeln** mit nahestehenden Menschen. Dies gilt es bei der Gestaltung des Alltags bzw. des Tagesablaufes zu berücksichtigen.

Hilfen zur Ausübung von Religion und Spiritualität

Mitarbeiterinnen in Betreuungsdiensten sollten nicht nur Erfahrungen und Entwicklungen begleiten, sondern auch konkret dazu beitragen, dass Menschen mit Behinderungen individuell und bedürfnisbezogen mit weltanschaulichen Fragen vertraut gemacht werden und Gelegenheit zur Ausübung von Religion bzw. Spiritualität erhalten.

Aufgaben

1. *Welche Bedeutung haben Spiritualität und Religion für die individuelle Entwicklung und wo findet sie sich im Alltäglichen wieder?*

2. *Beschreiben Sie einen Tag/Alltag mit einem Menschen mit schwerstmehrfacher Behinderung unter dem besonderen Aspekt der Vermittlung von Spiritualität.*

3. *Beschreiben Sie praktische Beispiele, wie durch Mitarbeiterinnen Hilfen zur Ausübung von Religion und Spiritualität gegeben werden können.*

4. *Zeigen Sie Möglichkeiten auf, wie Symbole und Rituale in den Alltag einer Wohngruppe/in das ambulant betreute Wohnen integriert werden können. Vergleichen Sie.*

Den „normalen Alltag" zu leben, stellt in der Behindertenhilfe einen großen Anspruch an die Mitarbeiterinnen. Dabei muss die Art der Unterstützung an die verschiedenen Behinderungsbilder (z. B. schwerstmehrfache Behinderung, herausforderndes Verhalten), an die Wohnform (Wohnheim, ambulant betreutes Einzelwohnen, ambulant betreute Wohngemeinschaft etc.) und die individuellen Bedürfnisse des Betreuten angepasst werden.

Als Grundsatz gilt, dass eine sinnvolle Gestaltung des Alltags unter den vorher beschriebenen Gesichtspunkten unabhängig von der Schwere der Behinderung immer möglich ist, wenn die Mitarbeiterinnen sich dieser Herausforderung stellen und entsprechende Fantasien in den Modifikationen der individuellen Gestaltungsmöglichkeiten entwickeln.

Aufgaben

1. *Erstellen Sie einen Fragebogen und erfassen Sie damit 1. den realen Alltag in verschiedenen Lebens- und Wohnformen (Durchführung von Interviews), 2. die Zufriedenheit mit dem eigenen Alltag und 3. eigene Wünsche und Vorstellungen von Menschen mit Behinderungen.*

2. *Vergleichen Sie Ihre Ergebnisse bzw. Ihre Erfahrungen.*

5.3 Freizeit

Freizeit definiert sich als „freie Zeit", die „charakterisiert ist durch das relative Freisein von Verpflichtungen und Zwängen" und „freie Wahlmöglichkeiten, bewusste Eigenentscheidungen und soziales Handeln ermöglicht" (Opaschowski, Pädagogik der Freizeit, 1976, S. 24).

Einfacher formuliert:

> **Merke**
>
> *Freizeit ist die Zeit, in der man relativ frei von Verpflichtungen und Zwängen tun und lassen kann, was man will.*

> **Aufgaben**
>
> 1. *Welche bzw. wie viel Zeit in Ihrem eigenen Tages-, Wochen- und Jahresablauf beschreibt sich anhand der o. g. Definition als „freie Zeit"?*
>
> 2. *Was ist Ihnen bei der Gestaltung Ihrer eigenen Freizeit besonders wichtig und warum?*
>
> 3. *Gestalten Sie in Gruppen Collagen zum Thema Freizeit, diskutieren Sie die Ergebnisse.*
>
> 4. *Sammeln und beschreiben Sie die Ihnen bekannten Freizeitgestaltungen von Menschen mit Behinderungen in den verschiedenen Wohnformen; erarbeiten Sie die Unterschiede.*
>
> 5. *Stellen Sie die Ergebnisse in Relation zu der o. g. Definition.*
>
> 6. *Begründen Sie Abweichungen (systemisch, individuell) und erarbeiten Sie Voraussetzungen für Freizeit im Sinne der Definition für Menschen mit Behinderungen.*

Opaschowski (1990, S. 85-86) prägte den „positiven Freizeitbegriff". Dieser zielt darauf ab, „die Spaltung der menschlichen Existenz in Arbeit und Freizeit tendenziell aufzuheben und zu einem ganzheitlichen Lebenskonzept zurückzufinden" (Opaschowski, 1994, S. 94) .

Dementsprechend spricht er von der „Lebenszeit", die sich durch drei Zeitabschnitte kennzeichnen lässt:
1. der frei verfügbaren, einteilbaren und selbstbestimmbaren **Dispositionszeit** (= freie Zeit – Hauptkennzeichen: Selbstbestimmung)
2. der verpflichtenden, bindenden und verbindlichen **Obligationszeit** (= gebundene Zeit – Hauptkennzeichen: Zweckbestimmung)
3. der festgelegten, fremdbestimmten und abhängigen **Determinationszeit** (= abhängige Zeit – Hauptkennzeichen: Fremdbestimmung)

Universalität des positiven Freizeitbegriffes

Determinationszeit	Obligationszeit	Dispositionszeit
▪ fremdbestimmt ▪ nicht freiwillig	▪ gebundene Zeit ▪ benötigt für zweckbestimmte Tätigkeiten	▪ freie Zeit ▪ selbstbestimmbar
▪ *Bsp.: Arbeit, Krankheit ...*	▪ *Bsp.: Schlafen, Essen ...*	▪ *Bsp.: Urlaub, Vereinsarbeit ...*
Fremdbestimmung ⟵――――――――――――――――――――⟶ Selbstbestimmung		

(Markowetz, 2001, S. 261)

In der Erweiterung greift Theunissen (*2003, S. 71*) das Modell der „Lebenszeit" auf und erweitert es im Hinblick auf Menschen mit geistiger Behinderung auf fünf Zeiten: **Arbeitszeit, Verpflichtungszeit, Bildungszeit, freie Dispositionszeit, Ruhe- und Schlafzeit**. Freizeit ist für ihn die Zeit, die dem Menschen allein für sich zur Verfügung steht. Sie ist im Wesentlichen bestimmt durch Subjektivität, Spontanität, Zufall, Erholung, Unterhaltung, Intimität, (schützende) Privatheit, Spiel, Hobby, ästhetische Kulturbestätigung, Lebensfreude und Freiheit.

Markowetz wiederum beschreibt insgesamt acht menschliche Freizeitbedürfnisse:

Freizeitbedürfnisse und Behinderung

Bedüfnisse	Bedürfnis nach ...	Benachteiligung für Menschen mit Behinderungen
1. Rekreation	Erholung, Ruhe, Wohlbefinden, angenehmem Körpergefühl und sexueller Befriedigung	– Abhängigkeit von anderen Menschen (z. B. Rückzugsmöglichkeiten, Lageveränderung, Zeiteinteilung, Körperpflege etc.) – Ausleben sexueller Bedürfnisse
2. Kompensation	Ausgleich, Ablenkung und Vergnügen	– mangelnde Mobilität durch nicht behindertengerechte Umwelt – ungenügende Freizeitangebote
3. Edukation	Kennenlernen, Weiter- und Umlernen in verschiedenen sachlichen und sozialen Handlungsebenen	– geringe Auswahl an Bildungseinrichtungen – eingeschränkte Berufswahl
4. Kontemplation	Selbsterfahrung und Selbstfindung	– Abhängigkeit von oft zugeteilten Pflegepersonen, Bevormundung – Isolation von Menschen mit Behinderungen unter „ihresgleichen"
5. Kommunikation	Mitteilung, vielfältigen sozialen Beziehungen, Geselligkeit	– Rückgang des Kommunikationsbedürfnisses durch Frustration und „unverstanden fühlen" – eingeschränkte Erreichbarkeit und Auswahl von Kommunikationspartnern
6. Integration	Zusammensein, Gemeinschaftsbezug und sozialer Stabilität	– Wechsel der Bezugspersonen oder Bezugsgruppen ohne Berücksichtigung der persönlichen Interessen – Diskriminierung und Isolierung in der Gesellschaft
7. Partizipation	Beteiligung, Mitbestimmung und Engagement	– Fremdbestimmung durch andere Personen und Institutionen – Entscheidungen werden von Stellvertretern getroffen
8. Enkulturation	kreativer Entfaltung, produktiver Betätigung und Teilnahme am kulturellen Leben	– Möglichkeiten kreativer und produktiver Freizeitgestaltung müssen erst geschaffen werden – kulturelle Angebote sind häufig nicht behindertengerecht und nur nur schwer erreichbar

(Markowetz, 2001, S. 262)

Freizeit besteht heute in unserem Kulturraum im Wesentlichen aus Kultur, Konsum und Unterhaltung. Sie hat eine **individuelle (persönlichkeitsbezogene), eine kommunikative und eine gesellschaftliche Bedeutung.**

Damit eine „erfüllte Freizeit" individuell als Lebensqualität empfunden wird, bedarf es vieler Voraussetzungen. Diese sind:

- Selbstständigkeit in Bezug auf die freie Zeit
- Spaß und Freude haben

- Selbstentfaltung und Sinn erfahren
- Genügend Zeit und Muße haben

Dabei muss Freizeit, dem individuellen Bedarf entsprechend, sowohl den Aspekt der Erholung und Entspannung beinhalten, als auch mit Aktivität gefüllt sein (Selbsterfahrung, Weiterbildung, Sport, Reisen etc.)

Aufgaben

1. *Definieren Sie die Begriffe „individuelle, kommunikative und gesellschaftliche Bedeutung von Freizeit". Ordnen Sie die Bedeutung den von Opaschowski beschriebenen Bedürfnissen zu.*

2. *Beschreiben Sie eine Freizeitaktivität. Arbeiten Sie heraus, welche der von Opaschowski benannten Bedürfnisse dabei befriedigt werden. Beschreiben Sie die individuelle, die gesellschaftliche und die kommunikative Bedeutung für die Teilnehmerinnen.*

3. *Begründen Sie die o. g. Voraussetzungen, um Freizeit als individuelle Lebensqualität zu empfinden, anhand eigener Erfahrungen. Benennen Sie Gegenbeispiele.*

4. *Erstellen Sie in Gruppen Collagen zum Thema: „Freizeit – Erholung und Entspannung", „Freizeit – Aktivität". Diskutieren Sie die Ergebnisse.*

5. *Sammeln Sie Freizeitangebote jeglicher Art. Ordnen Sie in der Gruppe die jeweiligen Angebote den Begriffen „Erholung und Entspannung" und „Aktivität" zu. Diskutieren Sie Ihre Ergebnisse unter anderem im Hinblick auf den Begriff „Freizeitindustrie".*

6. *Erstellen Sie einen Beobachtungsplan über einen Zeitraum von einer Woche für Ihre eigene Person bezüglich Ihrer Freizeitaktivitäten bzw. Ihres Freizeitverhaltens. Werten Sie Ihren Plan zeitlich und inhaltlich unter den Aspekten „Erholung und Entspannung" und „Aktivitäten" aus.*

7. *Erstellen Sie einen Beobachtungsplan über einen Zeitraum von einer Woche für einen alters- und geschlechtsentsprechenden Menschen mit Behinderung in einer Einrichtung der Behindertenhilfe/im ambulant betreuten Wohnen bezüglich seiner Freizeitaktivitäten bzw. seines Freizeitverhaltens. Werten Sie den Plan zeitlich und inhaltlich unter den Aspekten „Erholung und Entspannung" und „Aktivitäten" aus.*

8. *Vergleichen Sie die Ergebnisse der zuvor erstellten Beobachtungspläne. Begründen Sie die Parallelen bzw. die Unterschiede.*

9. *Beschreiben Sie die Voraussetzungen (gesellschaftlich, systemisch, individuell) die notwendig sind, um die Unterschiede auszugleichen.*

Subjektiv sinnvolle Freizeitgestaltung

So unterschiedlich die Individuen, so unterschiedlich auch das Empfinden, verschiedene Freizeitgestaltungen als sinnvoll zu erleben.

Dementsprechend müssen auch Freizeitangebote an Menschen mit Behinderung
- der Persönlichkeit,
- der Lebenssituation (Berufstätigkeit, Wohnbereich, soziale Kontakte, Milieu etc.),
- den Neigungen und Fähigkeiten,
- dem Lebensalter

der jeweiligen Personen angemessen sein. Dabei gilt selbstverständlich vorrangig der Aspekt der Freude, d.h. Freizeit soll als Ausgleich zur Arbeitspflicht dienen. Bei der Entscheidung zum individuellen Freizeitangebot sollten eventuelle Lernerfahrungen (die durchaus auch positiv sein können) nicht im Vordergrund stehen.

Als Grundsätze für geplante, subjektiv sinnvolle Freizeitangebote an Menschen mit Behinderungen sind zu beachten:

1. Selbstbestimmung und Mitbeteiligung der Betreuten bei Planung, Gestaltung und Auswertung von Freizeitaktivitäten (Arbeitsbündnis!)
2. Bei Gruppenangeboten: Menschen mit schwerer Behinderung oder herausforderndem Verhalten sollten nicht ausgeschlossen werden (Heterogenität)
3. Möglichkeiten zu Einzelaktivität ohne Einbindung in eine Gruppe
4. Zugang zu allen altersentsprechenden Freizeitaktivitäten bei eigener Auswahl ermöglichen
5. Freiwillige, aber kontinuierliche Teilnahme
6. Individuell sinnvolle Balance von Aktivierung und Entspannung
7. Anknüpfung und Übertragbarkeit von Erfahrungen des Alltags, um die subjektive Bedeutsamkeit der Tätigkeiten zu garantieren
8. Geplante Tätigkeiten sollten voraussehbar sein (feste Zeiten und Räumlichkeiten)
9. Hohe Regelmäßigkeit und personale Kontinuität der Angebote
10. Individuelle Hilfen und gemeinsame Umsetzung von Freizeitinteressen statt Förderung
11. Offene Handlungssituationen ohne Zwang und Leistungsdruck
12. Geringe soziale Kontrolle

> **Merke**
>
> *Neben den geplanten Freizeitangeboten muss immer auch Raum für spontane Freizeitgestaltung und für eine wirklich freie Gestaltung der eigenen Zeit geschaffen werden. Eine Entscheidung z. B. zum Nichtstun muss in diesem Sinne auch akzeptiert bzw. ermöglicht werden und darf nicht einem blinden Aktionismus geopfert werden. Dies setzt ein hohes Maß an Flexibilität, die Fähigkeit „aushalten zu können" und die Bereitschaft, neue Wege zu beschreiten bei der Mitarbeiterschaft voraus.*

Freizeit und soziale Integration

Bewohnern **in Einrichtungen der Behindertenhilfe** müssen vorrangig – ihren Wünschen und Bedürfnissen entsprechend – allgemeine Freizeitangebote zugänglich gemacht werden. Im Sinne des Normalisierungsprinzips sollen die „normalen" Freizeitangebote der Gemeinde, von Vereinen und Freizeitgemeinschaften wahrgenommen werden. Angebote innerhalb der Einrichtung sind nur dann akzeptabel, wenn zuvor alle anderen Möglichkeiten ausgeschöpft wurden und nicht ausreichend waren. Als „Zwischenlösung" bieten sich auch mehr oder weniger zielgruppenorientierte Angebote an (z. B. Freizeittreffs für Menschen mit Behinderung).

Negative Aspekte bei Freizeitangeboten innerhalb der Einrichtungen sind:
- Es besteht die Gefahr, Freizeit zu verplanen und in Gestalt von Therapieprogrammen zu organisieren.
- Bei Personalknappheit werden Freizeitaktivitäten schnell zum Luxus und finden nur dann statt, wenn alles andere getan ist.
- Die Bedingungen im Wohnheim sind für subjektiv sinnvoll gestaltete Freizeit nur selten günstig.
- Ein internes Programm mit einigen wenigen Angeboten sorgt bei den Mitarbeiterinnen schnell für ein „ruhiges Gewissen"; Bedürfnisse nach gemeindeintegrierten Möglichkeiten der Freizeitgestaltung werden dann kaum noch beachtet.
- Das Ziel der „normalen" Entwicklung im Sinne des Normalisierungsprinzipes wird unterlaufen.
- Eine selbstbestimmte individuelle Freizeitgestaltung wird häufig zugunsten von Gruppenangeboten „geopfert".

Für Menschen im **ambulant betreuten Wohnen** hat die Hinführung zu einer sinnvoll gestalteten Freizeit auch immer den Aspekt, einer Vereinsamung entgegenzuwirken. Das gemeinsame Kennenlernen möglicher Aktivitäten, das Herausfinden der individuellen Interessen und die Begleitung bei der Überwindung individueller „Schwellenängste" sind die vorrangigen Aufgaben der Betreuerinnen. Gleichzeitig müssen die Mitarbeiterinnen die Gefahr der Bevormundung im Auge behalten und in Absprache mit dem Betreuten sich rechtzeitig aus der Freizeitbegleitung zurückziehen.

Die soziale Integration im Freizeitbereich muss das Ziel für erwachsene Menschen mit geistiger Behinderung sein. Damit dies gelingt, bedarf es einer gemeinsamen (Arbeitsbündnis!) systematischen Planung und Organisation, aber auch einer langfristig an den individuellen Bedürfnissen ausgelegten Begleitung.

Aufgaben

1. *Erläutern Sie das Ziel der sozialen Integration anhand des Normalisierungsprinzips.*

2. *Beschreiben Sie die Aufgaben der Mitarbeiterinnen in Einrichtungen der Behindertenhilfe/im ambulant betreuten Wohnen im Freizeitbereich. Arbeiten Sie eventuelle Unterschiede heraus.*

3. *Definieren Sie den Begriff „soziale Integration" im Freizeitbereich.*

4. *Erarbeiten Sie einen Fragebogen zum Thema: „Soziale Integration im Freizeitbereich". Besuchen Sie in Kleingruppen Einrichtungen der Behindertenhilfe und erheben Sie dort die entsprechenden Daten.*

5. *Entwickeln Sie ein Auswertungsschema zu Ihrem Fragebogen. Stellen Sie Ihre Ergebnisse in der Gruppe vor. Vergleichen Sie Ihre Ergebnisse.*

6. *Erarbeiten Sie Handlungsmethoden für MitarbeiterInnen in Einrichtungen der Behinderten-hilfe/im ambulant betreuten Wohnen zum Thema „Soziale Integration".*

Beispiel

Herr P., 29 Jahre alt, lebt seit seinem dritten Lebensjahr in einer Einrichtung der Behindertenhilfe. Er ist körperlich stark eingeschränkt und selbstständig nur dazu in der Lage, seine Augen kontrolliert zu bewegen. Ohne dass je eine ausführliche fachärztliche Diagnose erstellt wurde, galt Herr P. als schwer geistig behindert. Innerhalb der Gruppe war Herr P. mit Abstand der älteste Bewohner. Er schrie oft laut und scheinbar unkontrolliert, zudem schlief er häufig bei Freizeitaktivitäten ein.

Zu diesem Zeitpunkt fing eine neue Mitarbeiterin in der Gruppe an. Sie beobachtete zufällig, dass Herr P., als im Fernsehen eine Nachrichtensendung lief, weder schrie noch einschlief. Scheinbar ver-suchte er, mit den Augen in Richtung des Fernsehers zu blicken. Daraufhin schob die Mitarbeiterin ihn direkt davor; Herr P. verfolgte gezielt das Programm mit den Augen. In der Folgezeit unterstellte die Mitarbeiterin, dass Herr P. nicht geistig behindert sei. Gemeinsam mit einem Sonderschullehrer wurde mit Herrn P. eine Kommunikationsform über die Augen entwickelt. Die ihm angebotenen Freizeitak-tivitäten wurden gleichzeitig grundsätzlich verändert, d. h. seinem Alter entsprechend angeboten.

Schon bald zeigte sich, dass Herr P. großes Interesse an politischen und kulturellen Ereignissen hatte. Nachdem eine Kommunikationsebene mit ihm gefunden worden war, war Herr P. in der Lage, sein Freizeitverhalten individuell zu bestimmen. Das laute Schreien und Einschlafen ließen sich darauf zurückführen, dass sich Herr P. bisher unterfordert, unterschätzt und gelangweilt gefühlt hatte.

Aufgaben

1. *Analysieren Sie die Situation von Herrn P. in Bezug auf die Grundsätze für subjektive Freizeitan-gebote.*

2. *Erarbeiten Sie Gründe dafür, warum Herr P. erst durch eine neue Mitarbeiterin unterstützt wer-den konnte.*

3. *Untersuchen Sie in einer Ihnen bekannten Einrichtung der Behindertenhilfe eine Gruppe im Hinblick auf subjektiv sinnvolle Freizeitgestaltung. Erstellen Sie dazu einen Fragebogen und einen Beobachtungsbogen. Beteiligen Sie die Mitarbeiterinnen und die Bewohner dabei glei-chermaßen. Werten Sie Ihre Ergebnisse aus und stellen Sie diese in Ihrer Gruppe vor.*

4. *Diskutieren Sie die Ergebnisse Ihrer Untersuchungen und erstellen Sie in Kleingruppen alterna-tive Lösungsmodelle für subjektiv sinnvolle Freizeitgestaltung.*

5. *Überprüfen Sie von Ihnen im Rahmen Ihrer Ausbildung bisher erstellte Freizeitangebote im Hin-blick auf o. g. Grundsätze.*

5.4 Sport

„Lass mich gewinnen, und wenn ich nicht gewinnen kann, lass mich mutig mein Bestes geben!" **(Devise von Special Olympics)**

„Alle Menschen mit Behinderung, die Sport treiben haben schon gewonnen, weil sie für sich einen Lebensraum besetzt haben, in dem sie Freude und Gemeinschaft erleben, Grenzen erproben und erweitern, Selbstbewusstsein stärken und Erfahrungen gewinnen". **(Petra Hinkl, Sportinitiatorin in der großen Behinderteneinrichtung der Diakonie Neuendettelsau).**

Aufgaben

1. *Informieren Sie sich über die Special Olympics. Bilden Sie Arbeitsgruppen zu den folgenden Schwerpunkten:*
   - *Zur Geschichte der Special Olympics*
   - *Zur Bekanntheit und zur gegenwärtigen Bedeutung der Special Olympics*
   - *Zu den Sportarten der Special Olympics*

2. *Informieren Sie sich über die Paralympics. Bilden Sie Arbeitsgruppen zu den folgenden Schwerpunkten:*
   - *Zur Geschichte der Paralympics*
   - *Zur Bekanntheit und zur gegenwärtigen Bedeutung der Paralympics*
   - *Zu den Sportarten der Paralympics*

Ob Menschen mit Behinderungen Sport treiben können, ist eigentlich keine relevante Frage mehr. Vielmehr müsste man umgekehrt fragen: Gibt es Sportarten, die Menschen mit Behinderungen verschlossen bleiben? Auf den ersten Blick scheint es zum Beispiel unmöglich, dass sich blinde Menschen im Fußball messen können oder dass Tennis für Menschen im Rollstuhl möglich ist. Aber weit gefehlt. Es gibt mittlerweile leistungsorientierte Mannschaftssportarten für Sehbehinderte; Menschen mit körperlichen oder geistigen Behinderungen sind in der Leichtathletik, im Fußball, aber auch im Inline-Skaten oder Indoor-Klettern aktiv. Es gibt Turniertänzer im Rollstuhl und in einigen größeren Einrichtungen für Erwachsene mit geistiger Behinderung (z. B. in Datteln, im nördlichen Ruhrgebiet) gibt es seit Jahren bereits Laufgruppen für Anfänger, für Nordic Walking und Trainingspläne für Marathonläufer.

Die Schwierigkeiten bei dem Wunsch nach einer bestimmten sportlichen Betätigung ergeben sich manchmal nicht nur aus der persönlichen physischen Grundkonstitution. Es reicht zum Beispiel nicht, eine ganz bestimmte Schwimmtechnik als körperlich beeinträchtigter Mensch zu beherrschen. Man muss das Schwimmbad auch regelmäßig und komplikationslos erreichen können. Es muss Parkraum für Körperbehinderte geben, der Eingang und alle anderen baulichen Gegebenheiten (Rampe, Eingang, Kartenautomaten, Umkleidebereich, Duschen, Einstieg ins Becken u. a. m.) müssen barrierefrei sein. Und wie ist es, wenn man als Mensch mit einer geistigen Behinderung zwar Rad fahren möchte, aber noch nicht sicher ist in der Beherrschung der Verkehrsregeln?

Aufgaben

1. *Informieren Sie sich: Für welche Sportarten gibt es an ihrem Wohn- oder Schulort Vereine?*

2. *In welchen dieser Sportvereine könnte ein Rollstuhlfahrer welchen Sport treiben?*

3. *In welchen dieser Sportvereine könnte ein blinder Mensch welchen Sport treiben?*

4. *Gibt es an Ihrem Ort Gruppen mit ausschließlich behinderten Sporttreibenden? Falls ja, laden Sie einen Vertreter dieser Gruppe zum Gespräch ein. Fragen Sie an, ob Interessierte einmal beim Training dabei sein dürfen.*

5. Machen Sie sich auf den Weg, um Antworten auf die Fragen 5 a) bis 5 b) zu finden. Tauschen Sie sich anschließend über ihre Ergebnisse aus.

   a) Fragen Sie einen Übungsleiter in einem **Golfclub** in der Nähe: Könnten Interessierte mit geistiger Behinderung dort Golf lernen?

   b) Fragen Sie die Betreiber eines **Fitnessclubs:** Könnten Erwachsene mit geistiger Behinderung hier trainieren?

   c) Schwimmen mit körperlichen Behinderung, wäre das im örtlichen **Schwimmverein** möglich?

   d) Wäre im örtlichen **Leichtathletikverein** jemand in der Lage, Interessierte mit körperlichen Behinderungen zu trainieren?

   e) Fragen Sie den Vorsitzenden eines Sportvereins am Ort: Welche der angebotenen Sportarten wären auch für Kinder und Jugendliche im Rollstuhl erlebbar?

   f) Hat man in dem örtlichen Sportverein schon mal darüber nachgedacht, die Bewohner einer Behinderteneinrichtung am Ort gezielt für den eigenen Verein und seine Angebote zu interessieren? Falls ja, was geschah daraufhin? Falls nein, haben Sie hier eine komplexe methodische Aufgabe für eine Gruppe: Bieten Sie ihre Mithilfe bei der anfänglichen Kontaktaufnahme. Helfen Sie mit, Ideen zum Thema gemeinsam mit Interessierten aus dem Verein und aus der Behinderteneinrichtung zu entwickeln.

   g) Sport für Menschen mit Behinderung, das ist auch ein Thema für die Stadt-, Kreis- oder Gemeinde**verwaltung**. Fragen Sie im Rathaus/in der Gemeindeverwaltung/im Kreishaus nach Informationen zum Thema. An welche örtlichen Stellen könnten sich interessierte Menschen mit Behinderungen wenden, wenn sie mehr zum Thema wissen wollen?

6. Erkundigen Sie sich in einer Behinderteneinrichtung Ihrer Wahl zum Thema „Sport und Behinderung".

   a) Welche Sportarten werden aktiv betrieben?

   b) Stellen Sie ihre Ergebnisse als Broschüre zusammen und bieten Sie diese Broschüre den Behinderteneinrichtungen der Umgebung an. Erkundigen Sie sich, ob es Bewohner gibt, die bestimmte Sportarten einmal ausprobieren wollen. Versuchen Sie zu helfen: Suchen Sie eine Möglichkeit für den Menschen mit Behinderung, diese Sportart aktiv zu probieren.

Allgemeines zum Rollstuhlsport

Die Aufzählung der Sportmöglichkeiten mit Rollstuhl ist in den letzten Jahren lang geworden. Hier eine Auswahl:

- Basketball
- Handbike
- Leichtathletik
- Rugby
- Skifahren
- Bogenschießen
- Sportschießen
- Elektro-Rollstuhl-Hockey
- Tischtennis
- Fechten
- Badminton
- Boule
- Curling
- Gewichtheben
- Sledge-Eishockey
- Tanzen

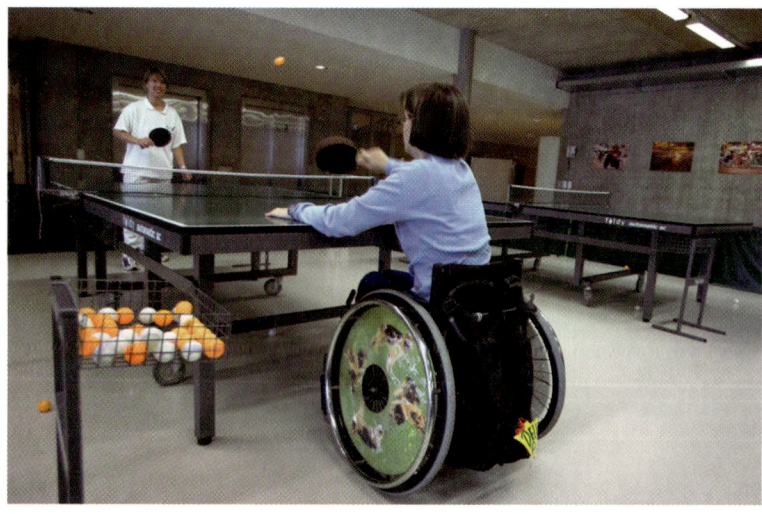

Der Deutsche Rollstuhl-Sportverband e.V. (DRS) ist nicht unbedeutend. Es gibt mehr als 7 000 Sportlerinnen und Sportler in ungefähr 300 im DRS organisierten Vereinen. Eines der Ziele des DRS ist es, dass jeder Rollstuhlfahrer eine ihn interessierende Sportart in seiner Nähe ausüben kann.

Mittlerweile gibt es in vielen Sportarten und in vielen Vereinen des DRS verschiedene Schwerpunkte:
- Breitensport
- Kinder- und Jugendsport
- Wettbewerbs- und Leistungssport
- Fitness und Rehabilitationssport
- Aus- und Weiterbildung für Trainer und Leiter

Aufgaben

1. Unterscheiden Sie die Begriffe Breitensport und Wettbewerbssport bzw. Leistungssport

2. Was kennzeichnet Rehabilitationssport?

3. Was unterscheidet Psychomotorik von Sport?

4. Es gibt spezielle Ausbildungen bzw. Lehrgänge für Ausbildungsleiter in Sportarten des Rollstuhlsports. Suchen Sie sich eine Rollstuhlsportart Ihrer Wahl heraus und informieren Sie sich über die Inhalte der Trainerausbildung. Stellen Sie die Informationen für die Klasse zusammen.

Für Rollstuhlfahrer ist Sport häufig mehr als Freizeitgestaltung. Sport kann für körperbehinderte Rollstuhlsportler folgende Bedeutungen haben:
- Erhaltung der körperlichen Leistungskraft und Mobilität
- (Wieder-)Erlangung des psychischen Wohlbefindens
- Ausgeglichenheit, Glück
- Anschluss suchen, Freunde finden
- Kontakt mit Gleichgesinnten in einer Gemeinschaft (Mannschaft, Gruppe, Team, Verein) erleben
- Prävention gegen sekundäre Beeinträchtigungen, Schädigungen oder Folgeerkrankungen
- Permanente Herausforderung, Grenzen finden, an das Limit der eigenen Leistung gehen
- Integration, wenn z.B. auch nichtbehinderte Sportler mitmachen (was in einigen Rollstuhlsportarten durchaus möglich ist)

Die Mobilität zu erhalten oder zu verbessern geschieht zum Beispiel dadurch, dass die körperbehinderte Sportlerin bzw. der körperbehinderte Sportler lernt, sich mit dem Rollstuhl besser zu bewegen. Das Körpergefühl, das Gleichgewichtsvermögen und natürlich auch die allgemeine Kraft und Kondition werden durch sportliche Betätigungen geschult. Bewegungen, insbesondere der Antrieb, werden effektiver und die Kondition wird spürbar besser.

Darüber hinaus geht es im Rollstuhlsport auch ganz allgemein um
- einen Beitrag zur Kostendämpfung im Gesundheitswesen
- die logische Weiterführung vorheriger Rehabilitation
- das Wirken in der Öffentlichkeit

Aufgaben

1. Informieren Sie sich über die Angebote des Deutschen Rollstuhl-Sportverbandes e. V.

2. Stellen Sie eine Rollstuhlsportart Ihrer Wahl in der Klasse (besser: in der Sporthalle) vor.

3. Rollstuhlsport als „Kostendämpfung im Gesundheitswesen". Was ist damit gemeint? Erstellen Sie dazu ein Thesenpapier.

4. Welche Rollstuhlsportvereine sind in erreichbarer Nähe? Fragen Sie nach, ob Sie beim Training oder bei einem Wettkampf zuschauen dürfen.

Rollstuhl-Tennis

Im Jahre 1999 öffnete der bekannte Rochusclub in Düsseldorf seine Plätze erstmals für den Rollstuhl-Tennissport, was im Nachhinein als Initialzündung für diese Sportart angesehen wurde. Seitdem sich herumgesprochen hat, dass weder Hallenböden noch Ascheplätze im Tennis durch Sportrollstühle beschädigt werden, ist diese Sportart für Rollstuhlfahrer normal und eine von vielen im Angebot des DRS geworden. Hierzulande können sich rollstuhlfahrende Tennisspielerinnen und Spieler einem eigenen Verband anschließen (Deutscher Rollstuhl-Tennis-Verband e.V.). Dort, im DRT, kann man die Regelmodifikationen im Tennisbreiten- oder Tennis-Wettkampfsport erfahren.

In den letzten Jahren hat der Verband durch Aktivitäten im „Tenniszirkus" der Fußgänger auf Rollstuhl-Tennis aufmerksam gemacht. So gibt es bei vielen internationalen Wettkämpfen der Spitzenklasse (z. B. German Open) Rollstuhl-Tennis-Shows, um die Zuschauer neugierig zu machen. Es gibt spezielle Trainer-Seminare und in Bonn befindet sich ein Breitensportzentrum für Rollstuhl-Tennis. Der jährliche Veranstaltungskalender für Rollstuhl-Tennis wächst, es gibt Nationalmannschaften, Meisterschaften und natürlich im Spitzensport auch Ranglisten in verschiedenen Altersklassen. In fast 100 Ländern wird mittlerweile Rollstuhl-Tennis betrieben.

Aufgaben

1. *Informieren Sie sich über die Regeln beim Rollstuhl-Tennis. Was wird hier anders gemacht? Was ist dem Tennis für Fußgänger gleich?*

2. *Fragen Sie bei einem örtlichen Tennisclub nach Rollstuhl-Tennis. Was weiß man dort darüber? Wäre es interessant, einen Referenten vom DRT zum Verein einzuladen? Könnten Sie Hilfe anbieten, um die Veranstaltung für Rollstuhlfahrer bekannt zu machen?*

Rollstuhl-Rugby

Rugby ist auf der britischen Insel die Mannschaftssportart Nummer eins und damit in vielen Landstrichen populärer als Fußball. Dennoch ist Rugby keine Sportart für jedermann. Hier in Deutschland gibt es recht wenige Clubs. Die Rollstuhl-Variante des Rugby ist eine eher neue Errungenschaft im Rollstuhlsport. 1992 kam das Spiel von Großbritannien nach Deutschland und seit einigen Jahren gibt es hier einen nationalen Ligabetrieb, an der Spitze sogar bis zu einer internationalen Liga.

Rugby und auch Rollstuhl-Rugby ist eher eine extreme, sehr körperbetonte Sportart. Zwar ist Rugby ein Mannschaftssport, aber dennoch zieht es eher Individualisten und Menschen an, die etwas Besonderes versuchen wollen. Interessant ist, dass Rollstuhl-Rugby auch für Menschen beworben wird, die mehrfache Körperbehinderungen haben.

Rollstuhl-Rugby wird nicht auf einem Rasenplatz, sondern drinnen, auf einem Basketballfeld in einer normalen Sporthalle gespielt. Der Ball ist nicht eiförmig, sondern ein handelsüblicher Volleyball. Außergewöhnlich beim Rollstuhl-Rugby sind die speziellen Rollstühle, die nur noch wenig Ähnlichkeit mit normalen (Sport-)Rollstühlen haben. Da beim Rollstuhl-Rugby Rollstuhlkontakt erlaubt ist, müssen die Rollstühle zugleich wendig und robust sein. Die Spieler passen, blocken, stören, versuchen Tore (Touchdowns) zu machen und häufig kommt es zu spektakulären Zusammenstößen der Rollstühle. Es darf gedrückt, geschoben und gerammt werden. Alles scheint erlaubt, aber ein direkter Körperkontakt ist verboten und wird mit Zeitstrafe geahndet. In einem Team sind vier Spieler, das Spiel geht über vier mal acht Minuten, es gibt Schiedsrichter, die auf Zeitlimits für Angriffe achten und die Strafbank muss nicht selten von dem ein oder anderen Spieler aufgesucht werden.

Aufgaben

1. *Wie wird Rugby gespielt? Informieren Sie sich.*

2. *Besuchen Sie ein Rugbyspiel in Ihrer Nähe. Kommen Sie ins Gespräch. Was finden Rugbyspieler selbst an „ihrem" Sport so faszinierend?*

3. *Aus welchen Gründen könnte Rugby für Rollstuhlfahrer interessant sein? Stellen Sie verschiedene Thesen dazu zusammen.*

Aufgaben

4. Informieren Sie sich über Rollstuhl-Rugby. Erklären Sie es im Klassenverband.

5. Was unterscheidet einen „normalen" Sport-Rollstuhl von einem Rollstuhl für Rollstuhl-Rugby?

Sledge-Eishockey

Sledge-Eishockey gehört zu den schwierigsten und anspruchsvollsten Sportarten für Menschen mit körperlichen Einschränkungen. Benötigt werden Kraft, Ausdauer, Wendigkeit, Geschwindigkeit, Robustheit und allgemeines Körpergeschick. Spielregeln und Spielfeld entsprechen in vielen Teilen dem herkömmlichen Eishockey. Aber anstelle der Fortbewegung auf Schlittschuhen bewegen sich die Spieler in unmittelbarer Nähe zum Eis auf Schlitten. Zwei kurze Schläger in den Händen dienen zur Fortbewegung und gleichzeitig als (kurze) Schläger.

Sledge-Eishockey ist eine paralympische Sportart. Entwickelt wurde es in den 1970er-Jahren in den nordischen Ländern. Ligaspielbetriebe gibt es seit Jahren in den USA, in Kanada, in Schweden und Norwegen aber auch in Großbritannien, Japan und Deutschland. Seit 2000 gibt es eine deutsche Nationalmannschaft. Örtliche Vereine gibt es zum Beispiel in Bremen, Dresden, Hannover, Heidelberg und Unna.

Aufgaben

1. Besorgen Sie sich Informationsmaterial zum Sledge-Eishockey und stellen Sie es in der Klasse vor.

2. Mit welchen körperlichen Einschränkungen und Behinderungen ist Sledge-Eishockey möglich?

3. Vergleichen Sie die Art der Fortbewegung mit der beim herkömmlichen Eishockey.

4. Fragen Sie den Betreiber der nächstgelegenen Eishalle (mit Eishockeybetrieb), ob man dort schon mal was von Sledge-Eishockey gehört hat. Und falls ja: Was man davon halte. Falls nicht: Ob man mehr davon wissen wolle.

Rollstuhlbasketball

Basketball ist wohl die bekannteste und populärste Mannschaftssportart im Rollstuhlbereich. Die nationalen Anfänge liegen bereits in den 1960er-Jahren. Damals war dieser Sport noch ausschließlich in Kliniken und Rehabilitationszentren zu Hause. Mittlerweile spielen rund 2 500 Aktive aller Altersklassen in über 150 Mannschaften von Bezirksligen bis zur Bundesliga gegeneinander. Seit 1992 sind auch Nichtbehinderte zum offiziellen Spielbetrieb zugelassen.

Das Regelwerk im Rollstuhlbasketball entspricht in vielen Teilen dem der Fußgänger. Allerdings gibt es Abwandlungen und Ergänzungen aufgrund des Rollstuhls als Sportgerät. Eine wichtige und hinsichtlich der Fairness und Vergleichbarkeit der Teams unumgängliche Voraussetzung beim Rollstuhlbasketball ist die Spielerklassifizierung. Sie gewährleistet, dass alle Spieler, unabhängig vom Ausmaß ihrer Behinderung und der daraus resultierenden funktionellen Einschränkung, mit gleichen Chancen gegeneinander spielen können. Jeder Spieler bekommt entsprechend seiner Behinderung und dem Maß an verbliebenen Körperfunktionen 1,0 bis 4,5 Punkte (z. B. aufgrund Amputation, Querschnittlähmung, Poliolähmung, Zerebralparese, Gehbehinderung). Die Höchstpunktzahl gibt es z. B. für einen nichtbehinderten Sportler im Rollstuhl. Die Summe der Punkte der fünf Feldspieler einer Mannschaft darf 14 Punkte nicht überschreiten.

<table>
<tr><td>**Aufgaben**</td><td>

1. *Informieren Sie sich im Internet über Rollstuhlbasketball und bereiten Sie das Material für den Unterricht vor.*

2. *Vergleichen Sie einen Rollstuhl für Rollstuhlbasketball mit einem herkömmlichen Rollstuhl und mit einem Sportrollstuhl für Leichtathletik. Was fällt auf?*

3. *Wo gibt es in Ihrer Umgebung den nächsten Trainingsbetrieb einer Rollstuhlbasketball-Mannschaft? Fragen Sie an, ob Sie dort einmal zuschauen und anschließend ins Gespräch mit Spielern kommen können.*

4. *Versuchen Sie einmal selbst, aus einem fahrenden Rollstuhl heraus „ein paar Körbe" zu werfen. Selbst wenn Sie ein versierter Basketballspieler bzw. eine versierte Spielerin sind, werden Sie überrascht sein!*

</td></tr>
</table>

5.5 Tiere

<table>
<tr><td>**Beispiel**</td><td>

„Diamo kennt jeder, wenigstens von der Wiese. Zusammen mit Kobi, Wanda und Strubbel gehört er zum Reitstall in Haus Hall. Für die Bewohner spielen die großen Vierbeiner eine wichtige Rolle. Und auch für Julian vom Kindergarten, der auf dem Bild die Zügel hält. „Für das Pferd gibt es keine Behinderungen. Es verhält sich immer artgerecht als soziales Wesen, es rächt sich nicht, es kritisiert nicht, es straft nicht und bemitleidet nicht. Es akzeptiert jeden, der gut zu ihm ist." Mit diesen Worten beschreibt das Team der Reithalle in

</td></tr>
</table>

Haus Hall das Besondere an der Arbeit mit dem Pferd. Eine Beschreibung, die auch auf den Kontakt mit Lebewesen zutrifft, die kleiner sind als ein Pferd. Tiere faszinieren, sprechen an, können Vertrauen und Respekt auslösen. Sie können über die Angst hinweghelfen und manchmal auch über die Einsamkeit. Und eine kleine Ziege zu streicheln macht einfach Spaß. Zugegeben: Ein persönliches Haustier zu haben, ist für viele Bewohner in Haus Hall sehr schwierig. Der Wunsch nach dem eigenen Kanarienvogel oder dem Zwergkaninchen stellt eine Wohngruppe und ihr Betreuerteam regelmäßig vor Probleme. Dennoch, ohne die Begegnung mit Tieren wäre das Leben vieler Menschen in Haus Hall ärmer." (Hülskemper, 2006, S. 3)

<table>
<tr><td>**Aufgaben**</td><td>

1. *Der Wunsch nach einem eigenen Haustier stellt eine Wohngruppe und ihr Betreuerteam vor Probleme, schreibt Michel Hülskemper. Welche Probleme könnten das sein? Stellen Sie Mutmaßungen an. Informieren Sie sich dazu auch in einer Einrichtung Ihrer Wahl.*

2. *Eine Befragung: Welche Haustiere gibt es in einer komplexen Behinderteneinrichtung Ihrer Wahl? Welche Haustiere würde man sich gerne wünschen? Was spricht dagegen, diesen Wünschen Folge zu leisten?*

</td></tr>
</table>

„Lieber keine Heimleiter als keine Tiere"

Für die Fachzeitschrift Orientierung wurde Herr Hartmut Bauder (50), Bewohner in einer Einrichtung der Behinderten-hilfe in der Haslachmühle in Oberschwaben, interviewt. Herr Bauder hat seit ungefähr 25 Jahren ein Hobby: Die Schaf-zucht. Vom Erlös des Fleisches kauft er sich neue Schafe. Und mit der Wolle hat er bereits 40 Pullover und mindestens so viele Mützen selbst gestrickt und verkauft.

Herr Bauder, wie kam es dazu, dass Sie Schafe züchten?

Bauder: Mein Onkel hatte Pferde und Geißen und damit bin ich groß geworden. Ich liebe schon immer Tiere, nicht erst seit ich hier in der Haslachmühle bin. Hier begann das Ganze mit Hasen, die wir früher hatten, dann kamen die ersten Therapiepferde, da habe ich einfach mitgeholfen, freiwillig, weil es mir Spaß gemacht hat. Und dann wollte ich selber ein Tier und ging zum Di-rektor und sagte ihm einfach: „Ich will eine Sau!" Aber das hat nicht geklappt. Er fand es keine so gute Idee, weil die Schweine stinken und eine große Sauerei machen.

Warum wollten Sie denn ausgerechnet ein Schwein?

Bauder: Ich wollte das Ferkel im Frühjahr kaufen und im Herbst grillen, ein richtiges Grillfest machen. Aber wie gesagt, da war er dagegen, unser Direktor. Dann habe ich halt später einen zweiten Anlauf genommen und habe ihn gefragt, ob es denn ein Schaf sein darf. Und er hat ja gesagt. So kam ich zu meinem ersten Schaf, baute einfache Koppeln und später dann richtige und mit Hilfe der Mitarbeiter eine Hütte für mein Schaf. Das Schaf war aber alleine und so kaufte ich ein anderes und fing an Schafe zu züchten.

Was bedeutet es für Sie, mit Tieren zusammenzuleben?

Bauder: Meine Schafe sind ein echtes Hobby, Tiere machen Freude – und es bringt Geld. Mit Tieren zu arbeiten, das ist einfach viel besser, als in der WfbM herumzuhocken und immer das gleiche Zeug zu machen.

In der Haslachmühle gibt es ja viele Tiere. Können Sie sich vorstellen, dass es hier keine Tiere gäbe?

Bauder: Unmöglich! Lieber keine Heimleiter, als keine Tiere – das ist auch billiger. Tiere machen Spaß, Freude, tun einfach gut und das ist eine Abwechslung. Und manchmal hat man jemand, mit dem man schwätzen kann, die quatschen einem net so nei wie die Erzieher.

Herr Bauder, wenn eine Einrichtung sich erstmals Tiere anschaffen will, worauf sollte sie achten?

Bauder: Man braucht, so denke ich, zwei bis drei Jahre, bis man sich daran gewöhnt und die ein-fach dazu gehören. Das ist wie mit der oberen Leitung auch.

(Bauder, 2006, S. 1–2)

Aufgaben

1. Was halten Sie von dem „Gewöhnungsvergleich": Neue Tiere und eine neue „obere" Leitung? Beantworten Sie zunächst spontan und dann überlegen Sie noch einmal etwas genauer.

2. Und was halten Sie von Herrn Bauders Aussage „ … die (Tiere) quatschen einem net so nei wie die Erzieher"?

Aufgaben

3. Interpretieren Sie Herrn Bauders Aussage, dass es besser sei, mit Tieren, als in einer WfbM zu arbeiten.

4. Früher war Nutztierhaltung in Behinderteneinrichtungen ganz normal, vielleicht sogar aus vielerlei Gründen notwendig. Informieren Sie sich darüber in einer traditionellen Einrichtung der Behindertenhilfe ihrer Wahl.

Zu Besuch bei Bewohnern mit Tieren

Beispiel

- In einem großen Freigehege auf dem Gelände einer komplexen Wohneinrichtung des Wohnverbundes LWL (Landschaftsverband Westfalen-Lippe) werden zahlreiche **Ziegen, Esel** und andere Tiere gehalten. Sie werden täglich und über mehrere Stunden aufwendig und intensiv von zwei Erwachsenen betreut, die bis dahin große Integrationsprobleme in herkömmlichen WfbMs hatten. Beide haben hier in der Tierbetreuung eine neue, umfangreiche Aufgabe. Im Einvernehmen mit der WfbM gehen Sie nur noch halbtags in die Montagegruppe.
- In einer Wohneinrichtung mit mehreren Wohngruppen bringt die Leiterin täglich ihren großen **Hund** mit zur Arbeit. Einige Male täglich klopfen verschiedene Bewohnerinnen oder Bewohner an und fragen, ob sie mit dem Hund spazieren gehen dürfen.
- Im großen Innenhof für mehrere Wohngruppen einer Einrichtung für Menschen mit geistiger Behinderung befindet sich seit langem eine Voliere mit zahlreichen **Sittichen**. Nicht immer scheint die regelmäßige Pflege des „Vogelheims" zu klappen, denn manchmal sieht es etwas unsauber aus.
- Im seitlichen Flurbereich einer Wohngruppe für Menschen mit schwersten Behinderungen und Verhaltensauffälligkeiten stehen einige geräumige Käfige nebeneinander. Drinnen sind **Meerschweinchen** und **Zwergkaninchen**. Täglich, zumeist nach dem Mittagessen, wenn es relativ ruhig ist in der Gruppe, werden die Tiere von bestimmten Bewohnern zum Streicheln und Schmusen herausgenommen.
- Eine Gruppe von Studierenden der Heilerziehungspflege hilft interessierten Bewohnern beim Bau eines neuen Stalls und eines neuen Freigeheges für die vier **Kaninchen**. Sie gehören Bewohnerinnen der Gruppe.
- Zwei Seniorinnen einer Wohngruppe für behinderte Frauen gehen täglich mit Hunden eines nahe gelegenen **Tierheims** spazieren. Sie helfen auch beim Säubern der Gehege und beim Füttern der Kleintiere.

- *In einem großen Aquarium der Wohngruppe befinden sich ausschließlich **Piranhas**. Ein früherer Mitarbeiter hatte sie vor Jahren angeschafft. Der Mitarbeiter hat gewechselt, die Fische sind noch da. Die meisten der Bewohner sind sehr schwer behindert und sie scheinen sich nicht sonderlich für die etwas unheimlichen Fische zu interessieren. Keiner kann bei der Pflege der Fische behilflich sein.*

- *Im Garten, neben dem Fahrradschuppen, befindet sich ein Stall für die **Brieftauben** eines erwachsenen Bewohners einer Wohneinrichtung für Menschen mit geistiger Behinderung. Der Bewohner ist durch seinen Vater bereits mit der Brieftaubenzucht groß geworden. Er ist seit vielen Jahren Mitglied im örtlichen Brieftaubenverein. Stolz zeigt er bei jedem meiner Besuche die Pokale und Urkunden, die er mit seinen Brieftauben bereits erzielen konnte. Nach dem Tod seines Vaters fuhr er zunächst noch zwei Mal täglich mit dem Rad zum Taubenschlag beim Elternhaus, um dort alles sauber zu halten und um die Tiere zu füttern. Morgens ließ er die Tauben fliegen und nachmittags lockte er sie gekonnt wieder in den Schlag. Vor drei Jahren baute er mit Hilfe seines Bruders, einem gelernten Schreiner, einen neuen Taubenschlag im großen Garten des Wohnheims. Die Brieftauben zogen schließlich ins neue Heim ein und in der Wettflugsaison schauen zumeist mehrere Mitbewohner, ob die eigenen Brieftauben vielleicht schneller daheim sind, als die der anderen Züchter. Für Futter und vieles andere rund um die Taubenzucht benötigt der Bewohner sein gesamtes Taschengeld. Ein Freund hilft beim wöchentlichen Transport der Tauben zum Treffpunkt aller Züchter des Vereins. Auf meine Frage hin, sagte der leidenschaftliche Taubenzüchter, dass er an den Werktagen sicherlich zwei Stunden täglich mit seinen Tauben beschäftigt sei. Und am Wochenende sind es immer viel mehr Stunden. Und ein Leben ohne Brieftauben könne er sich überhaupt nicht vorstellen.*

- *Die **Katze** sei ihnen einfach so zugelaufen, erzählt die Bewohnerin einer Außenwohngruppe am Stadtrand. Sie habe so kläglich miaut und deshalb habe man sie gefüttert. Sie kam dann immer wieder und manchmal ist sie tagelang weg. Ins Haus will sie nicht, aber wenn es regnet, dann kommt sie gerne zur überdachten Terrasse. Dort habe man ihr ein gemütliches Plätzchen eingerichtet.*

- *Zum Außenbereich der Werkstatt für behinderte Menschen am Rande einer Großstadt im Ruhrgebiet gehört ein **Hühnergehege**. Die Patenschaft für die Sorge und Pflege der Hühner hat die Montagegruppe übernommen. Die „Welsumer Zwerge" müssen gefüttert werden, der Stall und das Gehege werden täglich gesäubert und die Eier werden eingesammelt und verkauft. Vom Erlös wird neues Hühnerfutter angeschafft.*

- *Zwei Bewohnerinnen mit geistiger Behinderung lieben den großen **Zoo** der Stadt. Sie haben Jahreskarten und sind selbst bei schlechtem Wetter und auch im Winter nicht von ihrem samstäglichen Besuch der Tiere abzubringen. Besonders haben es ihnen die Elefanten, die Eisbären, die Seehunde und Pinguine angetan. Die Pfleger kennen sie bereits und man durfte schon häufiger bei der Fütterung der Seehunde mithelfen, so berichten die beiden stolz. „Andere gehen jeden Sonntag zum Fußball, wir kommen immer wieder hierher. Wir müssen doch gucken, ob es den Tieren auch gut geht." Sie fahren mit dem Bus zum Zoo. Das habe man vorher einige Male mit einer Mitarbeiterin geübt. Seit dem letzten Sommer fahre man ohne Begleitung und das klappt seitdem problemlos.*

Sammeln Sie Bilder und Geschichten zum Thema „Bewohner mit Tieren".
- *Überlegen Sie sich, ob Sie im Klassenverband eine Art Ausstellung zusammenstellen können, oder*
- *binden Sie die Bilder und Geschichten zusammen und lassen Sie diese den abgebildeten Bewohnern zukommen, oder*
- *laden Sie die Bewohner, die ein Tier halten, zu einem Erfahrungsaustausch zum Thema ein, oder*
- *kommen Sie mit Mitarbeitern von Einrichtungen der Behindertenhilfe zum Thema ins Gespräch*

Assistenzhunde

„Assistenzhunde sind Tiere im Dienste von Behinderten. Sie können Pfleger und Dienstboten ersetzen und ergänzen Aufsichtspersonal und Sicherheitsvorkehrungen, Hilfsgeräte und Kommunikationssystem. Aber das ist nur die praktisch-technische Seite dieser tierischen Hilfsfunktionen. Die Hilfe von Assistenztieren geht viel weiter, sie reicht bis zu subtilen psychosozialen Unterstützungsfunktionen. Dabei muss der Mensch gar nicht unbedingt ein eigenes Tier haben; auch Besuchsprogramme oder gemeinsam gehaltene Tiere in stationären Einrichtungen tun gut"

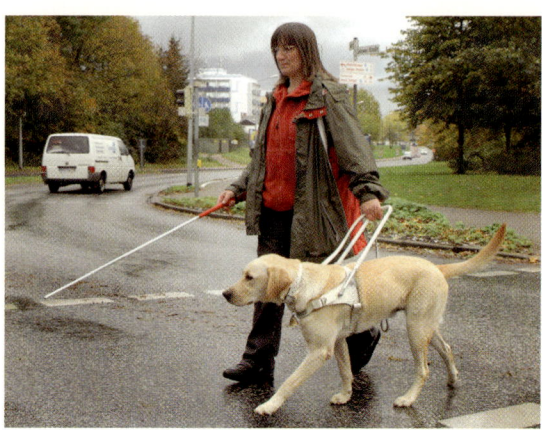

Ausbildung zum (tierischen) Assistenten

(Greiffenhagen/Buck-Werner, 2007, S. 119)

Ein Assistenzhund lebt dauerhaft bei einem behinderten Menschen und assistiert ihm im Alltag. Er könnte zum Beispiel

- seinen blinden Herrn durch den Verkehr führen
- den tauben Menschen berühren, wenn es an der Haustür klingelt
- das behinderte Kind sicher zur Schule begleiten
- Hilfe holen, wenn ein epileptischer Anfall geschieht oder bevorsteht
- einen heruntergefallenen Gegenstand aufheben
- Türen öffnen
- den Fahrstuhlknopf drücken
- Schutz vor Feindlichkeit und Übergriffen in der Gesellschaft bieten
- der tauben Mutter signalisieren, dass das Kind schreit

Assistenzhunde werden hierzulande am ehesten mit Blindenführhunden verbunden. Heute sieht man sie übrigens weitaus seltener als früher. Nur ungefähr jeder 75. blinde Mensch besitzt einen solchen Assistenzhund. Moderne Assistenzgeräte für Blinde, die hohen Kosten der Hundeausbildung und die immer wieder unterschiedlich entschiedene Frage, ob diese Kosten erstattet werden oder nicht, führen vielfach zum Verzicht auf dieses Tier. Die Kosten eines Assistenzhundes für körperlich behinderte Menschen müssen in der Regel vom Behinderten selbst übernommen werden.

Ein ruhiger, gelehriger, ausdauernder und widerstandsfähiger Hund kann eine besondere Rolle für einen Menschen mit starken körperlichen Behinderungen spielen:

- Er kann Geborgenheit und emotionale Sicherheit vermitteln.
- Er kann Partner, Zuhörer und Tröster sein.
- Ein Hund akzeptiert einen (oder genauer: „seinen") Menschen so, wie er ist.
- Er ist treu und immer an der Seite seines menschlichen Partners, auch wenn dieser im Rollstuhl sitzt.

Und wenn ein solcher Hund auch noch eine intensive und besondere Ausbildung durchläuft, dann kann er einem Menschen mit Behinderung noch mehr sein: Er assistiert ihm im täglichen Leben und in besonderen Situationen. Er hat zum Beispiel gelernt

- auf Kommando bestimmte Gegenstände aufzuheben und zu bringen,
- er kann Türen öffnen und schließen,
- er kann Lichtschalter betätigen,
- er kann Lautstärkeregler verschieben,
- er kann Alarm auslösen,
- er kann Hilfe holen,
- er kann beim Einkauf helfen.

> *„Behinderte, die sich der Hilfe eines Tieres sicher wissen, gewinnen mehr als nur technische Dienstleistungen. Das Tier verhilft ihnen über verschiedene Wege zur Steigerung ihrer physischen Aktivität, zur Stabilisierung ihrer Identität und zur Belebung ihrer sozialen Kontakte. (…) Das Tier weiß nichts von der Behinderung des Menschen. Was immer ihm fehlen mag, für das Tier ist er vollkommen, er bleibt sein Herr und sein Freund."* **(Greiffenhagen/Buck-Werner, 2007, S. 130)**

Ein Assistenzhund ist Partner und Mittler. Er fördert die Integration eines Menschen mit körperlichen Beeinträchtigungen. Er hilft, mehr Mobilität zu bekommen und natürlich fällt es vielen Mitmenschen leichter, über den Hund in Kontakt zum Menschen mit Behinderung zu treten. Der Hund gibt dem Rollstuhlfahrer Sicherheit, während er den Fußgängern hilft, ihre Hemmschwelle körperlich behinderten Rollstuhlfahrern gegenüber abzubauen. Darüber hinaus trägt ein stattlicher Assistenzhund zum Selbstwertgefühl und Selbstbewusstsein des behinderten Besitzers bei. Er vermittelt das Gefühl, gebraucht zu werden, denn so wie der Mensch sich auf die Hilfe des Hundes stützt, so benötigt der Hund natürlich auch die Zuwendung und zuverlässige Versorgung durch den Menschen.

> *Aus dem Bericht eines Blinden: „Mein Hund verkörpert alle Werte, an die ich selber glaube: Gesundheit, Aktivität, Vertrauen, und ich bin stolz, wenn er bei mir ist und mir hilft, meine Umgebung zu meistern. Ich glaube, dass die Leute um mich herum ihn bewundern und respektieren und ich freue mich, über diesen Respekt. Menschen können so unangenehm, neugierig und zudringlich mit Blinden sein und der Hund erinnert sie daran, dass ich nicht hilflos bin, sondern auch Macht habe. Auf diese Weise komme ich gut zurecht."*
>
> *Der Bericht eines anderen Behinderten geht noch einen Schritt weiter: „Bevor ich einen Hund hatte, wusste ich nicht, dass ich interessant und überzeugend sein kann. Das Geheimnis des größeren Selbstvertrauens und der Möglichkeit, andere zu beeindrucken und zu gewinnen, liegt in Duffy. Duffy und ich sind ein Duo, das immer gewinnt."*
> **(Greiffenhagen/Buck-Werner, 2007, S. 131))**

Die Ausbildung zum Assistenzhund fängt im ersten Lebensjahr des Hundes an. In der Regel werden dazu Retriever, Hunde mit normalerweise sanftem und freundlichen Wesen ausgewählt. Die Hunde werden zunächst in Familien („Patenfamilien") an alltägliche Situationen herangeführt. Danach erfolgt ein gezieltes, ausdauerndes Training mit speziellen Ausbildern. Nach dieser „Grundausbildung" erfolgt die Vermittlung an einen (körperbehinderten) Partner, der zuvor eine „Bewerbung" für einen Assistenzhund eingereicht hat. Nun erlernt der Hund wiederum mithilfe des Ausbilders die speziellen Aufgaben, die auf die individuellen Bedürfnisse seines neuen Menschen zugeschnitten sind. Wenn beide aufeinander abgestimmt sind und sich gegenseitig einschätzen können, gibt es zum Abschluss der Ausbildung einen Test, der bestanden werden muss. Danach wird der Assistenzhund ins richtige Leben „entlassen".

Aufgaben

1. *Einen Hund als Begleiter eines behinderten Menschen kennt man aus dem Sehbehinderten-Bereich. Informieren Sie sich über diese Hunde („Blindenhunde") und deren Ausbildung.*

2. *Vielleicht gelingt es Ihnen, einen sehbehinderten Menschen und seinen Hund zum Gespräch einzuladen. Überlegen Sie sich zuvor einen Fragenkatalog.*

Aufgaben

3. Informieren Sie sich über die Ausbildung eines Assistenzhundes. Was genau geschieht in dieser Ausbildung? Wer bildet wen wie aus? Wer zahlt die Ausbildung? Wie erfolgt die Vermittlung von Hund zu Mensch? Welche Erfahrungen gibt es bislang?

Hygiene – ein Problem?

Zunächst einmal: Die Haltung eines Tieres oder der Besuch eines Tieres in einer Einrichtung der Behindertenhilfe ist gesetzlich keineswegs untersagt.

In Deutschland werden ungefähr 5 Millionen Haushunde und 7,5 Millionen Hauskatzen gehalten, nur verschwindend wenige davon in einzelnen Einrichtungen der Behindertenhilfe.

Tierhaltung mag nicht für jeden Menschen etwas Positives sein. Manche sehen im Kontakt mit Tieren sogar Gefahren und lehnen sie nicht selten mit dem Hinweis auf mangelnde Hygiene oder hausinterne Vorschriften ab. Ein anderer Grund zur Ablehnung von Tieren könnte darin liegen, dass Hundehaare oder Vogelfedern Auslöser allergischer Reaktionen bei manchen Menschen sein können (wobei Reinigungsmittel, Blütenpollen oder viele Lebensmittel, die mit zusätzlichen Stoffen versehen sind, weitaus größere Gefahren für Allergiker darstellen).

In manchen Wohneinrichtungen der Behindertenhilfe ist die Ablehnung gewisser Haustiere im Hausvertrag festgeschrieben. Steckt dahinter eine allgemeine Furcht vor Schmutz, Unfällen oder Mehrarbeit? Oder ist es ein eher unreflektiertes, sachlich eigentlich nicht haltbares Vorurteil gegen Tiere im Allgemeinen? Geht man Anstrengungen aus dem Weg um sich als Leiter erst gar nicht mit einem subjektiv als unliebsam erachteten Thema beschäftigen zu müssen? Es ist eigentlich eher seltsam, dass das Thema „Tiere für Menschen mit Behinderungen" in Wohneinrichtungen mit so großer Skepsis verfolgt wird. Glaubt man zum Beispiel wirklich, dass ein besuchender Hund mehr Schmutz und Unruhe ins Haus bringt als ein menschlicher Besucher? Sollte das Streicheln einer Katze negative Auswirkungen auf den Bewohner haben? Und muss man sich danach wirklich die Hände desinfizieren? Es stimmt natürlich, dass Tiere Keime über das Fell oder über das Gefieder verschleppen können – das kann aber ebenso über das Personal oder Freunde und Verwandte der Bewohner geschehen. Und obwohl die „Keimgefahr" durch Menschen besteht, wird man in einem Wohnheim wohl kaum auf die Idee kommen, menschliche Kontakte generell zu verbieten.

In der Regel stellen Tiere in einer Einrichtung keine nennenswerte Gefahr als Keimüberträger dar. Es genügt eine ganz normale Sorgfalt im tagtäglichen Miteinander. Dazu können gehören:
- Ein Tier soll in der üblichen Weise gehalten werden (z.B. mehrmals täglich Gassi gehen, Liegeplatz regelmäßig säubern, Katzenklo und Näpfe sauberhalten, Vogelsand wechseln, usw.)
- Nach Tierkontakten, vor allem vor Mahlzeiten, Hände waschen
- Häufiger staubsaugen (um z.B. Hunde- oder Katzenhaare aufzunehmen)
- Kein Zutritt des Tieres in die (Gemeinschafs-)Küche
- Keine Tiere am Esstisch
- Ein Mensch muss einem Tier mit dem gebotenen Respekt und mit Sorgfalt begegnen. Vorsicht ist gegenüber leicht erregbaren Tieren geboten. Kratzer oder Bisse können nicht nur schmerzvoll sein, sondern sie können auch zu Infektionen führen.

Regelmäßige Schutzmaßnahmen, die bei der Tierhaltung eigentlich selbstverständlich sind, müssen beachtet werden:
- sorgfältige alltägliche Pflege des Tieres
- regelmäßige Schutzimpfungen des Tieres
- regelmäßige Entwurmung des Tieres
- regelmäßige allgemeine Prophylaxen des Tieres
- genaue Beobachtung des Tieres, insbesondere bei Erkrankungen

In nicht wenigen Wohneinrichtungen der Behindertenhilfe hat man erkannt, dass Haustiere für den Bewohner wichtig sein können. Dem trägt man Rechnung und gibt Tipps, die bei der Tierhaltung beachtet werden müssen. So hat z. B. das Diakonische Werk Himmelsthür in Hildesheim Grundsätze bei der Tierhaltung für Bewohner und Mitarbeiter zusammengefasst. Hier einige Ideen:

- Bewohner sollen Tiere nicht mit ins Bett nehmen.
- Tiere dürfen sich nicht in der Küche aufhalten.
- Konkrete Verantwortlichkeit für die Pflege durch feste Bezugspersonen der Tiere.
- Ggf. Kontrolle der Pflege durch begleitende Mitarbeiter.
- Verantwortlichkeit für tierärztliche Überwachung (Impfungen etc.) beim Bewohner und begleitenden Mitarbeiter.
- Käfig, Schlafstelle und Fressgeschirr regelmäßig mit eigens hierfür vorgesehenen Geräten oder Tüchern reinigen.
- Separate Lagerung von Futter und Pflegeutensilien (z. B. Stroh, Heu, Streu, Geräte, Futter).
- Darüber hinaus gibt es weitere spezielle Hinweise für die Haltung von Vögeln, Nagetieren, Hunden oder Katzen.

Aufgaben

1. *Fragen Sie in einer Einrichtung Ihrer Wahl, ob es dort allgemeingültige Vorschriften oder Hinweise für die Haltung von Tieren gibt.*

2. *Fragen Sie in einer Einrichtung Ihrer Wahl*
   - *welche Erfahrungen man bislang mit der Tierhaltung gemacht hat,*
   - *ob man die Tierhaltung generell erlaubt,*
   - *ob Bewohner manchmal äußern, ein Tier halten zu wollen,*
   - *ob man der Tierhaltung allgemein eher positiv oder negativ gegenüber steht,*
   - *ob man einem Bewohner die Tierhaltung schon einmal verboten hat und wie man diese ablehnende Haltung begründet hat.*

3. *Bieten Sie einer Einrichtung Ihrer Wahl an, bei der Abfassung von allgemeinen Grundsätzen zur Tierhaltung beratend zu helfen.*

4. *Fragen Sie beim örtlichen Tierschutzverein nach, wie man dort die Tierhaltung für Menschen mit Behinderungen sieht.*

5. *Fragen Sie einen Tierarzt, wie er die Tierhaltung in einer Einrichtung der Behindertenhilfe bewertet.*

Tiergestützte Pädagogik

„Tiere begleiten Menschen immer dann besonders gut, wenn sie artgerecht gehalten werden und so ihre ganzen Talente in der Mensch-Tier-Kommunikation ausspielen können. (…) Im Dialog mit Tieren werden alle unsere Sinne angesprochen. Wir sehen nicht nur die Zeichen der Körpersprache, wir differenzieren die verschiedenen Laute, nehmen über den Geruch und über das Tasten die unterschiedlichsten Botschaften war. Mithilfe des Streichelns tut nicht nur das Tier uns etwas Gutes, über diese taktilen Reize werden in uns Emotionen frei, die Geborgenheit und Fürsorge dem Tier zu Gute kommen lassen. Und indem wir dem Tier Geborgenheit und Fürsorge antragen, schließt sich erneut der Kreis, denn wo wir fürsorglich und liebend sein dürfen, empfinden wir auch selber ein großes Glücksgefühl." (Otterstedt, 2006, S. 12)

Natürlich können Tiere kein Ersatz für menschliche Fürsorge sein. Zugleich ist aber unbestritten, dass Tiere dem Menschen in Lernprozessen und beim allgemeinen physischen und psychischen Wohlbefinden helfen können. Hier einige Grundaussagen tiergestützter Pädagogik. Vorweg gilt dabei eine Maxime:

Merke

Tiere helfen, wenn man sie mag.

- Ein Tier zu versorgen ist Fürsorge und damit Übernahme von Verantwortung. Es stärkt das Selbstbewusstsein und fördert die Aufmerksamkeit.
- Ein Tier fordert den Halter auch geistig heraus. Tierisches Verhalten wird beobachtet und interpretiert. Schlussfolgerungen werden gezogen, Handlungen werden eventuell geplant und durchgeführt.
- Ein lebhaftes und kontaktfreudiges Tier ist für den Menschen stetig anregend.
- Tiere können in schwierigen Situationen helfen: Ein Tier kann ablenken oder den Menschen zu einer Verhaltensänderung bewegen.
- Ein Tier regt die Fantasie und die Spontanität des Menschen an.
- Ein Tier erzieht den Menschen zur Disziplin, zur Ordnung und zur Pünktlichkeit. Ein Tier will regelmäßig gefüttert werden, es will schlafen und beschäftigt werden. Diesen Rhythmus zwingt es dem Menschen auf, der es versorgt.
- Ein Tier stellt eine Verbindung zur Natur dar – es steht für den Kreislauf aus Leben und Tod. Ein Tier zeigt dem Menschen, dass der Tod zum Leben gehört.
- Das Tier kann helfen, Kontakt zu anderen Menschen zu finden und aufrechtzuhalten. Wer ein Tier an seiner Seite hat, findet leichter Kontakt als jemand, der allein geht.
- Ein Mensch muss nicht befürchten, dass er vom Tier aufgrund seines Aussehens, eventueller Deformitäten, Sprachanomalien oder geistiger Beeinträchtigungen abgelehnt wird.
- Ein Tier lässt nicht alles mit sich machen. Wenn ein Mensch zu weit geht, wird es sich wehren. Es könnte vielleicht zubeißen und man wird lernen, dass man sich dem Tier demnächst anders, also überlegter, freundlicher, eben: „besser" nähern sollte.
- Mensch und Tier verstehen einander auch ohne Worte. Man weiß, dass ein Tier mit dem Menschen über Gestik, Mimik, Körperhaltung, Bewegungsarten, Geruch und Augenkontakt interagiert.
- Gegenüber einem Tier kann der Mensch seinen Wunsch nach Zärtlichkeit und Berührung leben.
- Tiere sind eine Gewähr gegen Langeweile.
- Ein Tier kann Trost spenden.
- Ein Tier regt die Erinnerung des Menschen an, weil es im Menschen Gefühle auslösen kann, die oft mit früheren Erlebnissen in Zusammenhang gebracht werden.
- Ein Tier erleichtert das Durchleben eines einschneidenden Erlebnisses.

> *„Menschen werden im Umgang mit Tieren körperlich, geistig, seelisch und kommunikativ gefordert, erleben aktiver ihre physischen, psychischen, mentalen und sozialen Fähigkeiten. Im Gespräch mit ihren Mitmenschen werden vor, während und nach einem Tierkontakt Erinnerungen, Gedanken und Gefühle ausgetauscht und führen so auch zu einer sozialen Kontaktaufnahme, auch zwischen vormals Fremden.*
>
> *„Die Begegnung mit einem Tier ist eine Beziehungsqualität, welche auch unmittelbar auf unsere Lebensqualität positiv wirkt. Nicht das Tier an sich – der Dialog mit ihm ist hilfreich und spricht unmittelbar unsere Gefühle an."*
> **(Otterstedt, 2006, S. 14)**

Und wenn man das Augenmerk auf einen **Hund** legt, dann fällt zum Beispiel auf:

- Ein Hund hilft, Ängste abzubauen und Konzentration und Beobachtung zu schulen.
- Ein Hund hält den Menschen in Bewegung. Die täglichen Spaziergänge bei jeder Wetterlage halten den Hundehalter mobil und stärken seine Abwehrkräfte.
- Ein aktiver Hund hilft einem Menschen mit niedrigem Blutdruck und schwachem Kreislauf, damit dieser zukünftig vielleicht mit weniger Medikamenten leben kann.
- Ein Hund kann im Kindergarten oder im Unterricht eingesetzt werden. Er läuft im Klassenzimmer herum. Er ruht sich aus, man lernt, ihn zu beobachten, die Kinder interpretieren sein Verhalten. Bilder, Geschichten, Lieder und viele andere Ideen ergänzen das Erlebniss, ein Tier „hautnah" und methodisch kennenzulernen.

Aufgaben

1. Falls Sie selbst Tierhalter sind: Was bedeutet Ihnen das Tier? Welche Wirkung hat es auf sie? Warum halten Sie das Tier?

2. Falls Sie kein Tier halten: Gibt es ein Tier, was Sie eigentlich gerne halten würden? Falls ja, warum? Falls nein, welche objektiven und welche eher subjektiven Gründe sprechen für Sie ganz persönlich gegen die Tierhaltung?

3. Erinnern Sie sich bitte an eine frühere Zeit, in der Sie mit einem Tier groß geworden sind. Vielleicht in der Kindheit im Elternhaus. Oder bei den regelmäßigen Besuchen in der Verwandtschaft. Wie haben Sie das Tier damals erlebt? Was hat es in Ihnen ausgelöst?

4. Würden Sie sich selbst als „tierlieb" oder als „Tierfreund" bezeichnen? Wenn ja, wie zeigt sich das? Falls nicht, warum nicht?

5. Warum gehen Ihres Erachtens Menschen in den Zoo?

6. Warum halten sich Ihres Erachtens Menschen einen Hund?

7. Welche positive Bedeutung kann
   - ein Aquarium im Gruppenraum
   - eine Vogelvoliere mit zahlreichen Wellensittichen
   - ein Terrarium
   - ein Stall mit Kaninchen
   - ein Käfig mit Meerschweinchen
   - ein Gartenteich
   in einer Wohneinrichtung der Behindertenhilfe haben?

Literatur

Ein grundlegendes, umfassendes, wissenschaftlich fundiertes und gleichzeitig leicht verständliches Fachbuch zum Thema Tiere in Pädagogik und Therapie haben Dr. Sylvie Greiffenhagen, Professorin an der Evangelischen Fachhochschule Nürnberg, Fachbereich Sozialwesen und Oliver N. Buck-Werner, Tierarzt in Bochum, verfasst. Es trägt den Titel
„Tiere als Therapie – Neue Wege in Erziehung und Heilung" (Kynos Verlag, Mürlenbach, 2007, ISBN 978-3-933228-24-6).
Die Autoren bieten auf 340 Seiten Erkenntnisse zu Themen wie „Kulturgeschichtliche Phasen der Mensch-Tier-Beziehung", „Wirkungen von Tieren auf die menschliche Physis", „Tiere fördern die Gesundheit", „Das Tier als Erzieher". Besonders umfassend sind die Kapitel zu den Aspekten „Altwerden mit Tieren", „Behinderungen ertragen mit Tieren", „Gesundwerden mit Tieren", „In die Gesellschaft zurückfinden mit Tieren (schwierige Kinder, Suchthilfe, Jugendstrafvollzug, Strafvollzug)". In weiteren Kapiteln befassen sich die Autoren mit dem Tierschutz, der Hygiene und dem Weg zum Assistenzhund.

Ebenfalls sehr empfehlenswert ist das Fachbuch **„Handbuch der Tiergestützten Intervention"** (Quelle & Meyer Verlag, Wiebelsheim, 2008) von Dr. Monika A. Vernooij, Professorin für Sonderpädagogik in Würzburg, und Silke Schneider, die als wissenschaftliche Assistentin, Sonderpädagogin und Therapeutin, ebenfalls in Würzburg tätig ist. Dieses gut verständliche Fachbuch mit wissenschaftlichem und zugleich fachpraktischem Anspruch, bietet Einblicke in die Grundlagen, Konzepte und Praxisfelder tiergestützter Interventionen. Voraussetzungen und Wirkungsbereiche tiergestützter Interventionen werden ebenso umfassend vorgestellt, wie die zahlreichen Praxisfelder. So z. B. Haustiere in Einrichtungen, Besuchsprogramme mit Tieren in Kliniken oder Seniorenheime, tiergestützte Ergotherapie, tiergestützte Psychotherapien, der Einsatz von Hunden in unterschiedlichen Hilfebereichen, das therapeutische Reiten oder die Delfintherapie.

5.6 Bildung

1. *Was verbinden Sie jeweils mit dem einzelnen Foto?*

2. *Was gibt für Sie den Prozess der Bildung wieder und warum?*

3. *Welche Bildungsprozesse haben Sie als positiv erfahren, welche waren für Sie negativ besetzt? Was waren jeweils die Ursachen hierfür? Vergleichen Sie Ihre Erfahrungen und Erlebnisse im Klassenverband.*

Erwachsenenbildung

In diesem Kapitel geht es nicht um die Realisation der Bildungsprozesse in Schulen für Menschen mit Behinderungen. Hierfür sind in hohem Maße keine Heilerziehungspfleger, sondern Sonderpädagoginnen und Fachlehrer zuständig. Vielmehr werden im weiteren Verlauf grundlegende Merkmale der Erwachsenenbildung mit Menschen mit Behinderungen vorgestellt.

Merkmale einer allgemeinen Erwachsenenbildung

Einleitend kann festgestellt werden, dass es sowohl in der Pädagogik wie auch in der Bildungstheorie noch kein einheitliches Verständnis des Begriffes und Faktums der Erwachsenenbildung gibt. Mit Theunissen (1991, S. 12–14) kann dieses auf den immer stärker werdenden Pluralismus in der Gesellschaft zurückgeführt werden. Dies bedeutet, dass aufgrund eines fortschreitenden Wissenszuwachses auf der Basis einer rasant technischen und sozioökologischen Entwicklung unterschiedlichste Inhalte anzuführen sind, mit welchen sich der Mensch neu und immer wieder auseinanderzusetzen hat. An den Einzelnen werden enorme Anforderungen gestellt, die nicht nur Schulwissen und berufliche Ausbildung, sondern auch das Weiterlernen im Erwachsenenalter abverlangen. Es geht in diesen Lernprozessen nicht nur darum, einmal erworbenes Wissen zu wiederholen bzw. rein aufnehmend Inhalte abzuarbeiten. Vielmehr soll das Lernen in der Erwachsenenbildung einen emanzipatorischen Charakter aufweisen, durch welchen die unreflektierte Anpassung an gegebene Verhältnisse aufgebrochen wird. Die Lernprozesse in der Erwachsenenbildung umfassen hierbei somit freiheitliche Dimensionen:

> „Sie beinhalten die Möglichkeit, sich gegenüber Normen und Anforderungen der Gesellschaft distanzierend, kritisch, kreativ und fantasievoll zu verhalten, die Fähigkeit ein Stück Autonomie zu gewinnen. Weltoffenheit zu realisieren und den individuellen Spielraum für Liebe, Geselligkeit, Kultur- und Selbstdarstellung zu vergrößern. Lernen geht weder im gesellschaftlichen Leistungsschema noch in bloßer Wissensaneignung auf, sondern es reicht hinein in die Bereiche ‚zweckfreien' Handelns, der Selbstdarstellung oder des spielerischen Tuns, das an sich und ohne äußeren Zweck sinn- und lustvoll ist."

(Theunissen, 1991, S. 18)

Aufgaben

1. Wo haben Sie in Ihrem Bildungsprozess die von Theunissen genannten Aspekte erfahren?

2. Wo lassen sich diese in Ihrer heilerziehungspflegerischen Ausbildung realisieren?

3. Welche inhaltlichen Möglichkeiten würden Sie gern aufgrund dieser allgemeinen Forderung von Theunissen umsetzen? Begründen Sie Ihre Meinung.

Fasst man die oben skizzierten Äußerungen zur Erwachsenenbildung zusammen, so kann festgehalten werden, dass ein gebildeter Mensch dazu in der Lage sein sollte, die Probleme und Konflikte zwischen seinen individuell-subjektiven Interessen und der sogenannten Wirklichkeit der Gesellschaft, welche vielfach von ihm angepasste Strukturen und Modalitäten fordert, zu lösen (vgl. Theunissen, 1991, S. 19).

Folgende Konsequenzen ergeben sich aus dem bislang Dargestellten:

> - „Die Vorstellung, man könne im Interesse der Emanzipation von den bestehenden gesellschaftlichen Bedingungen auf Wissensvermittlung, auf die Aneignung neuer Kenntnisse und Fertigkeiten verzichten, ist illusionär.
> - Diese neuen Kenntnisse und ihre Auswirkungen (...) sind im Hinblick auf die bisherigen Erfahrungen des Individuums und die gegebenen gesellschaftlichen Verhältnisse auf ihre Bedeutung für individuelle und politische Emanzipation zu überprüfen (...).
> - Es geht (...) um Möglichkeiten der Einlösung von Basisnormen in der Praxis und, unter individuellem Gesichtspunkt, um subjektiv bedeutsame Interessen (...).
> - Die Institutionen der Erwachsenenbildung sind (...) sowohl darin legitimiert und verpflichtet, Bildungsbedürfnisse zu ermitteln, entsprechende Lernsituationen zu organisieren und Lernhilfen zu geben, als auch im Rahmen dieser Bildungsprozesse den erwachsenen Menschen dahingehend zu motivieren, seine Bedürfnisse zu reflektieren, sich von Sachzwängen zu befreien, neue Beziehungen aufzunehmen und sich emanzipiert zu beteiligen (...).
> - Die Erwachsenenbildung hat daher nicht nur als Dienstleistung, sondern auch als ‚kritisches Korrektiv' der Gesellschaft zu fungieren (...)."

(Theunissen, 1991, S. 19–21)

Aufgaben

1. Durch welche Bildungsinstitutionen könnten die Forderungen von Theunissen umgesetzt werden?

2. Welche Bedingungen müssten hierbei in der Gesellschaft (der Stadt, der Gemeinde etc.) vorhanden sein?

3. Was meint die Forderung nach einem „kritischen Korrektiv der Gesellschaft" konkret? Wie ist diese Forderung in Einrichtungen der Behindertenhilfe zu realisieren?

4. Welche Probleme könnten bei der Konkretisierung dieser Postulate in heilerziehungspflegerischen Institutionen auftreten? Wie könnte diesen begegnet werden? Begründen Sie Ihre Meinung möglichst ausführlich.

Begriff und Funktionen einer Erwachsenenbildung für die Heilerziehungspflege

Mit Theunissen können fünf Gründe skizziert werden, welche eine Erwachsenenbildung für Menschen mit Behinderungen als sinnvoll und notwendig erscheinen lassen (vgl. Theunissen, Erwachsenenbildung und Behinderung 2003, S. 52–54).

- Der Mensch mit einer (geistigen) Behinderung hat vielfach Probleme, sich auf neue Lebenssituationen einzustellen. Er benötigt somit Hilfen, sodass er ein Höchstmaß an autonomer Lebensgestaltung erreichen kann.

- Die in der Kindheit (durch Frühförderung) und Jugend (durch Beschulung) aufgebauten Fähigkeiten und Fertigkeiten der Menschen mit Behinderungen können und müssen im Erwachsenenalter erhalten und ausgebaut werden. Hierzu sind weiterführende Bildungsangebote notwendig.
- Vielen Menschen mit (geistiger) Behinderung fällt es schwer, die Rolle eines Erwachsenen zu übernehmen bzw. sich mit den Anforderungen, welche eine solche Rolle fordert, zurechtzukommen. Fragen der Partnerschaft und Sexualität, des Wohnens und Arbeitens, der Distanzierung vom Elternhaus und der Freizeitgestaltung spielen hierbei eine Rolle.
- Das Lebens- und Sozialisationsfeld erwachsener Menschen mit (geistiger) Behinderung wird vielfach erheblich eingeschränkt. Der Alltag in den Wohn- und Arbeitsinstitutionen ist z.T. noch immer von äußerst monotonen Abläufen und Tätigkeiten gekennzeichnet. An dieser Stelle können die Prozesse der Erwachsenenbildung vorbeugend, reflektierend und kompensierend wirken.
- Durch die Erwachsenenbildung kann es zu einer personellen und sozialen Integration der Menschen mit Behinderungen kommen. Die Persönlichkeitsentfaltung des Einzelnen steht hierbei im Mittelpunkt des Interesses. Ebenso soll es aber auch zu einem Einbezug gesellschaftlicher Bedingungen und Faktoren kommen.

Die Prozesse des Lernens und der Förderung, der Begleitung, Unterstützung und Assistenz stehen somit im Mittelpunkt einer Erwachsenenbildung für Menschen mit Behinderungen. Diese kann und muss fünf aufeinander bezogene und miteinander erworbene Funktionen erfüllen (vgl. Theunissen, Erwachsenenbildung und Behinderung 2003, S. 62–64):

- die emanzipatorische Funktion; in ihr und durch sie soll der Mensch mit Behinderung sich selbst in vollem Umfang verwirklichen lernen. Bedingungen der gesellschaftlichen, institutionellen und persönlichen Fremdbestimmung müssen hierzu erkannt, benannt, reflektiert und abgebaut werden.
- die kompensatorische Funktion; durch sie kann der Mensch mit Behinderung spezifische Defizite oder Mangelerfahrungen ausgleichen.
- die komplementäre Funktion; die Aufgabe einer Erwachsenenbildung in der Heilerziehungspflege besteht unter dieser Perspektive darin, Informationen zu vermitteln, aufzuklären, Lernhilfe und Unterstützung in der Bearbeitung und Bewältigung sozialer Wirklichkeiten zu sein. Diese Aufgabe muss nun immer wieder anhand der sich verändernden gesellschaftlichen Rahmenbedingungen überprüft und modifiziert werden.
- die therapeutische Funktion; obwohl der Prozess der Erwachsenenbildung in der Heilerziehungspflege sicherlich keine Therapie ist, so hat er doch gewisse therapeutische Ansätze und Funktionen. Erwachsenenbildung dient z.B. zum Abbau von Krisenmomenten, trägt zum Aufbau eines positiven Selbstwertgefühles bei, stabilisiert die Identität des Einzelnen.
- die integrative Funktion; hierdurch wird die Erwachsenenbildung mit Menschen mit Behinderungen zu einer Eingliederungshilfe. Durch gemeinsame Veranstaltungen von Menschen mit und ohne Behinderung können somit Möglichkeiten der personalen und sozialen Integration geschaffen werden.

Aufgaben

1. *Besuchen Sie eine Einrichtung der Behindertenhilfe und überprüfen Sie anhand der dort durchgeführten Maßnahmen der Erwachsenenbildung die Umsetzung der oben genannten Funktionen.*

2. *Welche Funktionen wurden nicht realisiert? Welche Gründe mag es hierfür geben?*

3. *Planen Sie mit der besuchten Institution ein Programm zur Erwachsenenbildung, in welchem alle Funktionen verwirklicht werden. Welche Probleme treten bei der Realisierung auf?*

4. *Benennen Sie konkrete Aufgaben der/des heilerziehungspflegerisch Tätigen bei der Umsetzung der fünf Funktionen. Was mag Sie gegebenenfalls davon abhalten, bestimmte Funktionen zu realisieren? Diskutieren Sie Ihre Erfahrungen im Klassenverband.*

Allgemeine Prinzipien einer heilerziehungspflegerisch relevanten Erwachsenenbildung

Als Letztes können acht Prinzipien genannt werden, welche aus didaktischer Sicht in der Umsetzung erwachsenenbildnerischer Prozesse zu berücksichtigen sind (vgl. Theunissen, Erwachsenenbildung und Behinderung 2003, S. 65–78). Sie können zudem auch als Basisanforderungen für die Assistenz von Menschen mit Behinderungen verstanden werden.

Es handelt sich hierbei um folgende Prinzipien:

- erwachsenen- und altersgemäße Ansprache;
- kommunikationszentrierte und partnerschaftliche Vorgehensweise im Sinne eines echten Dialoges zweier potenziell und aktual gleichberechtigter Partner (Mensch mit Behinderung und heilerziehungspflegerisch Tätige);
- Freiwilligkeit und Mitbestimmung hinsichtlich der angebotenen und durchzuführenden Maßnahmen;
- Subjektzentrierung und Individualisierung, auf deren Grundlage ein individuelles Bildungsprogramm für den Menschen mit Behinderung zu erstellen ist;
- Ganzheitlichkeit, die sowohl die Einheit von „Körper, Geist und Seele" als auch das vernetzte Verhältnis von Umwelt und Individuum meint;
- Lebensnähe, d.h. die Prozesse und Angebote der Erwachsenenbildung für Menschen mit Behinderungen sind an ihrem spezifischen Alltag zu orientieren;
- Regelmäßigkeit, welche festlegt, dass die einzelnen Angebote aufeinander abgestimmt sind und regelmäßig (im Sinne einer Orientierungshilfe für den Menschen mit Behinderung) stattfinden;
- Entwicklungsgemäßheit, die den Aufbau und die Umsetzung von Bildungsangeboten meint, welche sich am Verlauf der menschlichen Entwicklung orientieren.

Aufgaben

1. *Überprüfen Sie erneut, wie diese Prinzipien in den Ihnen bekannten Programmen der Erwachsenenbildung in heilerziehungspflegerischen Einrichtungen realisiert werden. Welche Prinzipien werden hierbei besonders hervorgehoben? Welche werden nicht umgesetzt? Welche Gründe gibt es hierfür?*

2. *Planen Sie erneut ein Programm zur Erwachsenenbildung, welche diese acht Prinzipien berücksichtigt.*

3. *Überprüfen Sie die Umsetzung dieser Prinzipen an folgenden inhaltlichen Themen:*
   - *Partnerschaft und Sexualität (siehe auch Kapitel 6 dieses Buches),*
   - *Begleitung im Alter,*
   - *Gestaltung der Wohnung,*
   - *Aufbau eines Freizeitprogrammes.*

Didaktik der Erwachsenenbildung

„Prinzipiell kann festgestellt werden, dass [...] es keine ‚reine' Didaktik und keine ‚an sich' bestimmbare Methodik der [...] Erwachsenenbildung geben [kann], da sich ihre Ziele, Inhalte und Sozialformen, ihre Methoden und Arbeitsformen, ihr Lernort und ihr Rhythmus usw. erst nach Analyse ihrer Bedingungen bestimmen lassen". **(Theunissen, 1991, S. 85)**

Dies bedeutet, dass zuerst eine Orientierungsphase durchgeführt werden sollte, um die faktischen Ausgangspunkte einer heilerziehungspflegerisch relevanten Erwachsenenbildung zu bestimmen. Mit Theunissen können hierzu folgende Aspekte bestimmt werden:

Lebensgeschichte/Anamnese (einschließlich medizinischer Aspekte);
- primäre Lebenswelt, z.B. häusliches Milieu, Wohngruppe;
- Mesosystem, z.B. WfbM;
- Exo- u. Makrosystem, z.B. Wohnbezirk, Öffentlichkeit, Heimrichtlinien;
- Kompetenzen, Interessen, Entwicklungsmöglichkeiten, Beeinträchtigungen und Probleme des behinderten Menschen;

a) im lebenspraktischen Bereich, z.B. Nahrungsaufnahme, Toilettenregelung, Hygiene, Kleidung, Sicherheitsverhalten, räumliches und zeitliches Orientierungsvermögen, Haushaltsführung,

Umgang mit Geld, Einkaufen, Zimmerpflege, Kochen, Wäsche waschen, Küchenarbeiten, Inanspruchnahme öffentlicher Dienstleistungseinrichtungen, Selbsthilfeverhalten;

b) im sozialen Bereich, z.B. Selbst- und Fremdwahrnehmung, Selbstakzeptanz und Selbstbehauptung, Ambiguitätstoleranz, Rollendistanz, Selbsteinschätzung, Sozialkontakt, soziale Identität, Empathie, Kooperation und Akzeptanz sozialer Regeln, Gemeinschaftsgefühl und soziale Verantwortung, Beziehung zum persönlichen Eigentum und zum Eigentum anderer, Gruppenverhalten;

c) im emotionalen und affektiven Bereich, z.B. Freude, Trauer, Ängste, Wut, psychische Hemmungen und depressives Verhalten;

d) im kognitiven Bereich, z.B. Sprache, Begriffsverständigung und intellektuelles Verstehen, Rechnen, Lesen und Schreiben;

e) im körperlichen Bereich, z.B. Handgeschicklichkeit und Feinmotorik, Grobmotorik, motorische Auffälligkeiten und Verkrampfungen;

f) im sensorischen Bereich, d.h. akustische, olfaktorische, gustatorische, haptisch-taktile Wahrnehmung einschließlich Gestaltauffassung;

g) im Bereich der ästhetischen Lebensgestaltung und -verwirklichung, z.B. Spielaktivitäten, bildnerisches Gestalten, Basteln, Werken, Sportaktivitäten, Gymnastik, Rhythmik, Tanz, Freizeitaktivitäten, Interessen, Wünsche, Hobbys, Geselligkeit, Selbstdarstellung, Pflege des Intimbereichs, Freundschaften, Bekanntschaften und Beziehung zu Familienangehörigen;

h) im Bereich der Sexualität einschließlich Partnerschaft;

i) im Arbeitsbereich, d.h. bezüglich des Leistungsverhaltens in der WfbM.

Zur Erfassung dieser Aspekte lassen sich Gespräche mit den betreffenden Behinderten und ihren Bezugspersonen führen. Insbesondere bieten sich Hospitationen und Beobachtungen in realen Lebenssituationen an, um zu gehaltvollen Aussagen zu gelangen. Mitunter können auch systematische Verfahren (z.B. Entwicklungstests, P-A-C, AAMD, Wahrnehmungstests) hilfreich sein, wenn es um die Einschätzung der Zone der aktuellen Entwicklung in Orientierung auf die nächsthöhere Stufe geht. Die einseitige Orientierung an den Erwartungen der Bezugspersonen, die die Behinderten häufig zur Erwachsenenbildung schicken, sollte vermieden werden.

(Theunissen, 1991, S. 85 f.)

Aufgaben

1. *Konkretisieren Sie diese Aspekte im Hinblick auf die Gestaltung einer Einzelarbeit in der Erwachsenenbildung.*

2. *Realisieren Sie dann ein Modell für eine Gruppenarbeit.*

3. *Stellen Sie Unterschiede und Gemeinsamkeiten sowie Probleme in der Vorgehensweise heraus.*

4. *Vergleichen Sie die Ergebnisse im Klassenverband miteinander.*

Welche Inhalte können nun in der Erwachsenenbildung mit Menschen mit Behinderungen fokussiert werden? Es handelt sich hierbei in etwa um die gleichen thematischen Zusammenhänge, welche auch ansonsten in den Prozessen der Erwachsenenbildung angestrebt werden:

Es geht um
– Umweltorientierung und -bewältigung, z.B. um Stadterkundung, Kennenlernen und Benutzung öffentlicher Dienstleistungen und kultureller Einrichtungen, Verkehrssicherheit, Einkauf, Selbsthilfe in Notsituationen, Betriebsbesichtigungen, Heimatkunde etc.;
– Kulturtechniken, z.B. um Lesen, Schreiben, Rechnen, um sprachlichen Ausdruck und sprachliches Verständnis;

- wohnbezogene Inhalte, z.B. um Zimmerpflege, die Gestaltung der Wohnung, Ernährung, den Umgang mit Haushaltsgeräten, Sicherheitsverhalten, umweltbewusste Haushaltsführung, Wäschepflege, Körperpflege, Mitbestimmung im Wohngeschehen und um die Wohngruppe als Lebensgemeinschaft;
- Freizeitgestaltung und ästhetische Kulturbetätigung, z.B. um Bewegung und Sport, Tanz, Rhythmik, Musik, bildnerisches Gestalten, Fotografieren, Ausflüge, Kino- oder Museumsbesuche, Ausüben von Hobbys, Feste und Theater;
- arbeitsbezogene Inhalte wie z.B. Mitbestimmung am Arbeitsplatz, Gespräche über Arbeitsbedingungen, arbeitsspezifische Fertigkeiten;
- kommunikative und soziale Kompetenz, d.h. um partnerschaftliche Beziehung und Sexualität, Selbsterfahrung, Selbst- und Fremdwahrnehmung, um Freundschaft, geselliges Zusammensein, gemeinsames Tun und Erleben;
- psychosoziale Lebenshilfe, z.B. um pädagogisch-therapeutische Hilfen zur Bewältigung psychischer Probleme oder Krisen, um Selbstvertrauen, Selbstsicherheit und Lebensfreude, Gesundheits- und Krankheitsverhalten, Erwachsenenrolle, Loslösung vom Elternhaus, Gespräche über Lebenssinn, Glauben und Transzendenz;
- Natur und Umwelt, d.h. um Verantwortungsbewusstsein gegenüber Pflanzen und Tieren, Umweltschutz, Pflanzen- und Gartenpflege, Tierhaltung, das Anlegen eines Biotops, Gesundheitsbewusstsein und gesunde Lebensführung, um die Natur als Erlebnis- und Lernort, Gärtnerei- und Bauerhofexkursionen und Zoobesuche.

(Theunissen, 1991, S. 87 f.)

Aufgaben

1. Mit welchen Methoden können diese Themen realisiert werden?

2. Welchen Stellenwert nimmt die Reflexion der einzelnen Maßnahmen und Tätigkeiten im Prozess der Erwachsenenbildung mit Menschen mit Behinderungen ein? Begründen Sie Ihre Meinung.

3. Beziehen Sie Stellung zu folgender Aussage: „Bildung ist die Ausstattung leerer Räume im Haus des Individuums" (Saal, 1997, S. 8). Vergleichen Sie diese Aussage mit Ihren schon geplanten Angeboten. Wie haben Sie die „leeren Räume" füllen und ausstatten können?

4. Überprüfen und vergleichen Sie die Angebote der örtlichen Volkshochschulen nach Bildungsprozessen für Menschen mit Behinderungen. Stellen Sie Ihre Ergebnisse thesenartig zusammen.

5. Lesen Sie den folgenden Text und fassen Sie ihn thesenartig zusammen.
   Versuchen Sie dann eine praktische Umsetzung der Forderungen der Autoren für Menschen mit einer
   - körperlichen Behinderung,
   - geistigen Behinderung.

Lernziel: Emanzipation

Was soll und was kann Erwachsenenbildung vermitteln?

Mit der Frage, was Mitarbeiter/innen von Werkstätten für Behinderte im Rahmen der von uns geplanten Veranstaltungen lernen sollen, können oder möchten, haben wir uns anfangs schwer getan. Festlegen, was sie lernen sollen, lag uns, wie aus unseren bisherigen Ausführungen wohl unschwer zu schlussfolgern ist, fern. Was sie lernen möchten, konnten wir nicht wissen, denn erstens ist davon auszugehen, dass die diesbezüglichen Wünsche ebenso heterogen sind wie bei anderen Arbeitnehmerinnen und Arbeitnehmern auch, und zweitens lernen wir – das ist ja gerade ein wichtiges Merkmal offener Veranstaltungen der Erwachsenenbildung – die Teilnehmer/-innen unserer Kurse erst bei Kursbeginn kennen. Würden wir sie erst dann nach ihren Wünschen fragen, bliebe keine Zeit mehr, entsprechende Angebote vorzubereiten.

Eine entscheidende Hilfe bei der Überwindung dieses Dilemmas gab uns – wenn auch unfreiwillig – der Leiter einer größeren WfbM in einer Gesprächsrunde, in der wir Vertreterinnen und Vertretern aus Behinderteneinrichtungen unsere damals noch vagen Vorstellungen und Ideen zur Diskussion stellten in der Hoffnung, dabei noch die eine oder andere Anregung zu erhalten. Er mahnt uns eindringlich, den Teilnehmerinnen und Teilnehmern unserer Bildungsurlaube auf keinen Fall irgendwelche „Flausen" in den Kopf zu setzen, die in den Einrichtungen hinterher nicht aufgefangen werden könnten. Beinahe reflexartig reagierten wir zunächst, indem wir ihn beruhigten und sagten, da sei auf keinen Fall unsere Absicht. Je länger wir allerdings im nachhinein darüber nachdachten, desto mehr wurde uns klar, dass doch eigentlich genau das unser Ziel war: einen Widerspruch zu erzeugen zwischen dem derzeitigen Status quo und den Kenntnissen der Teilnehmenden über darüber hinausgehende Möglichkeiten sowie über Wege und die damit verbundenen Anstrengungen, dorthin zu gelangen. Wir wollten sie in die Lage versetzen, sich weiterzuentwickeln und sich dabei auch von den aktuellen Beschränkungen und Restriktionen, also von den ihnen in der Vergangenheit und aktuell angetanen Behinderungen zu emanzipieren.

Emanzipation als Aneignung der eigenen Geschichte
Es ging uns also darum, die Teilnehmerinnen und Teilnehmer näher an ihre eigene Biografie heranzuführen, sie zu befähigen, sich diese (wieder) anzueignen, d.h. sich ihrer in zunehmendem Maße zu bemächtigen und sie als handelnde und eigenverantwortliche Subjekte in ihrem Sinne zu beeinflussen. Dabei gehen wir davon aus, dass das Leben von allen Menschen grundsätzlich Geschichte ist, d.h. prozesshaft verläuft, wenn dieser Prozess nicht gewaltsam beim je aktuellen Status quo zum Stillstand gebracht wird, solange sie leben. Das gilt für die Gattungs- ebenso wie für Individualgeschichte jedes einzelnen Menschen ohne Ausnahme. Diese Geschichte geschieht nun allerdings nicht einfach mit uns ohne Zutun. Sie wird vielmehr von uns aktiv und eigenverantwortlich angeeignet und gestaltet.

Wenn wir in diesem Sinne von Autonomie und Entscheidungsfreiheit als Voraussetzung für die Entfaltung von Subjektivität sprechen, so meinen wir diese selbstverständlich nicht in einem absoluten und individualistischen, sondern stets in einem relativen und in einem kooperativen Sinne. Damit wird unsere zuvor getroffene Aussage keineswegs eingeschränkt, sondern konkretisiert. Absolute Autonomie wäre uns Menschen, die wir unserer Natur nach durch und durch soziale Wesen sind, d.h. in allen Phasen des Lebens auf die Kooperation mit und auf die Hilfe von Angehörigen unserer Spezies angewiesen sind, je spezifischer, von unserer biologischen Ausstattung sowie von dem in seiner individuellen Biografie aktuell erreichten Aneignungs-, Tätigkeits- und Widerspiegelungsniveau abhängigen Weise vollkommen wesensfremd.

Weil das so ist, leben wir Menschen nicht isoliert voneinander – das können wir gar nicht -, sondern wir gehen Verhältnisse untereinander ein. Somit leben wir stets unter spezifischen gesellschaftlichen und ökonomischen Verhältnissen, die – wie jetzt deutlich wird – weder naturnoch gottgegeben sind, sondern durch die Menschen, die in ihnen leben, immer wieder reproduziert und weiterentwickelt werden. Wir sind also immer zugleich Objekte wie Subjekte der gesellschaftlichen Verhältnisse, in denen wir leben. Diese Dialektik darf weder nach der einen Seite – etwa im Sinne: „Der Mensch ist als freies und autonomes Wesen Schöpfer seiner Lebensumstände", oder salopper und auf das Individuum bezogen: „Jeder ist seines Glückes Schmied" – noch nach der anderen Seite – im Sinne: „der Mensch wird gänzlich von den gesellschaftlichen Verhältnissen, unter denen er lebt, determiniert" – vereinseitigt werden.

Dabei leugnen wir natürlich nicht, dass die relativen Handlungsmöglichkeiten, d.h. die Möglichkeiten der einzelnen Subjekte, die sich unter den je gegebenen Verhältnissen individuell vergesellschaften können, höchst asymmetrisch verteilt sein können und z.B. in Gesellschaften vom Typ der Bundesrepublik auch sind. Nur: Kein Mensch ist der Gesellschaft quasi ohnmächtig als willenloses und völlig handlungsunfähiges Objekt so vollkommen ausgeliefert, dass er oder sie nur noch – gewissermaßen reflexartig – reagieren kann. Jeder Mensch, so einschränkend seine sozialen und biologischen Lebensumstände auch immer sein mögen und so schwer behindert er uns auch immer erscheinen mag, kann und muss unter den Bedingungen, unter denen er lebt, immer auch als Subjekt handeln und so zur Reproduktion und Weiterentwicklung dieser Bedingungen beitragen.

(Rohrmann/Rosenkötter, 1997, S. 104–106)

Literatur

Gelungene Einführungen in die Prozesse der Erwachsenenbildung für Menschen mit Behinderungen finden Sie in:

- **Theunissen, Georg:** *Heilpädagogische Erwachsenenbildung. In: Heilpädagogik im Umbruch: Über Bildung, Erziehung und Therapie bei geistiger Behinderung. Hrsg. von G. Theunissen. Freiburg i. Br. 1991, S. 11–100.*

- **Theunissen, Georg:** *Erwachsenenbildung und Behinderung. Bad Heilbrunn: 2003.*

- *Zudem soll noch auf das Heft Nr. 10, 1997 der Reihe „Zusammen" (Friedrich Verlag, Seelze) verwiesen werden. Hierin finden sich vielfältige Hinweise auf eine Realisation einer Erwachsenenbildung in und für die Heilerziehungspflege.*

Weiterhin können relevante und praxisnahe Informationen zu diesem Themenfeld angefordert werden bei der „Gesellschaft für Erwachsenenbildung und Behinderung".

Diese Gesellschaft wurde im Mai 1989 im Rahmen des Hamburger Kolloquiums gegründet. Als Forum für Erwachsenenbildner und andere Interessierte unterstützt sie alle Maßnahmen und Einrichtungen, die zur Realisierung, Stabilisierung und Differenzierung von Bildungsangeboten für behinderte Erwachsene beitragen. Sie informiert über praxisbezogene und theoretische Erkenntnisse sowie über Forschungsergebnisse auf diesem Gebiet. Zudem setzt sie sich für die gesetzliche Verankerung und damit auch die finanzielle Absicherung der Erwachsenenbildung für Menschen mit geistiger Behinderung ein. Sie gibt die Fachzeitschrift „Erwachsenenbildung und Behinderung" heraus, die jährlich zweimal erscheint sowie die Schriftenreihe „Erwachsenenbildung konkret". In Zusammenarbeit mit Fachverbänden, Einrichtungen der Behindertenhilfe und öffentlichen Bildungsträgern führt sie internationale Tagungen durch. Seit mehreren Jahren bietet sie eine Zusatzqualifikation zum „Fachpädagogen für Erwachsenenbildung und Freizeitgestaltung" an, die mit einem Zertifikat abschließt.

Prof. Herbert Höss. Anschrift: Gesellschaft für Erwachsenenbildung und Behinderung, www.geseb.de.

5.7 Arbeit

Aufgaben

1. *Welchen Eindruck zum Thema „Arbeit" hinterlässt das Foto bei Ihnen?*

2. *Welche Arbeit würden Sie selber gern ausführen oder begleiten? Begründen Sie Ihre Meinung.*

3. *Welche Arbeitsformen für Menschen mit Behinderungen sind Ihnen bekannt?*

Bedeutung und Verständnis von Arbeit

Auch wenn es in den letzten Jahren zu einer krisenhaften Situation in Bezug auf die Arbeit bzw. die Arbeitsteilung in der Gesellschaft gekommen ist, kann festgestellt werden, dass die Arbeit einen bedeutenden Anteil am Leben der Menschen einnimmt. Dieses vielleicht gerade auch in Zeiten des Arbeitsmangels oder der Arbeitslosigkeit (vgl. Stadler, 1998, S. 201/202).

Wie kann der Begriff der „Arbeit" für den Bereich der heilerziehungspflegerischen Tätigkeiten definiert werden?

Mit Stadler ist davon auszugehen, dass „Arbeit [...] verstanden werden [kann] als Einsatz körperlicher, geistiger und seelischer Kräfte des Menschen zur Befriedigung materieller und ideeller Bedürfnisse [...]. Das heutige Verständnis von Arbeit beinhaltet ein bewusstes, zielgerichtetes Handeln des Menschen zum Zwecke der Existenzsicherung [...]. Unter Arbeit wird also vor allem die Erwerbsarbeit verstanden. Wer am Arbeits- und Wirtschaftsleben teilnimmt, sucht seinen Lebensunterhalt und den seiner Angehörigen aus eigener Kraft zu sichern. Je höher das erzielte Einkommen für die geleistete Arbeit, desto höher der Lebensstandard" (Stadler, 1998, S. 202).

Aufgaben

1. *Messen Sie diese Definition zum Arbeitsbegriff an der Lebenswirklichkeit von Menschen mit Behinderungen. Überprüfen Sie ihn vor allem hinsichtlich unterschiedlicher Behinderungsarten (wie der Körperbehinderung, der Lernbehinderung und der geistigen Behinderung). Was stellen Sie hierbei fest?*

2. *Wie erfahren Sie Ihre Arbeit (in der Schule, in Praktika zur Ausbildung, als Zuerwerb)? Welche Aspekte der Definition lassen sich hierbei anwenden, welche nicht?*

Arbeit trägt neben der Befriedigung der materiellen Bedürfnisse bzw. der Erhaltung des Wirtschaftslebens einen nicht unerheblichen Anteil zur Sinngebung des einzelnen Menschen bei. Hierbei kommen dann auch andere Formen der Arbeit zum Vollzug:

- die Eigenarbeit für den privaten Lebensbereich,
- die ehrenamtliche Arbeit (z.B. in Selbsthilfegruppen, Vereinen, Kirchengemeinden, Gewerkschaften, Parteien etc.).

Zudem strukturieren die unterschiedlichen Formen der Arbeit auch das Leben des Menschen in räumlicher und zeitlicher Hinsicht. Es kommt zu strukturierten Wechseln zwischen Arbeitszeiten und freien Zeiten. Wochenenden und Urlaub bieten weitere Möglichkeiten der Strukturbildung. Ähnliches gilt für den Wechsel zwischen dem Wohnraum und dem Arbeitsfeld bzw. zwischen den unterschiedlichen Formen der Arbeit.

Aufgaben

1. Welche Auswirkungen haben die Aussagen zu den Arbeitsformen und Strukturierungen für Menschen mit Behinderungen?

2. Wo stellen Sie Unterschiede oder Ähnlichkeiten zu Menschen ohne Behinderungen fest?

3. Welche Gründe mag es hierfür geben?

Weitere Merkmale zur Arbeit sind folgende (vgl. Stadler, 1998, S. 202):

- eine Erweiterung der Handlungskompetenzen und Fähigkeiten des einzelnen Menschen;
- eine Stärkung des Selbstwertgefühls sowie ein (positiver wie möglicherweise negativer) Einfluss auf die Persönlichkeitsentwicklung;
- eine Ausweitung der sozialen Kontakte im Hinblick auf ein Lernfeld zum adäquaten Umgang mit anderen Menschen.

Arbeit lässt sich aber auch unter psychologischem Blickwinkel betrachten. Aus dieser Perspektive stellt sie sich als z.T. hochstandardisierte Form menschlichen Verhaltens dar, welche sich in bestimmten Handlungsergebnissen realisiert. In der Form der sogenannten Lohnarbeit hat sie hierbei einen stark instrumentellen Charakter. Dieses kann möglicherweise zu einer Entfremdung zwischen dem arbeitenden Menschen und seinem erstellten Produkt führen (vgl. Stadler, 1998, S. 203).

Eine vorläufige Definition für den Begriff der Arbeit mit Menschen mit Behinderungen könnte wie folgt lauten:

> *„Leistungen werden durch Arbeitsaufgaben ausgelöst und gesteuert; der Mensch braucht Herausforderungen: Wo keine Aufgabe ist, kann keine Leistung wachsen. Arbeit wäre insoweit Aktivität im Rahmen einer Aufgabenstellung. Jeder Mensch, der aktiv ist und Aufgaben zu meistern versucht, leistet nach diesem Verständnis eine Form von Arbeit."* **(Stadler, 1998, S. 203)**

Aufgaben

1. Welche praktischen Konsequenzen für Menschen mit Behinderungen hat die oben dargestellte Definition?

2. Welche Probleme bringt ein solches Verständnis von Arbeit aber auch mit sich?

3. Nehmen Sie Stellung zu folgender Behauptung: „Ein Arbeitsloser verdient mehr Geld als ein arbeitender Behinderter." Was spricht für diese Aussage, was dagegen?

Grundaussagen zur „Werkstatt für behinderte Menschen"

Um das Grundrecht auf Arbeit zu verwirklichen, kam es in den fünfziger und sechziger Jahren des 20. Jahrhunderts zur Forderung, für Menschen mit Behinderungen Werkstätten zu schaffen. Bis zu diesem Zeitpunkt gab es für diese Personengruppe bestenfalls Beschäftigungsmöglichkeiten in Großeinrichtungen (vgl. Speck, 1998, S. 6).

Die Frage nach der Finanzierung dieser Werkstätten führte zu einem Lösungsansatz über die Beteiligungen der damaligen Bundesanstalt für Arbeit und der Sozialhilfe. Vor diesem Hintergrund entstanden dann die so genannten „Werkstätten für Behinderte" (WfB). Sie wurden von einer äußerst vielschichtigen rechtlichen Grundlage getragen und fortgeführt:

> *„Sie bezieht sich insbesondere auf das Bundessozialhilfegesetz, das Arbeitsförderungsgesetz, das Schwerbehindertengesetz und das Gesetz über die Sozialversicherung Behinderter in geschützten Einrichtungen einschließlich entsprechender Rechtsverordnungen, wie u. a. der Werkstättenverordnung und der Ausgleichsabgabenverordnung."* **(Speck, 1998, S. 6)**

Aufgaben

1. *Stellen Sie die heute relevanten Aussagen der oben skizzierten Verordnungen und Gesetze zur Arbeit für Menschen mit Behinderungen zusammen.*

2. *Welche Konsequenzen für heilerziehungspflegerisches Tun lassen sich aus ihnen ableiten?*

Gingen die ersten Impulse für die Arbeit für Menschen mit Behinderungen von Elternvereinigungen, Kirchen und Selbsthilfegruppen aus, so verlagerte sich die Zuständigkeit für bestimmte Entscheidungen (wie z. B. der Finanzierung) mehr und mehr auf die sogenannte öffentliche Hand.

Dieser staatliche Einfluss wirkte sich nun auch direkt auf die Konzeptionen der Werkstätten aus:

> *„Hatte man ursprünglich an eine Werkstatt für geistig Behinderte mit einer mehr sozialen und therapeutischen Komponente gedacht, die auch geistig Behinderte schweren Grades einschließen sollte, so kam es nun zu einer ‚einheitlichen' Werkstatt, die sich einerseits auf alle Arten und Grade von Behinderungen bezog und andererseits das Prinzip der arbeitsmarkt-, produktions- und leistungsorientierten Werkstatt mit dem der sozialen Eingliederung und Unterstützung vereinen sollte [...]. Das Ergebnis war real die produktionsorientierte WfB unter Ausschluss der schwer Behinderten [...]".* **(Speck, 1998, S. 6)**

Aufgabe

Stellen Sie für die Ihnen bekannte Werkstatt für Menschen mit Behinderungen den von Speck skizzierten geschichtlichen Weg dar. Wo gibt es bestimmte Besonderheiten in der Geschichte der von Ihnen beschriebenen Werkstatt? Vergleichen Sie Ihre Ergebnisse im Klassenverband miteinander.

Die SIVUS-Methode

Da eine Darstellung der vielfältigen Arbeitsmöglichkeiten und Tätigkeitsfelder eines heilerziehungspflegerisch Tätigen in Werkstätten zu umfangreich wäre, sollen in diesem Kapitel die Grundzüge einer Methode skizziert werden, welche vorrangig für die Begleitung von Menschen mit geistiger Behinderung in Werkstätten entwickelt worden ist. Es handelt sich hierbei um die „SIVUS-Methode" (vgl. Walujo/Malmström, 1996).

SIVUS bedeutet übersetzt eine „soziale und individuelle Entwicklung durch gemeinschaftliches Handeln" zu erreichen. Diese Methode wurde in Schweden vor allem für erwachsene Menschen mit einer mittelgradigen oder schweren geistigen Behinderung entwickelt. Sie arbeitet mit einem bestimmten Menschenbild, an welchem sie sowohl die Erfassungsmittel als auch die Arbeits- und Planungsformen ausrichtet.

Das Menschenbild der SIVUS-Methode
Mit Strasser lässt sich das Menschenbild bzw. die Rolle des Begleiters wie folgt beschreiben:

> „Die SIVUS-Methode geht von einem Menschenbild aus, das auch für Menschen mit geistiger Behinderung ein Bedürfnis nach individueller und sozialer Entwicklung anerkennt und diese als Menschen in Entwicklung wahrnimmt.
>
> Diese Entwicklung kommt durch innere Triebkraft und durch eigenes Handeln zustande, und zwar ausgehend vom eigenen Wunsch, durch eigene Handlung hin zur Entwicklung und vom eigenen Erlebnis zur Kenntnis und zurück zur Aktivität. Die SIVUS-Methode geht aber auch davon aus, dass Menschen mit geistiger Behinderung Mitmenschen (Subjekte), mit denen wir verkehren und zusammenarbeiten, seien, und nicht Objekte, die wir betreuen.
>
> Die Aufgabe der Begleiter ist eine begleitende und mitwirkende, im Gegensatz zur pflegenden oder betreuenden Rolle. Die Begleiter haben die Entwicklung der ihnen anvertrauten Menschen zu begleiten und zu unterstützen. Sie sollen sich nach den Bedürfnissen, Interessen und Voraussetzungen seitens der Gruppenmitglieder richten, andererseits sind sie aber auch Mitglied der Gruppe und arbeiten aktiv mit. Sie versuchen herauszufinden und von dem auszugehen, was ein Teilnehmer kann, und nicht, was er nicht kann. Sie geben Unterstützung dort, wo dies notwendig ist, und geben jeder Person die Möglichkeit, selber zurückzukommen."

(Strasser, 1997, S. 175)

Aufgaben

1. Welche praktischen Ansätze ergeben sich aus diesen Aussagen?

2. An welchen Stellen lassen sich Unterschiede zu einer eher „normalen" Vorgehensweise in Werkstätten feststellen?

Ziele und Grundsätze von SIVUS
Strasser nennt Ziele und Grundsätze der SIVUS-Methode:

> „Die SIVUS-Arbeit unterstützt Menschen mit geistiger Behinderung so, dass sie im Zusammenspiel mit anderen so unbehindert wie möglich arbeiten können (vgl. Walujo/Malmström 1996, S. 159). Deshalb unterstützen wir die Entwicklung der entscheidenden Eigenschaften des Menschen, nämlich Selbstvertrauen, Selbstständigkeit und Zusammengehörigkeitsgefühl.
>
> *(vgl. Walujo/Malmström, 1996, S. 159)*

Die SIVUS-Methode geht davon aus, dass sich Entwicklung im gemeinschaftlichen Handeln mit anderen Menschen vollzieht, und zwar soll der Mensch mit einer geistigen Behinderung die Erfahrung machen, wie es ist, alleine, in einer Gruppe, mit Gruppen sowohl innerhalb als auch außerhalb der besonderen Institution zu handeln.

Die Gruppenaktivität geschieht in kleinen, beständigen Gruppen, die nach den eigenen Bedürfnissen und Interessen der Teilnehmer und nach demokratischen Grundsätzen ausgerichtet sind. Jede Gruppenaktivität umfasst mindestens vier wichtige Situationen und die entsprechenden Fähigkeiten:
– miteinander umgehen (soziale Fähigkeit)
– die Arbeit oder Aktivität vorbereiten (Planungsfähigkeit)
– den Plan durchführen (Arbeitsfähigkeit)
– das Resultat beurteilen (Beurteilungsfähigkeit)
(vgl. Walujo/Malmström, 1996, S. 159)

Bezüglich der Sozialform werden nun fünf verschiedene soziale Lebensbereiche oder Systeme unterschieden, die es zu erheben und zu fördern gilt:
– die Individualstufe (alleine handelnd)
– die Paarstufe (zu zweit handelnd)
– die Gruppenstufe (in der Gruppe handelnd)
– die Intergruppenstufe (Zusammenarbeit zwischen Gruppen)
– die Gesellschaftsstufe (draußen in der Gesellschaft, allein, zu zweit, in Gruppen auch mit Nichtbehinderten und in verschiedenen Integrationsprozessen, nämlich bezüglich Wohnen, Arbeit und Freizeit)
(vgl. Walujo/Malmström, 1996, S. 161)

Der Entwicklungsstand eines Menschen wird nun mithilfe des SIVUS-Einschätzungsbogens, der die erwähnten verschiedenen Dimensionen systematischer festzustellen hilft, bestimmt. Dieser Einschätzungsbogen ist kein Testinstrument und besitzt auch keine Gütekriterien, betonen die Verfasser (vgl. Walujo/Malmström, 1996, S. 165), sondern ist ein Hilfsmittel, um die subjektive Wahrnehmung etwas zu relativieren. Sie empfehlen zudem, den behinderten Menschen bei der Evaluation einzubeziehen."

(Strasser, 1997, S. 176)

Das methodische Modell der SIVUS-Methode lässt sich wie folgt darstellen:

Ziel: Eine Person, die nach Maßgabe ihrer Fähigkeit so selbstständig wie möglich agiert, sowohl individuell als auch sozial, mit einem erhöhten Selbstvertrauen und einem erhöhten Zusammengehörigkeitsgefühl zur Gemeinschaft, in möglichst sinnvollem Leben, mit größtmöglicher Teilnahme am „normalen" Erwachsenenleben in der Gesellschaft.

Gesellschaftsstufe – draußen in der Gesellschaft

| allein | zu zweit | in der Gruppe | zwischen Gruppen |

in der Institution

| Individualstufe allein | Paarstufe zu zweit | in der Gruppe | Intergruppenstufe zwischen Gruppen |

3. Schritt: Ohne Unterstützung (selbstständig)
2. Schritt: Mit wenig Unterstützung
1. Schritt: Mit umfassender Unterstützung

| beisammen sein und miteinander auskommen | planen vorbereiten | arbeiten, den Plan durchführen | das Resultat beurteilen, nachdenken |
| **Soziale Fähigkeit** | **Planungsfähigkeit** | **Arbeitsfähigkeit** | **Beurteilungsfähigkeit** |

(Aus: Walujo/Malmström, 1996, S. 160)

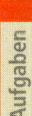

Aufgaben

1. Erarbeiten Sie an konkreten Beispielen eine Umsetzung der Aktivitäten und Sozialformen.

2. Wie lassen sich Ihre Aussagen in einer konkreten Werkstatt realisieren?

3. Konkretisieren Sie noch einmal Ihre Rolle als Begleiter (vor dem Hintergrund Ihres Beispieles).

4. Beobachten Sie die Abläufe und Tätigkeiten einer konkreten Werkstatt für Menschen mit Behinderungen nach den Maßgaben des SIVUS-Einschätzungsbogens. Füllen Sie diesen für einen Menschen bzw. für eine Gruppe aus. Vergleichen Sie Ihre Ergebnisse miteinander.

SIVUS-Einschätzungsbogen und Konkretisierungen zu den einzelnen Feldern des Bogens (aus: Walujo/Malmström, 1996, S. 173):

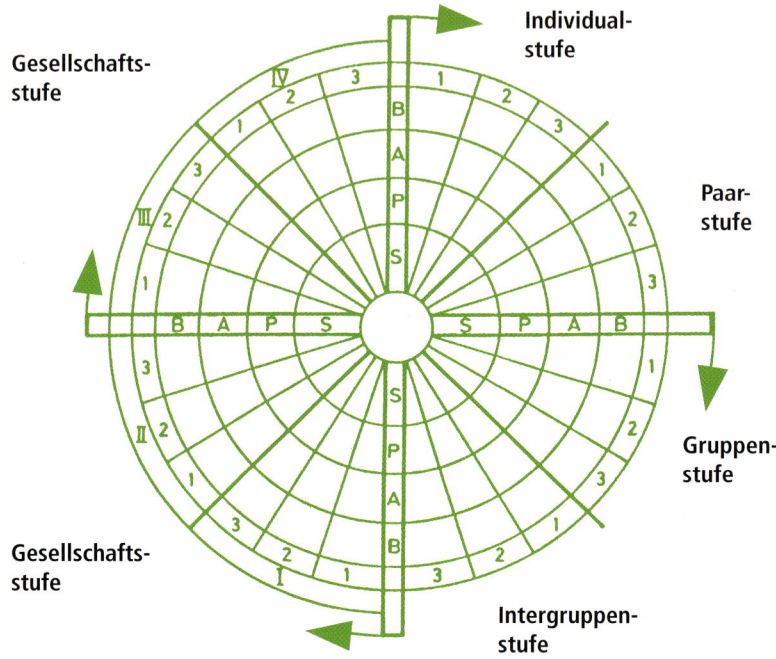

Darstellung der Entwicklung eines Gruppenteilnehmers nach SIVUS:

S – Soziale Fähigkeit (beisammen zu sein, sich zu vertragen und zusammenzuarbeiten)
P – Planungsfähigkeit (eine Idee zu haben, seine Arbeit/seine Aktivität zu planen)
A – Arbeitsfähigkeit (seinen Plan durchzuführen)
B – Beurteilungsfähigkeit (das Ergebnis seiner eigenen Arbeit zu beurteilen)

- Die Individualstufe (auf eigene Faust)
- Die Paarstufe (zu zweit)
- Die Gruppenstufe (innerhalb einer Gruppe)
- Die Intergruppenstufe (Gruppen untereinander innerhalb der Einrichtung)
- Die Gesellschaftsstufe, die Folgendes einschließt:
  I Zu wagen, draußen in der Gesellschaft auf eigene Faust zu handeln
  II In der Gesellschaft mit einem nicht behinderten Menschen
  III In der Gesellschaft mit mehreren nicht behinderten Menschen
  IV In der Gesellschaft mit mehreren nicht behinderten Personen im Zusammenwirken mit anderen Gruppen

1 – Beobachten, wie andere handeln, oder etwas mit umfassender Unterstützung tun
2 – Selbst handeln mit indirekter/wenig Unterstützung
3 – Selbstständig handeln ohne Unterstützung

Name: . . . .

Datum: . . . .

Literatur

Grundlegende Aussagen zum Thema „Arbeit für Menschen mit Behinderungen" finden Sie in:

- **Stadler, Hans:** Rehabilitation bei Körperbehinderung. Stuttgart/Berlin/Köln, 1998 (hier vor allem die Kapitel 5, 7, 8 und 9).

- **Speck, Otto:** Arbeit für Menschen mit geistiger Behinderung. In: Zur Orientierung, 1/1998, S. 5–11.

- **Walujo, Sophian/Malmström, Cecilia:** Grundlagen der SIVUS-Methode. 2. Aufl., München/Basel, 1996.

Gelungene Zusammenstellungen von konkreten Arbeitsmöglichkeiten finden Sie in:

- **Lelgemann, Reinhard:** Arbeit ist möglich. Arbeitshilfen und Arbeitsplätze für Menschen mit schweren und mehrfachen Behinderungen. Düsseldorf, 1996.

- **Bundesvereinigung Lebenshilfe e. V.:** Selbstbestimmung. Kongressbeiträge. Marburg 1997, 2. Aufl., S. 425–505.

5.8 Altersruhestand

Die meisten Menschen mit Behinderungen erreichen ein Alter, wie andere nicht behinderte Menschen auch. Einige genetische Syndrome und chronische Erkrankungen bei Menschen mit Behinderungen können jedoch die Lebenserwartung zum Teil stark reduzieren. Die Lebensphase behinderter Menschen nach ihrer beruflichen Tätigkeit auf dem Arbeitsmarkt oder zumeist in einer Werksatt für Menschen mit Behinderungen bezeichnet man allgemein als Altersruhestand, also eine Zeit ohne Erwerbsarbeit. Die demografischen Entwicklungen machen deutlich, dass diese Lebensspanne bei den meisten Menschen länger als ein Jahrzehnt dauern wird. Eine Zeit, die es gilt, sinnvoll, interessant, anregend, insgesamt also erfüllend zu gestalten.

Aufgaben

1. Vergleichen Sie die demografische Entwicklung der Alterung in Deutschland mit anderen Ländern Ihrer Wahl. Machen Sie die Vergleiche visuell deutlich.

2. Wie groß ist hierzulande das Problem „Armut im Alter"? Sammeln Sie Berichte zu diesem Thema und stellen Sie diese nach selbst gewählten Aspekten zusammen. Kommentieren Sie Ihre Zusammenstellung.

3. Die Konsumindustrie stellt sich auf die Kaufkraft der „jungen Alten" ein. Sammeln Sie Werbeprospekte und überprüfen Sie, wie ältere Menschen angesprochen werden.

Statistisches

Mittlerweile ist es also normal, dass Menschen nach ihrer Zeit der Erwerbstätigkeit noch ein, zwei oder drei Jahrzehnte leben. Die Zeit des „Ruhestandes" wird immer länger werden. Behinderte Menschen, die in den Ruhestand gehen, sind zwischen 55 und 69 Jahre alt. Der Durchschnitt liegt bei 63 Jahren und ist damit vergleichbar mit dem Durchschnittsalter der nicht behinderten Arbeitnehmerschaft.

- Vor ungefähr 140 Jahren wurden nur 0,4 % aller Bewohner in Deutschland älter als 80 Jahre.
- In den 1990er-Jahren waren es bereits 4 %.
- Heute leben hierzulande mehr als 120 000 Menschen, die älter als 95 Jahre sind.

- In knapp 30 Jahren wird erwartet, dass zwischen 8 % und 9 % aller Menschen in Deutschland älter als 80 Jahre werden und jeder dritte Bewohner des Landes wird über 60 Jahre alt sein.
- Im Jahre 1998 waren ungefähr 14 % aller Bewohner in Einrichtungen der Behindertenhilfe älter als 65 Jahre.
- Im nächsten Jahrzehnt wird der Anteil der über 65-Jährigen in Einrichtungen der Behindertenhilfe voraussichtlich bei 30 % liegen.

Häuser

In den Wohnanlagen lebt der Menschenschlag.
Dort verkriecht er sich zum Kauvergnügen.
Hinter den Hausmauern drückt der Mensch auf die Einschaltquote
Zum Kennen lernen des Bildschirms.
Wenn der Haussegen die schiefe Bahn biegt,
dann schwankt die Gemütlichkeit.
Das Christusbild hält der Mensch im Winkel
Zur Anbetung bereit.

(Georg Paulmichl, 2003, o. S.)

Früher lebten die meisten Menschen, mit und ohne Behinderung, im Alter noch im Bereich der sogenannten „Groß-familie" und wurden dort mitversorgt oder spielten innerhalb familiärer Hierarchie sogar eine herausragende Rolle. Heute sind Vereinsamung und Altersarmut sehr ernste Themen in unserer Gesellschaft geworden.

Ältere Menschen mit Behinderungen, insbesondere mit geistigen oder mehrfachen Behinderungen, leben in der Regel in stationären Einrichtungen der Behindertenhilfe. Viele größere Einrichtungen der Behindertenhilfe richten sich auf die größer werdende Anzahl älter werdender Bewohner mit speziellen Seniorenabteilungen ein. Diese unterscheiden sich kaum von „normalen" Einrichtungen der Altenhilfe. Betreuung geschieht durch pflegerisch aus-gebildetes Personal. Es gibt nur wenige behinderte Senioren, die nach wie vor in ambulant betreuten Wohnformen verbleiben. Es wird ihnen oft nahegelegt, den von einer Einrichtung der Behindertenhilfe angemieteten Wohnraum einem jüngeren Menschen mit leichterer Behinderung zur Verfügung zu stellen. Das hat leider durchaus System: Wenn nur wenige ambulante Wohnplätze zur Verfügung stehen, dann sind diese für behinderte Senioren keine realistische Alternative. Dieser eher selbstständige Wohnort wird einem alten Menschen mit Behinderung nicht angeboten.

Aufgaben

1. *„Wohnen im Alter" ist zu einem wichtigen und durchaus lukrativen Bereich in verschiedenen Bereichen geworden. So. z. B. in der Architektur und im Baubereich. Sammeln Sie Informationen zu verschiedenen Wohnformen im Alter. Stellen Sie die Berichte zusammen.*

2. *Stellen Sie die zuvor (Aufgabe 1) gesammelten Berichte in Ihrem Verwandten- und Bekannten-kreis vor. Sammeln Sie Kommentare und Meinungen ein.*

3. *Wie möchten Sie selbst im Alter wohnen?*

4. *Was fällt Ihnen zu dem Gedicht „Häuser" von Georg Paulmichl ein? Was könnte es mit „älter werden" zu tun haben?*

5. *Georg Paulmichl hat bereits mehrere Gedichte, Texte und Bilder veröffentlicht. Informieren Sie sich über sein künstlerisches Werk. Danach beantworten Sie bitte noch einmal die Aufgabe 4.*

Fähigkeiten

Die folgenden Fähigkeiten im Alter

nehmen zu	bleiben unverändert	nehmen ab
Erfahrungswissen	Kristallisierte Intelligenz	Flüssige Intelligenz
Urteilsvermögen	Langzeitgedächtnis	Kurzzeitgedächtnis
Genaues Denken	Aufmerksamkeit	Kurzspeicherkapazität
Verantwortungsbewusstsein	Konzentration	Verarbeitungsgeschwindigkeit
Zuverlässigkeit	Lernfähigkeit	Risikobereitschaft
Kooperationsbereitschaft	Allgemeinwissen	Adaptionsfähigkeit
Sprachliche Gewandtheit	Handwerkliches Können	Umstellungsfähigkeit

(vgl. Buchka, 2007, S. 8 und Thiele, 2001, S. 26)

Aufgaben

1. *Im Alter nehmen Fähigkeiten und Eigenschaften des Menschen zu. Finden Sie zu jedem Begriff in der Tabelle typische Beispiele. Finden Sie auch zu den Bereichen „unverändert" und „nehmen ab" jeweils passende Beispiele.*

2. *Finden Sie passende Beispiele, in denen die horizontalen Veränderungen deutlich werden (zum Beispiel: „Genaues Denken – Aufmerksamkeit – Kurzspeicherkapazität" oder „Urteilsvermögen – Langzeitgedächtnis – Kurzzeitgedächtnis").*

3. *Interpretieren Sie die Behauptung „Man ist so alt, wie man sich fühlt".*

4. *Fragen Sie in ihrem Verwandten- oder Bekanntenkreis mal nach, welche Vorhaben es gibt, die man im Alter nach Möglichkeit oder sogar unbedingt noch umsetzen möchte.*

5. *Eines der berühmtesten Gedichte des deutschen Autors Hermann Hesse heißt „Stufen". Finden und lesen Sie es und falls Sie möchten, berichten Sie anschließend, was es Ihnen sagt.*

6. *Finden Sie freizeitliche Tätigkeiten, die zu den zunehmenden Fähigkeiten der Liste „passen". Welche dieser Tätigkeiten können sich in einer Einrichtung der Behindertenhilfe (Ihrer Wahl)*
   - *eher problemlos*
   - *mit ein wenig Engagement*
   - *nur mit außerordentlichen Mühen*
   - *wahrscheinlich überhaupt nicht*
   umsetzen lassen?

7. *Eine umfangreiche und bei Weiterführung auch komplexe Aufgabe:*
   Erstellen Sie eine schriftliche Zusammenfassung (nicht länger als eine Seite) mit einer freizeitlichen Tätigkeit (aus der vorherigen Aufgabe), die sich Ihres Erachtens „mit ein wenig Engagement" anbieten ließe. Stellen Sie die Sammlung der Ideen in der Klasse einer Einrichtung Ihrer Wahl gesammelt vor. Kommen Sie dort mit einer zuständigen Vertreterin (z. B. aus dem Wohn- oder Freizeitbereich) ins Gespräch. Fragen Sie an, ob man interessiert sei, den Bewohnern im Ruhestand diese Ideen als Freizeitangebot zu ermöglichen.

„Später alt"

Peter Rüttimann und Peter Keller wohnen in der Schweiz und sind befreundet. Sie leben im Ruhestand, schreiben für das Magazin „Ohrenkuss" und sind auch als Schauspieler aktiv. Beide haben das Down-Syndrom.

Peter Rüttimann:

„Ich bin 48iger-Jahrgang
Peter Keller ist 57iger-Jahrgang.
Ich bin älter.
Früher hatte ich lange Haare – Rossschwanz –
Die sind alle ausgefallen, aber die wachsen wieder.
Ich rasiere mich jeden Tag, damit die Haare nicht vergessen, dass sie wachsen müssen.
Ich darf auch kein Bart haben, weil sonst alle denken, ich bin ein Bankräuber.
Ich kann auch nicht mehr so springen, seitdem ich älter bin.
Ich bin auch mehr müde.
Theater im „Hora" macht auch müde.
Meine Zähne sind ganz klein geworden. Ich muss auch alles ganz klein schneiden,
damit kein „Mocken" im Hals stecken bleibt, sonst muss ich wieder ins Spital.
Es gibt keinen Unterschied, ob ich jung oder alt bin. Ich bin so geboren wie ich bin –
Jung und alt, seit der Geburt."

Peter Keller:

„Ich bin jung und kann schneller springen.
Ich bin jung und später alt.
Ich krieg' mehr Ferien und muss erst um acht Uhr schaffen, weil ich älter bin.
Alina ist 00 geboren.
Waltraud ist 40 geworden.
Peter Rüttimann ist 48 geboren, ich bin 57 geboren.
Ich bin der älteste und jung.
Ich krieg ein Natel (Handy) mit Kabel, weil ich älter bin.
Dann machen Peter und Peter einen Natelkurs."

(aufgezeichnet von Waltraut Schafflützel, 2004, S. 23)

Aufgaben

1. *Was sagen Ihnen die beiden Selbstzeugnisse über das Leben als älter werdender Mensch mit geistiger Behinderung in einer Einrichtung der Behindertenhilfe? Lassen Sie bei der Bearbeitung der Aufgabe Ihrer Fantasie freien Lauf. Stellen Sie Mutmaßungen an, erfinden Sie etwas!*

2. *„Es gibt keinen Unterschied, ob ich jung oder alt bin", sagt Peter Rüttimann. Was könnte er damit meinen?*

Wer um 1950 herum geboren wurde, der kommt nun ist das Alter bzw. ist schon jetzt in dem Alter, wo der Ruhestand bereits erreicht ist oder bevorsteht. Viele dieser Menschen, ob behindert oder nicht, haben zeitlebens „ihre" Musik gehört, haben den Fußball in der Bundesliga verfolgt. Sie haben Wert auf Mode gelegt oder eben den Zeitgeist ganz bewusst abgelehnt. Sie lasen Bücher oder Comics, gingen mehr oder weniger regelmäßig ins Kino, hatten Idole, denen sie nacheiferten und wollten eigentlich nie so sein wie die eigenen Eltern.

Wer sich nun auf den Ruhestand vorbereitet, der hörte als Heranwachsender vielleicht die Beatles, die Rolling Stones oder „Good Vibrations" von den Beach Boys. Man sah die sogenannten Spaghetti-Western oder Godzilla im Kino. Und auch damals wurde die erste Zigarette heimlich geraucht. Über das berühmte Wembley-Tor im Endspiel der Fußball-Weltmeisterschaft wurde diskutiert und für Boxkämpfe im TV (in Schwarz-Weiß) stand man mitten in der Nacht auf. Die Menschen, die demnächst aufhören einer Erwerbsarbeit nachzugehen, sind in den allerseltensten Fällen Senioren, die in „gemütlicher Runde" Volkslieder singen, Weihnachtssterne basteln oder Heimatfilme anschauen wollen. Vielmehr kommt demnächst die erste Rock'n'Roll-Generation ins Pensionsalter! Und es ist nur normal, dass die nun im großen Maße vorhandene freie Zeit eben mit Aufgaben, Angeboten, Unternehmungen und Ideen der „etwas anderen Art" gefüllt werden will.

> **Aufgaben**
>
> *Finden Sie heraus: Welche Musik hörte man Ende der 1960er- und zu Beginn der 1970er-Jahre? Welche Pop- und Rockmusiker waren erfolgreich? Welche Bedeutung hatte damals die deutsche Schlagermusik, und wer hörte sie? Hörten 20-jährige damals Volksmusik? Was lief im Kino? Welche Bedeutung hatte damals Fußball? Wie sah damals das Fernsehprogramm aus? Welche Bedeutung hatten damals öffentliche Büchereien?*
> *Und welche Ergebnisse finden sie*
> - *für die BRD*
> - *für die DDR?*

Aktivitäten

Zum Thema „Interessen älter werdender Menschen mit geistiger Behinderung" wurde vor wenigen Jahren (2006) eine sehr interessante, regionale Studie bundesweit veröffentlicht (siehe Hollander und Mair). Es wurden Menschen mit geistiger Behinderung, mit körperlicher Behinderung, mit chronischen Erkrankungen, mit psychischen bzw. neurologischen Erkrankungen und auch einige mit Sinnesbehinderungen nach ihrem Freizeitverhalten und nach ihren Freizeitinteressen befragt. Die meisten der Befragten waren übrigens mehrfach behindert bzw. behindert und zugleich chronisch erkrankt. Auf die Frage, was man gegenwärtig in der Freizeit mache, gab es die meisten Nennungen für

- Fernsehen
- Sich mit Menschen treffen
- Musik hören
- Nichts tun

Wenig Nennungen gab es zum Beispiel für

- Sport treiben
- Einkaufen

Durchschnittlich nannte jeder der Befragten drei verschiedene Freizeitaktivitäten, wobei eher passive Beschäftigungen wie Fernsehen oder Entspannen weitaus häufiger genannt wurden. Es folgen kommunikative Aktivitäten und eher selten sportliche aktive Tätigkeiten. Auffallend, aber nicht überraschend, war, dass die Vernetzung in das soziale Gemeinwesen wenig ausgeprägt ist. Insgesamt kann man sagen, dass die Freizeitbeschäftigungen denen nicht behinderter Menschen im beginnenden Ruhestand ähneln. Jedoch gibt es u. a. einen erheblichen Unterschied: Viele Menschen mit Behinderungen haben ein Problem, Aktivitäten außerhalb des direkten Lebensraumes nachzugehen: Viele sind nur dann in der Lage zu „bummeln", Ausflüge zu machen, o. Ä., wenn sie eine sie unterstützende Person an ihrer Seite haben. Daher sind Beeinträchtigungen in der Auswahl der Freizeitaktivitäten eher die Regel als die Ausnahme.

Die Wünsche und Interessen der älter werdenden Menschen mit Behinderungen wurden ebenfalls erfragt. Dabei wurde gefragt, welche der folgenden Bereiche man sehr interessant finden würde, welche eher allgemein interessant und welche eher wenig interessant wären:

Sehr interessant	Interessant	Wenig interessant
Reisen	Religion	Radfahren
Musik	Kultur	Handarbeit
Gesundheit	Wandern	Internet
Tiere	Fahrzeuge	Sport
Gesellschaftsspiele	Ernährung	Gartenarbeit
		Bildung
		Basteln/Werken
		Tanzen

Diese Auflistung gibt natürlich nur ungenau wieder, was einzelnen Menschen wichtig ist, aber die Untersucher der Studie stellten allgemein fest:

- dass viele älter werdende Menschen mit Behinderungen sich mehr Informationen zum Themenkreis „Gesundheit/ Krankheit" wünschen
- dass Musik machen vielen weniger wichtig sei, als Musik hören
- dass kaum jemand aktiv Sport treibt, aber viele älter werdende Menschen mit Behinderungen gerne Sport im TV sehen
- dass in vielen Einrichtungen der Behindertenhilfe punktuelle Freizeitangebote offeriert werden, die jedoch häufig als „wenig interessant" angesehen werden.
- Demnach sollten diese Einrichtungen ihre Freizeitangebote für ältere werdende Menschen mit Behinderungen überdenken

(vgl. Hollander/Mair 2006, S. 66–68)

Aufgaben

1. *Wie bewerten Sie die Ergebnisse der Untersuchung? Was finden Sie interessant? Was überrascht Sie?*

2. *Machen Sie eine Befragung im Klassenverband (also unter „jungen Leuten"). Bitte nennen auch Sie einige gängige Freizeittätigkeiten, die Sie*
   - *sehr interessieren*
   - *allgemein interessieren*
   - *nicht interessieren*

3. *Was könnte die Aufgabe 2 mit heilerzieherischer Arbeit für ältere Menschen mit Behinderungen zu tun haben?*

4. *Fragen Sie im Freizeitbereich einer Einrichtung der Behindertenhilfe Ihrer Wahl nach, wie man dort zu Angeboten für (ältere) Menschen mit Behinderungen kommt. Welche Probleme gibt es? Wie geht man diese Probleme an? Welche Wünsche hat man? Wie stellt man sich auf die größer werdende Gruppe älterer Nutzer der Angebote ein?*

6 Sexualität und Behinderung

- Wie kann in der alltäglichen Arbeit berücksichtigt werden, dass auch für Menschen mit Behinderung sexuelle Bedürfnisse untrennbarer Bestandteil ihrer Identität sind?

- Welche Bedeutung hat das Modell der sexuellen Entwicklung von Sigmund Freud für die heilerziehungspflegerische Arbeit?

- Warum ist das Erkennen eigenen Sexualwissens und eigener Werte für eine verantwortliche heilerziehungspflegerische Arbeit von Bedeutung?

Aufgaben

1. Was ist ihr spontaner Eindruck beim Betrachten des Bildes? Versuchen Sie, diesen Eindruck mit einem einzigen Wort auszudrücken. Schreiben Sie das Wort auf einen Zettel. Lesen Sie die gesammelten Zettel im Klassenverband vor. Was fällt auf?

2. Nach einiger Zeit der Betrachtung: Was gefällt Ihnen auf dem Bild? Was erscheint Ihnen seltsam? Was könnte vor der Aufnahme geschehen sein, was könnte folgen?

3. Spielen Sie eine kurze Szene zu dem Bild. Sprechen Sie in der Klasse über das Gesehene.
Welche Eindrücke haben die Schauspieler? Welche Eindrücke haben die Zuschauer?

Sexualität gehört für jeden Menschen zum Menschsein

Sexualität genießen
Sandra Senger

Offen und ehrlich über das Thema Sexualität zu reden, ist mit Tabu belegt. Es geht um die Intimsphäre von Betroffenen und Betreuern. Kann ich mich darauf einlassen? Wo sind meine Grenzen?

Da war die so einfühlsame Waschung morgens von Elena, der Betreuerin, die so gefallen hat. Aber das durfte nicht sein, war peinlich, ihr zu zeigen, was es für Gefühle auslöst. Als es einmal so deutlich war, dass es nicht zu verbergen war, war es unangenehm. Ab dem Zeitpunkt kam Harald zum Waschen. Der erregt nicht mehr. Für die Betreuerseite war das Problem geklärt, aber für den Betreuten bedeutete es Isoliertheit.

Verdrängen seiner sexuellen Gefühle.

Doch er sprach es an. Als Elena wieder im Dienst war, gestand er ihr, dass er in sie verliebt war und sich mehr von ihr wünschte. Doch Elena erwiderte die Gefühle nicht. Sie war nicht verliebt. Doch die Lustgefühle wollen nicht aus dem Kopf. Aggression und Hassgefühle gegen sich selbst waren die Folge.

Gerade die Institutionen tun sich schwer, das Bedürfnis Sexualität umzusetzen. Mittlerweile nehmen die Betreuer den Wunsch nach Sexualität wahr und suchen mit nach Lösungen. Die Sexualität der betreuenden Menschen wird wahrgenommen. Es ist Verständnis für Lust da.

Es ist Verständnis für Partnerschaft da.

Unterschiedliche Konzeptionen machen aber deutlich, dass die Sexualerziehung den Heilerzieherinnen und Pflegenden aber noch Schwierigkeiten bereitet.

Welche Normen und Werte, welche Moralvorstellungen, welche Erwartungen wir mitbringen, ist von Mensch zu Mensch unterschiedlich. So geht es natürlich auch behinderten Menschen. Sie sind durch ihre Erfahrungen, Eltern, Betreuer, Erziehung, Überzeugungen geprägt, dementsprechend äußern sie ihre Wünsche oder können sie weniger äußern. Doch offensichtlich wird das Thema schon, egal ob der Mensch körperlich oder geistig behindert ist. Die Frage ist nur, wie viel Offenheit besteht für die Individualität jedes Menschen? Wenn jemand auf die Betreuung komplett angewiesen ist, Vertrauen braucht, um über Sexualität zu reden, kann er sich da auf einen professionellen Umgang von Seiten der BetreuerInnen verlassen? Wie sieht die Wahrnehmung/Haltung der Betreuerinnen aus?

Welche Voraussetzungen müssen für den Betreuten geschaffen werden, damit er sich mal in Zweisamkeit treffen kann? Wie privat und wohnlich ist das Zimmer der Bewohnerinnen? Lässt das Bett ein Treffen mit dem Freund/der Freundin zu? Wo würde Unterstützung gebraucht, damit Partnerschaft möglich wird? Und bei aller Unterstützung die Überlegung, wo kann der- oder diejenige sich selbst helfen und zu seiner Lösung kommen?

(Senger, 2001, S. 16–17)

Aufgaben

1. *Sexualität in einer Einrichtung der Behindertenhilfe „genießen" – Was fällt Ihnen dazu ein? Sprechen Sie in einer kleineren Gruppe über Ihre Ideen.*

2. *Versuchen Sie, Elenas Erlebnis nachzuvollziehen. Wie hätten Sie reagiert?*

3. *Offen über „das Thema Sexualität" reden – trauen Sie sich das zu? Falls nicht: Wie könnten Sie es lernen? Falls Sie diese Offenheit ablehnen – begründen Sie bitte Ihren Standpunkt.*

6.1 Erinnerungen

Das Zusammenleben von Mädchen und Jungen, Frauen und Männern in Einrichtungen der Behindertenhilfe ist inzwischen vielerorts Alltag. Es bilden sich Freundschaften und Partnerschaften, gemeinsame Übernachtungen oder ungestörte Rückzugsmöglichkeiten in eigenen Räumlichkeiten sind möglich. Auch in der Schule, am Arbeitsplatz oder in der Freizeit ergeben sich Begegnungen.

Diese liberalisierten Rahmenbedingungen machen eine sexualpädagogische Begleitung durch fachlich versierte Mitarbeiterinnen unumgänglich. Sie haben als Vorbild und Begleiterinnen im Umgang mit Sexualität in der Wert- und Normenbildung und in der Aneignung sozialer Kompetenzen eine wichtige Rolle. Sie bringen einerseits ihre Fachkenntnisse ein, andererseits ihre Arbeits- und Lebenserfahrungen und damit ihren persönlichen Arbeitsstil und ihre persönlichen Haltungen.

Daraus folgt, dass es notwendig ist, seine eigenen Sexualnormen und Einstellungen, die verschiedenen Wertvorstellungen im Team bzw. in der Einrichtung der Behindertenhilfe zu kennen. Da Erziehung und somit auch heilerziehungspflegerische Begleitung nie wertneutral ist, ist es wichtig, sich diese jeweiligen Wertorientierungen bewusst zu machen und gleichzeitig zu hinterfragen sowie hinterfragen zu lassen.

Fragebogen: „Erinnerst du dich?"

Joachim Walter, seit vielen Jahren ein renommierter Fachmann zum Thema Sexualität und Menschen mit geistiger Behinderung, hat in dem von ihm herausgegebenen Fachbuch „Sexualität und geistige Behinderung" einen Fragebogen veröffentlicht, der zur nachdenklichen Erinnerung anregen wird:

Haben Sie in Ihrer Familie oder auch außerhalb Gelegenheit gehabt, Geschwister oder andere Kinder des anderen Geschlechts nackt zu sehen? Wie war das bei den Eltern? Erinnern Sie sich, was Sie dabei gedacht und empfunden haben?

Waren Sie bei so genannten Doktorspielen dabei? Gab es Situationen, in denen Sie ertappt worden sind? Wie haben die Eltern oder andere Erwachsene darauf reagiert?

Welche Vorstellungen hatten Sie früher über Geburt und Zeugung? Wie und durch wen sind Sie aufgeklärt worden?

Welche Gefühle und Erinnerungen haben Sie, wenn Sie an die Zeit der Pubertät zurückdenken? Wie sind Sie mit den körperlichen Veränderungen klar gekommen? Wie haben Eltern und Geschwister darauf reagiert?

Sind Sie auf die erste Regelblutung bzw. den ersten Samenerguss vorbereitet worden? Wie sind Sie mit diesem Erlebnis fertig geworden?

Wie war das mit der Selbstbefriedigung? Sind Sie selbst darauf gekommen oder haben Sie von anderen davon gehört und es dann auch ausprobiert? Hatten Sie Schuldgefühle, so etwas zu machen? Wie denken Sie heute über Selbstbefriedigung?

Erinnern Sie sich an die ersten Verehrungen und Zärtlichkeiten? Wie war Ihr erstes sexuelles Erlebnis? Der erste Kuss, Händchenhalten, Petting? Waren Sie dabei eher aktiv oder passiv? Hatten Sie Hemmungen?

Wie war das beim ersten Geschlechtsverkehr? Fühlten Sie sich damals reif und alt genug dafür? Hatte Ihr Partner bereits Vorerfahrungen? Haben Sie dabei verhütet? Wenn ja, wie?

Welche Erfahrungen haben Sie mit verschiedenen Verhütungsmitteln? Welche dieser Erfahrungen waren eher positiv, welche negativ?

Was wissen Sie über die verschiedenen Möglichkeiten zur Verhütung? Was würden Sie gerne noch wissen?

Wie erleben Sie einen Orgasmus? Wie wünschen Sie sich ihn? Können Sie über Ihre Wünsche reden?

Haben Sie homosexuelle Erfahrungen gemacht?

Kennen Sie Gefühle der Eifersucht? Was halten Sie von einem Seitensprung? Haben Sie Erfahrungen mit Trennungen gemacht?

Ihr Körper: Finden Sie ihn schön? Können Sie ihn selbst berühren? Kennen Sie Ihren genitalen Bereich? Mögen Sie Ihren Körper oder schämen Sie sich vor anderen? Vor wem besonders?

Haben Sie bestimmte Normen bzw. Leitvorstellungen („Das tut man nicht …!", „Wenn ich das täte, bekäme ich Schuldgefühle" usw.)?

Sind Sie zufrieden mit Ihrer Sexualität, so wie Sie sie heute leben? Gehört Sexualität zu Ihrem Alltag? Und was bedeutet sie für Sie? Werden Ihre Bedürfnisse erfüllt?

Gibt es sexuelle Wünsche, die Sie noch nicht erfüllt haben? Haben Sie schon einmal versucht, etwas an der Situation, wie Sie Sexualität erleben, zu verändern, um zufriedener zu sein?

(Walter/Achilles, 1996, S. 215 ff.)

Schauen Sie sich den Fragebogen an und beantworten Sie die folgenden Fragen an einem ruhigen Platz sorgfältig und ehrlich. Dabei ist es unerheblich, ob dieses in Gedanken oder in schriftlicher Form erfolgt. Es ist sinnvoll, die Antworten zu diesen Fragen in kleinen Gruppen zu besprechen. Es soll als Anregung dienen, überhaupt einmal Hemmungen zu überwinden und über sexuelle Fragen und Sachverhalte miteinander ins Gespräch zu kommen. Dabei gilt die Regel: Niemand darf zu einer Aussage gedrängt werden.

1. Wie fühlten Sie sich zu Anfang und zum Ende Ihrer Beschäftigung mit dem Fragebogen? Welche Fragen fanden Sie interessant, welche haben Sie eher abgeschreckt? Warum? Welche Fragen machen Sie neugierig? Zu welchen Fragen würden Sie gerne Erlebnisse anderer erfahren?

2. Welche Fragen wären auch von heilerziehungspflegerischem Interesse? Teilen Sie sich zur Bearbeitung in der Klasse in Gruppen ein, die sich jeweils aus Mitschülerinnen mit und ohne Praxiserfahrungen zusammensetzen. Welche Fragen gibt es in allen Gruppen, welche werden vermehrt und welche selten oder nur einmal genannt? Kommen Sie über Ihre Arbeitsergebnisse miteinander ins Gespräch.

3. Stellen Sie sich einmal vor, eine der im Fragebogen genannten Fragen würde Ihnen z. B. während eines Praktikums von einem Bewohner einer Einrichtung der Behindertenhilfe gestellt. Was könnte daraufhin geschehen? Spielen Sie diese Situation in einem Rollenspiel
   - mit einer Frage, die zuvor gemeinsam ausgesucht wurde;
   - mit einer Frage, die spontan – ohne Vorbereitung – im Rollenspiel genannt wird.

Kommentieren Sie anschließend Ihr Agieren. Sprechen Sie in der Klasse über das Erlebte. Wie hätten andere reagiert? Welche alternativen Reaktionsmöglichkeiten fallen den Schauspielern jetzt noch ein?

Probleme

„Das Problem ‚Sex' ist im Allgemeinen kein Problem für die Menschen mit Behinderungen, sondern für die Betreuer."

„Es gibt keine be-hinderte, nur ver-hinderte Sexualität"

So die Aussagen eines erfahrenen Mitarbeiters in einem Wohnheim für erwachsene Menschen mit geistiger Behinderung.

1. Welche Erfahrungen könnten diesen Aussagen zugrunde liegen? Stellen Sie Mutmaßungen an.
2. Welche eigenen Situationen oder Erlebnisse aus Ihren Praktika könnten zu einer der beiden Aussagen „passen"? Kommen Sie in einer kleinen Gruppe miteinander ins Gespräch.

Probleme, die ein normales Sexualleben für Menschen mit Behinderungen erschweren oder sogar unmöglich machen, können ihren Ursprung sowohl beim Menschen selbst als auch in der Institution und der gesellschaftlichen Umgebung haben. Selten ist es lediglich ein einzelner Faktor, der als Grund für die Schwierigkeiten gefunden werden kann. Häufiger sind Verknüpfungen und Abhängigkeiten anzutreffen.

Individuelle Faktoren

- mögliche organische Schäden
- totale Kontrolle durch Eltern oder Betreuer
- diffuse Vorstellungen vom eigenen Körper
- diffuse Vorstellungen vom Körper des anderen Geschlechts
- Wahrnehmungsstörungen
- extreme Verhaltensauffälligkeiten
- Beeinflussung durch bestimmte Medikamente
- sexuell abnorme Wünsche
- Missbrauch anderer, die schwächer sind

Institutionelle Faktoren

- Tabuthema bei Betreuern
- Überforderung der Betreuer
- Reglementierung durch Trägernormen
- Bauliche Gegebenheiten verhindern Allein- oder Zu-Zweit-Sein
- kaum Sozialkontakte außerhalb der Einrichtung möglich

Gesellschaftliche Faktoren

- Ausschlussmaßnahmen, z.B. „Erscheinen unerwünscht" in Vereinen oder Freizeittreffs
- keine ernsthafte Thematisierung in den Medien
- Vorurteil: „Menschen mit Behinderungen haben eine behinderte Sexualität."
- Vorurteil: „Menschen mit Behinderungen sind kindlich naiv und deshalb muss man alles Sexuelle von ihnen fernhalten."
- Vorurteil: „Menschen mit Behinderungen sind triebhaft und sexuell gefährlich."

Aufgaben

1. *Welche Faktoren sind Ihnen bei Ihren bisherigen Praxiserfahrungen bereits begegnet? Erinnern Sie sich noch an damalige Emotionen und Reaktionen?*

2. *Stellen Sie Verbindungen zwischen unterschiedlichen Faktoren her. Begründen Sie diese Verbindungen.*

3. *Wie könnten institutionelle Faktoren verändert werden? Stellen Sie ein Thesenpapier mit möglichen Zielen und ersten Schritten auf.*

4. *Wie können Sie gesellschaftlichen Vorurteilen begegnen? Spielen Sie eine typische Situation in einem kurzen Rollenspiel und sprechen Sie anschließend im Klassenverband über das Erlebte.*

Aufgaben

„Was ich alles (noch nicht) weiß"
Ein Quiz zum Wissen über Sexualität und Verhütung

Bilden Sie kleine Gruppen (drei bis fünf Personen) mit Männern und Frauen und beantworten Sie die folgenden Fragen. Falls Sie nicht der gleichen Meinung sind, beraten Sie sich. Falls niemand etwas weiß, raten Sie einfach. Finden Sie anschließend die richtigen Antworten aus sicheren Informationsquellen Ihrer Wahl.

- *Wie groß ist eine Eizelle?*
- *Wie groß sind die Eierstöcke?*
- *Was ist ein Eisprung und wann findet er statt?*
- *Wie heißt das wichtigste weibliche Geschlechtshormon?*
- *Was ist der sog. Zyklus der Frau?*
- *Warum bekommt eine Frau eigentlich die Menstruation?*

- *Für Männer: Was ist eine gynäkologische Untersuchung und was geschieht dort?*
- *Zeichnen Sie die Lage der folgenden weiblichen Geschlechtsorgane einmal auf: große und kleine Schamlippen, Scheide (Vagina), Muttermund, Eileiter, Gebärmutter (Uterus), Kitzler, Harnröhre, Schambein.*
- *Wie wird Samen produziert?*
- *Wie groß ist ein Samenfaden?*
- *Wie viele Samenfäden werden bei einem Samenerguss ausgestoßen?*
- *Wie heißt das wichtigste männliche Geschlechtshormon?*

- *Für Frauen: Zeichnen Sie die Lage der folgenden männlichen Geschlechtsorgane einmal auf: Hoden, Hodensack, Nebenhoden, Öffnung der Harnröhre, Vorhaut, Eichel, Prostata, Samenleiter, Harnröhre, Harnblase.*
- *Wie lange ist eine Eizelle befruchtungsfähig?*
- *Wie lange können Samenzellen in der Gebärmutter „überleben" und können somit dort auf die Eizelle „warten"?*
- *Was ist das am häufigsten verwendete Mittel zur Verhütung?*
- *Es gibt viele verschiedene Pillensorten. Worin liegen die wesentlichen Unterschiede?*
- *Bei sog. Einphasenpillen enthalten von den 28 Pillen die Pillen der letzten sechs oder sieben Tage keine Wirkstoffe mehr. Warum?*
- *Was sind Zwei- oder Dreiphasenpillen?*
- *Was kostet die Verhütung mit der Pille im Jahr?*
- *Was kann passieren, wenn eine vergessene Pille innerhalb von zwölf Stunden doch noch eingenommen wird?*
- *Was ist die „Minipille"?*
- *Bleibt der Verhütungsschutz der Pille bei Magen- und Darmproblemen der Frau gewährleistet? Und wie ist es bei gleichzeitiger Einnahme von Schmerz- oder Beruhigungsmitteln, Antiepileptika oder Antibiotika?*
- *Gibt es die „Pille für den Mann" zu kaufen?*
- *Was kosten Kondome?*
- *Wo bekommt man Kondome?*
- *Gibt es ein Güte- oder Prüfsiegel für Kondome?*
- *Ist es sicherer, zwei Kondome übereinander zu benutzen?*
- *Was sind die häufigsten Anwendungsfehler beim Kondom?*
- *Warum bietet das Kondom auch Schutz vor sexuell übertragbaren Krankheiten?*
- *Was kostet die Verhütung mit dem Hormonimplantat?*
- *Wie funktioniert die Verhütung mit dem Diaphragma und dem dazugehörigen chemischen Gel?*
- *Warum muss nach dem Geschlechtsverkehr das Diaphragma noch mindestens acht Stunden in der Scheide liegen?*
- *Welche weiteren Verhütungsmittel kennen Sie?*
- *Welche Verhütungsmittel sind sicherer als andere?*
- *Was unterscheidet die Sterilisierung bei Mann und Frau?*
- *Welche „natürlichen Methoden der Familienplanung" kennen Sie? Und warum werden diese Methoden nicht „Verhütungsmethoden" genannt?*
- *Was ist der Koitus interruptus?*
- *Was ist die sog. „Knaus-Ogino-Methode"?*

6.2 Grundlagen

> *„Sexualität ist eine Lebensenergie, die Menschen von der Geburt bis zum Tod begleitet. In unterschiedlichen Lebensphasen stehen dabei unterschiedliche Bedürfnisse und Ausdrucksweisen im Vordergrund. Geschlechtsidentität als Mädchen oder Junge, Mann oder Frau, die eigene Körperlichkeit, Kontakt- und Beziehungsgestaltung (in hetero- wie in homosexuellen Beziehungen), Lusterfahrung und der Umgang mit Fruchtbarkeit sind dabei Grundthemen".* **(Frey, 2002, S. 103)**

Sexualität ist ein nicht trennbarer und beständiger Teil menschlicher Identität. Sie ist so vielfältig wie die Menschen selbst, und sie erstreckt sich auf alle Altersstufen und Lebensphasen.

Das Verlangen und die Sehnsucht, mit sich selbst zufrieden zu sein und mit einem Partner zusammen zu sein, zu lieben und geliebt zu werden, die Bedürfnisse nach erotischer Erfüllung auszutauschen, ist Wunsch aller Menschen mit oder ohne Behinderungen.

Sexuelle Phänomene begleiten das Alltagserleben, die menschlichen Verhaltensweisen und Ausdrucksformen. Durch Sexualität können zwischenmenschliche Beziehungen als Wärme, Zärtlichkeit, Geborgenheit, Angenommensein, Erotik erfahren werden. Unser sexuelles Erleben wird von unendlich vielen Vorstellungen und Geschehnissen, Erinnerungen und Fantasien, Regelungen und Wünschen beeinflusst. Zugleich verändern sich diese Faktoren im Laufe des Lebens ständig. So gibt es etwa hormonelle Veränderungen mit Auswirkungen auf die körperliche Entwicklung und emotionale Befindlichkeit. Es werden Erfahrungen und Vorstellungen gemacht und im Gedächtnis gesammelt. Ob gewollt oder ungewollt: Das komplexe und völlig normale Phänomen der Sexualität ist integraler Bestandteil von Menschen mit und ohne Behinderungen zu jedem möglichen Zeitpunkt und beeinflusst einen großen Teil alltäglichen Geschehens.

Aufgaben

1. *Welche Fantasien haben Sie, wenn Sie den Begriff „Sexualität" hören oder lesen? Schreiben Sie Ihre Assoziationen auf und bringen Sie diese anschließend in eine Reihenfolge von „enorm wichtig für mich" bis „eher unwichtig für mich".*

2. *Was fällt Ihnen zum Begriff „Sex" ein? Schreiben Sie Assoziationen auf und bringen Sie diese anschließend in eine Reihenfolge von „wichtig für mich" über „belanglos oder unwichtig für mich" bis „das lehne ich ab".*

3. *Wählen Sie aus, welche Ihrer Aufzeichnungen Sie der Klasse erzählen wollen.*

> „Wenn sich schon so genannte ‚normale' Jugendliche intensiv mit dem eigenen Körper – dessen Aussehen, Gestalt, der Entwicklung der Geschlechtsmerkmale und der aufregenden Erfahrung sexueller Erregung – beschäftigen, um wie viel mehr muss diese z.B. für Jugendliche mit Körperbehinderung oder einer anderen Behinderung zum Problem werden! Nicht selten kommt es zu zwanghaften Vergleichen mit Nichtbehinderten, zur Über-Identifikation und zur Idealisierung eines vollkommenen, aber letztlich unerreichbaren Körperschemas."

(Walter/Achilles, 1996, S. 238)

Da es für Menschen mit Behinderungen in Einrichtungen der Behindertenhilfe häufig schwieriger ist, eine Partnerschaft aufzunehmen und sich am Leben anderer Menschen zu beteiligen, ist es Aufgabe der Mitarbeiter, für sie Kontakte zu eröffnen und ihnen bei der Pflege ihrer Partnerschaft behilflich zu sein.

Eine besondere Betreuungsaufgabe ergibt sich aus dem Tatbestand, dass viele erwachsene Menschen mit Behinderung nie eine aufklärende Sexualerziehung erfahren haben. Bei vielen war in der Jugend alles Geschlechtliche ignoriert, tabuisiert oder mit Schuld und Scham belegt worden.

„Noch vor einer Generation – also vor ungefähr 30 Jahren – behaupteten die meisten Fachleute, sexuelle Bedürfnisse dürften sich bei Menschen mit geistiger Behinderung nie entfalten; sexuelle Regungen, Ansätze zur sexuellen Befriedigung müssten ‚im Keim erstickt‘ werden. Man fürchtete, Menschen mit geistiger Behinderung könnten wegen ihrer Intelligenzmängel die Sexualität nicht beherrschen, wenn sie erst einmal ‚erwacht‘ ist – sie seien in der Gefahr, zu ‚Triebtätern‘ zu werden. Heute denkt kaum noch jemand so. Stattdessen wird oft behauptet, Menschen mit geistiger Behinderung blieben eigentlich immer Kinder, und das gelte gerade auch für ihre sexuellen Bedürfnisse: Sie wünschten körperliche Nähe, Zärtlichkeit, aber nicht Sexualität.

Das mag manchmal zutreffen. […] Im Allgemeinen aber gilt: Menschen mit geistiger Behinderung sind ebenso verschieden und auch in ihrer Sexualität so einmalig geprägt wie alle anderen Menschen.“

(aus: PRO FAMILIA, 1998, S. 5)

Aufgaben

1. Welche Vorstellungen haben Sie, wenn Sie den folgenden Satz lesen:
   „Sexualität und Sex ist Teil des heilerziehungspflegerischen Alltags“?
   Schreiben Sie Ihre Vorstellungen auf und ordnen Sie diese anschließend zu folgenden Aussagen:
   a) „Das finde ich toll“;
   b) „Das könnte mich interessieren“;
   c) „Das will ich lernen“;
   d) „Dem würde ich lieber aus dem Weg gehen“;
   e) „Das kann ich sicherlich nicht“ und
   f) „Dazu wird mich keiner zwingen!“
   Natürlich können Sie einzelne Vorstellungen auch mehreren Rubriken zuordnen. Tragen Sie in einer kleinen Gruppe Ihre Aufzeichnungen zusammen. Welche Übereinstimmungen, welche Unterschiede gibt es?

2. Schauen Sie noch einmal zurück in Ihre Aufzeichnungen zu den Fragen 1 und 2 des vorherigen Abschnittes: Gestehen Sie Menschen mit Behinderungen ebenfalls ganz persönliche Vorstellungen und Vorlieben zur Sexualität und zum Sex zu? Falls ja, könnten Sie sich vorstellen, behinderten Menschen Hilfen anzubieten?

3. Wie stehen Sie zu der folgenden These: „Menschen mit Behinderungen haben das Recht auf angemessene Hilfe, um ihre Sexualität leben zu können.“
   Welche Konsequenzen hätte Ihr Standpunkt für Ihre zukünftige heilerziehungspflegerische Arbeit?

Was HEPs zunächst einmal wissen sollen:

Sexualität

Das Recht auf sexuelle Selbstbestimmung umfasst die Freiheit, Sexualität nach eigenen Wünschen und Vorstellungen zu leben. Ob, wie und mit wem Sexualität gelebt wird, ist die freie Entscheidung eines jeden Menschen. Für diejenigen, die im Alltag auf bestimmte Hilfestellungen angewiesen sind oder in Einrichtungen leben, müssen deshalb Strukturen geschaffen werden, in denen ihre Intimsphäre und ihre Wahlfreiheiten bestmöglich gewahrt werden.

Die Freiheit, Sexualität nach eigenen Vorstellungen zu leben, darf nicht beliebig durch eine Heimordnung oder die Weisungen des Betreuungspersonals eingeschränkt bzw. an Bedingungen geknüpft werden. So ist es unzulässig, einer erwachsenen Bewohnerin mit der Diagnose einer geistigen Behinderung die Übernachtung bei ihrem Freund zu verweigern mit der Begründung, man wolle erst in Ruhe abwarten, ob der Freund es auch wirklich ernst mit ihr meint. So wohlmeinend das Schutzbedürfnis der Betreuungspersonen hier gedacht sein mag – das Recht der Bewohnerin auf Selbstbestimmung umfasst auch ihr Recht, positive wie enttäuschende Erfahrungen zu machen, um für sich selbst herauszufinden, was ihr gut tut und was nicht.

Haben Eltern ein Mitspracherecht?

Volljährige Menschen haben grundsätzlich die volle und alleinige Entscheidungsbefugnis in ihren höchstpersönlichen Angelegenheiten. Dies gilt grundsätzlich auch dann, wenn die Eltern oder dritte Personen als gesetzliche Betreuungspersonen bestellt werden. Gesetzliche Betreuerinnen und Betreuer dürfen die Betreuten nicht bevormunden, sondern sollen ihnen in bestimmten Lebensbereichen die Unterstützung geben, die sie benötigen, um ihre Selbstbestimmung bestmöglich zu verwirklichen. Sie haben sich deshalb nach den Wünschen und dem Wohl der Betreuten zu richten und nicht etwa daran zu orientieren, was sie selbst für gut und richtig halten.

Bin ich verpflichtet, eine Schwangerschaft zu verhindern?

Pädagogische Betreuungspersonen sind keine „Anstandsdamen"! Aus ihrem Arbeitsvertrag ergibt sich daher nicht die Pflicht, ohne Rücksicht auf die individuelle Person Schwangerschaften der Bewohnerinnen zu verhindern.

Bewohnerinnen und Bewohner müssen aber weitmöglichst befähigt werden, sich selbst vor einer ungewollten Schwangerschaft zu schützen. Hierzu bedarf es der umfassenden und verständlichen Aufklärung über die Möglichkeit einer Schwangerschaft, der Ansteckung mit HIV oder Hepatitis und über geeignete Verhütungsmöglichkeiten.

Wer entscheidet über die Verhütung?

Sind behinderte Menschen über die Möglichkeiten einer Schwangerschaft und ihrer Verhütung nicht oder mangelhaft aufgeklärt, so können sie auch nicht selbstbestimmt entscheiden, ob, wann und wie sie verhüten wollen.

Soweit erwachsene Menschen in der Lage sind, selbst nach eingehender und verständlicher Aufklärung über das ob und wie der Verhütung zu entscheiden, ist für die Entscheidung durch Dritte, z. B. gesetzliche Betreuerinnen und Betreuer, kein Raum.

Können Menschen ohne oder gegen ihren Willen sterilisiert werden?

Volljährige Frauen und Männer haben grundsätzlich das Recht, sich freiwillig sterilisieren zu lassen. Voraussetzung ist allerdings, dass sie über den Eingriff, seine Risiken und Folgen umfassend aufgeklärt wurden und selbst in der Lage sind, die Tragweite ihrer Entscheidung zu erfassen, d.h. einwilligungsfähig sind.

Wiederholt berichten behinderte Frauen, dass sie in ihre Sterilisation nur eingewilligt haben, weil ihnen von klein auf erzählt wurde, sie könnten bzw. dürften als behinderte Frauen keine Kinder bekommen. Eine auf Fehlinformationen erteilte Zustimmung stellt rechtlich keine wirksame Einwilligung dar. Ein Arzt oder eine Ärztin, die aufgrund einer solch unwirksamen Zustimmung dennoch den Eingriff vornimmt, macht sich wegen schwerer Körperverletzung strafbar. Diejenigen Angehörigen oder gesetzlichen Betreuerinnen, die die Frau in Kenntnis ihrer Fehlinformation dazu bewegt haben, der Sterilisation zuzustimmen, können sich ebenfalls strafbar machen.

Die Sterilisation einwilligungsunfähiger Erwachsener ist in §1905 BGB geregelt: Anstelle der Betroffenen kann nur eine eigens hierfür bestellte gesetzliche Betreuerin oder ein Betreuer in die Sterilisation einwilligen, diese Einwilligung muss vor Durchführung des Eingriffs vom Vormundschaftsgericht genehmigt werden.

Die Unfruchtbarmachung als schwerer Eingriff in die körperliche und seelische Integrität der Betroffenen kommt grundsätzlich nur als letztmögliches Mittel in Betracht. Voraussetzung ist dabei insbesondere, dass eine Schwangerschaft konkret und ernsthaft möglich erscheint, weil eine dauerhaft einwilligungsunfähige Frau bzw. ein Mann tatsächlich heterosexuellen Geschlechtsverkehr hat oder haben will und hier eine Schwangerschaft möglich erscheint.

Anderen Formen der Schwangerschaftsverhütung ist dann aber grundsätzlich der Vorzug zu geben.

Eine Sterilisation an einwilligungsunfähigen Menschen darf nie unter Zwang erfolgen.

Mache ich mich haftbar, wenn eine Bewohnerin schwanger wird?

Das ist eine weit verbreitete Sorge, die gerade mit Blick auf die vorhergehenden Ausführungen rechtlich unbegründet ist.

Die Behindertenhilfe hat einen völlig anderen Auftrag: die Förderung der Selbstbestimmung und Teilhabe. Diese knüpft an Anerkennung der Eigenverantwortung von Menschen mit Behinderungen an. Dass es trotz umfassender Aufklärung und vorhandener Verhütungsmöglichkeiten – durch Unvernunft oder Pannen – zu einer ungewollten Schwangerschaft kommen kann, ist ein Risiko, das Menschen mit und ohne Behinderungen trifft: Sexualität wird selten von der reinen Vernunft gesteuert.

Ebenso wenig wie bei Menschen ohne Behinderungen rechtfertigt es die bloße Gefahr eines solchen „Unfalls", dass Menschen mit Behinderungen weitreichende Restriktionen in ihrem Privatleben auferlegt werden. Dies sollten die Einrichtungen und Dienste auch den Eltern und gesetzlichen Betreuerinnen und Betreuern deutlich machen: Die Möglichkeiten, Klientinnen und Klienten über eine Sexualaufklärung hinaus vor einer ungewollten Schwangerschaft zu schützen, sind vielmehr faktisch wie rechtlich begrenzt. Eine weitergehende Verantwortung kann von Seiten der Einrichtungen nicht übernommen werden. Ihre Sexualität bleibt die höchstpersönliche Angelegenheit von Menschen mit Behinderungen und damit Teil einer Intimsphäre, die dem Zugriff und der Reglementierung durch Dritte weitgehend entzogen ist.

(Zinsmeister, 2003, S. 41)

Aufgaben

1. Hätten Sie das alles gewusst? Was ist Ihnen neu? Was hat Sie überrascht? Was erleichtert Sie? Wo sind Sie eher skeptisch? Was verstehen Sie nicht?

2. Wo erkennen Sie in diesem Bericht wirkliche handlungsleitende Hilfen?

3. Erkundigen Sie sich in einer Einrichtung der Behindertenhilfe Ihrer Wahl nach einem Positionspapier (o. Ä.) zur Sexualität und der Bedeutung für das Leben und Arbeiten in dieser Einrichtung. Vergleichen Sie das Positionspapier mit den Aussagen in diesem Bericht. Was fällt auf?

Zwei Standpunkte von Verbänden der Behindertenhilfe

Bundesvereinigung Lebenshilfe für Menschen mit geistiger Behinderung e. V.:

„Viele Menschen mit geistiger Behinderung entwickeln sich in sexueller Hinsicht grundsätzlich wie andere Menschen. Das Recht geistig behinderter Menschen auf Sexualität beinhaltet auch das Recht auf Hilfe bei der Entfaltung als Frau oder als Mann im Rahmen der Persönlichkeitserziehung bereits im Kindes- und Jugendalter. Diese soll ihnen ermöglichen, ihre individuelle Form der Geschlechtlichkeit zu finden und sie als natürlich und bereichernd zu erleben. Dabei sind alle Formen zu akzeptieren, die mit der Menschenwürde übereinstimmen."

(Bundesvereinigung Lebenshilfe für geistig Behinderte, 1991, S. 41)

Deutscher Caritasverband:

„Weil menschliche Sexualität nicht instinktmäßig festgelegt ist, müssen sexuelle Verhaltenweisen im Laufe des Lebens erlernt und soweit möglich in die individuelle Persönlichkeit eingeordnet werden. Erziehung und Umfeld vermitteln dazu Normen, Anschauungen und Sitten. (...) Auffälliges sexuelles Verhalten ist kein Grund, die persönliche Freiheit eines erwachsenen Menschen einzuschränken, es sei denn, er verletzt ein Strafgesetz. (...) Für manche Menschen mit schweren geistigen Behinderungen ist Selbstbefriedigung ihre Möglichkeit, Sexualität zu leben und daher zu akzeptieren. Sie können in der Regel lernen sich zurückzuziehen, wenn sie sich mit sich selbst beschäftigen wollen. Auf jeden Fall ist der Mensch mit schweren geistigen Behinderungen davor zu schützen, dass die Öffentlichkeit an seinem Verhalten Ärgernis nehmen kann."

(Deutscher Caritasverband, 1992, S. 9)

Aufgaben

1. Wo erkennen Sie Gemeinsamkeiten, Ähnlichkeiten oder Unterschiede in den Standpunkten der Bundesvereinigung Lebenshilfe und des Deutschen Caritasverbandes?

2. Welche Arbeitsaufträge können aus einem der beiden Standpunkte für die heilerziehungspflegerische Begleitung in einem Wohnheim für junge Menschen mit geistiger Behinderung abgeleitet werden? Erarbeiten Sie in einer kleinen Gruppe (max. vier Personen) eine Liste und stellen Sie diese Ergebnisse im Klassenverband vor.

6.3 Die psychosexuelle Entwicklung

Die Entwicklung der Sexualität beim Menschen verlangt, wie z. B. auch das Sprechenlernen, eine anregende Umgebung und Übung. Soziale Kompetenzen und den altersgemäßen Umgang mit sexuell geprägten Empfindungen lernen Kinder und Jugendliche häufig von Gleichaltrigen und etwas Älteren. Es muss lediglich darauf geachtet werden, dass die Kinder sich nicht gegenseitig wehtun und dass sie nur das tun, was sie selber wollen. Dazu brauchen sie manchmal die Unterstützung von den Erwachsenen.

Die meisten Erwachsenen denken mit Skepsis oder auch Schrecken an die Pubertät ihrer Kinder oder auch an die eigene Pubertät zurück: Eigenwilligkeit, Trotz, heftige Auseinandersetzungen mit den Eltern, sexuelle Neugier, Nachlässigkeiten in der eigenen Körperhygiene und bei der Kleidung, heute seltsam anmutende Geschmacksvorlieben sind dabei typisch für alle Pubertierenden.

Die Entwicklung der menschlichen Sexualität ist von vielen Psychologen und Soziologen untersucht worden. Aufgrund der bahnbrechenden und immer noch grundlegenden Bedeutung wird hier die psychosexuelle Entwicklung nach

Sigmund Freud in aller Kürze wiedergegeben. Nach Freud durchläuft jeder Mensch verschiedene Phasen sexueller Entwicklung in seinem Leben. Jede Phase birgt in sich die Chancen zu einer positiven wie auch die Gefahren einer unerwünschten Entwicklung. Es ist einleuchtend, dass eine körperliche oder geistige Behinderung diese Entwicklung stark hemmen oder krisenhaft beeinträchtigen kann. Freud nannte alles sexuell, was Lust bereitet. Er erkannte die Lust als Steuerungsprinzip der psychischen Prozesse. Die Lust begleitet den Menschen von Beginn des Lebens an und beeinflusst in einer langen und komplizierten Entwicklung das Leben des Erwachsenwerdens und Erwachsenseins.

Kutane und orale Stufe
Beginn: bereits vor der Geburt

Jeder äußere Reiz, insbesondere Berührung, erzeugt extreme Behaglichkeit oder Unwohlsein. Die gesamte Hautoberfläche des Säuglings ist sehr sensibel.
Die ersten Organe, die eine differenzierte Wahrnehmung erlauben, sind diejenigen der Mundregion. Dem Kind werden – ohne dass dafür eine Gegenleistung erwartet wird – alle Bedürfnisse ohne Aufschub erfüllt. Das so genannte Urvertrauen des Kindes kann sich bilden.

Anale Stufe
Beginn: ab dem 2. Lebensjahr

Die Reinlichkeitserziehung erlebt das Kind als Entwöhnungsprozess. Stuhlentleerung wird gelobt und somit als erstrebenswert anerzogen. Zurückhalten wird missbilligt. Das Kind kann erstmals ganz bewusst seinen Willen einsetzen. Es erkennt Möglichkeiten der Machtausübung, die es gezielt einsetzt, um seinen Willen durchzusetzen, oder es macht das, was die Eltern von ihm wollen. Freud gebraucht hier das Begriffspaar „Anpassung oder Widerstand".

Phallische Stufe
Beginn: zumeist im 4. Lebensjahr

Mädchen und Jungen erleben aufgrund eines Ablösungs- und Identifizierungsprozesses sich selbst in ihrer Geschlechtlichkeit und zugleich als Teil familiärer (und damit sozialer) Strukturen. Der bekannte Ödipuskomplex ist z.B. Teil dieses Prozesses. Er wird häufig dadurch für andere erkennbar, dass viele Kinder in dieser Phase offen den Wunsch äußern, einen Elternteil zu heiraten. Dies ist nichts anderes als der kindliche Ausdruck familiärer Identifikation. Jungen und Mädchen erleben neugierig die Nacktheit des jeweils anderen Geschlechts („Doktorspiele").

Latenzstufe
Beginn: zumeist ab dem 6. Lebensjahr

Zum bisher Erfahrenen kommen keine wesentlichen Neuerungen. Erlebtes wird verarbeitet und differenziert. Sexuelle Interessen werden Bestandteil der kindlichen Wertvorstellungen. Eltern dulden und erlauben bestimmte sexuelle Verhaltensweisen des Kindes.

Pubertät
Beginn: zumeist ab dem 12. Lebensjahr, durchaus auch früher

Der Prozess einer Neustrukturierung der Persönlichkeit zeigt sich insbesondere an einer vom Jugendlichen gewollten Abkoppelung von bisherigen familiären Strukturen. Eigenständig gesuchte Freundschaft und stark sexuell geprägte Wünsche bekommen einen großen Stellenwert. Vorbilder werden gesucht und ihnen wird nachgeeifert. Das Auftreten der Menstruation beim Mädchen und ungewollte Erektionen beim Jungen verändern das Selbstbild des Körpers. Die körperliche Geschlechtsreifung bringt eine starke Belebung sexueller Fantasien mit sich. Die Umwelt, insbesondere das Elternhaus, kann auf diese Veränderungen mit Verständnis und sicherem Halt, aber auch mit Unterdrückung und starren Vorgaben reagieren. Die Pubertät ist stets mit der Gefahr von Krisen verbunden.

Genitale Stufe und erwachsene Sexualität

Beginn: einige Jahre nach der Pubertät

Mit dem Ende der Jugendjahre (Adoleszenz) sollte ein Mensch die Fähigkeit zur Liebe erworben haben. Zur Zärtlichkeit kommt Sinnlichkeit. Diese Gefühle und Erlebnisse werden nicht mehr verallgemeinert, sondern als Anteile einer „ganz" geliebten Person ernst genommen. Gleichberechtigung und Ernsthaftigkeit in allen Lebensbezügen sind tragende Bestandteile einer gewünschten Partnerschaft. Die sexuelle Reife geht mit einer emotionalen Reife einher.

Die Phasen der sexuellen Entwicklung nach Freud

Phase	Beginn/Alter ca.	Kennzeichen
Kutane/orale Stufe ⇩	vor der Geburt	▪ Mund als primäre Quelle der Befriedigung
Anale Stufe ⇩	ab dem 2. Lebensjahr	▪ „Anpassung oder Widerstand"
Phallische Stufe ⇩	etwa im 4. Lebensjahr	▪ Untersuchung des eigenen Körpers ▪ Ödipuskomplex
Latenzstufe ⇩	ab dem 6. Lebensjahr	▪ Befriedigung durch die Erkundung der Umwelt und die Entwicklung von Fähigkeiten
Pubertät ⇩	ab dem 11./12. Lebensjahr	▪ körperliche Geschlechtsreifung und Neustrukturierung der Persönlichkeit ▪ sexuell geprägte Wünsche
Genitale Stufe/erwachsene Sexualität	nach der Adoleszenz	▪ sexuelle und emotionale Reife ▪ Fähigkeit zu lieben

Für die Sexualentwicklung des Menschen gilt außerdem:
- Eine Stufe kann nur über die vorhergehende Stufe erreicht werden.
- Störungen oder Entwicklungshemmungen haben Auswirkungen auf spätere Stufen.
- Stufen werden individuell verschieden durchlaufen.
- Innere Anlagen, Einflüsse der Mitmenschen, Vorbildfunktionen Dritter, gesellschaftliche Normen im Zusammenwirken mit der medialen Welt bilden ein komplexes Feld, auf dem der Mensch sich entwickelt.

Aufgaben

1. *Können Sie sich an Ihnen wichtig erscheinende sexuelle Erlebnisse der eigenen Kindheit und Jugend zurückerinnern? Versuchen Sie, diese Ereignisse in eine zeitliche Folge zu bringen, und schreiben Sie diese in Stichworten auf.*

2. *Zu welchen erinnerten Erlebnissen passen Aussagen des Stufenmodells der psychosexuellen Entwicklung? Sicherlich fallen Ihnen mindestens drei Erlebnisse ein.*

3. *Welche Beispiele aus Ihrer eigenen Biografie fallen Ihnen zu den jeweiligen Stufen der psychosexuellen Entwicklung ein?*
   Gibt es in diesem Zusammenhang Erinnerungen an Aussagen Ihrer Eltern oder älterer Verwandter über Ihre frühe Kindheit?

4. Stellen Sie sich einmal einen Menschen vor, der von Geburt bzw. von Kindheit an eine bestimmte Körperbehinderung hat.
Stellen Sie Vermutungen an, welche Entwicklungshemmnisse dieser Mensch im Laufe seiner psychosexuellen Entwicklung aufgrund seiner Körperbehinderung erleben musste.
Wenden Sie zu den genannten Vermutungen erneut das Stufenmodell nach Freud an.

5. Stellen Sie Überlegungen wie in Frage 4 nun am Beispiel eines Menschen mit geistiger Behinderung an.

6. Schauen Sie sich noch einmal Ihre Aussagen zu Frage 5 an. Welche Übereinstimmungen und welche Eigenheiten sind im Vergleich zu Frage 3 denkbar bzw. erkennbar?

7. Versuchen Sie sich in die Entwicklung eines Menschen zu versetzen, der von Geburt an schwerst- und mehrfachbehindert ist, und stellen Sie erneut Überlegungen wie in Frage 4 an. Vor welche besonderen Schwierigkeiten stellt Sie diese Aufgabe?

6.4 Sexualassistenz

Der Assistenzbegriff ist ein Grundbegriff in allen Bereichen professioneller Hilfe für Menschen mit Behinderungen, daher auch im Bereich der Sexualität von Menschen mit Behinderungen. Dabei wird unterschieden zwischen

- Passiver Sexualassistenz und
- Aktiver Sexualassistenz.

Im Kapitel 6.5 werden einige weitere Ideen und Dienste sexueller Begleitung vorgestellt.

Aktiv und passiv

Passive Sexualassistenz
Dazu zählen alle helfenden Handlungen, die von erwachsenen Menschen mit Behinderungen nachgefragt, bei denen die Assistentin bzw. der Assistent nicht selbst mit in die sexuellen Handlungen einbezogen werden. Das könnten zum Beispiel sein:

- Besuch von Fortbildungen zum Thema
- Teamgespräche zum Thema
- Allgemeine Aufklärungsgespräche
- Spezielle sexuelle Beratung
- Vermittlung sexueller Dienste
- Kauf oder Anreichung sexueller Hilfsmittel oder Verhütungsmittel

Aktive Sexualassistenz
Darunter versteht man sexuelle Handlungen, die eine Assistentin bzw. ein Assistent im Einvernehmen mit dem Assistenznehmer an diesem vornimmt oder von diesem an sich selbst vornehmen lässt. Das könnten zum Beispiel sein:

- Hilfe bei der Masturbation
- Erotische Massage
- Berühren von Geschlechtsteilen der Assistentin bzw. des Assistenten

> *„Aktive Sexualassistenz sollte grundsätzlich nur auf Basis von erkennbarem Einvernehmen geleistet werden. Sie ist strafbar, wenn es sich bei den Assistenten/innen um Personen handelt, die im Vorfeld als Angestellte oder ehrenamtliche Kräfte in einer Einrichtung Betreuungs- oder Aufsichtsfunktion gegenüber den Assistenznehmern/innen übernommen hatten oder haben oder laufend ausüben. Es muss sichergestellt sein, dass die Beziehungen zwischen den Beteiligten frei von jeglicher (institutioneller) Abhängigkeit sind".* **(Wilke, 2008, S. 6)**

Professionelle Sexualbegleitung ist ebenfalls eine Form aktiver Sexualassistenz (siehe Kapitel 6.5). In der Regel sind dies professionelle Dienste, die im Umgang mit Behinderungen geübt sind. Es handelt sich dabei um Frauen und Männer, die vielerlei sexuelle Dienste, jedoch normalerweise keine genitalen Praktiken anbieten. Dabei darf nicht gegen geltendes Recht verstoßen werden und eine rechtlich wirksame Einwilligung des Menschen mit Behinderung muss vorliegen.

Aufgaben

1. *Die Unterscheidung von „aktiv" und „passiv" zu einem Thema gibt es auch in anderen Bereichen. Welche fallen Ihnen ein?*

2. *Waren Sie in einem Praktikum selbst schon einmal im Bereich der Sexualassistenz tätig? Berichten Sie über Ihre Erfahrungen*

Beispiel

Beispiele sexueller Assistenz

„Ein Rollstuhlfahrer bittet seine BetreuerInnen, für ihn über seinem Bett pornografische Bilder aufzuhängen. – Ein anderer möchte, dass man ihm aus der Videothek an der Ecke, zu der er mit seinem Rolli selbst keinen Zugang hat, ein Pornovideo besorgt.

In einer Wohngruppe lebt ein junger Mann mit schwerst geistiger Behinderung mit stark autistischen Zügen. Wenn er nicht schläft, ist er sehr unruhig und schreit fast unentwegt. Die einzige Situation, in der er zur Ruhe kommt und entspannt, wo er sogar einmal lächelt, ist in warmem Badewasser, wenn er mit einem Seiflappen im Genitalbereich gewaschen wird – keine eigentlich Masturbation, er bekommt auch keine Erektion, aber es gefällt ihm sichtlich.

Eine geistig behinderte Bewohnerin mit zerebralen Bewegungsstörungen kann im Prinzip selbst masturbieren. Infolge von Schwierigkeiten mit der Feinmotorik gelingt es ihr jedoch nur selten, zur Befriedigung zu kommen. Eine Betreuerin besorgt für sie einen Vibrator und erklärt ihr seine Anwendung.

Zwei leicht geistig behinderte BewohnerInnen eines Heims, beide sind Rollifahrer und körperlich beeinträchtigt, haben sich in einer Gesprächsgruppe zum Thema „Liebe, Lust und Leidenschaft" kennengelernt und wurden ein Paar. Nach einigen Monaten eröffnen sie einer Betreuerin ihres Vertrauens, dass sie gerne einmal ausprobieren würden, ob sie miteinander schlafen können, und bitten um ihre Unterstützung.

Anhand der Beispiele wird deutlich, dass die Grenze zwischen passiver und aktiver sexueller Assistenz nicht immer klar zu ziehen ist.

Und auch die persönlichen Grenzen von BetreuerInnen, was für sie an Assistenz vertretbar und leistbar ist, sind verschieden weit oder eng gesteckt.

BetreuerInnen sollten, insbesondere zu jeglicher Form von aktiver sexueller Assistenz, niemals ‚dienstverpflichtet' werden können. Das wäre in der Tat eine für beide Beteiligten verheerende Situation. Und auch ein Pornovideo aus der Videothek zu besorgen, ist für manchen sicherlich bereits eine Zumutung.

Mit dem Berufsethos unvereinbar sollte es aber sein, sich als angesprochener Betreuer oder Betreuerin lediglich zu verweigern, ohne zugleich dafür Sorge zu tragen, dass der Bewohner diese angefragte Dienstleistung anderweitig erhält.

Sexuelle Assistenz muss eine freiwillige und reflektierte Entscheidung des/der Hilfe Gebenden sein.

BetreuerInnen haben bei einer Entscheidung zu sexueller Assistenz nicht nur das Recht, sondern geradezu die Pflicht, ihre persönlichen Grenzen dessen, was zu leisten sie in der Lage sind, zu überdenken und sehr ernst zu nehmen.

Völlig abwegig wäre es, aktive sexuelle Assistenz als selbstverständlichen Teil der Betreuungsarbeit zu proklamieren.

„Hilfe zur Selbsthilfe" – oberste Priorität

Viele BewohnerInnen, die ihre sexuellen Bedürfnisse nicht selbst befriedigen können, haben oft nur den Weg dahin noch nicht gefunden. So beobachten wir geistig behinderte Menschen, die bei der Masturbation einfach die Technik nicht rausfinden. Hier sollte sexuelle Assistenz selbstverständlich nicht mehr als die Initiierung und Unterstützung eines Lernprozesses sein.

Vielleicht kann gutes didaktisches Material helfen, je konkreter und anschaulicher, desto besser. Vielleicht reicht eine solche Vermittlung aber auch nicht aus und erst, wenn ein Assistent oder eine Assistentin die Hand führt, kommt es zur Einsicht wie „es" funktioniert.

Auch bei Menschen, die aufgrund körperlicher Beeinträchtigung ihre Hände nicht gebrauchen können, ist nicht zwangläufig sexuelle Assistenz im Sinne des tatsächlichen Handanlegens die einzige Alternative. Wir wissen von einem jungen Mann, der mithilfe eines großen Gymnastikballs, auf den er sich legte und hin und her wiegte, alleine zu masturbieren gelernt hat. Die sexuelle Assistenz der BetreuerInnen war in diesem Fall ein mit dem Bewohner gemeinsam gestalteter Suchprozess, für den etwas Fantasie und einiges Ausprobieren vonnöten war.

Auf Betreuung angewiesen zu sein, bedeutet Abhängigkeit von den BetreuerInnen. Eine solche Betreuungsbeziehung weist also ein Machtgefälle auf, das sich nicht leugnen lässt. Dies allein schon macht sexuelle Assistenz durch die direkten BetreuerInnen heikel und ist der wichtigste Grund, stets zunächst nach besseren Lösungen Ausschau zu halten.

Können sich BetreuerInnen unter Berücksichtigung ihrer eigenen Grenzen vorstellen, einem oder einer BewohnerIn zu helfen, sollte zuvor auf jeden Fall abgeklärt sein, ob sowohl das Team als auch die Leitung des Hauses die Assistenz befürworten. Auch mag es sinnvoll sein, in Absprache mit dem oder der BewohnerIn zudem noch die Eltern oder sonstige enge Bezugspersonen einzubeziehen, um keinen falschen Verdacht oder unberechtigte Vorwürfe aufkommen zu lassen."

(Walter, 2003, S. 25–28)

1. *Im Bericht werden einige Beispiele genannt. Welche weiteren Beispiele (erlebte oder fiktive) fallen Ihnen zu einer eher passiven und zu einer eher aktiven sexuellen Assistenz ein?*

2. *Warum scheint die Grenze zwischen passiver und aktiver sexueller Assistenz nicht immer klar zu sein?*

3. *Warum kann man Betreuer zur sexuellen Assistenz nicht „dienstverpflichten"? Begründen Sie Ihre Meinung.*

4. *Nennen Sie weitere Ideen zur „Hilfe zur Selbsthilfe".*

Praktikantenerlebnisse

Lesen Sie die folgenden kurzen Berichte von Praktikanten, wählen Sie mit einer Kleingruppe eine der Szenen aus und führen Sie diese Szene in einem kleinen Rollenspiel vor der Klasse anhand eines „weiterführenden Drehbuchs" auf. Sprechen Sie anschließend über das Erlebte im Klassenverband.

„Lass das!"

„An meinem ersten Tag im Praktikum wecke ich morgens mit meiner Gruppenleiterin eine Bewohnerin eines Doppelzimmers in der Wohngruppe. Dabei fällt meiner Chefin auf, dass sie masturbiert. Sie überlegt nicht lange und ruft ‚Lass das sofort sein ...'"

„Basale Stimulation"

„Mir ist gestern vielleicht was passiert. Ich habe mit dem Günther eine Übung aus der ‚Basalen Stimulation' gemacht. So richtig wie es im Lehrbuch steht. Es war ja ganz heiß gestern. Und der Günther hat immer so auf mein T-Shirt geguckt und hat versucht, sich immer an meinem Busen zu reiben. Und da hat der doch tatsächlich eine Erektion gekriegt. Dabei ist der doch mehrfach schwerstbehindert. Ich hab mich vielleicht erschrocken."

„Duschen"

„Ich war kaum drei Tage in der Gruppe, da sagte man mir, dass ich beim Duschen der erwachsenen Frauen helfen soll. Dabei kannte ich die noch gar nicht richtig – und die kannten mich ja auch noch nicht. Daher habe ich mich erst mal geweigert. War aber ziemlich blöd für mich, denn der Gruppenleiter war heftig sauer und meinte, dass ich mit so einer unprofessionellen Haltung nie das morgendliche Tagespensum schaffen würde. Duschen gehöre zur morgendlichen Hygiene und müsse sein. Der hat doch gar nicht begriffen, worauf es bei dieser intimen Sache wirklich ankommt."

„Pornovideos"

„Da hat mir letztens in der Wohngruppe der Achim so ganz im Vertrauen gesagt, er wünsche sich zum Geburtstag in der nächsten Woche ein paar ‚richtig heiße Pornovideos, die frei ab 18 seien'. Ich weiß jetzt gar nicht, was ich machen soll, denn die Gruppenleitung hat mich vor ihrem Urlaub damit beauftragt, für Achim das zu kaufen, was er sich wünschen würde. Zwar ist der schon längst volljährig, aber was soll ich denn jetzt machen?"

Lassen Sie sich mit Ihrer Kleingruppe eine weitere Szene einfallen. Tauschen Sie die Szene mit einer anderen Kleingruppe und führen Sie diese wie zuvor anhand eines „weitergehenden Drehbuchs" auf.

Das Recht auf …

Nachfolgend wird in Auszügen ein Kriterienkatalog („Vom Tabu zur Selbstbestimmung", 2003, S. 4–6) von Dr. Joachim Walter wiedergegeben.

1. Das Recht auf Privatheit und eigene Intimsphäre

Nach wie vor ist in Deutschland das Einzelzimmer nicht der Regelfall. Anders z.B. in Dänemark, wo selbst im Schwerstpflegebereich das Einzelzimmer zum generellen Standard gehört. Wie soll denn im Zwei- oder Mehrbettzimmer ein geschützter Privatbereich erkannt und erlebt werden? Wie kann eine Intimsphäre aufgebaut werden, wenn Duschen keine Vorhänge haben oder abschließbare WCs fehlen?

2. Das Recht auf physische und psychische Unversehrtheit – Schutz vor sexuellen Übergriffen

Zu den Grundrechten gehört nach Art. 2 GG auch das Recht auf Leben und körperliche Unversehrtheit. Insofern muss die Frage gestellt werden, ob sexuelle Beziehungen freiwillig und einvernehmlich eingegangen oder aber einem behinderten Menschen sexuelle Aktivitäten aufgezwungen werden – sei es durch Mitbewohner oder Betreuer oder sonstige Personen.

Jede Prävention muss deshalb neben einer aktiven Sexualpädagogik stets auch Erziehung zum Ungehorsam, zum Nein-Sagen, beinhalten. Andere Schutzmöglichkeiten sind womöglich kontraproduktiv. Denn gerade wohlbehütete, möglichst unauffällige und naiv-unaufgeklärte geistig behinderte Jugendliche laufen besonders Gefahr, dem sexuellen Ansinnen eines Täters hilflos ausgeliefert zu sein. Und dies noch mehr, wenn sie zudem sterilisiert sind. Denn wir wissen, dass sexuelle Übergriffe besonders im sozialen Nahbereich erfolgen. Dort weiß man um die Sterilisation.

3. Das Recht auf Sexualpädagogik und Sexualberatung

Sexualpädagogik sollte in frühester Kindheit beginnen und zwangsläufig als lebenslange Aufgabe unverzichtbarer Bestandteil der gesamten Erziehungsbemühungen sein. Aktive, zugehende Sexualpädagogik ist erforderlich und auch im Erwachsenenalter muss das Versäumte kompensatorisch nachgeholt werden.

4. Das Recht auf Sexualassistenz

Es geht um Assistenz als sexuelle Hilfestellung auf Anforderung und Betreiben des betroffen behinderten Menschen und keineswegs um dessen Zwangsbeglückung womöglich zur eigenen Stimulierung des Mitarbeiters. In der aktuellen Fachdiskussion wird deshalb zu Recht empfohlen, aktive Sexualassistenz mit Körperkontakt nur durch professionelle externe Dienste übernehmen zu lassen und nicht durch die regulären BetreuerInnen behinderter Menschen.

Der häufig geäußerte Partnerwunsch ist mit zu berücksichtigen, wenn über die Vermittlung von Prostituierten oder sog. Körper-Kontakt-Services diskutiert wird. Denn wenn auch im Umgang mit behinderten Menschen geschulte Service-Dienste oder sog. SexualbegleiterInnen positive und sinnlich-befriedigende Körpererfahrungen vermitteln können (allerdings gegen Bezahlung), so bleibt für die behinderten Menschen dennoch die Sehnsucht nach einer Partnerin bzw. einem Partner und nach deren oder dessen zärtlicher Zuwendung und Liebe unerfüllt.

5. Das Recht auf eigene Kinder

Die Heiratfrage ist selbst in der Arbeit mit geistigbehinderten Menschen längst enttabuisiert. Nicht aber das Recht auf eigene Kinder.

Im Kontext sexueller Selbstbestimmung muss das Recht auf das eigene Kind als selbstverständliches Menschenrecht anerkannt werden.

Selbstredend muss das Kindeswohl dem Kinderwunsch gegenübergestellt werden. Doch wer fragt in der sog. nichtbehinderten Normalbevölkerung nach Genehmigung?

6. Das Recht auf Eigensinn

Zu den Menschen- bzw. Grundrechten gehört das Recht auf freie Entfaltung der Persönlichkeit und die Freiheit der Person. Dies impliziert auch das Recht, alles ganz anders zu sehen und machen zu können als Eltern und Assistentinnen und Assistenten für einen behinderten Menschen entscheiden wollen. Auch wenn diese Eigenständigkeit in deren Augen oft als „schwieriger Eigensinn" oder „schwere Verhaltensstörung" erscheinen mag.

(Walter, 2003, S. 6f.)

Aufgaben

1. Welche Praxisbeispiele zu den einzelnen sechs Kriterien fallen Ihnen ein? Wo sind die Kriterien wie umgesetzt worden und wo nicht?

2. Sind in Ihrem Leben diese sechs Kriterien von Bedeutung? Wie setzen Sie sie um? Wo ist die Umsetzung warum besonders gefährdet?

3. Warum darf es bei der Umsetzung dieser Kriterien keine prinzipiellen Unterschiede zwischen Menschen mit und ohne Behinderungen geben? Begründen Sie Ihre Meinung.

4. Wie ist Ihre Meinung zum letzten Kriterium, dem „Recht auf Eigensinn"?

6.5 Dienstleistungen

Menschen ohne Behinderungen sorgen normalerweise selbst dafür, eine Freundschaft oder Partnerschaft einzugehen und dabei eine befriedigende Sexualität zu leben. Manche mögen damit nicht zufrieden sein, aber es liegt zumindest an Ihnen selbst, Änderungen zu versuchen. Oder man arrangiert sich irgendwie. Bei Menschen mit Behinderungen mag all das auch zutreffen, aber zusätzlich gibt es für sie eine weitere Hürde: Eben ihre Behinderung. Rat und assistierende Hilfen von anderen können helfen. Wer als zum Beispiel behinderter Bewohner einer Einrichtung sich einem Angestellten nicht anvertrauen mag, für den könnten andere Möglichkeiten eine Hilfe sein. Diese Hilfen sind Dienstleistungen, in denen Spezialisten, Ratgeber – eben „Profis" eine Idee oder eine tatkräftige Hilfe anbieten.

„Traumpaar" und „Schatzkiste"

Es gibt für Menschen mit geistiger Behinderung zwar Möglichkeiten, andere Menschen kennenzulernen. So z. B. am Arbeitsplatz in einer WfbM, oder im Wohnheim. Oder vielleicht bei einem Freizeitangebot für Menschen mit geistiger Behinderung. Aber darüber hinaus wird es schon schwierig für Suchende. Eine „normale" Kontaktanzeige aufzugeben, das wäre eine Möglichkeit. Aber sie ist recht kostspielig und wahrscheinlich nicht sonderlich Erfolg versprechend, denn

„… eine vielleicht bittere, aber wohl zutreffende Erkenntnis ist, dass Menschen mit Behinderungen noch am ehesten Chancen haben, ihre Partnersuche erfolgreich abzuschließen, wenn sie sich dabei auf Menschen beschränken, die ebenfalls Behinderungen aufweisen". **(Zemella, 2008, S. 22)**

„Traumpaar"

Seit 2005 gibt es in Berlin „Traumpaar", eine Partnervermittlung für Menschen mit geistiger Behinderung. Sie wurde von der Beratungsstelle „Liebe, Lust & Frust" ins Leben gerufen, weil die Beraterinnen und Berater feststellen mussten, dass vielen Ratsuchenden geholfen sei, wenn ihr Wunsch nach einer passenden Partnerin oder einem passenden Partner in Erfüllung gehen würde. Und selbst wenn man einem Kontakt nicht weiter vertiefen wolle, so würde dennoch dieses Kennenlernen eines bis dahin fremden Menschen dem Selbstbewusstsein gut tun. Nähere Informationen zu „Traumpaar" können über die Lebenshilfe gGmbH, Berlin, unter www.lebenshilfe-berlin.de angefragt werden.

„Schatzkiste"

Der Psychologe Bernd Zemella, angestellt im Beratungszentrum der komplexen Einrichtung „Stiftung Alsterdorf" in Hamburg, hat 1998 eine Partnervermittlung für die Bewohner und Klienten der Stiftung ins Leben gerufen. Sie umfasst ca. 500 Suchende (Stand: 2008). Etwa zwei Drittel der Partnersuchenden sind Männer. Menschen ohne Behinderung werden in die Kartei übrigens nicht aufgenommen. Bernd Zemella schätzt, dass die weitaus meisten Suchenden Menschen mit Lernschwierigkeiten seien. Das Angebot richtet sich aber an Menschen mit Behinderungen jeder Art. Die Dienste der „Schatzkiste" sind übrigens kostenfrei.

Bevor es zu einem Kontakt kommt, werden zunächst einmal Fotos verschickt. Nur wenn beide an einer Kontaktaufnahme interessiert sind, kann es zu einem ersten Treffen kommen. Häufig findet dieser erste persönliche Kontakt übrigens in den Räumen des Beratungszentrums mitten im Stadtteil Alsterdorf statt. Häufig kann Bernd Zemella oder eine Kollegin ein wenig helfen, wenn man sehr nervös ist, nicht die richtigen Worte findet oder einfach Angst davor hat, dass eigentlich ganz viel schief gehen könne. Aber der Vermittler ist erfahren und sorgt dafür, dass die Situation niemandem peinlich wird. Bei diesem Treffen sind häufig auch gesetzliche Betreuer mit dabei. Wenn man sich sympathisch ist, dann wird hier zumeist das erste „richtige" Rendezvous geplant: Was will man wann und wo gemeinsam unternehmen?

> Eigenen Angaben zufolge sei „Die Schatzkiste" wirklich erfolgreich. Auch wenn
>
> Eine angebahnte Beziehung „… nur von kürzerer Dauer war, so wird dies von Betreuern oder Angehörigen auch oft als Erfolg angesehen. Sogar wenn sich aus einem Vermittlungsvorschlag gar nichts entwickelt, stellen viele Außenstehende fest, dass für den Betreffenden einiges in Bewegung geraten ist und sich die Aufnahme in die Schatzkiste auf jeden Fall gelohnt hat. Selbst eine Ablehnung muss nicht unbedingt in jedem Fall als negativ verbucht werden, sind solche Erfahrungen eigentlich für jeden Menschen auch wichtige Meilensteine auf dem Wege zu einer glücklichen Beziehung".

(Zemella, 2008, S. 24)

Die Schatzkiste hat in Hamburg übrigens einen sehr interessanten Zuwachs in eigener Familie erhalten. „Die Schwatzkiste". Hier können auch Menschen mit geistiger Behinderung, die sich nicht in die Kartei der Schatzkiste haben aufnehmen lassen, sich regelmäßig treffen. Ehrenamtliche Helfer der Stiftung Alsterdorf sorgen für dieses offene Angebot.

Die Idee der Schatzkiste hat bundesweit Gehör und Nachahmer gefunden. Mittlerweile (Stand: 2008) gibt es Schatzkisten auch in Greifswald, Rendsburg, Rostock, Berlin, Luckenwald, Gießen, Mainz, Offenbach, Stetten, Wiesbaden, Düsseldorf, Duisburg, Essen/Gelsenkirchen, Köln und im Bereich Nordhessen.

Weitere Informationen können im Internet unter www.beratungszentrum-alsterdorf.de unter dem Menüpunkt „Sexualberatung" abgerufen werden.

Aufgabe

Es gibt ein Merkblatt für Partnersuchende, die sich in die Kartei der „Schatzkiste" eintragen lassen möchten. Schauen Sie es sich nach Möglichkeit einmal an.

Beispiel

„Bei ihr ist mir sofort etwas aufgefallen. Ich wusste: Die ist es!" Olaf, 45, strahlt über das ganze Gesicht und nimmt seine Freundin Elsa, 42, liebevoll in den Arm. „Ich habe mich auch sofort in ihn verliebt", sagt sie leise und lächelt Olaf an. Dass die beiden sich vor einem Jahr das erste Mal trafen und seitdem ein Paar sind, haben sie Bernd Zemella zu verdanken. Der 56-jährige Psychologe der Evangelischen Stiftung Alsterdorf in Hamburg betreibt die (…) „Schatzkiste".

Die Idee für das kostenlose Angebot kam ihm 1998. Damals erzählte die Leiterin einer Behindertenwerkstatt Zemella von einem Mitarbeiter, der sich „sehnlichst" eine Partnerin wünschte. Doch das Thema Liebe und Sexualität bei geistig Behinderten „kommt einfach zu wenig vor. In den Familien nicht, weil es tabuisiert wird. Und in den Einrichtungen nicht, weil es unkalkulierbare Mühen macht", bedauert Zemella. Auch haben geistig oder gar mehrfach Behinderte keine Chance, über ein herkömmliches Heiratsinstitut einen Partner zu finden. „Ich hatte einen Computer und eine Digitalkamera, war damit technisch in der Lage, eine Partnervermittlung ins Leben zu rufen", erinnert sich Zemella. „Also dachte ich mir, ich mach's einfach."

Olaf hatte in einer Zeitschrift eine Anzeige der „Schatzkiste" entdeckt, Elsa wurde von ihrer Betreuerin auf das Angebot aufmerksam gemacht. Für Zemellas elektronische Kartei machten sie Angaben in Rubriken wie „Sport", „Aussehen", „Temperament" und „Grad der Behinderung" und äußerten die Wünsche an ihren zukünftigen Partner. Ein Foto dazu – und dann hieß es: warten. „Ich versuche, allen dieselbe Chance zu geben", sagt Bernd Zemella. Das ist angesichts des Männer-Überschusses (…) schwierig. (…)

„Ich hatte die Schnauze voll, alleine durchs Leben zu ziehen", begründet Olaf seinen Schritt. 14 Jahre lag seine letzte Beziehung zurück. Bei Elsa ist er sich endlich sicher, dass sie sein Vertrauen nicht enttäuschen wird: „Wir sind seelenverwandt und haben eine ähnliche Leidensgeschichte." Sie war der dritte Vorschlag von der „Schatzkiste", die ersten beiden Kandidatinnen haben Olaf, nach seinen Worten, „abblitzen lassen".

Mit dem Austausch von Fotos und Telefonnummern ist Bernd Zemellas Vermittlungstätigkeit noch nicht beendet. Genau genommen kommt dann erst der schwierigste Teil: ein erstes Treffen auf „neutralem Boden", in seinem Büro. Der Psychologe ist dabei auch anwesend, um das Gespräch zu lenken.

(Röbke, 2002, S. 46–50)

1. *Was halten Sie von einer Partnervermittlung wie der „Schatzkiste"? Unterhalten Sie sich auch mit einer Mitarbeiterin in einer Wohneinrichtung für Menschen mit geistiger Behinderung zum Thema.*

2. *Haben Sie selbst schon einmal auf eine Kontaktanzeige geantwortet oder selbst mal eine aufgegeben, oder kennen Sie jemanden, der bzw. die solche Erfahrungen bereits gemacht hat? Was ist so interessant und sinnvoll an dieser Art der Partnersuche? Würde das für Menschen mit geistiger Behinderung genauso interessant und sinnvoll sein können?*

Sensis

Die Sexualbegleitung

„Sensis bietet seit 1995 körperlich behinderten Menschen die Möglichkeit, körperliche Nähe und Sexualität in entspannter Atmosphäre zu erleben", heißt es auf der Homepage der Organisation. Klingt harmlos, doch dahinter steckt einiger Sprengstoff, denn „das geht natürlich nur in der Zusammenarbeit mit Prostituierten", erklärte Sensis-Leiter Stan Albers. „Das kann keine Fachkraft der sozialen Arbeit leisten. Wir wollen Behinderten sexuelle Erfahrung ermöglichen und nicht irgend etwas anderes." Begriffe wie „Berührerin", die es in der Schweiz gibt, findet er zynisch.

Seit einem Jahr leitet der 42-Jährige Sensis, das zum Landesverband für Körper- und Mehrfachbehinderte Hessen gehört. Der Niederländer lebt sei 14 Jahren in Deutschland, hat zwei Söhne, drei und sechs Jahre alt. Er plädiert für einen offensiven Umgang mit dem Thema: „Als Fachkraft kann ich Behinderte mit Leuten zusammenbringen, die bereit sind, sich zu prostituieren. Aber ich selbst bin kein Befürworter der Prostitution. Ich halte das für Missbrauch, den die Prostituierte an sich selbst verübt."

Seine Kernaufgabe sieht Albers darin, erste Erfahrungen im Bereich Intimität zu ermöglichen: „Wir kümmern uns ausdrücklich nicht um Wünsche nach einer Beziehung oder Partnerschaft." Allerdings laufe bei jedem sexuellen Kontakt sofort eine Beziehungsmotorik an. „Das ist ein Zeichen von Gesundheit, bedeutet aber auch: Wer diese Dienstleistung in Anspruch nimmt, gerät emotional durcheinander. Das ist der Preis." Ein Preis, der sich zu zahlen lohne: „Es ist auch eine Stärkung für einen 30-Jährigen, endlich einmal eine nackte Frau zu sehen und Sexualität zu erleben. Das kann es ihm leichter machen, eine wirkliche Beziehung aufzubauen."

In jeder Einrichtung der Behindertenhilfe gibt es das Problem, dass Menschen mit Behinderung nicht mit ihrer Sexualität umgehen können – was zu Spannungen mit dem Personal und untereinander führt. Sie zum „Abreagieren" ins nächstgelegene Eros-Center zu bringen, ist keine Lösung: „Viele sind aufgrund ihrer Behinderung schutzlos, werden beklaut. Außerdem sind die Prostituierten dort angehalten, zügig zu arbeiten, das heißt, sie können nicht auf die Bedürfnisse von Menschen eingehen, die mehr Zeit brauchen als der Durchschnittskunde."

Sensis soll eine Art Qualitätsgarantie bieten: „Hier bist du sicher, man hat Verständnis für deine Lage und der Preis ist fair."

(de Vries, 2003, S. 87)
Mehr Infos unter www.sensis-hessen.de

Dann lächelt er das zweite Mal

Nina de Vries berichtet von ihrem Besuch als professionelle Sexualbegleiterin bei einem schwerstbehinderten Mann.

Werner Häußermann ist 26 Jahre alt. Als er 19 war, hatte er einen Motorradunfall und erlitt eine Schädel-Hirnverletzung. Er lebt unter der Woche in einem Pflegeheim und ist jedes zweite Wochenende zu Hause bei seiner Mutter. Bei einem Treffen ihrer Selbsthilfegruppe hat sie durch die Pflegekraft einer Klinik von mir gehört.

Ich schicke ihr mein Infomaterial und ein Video. Ein halbes Jahr später kommt ein Termin zustande.

Es ist unklar, wie viel Werner Häußermann versteht oder auffassen kann. Er kann nicht laufen. Seine Arme befinden sich in einer Art spastischem Krampf. Er guckt und hört und scheint manchmal zu reagieren, manchmal auch nicht. Er kann nicht reden.

Als ich mit seiner Mutter in sein Zimmer komme, lächelt er mich an und ich deute das als Offenheit. Sie lässt uns alleine. Als ich nach einer Weile die Decke wegnehmen will, tritt er energisch nach mir. Ich erschrecke und lege die Decke wieder zurück. Ich sage ihm, dass es mir leid tut, dass ich wohl zu schnell bin. Ich mache ihm klar, dass ich nichts tun werde, was er nicht will. Danach verbringe ich eine ganze Zeit neben dem Bett sitzend und streichle behutsam seinen Oberkörper. Ich frage ihn immer wieder, ob es in Ordnung ist, und muss mich auf meine Intuition verlassen, weil er ja nichts sagen kann. Wir sehen uns an, ich rede, ich massiere seine Arme. Ich traue mich längere Zeit nicht, etwas anderes zu tun. Ich habe keine Ahnung, ob er versteht, wer ich bin.

Beispiel

Irgendwann ziehe ich mein T-Shirt aus, um ihm zu signalisieren, dass es hier um eine „erotische Begegnung" geht. Er schaut sich meinen Busen an. Und auch immer wieder mein Gesicht. Ich weiß nicht wie, aber ich ahne, dass es jetzt in Ordnung ist, seine Windel zu entfernen. Ich merke, dass er mir ein wenig dabei hilft und das ist eine sehr willkommene Bestätigung. Er hat eine Erektion und ich masturbiere ihn, bis er einen Samenerguss hat. Es geht sehr schnell und es scheint wirklich so, dass er einen ziemlichen Druck entwickelt hatte. Er legt sich zurück und scheint erstmal verdauen zu müssen, was passiert ist. Dann sieht er mich an und lächelt das zweite Mal in dieser Stunde.

Wir sind noch eine Weile zusammen. Er lächelt mich immer mal wieder an. Ich streichle ihn und rede hin und wieder.

Nach der Stunde sitze ich mit seiner Mutter zusammen. Sie erzählt dabei ein bisschen mehr von ihrer und seiner Geschichte. Ich bekomme ein Foto von ihm zu sehen, wie er vor dem Unfall aussah, humorvoll, intelligent und hübsch. Sie sagt, dass er am Tag vor dem Unfall gerade sein Abitur mit sehr guten Noten bestanden hätte und damals auch eine Freundin hatte.

Sie möchte, dass ich einmal im Monat komme, und wird versuchen, Gelder beim zuständigen Amt zu beantragen. Wir werden erst wissen, ob er das auch möchte, wenn ich das nächste Mal komme.

(de Vries, 2003, S. 29) (vgl. hierzu Walter, Sexualbegleitung und Sexualassistenz bei Menschen mit Behinderungen, 2003)

Aufgaben

1. *Was halten Sie von einem Unternehmen wie „Sensis"? Begründen Sie Ihre Meinung in der Klasse. Halten Sie die verschiedenen Standpunkte fest. Welche Standpunkte könnten eher persönlich motiviert sein, welche könnten in erster Linie einen beruflichen bzw. heilerziehungspflegerischen Grund haben?*

2. *Können Sie sich vorstellen Bewohnern mit Behinderungen behilflich zu sein, eine sexuelle Dienstleistung wie die von „Sensis" zu kontaktieren? Falls ja: Welche Arbeitsschritte wären dazu nötig? Wer müsste Ihres Erachtens über Ihr Tun informiert werden? Ihre Vorgesetzte? Ein gesetzlicher Betreuer? Das Team? Niemand?*
Reden Sie in der Klassengemeinschaft über Ihre Standpunkte und die möglichen Konsequenzen.

6.6 Gelebte Sexualität bei geistiger Behinderung

Beispiel

„Viele geistig behinderte Menschen wissen sehr wohl, was sie gern täten, welche Art von sexueller Betätigung oder welche Form der Partnerschaft sie gerne hätten. Aber wir lassen sie nicht. Oft aus guten Gründen, oft aber schränken wir sie auch zu sehr ein. [...] Viele pädagogische Betreuer müssen öfter mal über ihren Schatten springen. Behinderte Menschen brauchen – auch in punkto Sexualität – Beratung und Hilfe. Aber praktische Aufklärung ist für viele eine heikle Sache. Betreuer haben Hemmungen, Schamgefühl und manchmal erschreckend wenig Ahnung von körperlichen Vorgängen. [...] A und O sollte sein, die Wünsche des Behinderten aufzuspüren und ihm zu helfen, sie zu verwirklichen."

(Achilles, 1990, S. 35)

Selbstbefriedigung

Begriffe wie „Selbstbefriedigung" und „Masturbation" werden heute für die frühere Bezeichnung „Onanie" gebraucht. Damit bezeichnet man erotische bzw. lustbetonte Formen der körperlichen Stimulation der Geschlechtsorgane, zumeist mit der Hand, manchmal mithilfe eines Gegenstandes. Die meisten erleben ihre ersten sexuellen Höhepunkte bei der Selbstbefriedigung.

> „Alles in allem kann man Masturbieren in der Jugend aus vielen Gründen befürworten. Es macht Freude, baut Spannungen ab und regt die Fantasie an. Es ist nicht ungesetzlich, immer möglich und keine Gefahr für die Gesundheit. Man kann dadurch nicht schwanger werden und keine Geschlechtskrankheiten bekommen. [...] Während vielen Jungen das Masturbieren von anderen Jungen beigebracht wird, entwickeln Mädchen ihre Praktiken meist allein. Sie sind dann unter Umständen entsetzt und schuldbewusst, denn schließlich sind die meisten Menschen bei uns immer noch der Ansicht, Masturbation sei schädlich. Obwohl das Gegenteil immer wieder nachdrücklich versichert wird, lassen sich noch viele Jugendliche von den falschen Vorstellungen der Älteren beeinflussen. Da nahezu alle jungen Männer masturbieren, ist für sie das moralische Problem besonders akut. Bis vor ein paar Jahrzehnten wurde ihnen nicht nur beigebracht, Masturbation sei sündig, sondern auch, dass sie zu schweren körperlichen und geistigen Krankheiten führe. Selbst heute noch wird manchmal davor gewarnt, dass ‚exzessives' Masturbieren den Körper schwäche. Viele Jungen fühlen sich deshalb zweifach schuldig. Sie glauben etwas Sündiges zu tun und gleichzeitig ihrer Gesundheit zu schaden."

(Haeberle, 1983, S. 176 ff.)

Masturbation gilt als eine Form gelebter Sexualität. Bei der Selbstbefriedigung kann man den Körper und die eigenen Wünsche unabhängig von anderen Menschen kennenlernen. Masturbation kann keinerlei körperliche Schäden anrichten; sie kann auch nicht übertrieben werden.

> *„Die individuellen Befriedigungswünsche schwanken [...]. Allerdings ist bekannt, dass Selbstbefriedigung dort gehäuft auftritt, wo private Rückzugsmöglichkeiten, anregende Freizeitbeschäftigung und aktivierendes Lebensmilieu fehlen. Sie kann als Symptom für Mangelerscheinungen interpretiert werden.* **(Walter, Sexualität und geistige Behinderung, 1996, S. 239)**

Für die meisten Menschen mit schwerer geistiger Behinderung wird Selbstbefriedigung die wohl lebenslang einzige Form sexuellen Lustgewinns sein. Manchmal wird der Genitalbereich an Kanten, Möbelstücken oder auch an anderen Personen gerieben, so dass es zu Verletzungen oder zu nicht zu akzeptierenden Störungen, ja sogar zu Nötigungen kommen kann. In diesen Fällen ist eine behutsame Einführung in erfolgreiche Masturbationstechniken angebracht. Übrigens ist dies niemals eine medizinische oder psychologische, es ist stets eine erzieherische Aufgabenstellung.

Menschen mit geistiger Behinderung muss beigebracht werden, wo sie sozial akzeptabel masturbieren dürfen.

Aufgaben

1. Welche Möglichkeiten sehen Sie, Menschen mit geistiger Behinderung bei Fragen zur Selbstbefriedigung zu helfen?

2. Welche persönliche Grenze bei der Hilfe setzen Sie?

3. Wer könnte Ihrer Meinung nach einem Menschen mit geistiger Behinderung helfen, dem Sie selbst nicht helfen können bzw. aus persönlicher Abneigung nicht helfen wollen?

Sexualität und Freundschaft

Die verbreitetste Form des Sexualverhaltens bei Jugendlichen und jungen Menschen ist Petting. Die wichtigsten Praktiken beim Petting sind manuelle orale Reizungen, Streicheln und Küssen der Geschlechtsteile und anderer erogener Zonen. Beim Petting erfahren Jugendliche zumeist zum ersten Mal, wie es ist, mit dem Liebespartner intim zusammen zu sein, wie man ihn erregt und sich auf den Partner einstellt.

Mit Geschlechtsverkehr wird im allgemeinen Sprachgebrauch der Kontakt zwischen Penis und Vagina beschrieben. Die Scheide bildet bei sexueller Erregung vermehrt Feuchtigkeit. Dadurch wird das Einführen des Gliedes erleichtert. Dann bewegt sich das Paar miteinander so, dass sich das Lustgefühl weiter steigert.

> *„Das Paar kann in allen nur denkbaren Stellungen liegen, sitzen, stehen oder was ihm gerade Spaß macht. Die gängigste Stellung ist die so genannte Missionarsstellung, bei der der Mann auf der Frau liegt und von vorn in sie eindringt. Was am angenehmsten empfunden wird, richtet sich nach den persönlichen Vorlieben. Jeder Mensch findet recht schnell heraus, was ihm Spaß macht und was nicht". (**Bundesvereinigung Lebenshilfe für geistig Behinderte e. V., 1995, S. 96**)*

Jedes befreundete Paar, bei denen beide geistig behindert sind, hat das Recht, die eigene sexuelle Orientierung gemeinsam frei zu wählen und zu leben. Die Durchsetzung dieses Rechts im Alltag ist jedoch nicht unbedingt einfach.

> *„Diskriminierung von schwulem und lesbischem Leben sind noch vielfältig und gesellschaftlich anzutreffen, gerade auch in Form des Nicht-Wahrnehmens, durch die selbstverständliche Annahme, Sexualität sei Heterosexualität (...) Überall im pädagogischen und pflegerischen Alltag, wenn es um Sexualität, Liebe und Zuneigung, um Beziehungsgestaltung geht, ist zu bedenken, dass Menschen beiderlei Geschlechts begehrt werden können." (**Bundesvereinigung Lebenshilfe für geistig Behinderte e. V., 1995, S. 97**)*

Aufgaben

1. *Welche Möglichkeiten sehen Sie, Menschen mit geistiger Behinderung bei Fragen zur Sexualität in der Partnerschaft aktiv zu helfen?*

2. *Welche Möglichkeiten sehen Sie, Menschen mit geistiger Behinderung bei sexuellen Problemen in der Partnerschaft aktiv zu helfen?*

3. *Welche persönliche Grenze setzen Sie bei Ihren Hilfen? Wenn Sie nicht bereit sind, bei allen anstehenden Fragen oder Problemen zu helfen, wie kann den zu Betreuenden dennoch professionell und/oder verantwortungsvoll geholfen werden?*

Kinderwunsch und Elternschaft

Der Kinderwunsch stellt erwachsene Menschen mit geistiger Behinderung, die betreuenden Mitarbeiter und die staatlichen Institutionen bzw. Kostenträger vor große Probleme.

> *„Der Wunsch von Paaren, eine Familie zu gründen, trifft in aller Regel auf gravierenden Mangel an notwendigen assistierenden Hilfen für den späteren Familienalltag. In der Bundesrepublik gibt es derzeit für ein Elternpaar oder eine Mutter mit geistiger Behinderung kaum Möglichkeiten adäquater Betreuung oder Unterstützung zur Versorgung und Erziehung eines Kindes über einen längeren Zeitraum." (**Bundesvereinigung Lebenshilfe für geistig Behinderte e. V., 2005, S. 104**)*

Die psychologische Situation der Menschen mit geistiger Behinderung muss bei einem Kinderwunsch berücksichtigt werden. Betrachtet man die Normalbiografie vieler geistig behinderter Menschen, so lassen sich fehlende Auseinandersetzungen mit Gleichaltrigen, geringe Akzeptanz der Behinderung, Verhinderung des Erwachsenwerdens und fehlende Ablösung aus dem Elternhaus feststellen. Die Vorstellung von der Unerreichbarkeit des Erwachsenenstatus und die daraus resultierende Abhängigkeit in der unselbstständigen Rolle des großen Kindes impliziert „Kinderfreundschaft" anstelle reifer sexueller Partnerschaft. Das Ergebnis ist erschreckend: der infantile Mensch mit geistiger Behinderung in einer infantilisierenden Umgebung.

Die Erfüllung des Kinderwunsches soll die Hoffnung auf weitestgehende Normalität ermöglichen. Gleichzeitig wird die geistige Behinderung negiert und abgelehnt. Der Trugschluss sieht dabei wie folgt aus: Ein eigenes Kind erwirke die Ablösung von der Welt der Behinderung und ermögliche eine Welt der nichtbehinderten Normalität (vgl. Walter/ Achilles, 1997).

„Gut geplante und reflektierte Beratungsgespräche, die von Vertrauen, Anteilnahme und Verständnis geprägt sind, können den betroffenen Erwachsenen die Möglichkeit eröffnen, sich realistisch mit ihrer Situation auseinanderzusetzen. Verschiedene Aspekte sind in diesen Beratungen zur berücksichtigen. Möglicherweise wird die Geburt eines Kindes nicht nur einen Wohnraumwechsel, sondern auch einen Wohnortwechsel notwendig machen, sodass gewachsene soziale Bezüge aufgegeben werden müssen. (...) Eine Familie mit einem Säugling bedarf gerade anfangs großer Unterstützung, sodass die Anwesenheit der Betreuerinnen in der eigenen Wohnung und der Einblick in den Intimbereich der Familie möglicherweise größer wird (...).

Die mögliche Einflussnahme und der Kontrollauftrag der staatlichen Stellen, z. B. Säuglings- und Familienfürsorge, sollten einem Paar unbedingt verdeutlicht werden."

(Bundesvereinigung Lebenshilfe für geistig Behinderte e. V., 2005, S. 109)

Aufgaben

Welche Schwierigkeiten könnten in den nächsten Jahren
- *auf die Eltern,*
- *auf die Kinder,*
- *auf die Mitarbeiter der Lebenshilfe*

noch zukommen?
Stellen Sie einige Thesen auf und versuchen Sie anschließend in der Klassengemeinschaft dazu auch Antithesen zu finden.

Geistig behindert und Mutter – na und?

Eltern haben die Aufgabe, ihr Kind zu lieben, zu unterstützen, es auf seinem Weg ins Leben zu begleiten, ohne dass das Kind Schaden nimmt, es in seiner Entwicklung zu fördern.

Unabhängig von einer Behinderung gibt es jedoch eine Vielzahl an Müttern und Vätern, die ihre Kinder körperlich und psychisch misshandeln, sexuell missbrauchen, ohne dass ihre Fähigkeit zum Eltern-Sein vor dem Aufdecken der Misshandlung oder des Missbrauches grundsätzlich in Frage gestellt worden wäre.

Dies geschieht jedoch Frauen mit Behinderung häufig, Frauen mit einer geistigen Behinderung fast zwangsläufig. Sie müssen sich mit den o.g. Vorurteilen und einer Umwelt auseinandersetzen, die bereits ihre Schwangerschaft eher mit Skepsis betrachtet.

Die Behinderung als solche sagt jedoch nichts über die Fähigkeit zum Eltern-Sein aus. Es sind die aus der Behinderung resultierenden und individuellen Beeinträchtigungen, die den Menschen mit geistiger Behinderung befähigen oder daran hindern, die Rolle der Mutter oder des Vaters angemessen wahrzunehmen.

Die Lösung dieses Dilemmas ist nicht, die Kinder von Eltern mit geistiger Behinderung aus der Familie zu nehmen, sondern eine ebenso angemessene Begleitung bedeutet für mich, für Mütter und Väter mit geistiger Behinderung die Möglichkeit zu schaffen, die Erziehung und die Personensorge des Kindes zu übernehmen, die Chance zu erhalten, das Kind selbst zu betreuen.

Mütter mit geistiger Behinderung sind zunächst Frauen, die mit einer Lebenssituation konfrontiert werden, die ihr bisheriges Dasein auf den Kopf stellt. Sie brauchen Zeit und Unterstützung durch den Partner, Familie, Freundeskreis und/oder Fachdienste, sich auf diese Lebenssituation einzustellen.

Entscheidet sich die Mutter gegen professionelle Unterstützung, ist fraglich, ob gerade bei Frauen mit einer leichten geistigen Behinderung überhaupt ein Handlungsbedarf festgestellt wird.

Entscheidet die Mutter, dass sie in irgendeiner Weise Hilfe benötigt, werden ihr u.a. diese Fragen gestellt:

- Welche Maßnahmen hält die Mutter für sinnvoll und notwendig, wobei benötigt sie Hilfe?
- Welche individuellen Auswirkungen hat die Behinderung im Alltag?
- Ist die Mutter in der Lage, zu ihrem Kind eine Beziehung aufzubauen?
- Kann die Frau die Konsequenzen ihrer Handlungen überblicken?
- Wird das Kind als Persönlichkeit mit eigenen und zu stillenden Bedürfnissen gesehen?
- Wie viel Unsicherheiten gibt es tatsächlich im Umgang mit dem Säugling, dem Kleinkind usw.?
- Werden die Entwicklungsschritte des Kindes gesehen und im Alltag berücksichtigt?

Dabei hat sie bereits sehr viel Verantwortung für ihr Kind übernommen: Sie hat sich und anderen eingestanden, Hilfe zu benötigen.

Das Hilfsangebot soll abgestimmt auf den „Einzelfall" sein und sowohl die Selbstbestimmung der Mutter als auch das Wohl des Kindes berücksichtigen. Unter Umständen ist dies eine Gratwanderung, z.B. wenn die Vorstellungen der Mutter über Erziehung das Wohl des Kindes gefährden. Helferinnen geraten dann in die Situation, erst zu beurteilen, ob und in welchem Maße das Kind gefährdet ist, welche Maßnahme den Schutz des Kindes gewährleistet, um schließlich gegen den Willen der Mutter in die Personensorge einzugreifen.

Der Helferin muss bewusst sein, dass

- Schwierigkeiten und Konflikte zwischen Eltern und Kindern „normal" sind,
- Erziehungsstile unterschiedlich sind,
- die eigenen Wertvorstellungen nicht allgemeingültig sind,
- Kinder sich unterschiedlich entwickeln,
- Mütter und Väter an ihren Kindern wachsen,
- Unsicherheiten zum Leben gehören.

(Praszler, 2003, S. 11 ff.)

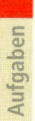

Aufgaben

1. Fertigen Sie einen lebensgroßen Körperumriss einer Frau an (z. B. aus vorherigen Übungen). Besprechen Sie den Körper der Frau von „außen" und anschließend von „innen". Erklären Sie den Geschlechtsverkehr und die Befruchtung. Stellen Sie die Befruchtung an den inneren Geschlechtsorganen dar (z. B. mit einer kleinen Styroporkugel als Ei und Zahnstochern als Samen).

2. Fertigen Sie lebensgroße Bilder eines Embryos bzw. des sich entwickelnden Kindes im Mutter-
   leib an. Erklären Sie die Entwicklung mithilfe dieser Bilder und des lebensgroßen Körperbildes
   aus der vorhergehenden Übung. Ordnen Sie die Bilder nach der zeitlichen Reihenfolge der
   Entwicklung an. Benennen Sie die wichtigsten Entwicklungsmerkmale.

3. Besprechen Sie den Geburtsvorgang anhand von Fotos.

4. Gespräch über den Kinderwunsch. Kennen Sie jemanden, der Kinder hat? Wie viele Kinder
   haben die meisten Paare? Gibt es auch kinderlose Paare? Wissen Sie, warum diese keine Kinder
   haben oder haben wollen? Wünschen Sie sich Kinder? Wenn ja, was gefällt Ihnen an Kindern?
   Was würde Ihnen an eigenen Kindern gefallen?

5. Erstellen einer Wandzeitung mit dem Thema „Was braucht ein Säugling?" Gespräch über
   Situationen, Handlungen, benötigte Gegenstände; Auswählen und Aufkleben entsprechender
   Abbildungen;
   Erstellen eines Zeitplans zur Versorgung eines Säuglings;
   Erstellen eines Zeitplans zum bisherigen normalen Arbeitsalltag (Arbeitszeiten, Pausenzeiten,
   Mahlzeiten, Freizeitbeschäftigungen, Dienste in der Wohngruppe, Schlafen);
   Gespräch über die Veränderungen in der Alltagsgestaltung durch ein Kind und die damit
   verbundenen Aufgaben und neuartigen Probleme.

6. Erstellen Sie eine Wandzeitung mit dem Thema „Mein Leben ohne Kind – mein Leben mit
   Kind". Tragen Sie zu den Begriffen: Arbeit, Freizeit, Aufstehen, Frühstück, Einkaufen, Schlaf,
   Wohnungseinrichtung, Geld, Radfahren thematisch Passendes ein. Finden Sie weitere Begriffe
   und Eintragungen. Die Eintragungen können geschrieben oder auch gemalt werden.

6.7 Verhütung

Zu erlebter Sexualität gehört ein gutes Wissen um Empfängnisverhütung und die korrekte und verantwortungsvolle
Anwendung.

In Beratungsstellen gibt es zahlreiche Faltblätter, Modellpuppen, einen „Verhütungsmittelkoffer", Arbeitsblätter und
andere Informationsmaterialien zum Thema. All diese Unterlagen und Hilfsmittel sind für die heilerziehungspflegerische Arbeit der Aufklärung in einer Einrichtung der Behindertenhilfe zu gebrauchen. Sehr viele dieser Materialien
können auch bei der sexuellen Aufklärung von Menschen mit geistiger Behinderung unterstützend helfen.

Mit den folgenden Informationen werden die gebräuchlichsten Verhütungsmittel bzw. Verhütungsmethoden vorgestellt. Insbesondere Informationen zur Wirkungsweise und zu den Vor- und Nachteilen der einzelnen Verhütungsmittel
werden genannt und miteinander verglichen.

Gleichzeitig soll dazu ermutigt werden, fachliche Beratungen in Anspruch zu nehmen oder sich weitergehende Informationen zukommen zu lassen. Aus all diesen Informationen können Heilerziehungspflegerinnen eine Vielzahl von
Ideen entwickeln.

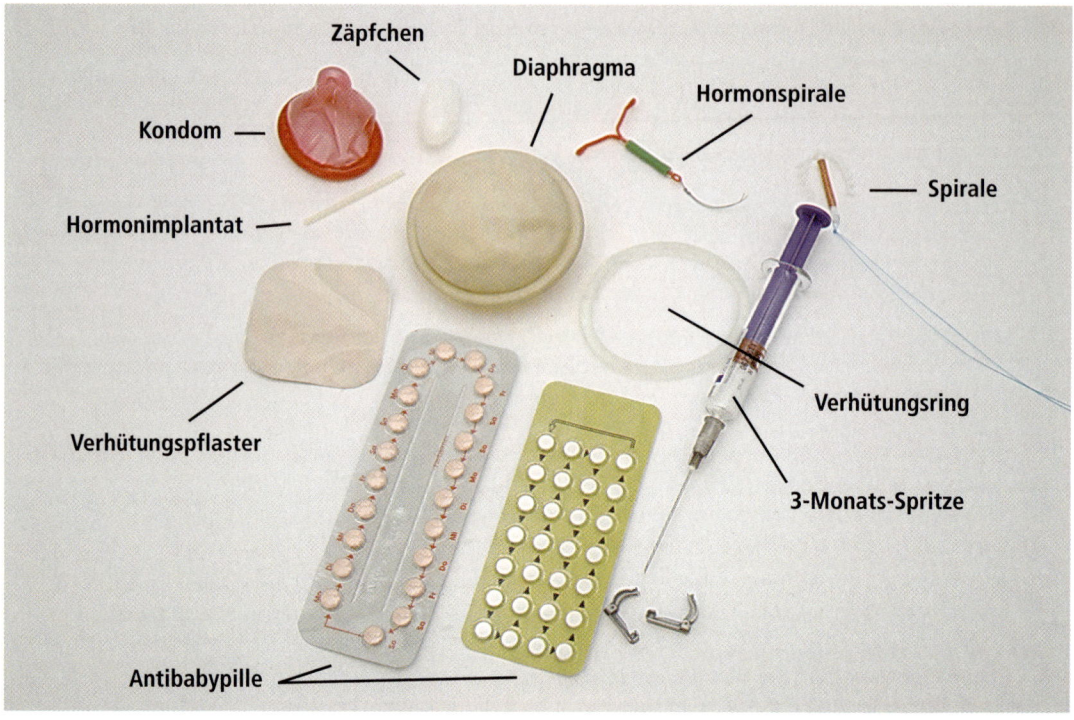

Zäpfchen
Diaphragma
Hormonspirale
Kondom
Spirale
Hormonimplantat
Verhütungsring
Verhütungspflaster
3-Monats-Spritze
Antibabypille

Die (Antibaby-)Pille

Dieses Hormonpräparat wird vom Facharzt verschrieben und ist gegen Rezept in Apotheken zu kaufen. Die Pille gilt als sehr sicheres Mittel zur Empfängnisverhütung, wenn sie korrekt angewendet wird. Wechselwirkungen kann die Pille in Zusammenhang mit anderen Medikamenten haben. Der Pearl-Index liegt zwischen 0 und 1.

Der Pearl-Index gibt an, wie viele von 1 000 Frauen, die ein Jahr lang die Methode korrekt anwenden, trotzdem schwanger werden.

Die Spirale

Die sogenannte Spirale ist ein 3–4 cm kleines, winkeliges Kunststoffröhrchen, mit einem feinen Kupferfaden ummantelt. Sie wird vom Facharzt in die Gebärmutter eingesetzt. Dort kann die Spirale bis zu fünf Jahre bleiben. Der Pearl-Index liegt zwischen 2 und 3.

Die Hormonspirale

Es gibt sie seit 1997. Sie verhindert den Aufbau der Gebärmutterschleimhaut durch gestagenhaltige Hormone. Damit verbindet sie die Verhütungsweisen der Pille und der Spirale. Sie wird durch einen Facharzt eingesetzt und ist ca. fünf Jahre wirksam. Die Hormonspirale ist sicherer als die altbekannte Spirale.

Das Hormonimplantat

Es ist seit 2000 auf dem deutschen Markt erhältlich. Es ist ein kleines Stäbchen und wird vom Facharzt unter die Haut an der Innenseite des Oberarms eingesetzt. Vom Stäbchen werden kleine Hormonmengen abgegeben, die eine Schwangerschaft für mehrere Jahre verhindern. Es soll mindestens so sicher sein wie die Pille.

Die Dreimonatsspritze

Sie wirkt – wie der Name schon sagt – in der Regel drei Monate. Die Spritze enthält ein lang wirkendes Hormon. Viele Frauen können die Dreimonatsspritze aufgrund der Nebenwirkungen der hohen Hormonmengen nicht vertragen. Die Sicherheit der Verhütung ist hoch.

Das Diaphragma

Das Diaphragma oder Scheiden-Pessar ist eine Gummikappe, die vor dem Geschlechtsverkehr mit einer samentötenden Creme bestrichen wird und über den Muttermund in die Scheide gesetzt wird. Dort versperrt es den Samenfäden den Zugang zur Gebärmutter. Die richtige Größe des Diaphragmas wird bei einer gynäkologischen Untersuchung festgestellt. Der Pearl-Index liegt zwischen 5 und 7 (noch sicher).

Chemische Verhütungsmittel

Es gibt sie als Zäpfchen, Creme oder Gels. Sie sind rezeptfrei in Apotheken, Drogerien und anderen Geschäften erhältlich. Sie bilden einen zähflüssigen Schaum in der Scheide, der die Samenfäden abtötet oder unbeweglich macht. Der Pearl-Index liegt zwischen 5 und 10 (unsicher).

Das Kondom

Kondome bzw. Präservative bestehen aus einer hauchdünnen Gummihaut und werden vor dem Geschlechtsverkehr über den erigierten Penis gestülpt. Der Gebrauch sollte zuvor bereits geübt werden, damit das Kondom korrekt sitzen wird. Kondome sind leicht erhältlich, relativ preiswert und können die Übertragung von Geschlechtskrankheiten (z.B. die des AIDS-Virus) verhindern. Der Pearl-Index liegt bei 3 bis 6 (sicher).

Die „Pille danach"

Falls Verkehr ohne Verhütung stattgefunden hat, die Pille vergessen wurde oder z.B. ein Kondom gerissen ist, gibt es die Möglichkeit, bis zu 48 Stunden nach dem ungeschützten Geschlechtsverkehr die sogenannte „Pille danach" einzunehmen. Sie ist kein Verhütungsmittel, sondern ein durch den Arzt verschriebenes Rezept, das verhindert, dass sich ein bereits befruchtetes Ei in der Gebärmutter einnistet.

Die Sterilisation

Ist sowohl beim Mann als auch bei der Frau möglich. Bei der Frau stellt die Sterilisation einen chirurgischen Eingriff (Bauchspiegelung oder Bauchschnitt) unter Vollnarkose dar, der relativ komplex ist (Verschmelzung oder Verschluss der beiden Eileitern). Eine Sterilisation durch Entfernung der Gebärmutter ist ein massiver chirurgischer Eingriff und als Verhütungsmethode vollkommen unangemessen. Die Sterilisation des Mannes dauert knapp 30 Minuten und wird vom Urologen ambulant durchgeführt. Dem Mann wird unter örtlicher Betäubung der direkt unter der Haut liegende Samenstrang durchtrennt. An der Potenz des Mannes ändert sich übrigens nichts, er kommt nach wie vor zu einem Orgasmus und hat dabei auch eine Ejakulation (jedoch ohne die Samenfädchen, die lediglich 5 % des Ergusses ausmachen).

Aufgaben

1. Sammeln Sie Informationen zu allen vorgestellten Verhütungsmethoden. Sortieren Sie diese unter den Rubriken
   - Wirkung,
   - Anwendung,
   - Vorteile,
   - Nachteile/Nebenwirkungen,
   - Für wen geeignet?,
   - Sicherheit,
   - Kosten.

2. Rat und Hilfe zum Thema kann an vielen verschiedenen Stellen gegeben werden. Sammeln Sie Kontaktadressen in der näheren Umgebung, Telefonnummern, Internetadressen, Broschüren bei folgenden Trägern:
   - Bundeszentrale für gesundheitliche Aufklärung
   - Deutscher Caritasverband
   - Diakonisches Werk
   - Pro Familia
   - Donum Vitae e. V.
   - örtliches Gesundheitsamt
   - Arbeiterwohlfahrt
   - Deutscher Paritätischer Wohlfahrtsverband
   - Deutsches Rotes Kreuz

Literatur

- **Achilles, Ilse/Batz, Regina, Bartzok, Marianne:** *Sexualpädagogische Materialien für die Arbeit mit geistig behinderten Menschen. Weinheim und München 2005, Juve.*
  Ein sehr empfehlenswertes Grundlagenwerk von zehn verschiedenen Fachleuten. Es wendet sich in erster Linie an Mitarbeiterinnen in Einrichtungen der Behindertenhilfe sowie an Weiterbildungsanbieter. Das Buch enthält zahlreiche Informationen und Vorschläge zur Weiterbildung von Mitarbeitern im Hinblick auf eine verantwortliche Sexualerziehung von Menschen mit geistiger Behinderung.

- **Achilles, Ilse:** *„Was macht Ihr Sohn denn da?" Geistige Behinderung und Sexualität. München 2005.*
  Die renommierte Fachautorin ist Mutter eines Sohnes mit geistiger Behinderung. Ausgehend von persönlichen Erlebnissen bietet sie Informationen zu vielen verschiedenen Aspekten der Sexualität. Das Buch ist leicht lesbar und dennoch ausgesprochen fundiert.

- **Müller, Jörg, Geisler, Dagmar:** *Ganz schön aufgeklärt! Bindlach 2003.*
  Ein witzig und frech gezeichnetes und getextetes Buch, das zugleich Spaß macht und anschaulich viele Aspekte zu den Bereichen Liebe, Sexualität, Verhütung, Schwangerschaft und Geburt bietet. Sehr empfehlenswert zum Zusammen-Anschauen und Darüber-Sprechen.

- **Walter, Joachim:** *Sexualität und geistige Behinderung. Heidelberg 2005. Sexualbegleitung und Sexualassistenz bei Menschen mit Behinderungen. Heidelberg, 2004.*
  Standardwerke. Joachim Walter ist ein ausgewiesener Fachmann mit jahrzehntelanger Erfahrung auf dem Gebiet der verantwortungsvollen Aufklärung und sexualpädagogischen Begleitung von Menschen mit geistiger Behinderung.

Die folgenden Vereine, Organisationen oder Institutionen bieten laufend Broschüren zum Thema an. Erfragen Sie die Bezugsadressen und die vorhandenen Titel.

- **Behindertenbeauftragter des Landes Niedersachsen**

- **Bundesvereinigung Lebenshilfe für Menschen mit geistiger Behinderung e. V.**
  www.lebenshilfe.de

- **Pro Familia, Deutsche Gesellschaft für Familienplanung, Sexualpädagogik und Sexualberatung e. V. Bundesverband**
  Stresemannallee 3, 60596 Frankfurt am Main, Tel.: (069) 639002, www.profamilia.de

- **Bundeszentrale für gesundheitliche Aufklärung**
  Ostmerheimer Str. 220, 51109 Köln, Tel.: (0221) 8992–363, www.bzga.de

- **Bundesverband für Körper- und Mehrfachbehinderte e. V.**
  www.bvkm.de

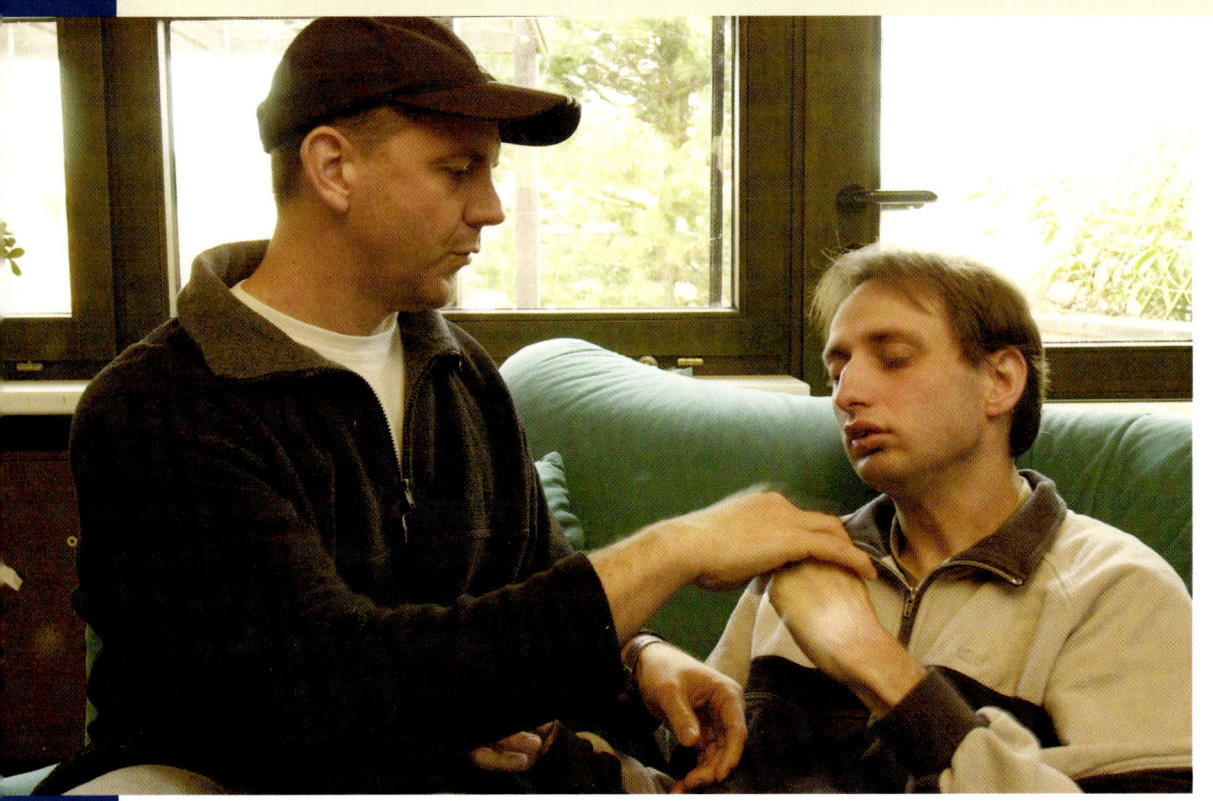

7 Ausgewählte Entwürfe heilerziehungspflegerischer Assistenz

- *Wie kann die Methode der „Förderpflege" im Alltag realisiert werden?*
- *Warum ist es wichtig, als Heilerziehungspfleger ein Empfinden für das Schöne zu entwickeln?*
- *Welche Rolle spielen die Verkehrserziehung und die unterstützte Kommunikation in der Heilerziehungspflege?*
- *Wie und wodurch agiert eine Heilerziehungspflegerin in den Prozessen der „Beratung"?*
- *Was müssen Heilerziehungspfleger über den Rollstuhl wissen?*
- *Wie helfen HEPs die Lebensgeschichten der Betreuten zu bewahren?*

In diesem Kapitel werden einige methodische Arbeitsansätze vorgestellt, welche in den unterschiedlichsten heilerziehungspflegerischen Tätigkeitsfeldern Verwendung finden. Ihr möglicher Einsatz reicht hierbei von pflegerisch orientierten Formen über die Gestaltung alltäglicher Hilfen bis hin zu Fragen der Beratung. Die Rolle des heilerziehungspflegerisch Tätigen entspricht hierbei in allen Fällen derjenigen eines Assistenten. Er unterstützt den Menschen mit Behinderung dabei, sich selber zu entwickeln, zu entdecken und zu wachsen.

7.1 Förderpflege

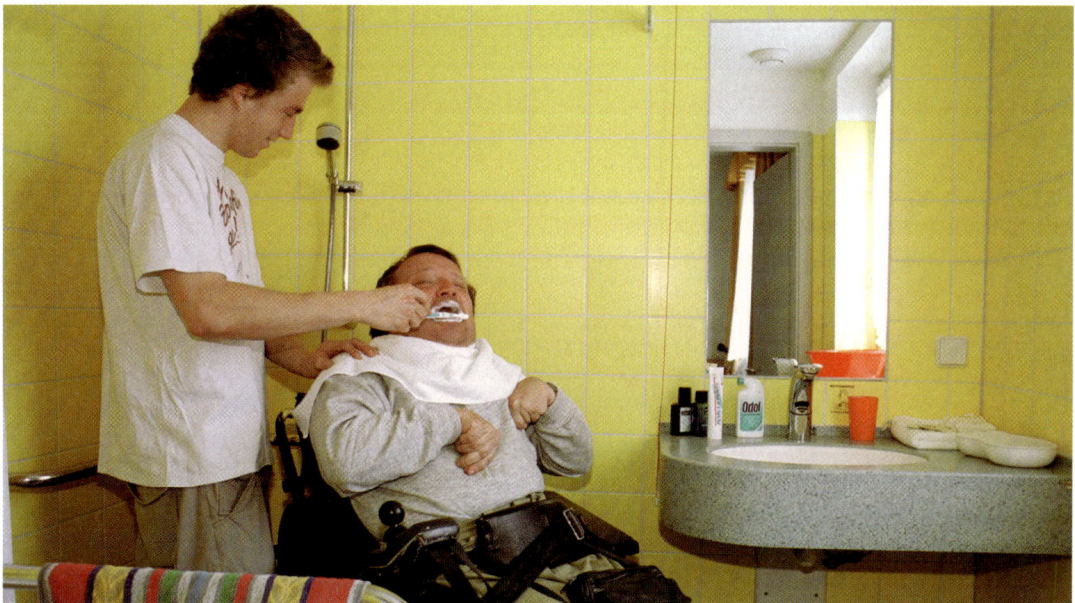

Aufgaben

1. Stellen Sie Vermutungen über die Empfindungen des Pflegenden an.

2. Was erlebt vielleicht der Gepflegte?

3. Vergleichen Sie beide Antworten miteinander.

4. Versetzen Sie sich in die Rolle des Gepflegten: Wie möchten Sie in solch einer Situation angesprochen, gepflegt oder behandelt werden? Was lehnen Sie in einer solchen Situation ab?

Die Leiblichkeit des Menschen

„Was begegnet uns, wenn wir uns auf die Präsenz eines schwerstbehinderten Menschen einlassen, oder besser: Wie stellt sich eine Beziehung her zu einem Menschen, der sich nicht sprachlich artikulieren kann und der auch in seinem gestisch-mimischen Ausdrucksverhalten motorisch extrem eingeschränkt ist? Was ist sozusagen die ‚Rohform‘ personalen Daseins vor der Verfügbarkeit über die sozialkommunikativ üblichen und gewohnheitsmäßig erwarteten Fähigkeiten interpersonaler Kontaktaufnahme und Beziehungsgestaltung?" *(Gröschke, 1997, S. 194)*

Diese alles andere als theoretische Frage führt direkt zur Leiblichkeit des Menschen. Wenn die verbalsprachlichen Mühen und Bemühungen nicht mehr gelingen oder nicht mehr gelingen können, stoße ich auf die sinnliche Wahrnehmung des anderen: In seiner Körperlichkeit, die einfach da ist, nicht verleugnet werden kann, nehme ich ihn – berührt, erschreckt, abgestoßen oder fasziniert – wahr. Im Kontakt, ja beinahe in der Konfrontation mit einer ungeschützten existenziellen Grenzsituation sehe ich mich zur Wahrnehmung meines Gegenübers in seiner echten und unverstellten Leiblichkeit gezwungen. Warum aber in seiner Leib-, nicht aber in seiner Körperlichkeit? Worin bestehen die Unterschiede zwischen dem Körper und dem Leib?

Mit Gröschke kann festgehalten werden, dass der Körper des Menschen der „(…) raumzeitlich ausgedehnte, physikalisch erfassbare Leib in seiner materiellen Substanz ist." (1997, S. 195) Der Körper ist also somit das Objekt des Menschlichen. Er kann, von wem auch immer, beobachtet, vermessen und gewogen werden. An und mit ihm kann gehandelt werden. Er wird z. B. gepflegt, gesäubert, gewaschen und getrocknet, bekleidet, bemalt und rasiert.

Dies alles erlebt aber nicht nur ein Etwas, ein objektives Nichts. Es ist vielmehr eingebunden in eine Erlebnishaftigkeit und in eine Bewertung durch das Subjekt. „Diese Erlebnisseite meiner Körperlichkeit wollen wir hier mit dem Begriff Leib und als Erlebnisphänomen Leiblichkeit nennen." (Gröschke, 1997, S. 195)

Beide Ebenen oder Seiten der menschlichen Existenz sind nun nicht voneinander zu trennen, im Gegenteil: Sie verweisen und beziehen sich im alltäglichen Mit- und Erleben immer aufeinander. Es kann somit festgehalten werden, „dass sich das innere Erleben der Person leiblich manifestiert; Seelisches drückt sich körperlich aus." (Gröschke, 1997, S. 200)

Aufgaben

1. Stellen Sie die Unterschiede zwischen „Körperlichkeit" und „Leiblichkeit" an Beispielen aus Ihrer Entwicklung und Ihrem Erleben dar.

2. Wie erfahren Sie Menschen mit schweren Behinderungen? Wo entdecken Sie hierbei die Ebenen der „Körperlichkeit" und der „Leiblichkeit"?

3. Formulieren Sie Beispiele, in welchen die Verknüpfung von „Körperlichkeit" und „Leiblichkeit" deutlich wird.

Wo nun also nicht, nicht mehr oder noch nicht über die Verbalsprache verfügt werden kann, wird die Körpersprache zum Medium des kommunikativen Austausches. Die (angedeutete, durchgeführte, behinderte) Bewegung, die Hautfärbung, der Atemrhythmus, die Atemtiefe, die Geschwindigkeit, in welcher all dieses miteinander koordiniert und geäußert wird, dient also dazu, die Kommunikation mit dem Menschen mit schweren Behinderungen anzubahnen und aufrechtzuerhalten. Durch den Körper stellt der andere Mensch (mit schweren Behinderungen) seine Beziehungsbedürftigkeit dar:

> „Die Ansprüche des Leibes fordern nicht nur Versorgung, sondern dialogische Antwortbereitschaft." (Gröschke, 1997, S. 204)

Hierdurch ist die heilerziehungspflegerisch Tätige dazu aufgefordert, körperlich und vielmehr noch leibhaftig zu antworten und zu agieren. Dieses verweist sie auf die Methode der Förderpflege, welche an den alltäglichen Verrichtungen des gemeinsamen Tuns zwischen dem Menschen mit Behinderung und seinem Assistenten orientiert ist.

1. Konzipieren Sie ein Rollenspiel, in welchem Sie ohne den Einsatz von Worten folgende Situationen des heilerziehungspflegerischen Alltages darstellen:
   - das Wecken am Morgen und den Wechsel einer benutzten Windel
   - das Ablehnen der Hauptspeise während des Mittagessens
   - ständig stärker werdende Zahnschmerzen
   - die Trauer um den Verlust eines Freundes/einer Freundin
   - Vielleicht fallen Ihnen ja noch mehr Situationen ein?

2. Machen Sie von Ihren Rollenspielen eine Videoaufnahme und betrachten Sie diese unter folgenden Fragestellungen:
   - Hat der eine Partner den anderen verstanden?
   - Wenn ja: warum? Wenn nein: warum nicht?
   - Wie und wodurch kam es zu einer Lösung?
   - Was hat der eine Partner vom anderen gespürt?

3. Tauschen Sie sich in einem Gespräch über Ihr Erleben in den unterschiedlichen Situationen des Rollenspiels aus.

Der Begriff und die Methode der „Förderpflege"

In der weiteren Konkretisierung des oben Dargestellten kann die „Förderpflege" als eine Methodik skizziert werden, welche von der Entwicklungsgemäßheit des Menschen, besser: aller Menschen ausgeht. Die Leiblichkeit des Menschen ist hierbei als Entwicklungsphänomen zu verstehen, welches über eine aktivierende Förderung begleitet werden kann (vgl. Gröschke 1997, S. 204 und S. 281).

Laut Fröhlich kann die Förderpflege wie folgt definiert werden:

> „[...] Förderpflege meint all die Aktivitäten im täglichen Leben, die geeignet sind, schwerstbehinderte, oft bettlägerige Menschen im weitesten Sinne zu aktivieren. Auf der Basis von einfachen, in die Pflege integrierten Anregungen, soll der Erlebnishorizont [...] systematisch erweitert werden. Ziel ist die Fähigkeit, die eigene Umwelt und die darin ablaufenden alltäglichen Geschehnisse strukturieren zu können. Aus der raum- und zeitlosen Existenz im Bett soll der schwerstbehinderte Mensch in eine, wenn auch einfache, soziale Beziehung hineinfinden." **(Fröhlich, 1991, S. 59)**

1. Stellen Sie Aktivitäten des alltäglichen Lebensvollzuges zusammen, in welchen eine Förderpflege, so wie sie Fröhlich definiert hat, realisiert werden kann.

2. Welche Probleme könnten bei einer möglichen Realisierung Ihrer Vorschläge (zu Frage 1) auftreten? Wie könnten diese gelöst werden?

3. Spielen Sie Ihre Vorschläge im Rollenspiel und tauschen Sie sich über die hierbei gemachten Erfahrungen aus.

4. Vergleichen Sie Ihre Ergebnisse im Klassenverband.

Ansätze einer allgemeinen Förderpflege

In diesem Kapitel werden die Ansätze einer konkreten allgemeinen Förderpflege dargestellt.

Waschen und Baden

Um den Ablauf des Waschens für alle Beteiligten nicht zu einem kräftezehrenden und problematischen Unterfangen werden zu lassen, um aber auch das Entwicklungspotenzial des Menschen mit Behinderung hierbei zu berücksichtigen und zu unterstützen, können folgende Empfehlungen für diese Tätigkeiten befolgt werden (die nachfolgend zitierten Äußerungen von Andreas Fröhlich beziehen sich zwar primär auf Kinder mit Behinderungen, sie können jedoch ohne größere Probleme auch auf erwachsene Menschen übertragen werden):

Die Abfolge der notwendigen Handlungen sollte möglichst immer gleich sein. Auch sollte man einen Waschhandschuh verwenden, sodass das Kind beim Waschen der Hände, des Gesichts und des Körpers immer die vertraute Hand durch den Stoff spüren kann. Also möglichst nie einen zusammengeballten Waschlappen verwenden, der nur den Stoff spüren lässt. Es fehlt dabei der sicherheitsspendende Kontakt.

Der Wasserhahn wird aufgedreht, das Wasser etwas laufen gelassen und das Kind darauf aufmerksam gemacht. Man fährt mit dem Rollstuhl bis vor das Waschbecken und bringt eine Hand des Kindes in den Wasserstrahl. Das Kind soll das Wasser spüren. Dann erst machen wir den Waschhandschuh nass und erklären dem Kind: jetzt waschen wir dein Gesicht. Möglicherweise ist es am einfachsten, bei der Stirn zu beginnen. Sie ist nicht so empfindlich und in einer Bewegung über die Schläfen und Wangen können wir zum Mund kommen, der oft sehr empfindlich ist. Ebenso sollten die Augen nicht am Anfang des Waschens „drankommen", da auch sie für Berührungen sehr empfindlich sind.

Es ist besser, gleichmäßig große, langsame Waschbewegungen zu machen, als heftige oder flüchtige kleine Bewegungen. Auch bei Kindern, die stehen können, ist es am Anfang günstiger, sie vor dem Waschbecken sitzen zu lassen, damit sie sich ganz aufs Waschen konzentrieren können und nicht Angst haben müssen umzufallen oder sich sonst weh zu tun.

Das Händewaschen sollte gemeinsam geschehen. Der Erwachsene steht eng hinter dem Kind. Er müsste mit seinen Händen von hinten über die Hände des Kindes reichen und mit festen Bewegungen die Hände des Kindes mit den seinen verschränken, mit reichlich Schaum und Seife, sodass ein intensives Gefühl für Berührung entsteht. Das Abwaschen sollte auch nicht zu flüchtig geschehen, sondern wirklich das Wasser über die Hände laufen lassen, durch die Hände rinnen lassen, um sich so dem Eindruck ganz hingeben zu können, ihn wahrzunehmen und in den Prozess zu integrieren. Das Abtrocknen muss ebenfalls mit deutlichem Kontakt und langsamen Bewegungen erfolgen, sowohl beim Gesicht wie bei den Händen. Dies geht in jedem Fall besser und angemessener, wenn der Erwachsene hinter dem Kind steht, als wenn dies vis-à-vis geschieht. Wir haben dann auch ein besseres Gefühl, wie wir unsere Bewegungen dem Kind vermitteln können. Es zeigt sich dabei auch, dass die Vis-à-vis-Position häufig zu fordernd, fast bedrohlich wirkt und so die Stresssituation beim Waschen erhöht. Auch hier können wir feststellen, dass sich in dem Augenblick, in dem der tägliche „Kampf" ums Wasser zugunsten einer gemeinsamen Beschäftigung am und mit Wasser aufgelöst wird, sich Lernmöglichkeiten ergeben, die dem Kind und dem Erwachsenen auf längere Sicht Erleichterung bringen.

Baden. Es wäre aus hygienischen, aber auch aus sensorischen Gründen wünschenswert, schwerstbehinderte Menschen könnten recht oft in der Badewanne am ganzen Körper Wasser, Schaum, Waschlappen und Schwamm spüren.

Eine Reihe von schwerstbehinderten Kindern mag dies auch sehr gerne, andere zeigen ähnliche Verhaltensweisen wie beim Waschen. Das größere Problem ist aber in der Regel die schwere Behinderung, die ein selbstständiges und freies Sitzen in der Wanne unmöglich macht.

Damit wird das Baden in der Wanne außerordentlich anstrengend für die Betreuungsperson, in der Regel eben für die Mutter. Man kniet vor der Wanne, versucht, das Kind mit einem Arm zu halten und mit dem anderen zu waschen. Dies ist eine außerordentlich unphysiologische Haltung und wirkt sich sehr schnell verspannend auf Wirbelsäule und Schulterpartie aus. Auf Dauer sind gerade diese Bereiche bei Eltern sehr belastet und verdienten von Anfang an eine fürsorglichere Behandlung.

Eine höhenverstellbare Wanne wäre zweifellos der Wunsch vieler Eltern und Einrichtungen. Die Wanne könnte dann als Arbeitsplatz dem Größenniveau des Erwachsenen angepasst werden. Er könnte in bequemer Haltung an der Wanne stehen und seine Kräfte optimal einsetzen. Doch sind diese Geräte, so wünschenswert sie sind, außerordentlich kostspielig. Für Einrichtungen, in denen mehrere schwerstbehinderte Menschen leben oder versorgt werden, scheinen sie allerdings unverzichtbar. Hier sollte im Sinn der Hygiene, der Anregungsmöglichkeiten für schwerstbehinderte Menschen, aber auch zur Verbesserung der Arbeitssituation unbedingt auf die Anschaffung solcher Wannen Wert gelegt werden.

(Fröhlich, 1991, S. 64 f.)

Aufgaben

1. *Üben Sie die Empfehlungen zum Waschen in Partnerarbeit. Wechseln Sie die Rollen und tauschen Sie sich über Ihre Erfahrungen aus.*

2. *Stellen Sie Ideen zusammen, wie den von Fröhlich formulierten Problemen beim Baden begegnet werden könnte.*

3. *Beziehen Sie, evtl. in einem Rollenspiel, Stellung zu folgender Aussage: „Wichtig ist doch, dass der Mensch sauber ist. Dabei kann er doch nicht immer mithelfen. Das ginge doch auch auf Kosten der Zeit!"*

An- und Ausziehen

Das An- und Auskleiden stellt für viele Menschen mit Behinderungen eine äußerst ungeliebte Tätigkeit dar – Ähnliches kann auch für die heilerziehungspflegerisch Tätigen behauptet werden. Aufgrund von motorischen Störungen oder Bewegungsbeeinträchtigungen ist häufig ein hoher Krafteinsatz notwendig, um die beim An- oder Ausziehen erforderlichen Arbeiten zu verrichten. Dennoch stellen auch diese Formen der alltäglichen Pflegehandlungen vielfältige Möglichkeiten der Unterstützung beim autonomen Handeln bereit. In ihnen und durch sie sollen nicht nur die „rein" pflegerischen Aspekte, sondern möglichst viele interaktionale und kommunikative Bedürfnisse erkannt und gelebt werden.

An- und Ausziehen ist wie das Waschen eine Abfolge von Berührungen und Veränderungen auf der Haut. Dies kann als angenehm, aber auch als sehr unangenehm erlebt werden. Insbesondere, wenn es dem behinderten Menschen nicht möglich ist, das Geschehen insgesamt einzuschätzen, wird er es als verwirrend und störend erleben und ablehnen. Der Muskeltonus steigt, vielleicht beginnt er zu schreien oder zu jammern, die allgemeine Spannung steigt und die ganze Prozedur wird schwieriger. So ist es sehr empfehlenswert, beim Anziehen das Kind zuerst den Stoff mit den Händen spüren zu lassen, dann langsam beginnend mit gutem Handkontakt die Kleidungsstücke überzustreifen. Man wird bald feststellen, ob es besser ist, mit Strümpfen und Hosen oder mit Unterhemd, Hemd und Pulli zu beginnen. Es kommt darauf an, welche Partie vom Kind klarer erlebt wird. Beim Anziehen wäre es durchaus sinnvoll, sowohl die Kleidungsstücke wie auch die Körperteile, die gerade ,dran sind', mit einfachen und immer gleich bleibenden Begriffen zu benennen. Es ist sinnvoll, bevor man das Kleidungsstück überstreift, den Körperteil, der jetzt eingehüllt wird, mit der Hand deutlich zu berühren. Dies soll aber kein kurzes Anstoßen, sondern ein wirkliches Berühren sein. Wenn möglich, sollten beim Anziehen alle Gelenke bewegt werden, d.h. die Füße, die Knie, die Hüfte, die Wirbelsäule, aber natürlich auch Schultern, Ellbogen, Handgelenke und der Nacken. Dabei kann es dann zu einer deutlichen Lockerung kommen.

Es ist nicht sehr günstig, das Kind in völlig ausgestrecktem Zustand zu bekleiden. Die Muskelspannung erhöht sich in der Regel dabei erheblich, und so kann kaum etwas von dem wahrgenommen werden, was beim Anziehen am Körper passiert. Eine Unterlage unter dem Kopf, die zu einer gewissen Beugung führt, kann sich als günstig erweisen, um dem Kind zu helfen, die generalisierte Streckung zu überwinden bzw. nicht aufkommen zu lassen.
Häufig zu beobachten ist, dass der Kopf nach hinten wegsackt, wenn man ihn durch den Pullover „durchgefädelt" hat.

Es kommt dann oft durch dieses Zurücksacken zu einer Moro-Reaktion, d.h. Überstreckung mit Ausführen der beiden Arme, die es dann schwierig macht, eben diese Arme in die Ärmel des Kleidungsstückes zu führen. Also auch hier gilt das Grundprinzip der ruhigen und sicheren Bewegungsabfolge, die die Arbeit für beide wesentlich leichter macht.

(Fröhlich, 1991, S. 67)

Aufgaben

1. Versuchen Sie anhand einer Schaufenster- oder Pflegepuppe, den Prozess des An- und Ausziehens durchzuführen. Üben Sie dieses dann mit einem Klassenkameraden (im Rahmen des ethisch Vertretbaren!). Welche Unterschiede stellen Sie zwischen beiden Vorgehensweisen fest?

2. Planen Sie den Prozess des Ankleidens in den Tagesablauf einer heilerziehungspflegerischen Einrichtung ein. Wie lange benötigen Sie, um einen förderpflegeorientierten Prozess durchzuführen? Gibt es hierbei evtl. Unterschiede zwischen den Institutionen (Kindergarten, Wohnheim, Werkstatt etc.)? Worin könnten diese Unterschiede begründet sein?

3. Wie wünschen Sie sich eine morgendliche Situation des Anziehens? Wie eine Situation am Abend? Wie lassen sich Ihre Wünsche im heilerziehungspflegerischen Alltag realisieren?

Bewegung und Lagewechsel

Häufig sind Menschen mit schweren Behinderungen nicht oder nur unter größten Bemühungen dazu in der Lage, die eigene Position im Raum auszuwählen oder zu modifizieren. Durch die Hilfe der Pädagoginnen oder Pfleger entsteht bei ihnen vielfach ein nicht geringes Defizit an körperlichen Erfahrungen. Gerade in dieser Situation können förderpflegeorientierte Angebote zur Unterstützung minimaler eigener Aktivitäten sinnvoll sein. Zudem können die Bewegungen, welche von anderen an den Menschen mit Behinderungen vollzogen werden, einen – wenn auch nur geringen – Ersatz für nicht selbst durchzuführende Bewegungsmuster bieten.

Fröhlich schlägt folgende Grundregeln für die Durchführung einer förderpflegeorientierten Vorgehensweise vor:

Der Krafteinsatz des Betreuenden sollte möglichst zentral erfolgen, d.h. es ist wenig sinnvoll, an den Händen zu ziehen, wenn der Betroffene selbst nicht schon entscheidend mithelfen kann. Es ist unökonomisch, jemanden von den Füßen her bewegen zu wollen. Es ist vielmehr der Rumpf, als natürlicher Schwerpunkt des Menschen, der Angriffspunkt der Kräfte sein sollte.

Dabei wird in der Regel viel zu selten beachtet, dass Drehungen wesentlich leichter durchzuführen sind als direkte Bewegung gegen den Schwerpunkt (Heben, Ziehen). Beugung ist gegenüber einer Überstreckung immer zu bevorzugen. Bevor man also jemanden aus einer liegenden in eine sitzende Position bringt, ist es sinnvoll, ihn in Seitlage zu bringen, die Beine anzubeugen und dann mit Einsatz an den Schultern die senkrechte Position zu erreichen. Von da aus kann man dann, so dies erforderlich, zum Tragen übergehen oder aber – wenn dies möglich ist – in eine stehende Position kommen. Es ist wichtig, dass alle Stationen, Raum- und Lageveränderungen vom behinderten Menschen in etwa gespürt werden können. Daher ist es notwendig, stabile Zwischenpositionen einzunehmen und diese auch einige Augenblicke wirken zu lassen, sodass eine Orientierungsmöglichkeit für den Betroffenen entsteht. Eine zu schnelle Sequenz von Bewegungs- und Lageveränderung kann nicht nur vestibulär, sondern auch von der Körpererfahrung selbst her sehr verwirrend und unangenehm sein.

Eine zusätzliche Hilfe kann darin bestehen, dass wir in den einzelnen Positionen durch Druck unserer Hand in Richtung der Schwerkraft die Eindeutigkeit der Information noch verstärken: in Seitlage durch Druck auf Schulter und Hüfte, im Sitzen durch Druck auf die Schultern von oben, im Stehen durch Druck nach unten mit Ansatzpunkt am Becken. Dies führt häufig zu einer stabileren Position, zu einer Verbesserung der Muskelspannung durch die intensivere Wahrnehmung des Widerstands der Unterlage. An dieser Stelle sei auf die Bedeutung der Aufrichtung gegen die Schwerkraft in der menschlichen Entwicklung hingewiesen, die möglichst auch für Menschen mit schwerster Behinderung wenigstens in Teilen erreicht werden sollte. [...] Ein intensives Bewegen ist auch im Bett möglich [...] sie stiftet Beziehung und ist auch ohne Krafteinsatz möglich. Allerdings erfordert sie Konzentration und ein gewisses Maß an Ruhe, Zeit ohnehin. Ohne ausreichend Ruhe und Zeit ist tatsächlich vieles in der Förderung schwerstbehinderter Menschen einfach nicht möglich. Dies gilt zu Hause wie in einer Einrichtung. Und für beide gilt, wenn die mit der Arbeit befassten Personen überlastet sind, leidet die Arbeit nicht nur darunter, sondern sie wird ab einem gewissen Punkt unmöglich.

(Fröhlich, 1991, S. 69)

Aufgaben

1. *Üben Sie mögliche Lageveränderungen bei einem Partner, wenn dieser bewegungslos im Bett liegt. Tauschen Sie sich über Ihre Erfahrungen aus.*

2. *Führen Sie in einem Rollenspiel folgende Situation durch:*
   Ein Mensch mit schweren Behinderungen liegt unbeweglich im Bett. Zwei Heilerziehungspfleger verändern seine Lage und reden hierbei über das Fußballspiel vom gestrigen Abend. – Spielen Sie diese Situation mehrfach mit getauschten Rollen. Analysieren Sie danach Ihre Erfahrungen.

Sitz- und Lagerungshilfe

Als Lagerung kann die Übernahme all der Aufgaben, die der Organismus sonst selbst hinsichtlich seiner Bewegung, Haltung und Position übernimmt, durch betreuende Personen (verstanden werden)" (vgl. Fröhlich, 1991, S. 75).

Zudem können vier weitere Bedeutungsschwerpunkte benannt werden, welche gerade in der Arbeit mit Menschen mit schweren Behinderungen relevant sind (vgl. Fröhlich, 1991, S. 76–79):

- Bei schweren Behinderungen sind häufig starke Streckmuster zu beobachten; die heilerziehungspflegerische Aufgabe besteht nun darin, adäquate Beugemuster anzubieten und anzubahnen.

- Die Lagerung dient der Vorbeugung gegen mögliche Skelettveränderungen. Diese können sich gegebenenfalls durch eine über Jahre andauernde abnorme Muskelspannung entwickelt haben.
- Möglichen Druckstellen (Dekubitus) kann durch gezielte Lageveränderungen entgegengewirkt werden.
- Eine optimale Lagerungshilfe bietet schließlich auch eine gute Möglichkeit der Entspannung und Ruhe für den Menschen mit Behinderung.

Folgende Materialien und Geräte können hierbei dienlich sein (vgl. Fröhlich, 1991, S. 80–92; zudem das Kapitel 6.5 in diesem Buch):
- Rollstühle, welche gut auf die Bedürfnisse der betroffenen Menschen eingestellt sind;
- optimal angepasste Sitzschalen;
- Schaumstoffwürfel, Vakuumkissen, Lagerungskeile, Schaumstoffrollen;
- Wasserbetten;
- Holzbretter;
- Materialwannen, in der Weiterentwicklung dieser Wannen: Schaukelschüsseln;
- als Hilfen zur Seitlagerung: Seitlagerungsschalen, Seitlagebretter.

Aufgaben

1. *Welche dieser Hilfen sind in den Ihnen bekannten Einrichtungen vorhanden? Welche werden wie eingesetzt? Bewerten Sie den Einsatz.*

2. *Welche Vor- und Nachteile weisen die einzelnen Materialien und Hilfen auf? Vergleichen Sie Ihre Ergebnisse mit den Einsatzmöglichkeiten in der heilerziehungspflegerischen Praxis.*

3. *Probieren Sie selbst einzelne Materialien aus. Was erleben oder empfinden Sie hierbei? Worin fühlen Sie sich wohl? Worin fühlen Sie sich unwohl? Worauf führen Sie das jeweils zurück?*

Essen und Trinken

Ebenso wie das zu Beginn dieses Kapitels skizzierte Baden und Waschen stellt auch die Nahrungsaufnahme für den Menschen mit einer schweren Behinderung vielfach eine ganz alltägliche „Bedrohung" dar (vgl. Fröhlich 1991, S. 114). Ebenso kann sie aber auch für den heilerziehungspflegerisch Tätigen äußerst anstrengend sein:

> „Nervosität und Gereiztheit, ja sogar Aggressivität und Ablehnung schleichen sich immer wieder in die Füttersituation ein. Andererseits wissen wir sehr genau, dass gerade in der Intimität des Fütterns der ganz besondere persönliche Bezug gefordert ist. Spannung, Ärger und Stress wirken sich besonders negativ aus.
>
> Es ist leider eine weit verbreitete Unsitte, verschiedene hilfeabhängige Menschen gleichzeitig zu füttern ‚Du ein Löffelchen, du ein Löffelchen und dann noch ein Gäbelchen' .... Es ist offensichtlich, dass diese Situation nicht tolerierbar ist! Sie ist im eigentlichen Sinne für alle beteiligten Menschen unwürdig.
>
> Selbst bei ungünstigster Personalbesetzung und drängender Zeit sollte überlegt werden, ob hier nicht eine grundsätzliche Änderung möglich wäre. Das Essen ist eine so wichtige Arbeit im Lauf des Tages, dass ihr genügend Aufmerksamkeit und Freiraum geschenkt werden sollte.
>
> Auch die Art der Essensdarbietung lässt in vielen Fällen zu wünschen übrig. Passiertes Essen wird nicht selten ohne Berücksichtigung der einzelnen Bestandteile zu einer Einheits-‚Pampe' zusammengerührt. Wer einmal davon versucht hat, wird feststellen, dass alle Speisen in der zusammengerührten Form nicht nur gleich aussehen, sondern auch gleich schmecken. Damit wird

eine geschmackliche Eintönigkeit erreicht, die wir unter dem Aspekt der Wahrnehmung unbedingt ablehnen müssen. Eine Ausweitung der Sensorik wird verhindert, damit auch eine Kompetenzsteigerung im Sinne eines eigenaktiven Essens. Darüber hinaus leidet die Ästhetik auch für denjenigen, der füttert, ganz erheblich. Manchmal will scheinen, dass bestimmte Bereiche in der Arbeit mit Schwerstbehinderten zumindest gedankenlos auf einem sehr anspruchslosen Niveau gehalten werden."

(Fröhlich, 1991, S. 114)

Folgende spezifische Probleme können hierbei auftreten (vgl. Fröhlich, 1991, S. 100 f.):
- eine gestörte Rumpf- und Kopfkontrolle;
- fehlendes Schlucken bzw. ein unterentwickelter Schluckreflex;
- Störungen der Kaukoordination (ohne eine Rotation des Kiefers und der Zunge);
- reflektorische Zungenbewegungen (Streckbewegungen, durch welche das Essen aus dem Mund geschoben wird, bzw. Druckbewegungen der Zunge gegen den Gaumen, sodass die Nahrung aus dem Mund heraus oder in den hinteren Mundraum läuft).

Um mit diesen Schwierigkeiten zu arbeiten – ein „Dagegen-Arbeiten" wäre hier kontra-produktiv – sollten folgende Grundpositionen bei der Nahrungsaufnahme eingehalten werden (vgl. Fröhlich, 1991, S. 102):
- eine symmetrische Grundposition;
- eine reflexeinschränkende und stabilisierende Sitzposition;
- eine Stabilisierung der Mittelstellung des Kopfes, verbunden mit einer taktilen Beruhigung des Menschen mit Behinderung.

Fröhlich beschreibt eine gelungene Situation des Essenreichens wie folgt:

„[...] die Bezugsperson sitzt möglichst vis-à-vis dem schwerstbehinderten Menschen. Auf einem Bürodrehstuhl kommt man relativ nahe auch an einen größeren Rollstuhl heran, durch die Höhenverstellbarkeit kann man sich eine optimale eigene Position sichern. Vor dem eigentlichen Füttern wird man sich ein wenig unterhalten und für eine gewisse emotionale Vorbereitung sorgen. Es ist außerordentlich wichtig, dass das Gesamtarrangement ruhig und ergonomisch praktisch gestaltet wird. Es muss eine Abstellmöglichkeit für den Teller vorhanden sein, die nötigen Begleitutensilien müssen bereitliegen. Mit der linken Hand kann man den Kopf in einer Mittelstellung halten. Dabei ist nach unserer Erfahrung die großflächige ruhige Berührung ausschlaggebend, nicht eine kräftige Korrektur. Die Hand liegt dabei mehr an der Kopfseite (auf der anderen Seite könnte ein kleines Kissen einen Gegendruck bieten). Der etwas abgespreizte Daumen kann sich langsam nach vorne in Richtung des Mundes bzw. des Unterkiefers bewegen. Dies ist aber keineswegs immer notwendig. Mit der Hand spürt man am Anfang sehr deutlich die hohe Muskelspannung der Kiefermuskulatur.

Ein Anzeichen für Erregung und gleichzeitig dafür, dass jetzt eigentlich noch nicht gegessen werden kann. Die ruhige und warme Berührung mit der Hand sorgt in der Regel dafür, dass die Muskelspannung sich normalisiert. Der eindeutige Druck mit der Handfläche führt zu einer Desensibilisierung der gesamten Gesichtspartie (Druck wird dominant wahrgenommen). Es zeigt sich, dass in vielen Fällen eine weitere Manipulation am Lippen- und Kieferbereich gar nicht mehr nötig ist, wenn man von Anfang an für eine ruhige, symmetrische und entspannte Ausgangsposition in dieser Art gesorgt hat.

Flasche, Becher oder auch Löffel können in ruhigen und gleichmäßigen Bewegungen dem Mund angenähert werden. Je nach dann noch vorhandener Hypersensibilität ist es sinnvoll, insbesondere mit dem Löffel, seitlich in den Mund zu gehen. Dies bedeutet jedoch nur, dass der Löffel nicht genau von vorne in den Mund gebracht wird, es heißt nicht, dass von der Seite her gefüttert wird. Der Kopf bleibt auch dann in Mittelstellung!

Die Köpfe der Beteiligen, des behinderten Menschen wie der Bezugsperson, sollten etwa in gleicher Höhe sein. Eine höhere Position des Fütternden führt fast immer dazu, dass die Orientierung nach oben erfolgt und es zu der bekannten unerwünschten Überstreckung kommt.

Mit der doppelten Verbindung (taktil und visuell) kann dann auch sensibel gearbeitet werden. Sitzt man seitlich neben dem zu Fütternden, so sind die Kommunikationsmöglichkeiten in allen Kanälen sehr eingeschränkt. Dies führt zu häufigen Missverständnissen, zu einem Nicht-Übereinstimmen der Rhythmen etc."

(Fröhlich, 1991, S. 102 f.)

Um eine Stimulation des Mundraumes durchzuführen, welches sowohl bei der Anbahnung von Ess- wie bei der von Trinkaktivitäten sinnvoll sein kann, können folgende Materialien bzw. Hilfen eingesetzt werden (vgl. Fröhlich, 1991, S. 109–114):

- die Haut der Bezugsperson, die Berührung mit den Händen;
- kühle Objekte (wie Beissringe, Gummibällchen, Schnuller etc.);
- sehr weiche Zahnbürsten (welche evtl. in verschiedene Flüssigkeiten getaucht werden können);
- unterschiedlich strukturierte Schwämmchen (weich bis rau oder grobporig);
- Knabberspielzeug.

Aufgaben

1. Welche Gründe sprechen für Fröhlichs Behauptung, dass bestimmte Bereiche in der Arbeit mit Menschen mit Schwerstbehinderungen zumindest gedankenlos auf einem sehr anspruchslosen Niveau gehalten werden?

2. Üben Sie im praktischen Vollzug (mit Klassenkameraden) die beschriebene Sitzposition.

3. Probieren Sie die erwähnten Objekte zur Stimulation des Mundes aus. Schließen Sie hierbei die Augen. Tauschen Sie sich über Ihre Erfahrungen aus.

4. Welche Arbeitsformen und Materialien werden in den Ihnen bekannten heilerziehungspflegerischen Einrichtungen benutzt? Warum ist das so? Vergleichen Sie Ihre Ergebnisse im Klassenverband miteinander.

5. Stellen Sie ein möglichst umfassendes Konzept zur Durchführung einer „Förderpflege" im heilerziehungspflegerischen Alltag zusammen. Erproben Sie dieses Konzept, wenn möglich, in der realen Praxis einer Einrichtung.

Materialien zur somatischen Anregung

Es werden einige Tücher in der Größe eines normalen Handtuches benötigt:

- festes Frotteetuch
- weiches Velourstuch
- leichtes Baumwolltuch (z. B. dünne Stoffwindel)

- ein Fell (eher kurze als zu lange Haare)
- unterschiedliche Handschuhe (Leder, Stoff, mit kleinen Noppen etc.)
- unterschiedliche Massageöle (Vorsicht vor Austrocknen der Haut!)

Materialien zur vibratorischen Anregung

- Vibrationskissen (elektrisch betrieben, Netz oder Batterie. Im Versandhandel erhältlich, auch im Sanitätshandel)
- Vibratoren (ebenfalls im Handel erhältlich, insbesondere kleine Tischmassagegeräte sind recht gut geeignet)
- Vibrierende Elektrogeräte können ebenfalls in diesem Sinne benutzt werden, z.B. elektrische Zahnbürsten, elektrische Rasierapparate o.Ä.
- Große Massagegeräte sind manchmal nicht so gut zu handhaben, dies kommt auf die jeweilige Konstruktion an.
- Ein schwingendes Wasserbett oder auch ein Vibrationswürfel kann nicht zur Grundausstattung gezählt werden, es sind zwar außerordentlich wünschenswerte, aber doch eben sehr teure Geräte.

Materialien zur vestibulären Anregung

Diese Materialien erfordern einigen Raum und gewisse Installationsvorkehrungen. Unverzichtbar ist eine Aufhängemöglichkeit für verschiedene Schaukeltypen. Gegebenenfalls kann man auf die Ringe in der Turnhalle zurückgreifen, wenn eine solche überhaupt vorhanden und zugänglich ist.

- **Hängeschaukel**, die sowohl Auf- und Abbewegungen wie Drehbewegungen ermöglicht. An dieser Schaukel müssen Sitzsäcke wie auch eine Hängematte zu befestigen sein. Das Gerät muss die Belastung von zwei Personen aushalten können. Es ist wichtig, bei der Installation darauf zu achten, dass die Schaukel jederzeit benutzt werden kann und nicht zu viele Vorbereitungen im Einzelfall erforderlich sind.
- **Schaukelschüsseln** sind weniger aufwändig und können überall auch im Freien aufgestellt werden. Allerdings sind die im Handel befindlichen Geräte noch nicht befriedigend gestaltet.

Eine Schaukeltonne von ausreichender Größe gehört ebenfalls zur Grundausstattung.

(Die aufgeführten Materialien werden bereits von unterschiedlichen Herstellern in unterschiedlicher Form angeboten. Es empfiehlt sich eine gründliche Vorinformation, auch hinsichtlich der Preisgestaltung).
(vgl. Fröhlich, 1991, S. 209–213)

Aufgaben

Überprüfen Sie in einer behindertenpädagogischen Einrichtung den Einsatz der beschriebenen Materialien.

Probieren Sie die Wirkungen an sich selbst aus.

Welche Erfahrungen haben die Kolleginnen in der Praxis damit gemacht?

Literatur

In den letzten Jahren sind zahlreiche Publikationen zum Thema der Förderpflege bzw. zur Arbeit mit Menschen mit schweren Behinderungen erschienen. Ein Standardwerk, aus welchem auch die meisten Empfehlungen und Aussagen dieses Kapitels genommen wurden, ist:

- ***Fröhlich, Andreas;*** *Basale Stimulation. Düsseldorf 1997.*

Des Weiteren kann Bezug genommen werden auf eine gute Zusammenstellung heilpädagogischer Methoden und deren Begründung:

- ***Gröschke, Dieter;*** *Praxiskonzepte der Heilpädagogik, 2. Aufl., München/Basel: 1997.*

Zudem soll auf folgende Literatur verwiesen werden, welche das Feld der Förderpflege recht anschaulich und praxisnah konkretisiert:

- **Bienstein, Christel/Fröhlich, Andreas;** Basale Stimulation in der Pflege. Düsseldorf 1997.
- **Bienstein, Christel/Fröhlich, Andreas;** Basale Stimulation in der Pflege – die Grundlagen. Seelze – Velber: 2003.
- **Fröhlich, Andreas (Hrsg.);** Kommunikation und Sprache körperbehinderter Kinder. Heidelberg: 1990, 10. Aufl.
- **Mall, Winfried;** Kommunikation mit schwer geistig behinderten Menschen – Ein Werkheft. Heidelberg: 1990.

7.2 Ästhetische Erziehung

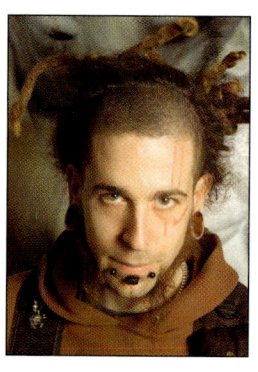   

   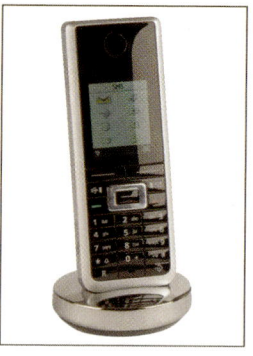

1. Welches der Motive in den zwei Reihen ist für Sie schön? Welches bezeichnen Sie als hässlich? Versuchen Sie Ihre Meinung (oder Empfindung) zu begründen.

2. Bei welchen Motiven erscheinen Ihnen die Kategorisierungen „schön" und „hässlich" als problematisch oder falsch? Warum könnte das so sein?

3. Stellen Sie im Klassenverband weitere Motive zusammen, welche Sie schön, hässlich, hübsch oder abstoßend finden. Diskutieren Sie über die möglichen Motive Ihrer Auswahl.

Ästhetische Erziehung und basale Pädagogik

In diesem Kapitel werden folgende Elemente einer ästhetischen Erziehung erarbeitet:

- ein kurzer Abriss der Geschichte der ästhetischen Erziehung
- eine Definition der ästhetischen Erziehung
- die Darstellung basal-ästhetischer Prozesse
- die Skizzierung möglicher Arbeitsformen für die ästhetische Erziehung

Zur Geschichte der ästhetischen Erziehung

Die Geschichte der ästhetischen Erziehung lässt sich an mindestens zwei Hauptvertretern darstellen. Diese sollen nun kurz skizziert werden.

Als ein erster Vertreter des ästhetischen Denkens und Handelns kann Friedrich Schiller (dt. Dramatiker und Philosoph) genannt werden. Er beschrieb in seinen philosophischen Schriften die Grundlagen, welche er dann in seinen Theaterstücken realisierte. Er verstand den Menschen als ein spielendes Wesen („Homo ludens"), welches durch das Spiel und in ihm nach Selbstverwirklichung und Autonomie strebt. Obwohl oder gerade weil der Mensch durch vielfache Situationen in seiner Entfaltung eingeschränkt wird (wie z. B. Arbeitsbedingungen, politische und soziale Bedrängnisse etc.), obwohl er häufig in entfremdenden und entfremdeten Lebensbezügen existiert. Und in eben diesen isolierenden Bedingungen haben sich die Menschen mit Behinderungen vielfach entwickeln müssen bzw. leben sie noch, wenn die Heilerziehungspflegerin ihnen in ihrem Lebensvollzug assistiert. Schon Schiller fordert somit, dass die einseitige Betrachtung des Menschen, in diesem Fall der Gegensatz von geistiger und körperlicher Arbeit, überwunden werden muss. Schiller schlägt hierbei das sogenannte „ästhetische Spiel" vor. Er skizziert es als eine unterdrückungsfreie Tätigkeit des Menschen in seinem Alltag, welche zur Bildung des Körpers, der Emotionen, der Sprache und Kultur, der Sinne und des Empfindungsvermögens beitragen und schöne und gute Qualitäten hervorbringen soll. Dieses stellt sich nicht so ganz einfach dar, wie es auf den ersten Blick den Anschein hat.

Aufgaben

1. *In welchen Situationen haben Sie schon einmal die Erfahrung der Produktion von ästhetischem Material gemacht (ein Lied oder ein Gedicht geschrieben, ein Bild gemalt, frei gespielt etc.)?*

2. *Versuchen Sie, Ihren Prozess der Produktion und der Konfrontation mit Ihrem Produktionsergebnis nachzuempfinden. Tauschen Sie sich über Ihre Ergebnisse aus.*

Ein zweiter Wegbereiter der ästhetischen Erziehung war Martin Buber (jüd. Theologe und Philosoph). Er hat in seinen philosophischen Schriften zum Aufbau und zur Gestaltung der Beziehung des Menschen herausgearbeitet, dass es nicht nur darum gehen kann, den Spieltrieb des Menschen zur Entfaltung zu bringen. Vielmehr soll dieses eher isolierte und einsame Dasein des Menschen auf einen anderen ausgerichtet sein. Erst im Mitsein, im Kontakt mit dem Mitmenschen, im Bezogensein auf ein „Du" („Ich-Du-Beziehung") kann eine echte und wirkliche Entwicklung des Menschen stattfinden (vgl. Theunissen, 2004, S. 87 f.). Dieses soll und muss nun auch in der ästhetischen Erziehung realisiert werden.

Theunissen fasst mögliche Schlussfolgerungen zu diesen Aspekten für die Heilerziehungspflege wie folgt zusammen:

> *„Der Begriffsanteil ‚ästhetisch' – abgeleitet vom griechischen Stammwort ‚Aisthesis' – verweist in diesem Zusammenhang auf eine ‚schöne' Subjekt-Objekt-Beziehung, bei der Wahrnehmung, Gefühl, Denken, Bewegung und Tätigsein untrennbar miteinander verbunden sind. Folgerichtig geht es in der ästhetischen Erziehung mit Blick auf den ‚ganzen' Menschen stets um eine ‚schöne' Gestaltung des Alltagslebens [...]".* **(Theunissen, 2004, S. 81)**

Aufgaben

1. Erinnern Sie sich an Momente Ihres Lebens, in welchen Sie das „Schöne" mit einem anderen Menschen erlebt haben?

2. Was war das Wichtige hieran? Lässt es sich so beschreiben oder darstellen, dass es heute für einen Dritten verständlich wird? Versuchen Sie es einem Mitschüler zu erläutern. Was stellen Sie hierbei fest?

Ästhetische Erziehung: eine Definition

„Unter ‚ästhetischer Erziehung' [...] verstehen wir den Versuch, mit einem geistig behinderten Menschen in Beziehung zu treten und ihn auf dem Hintergrund dieses zwischenmenschlichen Verhältnisses mittels ästhetischer Materialien und Prozesse zur Entwicklung seiner Selbstdarstellungs- und Selbstverwirklichungsmöglichkeiten in sozialer Bezogenheit zu befähigen."
(Theunissen, 2004, S. 80)

Aufgaben

1. Wie können die von Theunissen aufgezählten Aspekte in unterschiedlichen Einrichtungen der Behindertenhilfe realisiert werden? Versuchen Sie eine Erarbeitung möglicher Modelle zu folgenden Institutionen:
   - Wohnheim
   - Kindertageseinrichtung
   - Schule
   - ambulanter Dienst

2. Welche Rolle hätte die Heilerziehungspflegerin in den einzelnen Institutionen im Hinblick auf die ästhetische Erziehung jeweils zu übernehmen? Vergleichen Sie Ihre Ergebnisse miteinander.

Ästhetische Erziehung und basale Pädagogik – die Skizzierung der basal-ästhetischen Prozesse

Eine ästhetische Erziehung, welche alle Wahrnehmungskategorien umfasst und über diese versucht, Erfahrungen mit der Welt zu gestalten, kann nicht nur für die Augen oder Ohren, das Sehen oder Hören bestimmt sein. Im Gegenteil: der Begriff und die Methode der ästhetischen Erziehung für Menschen mit Behinderungen versucht auch alle anderen Sinneswahrnehmungen einzubeziehen. Dieser recht offen und weit gehaltene Begriff von ästhetischer Erziehung umschließt sowohl die Prozesse der Erfahrung und Aneignung als auch diejenigen der Gestaltung (von Umwelt, Beziehungen, etc.). Diese Gestaltungsmodalitäten sind nun aber nicht einfach jedem Menschen eigen. Vielmehr müssen sie angeregt, vorbereitet und begleitet werden. Eine ästhetische Erziehung wird an dieser Stelle somit zu einer basalen Pädagogik, welche von Grund auf ganzheitlich versucht, alle Wahrnehmungsmomente und -prozesse des (behinderten) Menschen zu entwickeln. Sie ist hierfür aus heilerziehungspflegerischer Sicht in Bezug auf vier Funktionen oder Funktionsbereiche bedeutsam (vgl. Theunissen, 1994, S. 5 f.):

- die aufbauend-entwicklungsfördernde Funktion; sie hat eine generelle Aktivierung des einzelnen Menschen mit Behinderungen zum Ziel. Hierbei sollen vor allem auch die eingeschränkten Sinnesfunktionen aufgebaut und, so weit möglich, erweitert werden.
- die therapeutisch-intervenierende Funktion; sie versucht, Störungen oder Ausfälle in der sensomotorischen oder sensorischen Entwicklung und Wahrnehmung auszugleichen.
- die ganzheitlich-bildende Funktion; sie versucht, beim Menschen mit Behinderungen ganzheitliche Lernprozesse durch die Wieder- oder Neuentdeckung der Sinne anzubahnen. Gegenstände, Handlungsabläufe etc. sollen hierbei auf ihre sinnesspezifischen Eigenschaften überprüft werden, diese sollen erlebbar gestaltet werden.

■ die psychologisch-kompensatorische Funktion; sie soll unbewältigte (psychosoziale) Probleme des Menschen mit Behinderung aufarbeiten oder ausgleichen.

Zusammenfassend kann zu diesen vier Prozessen festgestellt werden, dass sie zum einen dem offenen Charakter der ästhetischen Materialien entsprechen. Es können somit die unterschiedlichsten Materialien und Bearbeitungsprozesse (wie z. B. im Umgang mit Farben und Papier: Kleben, Malen, Collagieren, Vermischen etc.) durchgeführt werden, ohne dass es zu vorher festgelegten Ergebnissen oder Problemlösungen kommen muss.

Zum anderen realisieren diese vier Prozesse eine entwicklungsgemäße Vorgehensweise. Sie sind somit an den Gesetzmäßigkeiten der menschlichen Entwicklung orientiert.

1. *Überprüfen Sie an folgenden methodischen Möglichkeiten die vier beschriebenen Prozesse:*
   - *Malen*
   - *Bildhauen*
   - *Schreiben eines Gedichtes*
   - *Erstellung eines Videofilmes*
   - *Schreiben und Aufführen eines Theaterstückes*

   Was fällt Ihnen in Bezug auf die unterschiedlichen Möglichkeiten und Prozesse auf? Wo gibt es Gemeinsamkeiten? Wo gibt es Unterschiede?

2. *Untersuchen Sie anhand eines Alltagsverlaufes einer beliebigen Einrichtung der Behindertenhilfe die Realisationsmöglichkeiten der vier genannten Prozesse. Vergleichen Sie Ihre Ergebnisse im Klassenverband.*

3. *Welche Probleme könnten bei einer Realisierung der einzelnen Prozesse entstehen? Welche Lösungsmöglichkeiten lassen sich dennoch umsetzen?*

Mögliche Arbeitsformen im Rahmen ästhetischer Prozesse

Da es sich bei der ästhetischen Erziehung um einen methodischen Ansatz handelt, welcher die unterschiedlichsten didaktisch-methodischen Aspekte umfasst, können diese auch im Hinblick auf eine Realisierung basaler pädagogischer Wahrnehmungs- und Gestaltungsprozesse genannt werden. Theunissen benennt aus der umfangreichen Palette möglicher Handlungsansätze elf Arbeitsformen. Er betont hierbei noch einmal die enge Verflochtenheit einer ästhetischen Praxis mit Aspekten des Alltagslebens (Förderpflege, Beziehungsgestaltung, Bildung etc.). Diese Arbeitsformen sind:

■ körperorientierte Arbeitsformen, Rhythmik oder Basale Kommunikation; bei diesen Arbeitsformen geht es u.a. um Herstellung eines zwischenmenschlichen Kontaktes, um physisch-psychische Entspannung, Sozial- und Körpererfahrung, körperliches Wohlempfinden, Verbesserung der Motorik, Gleichgewichtskontrolle etc.;

■ basalpädagogische Aktivitäten aus dem ästhetischen Bereich (z.B. „Basale Stimulation"); diese Arbeitsformen dienen u.a. der Förderung elementarer Wahrnehmungsprozesse und Bewegungsmuster, ferner der Entfaltung einfacher sensomotorischer Operationen;

■ beziehungsstiftende Arbeitsformen (z.B. Spiel zum Kennenlernen, Herstellung lebensgroßer Selbstbildnisse oder Stockpuppen, Selbstdokumentationsspiele, Vertrauensspiele); diese Aktivitäten haben eine grundlegende Aufbau- und Stabilisierungsfunktion für kommunikative, soziale Prozesse, überdies unterstützen sie Selbst- und Fremdwahrnehmungsprozesse und schaffen Motivation für weitere Angebote aus dem ästhetischen Bereich;

- aktionsorientierte, kreative Gruppenaktivitäten (z.B. Wandmalen, großflächiges Farbenschmieren mit Fingern, Füßen, Bauspiele, Collagen herstellen, Musik-Malen, Verkleidungs- oder Schminkaktionen); diese Angebote kommen u.a. der Sozialerziehung, Ich-Stärkung und Entfaltung von Fantasie zugute;
- Rollen-, Sing-, Kreis-, Schattenspiele, Pantomime, ausdrucksfördernde Ansätze; derartige Aktivitäten dienen u.a. der Nachahmung, dem Erlernen neuer sozialer Verhaltensmuster, dem Selbstausdruck, der Fantasieentwicklung; ferner haben sie eine ordnende, aufbauende, stabilisierende und konzentrationsfördernde Funktion;
- ,klassische' Freizeitaktivitäten, gesellige Spiele und Feste (z.B. Basteln und Werken, Handarbeit, Gesellschaftsspiele, Feiern, Musizieren und Tanz, Chor, Ausflüge, religiöse Feste, Sport, Bewegungsspiele); derartige Angebote sollten nicht nur unter dem Aspekt der Erholung, der Gesundheit, des Selbstwertgefühls oder des geselligen Zusammenseins gesehen werden, sondern vielmehr auch unter dem Gesichtspunkt einer integrativen Praxis und Weltbegegnung, indem Behinderte und Nicht-Behinderte gemeinsam Feste, Bunte Abende oder Ausflüge veranstalten und positiv erleben;
- Snoezelen; hierbei geht es um ein in Holland entwickeltes (Freizeit-)Angebot für Schwerstgeistig- und Mehrfachbehinderte, welches Möglichkeiten der Entspannung, Ruhe, Erholung, lustvolle Sinneswahrnehmungen oder sensomotorische Betätigung bietet; es handelt sich bei diesem Angebot nicht um eine systematische Lernhilfe (etwa im Sinne Basaler Stimulation), sondern vielmehr um einen ,ästhetischen Freiraum';
- Arbeitsformen zum Umgang mit Bildzeichen und visuellen Symbolen (Piktogrammen oder Bildgeschichten über Tagesabläufe, Verkehrszeichen, Hinweisschilder, Wochenkalender, Ausflüge; Herstellung von Bildkarten etc.); diese Angebote tragen zu einer verbesserten Qualitätskontrolle und Handlungskompetenz bei;
- konfliktzentrierte Arbeitsformen (z.B. therapeutisches Malen in Gruppen, problemzentrierte Rollenspiele); diese Aktivitäten dienen in erster Linie der Umerziehung bzw. Veränderung von Verhalten, indem psychosoziale Probleme oder konflikthafte Situationen in Spielszenen aufgegriffen und alternativ bewältigt werden;
- gezielte Ausdrucksförderungs- oder psychomotorische Übungsprogramme; hierbei geht es u.a. um den Abbau von Entwicklungsdefiziten oder -irregularitäten in Bereichen der Wahrnehmung oder Motorik;
- projektartige Maßnahmen (z.B. Theaterspiel, Herstellung eines ,Fotoromans', Wohnraumgestaltung).

(Theunissen, 1991, S. 97 f.)

Aufgaben

1. *Welche Arbeitsformen werden in Ihnen bekannten Einrichtungen der Behindertenhilfe realisiert? Wie werden sie dort jeweils umgesetzt? Stellen Sie Ihre Ergebnisse im Plenum der Klasse vor und vergleichen Sie sie miteinander.*

2. *Welche Arbeitsformen wurden gar nicht umgesetzt? Suchen Sie hierfür mögliche Begründungen.*

3. *Erarbeiten Sie ein Modell für die ästhetische Erziehung, in welchem Sie die vier Prozesse mit den oben skizzierten Arbeitsformen verknüpfen. Arbeiten Sie hierbei möglichst genau. Überprüfen Sie dann eine Umsetzung Ihres Modells in der heilerziehungspflegerischen Praxis.*

4. *Wenn Sie das Modell erarbeitet haben: Zu welchen Problemen kam es während der Realisierung Ihres Modells? Was waren die Gründe für diese Schwierigkeiten? Wie können sie gegebenenfalls verringert werden?*

Konkrete Handlungsansätze ästhetischer Erziehung

In diesem Kapitel sollen mögliche praktische Handlungsansätze für die Realisation einer ästhetischen Erziehung in heilerziehungspflegerischen Arbeitsfeldern vorgestellt werden. Es handelt sich hierbei um folgende methodische Ansätze:

- das Theaterspielen,
- das Erstellen eines Videofilmes.

Theaterpädagogik in der ästhetischen Erziehung

Es können zwei unterschiedliche Intentionen des Theaterspiels in der ästhetischen Erziehung unterschieden werden (vgl. Schoeppe/Schellpeper, 1997, S. 120):

- die prozessorientierte Form,
- die produktionsorientierte Form.

Der Aufbau in der Entwicklung des zu spielenden Theaterstückes ist zwar in beiden Prozessen der gleiche, die abzuarbeitenden Phasen werden hierbei jedoch unterschiedlich stark gewichtet und bewertet. Es handelt sich hierbei um folgende Phasen:

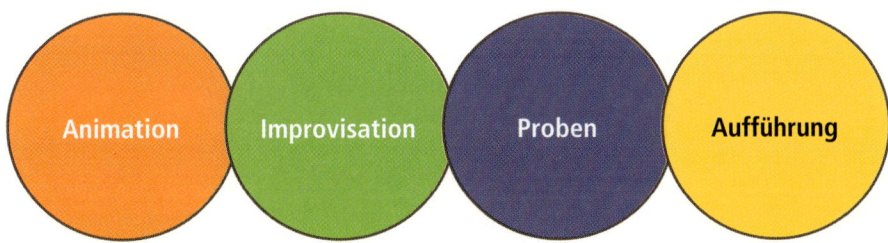

Bei der prozessorientierten Form stehen gruppeninterne Ziele im Mittelpunkt des gemeinsamen Erarbeitens: Spaß am Theaterspielen, die Vermittlung von Erfolgserlebnissen sowie die Motivation zu einer weiteren Tätigkeit auf diesem Gebiet sollen durch die Entwicklung eines Theaterstückes erlebt und ausgebaut werden. In relativ freien Spielformen werden hierzu Themen aus dem konkreten Erlebnisfeld der Protagonisten gestaltet. In freien Improvisationen werden die einzelnen Themenfelder sowie der Ablauf der Szenen entwickelt.

In der produktionsorientierten Arbeitsweise soll eine gemeinsame Aufführung angestrebt werden. Die Thematik des gestalteten und geprobten Stückes besteht dabei nicht nur aus den Erlebenshintergründen der einzelnen Spieler. Sie kann vielmehr auch gesellschaftliche und/oder sozial-politische Aspekte umfassen. Diese Themen werden zwar auch in Improvisationen entwickelt, dieses geschieht aber vor allem im Hinblick auf wiederholte Proben und die angestrebte Aufführung.

Beide Arbeitsformen schließen einander nicht aus:

> „Unserer Meinung nach ist es auch mit Spielern mit geistiger Behinderung möglich, produkt- und prozessorientierte Arbeitsweisen einander ergänzen zu lassen. In der Anfangszeit einer Gruppe ist es jedoch sinnvoll, überwiegend prozessorientiert zu arbeiten. Die pädagogische Absicht liegt hier schwerpunktmäßig auf der Erweiterung der Erfahrungen der Spieler. Bei kontinuierlicher, längerfristiger Arbeit halten wir jedoch auch Fragen nach Form und Gestaltung für interessant.

Dies hat verschiedene Gründe. Theaterspiel ist einerseits auch immer Kommunikation mit einem Publikum; durch entsprechende Formgebung können inhaltliche Aussagen eines Stückes verstärkt werden. Andererseits ist es für die Spieler selbst eine Bereicherung, ihre eigenen Ausdrucksformen zu erweitern und in Entscheidungen bei der Ausgestaltung des Stückes miteinbezogen zu werden."

(Schoeppe/Schellpeper, 1997, S. 121)

Ganz gleich welche Arbeitsform gewählt wird: Immer stehen die subjektiven Erfahrungen der Mitspieler im Mittelpunkt des Interesses. In ihnen und durch sie werden die einzelnen Szenen ausgewählt, gestaltet und modifiziert. Dieser Veränderungsprozess kann auch als Leitlinie einer theaterpädagogischen Vorgehensweise in der ästhetischen Erziehung verstanden werden. Nichts ist endgültig, bis es nicht von den einzelnen Mitspielern als endgültig dargestellt wird.

> **Aufgaben**
>
> 1. *Stellen Sie eine Liste möglicher Alltagsaktivitäten (aus Einrichtungen der Behindertenhilfe) zusammen, welche sich für die Konkretisierung von Szenen eignen.*
>
> 2. *Entwickeln Sie (zuerst nur im Klassen- oder Kleingruppenverband) aus diesen Vorschlägen einzelne Szenen. Gehen Sie hierbei den Weg über die Improvisation. Welche Erfahrungen haben Sie hierbei gemacht? Tauschen Sie sich hierüber aus.*
>
> 3. *Nehmen Sie die unterschiedlichen Probephasen mit einer Videokamera auf und vergleichen Sie sie miteinander. Welche Entwicklung hat Ihr Theaterstück gemacht? Welche Entwicklung haben Sie in ihm gemacht?*

In Bezug auf die organisatorischen und inhaltlichen Rahmenbedingungen sollte in der Entwicklung eines Theaterstückes Folgendes beachtet werden (vgl. Schoeppe/Schellpeper, 1997, S. 122 f.):

- das Theaterspielen hat keine therapeutische Zielsetzung, es versteht sich als sinnvolle und kreative Freizeitgestaltung im Sinne des Normalisierungsprinzips;
- Freiwilligkeit ist das Hauptprinzip;
- die Räume, in denen geprobt und gespielt wird, sollten, wenn möglich, nicht zu einer behindertenpädagogischen Einrichtung gehören. Besser eignen sich Kulturzentren oder echte Theaterbühnen.

In der Entwicklung eines Stückes und in der Begleitung einer Gruppe ist die Heilerziehungspflegerin in der Rolle einer Spielleiterin. Besser ist es, im Team eine Theatergruppe zu leiten. So kann eine Person anleiten oder mitspielen, während die anderen sich evtl. auf den Verlauf der Arbeit und deren Reflexion konzentrieren. Der Spielleiter sollte möglichst über eine eigene theaterpädagogische Erfahrung verfügen und Freude am Theaterspielen mitbringen. Die Beziehungen und Bezogenheiten zwischen den Spielern und den Mitspielern müssen von einem partnerschaftlichen Umgang geprägt sein. Nur so besteht die Möglichkeit, dass jeder Mitspielende zu seiner eigenen Ausdrucksform findet.

Schoeppe/Schellpeper konkretisieren die Aufgaben des Spielleiters wie folgt:

- „das eigene Vorgehen durchschaubar machen, indem man die einzelnen Übungen erklärt, sodass ihr Sinn nachvollziehbar wird,
- nach jeder Probe eine Reflexionsphase anbieten,

- keine Rollen seitens des Spielleiters vorzugeben, sondern in der Improvisation gemeinsam die Rollen zu entwickeln, die den Wünschen und Möglichkeiten der Spieler gerecht werden,
- durch intensive Beobachtung verstehen, auf welcher Entwicklungsstufe sich der Einzelne befindet, damit von da ausgehend Erlebnis- und Ausdrucksfähigkeit entfaltet werden können. (So muss bei einigen Menschen mit geistiger Behinderung Symbolspiel vielleicht erst angebahnt werden.),
- auf der anderen Seite aber auch einen Freiraum des So-Sein-Dürfens zugestehen, in welchem keine Förderziele formuliert werden, sondern in welchem jeder die Fähigkeiten sinnvoll einbringen darf, über die er im Moment verfügt."

(Schoeppe/Schellpeper, 1997, S. 123 f.)

Um erste Erfahrungen mit dem Medium des Schau-Spielens zu machen, bieten sich drei Gruppen von Basisübungen an (vgl. Schoeppe/Schellpeper, 1997, S. 125 f.):

- die Wahrnehmung des eigenen Körpers; er kann als ausdrucksfähig und in seinen individuellen Fähigkeiten als erweiterbar erfahren werden;
- der bewusste Umgang mit der Bewegung; hierbei kann es darum gehen, Bewegungseigenarten des anderen zu übernehmen, persönliche Bewegungsmuster (neu) kennenzulernen und diese bewusst im Prozess der Stückentwicklung einzusetzen;
- die Rollengestaltung; hierbei soll eine ganz bestimmte Rolle entworfen, übernommen und verkörpert werden. Hierbei handelt es sich nicht im strengen Sinne um eine optimale Körperarbeit. Vielmehr ist der ganze Mensch in seiner Persönlichkeit angesprochen und gefordert.

Zusammenfassend lässt sich hierzu feststellen, dass sich der Körper, die Gefühle und der Geist in der Entwicklung und Darstellung eines Theaterstückes nicht voneinander trennen lassen: „Beim Verkörpern einer Rolle ist der Mensch mit allem präsent, was er ist: mit seinen Gefühlen, seiner inneren Vorstellung von der Rolle und seiner körperlichen Ausdruckskraft." (Schoeppe/Schellpeper, 1997, S. 127)

Aufgaben

1. *Entwickeln Sie, unter Beachtung der oben genannten Prinzipien, Aufgabenbeschreibungen und Übungen, mit einer Gruppe von Menschen mit Behinderungen ein Theaterstück.*
2. *Begleiten Sie Ihre Spielentwicklung mit der Videokamera und werten Sie nach jedem Treffen oder jeder Probe Ihre Arbeit aus.*
3. *Planen Sie die Aufführung des Stückes vor einem Publikum. Nehmen Sie die Reaktion der Zuschauer wahr und binden Sie diese in Ihre Reflektion des gesamten Ablaufes ein.*
4. *Reflektieren Sie Ihre Vorgehensweise (siehe Frage 3). Was würden Sie bei einer zweiten Durchführung verändern? Begründen Sie Ihre Meinung.*

Videoarbeit in der ästhetischen Erziehung

Auch die Videoarbeit trägt dazu bei, sich selbst in Szenen und Bildern zu inszenieren. Ein bestimmtes Thema wird über einen längeren Zeitraum gestaltet, gefilmt und verändert. Individuelle und soziale Motive und Bedingtheiten können hierbei im Mittelpunkt des gestalterischen Interesses stehen.

„Gegen die alltäglichen Bilderfluten wird die bildhafte Selbstinszenierung und die eigene Gestaltung von Bildern gesetzt." (Kruse, 1997, S. 172)

1. *Untersuchen Sie das abendliche Fernsehprogramm nach individuellen bildhaften Botschaften (in der Werbung, den Nachrichten oder Spielfilmen etc.). Stellen Sie diese im Klassenverband vor.*

2. *Verändern Sie diese Filmausschnitte: spielen Sie damit, manipulieren Sie sie, setzen Sie sie zu neuen Botschaften zusammen.*

3. *Welche Erfahrungen haben Sie hierbei gemacht? Wie hat sich dieser Prozess auf Sie ausgewirkt?*

In der Videoarbeit geht es somit um die kreative Erschaffung und Gestaltung neuer (oder schon bekannter und vertrauter) Bildwelten. Hierbei stehen nicht die Maßstäbe der sogenannten Normalität im Mittelpunkt. Vielmehr geht es um die „Authentizität des eigenen Ausdrucks" (Kruse, 1997, S. 174). Hierbei ist das anstehende oder entstandene Werk die Botschaft.

Welche videotechnischen oder didaktisch-methodischen Möglichkeiten gibt es nun aber, um den Blick (auf die Wirklichkeit, die sogenannte Wahrheit oder die individuelle wie gesellschaftliche Geschichte) zu verändern? Kruse schlägt folgende zehn Varianten vor:

Markt der Möglichkeiten

Einfach nur Bilder ...
Es werden Bilder von ein paar Sekunden Länge hintereinander gesammelt, wobei immer wieder Gesichter und Gegenstände, kleine Verwandlungen gezeigt werden. Eine durchgehende Musik verbindet die Bilder, übrigens können unterschiedliche Musiken – etwa sanft, bedrohlich, fröhlich – verschiedene Stimmungen und damit unterschiedliche Wirkungen bei den Betrachtern hervorrufen. Das gilt auch für die folgenden Vorschläge.

Bilderstellen
Alle verkleiden sich und stellen lebende Bilder. Zusätzlich können auch „schöne" oder „seltsame" Orte mit einbezogen werden. Die lebenden Bilder werden hintereinander mit einigen Sekunden Länge abgefilmt.

Varianten des Bilderstellens ...
- Die lebenden Bilder werden im Zeitlupentempo ganz kurz lebendig und bewegen sich, frieren wieder ein.
  Schnitt: neues Bild, kurz lebendig werden, einfrieren usw.
- In den lebenden Bildern kommen auch Requisiten vor, mit denen Handlungen oder Kommunikationen angedeutet werden: Jemand wird mit einem Netz gefangen oder mit einer Pistole bedroht, Rosen werden verschenkt ...
- Die lebenden Bilder können auch an schönen oder spannenden, ebenfalls wechselnden Orten mit ihren Requisiten gruppiert werden.
- Ein guter Übergang zu längeren Handlungen kann z.B. durch die Nachtwächter- oder Putzfrauenfilme ermöglicht werden. Die Gruppe ist – als beinahe klassisches lebendes Bild – ein Schaufenster oder Denkmal. Ein kontrollierender Nachtwächter oder eine abstaubende Putzfrau wird geneckt, beschmust, überfallen oder selbst zum Teil des Bildes.

Verwandlungsfilme
- Jeder Mitspieler hat beispielsweise einen kleinen seltsamen, selbst ausgesuchten Gegenstand, etwa einen Boxhandschuh, ein Gummikrokodil, eine Plastikblume, der in irgendetwas verpackt

wird und sich beim Weitergeben unaufhörlich verwandelt. Die Kamera wird vor jedem Wechsel angehalten.

- Oder jemand kriecht vor der Kamera in einen Sack, eine große Kiste oder unter eine Decke, dann wird die Kamera angehalten. Jemand anders geht in das Objekt und kommt, nach dem Anstellen der Kamera, heraus usw. Verkleidungen und Requisiten machen alles lustiger ...

Play-Back-Clips

Drei Mitspieler bringen ihre Lieblingsmusik auf CD bzw. Kassette mit. In selbst ausgesuchten Verkleidungen imitieren sie und andere Mitspieler die Musikgruppen. Während der Dreharbeiten läuft die Musik – wird aber später separat vom Band zum Clip dazu gespielt, oder das Band wird nachvertont.

Werbefilme

Mit selbst gesuchten Requisiten und Verkleidungen erfinden die Spieler kleine Ironisierungen von Werbung: „Verarschen als Erkenntnisprinzip" (Hartwig). Jeweils nach einem Kamerastopp sprüht sich beispielsweise jemand mit Haarspray ein und die Haare verfärben oder verwandeln sich bis zur Glatze, jemand benutzt Parfüm und bekommt mehr und mehr bunte Flecken (Niveacreme mit Konfetti), jemand isst eine Bratwurst und wird zum Schwein (mit Schweinemaske) ...

Geschichten

Mit ein paar Verkleidungen und Requisiten denken sich alle zusammen eine kleine Geschichte aus, die ohne vorherige Proben vor der Kamera gespielt wird. Wirkungsvoll sind hierfür immer Verwandlungen und Veränderungen, die beispielsweise durch einen Zauberer oder einen Zaubertrank hervorgerufen werden.

Orte

Inspirierend sind auch interessante Räume in der Einrichtung oder spannende Orte draußen. Lange dunkle Flure, Fahrstühle, Keller oder Gärten, Hütten, Baustellen bieten Geheimnisse, die meist, ausgehend von lebenden Bildern, sichtbar gemacht werden können.

Mit viel „Theater", also einer großen Kamera, einer Filmklappe, Absperrband usw. kann man auch spannende Orte bewusst in der Öffentlichkeit suchen und dort Filme machen. Bei diesen Dreharbeiten fallen die behinderten Akteure – anders als sonst in ihrem Leben – gerne auf.

Blutrünstige Horrorfilme

Mit vielen Kostümen und seltsamen Requisiten, etwa dem Arm einer Schaufensterpuppe, Gummimessern, roter Marmelade usw. werden gemeinsam in der Gruppe unheimliche Handlungen erfunden, die alle aus dem Fernsehen oder Kino kennen.

Verknüpfungen mit anderen Medien

Wenn nicht so gern an längeren, geplanten Filmen gearbeitet wird, sondern eher die Clip-Idee weiter verfolgt werden soll, sei es aus Zeitgründen, sei es, weil die Gruppe das so vorgibt, dann können „Bilderstellen" und „Verwandlungen" dadurch aufgefrischt werden, dass andere Medien hinzugezogen werden. Schattenspiele eignen sich ebenso wie der Einsatz von fertigen oder selbst gestalteten Dias: Menschen laufen in antiken Trümmern (Kreta-Dia) oder bizarren Landschaften (Kleber und Farbe im Glas-Dia) zu passender Musik herum und erleben Abenteuer. Auch Overhead-Projektor oder Beamer hinter der Schattenspielleinwand bieten viele neue Möglichkeiten.

(Kruse, 1997, S. 178 f.)

1. Probieren Sie einige dieser Möglichkeiten in Kleingruppen aus. Stellen Sie Ihre Ergebnisse im Plenum vor.

2. Übertragen Sie Ihre Vorgehensweise auf eine Gruppe von Menschen mit Behinderungen. Stellen Sie Ihre Ergebnisse in der Einrichtung der Behindertenhilfe vor.

3. Entwickeln Sie eigene Möglichkeiten, videotechnisch zu arbeiten und zu gestalten. Was ist noch alles möglich? Hierbei ist (fast) alles erlaubt (wie evtl. die Kombination unterschiedlicher technischer Elemente wie Computer, CD-ROM, Video, DVD etc.).

Um die einzelnen Möglichkeiten miteinander zu verbinden bzw. eine Reihe zur ästhetischen Erziehung mit den Mitteln der Videotechnik aufzubauen, lassen sich folgende Schritte darlegen (vgl. Kruse, 1997, S. 184–186):

1. Einheit

WUP (Warming Up)
- Kurze Vorstellung mit Namen und bisheriger Videoerfahrung
- Im Kreis nach Anfangsbuchstaben des Namens aufstellen, dann nach Alter, nach der Größe usw.
- Bewegen zu lockerer Musik bzw. tanzen
- Bewegen zu lockerer Musik, bei Musikstopp schnell Aufgaben erfüllen (Hände schütteln, sanft schubsen, paarweise zusammenkommen)
- Im Kreis zunächst „Gesichtsmassage", d.h. Augen verdrehen, Mund aufreißen, Augenbrauen hochziehen, mit den Ohren wackeln
- Dann Grimassen schneiden und an die Nachbarn weitergeben oder einem Gegenüber „zuwerfen" ...

ÜBUNGEN
Der erste Film:
- Vornamen auf große Zettel schreiben
- Zunächst eine Person drei bis vier Sekunden filmen, sie zieht dann langsam den Zettel vor das Gesicht. Kamera anhalten
- Die Person hält still und wird mit vorher selbst ausgesuchten Requisiten (Hut, Sonnenbrille) verwandelt. Hält wieder den Zettel vor das Gesicht
- Kamera an und die Person zieht langsam den Zettel vom Gesicht, verwandeltes Gesicht wieder drei bis vier Sekunden filmen
- Kamera anhalten und eventuell weitere Verwandlungen, die jeweils drei bis vier Sekunden gefilmt werden (mit/ohne Brille, mit/ohne Hut, andere Requisiten)
- Nun werden nacheinander die nächsten Personen wie beschrieben gefilmt ...

Nachdem alle an der Reihe waren, kann das Werk betrachtet werden (Videoton ausstellen und flotte Musik dazu abspielen).

FORTSETZUNG
Im Anschluss „Einfach nur Bilder" oder „Verwandlungsfilme" (vgl. Kasten „Markt der Möglichkeiten")

2. Einheit

WUP
- Zum Einstieg Videos der letzten Einheit zeigen
- Namen wiederholen
- Bewegen zu lockerer Musik, bei Musikstopp Aufgaben erfüllen (etwa „Michael fangen", alle in eine Ecke rennen usw.)

ÜBUNGEN
- Bewegungen nach Musik, bei Musikstopp in der Bewegung „einfrieren"
- Sich in verschiedenen Stimmungen bewegen (traurig, fröhlich usw.). In der Stimmung „einfrieren", Wechsel
- Alle suchen sich Requisiten und Verkleidungen.
- Bildhauerspiel (1)
  Paarweise abwechselnd Skulpturen mit Verkleidungen und Requisiten bauen; zu entsprechender – unheimlicher oder träumerischer – Musik werden alle Figuren langsam lebendig und dabei gefilmt.
- Bildhauerspiel (2)
  Aus einigen Gruppenmitgliedern werden mit Verkleidungen und Requisiten „lebende Bilder" gestellt, die dann zu entsprechender Musik langsam lebendig werden. Die Aktion wird gefilmt.

FORTSETZUNG
- Mit neu ausgesuchten Requisiten und Verkleidungen werden unterschiedliche „lebende Bilder" gestellt und dann winzige Handlungen gestaltet, die sich aus den Figuren und möglichen inspirierenden Orten (Büro, Fahrstuhl) ergeben können. Beispielsweise können Schaufensterpuppen langsam lebendig werden und den Nachtwächter oder die Putzfrau fangen. Man kann das alles mit wenigen, kurzen Aufnahmen filmen, nicht durch das Abfilmen langatmiger Handlungen.
- Schön sind am Anfang immer auch Zaubertricks: Aus einer Kiste, einem Koffer, dem Kühlschrank, einer kleinen Dusche usw. werden unaufhörlich neue Menschen herausgezogen (Kamera an und Mensch herausziehen, Kamera anhalten, neuer Mensch geht hinein, Kamera an und Mensch herausziehen usw.) oder hineingesteckt.

3. Einheit

WUP
- Zum Einstieg Videos der letzten Einheit zeigen
- Namen wiederholen
- Zu unheimlicher oder spannender Musik sucht sich jeder einen, den er unauffällig verfolgt. Bei Musikstopp fangen. Mehrmals wiederholen
- Bewegung nach Musik, wechselnde Hutträger machen Bewegungen vor
- Im Kreis werden imaginäre Gegenstände mit entsprechendem Gesichtsausdruck und passender Körperhaltung (Babys, zappelnde Ungeheuer, kleine Hunde, stinkende Fische) weitergegeben.

ÜBUNGEN
- Herumlaufen und Begrüßungen mit verschiedenen Gangarten bzw. Stimmungen (betrunken, traurig, fröhlich usw.)
- Eine einfache Geschichte wird erzählt, die Gruppe spielt sofort (über spitze Steine laufen, durch Schlamm waten usw.)

Weitere Einheiten

WUPs und ÜBUNGEN können sich ruhig gelegentlich wiederholen, weil sie der Gruppe Sicherheit geben.

Gleichzeitig sollten die ÜBUNGEN durchaus im Zusammenhang mit den geplanten Filmideen stehen.

Aufgaben

1. Realisieren Sie diese Schritte in Ihrer Gruppe.

2. Dokumentieren Sie sie. Reflektieren Sie Ihre Erfahrungen.

3. Gestalten Sie ein kleines Filmfestival mit allen erarbeiteten Filmen. Machen Sie hierzu Werbung. Laden Sie die Schulgemeinde, die Nachbarschaft der Schule, die Einrichtungen und die weitere Öffentlichkeit hierzu ein. – Auch dieses ist nun eine Form der ästhetischen Erziehung.

4. Werten Sie Ihre Vorgehensweise zur Frage 3 aus. Orientieren Sie sich hierbei besonders an folgenden Fragen:
   - Wie hat sich das Erleben Ihrer selbst vor und hinter der Videokamera verändert?
   - Wie haben Sie die möglichen Veränderungen in Ihrer Gruppe erlebt?
   - Wie reagierte das Publikum auf Ihr Festival und auf die Filme?
   - Was würden Sie bei einer erneuten Durchführung anders machen?

5. Leiten Sie aus den unten genannten Thesen methodische Konsequenzen für die nachfolgenden Arbeitsbereiche ab:
   - Darstellendes Spiel mit Menschen mit Behinderungen,
   - Malen,
   - Bildhauerei,
   - Raumgestaltung.

1. Kunst, Theater unterscheidet sich von anderen Formen darstellenden Spiels durch die Zielsetzung und vor allem durch den besonderen, verdichteten Ausdruck.

2. Kunst, wozu auch Theater gehört, braucht keine Rechtfertigung. Sie ist zweckfrei, ohne Ergebniszwang, spielerisch und überschreitet die Grenzen und Tabus der Alltäglichkeit, damit werden neue Perspektiven eröffnet.

   Das gilt auch für Kunst mit behinderten Menschen. Auch hier gilt: Kunst braucht keine Rechtfertigung, auch nicht die einer Therapie.

3. Theater hat viele Formen, es gibt keine Hierarchie vom dialogzentrierten, wortbetonten zum sinnlichen, artistischen, körperbetonten Theater.

4. Die einzigen Konstituanten für Theater sind Schauspieler, Publikum, ein abgehobener Spielraum – sei es als Kreis oder Teppich – und die direkt stattfindende Kommunikation.

5. Vorführung in der Öffentlichkeit muss der Zielpunkt auch von Theater mit Spielern mit geistiger Behinderung sein, auch wenn eine lange experimentelle Strecke mit darin enthaltenen Selbsterfahrungen und Problembewältigungen vorangeht.

Empfindet ein Zuschauer Mitleid, beobachtet er nur während der Vorführung, wie gut oder schlecht ein behinderter Spieler etwas bewältigt, hat das Stück nichts mehr auf unserer Bühne zu suchen, dann haben wir versagt. Nicht die Behinderten, wohlgemerkt.

6. Theater mit behinderten Menschen, will es Theater sein, darf nicht die Therapie anzielen, sondern das Publikum.

Die Therapie geschieht hier als Nebenprodukt des primär künstlerischen Vorgangs.

7. Der therapeutische Effekt liegt bei allen – den nichtbehinderten und behinderten Machern und bei den Zuschauern!

8. Das Theater mit Spielern mit geistiger Behinderung muss sich orientieren an der anderen Erfahrens- und Wahrnehmensweise dieser Spieler, und es muss die Arbeit darin verstehen, den besonderen, symbolischen Ausdruck der Spieler für diese einzigartige Weltsicht herauszuarbeiten und das dem Zuschauer vermitteln.

9. Andere Sichten, anderer Ausdruck müssen ernst genommen werden.
   Die Logik des Normalen darf diesen besonderen Ausdruck nicht unterordnen, sondern muss sich infrage stellen lassen.

Beides ergibt den interessanten Spannungsbogen.

10. Es gibt keine behinderten Künstler. Dass die Gesellschaft ihr Künstlersein behindert, macht ihre Kunst nicht zu behinderter Kunst und die Künstler nicht zu behinderten Künstlern. Sie sind Künstler mit Behinderungen.

Das Theater mit Spielern mit Behinderung muss im Spannungsfeld bestehen zwischen den Maßstäben guten, professionellen Theaters und dem Phänomen des besonderen Kunstausdrucks dieser Spieler.

Thesen auf den Arbeitsprozess bezogen:

1. Der schauspielerische Vorgang im Spieler mit geistiger Behinderung ist ein vorwiegend bildhafter und körperlicher. Da Schauspiel in erster Linie Spiel und nicht Rede ist, sind sie pradestiniert als Spieler. Ihre Stärken sind dadurch große Authentizität und eine dadaistische nicht intellektuelle Fantasie. Diese Fantasie ist gespeist aus den dünnen Nahtstellen zu ihrem Unbewussten, das die Logik und Rationalität normaler Vorgänge durchbricht und konnotiert. Dabei kommt archaisches Material an die Oberfläche. Es investiert und parodiert herkömmliche Werte.

   Dennoch unterscheidet sich der schauspielerische Vorgang nicht grundsätzlich von dem bei so genannten nichtbehinderten Schauspielern. Auch hier gibt es Kopf- und Bauchschauspieler.

2. Weder kann man mit einem fertigen Konzept oder Stück eine Probenarbeit beginnen, denn dann fehlt der entdeckerische Spielraum für das Besondere und Eigene der Spieler mit Behinderung, noch kann ich einfach alles gut finden und nehmen, nur weil der/die Spielerin gerade damit ein Problem bewältigt.

3. Der Lernprozess ist mehr ein beiläufiger als ein konzentrierter.

4. Es sind zwei verschiedene Dinge:
   Lernen und Verändern durch Therapie mittels Theaterspiel und Kunst.
   Die angezielte Veränderung soll im Spieler stattfinden, ist das Ziel erreicht, hat die Kunst aus-
   gedient. Auch ein Publikum ist nicht nötig. Kunst ist hier Mittel zum Zweck (was nicht heißt,
   dass dabei nicht auch Kunstwerke entstehen können).

   Die andere Art zu lernen, zu verändern geschieht als ein Arbeiten, eine Ausbildung für die
   Kunst. Diese Ausbildung bekommt auch jeder andere, ohne dass dabei von Therapie geredet
   wird. Jede Ausbildung, jede sehr intensive künstlerische Arbeit hat therapeutische Effekte.

   Für alles gelten Ausnahmen, es gibt nicht den Spieler mit geistiger Behinderung.

(Höhne, 2006, S. 157f.)

Literatur

Alle Publikationen von Georg Theunissen zur ästhetischen Erziehung können an dieser Stelle als lesenswert genannt werden. Aus ihnen wurden auch die meisten Aussagen zur ästhetischen Erziehung abgeleitet. Es soll vor allem auf folgende verwiesen werden:

- *Theunissen, Georg: Wege aus der Hospitalisierung. Förderung und Integration schwerstbehinderter Menschen. Bonn, 2005, 3. Aufl.*

- *Theunissen, Georg: Wege aus der Hospitalisierung. Empowerment in der Arbeit mit schwerstbehinderten Menschen. Bonn, 2000.*

- *Theunissen, Georg: Ästhetische Erziehung als basale Pädagogik. In: Zur Orientierung, Heft 4, 1994, 4 ff.*

- *Theunissen, Georg: Basale Anthropologie und ästhetische Erziehung. Bad Heilbrunn, 1997a*

- *Theunissen, Georg: Kunst, ästhetische Praxis und geistige Behinderung. Bad Heilbrunn, 1997b*

Weitere Materialien und Anregungen zur theaterpädagogischen Arbeit finden Sie auch in den Publikationen und Auftritten des „Blaumeierateliers" aus Bremen. Hier sei vor allem auf folgende Publikation verwiesen.

- *Das Blaumeier Atelier Bremen. Projekt Kunst und Psychiatrie. Bremen, 1992*

- *Theunissen, Georg: Kunst und geistige Behinderung; Bad Heilbrunn, Klinkhardt Verlag, 2004.*

- *Theunissen, Georg/Großwendt, Ulrike (Hrsg.): Kreativität von Menschen mit geistigen und mehrfachen Behinderungen; Bad Heilbrunn, Klinkhardt Verlag, 2006.*

7.3 Verkehr und Behinderung

1. Wie könnte der Cartoonist auf die Idee zu seiner Zeichnung gekommen sein? Welche Alltagserfahrungen und Wünsche rollstuhlfahrender Menschen kommen in dem Cartoon zum Ausdruck? Reden Sie in einer kleinen Gruppe darüber. Halten Sie die Übereinstimmungen fest.

2. Was fällt Ihnen zum Thema „Rollstuhl und Mobilität" ein? Stellen Sie in einer kleinen Gruppe einige Thesen zusammen und tauschen Sie sich anschließend im Klassenverband aus.

3. Stellen Sie sich vor, Sie selbst würden auf einem ersten Bild eines ähnlichen Cartoons abgebildet sein und statt mit einem Rollstuhl mit Ihrem Auto einer Fee begegnen: Wie könnte das zweite Bild dann aussehen? Inwieweit gäbe es Ähnlichkeiten und Vergleichbarkeiten in der Aussage der beiden Cartoons? Warum ist der Vergleich von Rollstuhl und Auto trotzdem nicht ganz passend?

Verkehrswege

Mit Beginn der Industrialisierung und der damit verbundenen Entwicklung von ländlichen Gebieten zu Gemeinden und Städten wurden aus Wegen Wirtschaftsverkehrsstraßen. Neben dem Warentransport wurden die Straßen zum Personenverkehr genutzt. Erst seit relativ kurzer Zeit dienen Straßen hauptsächlich dem Berufsverkehr. Die vergangene und gegenwärtige Dezentralisierung der Städte in Form eigener Teilgebiete für Gewerbe, Freizeitgebiete, Einkaufszentren, Fußgängerzonen, Dienstleistungsbereiche und Wohnviertel brachte die Spezialisierung von Verkehrswegen mit sich. Die Straßenformen reichen von innerstädtischen Autobahnen bis zu verkehrsberuhigten Zonen in Wohngebieten.

1. Nennen Sie einige verkehrstypische Eigenheiten oder Verhaltensweisen der folgenden Verkehrsteilnehmer:
   - Radfahrerin,
   - Fußgänger,
   - Fußgänger mit Hund,
   - Kind auf einem Dreirad,
   - Fußgängerin mit Gehhilfe,
   - Inlineskater,

Aufgaben

- Gruppe von Fußgängern,
- Mofafahrerin,
- LKW,
- Fahrschulfahrzeug.

2. Nennen Sie einige verkehrstypische Eigenarten oder Verhaltensweisen der folgenden Verkehrs-teilnehmer:
- Person mit starker Sehbehinderung,
- blinder Mensch mit Führhund,
- Mensch mit starker Hörbehinderung,
- Mensch mit geistiger Behinderung (des Lesens und Schreibens unkundig),
- Rollstuhlfahrer,
- Rollstuhlfahrer mit schiebender Begleitperson,
- Elektro-Rollstuhlfahrer,
- kleinwüchsiger Mensch,
- (alters-)verwirrter Mensch.

3. Welche Verkehrswege benutzen Sie selbst regelmäßig? Zu welchen Zwecken? Mit welchen Ver-kehrsmitteln? Auf welchen Verkehrswegen fühlen Sie sich selbst mit welchen Verkehrsmitteln am sichersten? Warum?

4. Versuchen Sie sich daran zu erinnern, wie man Ihnen richtiges Verhalten im Straßenverkehr bei-brachte:
Wann lernten Sie welche Verkehrswege wie kennen?
Wann lernten Sie Ihnen bekannte Straßen und Wege mit einem anderen Verkehrsmittel kennen?
Welche Unsicherheiten mussten Sie überwinden?
Warum fühlen Sie sich heutzutage auf den gleichen Verkehrswegen sicherer?

Verkehrsteilnahme

Sobald Sie vor die Tür des Hauses oder der Wohnung treten, sind Menschen Verkehrsteilnehmer. Damit sie aktiv und angemessen am Verkehrsgeschehen teilnehmen können, müssen sie:

Regeln befolgen

Im Straßenverkehr benötigen die Verkehrsteilnehmer allgemeingültige Vereinbarungen. Diese Art der Verständigung nennt man bekanntlich Verkehrsregeln. Die sichere Verkehrsteilnahme setzt demnach einerseits gewisse Regelkennt-nisse voraus. Zum zweiten hofft jeder, dass andere diese Regeln ebenfalls kennen und richtig handeln.

Drei Beispiele können dies verdeutlichen:

Beispiel

Fußgänger

Fußgänger kommen sich auf einem Gehweg entgegen. Zumeist genügt ein kurzer Blickkontakt und eine Seitwärtsbewegung von einem der beiden und der Entgegenkommende kann geradeaus weitergehen. Ohne klärende Verständigung wirken Ausweichbewegungen eher komisch – aber keineswegs gefährdend für die anderen Verkehrsteilnehmer.

Radfahrer

Zwei sich entgegenkommende Radfahrer haben aufgrund der höheren Geschwindigkeit bereits weitaus weniger Zeit, um auszuweichen. Häufig sieht man unsichere Lenkbewegungen von beiden bei ständigem Blickkontakt. Die Gefahr eines Zusammenstoßes ist durchaus vorhanden. Wie kommt man ohne Schwierigkeiten aneinander vorbei?

Autofahrer

Der motorisierte Verkehr macht die Kommunikation schwierig. Je höher die Geschwindigkeit und je unübersichtlicher die Situation, desto komplizierter ist die Kommunikation. Autofahrer sind mehr als andere darauf angewiesen, dass die Verkehrsregeln bekannt sind und befolgt werden. Verständigung über aktuelles Verhalten und spontanes Handeln ist kaum möglich.

Aufgaben

Bereiten Sie eine der folgenden Situationen in einem kleinen Rollenspiel vor (Kleingruppenarbeit). Stellen Sie die Situation mit verschiedenen Problemen, Reaktions- oder Lösungsmöglichkeiten in der Klasse vor. Reden Sie anschließend in der Klasse über das Gesehene.

- *Die Ampelanlage ist ausgefallen. Sie erkennen auf der anderen Seite ein Kind mit Fahrrad, das die Straße überqueren möchte.*
- *Ein blinder und ein sehender Mensch begegnen sich auf einem sehr schmalen Fußweg.*
- *Parkende Autos versperren einen Teil des Fußweges. Eine Mutter mit Kinderwagen und einem weiteren Kind will an den parkenden Autos vorbeikommen.*
- *Autofahrer und Beifahrer sind sich in einer fremden Innenstadt nicht einig über den Weg zum gewünschten Ziel.*
- *Zwei Radfahrer kommen sich auf dem Radweg entgegen.*
- *Ein Elektrorollstuhlfahrer hat einen Motorschaden.*
- *Ein Rollstuhlfahrer an einer Bordsteinkante.*
- *Ein blinder Mensch in einer belebten Fußgängerzone.*

Sinneserfahrungen

Eine weitestgehend sichere Verkehrsteilnahme ist Ihnen nur dann möglich, wenn alle Sinne zur Verfügung stehen.

Folgen Sie dem Verkehrsgeschehen einmal für kurze Zeit blind. Falls Ihnen derartige Erfahrung noch fehlt, sollten Sie es unbedingt mal versuchen, zusammen mit einem „sehenden Partner" bekannte Wege zu gehen. Sie werden erstaunliche Erfahrungen der Unsicherheit, Beklemmung und sogar Angst erleben, aber auch Töne und Laute hören, die reizvoll sind und bis dahin stets von Ihnen „überhört" wurden.

Der Hauptinformationskanal zur Verkehrsteilnahme ist das **Sehen**. Durch optisch erkennbare Hinweise orientiert man sich im Verkehrsgeschehen. Sei es durch Verkehrsschilder, Fahrbahnmarkierungen oder an Ampeln. Die sichere Wahrnehmung anderer Verkehrsteilnehmer geschieht mithilfe unserer Augen.

Erste Informationen über das Verkehrsgeschehen und Vorentscheidungen über unser Verhalten gründen aber häufig in **Hörerfahrungen**: Die Geschwindigkeit eines herannahenden Autos wird hörend eingeschätzt; bevor sich Bahnschranken senken, ertönen akustische Warnsignale; Hupen oder Klingeln sind die effektivsten Signale, um andere Verkehrsteilnehmer zur Vorsicht zu mahnen. Umgekehrt ist es so, dass uns Verkehrsteilnehmer, die wir nicht herannahen hören, überraschen. Erschrecken und unkontrollierte Reaktionen sind die Folge.

Das gezielte räumliche Hören bildet sich bei einem Kind normalerweise erst nach ungefähr zehn Jahren voll aus. Das bedeutet, dass Kinder bis zu diesem Alter noch gar nicht in der Lage sind, den Verkehr hörend richtig einzuschätzen. Da wir gleichzeitig davon ausgehen können, dass die Entwicklung von Kindern mit Behinderungen, insbesondere mit geistiger Behinderung, verzögert verläuft, lautet die logische Schlussfolgerung: Die Gefahr, dass Menschen mit Behinderung das komplexe und komplizierte Verkehrsgeschehen falsch einschätzen, ist ungleich größer als bei Menschen ohne Behinderung.

Durch unbewusstes oder gezieltes **Fühlen** erhalten wir als Fußgänger Informationen über Straßenuntergründe (z. B. Schotter, Asphalt, Kies, Feldweg) oder Wettereinflüsse (z. B. Glätte, Nässe, Matsch). Dementsprechend können wir unser Verkehrsverhalten den Umständen anpassen. Kinder erfahren von ihren Eltern durch die Stärke des Handdruckes Informationen über das Verkehrsgeschehen: Ein fester Handdruck bei möglicher Gefahr der Straßenüberquerung und „Entwarnung" durch Lockerung.

Gedächtnis und Erfahrung

Je häufiger und regelmäßiger das Verkehrsgeschehen erfahren wird, umso sicherer wird das Verkehrsverhalten. Erlebtes prägt sich im Gedächtnis ein. Gefahrenpunkte werden nun erkannt und als Erfahrung bei Wiederholung vorsichtiger erlebt. Ein Transfer in ähnlichen Situationen (zu anderer Zeit, an einem anderen Ort) ist nun möglich. Aus speziellen Erlebnissen kann man allgemeine Regeln ableiten und das Verkehrsverhalten gewinnt an Sicherheit.

Menschen erleben ihre Umwelt durch stetige Erweiterungen. So krabbeln Kleinkinder nach einiger Zeit bereits recht sicher durch die bekannte Wohnung. Spaziergänge erweitern den kindlichen Bewegungsspielraum. Übrigens trägt ein „Nur-gefahren-werden" im Kinderwagen recht wenig zur kindlichen Orientierung bei. Ähnlich ergeht es ja auch vielen Beifahrern im Auto. Ein Fahrer hat seltener Schwierigkeiten, eine einmal gefahrene Strecke wieder zu finden.

Aus der Entwicklungspsychologie weiß man, dass sich ein Kind häufig erst nach seinem sechsten Lebensjahr gedanklich an einen anderen Ort versetzen kann. Die Welt bleibt also stark vom gegenwärtigen Ort bestimmt. Erst nach dem 12. Lebensjahr finden sich Kinder auch an fremden Orten gut zurecht. Man kann das treffend mit „der Landkarte in unserem Kopf" beschreiben. Durch dieses Können ist man nun in der Lage, dem Verkehrsgeschehen auch aufgrund relativ weniger Informationen (z. B. Verkehrsschilder, Straßennamen, Vorfahrtregeln) an bis dahin fremde Orte (z. B. im Urlaub) relativ sicher zu folgen.

> **Aufgaben**
>
> 1. *Skizzieren Sie Ihre eigene Verkehrsentwicklung mit Eintragungen in vier nebeneinanderstehenden Rubriken: „Alter", „Fortbewegungsart/Verkehrsmittel", „Orte", „Prägende oder besondere Erlebnisse". Tauschen Sie sich in kleinen Gruppen über Ihre Eintragungen aus. Welche Gemeinsamkeiten und Unterschiede werden deutlich?*
>
> 2. *Stellen Sie thesenartig mögliche Verkehrserfahrungen eines Ihnen bekannten Menschen mit einer Behinderung dar. Benutzen Sie dabei möglichst viele der in 1. bereits aufgezählten Rubriken. Stellen Sie den Menschen anschließend aufgrund Ihrer Beschreibungen in der Klasse vor.*

Entscheidungen treffen

Unser Verkehrsverhalten ist stark erfahrungsgeleitet. Bekannte Verkehrswege geben uns Sicherheit. Leider kann dies aber auch ins Gegenteil umschlagen: Bekannte Straßen verleiten zu einer Verhaltensroutine, die zu Unachtsamkeit führt.

Ein wahrgenommenes STOP-Schild steuert unser Verhalten auch an uns noch fremden Orten. Darüber hinaus besitzen wir als Verkehrsteilnehmer mit zunehmender Verkehrserfahrung die Fähigkeiten, die immense Fülle von Informationen des Verkehrsgeschehens gewissermaßen zu filtern. Bedeutende Signale, wie z.B. das erwähnte STOP-Schild, werden beachtet und als enorm wichtig eingestuft. Gleichzeitig wird z.B. ein leerer Gehweg in unserer Wahrnehmung ausgeblendet. Dadurch bleiben wir auf das Wesentliche konzentriert. Erst wenn etwas Neues, Unvorhersehbares geschieht, z.B. wenn ein Ball auf die Straße rollt oder Radfahrer ausscheren, nehmen wir diese Veränderungen wieder wahr.

Dieses Vermögen der Informationsreduzierung und der damit einhergehenden Kategorisierung von wichtig bis unwichtig ermöglicht es uns, unser Verkehrsverhalten so sicher wie möglich zu gestalten. Wollten wir stets auf alle uns erreichbar erscheinenden Informationen reagieren, so wären wir z.B. als Autofahrer völlig überfordert und damit ein Sicherheitsrisiko für andere.

> **Aufgabe**
>
> *Erinnern Sie sich an Verkehrserlebnisse in einer für Sie bis dahin völlig fremden bzw. fremdartigen Umgebung (z.B. in einem Land mit Linksverkehr oder in einer Großstadt in einem anderen Land). Berichten Sie über Ihre Unsicherheiten. Welche allgemeingültigen Thesen lassen sich aus Ihren speziellen Erfahrungen ableiten?*

Sicheres Radfahren

Zwar können viele Kinder ohne Behinderungen und auch etliche Kinder mit Behinderungen bereits mit 5 Jahren auf einem Rad fahren. Aber eine sichere Verkehrsbeherrschung ist in diesem Alter noch nicht möglich.

Bis 6 Jahre
- Gehweg, Radweg, Fahrbahn können voneinander unterschieden werden.
- Konzentriertes Tun einer einzigen Sache kann gelingen.
- Komplexe Wahrnehmung verschiedener Geschehnisse – wie im Straßenverkehr – kann noch nicht gelingen.
- Kindliche Logik folgt eigenen Ideen: Ein großes Auto sei schneller als ein kleines, Rot ist schneller als Weiß.
- Entfernungen richtig einzuschätzen ist unmöglich.
- Zeitgefühl ist kaum entwickelt, das Zeitmaß eines 4-Jährigen ist anders („Ich will zum Spielzeuggeschäft – jetzt sofort"!)

Ab 6 Jahren
- Rücksichtnahme kann verstanden werden.
- Ein Kind denkt zunehmend realistisch, aber noch naiv.
- Gefahrenmomente werden erstmals begriffen.
- Fahren mit dem Rad, einschließlich richtiges Verhalten im Verkehr und auf den Straßen, kann geübt werden:
  - nur in Anliegerstraßen oder Wohnstraßen üben
  - das Kind nie alleine lassen
  - kurze, einfache Strecken auswählen
  - Aktionsradius vorsichtig erweitern
  - Grenzen verabreden
  - markante Orientierungshilfen geben
  - Verhalten an Kreuzungen, Fußgängerüberwegen und Ampelanlagen üben
  - Ein- und Ausfahrten als besondere Gefahrenpunkte erkennen
  - Zum Schluss: Das Kind geht oder fährt voraus. Man bleibt in „Eingreifnähe" dahinter.

Probleme bereiten
- schmale Gehwege, hohe Bordsteinkanten,
- Gegenverkehr,

- parkende Autos, andere Sichthindernisse,
- Baustellen, Ladebetrieb,
- Ausfahrten,
- Übergänge ohne Ampeln.

Erst ab dem 10. Lebensjahr

■ können auch viele Kinder mit Behinderungen auf einfachen Strecken problemlos mit dem Rad fahren.

Erst ab dem 14. Lebensjahr

■ kann ein Verkehrsteilnehmer als „verkehrssicher" bezeichnet werden.

„Fahrradreif"

■ Erst wenn ein Jugendlicher Folgendes sicher beherrscht, ist er „fahrradreif":
  - ein eigenes angemessenes und verkehrssicheres Fahrrad fahren,
  - einen Helm tragen,
  - Anfahren ohne Schlangenlinien, beim Anfahren umschauen,
  - einhändig geradeaus fahren und Zeichen geben,
  - sich umschauen, ohne von der Spur abzukommen,
  - rasch ausweichen, ohne umzukippen,
  - Abstand halten und mit Abstand zur Bordsteinkante fahren,
  - rasch Bremsen und im Stand absteigen,
  - absteigen, wenn ein Gehweg oder Radweg aufhört,
  - an Kreuzungen, Übergängen, Ampelanlagen sich orientieren,
  - Gepäck (z. B. Einkaufskorb oder Schultasche) sicher verstauen und mit Gepäck fahren,
  - Rücksicht auf Fußgänger nehmen.

Aufgaben

1. Erinnern Sie sich an die eigene „Radfahrausbildung": Wann haben Sie was mit wem gelernt? Wie stand es damals um Ihren Ehrgeiz? Was war für Sie frustrierend?

2. Bringen Sie die anfangs aufgezählten kindlichen Fähigkeiten und Grenzen in Zusammenhang mit Erkenntnissen der Entwicklungspsychologie. Vergleichen Sie mit einschlägiger Fachliteratur. Wo erkennen Sie die Gemeinsamkeiten?

3. Ein Verkehrsteilnehmer soll die hier aufgezählten Fähigkeiten beherrschen, damit er im Straßenverkehr „sicher" ist. Dabei spielt es keine Rolle, ob er behindert ist oder nicht. Demnach gibt es auch keine grundsätzlichen Unterschiede hinsichtlich des Übens dieser Fähigkeiten. Erstellen Sie ein didaktisches/methodisches Konzept (Lernziele, zeitliche, personelle und örtliche Aspekte) zum „Verkehrssicherheitstraining"
   a. eines 10-jährigen Jungen mit geistiger Behinderung,
   b. eines 12-jährigen Mädchens mit einer Körperbehinderung (Ihrer Wahl),
   c. eines 20-jährigen jungen Mannes mit leichter geistiger Behinderung, der noch in diesem Jahr in eine Außenwohngruppe ziehen wird,
   d. einer 40-jährigen Frau mit leichter geistiger Behinderung, die gerne Fahrrad fahren lernen möchte.

Blinde Menschen im Verkehr

Ca. 155 000 Menschen in Deutschland sind blind und weitere 500 000 stark sehbehindert. Die Zahl der Unfälle, in die blinde oder sehbehinderte Menschen verwickelt sind, ist überraschend gering. Das ist in erster Linie auf das erstaunlich gute Verkehrsverhalten blinder Menschen zurückzuführen. Aber auch das Erkennen blinder Menschen im Verkehr

(„Erkennungszeichen", z.B. langer Stock oder begleitender Führhund) führt anscheinend automatisch zu vorsichtiger Rücksichtnahme anderer Verkehrsteilnehmer.

Blinden oder stark sehbehinderten Menschen wird im Verkehr eine defensive, d.h. vorsichtige Grundhaltung empfohlen: Sie sollen
- schnell umschalten lernen,
- das Verhalten ändern, falls andere Verkehrsteilnehmer sich nicht an Regeln halten,
- Regelbrüche anderer von vornherein einkalkulieren.

Sehende sind häufig scheu oder unsicher, einen blinden Verkehrsteilnehmer anzusprechen. Um dennoch sinnvoll zu helfen, sollte ein Sehender beachten:
- Erst fragen, ob Hilfe benötigt wird
- Wenn man sieht, dass ein blinder Mensch in Bedrängnis gerät oder geraten wird (dichter Verkehr, Baustelle), Hilfe anbieten
- Wenn Führung benötigt wird, den eigenen Arm anbieten. Nicht zupacken oder schieben
- Was man zu tun gedenkt, zuvor ankündigen
- Orientierungshinweise geben: An Ampeln ohne Ton kann man dem blinden Verkehrsteilnehmer sagen, wenn es grün geworden ist. Auskünfte zu Bus- oder Bahnverkehr werden normalerweise ebenfalls dankend entgegengenommen.

Ist ein blinder Mensch mit Führungshund unterwegs, muss beachtet werden:
- auf keinen Fall den Hund durch Rufen oder Streicheln von seiner äußerst schwierigen Arbeit ablenken
- Man soll beiseite gehen, wenn ein blinder Mensch mit Führhund kommt. So wird es dem Hund erleichtert, den sichersten Weg zu finden
- Selbst nie bei Rot über die Straße gehen. Das irritiert den Führhund.

Aufgaben

1. Stellen Sie Situationen mit den gegebenen Hinweisen in kleinen Rollenspielen im Klassenverband nach. Sprechen Sie anschließend über das Erlebte.

2. Welche weiteren heilerziehungspflegerischen Aufgaben könnten sich für Sie aufgrund der gegebenen Hinweise in speziellen Situationen ergeben? Verdeutlichen Sie die Situationen.

3. Fragen Sie bei einem Verein für blinde Menschen in Ihrer Nähe nach, ob ein Mitglied des Vereins der Klasse Erfahrungen zum Thema vermitteln kann.

4. Begleiten Sie einen blinden Menschen bei einem Gang durch seine Stadt.

5. Lassen Sie sich die Augen verbinden und gehen Sie in Begleitung eines Ihnen vertrauten „sehenden" Mitschülers durch die Ihnen bekannte Stadt. Sprechen Sie zuvor bestimmte Verhaltensregeln miteinander ab. Oberstes Gebot: keine Gefahr! Die Begleitperson muss sich ihrer Verantwortung unbedingt bewusst sein!
Wechseln Sie die Rollen nach jeweils ungefähr 30 Minuten. Tauschen Sie erst, nachdem alle die Erfahrungen als „blinder" und begleitender Verkehrsteilnehmer gemacht haben, miteinander aus. Was haben Sie unangenehm gefunden? Was hat Sie erschreckt? Was hat Angst gemacht? Was haben Sie mit Erstaunen festgestellt? Was fanden Sie eindrucksvoll? Nehmen Sie bei Ihren Antworten einmal die Position des „Blinden" und danach die Position der Begleitperson ein.

Radfahren mit Behinderung

Erinnern Sie sich an Ihr erstes eigenes Fahrrad? Wie alt waren Sie damals? Wie war das mit Ihrem ersten „großen" Fahrrad? Was bedeutete es Ihnen? Was war Ihnen durch das Fahrrad möglich, das bis dahin unmöglich schien bzw. nur sehr schwer möglich war?

Wenn Sie Antworten auf diese Fragen gefunden haben, lesen Sie bitte den folgenden Text:

„Mit dem Dreirad unterwegs in Münster"

Monika Piccolo und Detlef Kersten legen in ihrem sehr persönlichen Bericht dar, welche Bedeutung für die beiden die Möglichkeit der regelmäßigen Nutzung ihrer Behinderten-Dreiräder hat. Ihre Erfahrungen können anderen Betroffenen Mut machen, mithilfe des Fahrrades ihre Mobilität und Selbstständigkeit zu verbessern.

„Wir sind 35 und 26 Jahre alt, bereits seit vielen Jahren sehr stark gehbehindert und beide begeisterte Radfahrer. Wir versuchen, mithilfe des Fahrrades unseren Anspruch auf weitgehende Selbstständigkeit zu verwirklichen. Wir können mit dem Rad mühelos weite Strecken ohne Hilfe bewältigen, wobei wir ganz selten auf öffentliche Verkehrsmittel zurückgreifen müssen. Dazu trägt das ausgedehnte Radverkehrswegenetz in Münster bei, das es uns ermöglicht, relativ gefahrlos und nahezu ohne Probleme all unsere Fahrziele zu erreichen. In Münster – auch als Behinderter – Fahrrad fahren heißt, zur Normalität zu gehören.

Als unerlässlich erweist sich das Fahrrad für uns für den Weg zur Arbeit und für die Wahrnehmung medizinischer Termine. Ferner ist es uns auch bei der Erledigung unserer täglichen Besorgungen sehr nützlich.

Wegen unserer Gehprobleme müssen wir versuchen, beim Einkaufen möglichst dicht an die Eingänge der Geschäfte heranzufahren, sodass wir öfter gezwungen sind, mit Vorsicht auch über den Gehweg oder durch eine Fußgängerzone zu fahren. So müssen wir schwere Einkaufstaschen nicht weit tragen und können sie mit dem Fahrrad mühelos nach Hause transportieren. Und das bei jeder Witterung. Dunkelheit und Glatteis etwa machen uns das sichere Bewegen auf der Straße sonst unmöglich. Durch unsere Fahrräder hat sich unsere Unabhängigkeit entscheidend vergrößert.

Außerdem fördert die Bewegung an der frischen Luft die Gesundheit und das Wohlbefinden. Bei schönem Wetter bringen Fahrradausflüge mit behinderten und nichtbehinderten Freunden ins Grüne sehr viel Spaß. Sie erschließen uns Gegenden, in die wir zu Fuß oder im Auto nie gelangen könnten.

Neben all diesen positiven Aspekten sollen jedoch auch die Schattenseiten, die das Fahren mit dem Behindertenfahrrad stark beeinflussen, nicht verschwiegen werden. Nichtbehinderte blockieren oft völlig gedankenlos Radwege sowie Fahrradweg- und Bürgersteigabsenkungen. Auch die von der Stadtverwaltung zahlreich aufgestellten Sperrpfähle und Diagonalsperren, die verhindern sollen, dass Radwege von PKW zugeparkt werden, stehen häufig so nahe beieinander, dass ein Durchkommen mit dem Dreirad unmöglich ist. Dies alles zwingt uns dann, mit unserem Fahrrad oft lange und beschwerliche Umwege zu fahren. Die Krankenkassen, die die Fahrräder als therapeutisches Gerät zur Verfügung stellen, erlauben uns eine Reparatur der Räder nur bei bestimmten Vertragshändlern. Alle in Frage kommenden Händler liegen in recht großer Entfernung von unseren Wohnbereichen. So ist es uns nur mit enormen Schwierigkeiten oder großer Kraftanstrengung möglich, das defekte Dreirad zur Reparatur abzuliefern.

Auch benötigen größere Reparaturen oft viele Tage bis Wochen. In dieser Zeit sind wir dann völlig an unsere Wohnungen gebunden, müssen jemanden finden, der für uns einkauft und alle Wege erledigt, die wir sonst mühelos mit dem Fahrrad bewältigen. Diese Probleme könnten vermieden werden, wenn uns die Vertragshändler für die Zeit der Reparatur Leihräder zur Verfügung stellen würden. Da dies bisher jedoch nicht möglich ist, empfinden wir diese Einschränkung unserer Bewegungsfreiheit und Selbstständigkeit jedes Mal als äußerst bedrückend und sind froh, wenn wir das Rad wieder haben.

Sie sehen also, für uns ist unser Behindertendreirad weit mehr als ein Freizeit- oder Therapiegerät. Wir sind auf seine Benutzung bei vielen alltäglichen Verrichtungen angewiesen, die wir mit seiner Hilfe selbstständig erledigen können. Besuche bei Freunden lassen sich problemlos und auch einmal spontan verwirklichen und helfen uns sehr bei unserer sozialen Integration. Wir möchten unsere Dreiräder nicht mehr missen."

(Jacobs, in: ADFC, 1994, S. 6 f.)

Aufgaben

1. *Welche Bedeutung haben die Fahrräder für die Verfasser des Berichtes?*

2. *Fassen Sie die Schwierigkeiten zusammen, die die beiden Radfahrer mit körperlicher Behinderung im Verkehr haben.*

3. *Welche Einschränkungen erleben die Verfasser, wenn sie auf die Räder (kurzzeitig) verzichten müssen?*

Behindertengerechte Spezialfahrräder

Als Fahrräder noch Laufmaschinen hießen, saß man auf einem zweirädrigen Gestänge mit Lenker und stieß sich einfach mit kräftigen Tritten von der Erde ab. Tretlager, Ketten, Bremsen oder Pedale kannte man noch nicht.

Mittlerweile gibt es Fahrräder für alle Altersklassen, Gelegenheiten, finanzielle Möglichkeiten und auch für die unterschiedlichsten Bedürfnisse für Menschen mit Behinderungen. In vielen Variationen gibt es spezielle und anpassungsfähige Dreiräder, Tandems, Rollstuhl-Fahrrad-Tandems und Räder mit besonderen Anbauteilen.

Dreiräder

Spezialdreiräder sind für alle Menschen interessant, die aufgrund ihrer Behinderung besser auf drei als auf zwei Rädern vorwärts kommen können (z.B. bei Schwierigkeiten mit dem Gleichgewichtssinn). Das Angebot ist groß und umfasst eine Vielzahl von Variationsmöglichkeiten, vom Kinderdreirad an. Zu beachten ist u.a., dass Dreiräder grundsätzlich andere Fahreigenschaften als Zweiräder haben. Dreiräder können mit speziellen Pedalen, Lenkern, Satteln, Antriebsformen u.a.m. ausgerüstet werden. An den Pedalen kann z.B. durch Klettbänder besserer Halt gegeben werden. Rückenlehnen und Haltegurte können das Sitzen bei Rückenproblemen erleichtern. Für

Menschen, die in den Beinen nicht genug Kraft zum Treten haben, lassen sich Dreiräder auch mit Handantrieb ausrüsten. Dazu wird eine Kette vom Lenker zum Vorderrad gelegt, welches sich dann durch eine Kurbel antreiben lässt.

Tandems

Tandems eignen sich für blinde oder sehbehinderte Menschen, die gemeinsam mit einem nichtbehinderten Menschen als Pilot Rad fahren. Es gibt Dreiradtandems, mit denen körperbehinderte und nichtbehinderte Menschen zusammen fahren können.

Es gibt auch Tandems, bei denen der vorne Sitzende in einem Sessel oder einfach tiefer sitzt, sodass beiden Radfahrern der Wind gleichermaßen ins Gesicht weht bzw. beide freie Sicht haben. Die Lenkung wird dabei vom hinten Sitzenden bedient.

Ein so genanntes „Doppelfahrrad" (derartige Spezialfahrzeuge sieht man häufig zur Ausleihe in Urlaubsorten), bei dem zwei Fahrräder nebeneinander angeordnet sind, bringt einige besondere Tandem-Vorteile: Beide Fahrer haben freie Sicht, das Rad ist stabil und sehr kippsicher und außerdem kann man sich während der Fahrt mit Blickkontakt unterhalten. Ein gewichtiger Nachteil ist natürlich die überdimensionierte Breite.

Rollstuhlfahrräder

Die Kombination eines Rollstuhls mit einem Fahrrad ist insbesondere dann interessant, wenn der behinderte Mitfahrer stets auf einen Rollstuhl angewiesen ist. Insbesondere Menschen mit sehr schwerer Körperbehinderung oder schwerst mehrfachbehinderte Menschen können mit Fahrrädern dieser Art mobiler werden. Voraussetzung: ein geübter Fahrer als begleitender „Steuermann". Mittlerweile gibt es viele Varianten von Rollstuhlfahrrädern, die für unterschiedliche Bedürfnisse konzipiert wurden. Rechtlich ist dieses Spezialrad übrigens kein Tandem oder Fahrrad, sondern ein „Krankenfahrstuhl mit Fremdantrieb." Häufig kommen neue Systeme auf den Markt und bereichern so die Angebotspalette der bereits jahrelang erprobten Räder.

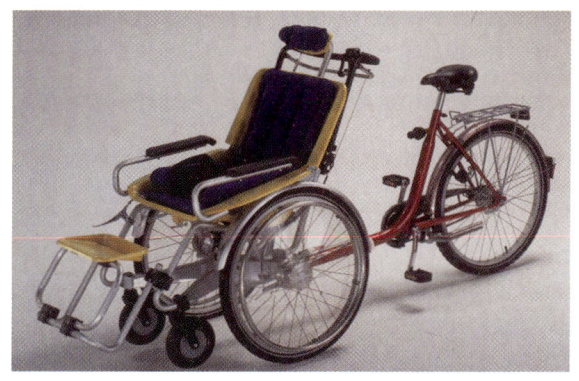

Das bekannteste Rollstuhl-Fahrrad-Tandem ist das 1984 erstmals vorgestellte **Rollfiets**. Es ist ein „halbes" Fahrrad mit vorne angebrachtem Schalenrollstuhl.

Die Sitzschale kann bei neueren Modellen ausgetauscht werden. Das wäre wichtig für Menschen, die eine speziell angefertigte Sitzschale benötigen. Das Rollstuhlteil lässt sich vom Radteil trennen und kann eigenständig als Schieberollstuhl benutzt werden. Der Rollstuhlsitz ist klappbar. Zu beachten wäre, dass die besondere Lenkgeometrie einen sehr großen Wendekreis mit sich bringt. Mithilfe eines Elektromotors ist das Spezialrad mittlerweile auch für weniger sportliche Begleiter zu fahren.

Das Rollfiets wurde zu einem erfolgreichen Symbol für die mobile Integration des Menschen mit Schwerstbehinderung in den Verkehrsalltag. Der Markenname ist in Einrichtungen der Behindertenhilfe oder in Förder- und Sonderschulen sehr geläufig.

Aufgabe

Sammeln Sie Informationen über Spezialfahrräder aller Art.
Welche dieser Räder eignen sich für welche Menschen mit Behinderungen?
Erstellen Sie aus Ihren Materialien
- *eine Wandzeitung im Klassenraum,*
- *eine Ausstellung im Foyer der Schule,*
- *eine kommentierte Broschüre für eine Behinderteneinrichtung Ihrer Wahl.*

Wie bekommt man ein Spezialfahrrad?

Arzt

In machen Fällen übernimmt eine Krankenkasse einen Teil der Kosten für ein spezielles Fahrrad, da dies zu den sogenannten „medizinisch-therapeutischen Hilfsmitteln" zählen kann. Eine Verordnung oder Attest des Arztes ist unbedingt erforderlich. Es hat sich zumeist bewährt, Informationen zum gewünschten Spezialfahrrad beim Arztbesuch bereits mitzubringen.

„Selbstzahler"

Besteht keine Aussicht auf Kostenübernahme, muss das Fahrrad selbst bezahlt werden. Der hohe Preis eines Spezialrades wird dann zunächst erschrecken. Manchen Einrichtungen gelingt die Kostenübernahme mithilfe einer örtlichen Spende oder Antragstellung bei der Aktion Mensch e.V.

Probefahrt

Vom Hersteller autorisierte Fachhändler nehmen auf Wunsch normalerweise Kontakt mit einer interessierten Kundin auf, um zu Hause bzw. in einer Einrichtung das gewünschte Spezialfahrrad ausprobieren zu lassen. Anpassungen können dabei vorgenommen werden.

Verordnung/Attest

Nach Beratung und Vorführung können erste Erfahrungen gesammelt werden. Nun muss der Arzt um ein ausführliches Attest gebeten werden, in dem der Nutzen speziell nachgewiesen wird.

Antrag auf Kostenübernahme

Ein Kostenvoranschlag, in dem auch sämtliche Anpassungs- und Zubehörteile aufgeführt sind, soll vom Fachhändler erstellt werden. Diesen Kostenvoranschlag reicht der Fachhändler zusammen mit dem Attest bei der Krankenkasse des Kunden ein und stellt einen Antrag auf Kostenübernahme. Damit wird die Sache ins Rollen gebracht, und es muss nun abgewartet werden, bis ein positiver Bescheid kommt. Nicht selten wollen Krankenkassen zusätzliche Informationen, die ein Fachhändler normalerweise stets nachreichen kann. Gegen einen ablehnenden Bescheid kann Widerspruch eingelegt werden.

Ablehnender Bescheid?

Häufig argumentieren Krankenkassen ablehnend, weil ein Spezialfahrrad ein Gebrauchsgegenstand des täglichen Lebens sei und somit nicht unter die Leistungspflicht der Krankenkassen falle. Zwar wurde dieses Argument von mehreren Sozialgerichten zurückgewiesen, allerdings schlägt das Bundessozialgericht vor, den Nutzen eines Spezialfahrrades in Höhe der Kosten eines „normalen Fahrrades" zu belasten.

Ein anderer Versuch zur Kostenübernahme kann sich beim zuständigen Sozialamt lohnen. Eine Förderung zur sozialen Eingliederung eines behinderten Menschen wäre möglich.

Aufgaben

1. Bilden Sie Kleingruppen und sammeln Sie Informationen zum Thema „Wie bekommt man ein Spezialfahrrad?"
   - bei einigen verschiedenen Krankenkassen am Ort,
   - bei Fahrrad-Fachhändlern am Ort,
   - bei dem ärztlichen Dienst einer komplexen Einrichtung der Behindertenhilfe,
   - in einer therapeutischen Praxis am Ort (Beschäftigungstherapie, Physiotherapie o. Ä.),
   - an der örtlich zuständigen Stelle (z. B. „Behindertenberater") beim Sozialamt,
   - in einer Sonderschule für Körperbehinderte.

2. Stellen Sie alle Informationen zusammen und bieten Sie Ihre Erfahrungen in einer Einrichtung der Behindertenhilfe an. Versuchen Sie bei der Anschaffung eines gewünschten Spezialfahrrades behilflich zu sein. Dokumentieren Sie den Weg vom geäußerten Wunsch bis zur Anschaffung als umfassende schriftliche Hausarbeit.

Tipp

Video

Einen 14-minütigen, sehr empfehlenswerten Videofilm mit dem Titel „... mal was wagen! Fahrradfahren trotz Behinderung" hat der Allgemeine Deutsche Fahrradclub (ADFC) produziert. Im Film werden einige Spezialfahrräder aufgrund der speziellen Bedürfnisse bestimmter Menschen mit Behinderungen vorgestellt. Behinderte Radbesitzer berichten von ihren Erfahrungen. Die Steigerung der persönlichen Lebensqualität durch ein spezielles Fahrrad wird im Film gut und nachvollziehbar deutlich. Kontakt: ADFC Münster, Kirchstraße 40, 48145 Münster.

Reiseführer

Manche Reiseführer für Radfahrer bieten auch Tipps für Radfahrer mit Behinderungen. Der Bundesverband für Körper- und Mehrfachbehinderte e.V. empfiehlt das „Handbuch-Fahrradreisen" von Martin Karsten (Hrsg.), ISBN 3-922057-51-9. Das Kapitel über Radler mit Behinderungen wurde von einem spastisch-gelähmten Autor erarbeitet.

Mobilität mit dem Rollstuhl

Manche Hersteller und Vertreiber im Bereich der Rollstuhltechnik bieten (auf Anfrage in der Regel kostenfrei) periodisch Informationen über Produktentwicklungen. Besonders interessant sind in diesen Broschüren bzw. Zeitschriften die Erlebnisberichte betroffener Rollstuhlfahrer. So bietet die Firma „Speedy Reha-Technik GmbH" für Interessierte seit 2005 die Zeitschrift „Speedy mobil" an. In einer Ausgabe aus dem Jahre 2007 finden sich z. B. Erfahrungsberichte zum Thema „Urlaub mit dem Rollstuhl" in Oberstdorf, in Seoul oder entlang der Ruhr.

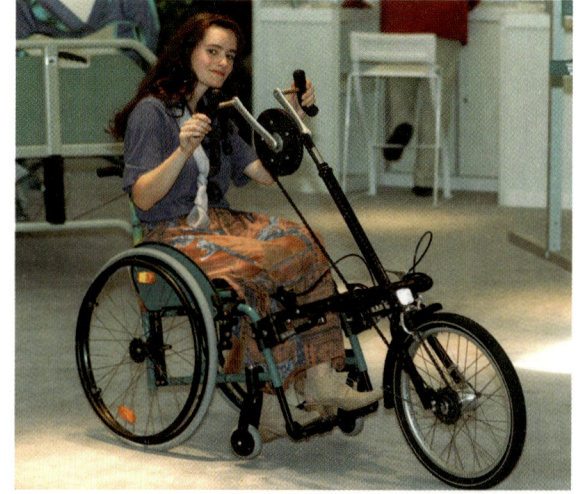

Ein immer bedeutender werdender Schwerpunkt der Produktpalette rollstuhlherstellender Firmen sind verschiedene Formen des Hand-Pedalantriebs für Rollstuhlfahrer. Diese gibt es auch mit Motorunterstützung. Diese Antriebe werden zumeist vor den Rollstuhl befestigt. Die kleinen Vorderräder des Rollstuhls verlieren dabei den Bodenkontakt. Dafür ersetzt ein fahrradähnliches Vorderrad mit Kettenantrieb und Kurbelsystem für den Handantrieb den „normalen" Anschub des Rollstuhls auf die großen Hinterräder.

Der blank polierte Begriff „behindertengerecht"

Was Rollstuhlfahrern nützt, kann für Sehbehinderte zur lebensbedrohlichen Gefahr werden

Von Otto Regenspurger

Viele Einrichtungen, ja ganze Ortschaften erheben mittlerweile den Anspruch auf das Prädikat „behindertengerecht". So löblich alle Anstrengungen sind, Rampen und Schrägen, breite Türen und geräumige Toiletten zu bauen, Niederflurbusse einzusetzen und Einstiegshilfen anzubieten, so erfüllen diese Vorkehrungen bestenfalls die Bedürfnisse Körperbehinderter oder gar „nur" die der Rollstuhlbenutzer.

Für diejenigen, denen dadurch der Zugang zu Gebäuden oder Verkehrsmitteln ermöglicht wird, stellt dies ein Stück Unabhängigkeit und Selbstverwirklichung dar, oft die Erfüllung eines lang gehegten Traumes. Auf diesem Gebiet müssen deshalb unbedingt weitere Fortschritte erzielt werden. Die Probleme anderer Behindertengruppen werden jedoch dadurch zumeist nicht oder nur sehr unvollkommen gelöst. Den Behinderten gibt es nicht: Die Blinden und die Gehörlosen, die Sehbehinderten und die Schwerhörigen, die geistig Behinderten und die Kleinwüchsigen benötigen jeweils anders geartete Hilfen.

Ist eine Einrichtung etwa „rollstuhlgerecht", so lässt sie sich nicht automatisch als blindengerecht oder geeignet für Gehörlose, geschweige denn als „behindertengerecht" bezeichnen.

Unbestritten bedürfen bestimmte Behindertengruppen aufgrund der Art und Schwere ihrer Beeinträchtigung stärkerer Beachtung bei der Umweltgestaltung als andere. Das rückt sie in den Mittelpunkt der Aufmerksamkeit und lenkt dadurch nicht selten von der Beachtung weiterer berechtigter behindertenspezifischer Bedürfnisse ab. Schon das Prädikat „behindertenfreundlich" setzt hohe Maßstäbe. Gerade weil es sich einer klaren Definition entzieht, wirkt seine Anwendung überzeugender als die des Begriffes „behindertengerecht". Erfüllt man nämlich die Wünsche wenigstens einiger Behinderter, so beweist dies Entgegenkommen Freundlichkeit, ohne den Anspruch auf Vollständigkeit der Befriedigung aller behindertenspezifischen Bedürfnisse erheben zu wollen. Sei es Unkenntnis, sei es Großsprecherei, niemand hat das Recht, mit dem Terminus „behindertengerecht" nach Belieben zu verfahren. Kommt beispielsweise die völlige Absenkung von Bordsteinkanten den Interessen von Rollstuhlfahrern entgegen, widerspricht sie gleichzeitig den Sicherheitsbedürfnissen Blinder und bringt Menschen, die auf die Orientierung mit dem weißen Stock angewiesen sind, häufig in lebensbedrohliche Situationen. In diesem Falle hilft nur ein Kompromiss: zwar absenken, doch wenigstens drei Zentimeter Kantenhöhe belassen, die vom Rollstuhl noch überwunden und vom Taststock erfasst werden kann.

Wer auf akustische und tastbare Informationen angewiesen ist, steht einer ständig stärker visualisierten Welt oft nahezu ohnmächtig gegenüber. Was bei den Rollstuhlfahrern und schwer Gehbehinderten bauliche Barrieren bewirken, das geschieht bei Blinden und hochgradig Sehbehinderten durch Informations- und andere Nutzungsbarrieren.

Die These „Was Behinderten hilft, ist zumeist auch für andere nützlich", hat sich vielfach bewahrheitet. Sie stellt einen Schlüssel zum Verständnis besonderer Maßnahmen für Menschen mit Behinderungen dar, von denen auch andere Bevölkerungsgruppen profitieren. Zugangserleichterungen zahlen sich auch für Kinder, Mütter mit Kinderwagen oder ältere Menschen aus. Praktisch verwertbare und zuverlässige Ansagen auf Bahnhöfen und in öffentlichen Verkehrsmitteln sind nicht nur für Blinde und Sehbehinderte, sondern auch für Ortsfremde hilfreich.

Mit dem heutigen Stand können wir uns jedenfalls keineswegs zufrieden geben. Noch sind wir zu weit davon entfernt, das gemeinsame Leben Behinderter und Nichtbehinderter täglich uneingeschränkt zu praktizieren. Doch eines ist sicher: Der blank polierte „Sonntagsbegriff" behindertengerecht ist viele Nummern zu groß.

Der Autor war 1997 Beauftragter der Bundesregierung für die Belange der Behinderten und stellvertretender Vorsitzender der CSU-Landesgruppe.
(Süddeutsche Zeitung vom 29.7.1997)

Aufgaben

1. Fassen Sie zusammen: Welche „behindertengerechten" Ideen nützen welchen Menschen mit Behinderungen und welchen Menschen mit Behinderungen schaden sie? Finden Sie weitere Beispiele.

2. Begehen Sie Ihre Stadt, die Umgebung der Schule (o. Ä.) mit einem behinderten „Experten in eigener Sache". Listen Sie die Verkehrsmängel auf. Vergleichen Sie mit den Aufzeichnungen anderer in der Klasse. Bereiten Sie diese Fakten auf und stellen Sie sie den zuständigen Kommunalen Stellen zur Verfügung. Kommen Sie miteinander ins Gespräch. Helfen Sie, Einfaches umzusetzen. Fragen Sie bei Kompliziertem nach ersten Schritten zur Verbesserung.

7.4 Unterstützte Kommunikation

Die Bildergeschichte stammt aus einer 26-seitigen Broschüre einer niederländischen Großeinrichtung („Sammvliet", ehem. Stichting St. Augustinus/Maria Roeppan in Gennep). Jeder der Bewohner mit geistiger Behinderung erhielt ein persönliches Exemplar dieser Broschüre. Die Bilder in der Broschüre erzählen die Geschichte einer kommenden Umstrukturierung: Die gesamte Komplexeinrichtung wird sich dezentralisieren. Je nach Wunsch der Bewohnerinnen mit Behinderungen werden dann entweder Wohnungen in den umliegenden Gemeinden für neue Wohngemeinschaften angemietet oder neue Wohnhäuser werden gebaut. Auch der Verbleib in den alten Häusern der Großeinrichtung ist auf Wunsch möglich. Die Aufgabe für die betreuenden Mitarbeiter war es, mit jeder Bewohnerin ein Einzelgespräch zu führen, um die Wünsche und Befürchtungen für die Zukunft zu erfragen: Welche Wohnform an welchem Wohnort wird gewünscht? Mit wem möchte man als Mitbewohner zusammenziehen? Welche Freizeitinteressen bestehen?

Diese Wünsche sollen im Anhang der Broschüren verdeutlicht werden und damit als Willenserklärungen namentlich dokumentiert werden. Aufgrund dieser Dokumente sollen die Wohnstrukturen in die gewünschten Richtungen geändert bzw. auch belassen werden, wenn Bewohner sich wohnlich nicht verändern wollten.

Aufgaben

1. Wie erklärt man eine Bildergeschichte?

2. Warum hat man in der Großeinrichtung wohl den Weg gewählt, jedem Bewohner eine persönliche Broschüre in Comicform zu überreichen und sie als Grundlage für Einzelgespräche heranzuziehen? Welches Menschenbild wird mit einer solchen Vorgehensweise deutlich?

3. Was halten Sie von einer derartigen Vorgehensweise, um die geplanten Vorgänge jedem Bewohner mit geistiger Behinderung zu verdeutlichen?

4. Welche Folgen könnte die Auswertung der Einzelgespräche für die betreuenden Mitarbeiterinnen haben?

5. Übersetzen Sie die Bilder der Bildergeschichte.

Zum Fachbegriff

Unterstützte Kommunikation ist ein übergeordneter Fachbegriff für verschiedene Mittel und pädagogische Maßnahmen, die eine Erweiterung der kommunikativen Möglichkeiten von Menschen ohne Lautsprache bezwecken. Gemeinsam mit dem Betroffenen ist es das Ziel, ein umfassendes individuelles Kommunikationssystem zu erarbeiten, das es dem Menschen mit Behinderung möglich macht, in Alltagssituationen effektiv und erfolgreich verstanden zu werden.

Dabei werden kompensierende körpereigene Kommunikationsformen zusammen mit einer angepassten Gesprächsführung durch die betreuenden Assistenten ebenso genutzt wie nicht elektronische oder elektronische Kommunikationshilfen.

Elektronische Kommunikationshilfen sind computerisierte Spezialgeräte oder handelsübliche PCs, Laptops oder Notebooks, zumeist mit speziellen Anpassungen versehen, mit deren Hilfe bestimmte Zeichen oder Symbole ausgewählt und im Bild (auf einem Bildschirm) oder sprachlich (durch einen Lautsprecher) präsentiert werden.

Dies veranschaulicht die folgende Grafik (vgl. Kristen, 1996, S. 144):

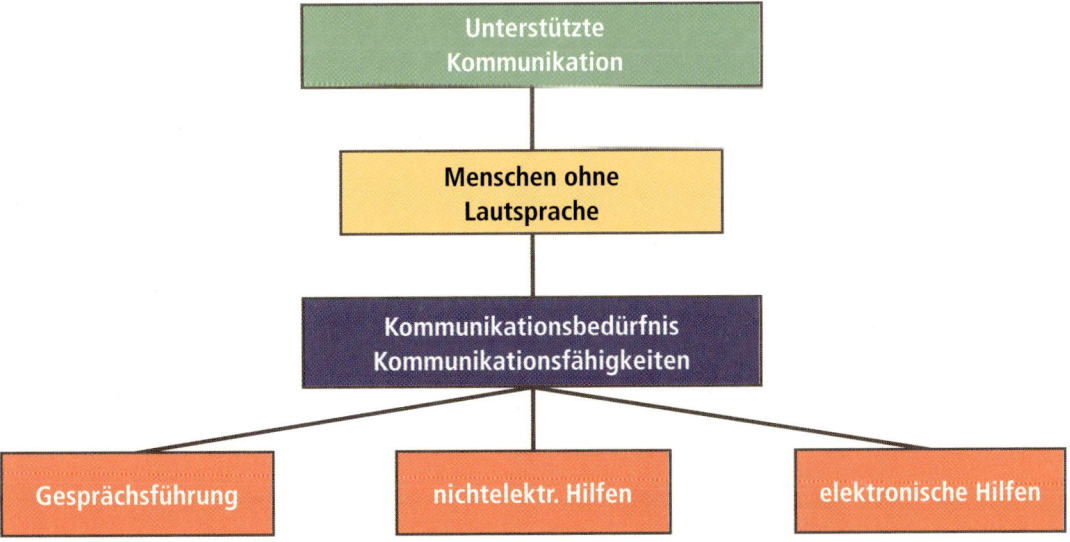

Kommunikationsformen

Die Menschen kommunizieren vor allem, jedoch nicht ausschließlich, sprachlich. Die Lautsprache bildet zusammen mit
- Gestik, Gebärden, Handbewegungen,
- Mimik, Blickbewegungen,
- Körperhaltung, Körperbewegungen,
- Atmung, Muskelspannung

die normalerweise zur Verfügung stehenden Formen der Kommunikation.

> **Aufgaben**
>
> 1. *Finden Sie zu jeder der aufgezählten Kommunikationsformen eine Kommunikationsfunktion, die eine jeweilige Wirkung oder Absicht beispielhaft verdeutlicht. Vergleichen Sie Ihre Beispiele in Kleingruppen miteinander.*
>
> 2. *Welche verschiedenen Kommunikationsformen könnten Sie in folgenden Situationen versuchen:*
>   a) *Sie fragen einen kleinen Jungen nach dem richtigen Weg zu Ihrem Hotel im Urlaubsland. Die Landessprache beherrschen Sie nicht.*
>   b) *Auf der anderen Seite der vierspurigen, viel befahrenen Straße sehen Sie eine alte Freundin, die Sie auch gerade erkannt hat. Gerne würden Sie sich mit ihr verabreden.*
>   c) *Sie müssen für 30 Minuten auf das kleine Baby Ihrer Schwester aufpassen. Gerade wird es wach und fängt an zu weinen. Was nun?*
>   d) *Sie besuchen Ihren Freund im Krankenhaus. Es geht ihm nach einem Unfall noch sehr schlecht. Sie bleiben einige Zeit bei ihm am Krankenbett. Er ist noch stark benommen – scheint Sie kaum zu verstehen. Was können Sie jetzt machen?*

Sprache und Behinderung

Die körperlichen Ursachen für eine Sprachstörung liegen in erster Linie in einer muskulären oder sonstigen Beeinträchtigung der Zunge, der Lippen, des Kehlkopfes und/oder der Lunge. Die Muskeln müssen koordiniert arbeiten, um eine verständliche Sprache erzeugen zu können. Hinzu kommen häufig noch weitere Ursachen bzw. Wirkungen, die das Sprachverständnis und die Sprechfähigkeiten erheblich beeinträchtigen:
- Störungen der Konzentration, allgemeines Desinteresse, Unaufmerksamkeit,
- Schwerhörigkeit, Taubheit,
- Sehschwäche,
- Verhaltensstörungen (z. B. Stereotypien, Tics),
- reizarmes Umfeld,
- unmotivierte oder überforderte Betreuer,
- fehlende kognitive Fähigkeiten.

> **Aufgaben**
>
> *Klären Sie durch Meinungsaustausch in der gesamten Klasse, warum die aufgezählten Tatbestände Auswirkungen auf die sprachlichen Fähigkeiten eines Menschen haben.*
> *Es gibt zahlreiche Behinderungsformen, die sich auf die sprachlichen Fähigkeiten eines Menschen auswirken können. Folgende Personengruppen haben häufig Sprach- bzw. Kommunikationsprobleme:*
> - *Menschen mit angeborenen Behinderungen (z. B. Zerebralparese),*
> - *Menschen mit fortschreitender Krankheit (z. B. Multiple Sklerose, Muskeldystrophie),*
> - *Menschen mit Schädigungen durch Unfälle (z. B. Schädel-Hirn-Trauma) oder Schlaganfälle (Aphasien),*
> - *Menschen mit vorübergehend eingeschränkten lautsprachlichen Möglichkeiten (Gesichtsverletzungen, Tracheotomie),*
> - *Menschen mit geistiger Behinderung.*

Bei Menschen mit geistiger Behinderung ist eine Kommunikationsproblematik die Regel. Dies liegt u. a. daran, dass Defekte der Sprachorgane bei Menschen mit geistiger Behinderung häufiger als bei Menschen ohne Behinderungen zu finden sind. Weitere Beeinträchtigungen (Sinnes- oder Körperbehinderungen, neurologische Schädigungen, Koordinationsschwächen, unflexibles bzw. unangemessenes Verhalten im sozialen Umfeld, u. a. m.) machen Sprache für die Menschen noch komplizierter. Menschen mit Schwerst- und Mehrfachbehinderungen sprechen in der Regel nicht.

> **Aufgabe**
>
> *Wie häufig tritt bei den beispielhaft genannten Behinderungsarten eine Sprachbeeinträchtigung auf? Informieren Sie sich anhand zur Verfügung stehender Fachliteratur oder im Internet.*

Kommunikationsfähigkeiten und Selbstbewusstsein

Nicht sprechende Menschen, insbesondere Kinder, machen seltener die Erfahrung, ihre Umwelt beeinflussen zu können. Häufig müssen sie Fehlschläge in ihren Kommunikations- und Interaktionsbemühungen hinnehmen. Die Folge ist, dass sich diese Menschen nur selten als stark und selbstbewusst erleben können. Vor allem Kinder mit Sprachstörungen müssen häufig erleben, dass eine Verknüpfung des eigenen Verhaltens und Erlebens mit dem der Interaktionspartner nur selten gelingt. Kristen bemerkt dazu:

> „Wir können davon ausgehen, dass Kinder ohne Lautsprache ein höheres Maß an unerfüllten Bedürfnissen besitzen.
>
> Vermutlich leiden sie an massiveren Ängsten und spüren vermehrte Aggressionen. Wir können uns weiter vorstellen, dass diese Kinder in geringerem Umfang die Erfahrung von Sicherheit, Kontakt und Wertschätzung machen.
>
> Wer nicht sprechen kann, erlebt häufiger die Grenzen seiner Handlungsmöglichkeiten und die Grenzen seiner [...] Kompetenz. Dieser Mensch wird häufiger Frustrationen zu ertragen haben, die zu einer ‚erlernten Hilflosigkeit' führen können. Langfristig kann das zu einer Haltung führen, in der dieser Mensch weniger wagt bzw. resigniert. Das Selbstbild leidet darunter und vermutlich führen diese Erfahrungen auch zu einer Reduzierung von Zielen der Selbstverwirklichung."

(Kristen, 1997, S. 37 f.)

Mimik und Gestik als weitere sogenannte körpereigene Kommunikationsformen werden sowohl von sprechenden als auch von nicht sprechenden Menschen gezielt oder unbewusst stets und ständig eingesetzt. So kann man zur Bejahung einer Frage nicken oder bei Verneinung den Kopf schütteln. Mimisch können z. B. Gefühle des Interesses, der Ablehnung, des Ärgers, der Wut, der Überraschung oder der Freude zum Ausdruck gebracht werden. Mit einer Geste kann man jemanden grüßen, herbeiwinken, um Aufmerksamkeit bitten usw. Als vollwertigen Sprachersatz können wir unsere alltägliche Gestik und Mimik jedoch nicht ansehen. Viele nicht sprechende Menschen sind auch körperlich behindert. Die körperlichen Ausdrucksfähigkeiten sind daher ebenfalls stark beschränkt. Manchmal können Bewegungen der Hände, Arme oder Beine schlecht oder gar nicht kontrolliert werden. Mimik kann verzerrt, schlaff oder auch wie eine Grimasse wirken. Deutungen der Kommunikationspartner sind nötig und sind oft fehlerhaft: Der gestische und mimische Ausdruck nicht sprechender Menschen verstärkt häufig eine kommunikative Verwirrung (vgl. Arnusch/Pivit, 1996, S. 18 f.).

> **Aufgaben**
>
> 1. *Stellen Sie sich einmal vor, Sie könnten in ganz normalen kommunikativen Alltagssituationen (in der Schule, mit Bekannten, beim Einkauf, im Straßenverkehr usw.) nicht mehr sprechen.*
>   *a) Welche Erlebnisse könnten die Folge sein?*

Aufgaben

b) *Mit welchen Gefühlen könnten diese Situationen durchlebt werden? Schreiben Sie die möglichen Emotionen als Stichworte auf.*

c) *Welches Verhalten würde dabei gelernt werden, welche Gewohnheiten oder Verhaltensauffälligkeiten nicht sprechender Menschen wären demnach verständlich?*

2. *Vergleichen Sie Ihre Aufzeichnungen in der Klasse.*
   a) *Welche allgemeingültigen Ableitungen ergeben sich?*
   b) *Welche Übereinstimmungen mit Kristen haben Sie festgestellt?*

Schreiben und Lesen können

Lesen und Schreiben ist die materielle Form der Kommunikation und fördert die Kommunikation mit der Umwelt. Menschen verständigen sich mit grafischen Zeichen, sie treten miteinander in Beziehung, tauschen Informationen aus, erklären Gefühle, machen Bedürfnisse und Wünsche klar. Es erweitern sich die Ausdrucksmöglichkeiten des Menschen, und gleichzeitig entwickelt sich Selbstbewusstsein. Schreiben und Lesen lernen Kinder normalerweise in der Schule. Aus Zeichen werden Buchstaben. Daraus werden Worte, schließlich entstehen Sätze und ganze Texte. Sprechende Kinder erlernen das Schreiben, indem sie sich die zu lernenden Worte selber vorsprechen. Diese sogenannte auditive Rückkoppelung erleichtert es, Laut für Laut in Buchstaben oder Silben umzusetzen. Ebenso ist es eine Leselernhilfe, wenn Kinder zunächst auffällig und mit gedehnten Betonungen die Einzellaute der identifizierten Buchstabenfolge eines neu zu lernenden Wortes zusammensetzen.

Menschen, die aufgrund ihrer Behinderung keinen Schreib- und Leseunterricht in einer Schule erlebt haben, haben diese gesellschaftlich hoch angesehenen Fertigkeiten nicht. Wer von Geburt an keine ausreichenden Sprechfähigkeiten besitzt, besitzt die Erfahrungen auditiver Rückkoppelungen nicht. Wer selbst keine Stimme besitzt, der steht vor großen Problemen, sich vorzustellen, was Schrift ist, warum und wie man sie benutzt und wie man lesen und schreiben erlernen kann.

Aufgaben

1. *Was versteht man unter auditiver Rückkopplung?*

2. *Auch Kinder und Erwachsene mit geistiger Behinderung äußern den Wunsch, lesen und schreiben zu erlernen. Wie würden Sie als Mitarbeiterin in einem Wohnheim auf einen solchen geäußerten Wunsch reagieren können? Welche Verantwortlichkeiten würden Sie aufgrund Ihrer Reaktion haben? Wie könnten demnach erste Handlungsschritte aussehen?*

3. *Finden Sie Institutionen, Vereine oder Verbände in der näheren Umgebung, die sich mit einem (oder beiden) der folgenden Themen beschäftigen:*
   a) *„Schreiben und lesen lernen im Erwachsenenalter"*
   b) *„Schreiben und lesen lernen für erwachsene Menschen mit geistiger Behinderung"*
   c) *Welche sind die augenfälligsten Unterschiede in der Methodik zu a) und b); was ist gleichartig?*

Angepasste Gesprächsführung

Es gibt Möglichkeiten, die eigenen Kommunikationsmöglichkeiten zu verbessern und damit das Verstehen eines Interaktionspartners mit Behinderung eher möglich zu machen. Es gilt, Verhaltensweisen zu lernen, einen nicht sprechenden Menschen auch bei seinen weitestgehend eingeschränkten Kommunikationsbemühungen zu unterstützen, um ihn so schließlich zu verstehen. Diese Möglichkeiten können in der Klasse erfahren und geübt werden.

Zeit beachten

Es gilt, warten zu lernen, denn ein nicht sprechender Mensch braucht mehr Zeit, um alle sprachlichen und nicht sprachlichen Informationen aufzunehmen. Eine kommunikative Antwort kann erst nach Verstreichen einer ausreichend langen Zeitspanne erwartet werden.

> *Führen Sie mit Ihrem Gegenüber ein „5-Minuten-Gespräch" zu einem interessanten Thema Ihrer gemeinsamen Wahl. Nachdem Sie etwas gesagt haben, antwortet Ihr Gegenüber erst dann, wenn er:*
>
> 1. *mit geschlossenen Augen sprachlos ca. 15 Sekunden Zeit verstreichen lässt oder*
>
> 2. *konzentriert (mit geschlossenen Augen) jedes Ihrer Worte leise flüsternd wiederholen kann. Wenn etwas nicht wiederholt werden kann, werden Sie aufgefordert, Ihre Aussage zu wiederholen.*
>
> *Was hat Sie angestrengt? Aufgrund welcher Vorgehensweisen würde Kommunikation erleichtert?*

Alle Kommunikationsformen beachten

Neben der Sprache kommunizieren wir aufgrund erlebter Gestik, Mimik, Gebärden, Blickbewegungen, Körperhaltung und Körperbewegung.

> *Unterhalten Sie sich erneut ca. fünf Minuten mit Ihrem Gegenüber zu einem interessanten Thema. Ihr Gegenüber kann sich mit allen Kommunikationsformen, nur nicht mit der Lautsprache am Gespräch beteiligen. Wechseln Sie danach die Rollen.*
> *Welche Schwierigkeiten ergaben sich? Wie haben Sie versucht, diese Schwierigkeiten zu meistem? Welche allgemeingültigen Aussagen zum Gelingen von Kommunikation können daraufhin gemacht werden?*

Orientierung am Thema

Es ist für eine sprechende Person nicht einfach, sich am Thema der nicht sprechenden Person zu orientieren. Häufig redet man am eigentlichen Thema vorbei, erkennt die wirklichen Wünsche und Meinungen seines Gegenübers nicht und scheint einen eigenen Wunsch oder eine eigene Meinung dem anderen überzustülpen – wenngleich häufig ungewollt.

Nachfragen und Zusammenfassen

Gelegentliche Zusammenfassungen und regelmäßige Rückfragen („Habe ich Dich richtig verstanden, dass Du ...") in einem Gespräch sind insbesondere dann wichtig, wenn Kommunikation unter erschwerten Bedingungen (ungleiche Gesprächsteilnehmer, kompliziertes Thema) stattfinden muss.

> *Führen Sie ein 5-Minuten-Gespräch mit einem Partner. Wählen Sie ein Thema, von dem Sie Kenntnisse haben, von dem Sie jedoch wissen, dass Ihr Gegenüber darin nicht bewandert ist (z.B. Ihr Hobby, Wegbeschreibung zu Ihrem letzten Urlaubsort, Zusammenfassung eines interessanten Films).*
> *Ihr Gegenüber soll vor jedem eigenen Redebeitrag Rückfragen stellen und gelegentlich Ihre Aussagen zusammenfassen. Wechseln Sie danach die Rollen.*
> *Was war schwierig und anstrengend?*
> *Wann war etwas erleichternd?*

Nähe und Distanz beachten

Jeder Mensch hat einen unsichtbaren Schutzraum um sich herum, den andere nur gefragt „betreten" sollen. Unangenehme oder unbekannte Gesprächsteilnehmer möchte jeder lieber in einer gewissen Distanz erleben. Für angenehme oder befreundete Gesprächsteilnehmerinnen wird dieser Schutzraum zumeist verkleinert.

Aufgaben

1. Führen Sie ein 3-Minuten-Gespräch mit einem zugelosten Gesprächspartner aus der Klasse zu einem gemeinsam gewählten Thema (z. B. „Das habe ich gestern nach Schulschluss erlebt!"). Lesen Sie sich die folgenden fünf Aufgaben durch und wählen Sie davon gemeinsam zwei Aufgaben, die Sie dann nacheinander ausprobieren.

   ■ Setzen Sie sich dabei so gegenüber, dass sich Ihre Knie berühren.
   ■ Sitzen Sie eng nebeneinander, sodass sich Oberschenkel, Oberarme und Schulter weitestgehend berühren. Schauen Sie sich an.
   ■ Stehen Sie sich gegenüber. Derjenige, der das Gesprächsthema beginnt, legt während der eigenen Redebeiträge stets seine Hand auf die Schulter seines Partners.
   ■ Setzen Sie sich „Rücken an Rücken" und lassen Sie zwischen sich einen halben Meter Platz.
   ■ Suchen Sie sich nach Möglichkeit eine Umgebung, wo Sie um sich herum genügend ungestörten Platz haben. Setzen Sie sich so hin, dass Sie sich in ca. drei Meter Entfernung gegenübersitzen.

   Kommen Sie danach zunächst mit Ihrem Partner ins Gespräch. Versuchen Sie dabei ganz bewusst auf das Wort „man" im Reflektionsgespräch zu verzichten.
   Was war unangenehm? Was war irritierend? Was war überraschend? Was war erleichternd? Wie lange konnten Sie sich konzentrieren? Was hat Ihre Konzentration positiv, was hat sie negativ beeinflusst?

2. In welchen heilerziehungspflegerisch relevanten Situationen wäre „verstehen lernen" Grundvoraussetzung für eine professionell gute Arbeit? Geben Sie Beispiele.

„Ja" und „Nein" für Menschen mit schweren körperlichen Behinderungen

Eine unterstützte Kommunikation für Menschen mit schwersten Behinderungen beginnt mit der Suche nach kompensierenden körpereigenen Kommunikationsformen. Es sollte möglich sein, zwei Bewegungen, die als willkürlich steuerbare Restfunktionen bei Menschen mit sehr schwerer körperlicher Behinderung noch vorhanden sind, als „Ja"-Zeichen und als „Nein"-Zeichen mit dem Betroffenen zu vereinbaren (z. B. Augenbewegungen nach oben oder zur Seite, ein längerer und ein kürzerer Lidschlag, das kurze oder längere Herausstrecken der Zunge, zwei verschiedene Laute). Wichtig ist: Diese Bewegungen müssen jederzeit reproduzierbar sein. Der assistierende Heilerziehungspfleger muss lernen, eindeutige Fragen zu stellen, die gleichzeitig die Wünsche, Bedürfnisse oder Absichten des behinderten Gesprächspartners erkennen lassen. Zusätzlich kann ein vereinbartes „Jain"-Zeichen die kommunikativen Möglichkeiten erweitern. Damit kann der Betroffene ausdrücken, dass er sich noch nicht sicher sei bzw. noch Bedenkzeit benötigt.

Eine Kommunikation, die ausschließlich auf diese Art und Weise abläuft, ist für die nicht sprechende Person natürlich mühsam und sehr frustrierend, da Gespräche kaum gesteuert werden können. Permanent ist man auf die korrekte Deutung durch den nicht behinderten Partner angewiesen.

Aufgaben

1. Vereinbaren Sie mit einer Partnerin in der Klasse eindeutige „Ja-", „Nein-" und „Jain"-Zeichen. Führen Sie danach Gespräche zu den folgenden Themen. Stellen Sie möglichst viele Fragen, um möglichst viele Wünsche, Bedürfnisse und Absichten erkennen zu können. Wechseln Sie nach jedem Thema die Rollen.
   „Frühstück" – „Der Weg zur Schule" – „Das Fernsehprogramm in den nächsten Tagen" – „Freizeitbeschäftigungen" – „Die Qualität der Ausbildung an unserer Schule"
   Wie verliefen die Gespräche? Was war hilfreich? Was war mühsam? Wie haben Sie sich als Nicht-Sprechender gefühlt? Was hätten Sie sich vom Gegenüber gewünscht?

2. Vereinbaren Sie einige wenige weitere Zeichen, die Ihnen für Gespräche bedeutsam erscheinen. Führen Sie erneut ein Gespräch zu einem vorgegebenen Thema. Welche Zeichen haben Sie warum vereinbart? Was hat sich zu 1. verändert?

Gebärden für Menschen mit geistiger Behinderung

Viele nicht sprechende Menschen mit geistiger Behinderung entwickeln im Laufe ihres Lebens viele ganz individuelle Gebärden als nicht sprachliche Ausdrucksform zur Benennung eines Gegenstandes oder zur Beschreibung einer Emotion. Einige Beispiele:

- Eine Nachahmung der Umfassung eines Lenkrades bedeutet „Auto".
- Mit der Zunge von unten nach oben lecken bedeutet „Eis".
- Beide Hände an ein Ohr des schief gelegten Kopfes falten bedeutet „schlafen" oder „Bett".
- Die Hände umfassen die Ohren bedeutet „Musik" (in Anlehnung an die Ohrmuscheln eines Kopfhörers).

Aufgabe

Welche weiteren individuellen Gebärden kennen Sie? Welche haben Sie in der Praxis bzw. im Praktikum kennengelernt?

Damit diese wiederkehrenden Gebärden von möglichst vielen Freunden und Bekannten, Familienmitgliedern und assistierenden Mitarbeitern verstanden und benutzt werden können, sollten sie als Zeichnung oder Foto in ein spezielles „Gebärdenheft" geheftet werden. Bei Bedarf kann in dem erweiterungsfähigen Heft nachgeschlagen oder gelernt werden.

Mit Erfolg wird in vielen Schulen für Menschen mit geistiger Behinderung die komplexe Systematik einer speziellen Gebärdensprache gelernt, um nicht sprechenden Menschen mit geistiger Behinderung Verständigungshilfen anzubieten. Die Gebärden dienen zum einen dazu, sich anderen gegenüber verständlich zu machen, darüber hinaus helfen sie Menschen mit einer geistigen Behinderung, Sprache zu verstehen. Die Kombination von Lautsprache und lautsprachlich begleitender Gebärde (z. B. „Auto" zugleich mit der begleitenden Gebärde gesprochen) macht das Lernen dieses Begriffs einfacher.

Die Deutsche Gebärdensprache ist seit 2002 als eigenständige Sprache anerkannt. In ihr kann alles ausgedrückt werden, was in der Lautsprache ausgedrückt wird. Allerdings folgt die Gebärdensprache einer völlig anderen Grammatik. Daher ist es für Menschen, die die Gebärdensprache nicht beherrschen, schwierig, Sätze zu verstehen. Die Deutsche Gebärdensprache muss demnach gelernt werden wie eine Fremdsprache. Als weitere Sprachform gibt es übrigens noch die lautsprachenbegleitenden Gebärden. Hierzu bleibt die Grammatik der Lautsprache bestehen und zu jedem gesprochenen Wort wird eine begleitende Gebärde gemacht.

Aufgaben

Umfassende Aufgaben in Gruppen

Erste Gruppe: Welche Voraussetzungen sollten Ihrer Meinung nach in einem Wohnheim für Menschen mit geistiger Behinderung gegeben sein, um die Gebärdensprache für Menschen mit geistiger Behinderung zu erlernen? Stellen Sie dazu Thesen auf und bereiten Sie einen Meinungsaustausch der gesamten Klasse über Vor- und Nachteile dieser Voraussetzungen vor. Holen Sie sich zur umfassenden Bearbeitung der Frage Informationen zum Thema.

Zweite Gruppe: Bereiten Sie eine Unterrichtsstunde vor, in der die Klasse erstmals Gebärden für Menschen mit geistiger Behinderung kennenlernen soll. Holen Sie sich dazu zuvor Informationen.

Dritte Gruppe: Bereiten Sie eine Übungsstunde (45 Min.) für die gesamte Klasse zum Erlernen der Gebärden für Menschen mit geistiger Behinderung in einer komplexen Situation vor.

Vierte Gruppe: Stellen Sie ein Informationsblatt her zum Thema: „Gebärden können nicht nur helfen, sich mit anderen zu verständigen, sondern stellen für Menschen mit einer geistigen Behinderung auch eine große Hilfe dar, Sprache zu verstehen." Bieten Sie dieses Informationsblatt der Klasse als sogenannte Tischvorlage für einen anschließenden Meinungsaustausch zum Thema „Unterstützte Kommunikation in der Heilerziehungspflege" an.

Symbolsammlungen – Einstieg in komplexere Systeme unterstützender Kommunikation

Figuren, Spielzeuge

Figuren oder Puppen als dreidimensionale Miniaturen zur Benennung bekannter Personen (z. B. Familienangehöriger und Freunde) sind ein hilfreicher Einstieg für ein weiterführendes, zweidimensionales Kommunikationssystem. Sie können in einer Kiste gesammelt werden, spielerisch und zugleich kommunikativ können Situationen und Emotionen in rollenspielartigen Zusammenhängen dargestellt werden.

Bildkarten und Fotos

Weiterführungen wären Bildkarten oder Fotos. Die Auswahl der Bilder bzw. das Knipsen der Fotos und die Anbringung der Bilder und Fotos geschieht natürlich gemeinsam mit dem nicht sprechenden Menschen. Man kann sie als eine stets erweiterbare Loseblattsammlung erstellen. Dazu eignen sich zweckentfremdete Münzalben, Diaordner, Briefmarkenalben, Präsentationsmappen, Visitenkartensammelordner. Ein Tischständer, wie er z. B. an manchen Kassen in zu finden ist, kann dazu dienen,

größere Bilder auf einen Tisch an einem Rollstuhl senkrecht hinzustellen. Mittlerweile gibt es ein reichhaltiges Angebot verschiedener Fotoserien zu vielen Bereichen des alltäglichen Lebens, sodass bei der Zusammenstellung von Kommunikationshilfen eine große Auswahl besteht. Übrigens benutzen auch nicht sprechende Kinder, von denen man annimmt, dass sie einmal die Schriftsprache erwerben können, zuerst eine Symbolsammlung.

> *„Wichtig ist, dass eine für den Benutzer einsichtige Gliederung und Anordnung erfolgt, die Symbole gut er- und wiederzuerkennen sind und motorisch die Handhabung der Kommunikationshilfe keine zu große körperliche Anstrengung bedeutet. Symbole, Fotos und Bilder sollten immer mit Schriftsprache versehen werden, sodass die Kommunikationspartner durch das Lesen das Symbol/ Bild eindeutig identifizieren können." (Arnusch/Pivit, 1996, S. 21)*

Aufgaben

1. *Erstellen Sie die ersten Seiten einer eigenen Symbolmappe. Stellen Sie Ihre gewählte Systematik vor:*
   – *Welche Fotos und Bilder haben Sie warum gewählt?*
   – *Wie unterstützt die Mappe die Kommunikation?*
   – *Wie kann die Mappe mit weiteren Fotos und Bildern gefüllt werden?*
   – *Wie könnte diese Weiterführung in den heilerziehungspflegerischen Alltag integriert werden?*

2. *Vergleichen Sie mit den Systemen anderer in der Klasse:*
   – *Was ist bei allen gemeinsam?*
   – *Was unterscheidet die Systeme?*

3. *Welche Vor- und Nachteile für den Menschen mit Behinderung und für assistierende Betreuerinnen bietet eine Symbolmappe?*

Kommunikationstafeln, -bücher, -ordner

Einige nicht sprechende Menschen bevorzugen auch Buchstabentafeln, mit denen sie ihre Aussagen buchstabieren. Vorteilhafter wäre hierzu eine Kombination von Symbolen, Zahlen und ganzen Wörtern, damit die Kommunikationsgeschwindigkeit sich erhöht und die Teilnahme an Gesprächen nicht ganz so mühsam wird. Das Üben mit einer derartigen Tafel erleichtert den späteren Zugang zu computerisierten Sprachausgabegeräten.

BLISS-System

Dieses bedeutende grafische Symbolsystem geht auf den Kanadier Charles K. Bliss zurück. Sein Bestreben war es, eine grafische Universalsprache zu schaffen, die von Menschen in verschiedenen Ländern gleichermaßen verstanden werden kann.

Bereits früh haben amerikanische Lehrer für zerebral geschädigte Kinder erkannt, dass mit diesem BLISS-Systems erstmals eine umfassende Symbolsprache vorliegt. Obwohl die BLISS-Sprache zunächst sehr fremd anmutet, eignet sie sich besonders für nicht sprechende Menschen mit körperlichen Behinderungen, die über Gesten und schwer verständliche Laute hinaus wenig Möglichkeiten haben, sich mit ihrer Umwelt zu verständigen. Die Einfachheit, Reichhaltigkeit und Logik des BLISS-Systems beeindruckt auch heute noch. Seit 1980 wird hierzulande die Kommunikation mithilfe des BLISS-Systems durch den Bundesverband für Körper- und Mehrfachbehinderte e.V. in Seminaren verbreitet. Auch hatte es Einzug gefunden in das Schulsystem für Menschen mit körperlicher Behinderung.

Inzwischen gibt es auch Erfahrungen in der Förderung von Menschen mit geistiger Behinderung.

Die Kommunikation mit BLISS-Symbolen geschieht mit der Darstellung dieser Symbole auf Tafeln, in Heften oder mittlerweile vor allem auf Bildschirmen mobiler (z.B. am Rollstuhl befestigt) oder stationärer Computer.

Wenige, genau 25 verschiedene Einzelelemente der BLISS-Symbolsprache können zu immer neuen Zusammenhängen zusammengesetzt werden. Die jeweilige Bedeutung erschließt sich dem nicht behinderten Kommunikationspartner durch den Zusammenhang von eigenen Fragestellungen und Ansicht der gemeinten Symbole. Dazu hier einige Beispiele:

- Das Symbol für „Wasser" findet man in:

Toilette	Getränk	Fluss	See	Meer, Ozean
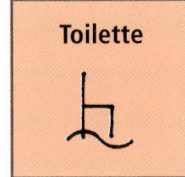	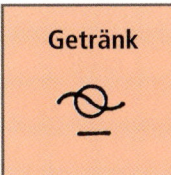	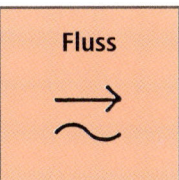	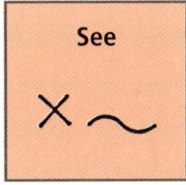	

- Das Symbol für „Mund" findet man in:

Essen	Getränk	Nachtisch	küssen	lustig
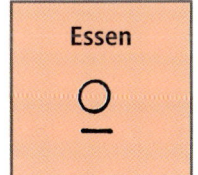	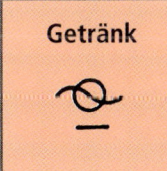	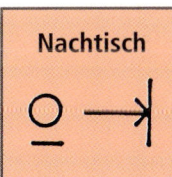	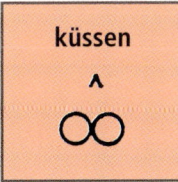	

- Viele Symbole sind piktografisch, d.h. sie ähneln in vereinfachter Darstellungsform den Objekten, die sie repräsentieren:

Stuhl	Tier	Brief	Schrank	Tisch	Tür
	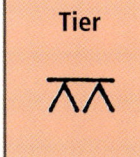		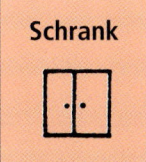	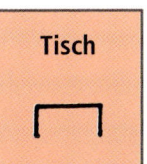	

■ Die Symbolbedeutung wird z. B. bestimmt durch präzisierende Hinweiszeichen innerhalb des Symbols

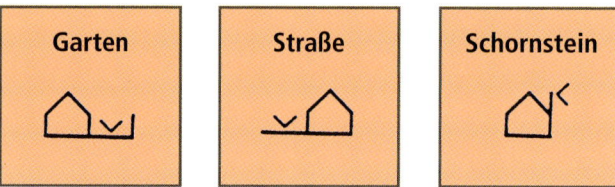

Garten	Straße	Schornstein

■ BLISS-Symbole repräsentieren z. B. Menschen:

Mann	Frau	Mutter	Person	Ich	Kind

■ Tätigkeiten

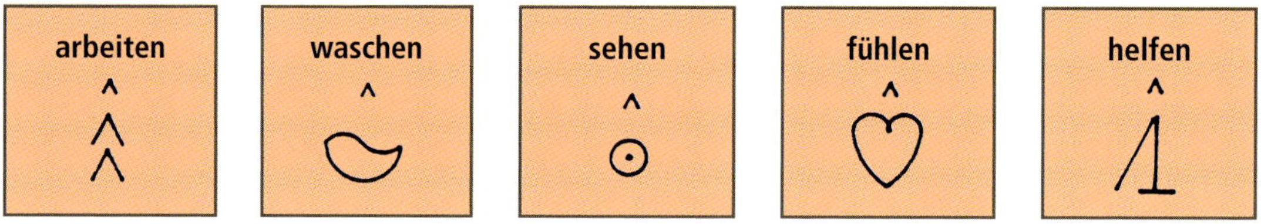

arbeiten	waschen	sehen	fühlen	helfen

■ Gefühle, Eigenschaften

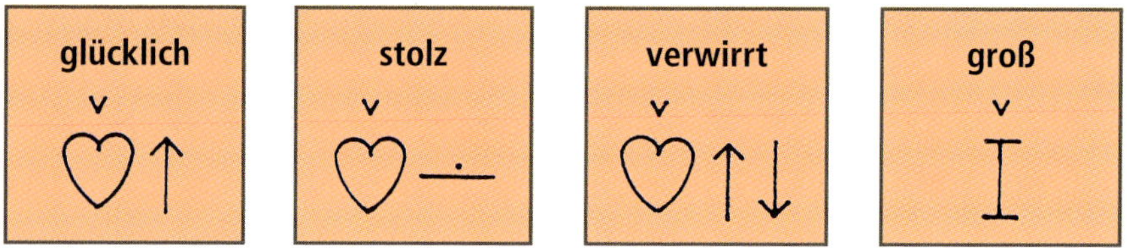

glücklich	stolz	verwirrt	groß

■ oder Beziehungen

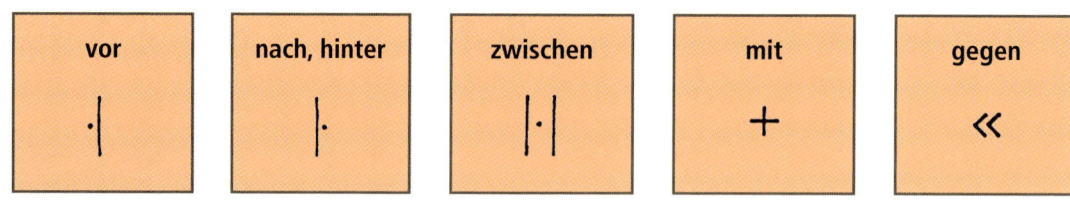

vor	nach, hinter	zwischen	mit	gegen

1. *Welche Logik und Einfachheit im BLISS-System können Sie in den hier dargestellten Beispielen erkennen?*

2. *Finden Sie weitere BLISS-Symbole und sortieren Sie diese.*

3. *Finden Sie Antworten (Gespräch im Klassenverband) auf die folgenden Fragen: Warum ist die BLISS-Schrift für nicht sprechende Kinder mit körperlicher Behinderung leichter zu lernen als unsere gebräuchliche Schrift? Warum ist das Erlernen unserer deutschen Schriftsprache dennoch zusätzlich möglich?*

4. Erstellen Sie mit dem BLISS-System kurze Sätze oder Satzteile und lassen Sie diese von einem Partner übersetzen. Üben Sie sie in einem Rollenspiel ein, wobei die eine die Rolle der nicht sprechenden „BLISS-Benutzerin" spielt und der andere den Part des fragenden Betreuers einnimmt. Wechseln Sie anschließend die Rollen. Was haben Sie erlebt? Wie haben Sie sich in den unterschiedlichen Rollen gefühlt? Wie haben Sie Verständnis signalisieren können?

5. Warum könnte ein grundlegendes Erlernen der BLISS-Symbolsprache auch für Heilerziehungspflegerinnen wichtig sein?

6. Wie wäre es Ihres Erachtens möglich, das Erlernen des BLISS-Systems für assistierende Heilerziehungspfleger in einem Wohnheim zu gewährleisten?
   - In welchen Fällen wäre dies überhaupt erstrebenswert?
   - Welche Informationen sollten zuvor gesammelt werden? Wo können diese Informationen eingeholt werden?
   - Welche Ziele könnten in einem zu setzenden Zeitraum erreicht werden?
   - Welche Unterstützungen durch das Team und durch Vorgesetzte wären notwendig bzw. hilfreich?
   - Wie könnte ein erster Schritt zum Erlernen des Bliss-Systems für angestellte Heilerziehungspfleger aussehen?

Computerisierte Hilfen

Hier eine Geschichte von der dreizehnjährigen Kathrin Lemler. Sie „redet" mithilfe einer computerisierten Kommunikationshilfe mit Sprachausgabe.

„Es war einmal ... ein kleines, süßes Mädchen. Das hatte von den Geburtstagsfeen lauter gute Eigenschaften geschenkt bekommen. Nur eine Fee war so eifersüchtig auf das witzige Lachen des Kindes, dass sie ihm die Sprache stahl. In den nächsten Jahren waren die Eltern und alle Freunde damit beschäftigt, nach der bösen Fee und der Sprache zu suchen. Doch schon bald war allem im Land klar, dass sie die Fee niemals wieder finden würden. Darüber war das Mädchen sehr traurig und zog in die große, weite Welt, um nach neuen Möglichkeiten des Sprechens zu suchen.

Viele Weise im Land beschäftigten sich mit dem Problem des Mädchens und sie erfanden die unterschiedlichsten Dinge: BLISS-Symbole, ‚eine Buchstabentafel', ‚mit-der-Nase-in-die-Luft-schreib-Buchstaben' und ähnliche schreckliche Sachen.

Doch auch damit war das Problem nicht behoben. Immer neue Abenteuer mussten bestanden werden. Im Kindergarten kämpfte das Mädchen gegen ängstliche Erzieherinnen, die weder die BLISS-Tafel noch das eindeutige ‚A-A' verstehen konnten.

In der KB-Schule wollte der ‚Schulkönig' sie in das Land der Gehörlosen bringen. Wenn nicht das tapfere Schneiderlein gemerkt hätte, dass sie doch denken konnte. Wer weiß, was aus dem armen Kind geworden wäre.

Schließlich traf sie einen Zauberer, namens Martin. Der nahm das Mädchen mit zu den Rollipop-Wichteln, in das Lager der Indianer und sogar zu richtigen Piraten.

Eines Tages zeigte er ihr eine Wundermaschine und sprach: Du brauchst:
- Fleiß und Ausdauer, wie eine Spinne, damit du die Tücken dieser Maschine zu beherrschen lernst,
- Mut und Kraft, wie ein Löwe, damit du deinen Mitmenschen hilfst, ihre Angst und Unsicherheit zu überwinden,
- Geduld und dicke Haut, wie ein Elefant, damit du deine Mitmenschen zum Zuhören bringst.

Dann könntest du den bösen Zauber besiegen.

277

Nun übte und übte das Mädchen viele Wochen und Monate. Heimlich wurde sie von der bösen Fee beobachtet. Die war wieder eifersüchtig, denn nun hatte das Mädchen sein witziges Lachen und eine Stimme, die jeder gut verstand.

Wütend setzte sie sich auf einen Drachen und flog so weit davon, dass niemand sie mehr gesehen hat. Das Mädchen aber redete und redete von nun an den ganzen Tag. Nur die leeren Akkus der Wundermaschine konnten sie noch aufhalten.

Wenn sie nicht gestorben ist, dann redet sie noch heute ....

(Lemler, 1998, S. 10 f.)

Aufgaben

1. Welche Bedeutung hat die „Wundermaschine" für die Autorin?

2. Was kann die Autorin mit ihrer „Wundermaschine", was vorher nicht möglich war? Wie wird ihr Alltag sich verändert haben?

3. Warum mag es dennoch sinnvoll gewesen sein, die aufgezählten Kommunikationssysteme (BLISS, Buchstabentafel u. a.) gelernt zu haben? Oder könnte man durch den späteren Einsatz einer „Wundermaschine" Chancen frühzeitig verpasst haben?

Das Angebot an computerisierten Kommunikationshilfen ist sehr groß und umfassend. Dabei unterliegen sowohl die elektronischen Geräte mit Mikrochiptechnologie und deren Umbaumöglichkeiten (Hardware) als auch deren Systeme und Programme (Software) einer erstaunlich schnellen Weiterentwicklung.

Man unterscheidet verschiedene Formen von computerisierten Kommunikationshilfen:
- **Handelsübliche Computer** bzw. Kleincomputer (Notebook, Laptop) mit besonders angepassten Elektronik- und Bedienelementen (Hardware) und besonderer Software mit angepassten Kommunikationsprogrammen.
- Kompaktgeräte, die eigens als **Sprech-Ersatz-Geräte** entwickelt worden sind. In einem einzigen, zumeist handtaschengroßen Gehäuse befinden sich alle Elektronikelemente (dazu können z. B. gehören: Speicher, Akku, Chip, Bildschirm) und Bedienelemente (verschiedene Tastaturen, Fernbedienungen, Befestigungen, Lautsprecher u. a. sind möglich).

In beiden Gruppen gibt es Geräte mit einer synthetischen, d. h. „künstlichen" Sprachausgabe und einer natürlichen Sprachausgabe. Die natürliche Sprachausgabe ist eine gewählte „Leihstimme", die zuvor mit einem Mikrofon aufgenommen wurde. Daher kann der nicht sprechende Anwender sich eine ihm genehme Stimme aussuchen, jedoch können nur Wörter, Satzteile oder Sätze wiedergegeben werden, die zuvor eingespeichert wurden. Dafür ist die Sprache

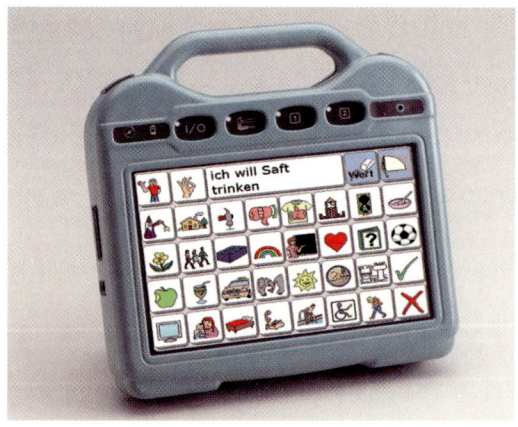

Light Talker

ECO Talker

Go Talker

Alpha Smart

stets deutlich und gut zu verstehen. Bei der synthetischen Sprachausgabe werden Buchstaben vom Computer in eine vom Anwender jeweils neu gewünschte Reihenfolge gebracht bzw. umgesetzt. Die Geräte können sozusagen alles aussprechen, was man über die Bedienelemente hineinschreibt. Die Unabhängigkeit von Helfern ist größer.

In beiden Gruppen gibt es Gerätetypen, die textbasierend (also mit der üblichen Schriftsprache versehen) oder symbolbasierend (also z. B. mit der BLISS-Symbol-Sprache oder mit selbst erstellten Bildern) benutzt werden können.

Elektronische Kommunikationshilfen bieten folgende Vorteile für den Anwender und sie unterscheiden sich hinsichtlich folgender Merkmale:

Vorteile elektronischer Kommunikationsmittel

1. Kommunikation trotz räumlicher Distanz

2. Kommunikation mit unvertrauten Partnern, in Gruppen, am Telefon

3. Gesprächssteuerung möglich

4. Kommunikationsposition günstig

Unterscheidungsmerkmale bei elektronischen Kommunikationshilfen			
Sprachausgabe	Speicherkapazität	Transport/Gewicht	Optionen

Aufgaben

1. Finden Sie Beispiele zu den genannten Vorteilen elektronischer Kommunikationshilfen.

2. Informieren Sie sich bei verschiedenen Anbietern elektronischer Kommunikationshilfen und vergleichen Sie deren Proukte hinsichtlich Sprachausgabe, Speicherkapazität, Transport, Gewicht und Optionen. Stellen Sie die Ergebnisse in der Klasse vor.

„Ich kann nicht ..."

Wer nicht sprechen kann, muss sich bei vielen alltäglich wichtigen Angelegenheiten, Bedürfnissen oder Empfindungen etwas einfallen lassen, um verstanden zu werden. Versetzen Sie sich dazu einmal gedanklich in die Lage eines Menschen, der nicht sprechen kann.

Aufgaben

1. Wie würden Sie Ihr Leben umgestalten, wenn die folgenden Situationen zukünftig für Sie Realität wären?
   - Ich kann nicht schimpfen, wenn mich jemand ärgert.
   - Ich kann nicht telefonieren.
   - Ich kann nicht mitteilen, wo es mir wehtut.
   - Ich kann nicht am Gespräch der Familie oder im Freundeskreis teilnehmen.
   - Ich kann keine Bestellungen an der Theke im Supermarkt oder im Schnellimbiss aufgeben.
   - Ich kann meinem Freund nicht sagen, wie sehr ich ihn liebe.
   - Ich kann nicht sagen, was ich jetzt gerne tun möchte.
   - Ich kann meinen Standpunkt in einem wichtigen Gespräch nicht vertreten.
   - Ich kann nicht mitteilen, warum ich traurig bin.
   - Ich kann nicht nachfragen, weil ich etwas nicht mitbekommen habe.

2. Nennen Sie zehn weitere beispielhafte Situationen.

3. Welche dieser Umgestaltungen sind für welche Menschen mit Behinderungen bereits Alltag? Stellen Sie dazu Vermutungen an oder finden Sie Beispiele aus Ihren bisherigen Praxiserfahrungen.

4. Welche allgemeingültigen Schlüsse lassen sich aus Ihren Antworten auf die vorherige Frage für eine verantwortungsvolle, heilerziehungspflegerische Assistenz ziehen?

5. (Partnerspiel) Einer von Ihnen hat eine passive Rolle, der andere ist aktiv. Derjenige, der passiv ist, schreibt sich zunächst einen Wunsch oder eine Befindlichkeit auf einen Zettel (z. B. „Ich möchte Musik hören", „Ich habe Hunger", „Ich bin müde und möchte ins Bett", „Mir ist kalt" o. a.). Danach verharrt er völlig bewegungslos auf seinem Stuhl. Keine Geste, keine mimische Äußerung ist noch möglich. Lediglich der Augenaufschlag bleibt noch als Kommunikationsmöglichkeit.
   Die Aufgabe für die aktive Partnerin ist es, herauszufinden, wie der Wunsch oder die Befindlichkeit lautet. Am erfolgversprechendsten scheint die Taktik, zahlreiche „Ja-oder-nein-Fragen" zu stellen und dann auf die Augen zu achten.
   (Das Spiel wird nur dann funktionieren, wenn der „kommunikationsbehinderte" Partner wirklich bewegungslos bleibt).
   Wechseln Sie anschließend die Rollen. Anschließend berichten Sie über Ihre Erlebnisse. Wann haben Sie sich hilflos gefühlt? Wie wirkte sich diese Hilflosigkeit auf Ihre Befindlichkeit aus?

6. Welche allgemeingültigen Schlüsse lassen sich aus dem Erleben der vorherigen Aufgabe ziehen? Schreiben Sie diese als Thesen an die Tafel. Wie lassen sich diese Erkenntnisse in den heilerziehungspflegerischen Alltag integrieren? Schreiben Sie auch dazu Thesen auf.

Sprechen können – nicht sprechen können

„Sprechen können" bedeutet:
- Empfindungen beschreiben können – Menschen benennen können – Zusammenhänge, Bedingungen, Gründe oder Zwecke erklären können – Zeiten und Orte nennen können – Vorhersagen machen – Fragen stellen können (vgl. Kristen, Elektronische Kommunikationshilfen, 1997, S. 36 f.).

„Sprechen können" ist mit folgenden Erfahrungen verbunden:
- verstanden werden – die Umwelt beeinflussen können – das eigene Leben maßgeblich mitgestalten – Erfahrung der Selbstdarstellung

„Nicht sprechen können" bedeutet:
- reduzierte Informationen über Empfindungen, Menschen, Zusammenhänge, Gründe, Zwecke und Zeiten

„Nicht sprechen können" ist mit folgenden Erfahrungen verbunden:
- Erleben von Unverständnis – reduzierte Erfahrungen von Umweltbeeinflussung – reduzierte Erfahrung von Selbstdarstellung – Erfahrungen von großer Abhängigkeit oder Ausgeliefertsein

Schreiben gern – Lesen ungern

„Ich kenne mehr als einen (...) „nicht sprechenden" Menschen, der zwar mit Computer oder Buchstabentafel alles aufschreiben kann, was er sagen möchte, aber nur ungern und mit Mühe liest.

Ich habe mehrere Erklärungen dafür:
- Bücher und andere Texte können nicht in der Hand gehalten und so selbstständig in optimalen Augenabstand gebracht werden.
- Die Schrift ist meist zu klein und eng gedruckt, als dass sie mit unruhigen Rumpf- und Kopfbewegungen gut wahrgenommen werden könnte. (Bücher mit Großdruck für Sehbehinderte wären vielleicht angenehmer.)
- Das stille Lesen wirft ähnliche Probleme auf wie das stille Aufbauen einer inneren Sprachbeherrschung: Man kann nicht kontrollieren, ob das, was man als Sinn entnommen hat, stimmt. Man kann nicht nachfragen. Wenn man ein Wort nicht entschlüsseln kann, verliert man den Sinnzusammenhang."

(Weid-Goldschmidt, 1996, S. 216)

Aufgaben

1. Versuchen Sie im gemeinsamen Meinungsaustausch nachzuvollziehen, was Weid-Goldschmidt mit „... das stille Aufbauen einer inneren Sprachbeherrschung" meint.

2. Wie ergeht es Ihnen selbst, wenn von Ihnen gefordert wird, eine innere Sprachbeherrschung von relativ unbekannten Wörtern aufzubauen (z. B. Vokabeln einer Fremdsprache, Fachbegriffe, Bedienungsanleitung eines technischen Gerätes)? Inwieweit lassen sich diese Erfahrungen mit den im Bericht genannten Sachverhalten vergleichen? Wo sind die Unterschiede?

Wann ist es sinnvoll, eine elektronische Hilfe zu benutzen?

Die folgende Grafik (vgl. Kristen, 1996, S. 152) verdeutlicht, dass viele Komponenten berücksichtigt werden müssen, damit eine computerisierte Kommunikationshilfe auch wirklich erfolgreich zum Einsatz kommen kann:

Vorraussetzungen beim Einsatz elektronischer Kommunikationshilfen

Benutzer/in

soziales Umfeld

(institutionelle) Rahmenbedingungen

Motivation

Aufmerksamkeit, Interesse, Zuwendung

Zeit

Ursache-Wirkung

Entscheidungen Auswahl anbieten

Kompetenz

Symbolverständnis

attraktives Vokabular

Material

Motorik

Eingabehilfen/Transport

Teamberatung

Erklären Sie alle einzelnen Elemente der Grafik.

Kommunikationsanbahnung mit dem BIGmack

Der BIGmack wurde entwickelt, um den Wünschen nach einer einfachen Kommunikationshilfe mit Sprachausgabe nachzukommen, und eignet sich für:

- das Erlernen, wie man eine Taste benutzt;
- das Erlernen, wie man Sprache gezielt einsetzt, um Bedürfnisse zu äußern;
- das Erlangen von Aufmerksamkeit;
- alle Situationen, in denen eine einzelne Aussage sinnvoll eingesetzt werden kann.

Der BIGmack kann im Laufe eines Tages beliebig oft neu besprochen werden. Hier einige Einsatzbeispiele:

- Nach der Schule oder Kindergarten kann ein Kind erzählen, was es am Tag erlebt hat.
- Im Kindergarten kann ein Kind alle Kinder und Erwachsenen begrüßen.
- In der Schule benennt ein Kind im Morgenkreis den Wochentag und beschreibt das aktuelle Wetter.
- In einer Behindertenwerkstatt kann ein nichtsprechender Mitarbeiter um Hilfe bitten.

Die Einsatzfelder des BIGmacks machen eine äußert robuste Hilfe erforderlich. Das Kunststoffgehäuse des BIGmacks wurde speziell für diesen Anspruch gefertigt und ist schlag- und bruchfest.

Der BIGmack ist extrem einfach zu „besprechen": drücken und halten Sie gleichzeitig die große, runde BIGmack-Taste und den Aufnahme-Knopf, während Sie die gewünschte Aussage in das eingebaute Mikrofon sprechen.

Der BIGmack speichert bis zu 20 Sekunden Sprache. Dauert die Aussage länger als 20 Sekunden, überschreibt der BIGmack automatisch den Anfang der Aussage. Die gesamte Oberfläche der Taste ist druckempfindlich und löst schon bei leichter Berührung aus.

Die Lautstärke ist einstellbar und kann so passend zur Stärke der Umgebungsgeräusche gewählt werden. Ein externer Lautsprecher/eine Aktivbox kann zur Erhöhung der Lautstärke in besonderen Situationen (z.B. Schulaufführung) angeschlossen werden.

Aufgaben

1. *Welchen Menschen kann mit einem solchen Gerät welche Hilfe gegeben werden?*
2. *Sammeln Sie methodische Ideen, einem Menschen mit Schwerbehinderung den Umgang mit einem solchen Gerät beizubringen.*

Das Deutsche Fingeralphabet

Mithilfe des deutschen Fingeralphabets können sämtliche Buchstaben der deutschen Schriftsprache ohne Einschränkung wiedergegeben werden. Mithilfe dieser Zeichen können Wörter mit den Fingern buchstabiert werden. Das Fingeralphabet ist die Grundlage der Deutschen Gebärdensprache (DGS).

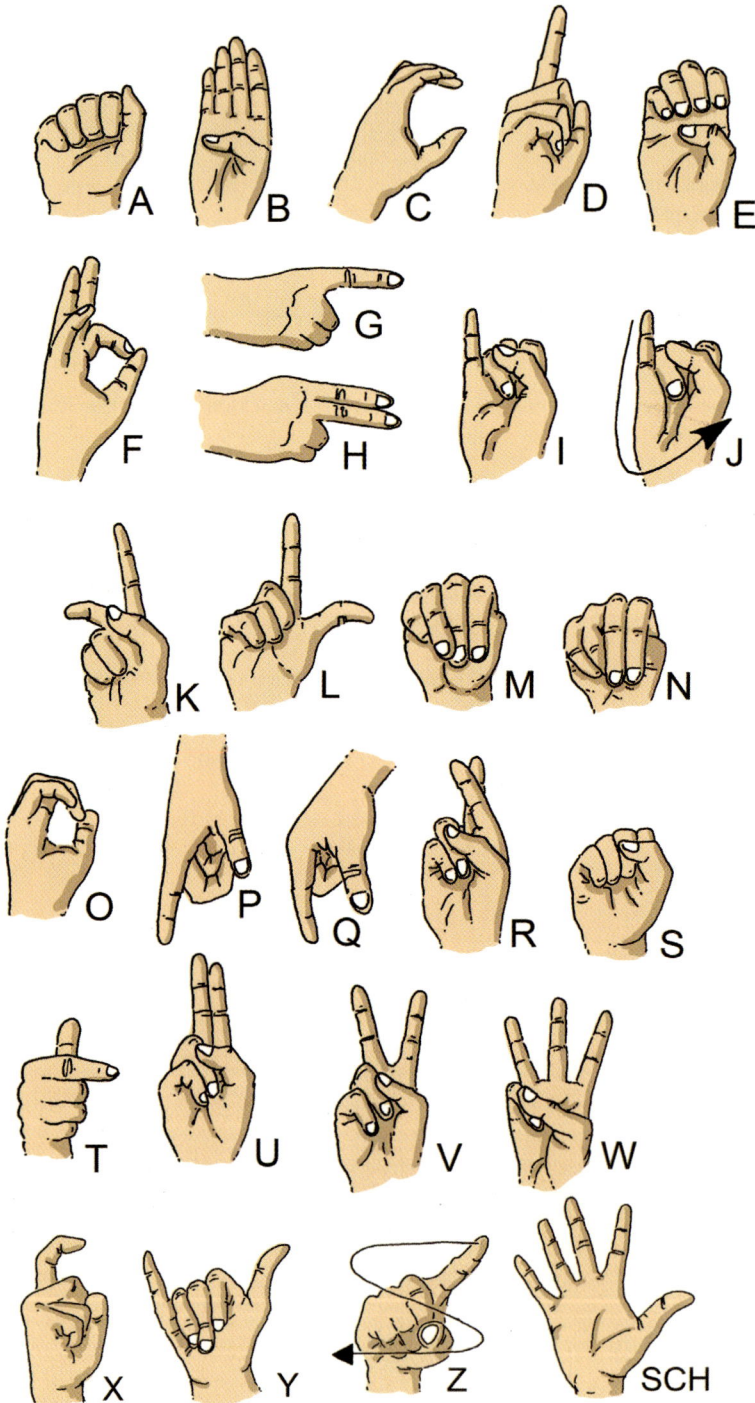

Lernen Sie erst ein kurzes, dann ein längeres Wort mit dem Fingeralphabet. Zeigen Sie es und lassen sie es im Klassenverband übersetzen. Machen Sie einen Quizwettbewerb daraus!

Das Lorm-Alphabet

Das „Lormen" ist ein Verständigungsmittel für zum Beispiel taubblinde Menschen, bei dem durch Nachzeichnen bestimmter Linien und Kreise auf den Handflächen Buchstaben und somit Wörter und Sätze übermittelt werden können. Es wurde entwickelt von dem Österreicher Hieronymus Lorm (1821–1902).

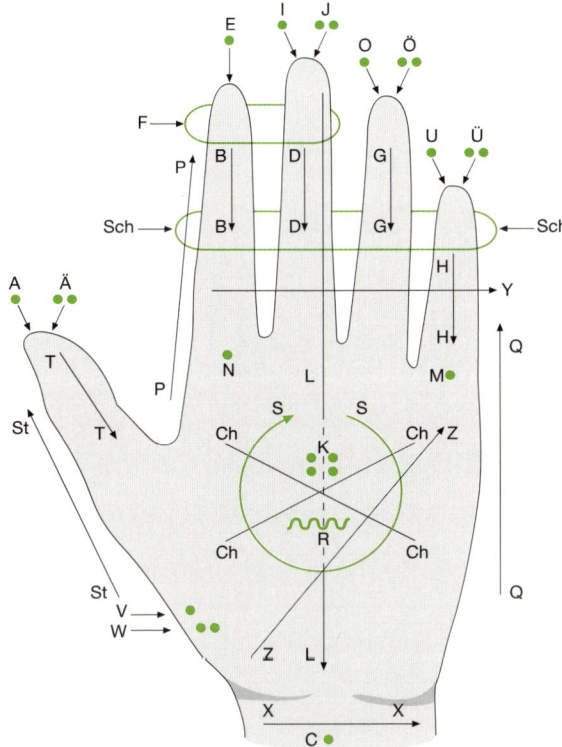

A	=	Punkt auf die Daumenspitze
E	=	Punkt auf die Zeigefingerspitze
I	=	Punkt auf die Mittelfingerspitze
O	=	Punkt auf die Ringfingerspitze
U	=	Punkt auf die Kleinfingerspitze
Ä	=	Zwei Punkte auf die Daumenspitze
Ö	=	Zwei Punkte auf die Ringfingerspitze
Ü	=	Zwei Punkte auf die Kleinfingerspitze
J	=	Zwei Punkte auf die Mittelfingerspitze
B	=	Kurzer Abstrich auf der Mitte des Zeigefingers
D	=	Kurzer Abstrich auf der Mitte des Mittelfingers
G	=	Kurzer Abstrich auf der Mitte des Ringfingers
H	=	Kurzer Abstrich auf der Mitte des Kleinfingers
T	=	Kurzer Abstrich auf der Mitte des Daumens
F	=	Leichtes Zusammendrücken der Spitzen von Zeige- und Mittelfinger
P	=	Langer Aufstrich an der Außenseite des Zeigefingers
K	=	Punkt mit vier Fingerspitzen auf den Handteller
L	=	Langer Abstrich von den Fingerspitzen zum Handgelenk
M	=	Punkt auf die Kleinfingerwurzel
N	=	Punkt auf die Zeigefingerwurzel
R	=	Leichtes Trommeln der Finger auf den Handteller
S	=	Kreis auf den Handteller
Z	=	Schräger Strich vom Daumenballen zur Kleinfingerwurzel
V	=	Punkt auf den Daumenballen, etwas außen
W	=	Zwei Punkte auf den Daumenballen, etwas außen
CH	=	Schräges Kreuz auf den Handteller
SCH	=	Leichtes Umfassen der Vier Finger
ST	=	Langer Aufstrich am Daumen, Außenseite
C	=	Punkt auf das Handgelenk
X	=	Querstrich über das Handgelenk
Q	=	Langer Aufstrich an der Außenseite der Hand (Kleinfingerseite)
Y	=	Querstrich über die Finger in der Mitte

Lormen Sie einen vorher genannten Buchstaben in die Hand Ihres Gegenübers. Dann einen weiteren und einen dritten Buchstaben. Anschließend lormen Sie einen der drei Buchstaben, ohne ihn vorher genannt zu haben. Errät Ihr Gegenüber den Buchstaben? Falls es gelingt, erweitern Sie die Aufgabe um weitere Buchstaben. Dann versuchen Sie erste Wörter.

Das Braille-Alphabet

Dabei handelt es sich um die berühmte Blindenschrift. Sie wurde 1829 von dem Franzosen Louis Braille vorgestellt. Sie orientiert sich in ihrer Grundform an sechs möglichen Punkten, wie die Darstellung der Zahl sechs auf einem Würfel. Üblicherweise werden die Zeichen in Papier oder Karton gedrückt, um beim darübergehenden Lesen mit den Fingern ertastet zu werden.

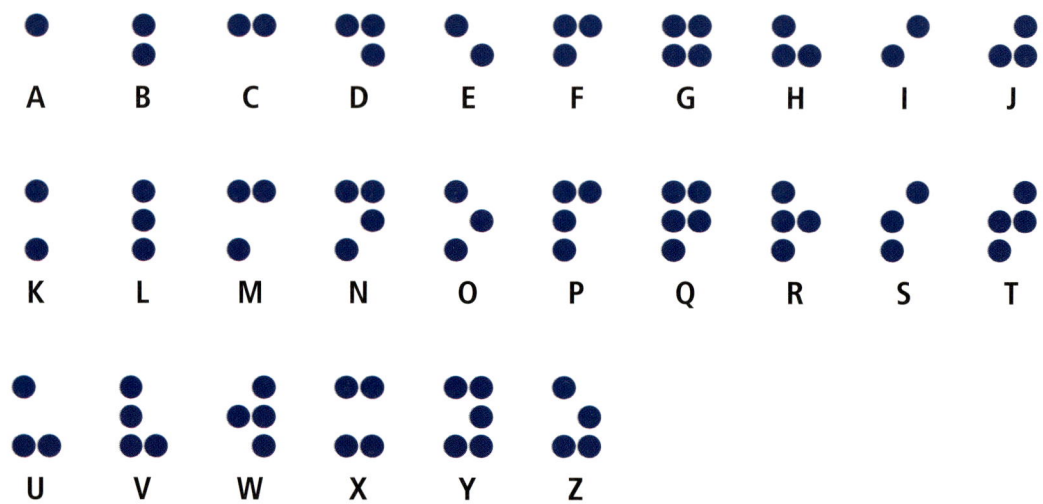

Braille-Alphabet

Erstellen Sie eine Wandzeitung zur Geschichte und Bedeutung der Braille-Schrift. Nutzen Sie das Internet zur Recherche.

Informationen

ISAAC

ISAAC (dt.: Internationale Gesellschaft für ergänzende und alternative Kommunikation) ist eine internationale Vereinigung in vielen Ländern der Erde, die ihren Sitz in Toronto, Kanada hat. Die deutschsprachige Sektion hat es sich zur wichtigsten Aufgabe gemacht, Kommunikationsmöglichkeiten für Kinder, Jugendliche und Erwachsene zu fördern, die sich nicht oder nicht zufriedenstellend über die Lautsprache mitteilen können. Dazu werden Seminare, Fortbildungsveranstaltungen, Fachliteratur, allgemeine und speziell beratende Informationen angeboten. Informationen über den Bundesverband für Körper- und Mehrfachbehinderte e.V., Brehmstr. 5–7, 40239 Düsseldorf, oder im Internet: http://www.isaac-online.de.

Gebärden und geistige Behinderung

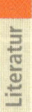

- **Adam, Heidemarie:** *Mit Gebärden und Bildsymbolen kommunizieren – Voraussetzungen und Möglichkeiten der Kommunikation von Menschen mit geistiger Behinderung. Würzburg 1996. Adam bietet hiermit ein anerkannt umfassendes Fachbuch mit wissenschaftlichem Anspruch zum Thema. Einen Schwerpunkt bilden verschiedene Gebärden- und Bildsymbolsysteme, die bereits bei Menschen mit geistiger Behinderung anerkannt sind.*

Literatur

- **Verband Evangelischer Einrichtungen für geistig und seelisch Behinderte (Hrsg.):** *Schau doch meine Hände an. Sammlung einfacher Gebärden zur Kommunikation mit nicht sprechenden Menschen. Stuttgart 1995 (2).*
  Diese reichhaltige, dennoch preiswerte Sammlung ist die Grundlage für einen erweiterbaren Katalog, in dessen Mittelpunkt eine umfassende bildliche Darstellung von Gebärden für Menschen mit geistiger Behinderung steht. Da darüber hinaus wertvolle didaktische Hilfen für die gemeinsame Arbeit eines Gebärden-Kommunikationssystems geboten werden, eignet sich die Anschaffung insbesondere für engagierte Heilerziehungspflegerinnen, die mit nicht sprechenden Menschen mit geistiger Behinderung arbeiten.
  Der Bezug ist über den Buchhandel oder direkt über den Herausgeber (Postfach 101142, 70010 Stuttgart) möglich.

BLISS-System

Literatur

- **Bundesverband für Körper- und Mehrfachbehinderte e. V. (Hrsg.):** *Mein Mund ist stumm, aber mein Verstand spricht. Eine Einführung in die BLISS-Symbol-Kommunikationsmethode. Heidelberg 1993. ISBN 3-87276-572. Adresse des Bundesverbandes: Brehmstr. 5–7, 40239 Düsseldorf.*
  Diese 80-seitige Broschüre bietet einen Einstieg und erste Informationen. Die Möglichkeiten der BLISS-Systematik werden überzeugend dargestellt. Lediglich die gegenwärtigen computerisierten Möglichkeiten des BLISS-Systems werden leider nicht vorgestellt.

Computerisierte Kommunikationshilfen

Die Autoren haben gute Erfahrungen mit zwei Firmen gemacht, die angepasste computerisierte Kommunikationshilfen bundesweit anbieten. Beide Firmen informieren über die Weiterentwicklungen und bieten Fortbildungen, Vorträge, Produktschauen – auch für oder in Fachschulen.

- Fa. Reha Media, Bismarckstr. 142a, 47057 Duisburg, T.: 0203/3061950, www.rehamedia.de
- Fa. Prentke Romich GmbH, Goethestr. 31, 34119 Kassel, T.: 0561/78559-0, www.prentke-romich.de

Beide Firmen bieten Kommunikationshilfen aller Art, auch Anpassungen „normaler" PCs für Menschen mit Behinderungen, Software für Therapie und Diagnostik, Halterungen, Tastensysteme und didaktische Materialien an.

Bei Prentke Romich erscheint mehrmals im Jahr auch eine firmeneigene Zeitung, in der u. a. die neuesten Entwicklungen auf dem Geblet sprachersetzender Systeme vorgestellt werden.

7.5 Hilfsmittel für den Alltag

NA! GEHT DOCH! ... MIT ETWAS GUTEM WILLEN!

Was sind Hilfsmittel?

Hilfsmittel für Menschen mit Behinderungen sind Gegenstände, die den Betroffenen und ihren assistierenden Betreuerinnen und Angehörigen behinderungs- oder krankheitsbedingte Nachteile so weit wie möglich ausgleichen oder ein mögliches Auftreten dieser Nachteile verhindern helfen. Sie helfen insbesondere Menschen mit körperlichen Beeinträchtigungen, ausgefallene physische Funktionen zu kompensieren. Dazu werden Geräte, Werkzeuge, Maschinen und auch technisch weniger komplexe Sachmittel entwickelt und angeboten, die es dem Menschen ermöglichen, seine körperliche Begrenztheit zu überwinden.

Hilfsmittel sind für die Alltagsbewältigung der Menschen mit Behinderungen so bedeutsam geworden, dass ein großes Angebot für entsprechende Produkte entstanden ist. Hersteller und Fachhandel konkurrieren über Faktoren wie Qualität, Originalität und den Preis um die Benutzer mit Behinderungen und Käuferinnen.

Leider ist es nicht die Regel, dass Menschen mit Behinderungen genügend sinnvolle und individuell passende Hilfsmittel besitzen. Daher ist es für betreuende Heilerziehungspfleger wichtig, über die Möglichkeiten, die Hilfsmittel bieten, Bescheid zu wissen. Zwar ist der Rat eines Arztes (Rezept) wichtig, um ein Hilfsmittel zu erhalten, doch ist die Wahl des geeigneten Hilfsmittels nicht allein die Sache des Arztes. Hier ist das Einvernehmen mit dem Betroffenen selbst und den assistierenden und gesetzlichen Betreuerinnen anzustreben.

Welche Hilfsmittel gibt es?

- **Körperpflege und Haushalt**
  Hilfsmittel bei der Verrichtung manueller Vorgänge
  Esshilfen, Trinkbecher, rutschfeste Unterlagen, Strumpfanzieher, Klettverschlüsse, Toilettenaufsätze u.v.m.

- **Bekleidung**
  Spezielle Kleidungsstücke für Menschen, die auf den Rollstuhl angewiesen sind
  Thermobekleidung, Regencape, Regenschutzhose, Regenkniedecke, Schlupfsäcke für Rollstuhlfahrer

■ Gehhilfen und Rollstühle
Hilfsmittel für die Fortbewegung
Spezielle Sitzschale, fahrbare Untergestelle für die Sitzschale, Aktivrollstuhl, Elektro-Rollstuhl, Gehgestell (Rollator), Stützen, Spezialfahrräder

■ Körperhaltung
Hilfsmittel zur Stabilisierung und Haltungskontrolle bei Kontrakturen und Deformitäten, insbesondere für Menschen mit Schwerstmehrfachbehinderung.
Schaumstoffkeile, Hängematte, Schrägliegebrett, Sitzhilfen, Gurtsysteme u.v.m.

■ Computerisierte Hilfsmittel
Kommunikationshilfsmittel oder Hilfsmittel zum Einsatz in Schule, Arbeit oder Freizeit für nicht sprechende Menschen. Häufig mit einer sogenannten Sprachausgabe versehen
Stationäre Computer (PC) mit angepasster Hardware (Tastatur, Maus, Bildschirm, Drucker, Sprachausgabe) oder mobile Kleincomputer (z. B. passend für eine Umhängetasche oder für eine Halterung am Rollstuhl) mit speziellen Funktionen (zumeist Sprachausgabe) bei bestimmten Behinderungen

(vgl. Stadler, 1998, S. 158)

Aufgaben

1. *Welche Sie umgebenden Gegenstände, die Sie selbst im Alltag normal und regelmäßig benutzen, könnten – mit Veränderungen versehen – auch zu alltäglichen Hilfsmitteln werden?*
   a) *Für Menschen im Rollstuhl,*
   b) *Für einen blinden Menschen,*
   c) *Für einen gehörlosen Menschen*
   Benutzen Sie bei Ihrer Zusammenstellung die oben angegebene Unterscheidung in fünf Teilbereiche.

2. *Bilden Sie fünf Gruppen, die sich mit je einem der fünf Hilfsmittel-Teilbereiche beschäftigen. Bearbeiten Sie anschließend alle folgenden Aufgaben:*
   Fragen Sie
   ■ *in einer Einrichtung der Behindertenhilfe (Kindergarten, Schule, Wohnheim, Freizeitbereich),*
   ■ *einen Menschen mit einer Behinderung,*
   ■ *einen Mitarbeiter in einer Einrichtung der Behindertenhilfe,*
   ■ *eine Mitarbeiterin in einem Seniorenheim,*
   ■ *einen Mitarbeiter in einem Krankenhaus,*
   ■ *einen Physiotherapeuten,*
   ■ *eine Ergotherapeutin*

   welche Hilfsmittel aus dem Teilbereich
   ■ *vorhanden sind,*
   ■ *regelmäßig benutzt werden,*
   ■ *angeschafft wurden, aber ungenutzt bleiben,*
   ■ *wünschenswert wären.*

So viel Hilfe wie nötig – so wenig wie möglich

Sinnvoll eingesetzte Hilfsmittel unterstützen oder ermöglichen heilerziehungspflegerische Vorgänge des Alltags. Ein Zuviel an technischen Hilfsmitteln kann Chancen zu noch möglichen Entwicklungsschritten versperren. Zu wenige Hilfen können Umwelterlebnisse und Sozialkontakte verhindern und statt höchstmöglicher Unabhängigkeit stetige Abhängigkeit zur Folge haben. Bei der Frage, wie nötig ein Hilfsmittel ist, sollten möglichst viele Faktoren von möglichst vielen Beteiligten in Betracht gezogen werden. Dabei gilt der Grundsatz, je jünger ein Mensch mit einer Behinderung ist, umso mehr Zurückhaltung beim Einsatz von Hilfsmitteln sei geboten. Gleichzeitig darf dies aber nicht bedeuten, dass nicht schon Säuglingen mit Schwerbehinderungen durch geeignete Lagerungshilfen die Umwelt eindrücklich näher gebracht werden kann.

„Vom Umgang mit dem (un)geliebten Rollstuhl"

D. Arp: „Für viele Eltern ist der Rollstuhl ein Stück Abschied von der Hoffnung, ihr Kind könnte vielleicht doch laufen lernen. Er wird anfangs oft nur negativ gesehen. Wie war das bei Ihnen?"

R. Westermann: „Nach einigen Kämpfen, die mein Mann und ich hatten, haben wir JA gesagt zu der Tatsache, dass unser Sohn wohl nicht oder sehr schlecht laufen wird. Wir haben uns also nicht nur resignierend damit ‚abgefunden'. Dieses JA war zunächst eine Grundvoraussetzung für unsere weitere Entwicklung und den Umgang mit der Behinderung unseres Sohnes.

Das größte Problem war für uns als Familie, dass wir mit der Existenz des Rollstuhls eine ‚besondere' Familie waren. Als unser Sohn noch mit dem Dreirad fuhr (wegen der geringen Körpergröße), sind wir überhaupt nicht aufgefallen und jeder hat mit Volker Witze gemacht, wie z.B.: ‚Hast du es gut, du kannst Rädchen fahren ...' Als wir aber das erste Mal mit dem Rolli durch die Straßen fuhren, war Volker plötzlich ‚krank', obwohl er genauso lustig darin saß wie auf dem Rad, weil der Rollstuhl für ihn viele Vorteile hatte (Höhe usw.). Wir gehörten von einem Tag zum anderen jener ‚Randgruppe' der Behinderten an, über die man tuschelt und bei denen man Mühe hat, ihnen mit offenem Blick normal zu begegnen. Das war schwer zu verkraften und es begann ein ‚Spießrutenlauf' jedes Mal dann, wenn wir in der Öffentlichkeit auftauchten."

D. Arp: „Wie haben Sie und Ihr Mann gelernt, den Rollstuhl zu akzeptieren?"

R. Westermann: „Bei uns war das eigentlich nicht schwierig. Für uns bedeutete der Rollstuhl eine Erleichterung. Volker wurde sehr selbstständig dadurch und lernte ganz schnell, damit viele Vorteile zu genießen. Mit Begeisterung hat er die Farbe und das Modell mit ausgesucht. Für ihn war jeder Rollstuhl ein Vorwärtskommen in jeder Hinsicht. Bereits in den ersten Tagen hat er ‚Kippen' auf zwei Rädern geübt, wobei uns als Eltern jedes Mal der Atem stockte! Man muss bedenken, er hat Glasknochen und jeder Sturz bedeutete Arm- oder Beinbrüche! Sein Temperament hat er durch den Rollstuhl mehr in den Griff bekommen. Er hat es auch genossen, allein einkaufen zu gehen und nicht mehr so ‚unten' zu sitzen. Durch den Rollstuhl lernte er auch kochen und sich freier in der Wohnung zu bewegen. Er kam nach einigen Umbauten an fast alles dran und wir konnten ihn als Eltern auch mal alleine zu Hause lassen. Das bedeutete Freiraum für uns! Der Rollstuhl ist für uns nicht das Ende, sondern war und ist immer wieder ein Anfang eines spannenden Weges, dessen Vielfalt und Reichtum einem aber mit Ablehnung verschlossen bleibt."

(Arp, 1999, S. 17)

1. *Sammeln Sie im Klassenverband Argumente, die einen Rollstuhl zum einen positiv und zum anderen negativ erscheinen lassen.*

2. *Spielen Sie Szenen, in denen eine Mutter ihrem 6-jährigen Kind auf dessen Fragen antwortet:*
   a) *„Mama, warum sitzt der Mann da in dem Stuhl mit Rädern?"*
   b) *„Mama, warum hat der Rollstuhl da so schräg stehende Räder?"*
   c) *„Mama, wie funktioniert ein elektrischer Rollstuhl?"*
   d) *„Mama, Inliner und Skateboard sind doch ‚out' – so ein Rolli ist doch ‚cool', den hätte ich gerne zu meinem Geburtstag!"*
   e) *„Mama, was passiert eigentlich, wenn der Rollstuhl einen Platten hat?"*
   Sprechen Sie im Klassenverband über das Gesehene. Was ist Ihnen aufgefallen? Wie haben sich „die Mütter" jeweils gefühlt?

Aufgaben

3. Warum hat der Rollstuhl ein so schlechtes Image?

4. Spielen Sie einmal „Werbeagentur". Der Auftrag für Sie lautet: Starten Sie eine Werbekampagne (Plakatwände gestalten, Sprüche, Bilder usw.): „Rolli fahren ist cool!"

Die Gratwanderung neuer Technologien

In einem Nobelrestaurant nahe dem Cambridger Stadtzentrum sitzen zwölf junge Männer und Frauen an einer prächtig gedeckten Tafel, unter ihnen ein Mann in einem Rollstuhl. Er ist älter als die anderen und sieht schrecklich zerbrechlich aus, fast bis zur Auszehrung abgemagert. Unbeweglich, in sich zusammengesunken und scheinbar leblos lehnt er in den schwarzen Kissen seines Rollstuhls. Seine Hände, schlank und bleich, mit langen, dünnen Fingern, ruhen im Schoß. In der Mitte seines sehnigen Hales, direkt unter dem offenen Hemdkragen, sitzt ein Atmungsgerät aus Plastik, etwa fünf Zentimeter im Durchmesser ... Der Kopf hängt herab, ... Neben ihm, auf einem Stuhl, ..., sitzt eine Schwester, hält ihm einen Löffel an die Lippen und füttert ihn. Hin und wieder wischt sie ihm den Mund ab ..."

Die Rede ist von dem weltbekannten Wissenschaftler Stephen Hawking. Seine Arbeiten in theoretischer Physik, insbesondere seine Forschungsarbeiten zum Ursprung der Natur und zum Verständnis des Universums waren grundlegend und häufig revolutionär. Hawking leidet seit seinem 21. Lebensjahr an ALS (amyotrophe Lateralsklerose), einer Krankheit, die ihn zwang, den größten Teil seines Lebens im Rollstuhl zu verbringen.

Nach einem Luftröhrenschnitt bestand seine einzige Verständigungsmöglichkeit darin, mit den Augen Signale zu geben, während ein Helfer auf die Buchstaben einer Tafel zeigte. Erst durch ein speziell für ihn entwickeltes Computerprogramm konnte der Physiker Wörter aus einem Bildschirmmenü von 3 000 Begriffen wählen. Durch Druck eines Schalters, den er in der Hand hielt, konnte er von Wort zu Wort wandern. Winzige Bewegungen seiner Finger genügten, um das Gerät zu bedienen und den Cursor auf das gewünschte Wort zu lenken. Wenn er auf diese Weise einen Satz zusammengestellt hatte, konnte er ihn an einen Sprachsynthesizer überspielen, der ihn dann für ihn artikulierte. Das Programm und die Hardware wurden immer weiter entwickelt und durch eine tragbare Version konnte Hawking seine Stimme überallhin mitnehmen. Plötzlich konnten die Zuhörer ihn mühelos verstehen und er war nicht mehr auf einen Dolmetscher angewiesen.

Neue Technologien haben unser Leben verändert, und wie das Beispiel Stephen Hawking zeigt, hat das digitale Zeitalter auch für Menschen mit Behinderung nicht erst gestern begonnen. Glaubt man den Fachleuten, befinden wir uns erst am Anfang einer unvorstellbaren Entwicklung. Schon heute sind in vielen behindertenpädagogischen Praxisfeldern Neue Technologien dem Trend der Zeit folgend zur Selbstverständlichkeit geworden.

Die weitreichendsten Veränderung sind wohl im Bereich der Neurotechnologien durch Virtualisierung und Erweiterung unseres Körpers zu erwarten. Während viele Entwicklungen – wie z. B. die Gen- oder Nukleartechnologie – in den Medien und in der Öffentlichkeit kritisch verfolgt werden, sind andere Forschungsbereiche, wie die Aktivitäten der Neurotechnologie, meist nicht einmal bekannt.

Warum sollte unser Körper an der Haut aufhören oder bestenfalls nur das enthalten, was von unserer Haut eingeschlossen ist?

Fieberhaft wird geforscht an der Konstruktion von Computerchips, in die hinein Nerven wachsen können und so eine Kommunikation zwischen Neuronen und Computern möglich werden lassen. Solche Neuroprothesen sollen als Gehirn-Computer-Schnittstellen geschädigte Systeme ersetzen bzw. neuronale Kapazitäten wiederherstellen. Medizintechnischer Alltag ist es bereits heute, bei gehörlosen Menschen ein Cochlea-Implantat einzusetzen, durch das auditive Signale direkt als Impulse in den Hörkern des Gehirns eingespeist werden. Elektronische Sehprothesen für erblindete Menschen mit Netzhautdefekten werden in absehbarer Zeit marktreif zur Verfügung stehen. Amerikanischen Forschern ist es gelungen, einen Chip zu entwickeln, der es vollständig gelähmten Personen ermöglicht, einen Cursor auf einem Monitor zu bewegen, um z.B. die Umwelt zu kontrollieren (Licht, Fernseher, Türen ...) oder Mitteilungen an andere zu richten.

Die Arbeiten an Chipsystemen für querschnittgelähmte Menschen, die durch Stimulation des Nervensystems eine eigenständige Fortbewegung möglich machen sollen, laufen ebenfalls auf Hochtouren. Unser Körper wird in Zukunft mehr und mehr von solchen Implantaten möbliert; er wird immer direkter an die computergestützten Technologien angekoppelt werden.

Überall dort, wo diese Entwicklungen dazu beitragen, die Lebensqualität des Menschen mit Behinderung zu verbessern, d.h. seine Wirklichkeitsbewältigung erleichtern, seine soziale Abhängigkeit verringern, seine Kommunikationsmöglichkeiten erweitern, hat die Gesellschaft und insbesondere die Behindertenpädagogik die Aufgabe und Verpflichtung, diese technologischen Entwicklungen zu fördern, wenn sie nicht zur weiteren Aussonderung dieser Menschen beitragen will.

Ob allerdings die weiteren technologischen Entwicklungen Menschen mit einer Behinderung eine bessere Zukunft bescheren, hängt entscheidend davon ab, welche Haltung Politik, Gesellschaft und Wissenschaft zukünftigen technologischen Entwicklungen gegenüber einnehmen werden. Denn sie tragen nicht nur zu einer Verbesserung der Lebensqualität bei, sondern können auch den Behinderten in seinem Person-sein gefährden. Vor allem dann, wenn technologische Entwicklungen die Abhängigkeit des Menschen mit Behinderung vergrößern, als Ersatz für die zwischenmenschliche Begegnung gesehen werden, dem Behindertsein keinen Raum lassen und nur noch gut funktionierende fehlerfreie Systeme angestrebt werden, die die Grenzen des heilpädagogischen Tuns ignorieren.

(Lamers, 2001, S. 5–7)

Aufgaben

1. Finden Sie Informationen zu Leben, Werk und Bedeutung des Wissenschaftlers Stephen Hawking.

2. Was versteht man unter „Neurotechnologie" bzw. unter „Neuroprothesen"? Suchen Sie in der Fachliteratur oder im Internet nach Informationen.

3. Was ist ein „Cochlea-Implantat"?

4. Wie weit sind bislang „elektronische Sehprothesen" entwickelt?

5. Wie ist Ihre Meinung zu den kritischen Gedanken im Bericht? Was erscheint Ihnen nachvollziehbar? Wie kann Ihres Erachtens den Gefahren heilerziehungspflegerisch verantwortlich begegnet werden?

Der Rollstuhl

Der Rollstuhl ist das wohl bekannteste Hilfsmittel. Für viele Menschen ist er der Inbegriff von „Behinderung". Ein Rollstuhl macht das „Behindert-Sein" auch für Außenstehende offensichtlich.

Einige Bauteile am Elektronik-Rollstuhl

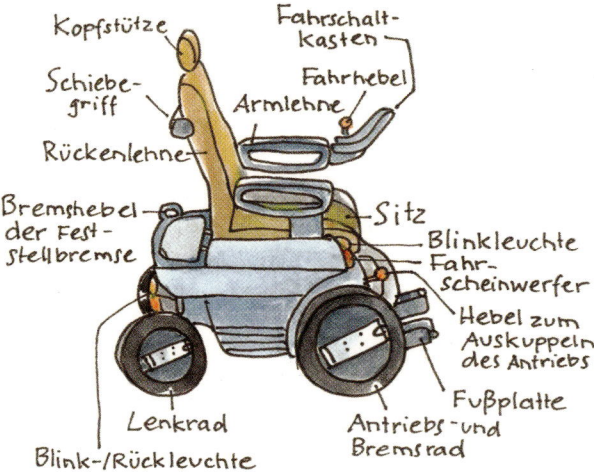

Kopfstütze
Fahrschalt-
kasten
Schiebe-
griff
Fahrhebel
Armlehne
Rückenlehne
Bremshebel
der Fest-
stellbremse
Sitz
Blinkleuchte
Fahr-
scheinwerfer
Hebel zum
Auskuppeln
des Antriebs
Fußplatte
Lenkrad
Antriebs- und
Bremsrad
Blink-/Rückleuchte

Einige Bauteile am mechanischen Rollstuhl

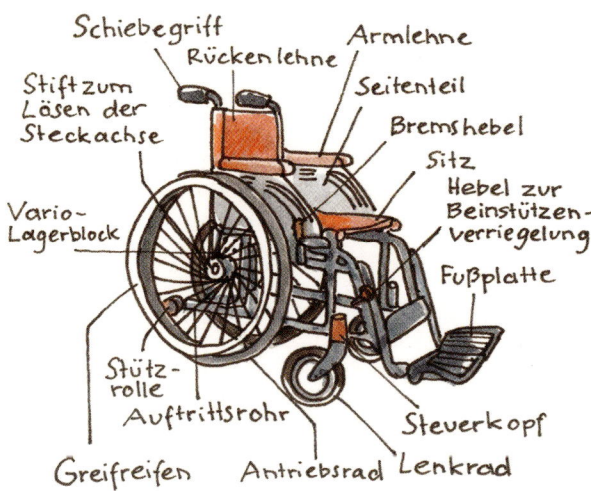

Schiebegriff
Rückenlehne
Armlehne
Stift zum
Lösen der
Steckachse
Seitenteil
Bremshebel
Sitz
Hebel zur
Beinstützen-
verriegelung
Vario-
Lagerblock
Fußplatte
Stütz-
rolle
Auftrittsrohr
Steuerkopf
Greifreifen
Antriebsrad
Lenkrad

Einen mechanischen Rollstuhl zusammenklappen:

Zuerst klappt man die Fußplatten (zwei Teile, wie auf dem Bild, oder auch einteilig) nach oben. Wenn an der Sitzfläche seitlich links und rechts Schlaufen vorhanden sind, müssen diese hochgezogen werden. Bei vielen Rollstühlen gibt es diese Schlaufen nicht. In diesem Fall greift man in der Mitte der Sitzfläche vorne und hinten unter und zieht diese dann mit einem leichten Ruck hoch.

Anpassung eines mechanischen Rollstuhls

Zu Anfang der Überlegungen sollte stets bedacht sein, dass ein mechanischer Rollstuhl für seinen zukünftigen Nutzer viele der folgenden Grundanforderungen erfüllen muss (vgl. Schüßler, 2001, S. 42–58):

- Er soll bequem sein
- Er soll zuverlässig sein
- Er soll verkehrssicher sein
- Er soll möglichst wenig wiegen
- Er soll einfach zu bedienen sein
- Er soll stabil sein
- Er soll kompakt sein
- Er soll die Kraft ökonomisch übertragen
- Er soll gut aussehen
- Er soll möglichst wenig kosten
- Er soll wenig anfällig für Reparaturen sein

Es ist Standard, dass ein Rollstuhl nach dem Prinzip eines Baukastens zusammengestellt wird. Zunächst wird ein Basismodell festgelegt und hinzu kommen dann je nach Wunsch und finanziellen Möglichkeiten angepasste Teile. Besondere Beachtung finden dabei:

- Antriebsart
- Bremsen
- Radstand
- Gewicht
- Rückenlehne
- Beinstützen
- Räder
- Seitenteile und Armlehnen
- Greifreifen
- Sitz (Breite und Tiefe)

Mechanische Greifreifenrollstühle gibt es in der Regel in einer der beiden Varianten:

- faltbar
- starr

Ein Faltrollstuhl bietet Vorteile beim Verstauen im Auto. Aufgrund ihrer gekreuzten beweglichen Streben besitzen sie eine leicht dämpfende Wirkung, Rollstühle mit starrem Rahmen können lediglich durch Abnehmen der großen Räder und durch Umlegen der Lehne verkleinert werden.

Hinsichtlich der Bauart unterscheidet man:

- den Standardrollstuhl
- Leichtgewichtrollstuhl
- den Aktiv- oder Adaptivrollstuhl
- den Sportrollstuhl

Die Übergänge von einer Art zur anderen sind fließend. Viele Rollstühle bieten Bestandteile verschiedener Bauarten.

Standardrollstühle bilden mit ca. 55 % die größte Gruppe unter den Rollstühlen (vgl. Schüßler, 2001, S. 43). Das liegt sicherlich an den eher geringen Kosten. Ein Standardrollstuhl, so wie er hier zuvor abgebildet ist, wird praktisch immer als Faltrollstuhl angefertigt. Leichtgewichtrollstühle entsprechen einem Standardrollstuhl mit geringerem Gewicht aufgrund der zumeist verwendeten Alu-Legierungen.

Aktiv- oder Adaptivrollstühle bringen eine Gewichtsersparnis von ungefähr 20 % gegenüber den Standardausführungen (komplett unter 14 kg). Beim Aktivrollstuhl ist es Prinzip, dass alles unnötige am Rollstuhl aufgrund der Aktivität des Benutzers entfallen soll. Beim Adaptivrollstuhl geht es um die individuellen Bedürfnisse des jeweiligen Besitzers. Der Rahmen dieser Rollstühle besteht aus Leichtmetall (Alu, Titan, Magnesium) oder aus Faserverbundstoff und dünnwandigen Stahllegierungen. Sie lassen sich sehr variabel ausstatten, bieten eine Vielzahl von Sonderzubehör und können so bestens an die jeweiligen Bedürfnisse des Benutzers angepasst werden.

Standard- oder Leichgewichtrollstühle werden vorwiegend als Schieberollstühle für temporär behinderte, kranke oder zu pflegende Menschen eingesetzt. Für Selbstfahrer sind sie nur bedingt geeignet. Man findet sie häufig in geriatrischen- oder in pflegerischen Einrichtungen. Aktiv-/Adaptivrollstühle sind sowohl als Schieberollstuhl als auch für

Selbstfahrer gedacht. Sie werden vom Benutzer in praktisch allen Lebenslagen des Alltags, des Berufs oder der Freizeit benötigt. Ziel des Benutzers ist es, mithilfe des Rollstuhls ein Höchstmaß an Selbstständigkeit und Integration durch die neue Mobilität zu erreichen.

Wenn ein Rollstuhl angeschafft werden soll, geht es in der Regel darum, dem Benutzer eine größtmögliche Unabhängigkeit von fremder Hilfe zu gewährleisten (vgl. Schüßler, 2001, S. 45–58) Dabei gilt es, die folgenden Faktoren zu bedenken:

- Wo wird der Rollstuhl eingesetzt? Im Innenbereich? Im Außenbereich? Zuhause? In der Freizeit? Beim Sport? Am Arbeitsplatz?
- Ist der Benutzer Selbstfahrer oder wird er ausschließlich geschoben? Benötigt der Benutzer den Rollstuhl ständig oder nur temporär?
- Wie ist die häusliche Situation? Müssen Stockwerke oder Treppen überwunden werden? Wie breit sind die Türen?
- Wie sind die Körperabmessungen des Benutzers? Welche Sitzbreite, Sitztiefe und welche Rückenhöhe werden benötigt? Die Rückenhöhe richtet sich nach dem Schweregrad der Behinderung. Sie sollte so niedrig wie möglich sein, um eine große Bewegungsfreiheit im Oberkörper zu gewährleisten.
- Wird zusätzlich eine Sitzschale benötigt?
- Gibt es genügend verstellbare Positionsmöglichkeiten für die Antriebsräder? Kann die Sitzhöhe verstellt werden? Wo liegt der Körperschwerpunkt? Bei einem beinamputierten Menschen liegt der Körperschwerpunkt anders, als z. B. bei einem Menschen mit Querschnittlähmung.
- Wie sollen die Hinterräder eingestellt werden? Die Einstellung erfolgt durch Schrägstellung der Radaufnahme („Radsturz"). Dadurch wird die Gesamtbreite des Rollstuhls zwar vergrößert, aber die Schrägstellung bewirkt eine weniger ermüdende Armhaltung, ein besseres Fahrverhalten, mehr Standfestigkeit, eine bessere Wendigkeit und eine Verminderung der Klemmgefahr für die Hände z. B. beim Durchfahren von Türrahmen oder an Hauskanten.
- Wie wendig soll der Rollstuhl sein? Neben der Einstellung des Radsturzes der Hinterräder, ist vor allem der Radstand zwischen Vorder- und Hinterrädern für die Wendigkeit verantwortlich. Je kleiner der Radstand, desto wendiger wird der Rollstuhl. Allerdings wird dadurch auch die Kippneigung vergrößert.
- Können die Schuhe bzw. die Füße flach auf dem Fußbett aufliegen? Ist die optimale 90-Grad-Winkelstellung der Knie- und der Fußgelenke möglich? Ist die Fußplatte winkelverstellbar (z. B. wichtig bei Spitzfuß)?
- Ist die Wirkung der Bremsen genügend? Welche Bremsenart bietet die meisten Vorteile?
- Wie wichtig ist die Qualität des Sitzkissens und der Rückenbespannung? Bei Querschnittgelähmten oder sehr unmobilen Menschen dient es vor allem der Verhütung von Druckgeschwüren. Das Sitzkissen kann auch Auswirkungen auf das Gleichgewicht haben.
- Ist aus orthopädischen Gründen die Versorgung mit einer Sitzschale zwingend notwendig? Eine Sitzschale hemmt die Bewegungsfreiheit erheblich.
- Werden lange oder kurze Seitenteile benötigt? Dabei wird vor allem darauf geachtet, dass die Armbewegungen beim Antrieb problemlos möglich sind.
- Werden Schiebegriffe (in welcher Höhe) benötigt?
- Wie groß sollen die Antriebsräder sein? Wird ein Speichenschutz benötigt? Ist der Abstand zwischen Greifreifen und Räder verstellbar?
- Werden Anti-Kipp-Rollen benötigt? Sie verhindern das Überkippen nach hinten.

Aufgaben

1. *Sammeln Sie Informationen rund um den Rollstuhl. Sortieren Sie die Angebote verschiedener Hersteller nach verschiedenen, selbst gefundenen Kriterien*

2. *Fragen Sie bei einem Hersteller an, ob Sie mit der Klasse eine Betriebsbesichtigung oder Vorführung oder Produktschau der Angebote bekommen können. Fragen Sie, ob Sie sich einige Rollstühle für einen Tag ausleihen können. Fahren Sie so viel wie möglich. Fahren Sie mit verschiedenen Modellen. Sprechen Sie anschließend über ihre Erfahrungen.*

3. *Nehmen Sie einen mechanischen Rollstuhl auseinander – und bauen Sie ihn anschließend wieder zusammen.*

Aufgaben

4. Probieren Sie verschiedene Elemente bei einem Adaptivrollstuhl aus.

5. Fragen Sie einem Rollstuhlfahrer nach seinen bisherigen Erfahrungen mit seinen Rollstühlen. Wie hat sich die Technik verändert? Was ist jetzt besser als früher? Was ist eigentlich seit langem gleich geblieben?

6. Wobei ist ein Faltrollstuhl nützlicher als ein starrer Rollstuhl?

7. Was unterscheidet einen Sportrollstuhl von einem Standardrollstuhl?

8. Was unterscheidet Rollstühle für die folgenden Sportarten:
   - Rollstuhlbasketball
   - Rollstuhltennis
   - Rollstuhlrugby
   - Marathon
   - Rollstuhlwandern

Wer zahlt Hilfsmittel?

Krankenkasse

Auf Hilfsmittel haben krankenversicherte Menschen mit Behinderungen dann einen gesetzlichen Anspruch, unabhängig ob eine Pflegebedürftigkeit vorliegt, wenn die Hilfsmittel von einem Arzt verschrieben werden (wie Medikamente), um:
- den Erfolg einer Krankenbehandlung zu sichern,
- die Folgen einer Behinderung auszugleichen,
- eine Schwächung der Gesundheit, die in absehbarer Zeit voraussichtlich zu einer Krankheit führen wird, zu beseitigen,
- einer Gefährdung der gesundheitlichen Entwicklung eines Kindes entgegenzuwirken oder
- Pflegebedürftigkeit zu vermeiden.

Krankenkassen können in ihren Satzungen zusätzliche Zahlungen bei besseren oder attraktiveren Hilfsmittellösungen vorsehen. Eigenanteile bei der Rechnungsbegleichung sind seit 2004 die Regel.

Wenn keine ärztliche Verordnung vorliegt, muss man sich auf die Suche nach einer zuständigen Stelle machen, die die Kosten übernimmt. Ähnlich wie bei Rehabilitationsmaßnahmen, Kuren usw. muss man sich auf eventuell mühselige Aktivitäten einstellen. Wichtig dabei: stets aufs Neue fragen und sich keinesfalls von einer ersten Absage entmutigen lassen. Beharrlichkeit wird zum Ziel führen können!

Arbeitsamt

Das Arbeitsamt fördert berufsbezogene Hilfsmittel für Menschen mit Behinderungen. Den Bedarf prüft der eigene medizinische und technische Dienst.

Hauptfürsorgestelle

Bezahlt oder bezuschusst Hilfsmittel, auch Arbeitsmittel, Vorrichtungen, Maschinen, Anlagen, Umzugskosten usw. zur dauerhaften Sicherung eines Arbeitsplatzes für einen Menschen mit Behinderung bzw. bei drohender Behinderung.

Pflegeversicherung

Übernimmt manche Hilfsmittel, die zur Erleichterung der Pflege notwendig sind. Den Bedarf prüft der medizinische Dienst der Krankenversicherungen im Rahmen eines Hausbesuches.

Rentenversicherung

Sie ist zuständig für im Berufsleben stehende Personen, die mehr als 15 Versicherungsjahre haben. Den Bedarf prüft ein eigener medizinischer Dienst (LVA, Knappschaft) oder der medizinische Dienst der Krankenkassen.

Sozialhilfe

Bezahlt Hilfsmittel, wenn kein anderer die Kosten übernehmen kann, also nur im Ausnahmefall. Die Einkommenshöhe und Vermögenssituation ist mit entscheidend. Der Bedarf ist mit einem ärztlichen oder einem amtsärztlichen Gutachten nachzuweisen.

Unfallversicherungen und Berufsgenossenschaften

Sie sind zuständig bei allen Arbeits-/Berufsunfällen und bei Berufskrankheiten, um die Arbeitskraft wiederherzustellen und zu erhalten. Den Bedarf prüft ein beauftragter Facharzt vor Ort.

Aufgaben

1. *Stellen Sie die Adressen aller genannten möglichen Kostenträger Ihrer Umgebung zusammen. Führen Sie mit dort zuständigen Sachbearbeitern Gespräche und lassen Sie sich dabei von deren Erfahrungen zum Thema berichten. Stellen Sie dabei möglichst detailliert fest, auf welche Art und Weise man bei einem Hilfsmittelantrag Erfolg haben wird.*
   Wählen Sie dazu beispielhaft eine fiktive Situation mit einem der folgenden Hilfsmittel:
   a) *Ein Rollstuhl für eine junge Frau mit Körperbehinderung, die mit ihrem alten Modell nicht mehr zufrieden ist. Sie möchte nach fünf Jahren endlich einen moderneren, schöneren, leichtgängigeren, komfortableren Rollstuhl haben.*
   b) *Ein Computer (PC) für eine Schülerin mit starker Sehbehinderung.*
   c) *Ein zweiter Rollstuhl als Sportgerät für einen Rollstuhlbasketball-Spieler mit Behinderung.*
   d) *Umbau des privaten PKWs für einen Arbeitnehmer mit Körperbehinderung, der tagtäglich mit einem PKW zu seinem neuen Arbeitsplatz fahren will.*
   e) *Rollstuhlgerechter Umbau einer Küchenzeile in einem großen Wohnheim für Körperbehinderte.*
   f) *Eine Badewanne mit Hubvorrichtung für eine ältere Frau im Pflegebereich einer großen Behinderteneinrichtung.*
   g) *Einen sicheren Fahrradanhänger für ein Kleinkind, wie er typisch ist für radfahrende Elternteile, samt notwendiger kleiner Umbaumaßnahmen (Anbau einer Kupplung usw.) für eine rollstuhlfahrende Mutter und ihr Kleinkind als Kinderwagen- bzw. Sportwagenersatz.*

2. *Lassen Sie sich von den Mitarbeitern in einer Behinderteneinrichtung über deren Erfahrungen zum Thema berichten. Fragen Sie dabei u. a.:*
   - *Welche Hilfsmittel wurden angeschafft?*
   - *Welcher Mitarbeiter der Wohngruppe bzw. welche Stelle in der Einrichtung war für deren Anschaffung zuständig?*
   - *Welche Arbeitsvorgänge waren notwendig?*
   - *Welche Personen und Stellen waren beteiligt?*
   - *Wie viel Zeit verging von der ersten Antragstellung bis zur Bewilligung?*
   - *Überlegen Sie gemeinsam, welche Fehler bei ablehnenden Bescheiden gemacht wurden.*
   - *Aufgrund welcher Vorgehensweisen kam es zu überraschenden Erfolgen bei der Anschaffung einzelner Hilfsmittel?*

Der Weg zu einem Hilfsmittel

Wer sich auf den Weg macht, ein Hilfsmittel für einen Menschen mit Behinderung finanzieren zu lassen, der sollte sich die folgenden vier Fragen stellen:
- Liegt eine Behinderung vor, die ein Leben im Rahmen der allgemeinen menschlichen Grundbedürfnisse erschwert (hinsichtlich Beweglichkeit, Mobilität, Essen und Trinken, sozialen Lebens, o. ä.)?

- Werden durch das Hilfsmittel ein Ausgleich oder eine Erleichterung geschaffen?
- Ist das gewünschte Hilfsmittel nach Preis- und Leistungsvergleichen geeignet und zugleich das kostengünstigste?
- Handelt es sich um einen Gebrauchsgegenstand des alltäglichen Lebens?

Die beiden ersten Fragen stehen im Zusammenhang mit dem Behinderungs- und/oder Krankheitsbild. Um einen Antrag auf ein Hilfsmittel zu unterstützen, ist daher eine ärztliche Verordnung oder eine amtsärztliche Verordnung mit Angaben zum Behinderungsbild und zur therapeutischen Notwendigkeit des Hilfsmittels obligatorisch. Z. B. könnten bei einer Verordnung für ein Spezialfahrrad für einen Menschen mit starken Spastiken vom Arzt Erläuterungen zu folgenden Sachverhalten aufgeführt werden:

- Gewährleistung von Sicherheit und Selbstständigkeit
- Stimulation der Sinne oder des Stütz- und Gleichgewichtssystems
- Koordinationsförderung zwischen Armen und Beinen
- Physisches und psychisches Durchhalten
- Muskel- und Ausdauertraining
- Größere Mobilität
- Grundlegende Unterstützung therapeutischer Behandlungen
- Interaktion und Teilnahme am Leben in der Gesellschaft

Zur Unterstützung der dritten Frage sollen Kostenvoranschläge und Produktbeschreibungen beigelegt werden. Wichtig: keine Rechnungen beilegen. Es können nur Kosten für noch nicht angeschaffte Hilfsmittel übernommen werden!

Ob ein Hilfsmittel ein Gegenstand des täglichen Lebens sei, ist manchmal nicht so einfach zu beantworten. Aber zu vielen Gegenständen gibt es mittlerweile Gerichtsurteile, die eine Begründung für den eigenen Fall erleichtern. So kann z. B. ein Spezialfahrrad durchaus auch für einen Menschen mit einer Spastik ein Gegenstand des täglichen Lebens sein. Eine Kostenübernahme durch eine Kostenstelle kann erfolgen. Jedoch kann hier vom Leistungsnehmer eine Kostenbeteiligung in Höhe des Preises für ein „normales" Fahrrad verlangt werden.

Bernd Masmeier, damals Referent für Sozialrecht beim Bundesverband für Körper- und Mehrfachbehinderte e. V. in Düsseldorf, stellte 1998 und 1999 in einer Fachzeitschrift die Instrumente vor, mit denen ein Bürger ein ihm zugestandenes Recht auf eine (Sozial-)Leistung verwirklichen kann. Das Einhalten des formal richtigen Weges ist dabei immer noch grundlegend. Nicht selten wird ein erster Antrag von der prüfenden Stelle (z. B. einer Krankenkasse) abgelehnt. Dieser ablehnende Bescheid wird stets begründet. Das muss nicht entmutigen, sondern den Antragsteller einen neuen, Erfolg versprechenden Weg suchen lassen. Vielleicht war der erste Antrag nur unvollständig ausgefüllt oder die beiliegende ärztliche Verordnung nicht exakt genug.

Der Antrag

Bis auf Leistungen der Sozialhilfe sind alle Sozialleistungen von einem formellen Antrag abhängig. Je nachdem, was beantragt werden soll, gibt es Formanträge und formlose Anträge. Formanträge sind solche, bei denen ein Formblatt ausgefüllt werden muss. Ein wahrscheinlich jedem bekannter solcher Antrag ist die Einkommensteuererklärung. Im Gegensatz hierzu wird bei einem formlosen Antrag in einem Brief an den zuständigen Leistungsträger ein Anspruch geltend gemacht. Ein Beispiel hierfür ist der Antrag auf einen Schwerbehindertenausweis. Man zählt gegenüber dem Versorgungsamt seine Leiden bzw. Einschränkungen auf, entbindet seine Ärzte von der Schweigepflicht und beantragt die Ausstellung eines Schwerbehindertenausweises (und ggfs. die Eintragung besonderer gesundheitlicher Merkmale).

Weiß man nicht, ob man einen Form- oder einen formlosen Antrag stellen muss, kann man in jedem Fall zunächst einen formlosen Antrag an den Leistungsträger schicken. Ist ein Formantrag erforderlich, wird der Leistungsträger den Formantrag übersenden. Wird ein Antrag bei einem nicht zuständigen Sozialleistungsträger gestellt, muss dieser ihn unverzüglich an den zuständigen weiterleiten. Der Antrag gilt dann zu dem Zeitpunkt als gestellt, in dem er beim unzuständigen Träger eingegangen ist. Ist ein Antrag unvollständig, muss der Leistungsträger auf seine Vervollständigung hinwirken. Wer einen Antrag stellt, muss bei der Aufklärung der für seine Bewilligung maßgebenden Tatsachen (z.B. Aufklärung der Einkommens- und Vermögensverhältnisse) mitwirken; verweigert er die Mitwirkung, kann die Leistung ganz oder teilweise versagt werden. – Wird einem Sozialhilfeträger bekannt, dass Sozialhilfebedürftigkeit vorliegen könnte, so wird er dem Betreffenden einen Formantrag übersenden, in dem er insbesondere seine Einkommens- und Vermögensverhältnisse offen legen muss.

Der Bescheid

Über den Antrag eines Bürgers auf eine Sozialleistung entscheidet die zuständige Behörde in Gestalt eines Bescheides. Ein Bescheid, gegen den Rechtsmittel eingelegt werden können (= rechtsmittelfähiger Bescheid) muss dem Bürger schriftlich gegeben werden. Mündliche Bescheide sind rechtlich nicht bindend; will es eine Behörde bei einem mündlichen Bescheid belassen, sollte der Bürger auf einem schriftlichen Bescheid bestehen.

Wird die beantragte Leistung bewilligt, kann sich der Bescheid darauf beschränken, dies mitzuteilen. Dazu gehört, die Leistung genau zu bezeichnen, ebenso, unter welchen Voraussetzungen sie erbracht wird und welche Pflichten dem Empfänger nach deren Empfang obliegen (Nachweis der zweckentsprechenden Verwendung bei finanziellen Zuschüssen, Mitteilung von Veränderungen in den beruflichen Verhältnissen bei Leistungen der beruflichen Rehabilitation.

Handelt es sich um einen ablehnenden Bescheid, so muss er eine Begründung für die Ablehnung enthalten.

Sofern die Ablehnung darauf beruht, dass ein Ermessen ausgeübt worden ist, müssen aus der Begründung die Ermessenserwägungen hervorgehen.

Der Bescheid richtet sich immer an den Antragsteller. Dieser kann auch ein minderjähriges Kind sein (z.B. bei einem Antrag auf Pflegegeld). Selbst wenn die Eltern den Antrag für ihr Kind stellen, wird sich der Bescheid an das Kind richten.

Ein Bescheid enthält in der Regel auch einen Hinweis, bei welcher Stelle und in welcher Frist gegen ihn welches Rechtsmittel eingelegt werden kann.

Der Einspruch/Der Widerspruch

Ist man mit einem steuerrechtlichen Bescheid (z.B. über Kindergeld) nicht einverstanden, so kann man gegen ihn einen Einspruch einlegen. Der „Einspruch" ist die steuerrechtliche Form des Widerspruches; dieser wird gegen alle anderen sozialrechtlichen Bescheide eingelegt, also gegen Bescheide aus den Bereichen Kranken- und Pflegeversicherung, Rentenversicherung, Unfallversicherung, Sozialhilfe, Kinder- und Jugendhilfe.

In dem Ein- oder Widerspruch muss zunächst der Bescheid genannt werden, der angefochten werden soll. Dann muss begründet werden, warum man mit dem Bescheid nicht einverstanden ist und ihn geändert haben möchte.

Manchmal gibt es Sachverhalte, in denen aufgrund einer (gerichtlichen) Entscheidung in größerem Umfang gleich lautende Fehlentscheidungen von Behörden ausgelöst werden, die auf einem

Rechtsirrtum beruhen; dann kann es sein, dass ein Behindertenverband zu diesem Sachverhalt einen Musterein- oder -widerspruch zur Verfügung stellen kann.

Meistens handelt es sich aber um individuelle Entscheidungen, die eine am Einzelfall orientierte Begründung erfordern. Wenn Sie nicht weiter wissen, wenden Sie sich an Ihren Behindertenverband. Oftmals sind aber auch Sachverhalte nicht richtig bewertet worden, z.B. bei der Einstufung in eine Pflegestufe der Pflegeversicherung. Dann müssen zur Begründung die Fakten angeführt werden, die falsch dargestellt worden sind, und richtig gestellt werden. Hat z.B. der Gutachter des Medizinischen Dienstes trotz ausführlicher Darstellung, warum bestimmte Pflegezeiten für bestimmte Verrichtungen erforderlich sind, diese nicht berücksichtigt, muss im Widerspruch dieses dargestellt und die tatsächlichen Pflegezeiten nochmals aufgeführt werden.

Am Ende sollte der Einspruch oder Widerspruch einen „Antrag" enthalten.

Das bedeutet, dass noch einmal kurz zusammengefasst werden sollte, welche Entscheidung der Behörde man sich wünscht.

(Masmeier, 9 und 10/1998 und 1/1999, o. S.)

Aufgaben

1. Besorgen Sie sich bei der zuständigen Verwaltungsstelle (z. B. beim örtlichen Sozialamt oder Versorgungsamt) die notwendigen Unterlagen zur Beantragung eines Schwerbehindertenausweises.
   Fragen Sie dort auch nach zusätzlichem Informationsmaterial zum Thema (Broschüren, Faltblätter, Gesetzestexte o. a.).
   Füllen Sie zu zweit den Antrag (für einen fiktiven Menschen mit Behinderung) aus.
   Fügen Sie ein selbst geschriebenes „ärztliches Gutachten" bei.
   Fragen Sie anschließend einen zuständigen Sachbearbeiter der Verwaltung, ob er Ihnen (im Unterricht) Rückmeldungen zu Ihrem Antrag geben kann.

2. Stellen Sie als gesetzlicher Betreuer einen Antrag für ein Hilfsmittel Ihrer Wahl für einen Menschen mit Behinderung.
   Informieren Sie sich beim Sozialamt oder bei einer Krankenkasse zum Thema. Lassen Sie sich Informationsmaterial und Formblätter geben. Besorgen Sie auch Informationen vom Hersteller und Verkäufer des gewünschten Hilfsmittels.

Kostenübernahme abgelehnt!

Ein typischer Fall könnte wie folgt aussehen: Wegen einer Behinderung oder Erkrankung hätte ein Betroffener gerne einen Rollstuhl als Hilfsmittel im Alltag. Der Betroffene erkundigt sich im Vorfeld in einem Fachgeschäft über verschiedene Produkte, die ihm gefallen könnten. Der Arzt untersucht den Betroffenen und stellt schließlich ein Rezept für einen Rollstuhl mit bestimmter technischer Ausstattung aus. Der Betroffene geht erneut zu dem Geschäft am Ort und lässt sich einen Kostenvoranschlag ausstellen. Der Betroffene reicht Rezept und Kostenvoranschlag bei seiner Krankenkasse ein und wartet auf eine Antwort. Der Medizinische Dienst der Krankenkasse prüft den Antrag des Betroffenen. Dann gibt es drei Möglichkeiten:

- Der Antrag wird wie vorgelegt genehmigt. Das Hilfsmittel kann angeschafft werden.
- Der Antrag wird mit Auflagen genehmigt. Diese Auflagen könnten zum Beispiel eine nur leihweise Überlassung eines ähnlichen, aber gebrauchten Hilfsmittels sein. Oder es werden nicht die kompletten Kosten für alle Elemente der beantragten Ausstattung übernommen. Oder die Kosten werden mit der Auflage übernommen, dass der Betroffene sich in der korrekten Handhabung und Behandlung des Rollstuhls unterweisen lassen muss.
- Der Antrag wird abgelehnt. Die Krankenversicherung lehnt die Kostenübernahme ab. Gegen einen solchen Bescheid könnte der Betroffene innerhalb einer gewissen Frist schriftlich Widerspruch einlegen.

Es gibt verschiedene Gründe, die zu einer Ablehnung führen können. In diesem Fall wären zum Beispiel möglich:

- Das beantragte Produkt ist zu teuer. Es gäbe Hilfsmittel, die vergleichbar Gleiches leisten, aber preisgünstiger sind.
- Das beantragte Produkt ist (noch) unbekannt. Es findet sich nicht im derzeit aktuellen Hilfsmittelverzeichnis und kann daher nicht verordnet werden.

Das Hilfsmittelverzeichnis ist eine seitenstarke Broschüre, in der alle Hilfsmittel mit Angaben zur Untergruppe, Hersteller und Vertreiber aufgelistet sind. Das Verzeichnis wird halbjährlich als Reha-dat-Datenbank aktualisiert und kann kostenlos bezogen werden (Institut der deutschen Wirtschaft Köln, Projektleitung REHADAT, Gustav-Heinemann-Ufer 84-88, 50968 Köln, www.rehadat.de.

Weitere Gründe, die vielleicht nicht im vorliegenden Beispiel, aber in anderen Fällen bei einer Ablehnung der Kostenübernahme angeführt werden könnten:

- Das Hilfsmittel wird nicht für Erwachsene, sondern lediglich für Kinder und Jugendliche bezahlt.
- Das beantragte Produkt ist kein Hilfsmittel im eigentlichen Sinne, sondern ein Gebrauchsgegenstand im täglichen Leben.
- Die Schwere der Behinderung/Erkrankung/Pflegebedürftigkeit rechtfertigt aus Sicht der Krankenkasse nicht das beantragte Hilfsmittel.

Gerade beim letztgenannten Grund empfiehlt es sich für den Betroffenen, erneut den Arzt aufzusuchen. Vielleicht hilft eine ausführliche ärztliche Stellungnahme, eventuell unter Hinzuziehung eines versierten Physio- oder Ergotherapeuten, um alle Auswirkungen der Erkrankung/Behinderung/Pflegebedürftigkeit detailliert zu begutachten.

1. Fragen Sie an allen Krankenkassen am Ort nach, ob es dort eine Beratung zum Thema „Kostenübernahme von Hilfsmitteln" gibt?

2. Kommen Sie mit einem Sachbearbeiter einer Krankenkasse am Ort ins Gespräch. Was hat er bereits zum Thema „Kostenübernahme von Hilfsmitteln" erlebt? Wie sollte seines Erachtens ein korrekter Antrag aussehen?

Welche pflegerischen Hilfsmittel sind in Wohnheimen wichtig?

Menschen mit Behinderungen in Wohnheimen sind vorübergehend oder auch auf Dauer auf verschiedene pflegerische Hilfsmittel angewiesen. Diese helfen betreuenden Heilerziehungspflegern bei der beruflichen Alltagsbewältigung und tragen gleichzeitig wesentlich dazu bei, weitere Schäden beim Menschen mit Behinderungen zu vermeiden. Manche dieser Hilfsmittel sind außerdem dringend zu empfehlen, damit Mitarbeiter nicht selber auf die Dauer körperlichen Schaden nehmen (z.B. beim Heben oder Transportieren von Bewohnern mit körperlichen Behinderungen)!

In Wohneinrichtungen für Menschen mit geistigen und/oder körperlichen Behinderungen leben Bewohnerinnen mit den unterschiedlichsten Beeinträchtigungen. Manchmal wird jemand aufgrund einer akuten Krankheit verstärkt pflegeabhängig, manchmal nur vorübergehend, ab und zu aber auch auf lange Sicht oder voraussichtlich ein Leben lang. Hinzu kommen Heimbewohner, die aufgrund des normalen Alterungsprozesses körperlich schwächer werden und damit mehr pflegerische Zuwendung benötigen. Diese Menschen benötigen:

Kostenübernahme eines Hilfsmittels

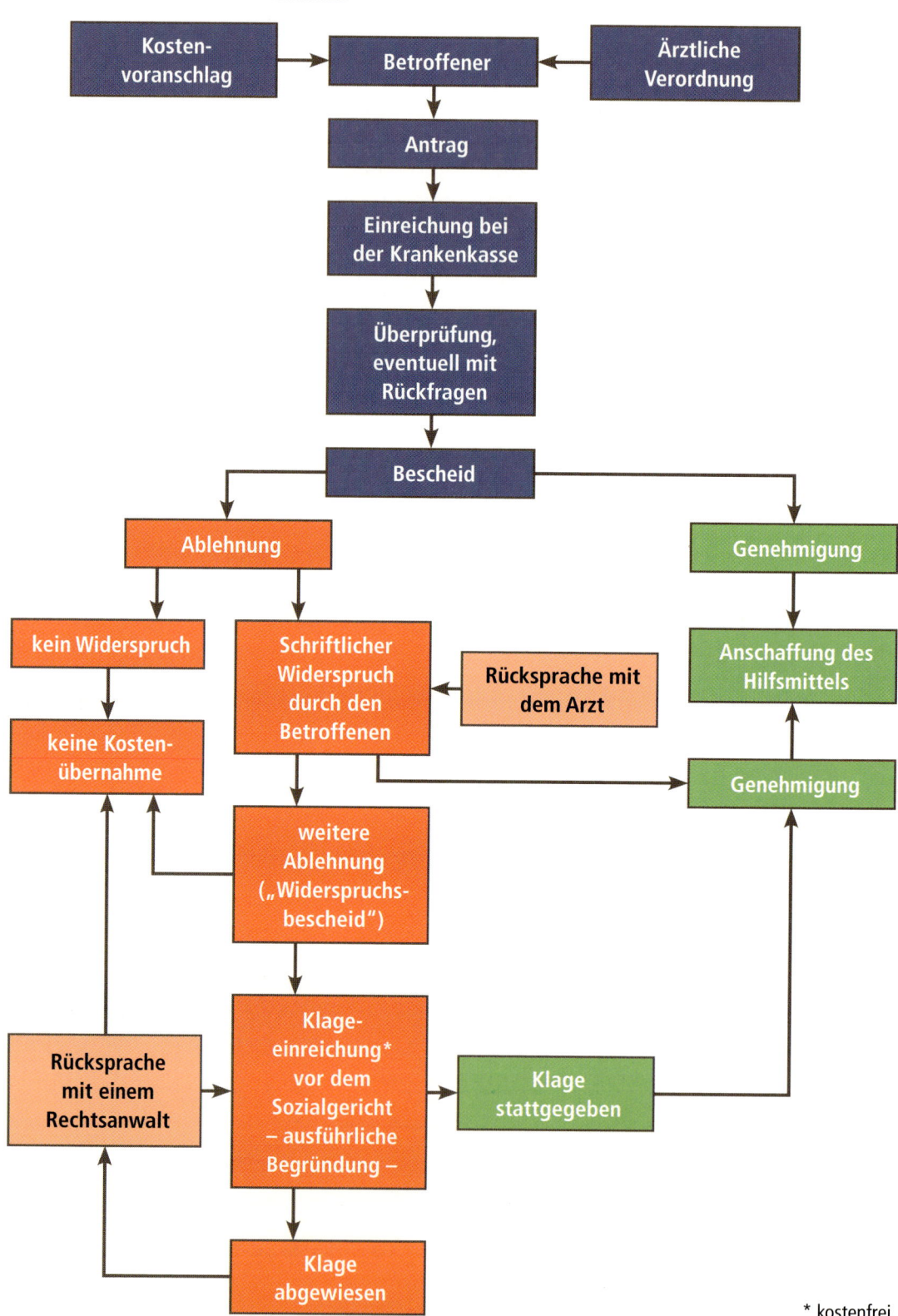

* kostenfrei

Individuelle pflegerische Hilfsmittel

Hilfsmittel für den persönlichen Bedarf dienen dem Menschen mit Behinderung direkt und individuell. Sie werden extra für ihn ausgesucht oder speziell angefertigt. Diese Hilfsmittel werden oft von einer Krankenkasse bezahlt, wenn eine ärztliche Verordnung vorliegt. Die verordnungsfähigen pflegerischen Hilfsmittel werden im sogenannten Hilfsmittelverzeichnis nach verschiedenen Produktgruppen zusammengestellt:

Krankenfahrzeuge (eigenbedienbare Greifreifenrollstühle und Elektrorollstühle), Gehhilfen (Gehgestelle, Gehstöcke), Hilfsmittel bei Dekubitus,
Krankenpflegeartikel, Adaptionshilfen (Greifzangen, Adapter für Türgriffe, Essbesteck, Anziehhilfen), Inkontinenzhilfen, Toilettenhilfen.

> **Aufgaben**
>
> *Teilen Sie die Klasse je nach interessierenden Pflegehilfsmitteln in kleinere Neigungsgruppen. Fragen Sie nach den Hilfsmittelverzeichnissen und anderen Informationsmaterialien. Dabei könnten folgende Stellen oder Bereiche angefragt werden:*
> *Sozialamt, Gesundheitsamt, Krankenkassen, Sanitätsfachgeschäft, Sonderkindergarten oder Sonderschule für Körper- oder Sinnesbehinderte, krankengymnastische (physiotherapeutische) Praxis, beschäftigungstherapeutische (ergotherapeutische) Praxis.*
>
> *Welche Unterschiede gibt es bei gleichen Hilfsmittelarten hinsichtlich*
> *– Material, – Einsatzmöglichkeiten, – Ästhetik, – Preis?*

Arbeitserleichterungen für Heilerziehungspfleger

Pflegerische Hilfsmittel, die erstrangig als Arbeitserleichterung für Heilerziehungspfleger und andere assistierende Betreuerinnen für eine Wohngruppe in einer Behinderteneinrichtung angeschafft werden, können häufig für mehrere Bewohner der Gruppe eingesetzt werden. Zwar kann manchmal ein zuständiger Bearbeiter einer Krankenkasse durch ein persönliches Gespräch davon überzeugt werden, eine Hilfsmittelfinanzierung doch positiv zu bescheinigen. Auch ist es möglich, dass Hilfsmittel, die einen sehr hohen Anschaffungspreis haben oder nur vorübergehend benötigt werden und zugleich eine lange Haltbarkeit und Nutzungsdauer haben, von einer Krankenkasse leihweise zur Verfügung gestellt werden. Es bleibt jedoch die Regel, dass diese Hilfsmittel auf einem anderen Wege finanziert werden müssen (z.B. als Sachspende, vom Bewohner selbst zu zahlen, von der Bewohnergemeinschaft zu zahlen, vom Träger des Wohnheims zu zahlen).

Eine Einrichtung der Behindertenhilfe, die sich vom Gesetz und ihrer Konzeption her als Wohnheim und nicht als Pflegeheim versteht, muss dennoch gewisse Pflegehilfsmittel vorhalten, die im Bedarfsfall sofort einsetzbar sind. Diese dienen dazu, pflegerische Arbeiten zu erleichtern und zu optimieren. Je nach Größe und Bewohnerschaft einer Einrichtung sind zu empfehlen:

Transportlifter, Badelifter, Duschstuhl, einfacher Transport-Rollstuhl, Toilettenstuhl, Gehgestell/Rollator, Pflegebett (höhenverstellbar), einfache Umsetzhilfen wie Rutschbrett, Drehscheibe oder Rutschmatte, Anti-Dekubitus-Matratzen oder -Auflagen, Lagerungsmaterial, Absauggerät mit Zubehör, Inhaliergerät, Urinflaschen und Bettpfannen, Blutdruckgerät, Augenspülflasche.

> **Aufgaben**
>
> 1. *Erinnern Sie sich an eine Situation, in der für Sie selbst pflegerische Hilfsmittel benötigt wurden. Wie fühlten Sie sich,*
>   - *als Sie das oder die Hilfsmittel noch nicht hatten, aber eigentlich bereits benötigten?*
>   - *als Sie mit der Funktionsweise vertraut gemacht wurden?*
>   - *als Sie nicht mehr auf die Hilfe angewiesen waren?*
>   - *Kommen Sie mithilfe dieser Fragen zu einem Erfahrungsaustausch. Welche allgemeingültigen Aussagen lassen sich daraufhin hinsichtlich einer guten und professionellen heilerziehungspflegerischen Arbeit treffen?*

2. Teilen Sie die Klasse in Gruppen mit 3 oder 4 Personen. Machen Sie telefonisch Termine bei örtlichen Krankenkassen und bei einem Sozialamt aus und kommen Sie dort mit einer zuständigen Sachbearbeiterin ins Gespräch über die Erfahrungen mit der Bezahlung verschiedener Hilfsmittel. Fragen Sie nach,
   - wie ablehnende Bescheide begründet werden und welche Reaktionen daraufhin üblich sind;
   - welche Hilfsmittel generell und komplikationslos bezahlt werden;
   - welche neuartigen Hilfsmittel zukünftig bezahlt werden,
   - welche Hilfen oder Ratschläge nach einem Ablehnungsbescheid geboten werden.
   Vergleichen Sie Ihre Ergebnisse im Klassenverband.
   Welche Arbeitsaufträge für einen zukünftigen Heilerziehungspfleger können Sie aus Ihren Ergebnissen ableiten? Welche Kompetenzen müssen Sie besitzen, um diese Arbeitsaufträge zufriedenstellend umsetzen zu können?

3. Fragen Sie in örtlichen Sanitätsfachgeschäften oder bei Krankenkassen nach Prospektmaterial von Anbietern verschiedener pflegerischer Hilfsmittel nach. Suchen Sie die oben erwähnten pflegerischen Hilfsmittel heraus und stellen Sie diese im Hinblick auf mögliche Einsatzmöglichkeiten im heilerziehungspflegerischen Alltag in der Klasse vor.

4. Fragen Sie in einer Einrichtung der Behindertenhilfe nach, wie pflegerische Hilfsmittel verwaltet werden.

Welche Hilfsmittel können selbst angefertigt werden?

Die nachfolgend vorgestellten Hilfsmittelideen stammen aus einem Wettbewerb „Selbsterdachte Alltagshilfen für Körperbehinderte", veranstaltet vom VdK-Hessen.

Man nehme ... einen Schlüsselring

Aufgrund einer Einschränkung ihrer Handmotorik hatte eine Rollstuhlfahrerin ständig Probleme beim Öffnen oder Schließen von Reißverschlüssen.

Sie löste ihr Problem auf einfache Weise: Am Reißverschlussgriff wird ein Schlüsselring eingehängt. Durch diesen Ring kann man den Finger stecken und so den Reißverschluss öffnen oder schließen.

Es gibt diese Schlüsselringe in verschiedenen Größen. Sie sind beim Schlüsseldienst erhältlich.

Man nehme ... einen Rundholzstab

Der Erfinder dieser Vorrichtung hat Multiple Sklerose und ist auf den Rollstuhl angewiesen. Wenn er sich in seinem Bett ausruht, kann er seine alte Stereoanlage nicht bedienen. Was tun? Er besorgte sich einen acht Millimeter dicken und einen Meter langen Rundholzstab. Auf diesen Stab setzte er ein kleines Gummihütchen, wie es sie für die Spitzen von Regenschirmen gibt. Im Handumdrehen entstand eine „Fernbedienung", die nicht nur für die Stereoanlage, sondern auch für Lichtschalter etc. geeignet ist.

Man nehme … eine Posterrolle

Der Erfinder dieses Transportmittels ist Rollstuhlfahrer und kämpfte lange Zeit mit dem Problem, dass ihm häufig seine Getränkeflasche in der Rollstuhltasche umfiel und auslief. Er löste dieses Problem mit einem einfachen aber wirksamen „Trick": Eine Posterrolle von ca. 10 cm Durchmesser wurde auf ungefähr 20 cm gekürzt und in die Tasche gestellt. Dieser Köcher kann für 1 Liter oder 1,5 Liter-Flaschen genutzt werden. Er verhindert zuverlässig das Umfallen der Flaschen. Weitere Verwendungsidee: Diese Halterung lässt sich auch am Bett befestigen. Allerdings muss sichergestellt sein, dass der Bodendeckel gut befestigt ist.

Diese Rollen erhält man in Geschäften, da z.B. Poster für die Schaufensterdekoration darin verschickt werden.

Aufgaben

Bilden Sie kleine Gruppen in der Klasse (3–5 Personen). Werden Sie selbst zu fantasievollen Handwerkern. Erfinden Sie selbst kostengünstige Hilfsmittel.

1. Für einen erwachsenen Mann mit nur einer funktionstüchtigen Hand, damit er in seiner Küche möglichst viele Arbeiten selbst erledigen kann. Besondere Probleme gibt es z.B. beim Schälen, Kleinschneiden und Flaschen öffnen.

2. Für eine Rollstuhlfahrerin, damit sie bei ihren Einkäufen auch etwas schwerere oder sperrige Gegenstände nach Hause transportieren kann und gleichzeitig beide Hände stets frei hat.

3. Für einen körperbehinderten Mann, der mit normalem Essbesteck und Messern und Scheren Schwierigkeiten hat. Er hätte z.B. gerne ansehnliche dickere Griffe, die abnehmbar sind und sich leicht sauber halten lassen.

4. Für eine Rollstuhlfahrerin (Elektrorollstuhl), die heruntergefallene oder wegrollende kleine Gegenstände wieder aufnehmen möchte.

5. Ein Kartenhalter für einen Menschen der aufgrund eingeschränkter Handfunktion die Karten nicht halten kann und gerne bei
   - „Die Siedler von Catan"
   - Skat
   - Poker
   mitspielen möchte.

6. Eine Schlüsseldrehhilfe für einen Menschen der aufgrund fehlender Kraft Erleichterung beim Drehen des Haustürschlüssels benötigt.

7. Denken Sie sich weitere problematische Situationen für Menschen mit bestimmten Einschränkungen und Behinderungen aus und fertigen Sie helfende Hilfsmittel „Marke Eigenbau".

Bekleidung für den Rolli-Fahrer

Herkömmliche Bekleidung ist für einen Menschen, der hinsichtlich seiner Fortbewegung auf einen Rollstuhl angewiesen ist, häufig unpraktisch. Es ist wichtig, dass betreuende Heilerziehungspflegerinnen der Bekleidung für Rollstuhlfahrer besondere Bedeutung beimessen.

Der Autor Alexander Epp, selbst Rollstuhlfahrer, widmet dem Thema rund ein Drittel des Gesamtumfangs seines Buchs „Rund um den Rollstuhl" (Stuttgart, 1998). Dort heißt es:

Notwendige Mindestausstattung	**Sinnvolle Ergänzungen**
▪ griffiger Handschutz für den Sommer ▪ griffiger, warmer Handschuh für den Winter ▪ ein Paar warme Winterstiefel ▪ ein Paar Fahrrad-Regenüberschuhe, passend für Winterstiefel und Turnschuhe ▪ Thermoweste ▪ Thermohose ▪ Knieschützer ▪ Ärmelfixierung für Regen- und Winterbekleidung ▪ Biwaksack als „Notunterkunft"	▪ Fußsohlenheizung ▪ Kapuzen-Thermo-Kittel (alternativ: Thermocape/Schlupfsack)

(Epp, 1998, S. 163)

Der Wind kühlt unangenehm die Unterschenkel, und schön sieht es wahrlich auch nicht aus wenn die Hosenbeine nicht lang genug sind. Es zieht im Rücken zwischen Hemd und Hose, der Gürtel drückt und in den Kniekehlen scheuert es. Das Jackett sitzt im Sitzen überhaupt nicht und der Reißverschluss im Schritt ist viel zu kurz. Für Rollstuhlfahrer bietet „normale" Kleidung einige Probleme. Früher legte man selbst Hand an und veränderte Hosen und Hemden in Eigenarbeit. Seit einigen Jahren gibt es hierzulande einige Versandgeschäfte, die für den Rollstuhlfahrer Mode und Kleidung aller Art anbieten. Hier einige Internetadressen zur Information (Stand: 2008):

▪ Fa. Easydress, Ludwigshafen; www.easydress.de
▪ Fa. Herzogenrath, Bekleidung für Körperbehinderte, Dormagen; www.isabell-herzogenrath.de
▪ Fa. Inpetto, Mode für Kinder und Jugendliche, Solingen; www.inpetto-reha.de
▪ Mobile Mode Inge Berges, Marienheide; www.mobile-mode.de
▪ Fa. Rolli Company, Lobbach; www.rollicompany.de
▪ Schürmann Rehamode, Gehrde; www.schuermann-rehamode.de

So sollte z. B. bei einer Hose für Rollstuhlfahrer auf Folgendes geachtet werden:
– hinten höher, vorne tiefer geschnitten, – Gummizug statt Knopf im Bund für bequemen Sitz, – breitere Gürtelschlaufen, – ein Reißverschluss (mit Schlaufe), der bis in den Schritt geht, – ausgeformtes Gesäß, – Nähte flachgesteppt, – extralange Hosenbeine.

Aufgaben

1. *Warum sollte eine Hose für Rollstuhlfahrer die oben aufgezählten speziellen Anforderungen erfüllen? Sprechen Sie in der Klasse über jedes einzelne aufgeführte Kriterium.*

2. *Wie sollten Oberbekleidung (Hemd, Pullover), Unterwäsche, Schuhe beschaffen sein, wenn Sie viele Stunden ununterbrochen sitzen müssen? Sammeln Sie verschiedene Anforderungskriterien.*

3. *Sie sitzen bereits seit einiger Zeit auf einem Stuhl in der Schule. Wo „zwickt" es? Welche Kleidung wäre jetzt angenehmer? Welche kleinen Änderungen an Ihrer Kleidung, die sie momentan tragen, wären jetzt vielleicht hilfreich?*

4. *Fragen Sie einen Rollstuhlfahrer nach seinen Erfahrungen mit herkömmlicher Kleidung. Was sitzt und passt gut? Wo gibt es in der Regel Probleme? Können diese Probleme gelöst werden? Wenn ja, wie? Welche Wünsche hat sie oder er an die Bekleidungsindustrie?*

Zentrale Verwaltung von pflegerischen Hilfsmitteln in einer Wohneinrichtung

Empfehlenswert ist eine zentrale Stelle mit Pflegehilfsmitteln, die verantwortlich von einem Heilerziehungspfleger verwaltet wird. Auf diese Weise ist im Bedarfsfall der schnelle Einsatz eines dann auch funktionstüchtigen Hilfsmittels gegeben. Außerdem wird vermieden, dass in einzelnen Wohnbereichen Hilfsmittel ungenutzt herumstehen und an anderer Stelle vielleicht hilfreich wären. Nach Rückgabe eines nicht mehr benötigten Gerätes wird die weitere Funktionsfähigkeit geprüft, und bei Bedarf werden Verbrauchsteile ausgetauscht oder zur Reparatur in ein Fachgeschäft gebracht.

Aufgaben

Permanente Aufgaben für die gesamte Klasse (auch zur Aufbesserung der „Klassenkasse" geeignet!):

Stellen Sie einer Behinderteneinrichtung Ihrer Wahl eine besondere Dienstleistung der gesamten Klasse in Aussicht. Organisieren Sie diese Dienstleistung in Eigenregie. Stellen Sie für alle Einzelaufgaben Arbeitsgruppen zusammen. Fordern Sie, dass Ihnen ein kompetenter Vertreter der Einrichtung namentlich genannt wird und bei Fragen zur Verfügung steht. Mit dem Arbeitstitel „Verwaltung und Wartung von Hilfsmitteln" bieten Sie folgende Teilaufgaben an:

- *Bestandsaufnahme aller vorhandenen Hilfsmittel vornehmen*
- *Befragung in allen Wohngruppen zu notwendigen, aber zurzeit nicht vorhandenen Hilfsmitteln durchführen*
- *Vorschläge zu Neuanschaffungen, Prioritätenliste erstellen, Vorschläge zur Finanzierung machen*
- *Wartung aller vorhandenen Hilfsmittel, evtl. Reparatur in einem Fachbetrieb*
- *Bedienungsanleitungen für bestimmte Hilfsmittel überarbeiten und Mitarbeitern zusammen mit den Hilfsmitteln vorstellen*
- *Einfache Hilfsmittel selber herstellen (auch im Werkunterricht möglich)*
- *Einsatzmöglichkeiten neuer Hilfsmittel vorstellen*
- *Vermittlung von Besichtigungsmöglichkeiten bei Hilfsmittelanbietern*
- *zukünftige Möglichkeiten der Zusammenarbeit anbieten*
- *Entlohnung der Dienstleistung thematisieren*

Erstellen Sie zu allen Teilaufgaben Ideen und Konzepte. Stellen Sie diese im Klassenverband vor und schlagen Sie Möglichkeiten der Zusammenarbeit mit einer bzw. mehreren Behinderteneinrichtungen vor.

7.6 Beratung

1. Kennen Sie solche Situationen? Wodurch könnten sie verändert werden?

2. Was wünschen Sie sich von einer Beratung in Organisationen der Behindertenhilfe? Formulieren Sie Ansprüche an eine heilerziehungspflegerische Beratungsmethodik.

3. Konzipieren Sie ein Rollenspiel, in welchem Sie der zu Beratende bzw. der Berater sind. Vergleichen Sie die unterschiedlichen Rollen miteinander. In welcher haben Sie sich wohler gefühlt? Begründen Sie Ihre Meinung.

Grundlagen der Beratung

Der heilerziehungspflegerisch Tätige ist in seinen Handlungen recht häufig mit beratenden Momenten konfrontiert, sei es, dass er selber beraten wird (von gruppenbegleitenden Diensten, Psychologinnen, Supervisoren etc.) oder selbst einen anderen berät (den Menschen mit Behinderung, dessen Eltern, Kollegen etc.). In diesem Kapitel sollen folgende theoretische Begründungen einer heilerziehungspflegerisch relevanten Beratungskonzeption vorgestellt werden:

- Beratung als anthropologische Notwendigkeit
- Beratung als systemische Konsultation

Beratung als anthropologische Notwendigkeit

Aussagen zur anthropologischen Fundierung von Beratung können nur auf dem Boden allgemeinanthropologischer Aussagen getroffen werden. Die Frage nach den Definitionskriterien von Beratung („Was ist Beratung?") setzt somit die Frage nach dem Menschen bzw. dem Menschenbild („Was ist der Mensch?") zwingend voraus. In Bezug auf die theoretische und didaktisch-methodische Begründung von Beratung sollen nun also kurz die Eckpunkte bezeichnet werden, welche den Menschen als solchen ausmachen.

Der Ursprung menschlichen Daseins kann im Hinblick auf die Kommunikation – denn Beratung ist nichts anderes als eine besondere Form von Kommunikation – nur dadurch begründet werden, indem es vom Dasein des Anderen abgehoben wird, sich dennoch auf diesen bezieht und die Beziehung zu ihm reflektiert. Die Bezogenheit des Menschen stellt somit schon, vor jeglicher Aktion, einen grundlegenden Daseinsmodus dar.

Dieses Sich-Beziehen kann aber nur dann geschehen, wenn Menschsein sich als einsam, also vor jeder Erfahrung als getrennt vom Anderen, erlebt. Die Erfahrung der „Bezogenheit" setzt somit die Erfahrung der „Distanzierung" voraus. Diese scheinbar paradoxe Aussage deutet an, dass zwar die zweite die Voraussetzung der ersten ist, beide aber nun in wechselseitiger Abhängigkeit voneinander möglich sein können (vgl. Buber, 1978, S. 11). Eine Beziehung in der Beratung erscheint also nur dann möglich, wenn auch das Gegenüber sich als distanzerfahrend erlebt und Bezogenheit als notwendig anerkannt wird.

In diesem Spannungsfeld spielt sich menschliches Leben und professionelles Tun ab, wobei gerade das Phänomen der Beratung dieses Eingespanntsein des Menschen direkt widerzuspiegeln scheint. Das Hilfe- und Rat-Suchen zieht sich wie ein roter Faden durch die Menschheitsgeschichte:

Angefangen bei den Anrufungen der Götter, des Gebetes an einen Gott, über die Einberufung der (Stammes-) Räte bis hin zu den heutigen Rathäusern und Beratungsstellen hatte und hat das Rat-Suchen und das Rat-Geben immer seinen Platz in den Hoffnungen und Bewältigungsstrategien der Menschen. Die Themenfelder mögen sich hierbei verlagert haben, die Adressaten, welche Rat anboten, wurden gegebenenfalls mehr und mehr säkularisiert und schließlich professionalisiert. Das Bedürfnis nach Kommunikation mit dem Schwerpunkt „Beratung" blieb jedoch bestehen.

Aufgaben

1. Durchsuchen Sie aktuelle Zeitungen und Zeitschriften nach Berichten zum Thema „Beratung". Analysieren Sie die Inhalte und methodischen Ansätze zur Beratung.

2. In welchen Situationen haben Sie selbst eine Beratung aufgesucht? Was haben Sie dabei erlebt?

3. Wann waren Sie schon einmal selbst beratend tätig? Was haben Sie hierbei empfunden? Wie kompetent haben Sie sich hierbei erlebt?

Das menschliche Leben verwirklicht sich in Kommunikation. Diese bleibt vielfach angewiesen auf eine Beratung, welche durch den Aufbau eines multiprofessionellen Sozialsystems zu einem Produkt, einer Dienstleistung und Methode wurde. Eine heilerziehungspflegerisch begründete und orientierte Beratung bemüht sich mittels der Kommunikation um das Herstellen von zumindest vermuteter Gleichheit. Hierbei geht es ihr in der Wahrnehmung des anderen darum, diese Person sich selbst bemündigen zu lassen. In dieser Wechsel- oder Gegenseitigkeit haben sich beide Kommunikationspartner ihrer ganzen Menschlichkeit bzw. ihrem ganzen Personsein zu stellen. Beratung verweist auch hierdurch wieder auf das Gleichheitsprinzip alles Menschlichen, also auf das gemeinsame Eingebundensein in das oben erläuterte Spannungsfeld.

Wann aber wird eine Beratung notwendig?

Beratung versucht in gestörten Beziehungen die Prozesse der Erstarrung der Beziehungspartner aufzulösen bzw. diese wieder zu verflüssigen (vgl. Bauriedl, 1986, S. 113). Eine heilerziehungspflegerisch relevante Beratung deutet somit hin auf das immer vorhandene Entwicklungspotenzial des Menschen. Eine Entwicklung findet somit immer statt – selbst im hohen Alter oder im Zustand einer sogenannten schwersten Behinderung.

Wohin führt diese Entwicklung? Welche Ziele hat sie vor Augen und wie kann eine Beratung hierzu hilfreich sein?

Entwicklung stellt sich zuerst einmal dar als eine Begrifflichkeit, welche nicht aus ihrem normativen Umfeld und Kontext herausgelöst werden kann. Mein Begriff von Entwicklung (ganz gleich ob nun psychologisch, physiologisch, philosophisch etc.) ist immer gebunden an bestimmte Grundsätze, von welchen ich ihn ableite. Meine Vorannahmen, mein Bild von Mensch und Welt prägt meinen Begriff von Entwicklung – und somit auch meinen Begriff von Beratung.

> *„Wir benötigen nicht nur ein Modell von der Entwicklung, sondern ein Modell für die Entwick-lung." (Haeberlin, Menschenbild, 1985, S. 79)*

Eine Beratung bedingt also den Prozess der Entwicklung in doppelter Hinsicht: Sie stellt selbst Entwicklung dar und bereit, wird von dieser aber auch zu ihrer Existenz genötigt.

Aufgaben

1. *Beziehen Sie Stellung zu folgender These: „Wir benötigen nicht nur ein Modell von der Bera-tung, sondern eines für die Beratung." – Welche positiven oder negativen Elemente verbergen sich hinter dieser These?*

2. *Versuchen Sie in einem Rollenspiel eine erstarrte Beziehung (Streit, Konflikt etc.) zu lösen. Spielen Sie das Rollenspiel mehrmals mit getauschten Rollen. Welche Erfahrungen haben Sie jeweils gemacht?*

Wenn sich Beratung durch Beziehung realisiert, wenn sich diese im Fluss der Entwicklung ereignet, hat sie dann auch immer die Bedingung der Möglichkeit einer verstehenden Kommunikation zur Voraussetzung? Ist es, gerade auch in der Beratungsarbeit mit Menschen mit Behinderungen, sinnvoll und begründbar, das „Verstehen" des anderen zum Kern der Beratung zu konzipieren? Es geht also letztlich um die Frage, ob Beratung auch bei völligem Nichtverstehen realisiert werden kann.

Wie und wodurch ist noch ein Beratungshandeln möglich, wenn ich das Verhalten des anderen als Ablehnung inter-pretiere oder nicht verstehe? Wenn sich mir nur noch „Unsinn" entgegenstellt und ich diesen nicht mit Sinn zu füllen vermag (vgl. Kleinbach, 1993, S. 54–58)?

Eine heilerziehungspflegerisch relevante Beratungstätigkeit hat hierbei immer von der Grenze zwischen dem Verste-hen und dem Nicht-Verstehen auszugehen. Es ist somit nicht notwendigerweise Verständnis vonnöten, um Beratung im Praxisfeld der behindertenpädagogischen Einrichtungen anzubieten. Das Teilnehmen am Da-Sein des anderen, die Akzeptanz seiner Autonomie im Prozess der wechselseitigen Annäherung scheint anthropologisch wesentlicher und bedeutsamer zu sein als alle Veränderungsbestrebungen. Ich nähere somit in der Beratung mein Sein demjenigen des anderen an, ich versuche, auf ihn einzugehen. Hierbei ist immer der andere derjenige, welcher eigentlich schon um seine Wirklichkeit, vielleicht sogar schon um die Lösung seiner Problematik weiß.

> *„Wenn es wirklich gelingen soll, einen Menschen zu einem bestimmten Ziel hinzuleiten, muss man zunächst darauf achten, dass man ihn da finde, wo er ist und da anfängt. – Das ist das Geheimnis allen Helfens [...]. Alle wirkliche Hilfe aber fängt mit einer Demütigung an. Der Helfende muss sich erst unter den, dem er helfen will, demütigen und dabei verstehen, dass Helfen nicht Herrschen ist, sondern Dienen, dass Helfen nicht darin besteht, der Herrschsüchtigste zu sein, sondern darin, der Geduldige zu sein, dass Helfen in der Bereitwilligkeit besteht, sich vorläufig drein zu finden, Un-recht zu haben und was der andere versteht nicht zu verstehen." (Kierkegaard, 1994, S. 222)*

Aufgaben

1. *Welche praktischen Konsequenzen ergeben sich für die Beratung in Einrichtungen der Behin-dertenhilfe aus einer Realisierung der Aussage von Kierkegaard? Differenzieren Sie Ihre Aus-sagen nach den Arbeitsfeldern:*
   - *Beratung mit einem Menschen mit Behinderungen*
   - *Beratung mit Eltern*
   - *Beratung mit oder von Kollegen*

2. Erinnern Sie sich an Situationen, in welchen Sie andere nicht verstanden haben bzw. nicht verstanden worden sind? Wie haben Sie (oder sich) diese Situationen gelöst? Wie hätte Beratung gegebenenfalls hierbei helfen können?

3. Gestalten Sie ein Rollenspiel, in welchem Sie den Kommunikationspartner nicht verstehen. Tauschen Sie anschließend die Rollen und diskutieren Sie Ihre Erfahrungen.

Beratung als systemische Konsultation

In den letzten zwei Jahrzehnten kam es sowohl in der wissenschaftlichen Begründung als auch in der didaktisch-methodischen Umsetzung handlungsorientierter Verfahren (wie die Beratung auch eines ist) zu einem Prozess des Umdenkens und Umdefinierens. Stand zuvor die als „krank", „behindert" oder „therapiebedürftig" definierte Einzelperson im Zentrum des Interesses und Beratungsprozesses, so wird nun die Beziehung zwischen Individuum und Umwelt als „gestört" betrachtet (vgl. Theunissen, 1991, S. 62). Die Begründer und Autoren solcher Beratungskonzepte berufen sich auf die sogenannte „Systemtheorie", welche von einer wechselseitigen Vernetzung aller am Beteiligtsein und Entstehen von Interaktionsprozessen ausgeht.

> „Zentral ist, dass es um die Betrachtung der Beziehungen zwischen und nicht der Natur von Phänomenen geht." **(v. Schlippe, 1986, S. 22)**

Die Beziehungen aller an einer Fragestellung Beteiligten (welche letztlich zur Beratungssituation geführt hat) sowie die Vernetzung zwischen Berater und zu Beratendem stehen hierbei also im Fokus des wechselseitigen Tätigwerdens. Nimmt man somit ein systemisch orientiertes Denken und Handeln ernst, so löst sich das asymmetrische Verhältnis zwischen Ratsuchendem und Ratgebendem auf bzw. existiert erst gar nicht (vgl. Theunissen, 1992, S. 168). Es ist in solchermaßen verstandenen Beratungsprozessen also nicht wichtig, was eine Beraterin formuliert, sondern, was sie in der zu beratenden Person oder Gruppe auslöst.

Im Prozess einer systemischen Beratung muss nun auch der Ratsuchende eine veränderte Position einnehmen:

Es geht nicht mehr um das Hinterfragen bzw. die evtl. stillschweigende Akzeptanz von Wenn-Dann-Kausalitäten (im Sinne von: „Wenn ich mein behindertes Kind annehme, dann wird es sich schon besser entwickeln." o.Ä.). Vielmehr müssen neue Antworten ausgelotet und ausprobiert werden. Der Berater ist in einem solchen Beratungsgeschehen nicht mehr derjenige, welcher dem zu Beratenden seine Wahrheit aufoktroyiert und überstülpt. Er scheint in diesem Prozess nur einer von vielen möglichen Personen und Wirkfaktoren zu sein. Aus diesem Grund hat er die Definitionen, Beschreibungen und Analysen der zu beratenden Person als ebenso relevant und bedeutsam anzuerkennen wie seine eigenen.

In der Aktion der Beratung bildet der Ratsuchende somit einen ebenbürtigen Pol. Dieses gilt auch, oder erst recht, wenn es sich hierbei um einen Menschen mit Behinderungen handelt. Er ist nicht mehr nur Objekt, sondern Subjekt im (Nach-)Vollzug einer gegebenenfalls neuen, mindestens jedoch perspektivisch revidierten Betrachtung seiner Lebenssysteme. Der Berater kommt sozusagen hinzu. Er wird zu einem Begleiter dieses Prozesses. Somit kann nun nicht mehr nur von einer Beratung, sondern von einer „systemischen Konsultation" (vgl. Theunissen, 1993, S. 429) gesprochen werden.

Diese Konsultation versucht, alternative Wahrnehmungs- und Handlungsprozesse zu entwickeln. Der Berater kann hierbei nicht unbedingt auf streng wissenschaftlich objektivierte Theorie- und Tatbestände zurückgreifen. Er muss vielmehr die Inhalte mit dem zu Beratenden gemeinsam erarbeiten. Dass dieses immens hohe Erwartungen an die Person des Beraters in der Heilerziehungspflege stellt, muss nicht weiter ausgeführt werden. Nur so viel: Da er die verschiedensten Rollen übernehmen muss (wie Moderator, Initiator des Beratungsprozesses, Partner und Assistent der zu beratenden Person etc.), hängt der Erfolg der gegenseitigen Aktionen von der Selbstwahrnehmung des Beraters, von seiner Reflexionsfähigkeit ab. Er muss hierbei beinahe zeitgleich sich und sein System sowie dasjenige des zu Beratenden wahrnehmen und methodisch gelungen agieren.

Eine Beratung im Sinne einer systemischen Konsultation besteht zusammenfassend in der permanenten Neudefinition und -konstruktion wechselseitig voneinander abhängiger Wahrnehmungen und Wirklichkeiten in Bezug auf ein Ziel. Beratungslösungen sind also nicht von vornherein vorgegeben und „nur" zu vermitteln, sondern als wechselseitige Antwortversuche immer wieder auszuhandeln und neu zu bestimmen.

> *1. Versuchen Sie in einem Rollenspiel eine systemische Konsultation. Zeichnen Sie dieses Rollenspiel mithilfe einer Videokamera auf. Werten Sie dann die Aktionen und Interaktionen aus, welche tatsächlich einen systemisch konsultierenden Charakter hatten.*
>
> *2. Fragen Sie in Einrichtungen der Behindertenhilfe nach der Realisation einer systemischen Vorgehensweise.*
>
> *3. Welche Probleme können bei einer systemischen Konsultation entstehen? Wie sind diese zu lösen? Spielen Sie mögliche Lösungen anhand von Rollenspielen mit alltagsnaher Thematik (Teamkonflikte, Probleme in der Elternarbeit, abweichendes Verhalten von Menschen mit Behinderungen etc.).*

Methodische Aspekte

Da an dieser Stelle nicht alle Beratungssituationen, welche im heilerziehungspflegerischen Alltag möglich sind, beschrieben werden können, sollen nun einige methodische Hinweise folgen, welche für Beratungsprozesse in Einrichtungen der Behindertenhilfe relevant sind. Sie beziehen sich vor allem auf die oben skizzierten Grundsätze der Systemtheorie. Sie umfassen hierbei jedoch zudem noch einige Aussagen zur Körperlichkeit und zu den Gefühlen der an der Beratung Beteiligten (vgl. Goldbrunner, 1991, S. 31–136; Theunissen, 1992, S. 171–173).

Es handelt sich hierbei um folgende methodische Aspekte:

Zirkuläre Fragen
Zirkuläre Fragen versuchen das Bewusstsein der zu Beratenden für sogenannte Rückkopplungsprozesse zu erweitern und zu schärfen. Sie sollen erkennen, dass ihr Handeln eingebettet ist in einen Strom wechselseitig voneinander abhängiger Handlungen und Bedeutungen (dieser Handlungen). Die Beraterin sollte durch zirkuläre Fragen nicht nur versuchen, Informationen zu erheben, sondern auch alternative Verhaltensperspektiven aufzeigen. Hierbei können dann die so beschriebenen Probleme um- und neu definiert werden. Zudem kann es zum Aufdecken von Hierarchien oder Koalitionen in den Beziehungen kommen. Im Anschluss hieran kann dann eine mögliche Rangfolge von Verhaltensweisen (Antworten) aufgezeigt und durchgespielt werden.

> *Erarbeiten Sie zirkuläre Fragemuster. Üben Sie diese in Rollenspielen ein. Welche Erfahrungen haben Sie hierbei in den unterschiedlichen Rollen gemacht? Suchen Sie nach Begründungen Ihrer Erfahrungen.*

Skulpturarbeit

„Der Kern einer Beziehungsskulptur besteht darin, dass ein Protagonist (oder mehrere) eine Beziehungskonfiguration darstellt in Form einer lebendigen Skulptur, zu der er verschiedene Personen zusammenfügt. Die Beziehungen sollen durch die räumliche Anordnung, die Körperhaltung, die räumlichen Ausrichtungen der Personen zueinander usw. veranschaulicht werden. Der

> Protagonist kann selbst Teil der Skulptur werden, indem er die eigene Rolle oder die Rolle eines bedeutsamen anderen einnimmt, oder er kann sich sein Bild von außen betrachten, während er von den Spielern sieht und hört, wie sie ihre Rolle in diesem Beziehungssystem erleben."

(Goldbrunner, 1991, S. 39 f.)

Die Zuschauer einer Skulpturarbeit teilen nun ihre Beobachtungen, Gefühle und Befindlichkeiten während dieser Inszenierung mit. Dieses geschieht nicht im Aufbau der Skulptur (damit es nicht zu Konzentrationsstörungen in Bezug auf das innere Erleben kommt), sondern danach. Hierdurch kann es dann zu einer Verknüpfung der Vorteile von verbaler und nonverbaler Darstellung von Beziehungen und Bezogenheiten kommen. Alle an einer Skulpturarbeit Beteiligten stehen hierbei nicht unter einem Handlungsdruck (so wie dieses etwa bei Rollenspielen der Fall sein kann), sondern sie können sich in vollem Umfange auf das innere Erleben, die Gefühle während der Entstehung der Beziehungsgestalt und -gestaltung einlassen. Dieses kann sogar schon bei der Darstellung von Paarbeziehungen geschehen.

Aufgaben

1. *Stellen Sie folgende Themen in Skulpturen (mit Klassenmitgliedern) dar:*
   - *Abhängigkeit*
   - *Ohnmacht*
   - *Überforderung und Unterforderung*
   - *Aggressionen*
   - *der intolerante Teamleiter*
   - *die traurigen Eltern*
   - *der bedürftige Mensch mit Behinderungen*
   - *der einsame heilerziehungspflegerisch Tätige*
   - *die gelungene heilerziehungspflegerische Interaktion*
   - *die Aufnahme eines Kontaktes*

2. *Versuchen Sie, anhand einer Skulpturarbeit die Beziehungen in Ihrer Kleingruppe und Ihrer Klasse darzustellen. Was möchten Sie gern hieran verändern? Verändern Sie es zuerst in der Skulptur. Wie könnte eine Veränderung in der Wirklichkeit aussehen?*

3. *Welche Probleme vermuten Sie in der praktischen Umsetzung einer Skulpturarbeit?*

4. *Wie könnten diese Schwierigkeiten gelöst werden?*

Interaktionen und Alltagstheorien

Die Interaktionen während des Beratungsgeschehens können gedeutet und zum Thema der Auseinandersetzung gemacht werden. Hierbei können verbale und nonverbale Kommunikationsmuster und -stile bewusst gemacht und gegebenenfalls verändert werden. Die sich hieran anknüpfenden Schlussfolgerungen können dann mit ähnlichen und/oder kontroversen Alltagssituationen verglichen werden.

Aus diesen Schritten könnte sich eine Theorie über das Vorherrschen bestimmter Alltagstheorien und Verhaltensmuster entwickeln, welche nun wieder ihrerseits zum Thema der Beratung werden kann. Hierdurch gelänge dann vielleicht (auf dem Hintergrund einer Abfolge mehrerer Rückkopplungsprozesse) eine erneute Hypothesenbildung oder Umdeutung spezifischer Handlungen, Beziehungsmuster oder Lösungsstrategien.

Aufgabe

Versuchen Sie, in einem scheinbar „ganz normalen" Gespräch mit einem Mitschüler dessen gegebenenfalls versteckte Alltagstheorien herauszufinden. Konfrontieren Sie sich gegenseitig mit Ihren Vermutungen und versuchen Sie, diese in einem weiteren Gespräch zu klären.

Räume

Alle bislang beschriebenen Aktionen geschehen in Räumen (Gruppenräumen, Arbeitsräumen, Beratungsräumen etc.), welche auf sie einwirken und sie prägen. Eine Beratung hätte hierauf zu reagieren, indem sie das Thema, welches diese Räume grundlegen, in den Blick nimmt und es mit den tatsächlich hierin stattfindenden Handlungen vergleicht.

Ein weiterer Faktor der Räumlichkeit bezieht sich auf die räumliche Ausgestaltung oder Ausfüllung der Lebensräume der Interaktionspartner:

- Welche Nähe oder Distanz prägt ihre Beziehungen?
- Wer erlebt sich als „oben", wer als „unten" und wer ist es faktisch?
- Wie werden Räume durch die sinnliche Wahrnehmung ausgefüllt und/oder überbrückt?
- Welches Tempo (also welche Bewegung in der Zeit) gestalten und empfinden hierbei die einzelnen Akteure?
- Wie und wodurch bringen sie dieses zum Ausdruck?

Aufgaben

1. Beantworten Sie diese Fragen in Bezug auf die Räumlichkeiten in Ihren Beziehungen (zu Mitschülern, Freunden, Eltern etc.).

2. Stellen Sie diese Fragen Kollegen in Einrichtungen der Behindertenhilfe in Bezug auf ihr Team bzw. auf die Menschen mit Behinderungen.

3. Vergleichen Sie die Ergebnisse zu den Fragen 1 und 2 miteinander.

4. Analysieren Sie ein (mittels Video) aufgezeichnetes Rollenspiel nach den oben gestellten Fragen. Was stellen Sie hinsichtlich der Beziehungen der Beteiligten fest?

Körperlichkeiten

Dieser Punkt bezieht sich auf den expliziten Einbezug des menschlichen Körpers, seiner Bewegungen und Ausdrucksformen. Hierbei kann erneut das Augenmerk auf das Auseinanderdriften von eigenen Erfahrnissen und fremden Wahrnehmungen gelegt werden. Folgende Fragen sollen hierzu handlungsleitend sein:

- Wie und wodurch erfahre ich mich als Handelnder?
- Welche Funktion führt meine Hand aus und welche nicht?
- In welchem Nahraum kann ich mir etwas begreiflich machen?
- Wobei erlebe ich mich (und/oder den anderen) als jemanden mit zwei linken Händen?
- Wie und wodurch erfahre ich die Prozesse der Koordination und Abstimmung zwischen den unterschiedlichen Körperteilen bei mir und beim anderen?
- Bin ich dazu in der Lage, sie – gegebenenfalls zuerst einmal spielerisch – zu verändern?
- Wie bewege ich mich fort, wie und wann gehe ich und wie begleite ich diese Bewegung durch andere körperliche Ausdrucksformen?
- Von wem lasse ich mich in welchen Situationen berühren und von wem nicht (hierbei ist es nun egal, ob es sich um einen Menschen ohne oder mit Behinderung handelt)?
- Wen blicke ich wann – oder wen nicht oder nur selten – an? Was empfinde ich hierbei?
- Auf welche weiteren Inhalte oder Erlebnisse verweise ich durch meine Körpersprache? Wie hoch ist mein Bewusstheitsgrad in Bezug auf diese Verweise? Ist es mir möglich, ihn spielerisch zu verändern?

Aufgaben

1. Beantworten Sie diese Fragen in Bezug auf Ihre eigene Körperwahrnehmung.

2. Versuchen Sie, diese Fragen in einem Rollenspiel mit beratendem Inhalt zu beachten.

3. Analysieren Sie den Videomitschnitt dieses Rollenspieles nach dem Grad der Bewusstheit Ihrer körperlichen Handlungen.

Verwandlungen

Eine Verwandlung soll in diesem Zusammenhang beschrieben werden „als vorübergehende, relativ bewusst intendierte Aktion, um die gewohnte Umgebung, das gewohnte Verhalten hinter sich zu lassen und Erlebnisse und Erfahrungen zu sammeln, die in der sonstigen Realität nicht oder zu wenig vorkommen" (Goldbrunner, 1991, S. 123 f.). In Bezug auf die Beratung in heilerziehungspflegerischen Arbeitsfeldern können hierzu folgende Fragen handlungsleitend sein:

- Ist es dem einzelnen Heilerziehungspfleger oder der Gruppe, dem Team, der Gesamtorganisation möglich, sich zu verwandeln oder einen verwandelten Zustand im Rollenspiel oder der Organisationsanalyse vorwegzunehmen?
- Welche Masken oder Maskierungen (reale oder fantasierte) tragen zur Stabilisierung oder Destabilisierung einer Situation oder eines Konfliktes bei?
- Wie kann ein solcher Konflikt spielerisch (verbal oder nonverbal) verändert werden?
- Wer scheint hierbei nicht aus seiner (realen oder fantasierten) Rolle herauszukommen?

Aufgaben

1. *Welche Verwandlungen haben Sie in Ihrem Leben als positiv oder als negativ erlebt?*

2. *Versuchen Sie in einem Rollenspiel eine Veränderung der Sichtweisen der Mitspielenden, indem Sie die Themenstruktur, die Inhalte und/oder die Rollen während des Spieles verwandeln.*

3. *Übertragen Sie die oben gestellten Fragen auf Ihre Rollenspielsituationen und versuchen Sie, sie zu beantworten. Tauschen Sie sich über die Meinungen in Ihrer Kleingruppe und im Plenum der Klasse aus.*

Einbindungen der Beratungspartner

Es können auch die Einbindungen der einzelnen Beratungspartner (Personen oder Teilsysteme oder Gruppen der Einrichtung der Behindertenhilfe) gestalterisch dargestellt werden. Durch die bereits skizzierte Form der Skulpturarbeit ist dies genauso möglich wie durch das grafische Darstellen von Zusammenhängen oder durch die Annahme von bestimmten Positionen in gelernten oder frei gestalteten Rollenspielen.

Hierbei kann es dann auch zu einer Verknüpfung der unterschiedlichsten Themen der Beratungsarbeit kommen. Kommunikationsverzerrungen und -brüche, Stereotypisierungen, Prozesse verneinter oder nicht offener Problemfelder und deren Entwicklung können hierbei und hierdurch dargestellt werden. Diese Form der Beratung geht schon über in eine erste Form der Organisationsberatung.

Aufgaben

1. *Was wissen Sie über die Organisationsstrukturen der Ihnen bekannten heilerziehungspflegerischen Einrichtungen? Wie wirken sie sich auf das alltägliche Geschehen aus?*

2. *Welche dieser Strukturen sind in einem Beratungsprozess zu berücksichtigen?*

3. *Wie könnte hierbei die Rolle der heilerziehungspflegerisch Tätigen beschrieben werden?*

Aufgaben

1. *Strukturieren Sie eine echte Beratungssituation nach den acht Schritten einer problemlösenden Beratung (siehe folgende Seite).*
Welche Schritte waren problematisch, welche recht gut zu realisieren?
Analysieren Sie Ihre Lösungsschritte (und gegebenenfalls die sich hieraus ergebenden Probleme) anhand einer Videoaufnahme Ihrer Beratungssitzung.
Tauschen Sie sich über Ihre Erfahrungen aus.

Die acht Schritte der problemlösenden Beratung

Die Beratungsarbeit gliedert sich in acht Schritte, die idealtypisch wie folgt beschrieben werden können:

1. Beschreibung des Problems und der Situation

Der Ratsuchende schildert den Interaktionsprozess, welchen er als gestört, problematisch erlebt hat.
– Was war geschehen? Was dachte und was empfand ich dabei?
– Wie erlebe ich das Geschehene jetzt?

2. Perspektivenwechsel

Es wird versucht, die geschilderte Situation aus der Sicht der/des anderen Interaktionspartner(s) zu sehen. Sowohl Supervisand als auch die anderen Teilnehmer machen diesen Perspektivenwechsel.
– Wie mag der Interaktionspartner die Situation gesehen und erlebt haben?

3. Analyse der gestörten Interaktion

Auf der Grundlage der erarbeiteten Informationen werden Funktionen von Handlungen und Erklärungen von Zusammenhängen herausgearbeitet.
Der Sinn von Handlungen steht dabei im Mittelpunkt.
– Welche Funktion mögen die gezeigten Handlungen haben?
– Gibt es Zusammenhänge und Handlungsmuster?

4. Benennen der Unzufriedenheit

Um im nächsten Problemlöseschritt ein klares Ziel erarbeiten zu können, benennt der Supervisand den Zustand, der ihn am meisten in dem Interaktionsgeschehen unzufrieden macht, stört und den er verändern möchte. Dabei versucht er, sich weitestgehend auf seine Handlungsweise zu konzentrieren.
– Was macht mich (am meisten) unzufrieden? Was möchte ich verändern?

5. Herausarbeiten des Ziels

Aus der Beschreibung der Unzufriedenheit und des Veränderungswunsches wird der Zustand entwickelt, den der Supervisand erreichen möchte. Manchmal ist es hilfreich, das Handlungsziel in kurz-, mittel- und langfristige Zielsetzungen zu gliedern.
– Wie soll der Zustand aussehen, den ich erreichen will?

6. Sammeln und Erarbeiten von zielannähernden Handlungswegen („Lösungen")

Zunächst überlegt sich der Supervisand und dann die anderen Supervisionsteilnehmer Ideen und Wege, die ein Erreichen des Zielzustands beinhalten. Um die Spontaneität, den Gedankenfluss und die Originalität der Einfälle nicht zu beeinträchtigen, sollen keinerlei Wertungen vorgenommen werden.
– Mit welchen Handlungswegen könnte der Zielzustand erreicht werden?

7. Bewertung der Handlungswege und autonome Entscheidung

Der Supervisand wägt nun ab, welchen der vorgeschlagenen Lösungswege er für realistisch und für seine Person passend hält.
– Für welchen der aufgezeigten Wege entscheide ich mich?

Aufgaben

8. Planung und Vorbereitung der Umsetzung

Um die Realisierung des gewählten Handlungsweges zu erleichtern, wird dieser in einzelne Handlungsschritte gegliedert. Ferner wird überlegt, ob es Hilfen gibt, die eine Umsetzung in die Alltagssituation erleichtern und wie man möglichen Erschwernissen und Störungen vorbeugen bzw. ihnen entgegentreten kann.

– Wie sehen die Schritte aus, die zu meinem Ziel führen?
– Was und wer könnte mir helfen, diese Schritte in meinem Berufsalltag zu verwirklichen?

(Spiess, 1991, S. 52 f.)

2. *Übertragen Sie die folgenden Thesen auf den Prozess Ihrer Beratungssituation. An welchen praktischen Momenten und Vollzügen sind welche Thesen zu erkennen? Berücksichtigen Sie in einer weiteren Beratungssituation die bewusste Umsetzung dieser Thesen.*

Theoretische Grundlagen des Beratungskonzepts in 10 Thesen

1. Ein soziales System wird definiert durch seine Mitglieder, die über kommunikative Akte Sinn und Grenzen des Systems konstituieren.

2. Als soziale Systeme können beliebige Gruppen von Menschen betrachtet werden. Die einzelnen Mitglieder werden als psychische Systeme bezeichnet.

3. Jedes System ist in ständiger Veränderung begriffen.

4. Eine Veränderung bei einem Mitglied kann Veränderungen bei allen anderen in Relation stehenden Mitgliedern bewirken.

5. Der jeweilige Systemzustand ist die einzige derzeit mögliche Anpassung an alle das System anregenden Umweltimpulse.

6. Der jeweilige Systemzustand ist immer eine subjektive Rekonstruktion durch einen Beobachter, jede Erkenntnis ist beobachterabhängig.

7. Unterschiedliche Rekonstruktionen eines Systemzustandes eröffnen je spezifische Optionen zur Veränderung.

8. Interventionen können nicht eine bestimmte Veränderung in einem bestimmten System kausal verursachen.

9. Interventionen können einen Veränderungsimpuls an ein System geben, wenn sie zum momentanen Zustand des Systems passen.

10. Das angeregte System bestimmt selbst, in welcher Richtung und in welchem Ausmaß der Impuls eine Veränderung anregt.

(Spiess, 1991, S. 87)

7.7 Lebensgeschichte bewahren

Zum einzigartigen des menschlichen Lebens zählt die Möglichkeit der Rückbesinnung auf Erlebtes. Das Leben wird zu einer Geschichte, zu einer Lebensgeschichte, die weitergelebt wird, die bewahrt und weitererzählt werden kann. Dadurch wird sie zur unverwechselbaren Biografie dieses Menschen.

Vor allem ältere Menschen mit Behinderung, die seit ihrer Kindheit oder Jugend ihr Leben in Einrichtungen verbracht haben, laufen Gefahr, im Laufe der Zeit Bestandteile ihrer Biografie zu „verlieren". Des Schreibens und Lesens, manchmal vielleicht sogar des Sprechens nicht mächtig, kann es diesen Menschen nur schwer gelingen, ihre Lebensgeschichte selbstständig festzuhalten. Hier müssen andere Menschen helfen, die „Spuren zu sichern":

- Fotoalben werden angeschaut
- neue Fotos werden in Alben dazugeklebt
- Fotos für den großen Fotorahmen an der Wand werden ausgesucht
- ein altes Foto wird restauriert und mit Rahmen neu aufgehängt
- kleine persönliche Texte werden verfasst
- Gegenstände werden als Erinnerungsstücke ins Regal gestellt
- gemeinsam blättert man in alten Büchern
- man schaut sich die Wiederholung eines alten Films im TV an und kommt erinnernd über alte Zeiten ins Gespräch
- Musik „von damals" lädt ein, über frühere Zeiten zu sprechen
- aus der persönlichen Kiste mit vielerlei Erinnerungsstücken nimmt man sich etwas in die Hand und erzählt die dazugehörige Geschichte

Was sind die Geschehnisse, die das Leben des Menschen so einzigartig machen? Antworten können gefunden werden, wenn man diese Fragen stellt:

- Welche Erlebnisse mögen für diesen Menschen wichtig gewesen sein?
- Was waren Wendepunkte in seinem Leben?
- Was weiß er über seine Eltern und andere Menschen in seiner Familie?
- Welche Personen waren ihm früher wichtig?
- Wer stand diesem Menschen nahe? Wer hatte eine Beziehung zu ihm?
- Wie haben ihn Veränderungen der Umgebung geprägt?
- Was wissen wir über ihn, was sich nicht in irgendwelchen Akten nachschauen lässt?
- Was haben andere für ihn entschieden?
- Wie hat er gelernt, sich mit seinen Betreuern zu arrangieren?
- Welche Mitbewohner waren ihm früher und welche sind ihm jetzt wichtig?
- Welche Zufälligkeiten passierten ihm und prägten Teile seines Lebens?
- Was hat er vom allgemeinen Zeitgeschehen mitbekommen?
- Was waren für ihn Höhepunkte eines Jahres?
- Was hat er früher besonders gerne erlebt?
- Was hat er früher gerne gegessen und getrunken? Und was mag er heute besonders gern? Was musste er früher essen, obwohl er es nicht mochte?
- Hat er sich mal was Besonders in seinem Leben geleistet?
- Über was hat er sich früher besonders gefreut?
- Was waren die Orte seiner Kindheit oder seiner Jugend?
- Welche Erinnerungen hat er an seine Schulzeit?
- Wie hat er die Entwicklung der Einrichtung in den letzten Jahrzehnten durchlebt?

Auf Fragen wie diese kann selbst ein Mensch ohne geistige Behinderung nicht immer Antworten finden. Um wie viel schwieriger ist es, das Leben eines sehr schwer-, vielleicht sogar schwerst- und mehrfachbehinderten Menschen im Rückblick zu bewahren? Vergangenes kann zwar nicht mehr geändert werden, aber vielleicht wird es durch eine

Rückbetrachtung in ein etwas anderes Licht gerückt. Vielleicht könnten manche vergangene Momente des Lebens neu bewertet werden. Vielleicht wird bis gerade noch Unverständliches verständlich.

Jeder Mensch ist unverwechselbar und einzigartig. Jeder Mensch hat seine ganz eigene Entwicklung, lebt sein ganz spezielles Leben über Kindheit, Jugend, Erwachsensein bis ins späte Alter. Diese Identität des Menschen wird geprägt durch alltägliche Gewohnheiten und außergewöhnliche Erlebnisse, Pläne und Verwerfungen, Alleinsein und mit anderen Menschen zusammen sein, persönliche Vorlieben und Abneigungen, erlebte Freuden und Erschütterungen, große Aktivitäten und ruhiges Innehalten.

Aufgaben

1. *Setzen Sie sich mit den oben aufgezählten Fragen in aller Ruhe auseinander. Beziehen Sie diese einmal auf sich selbst. Schreiben Sie ihre Antworten auf einige der Fragen auf. Wenn Sie genügend Zeit haben, versuchen Sie sich an einem kompletten „Aufsatz" mit persönlichen Antworten auf möglichst viele der Fragen. Tragen Sie danach etwas daraus in der Klasse vor. Haben andere Ähnliches erlebt?*

2. *Welche der oben aufgezählten Fragen möchten Sie gerne einmal einer bestimmten Person in der Klasse stellen? Und warum? Überlegen Sie, bevor Sie ihm oder Ihr diese Frage stellen, ob Sie selbst bereit dazu wären, diese Frage auf sich selbst bezogen in der Klasse zu beantworten.*

3. *Gibt es Dinge im Leben eines Menschen, die eigentlich niemandem etwas angehen? Falls ja, gestehen Sie das auch einem zu betreuendem Menschen mit Behinderungen zu?*

4. *Gibt es Geschehnisse im Leben eines Menschen, die man lieber nicht mehr in Erinnerung holen sollte? Wie aber sollte man das wissen, wenn man einen Menschen nur schwer einzuschätzen vermag?*

5. *„Taktvoll" ist ein nicht mehr sehr gebräuchliches Wort im Deutschen. Was bedeutet es? Was bedeutet es für Sie? Und was könnte es Ihres Erachtens mit dem Thema zu tun haben?*

Ein Mensch mit Behinderungen erlebt all dies wie andere Menschen auch. Aber gerade aufgrund seiner Behinderung wird es ihm ungleich schwerer fallen, diese Geschehnisse zu behalten, sich an sie zu erinnern um daraus vielleicht für die Zukunft zu lernen, sich nachhaltig daran zu erfreuen oder ähnliches zukünftig mit größerer Leichtigkeit erneut zu durchleben.

Starke Veränderungen, wie zum Beispiel ein Umzug, können das Leben eines Bewohners mit geistiger Behinderung erschüttern. Vielleicht hatte er gar nicht verstehen können, was geschah und warum es geschah. Vertraute Menschen waren auf einmal aus seinem Leben verschwunden, neue Betreuer und neue Bewohner prägten von einem Tag auf den anderen sein Leben völlig neu. Das Zimmer war nicht mehr „sein" Zimmer. Alle anderen Räume waren ebenfalls völlig fremd. Alles, wirklich alles, ist befremdlich, ohne Gewohnheit und ohne Sicherheit. Das Leben gerät kurzzeitig aus den Fugen, der Boden unter den Füßen scheint zu verschwinden. In einem Moment wie diesem wäre es gut, wenn die Betreuerin dem neuen Bewohner Erleichterungen verschaffen kann. Natürlich ist sie ihm gegenüber freundlich und einfühlsam, vorsichtig und höflich und interessiert sich ganz allgemein. Gut wäre es, wenn diese Betreuerin so viel wie möglich aus der Biografie des neuen Bewohners in Erfahrung bringen kann, um vielleicht bereits zu Anfang auf viele der oben gestellten Fragen etwas zu antworten weiß. Das kann diese Phase des Fremdseins ungemein verkürzen und schafft dadurch vielleicht schnell Zeit und Interesse für das Neue im Leben. Vielleicht gelingt es so, dem gerade Eingezogenen sehr schnell ein Gefühl des Angekommenseins zu vermitteln.

Hier einige Hilfen, um über Erlebtes miteinander ins Gespräch zu kommen oder um die Erinnerungen eines Menschen zu bewahren.

Lebensbaum

Auf einem großen Blatt Papier wird ein Baum als Symbol des Lebens gemalt.

Dann fertigt man mit andersfarbigem Papier kleine, nach Möglichkeit selbstklebende Symbole für Wurzeln, Rinde, Früchte, Blätter, Blüten und Knospen an. Diese kleinen Papiere werden mit Stichworten beschrieben, die beim gemeinsamen Erinnern dem Betreuten einfallen:

- Wurzeln stehen für die Elemente des Lebens die dem Menschen viel Kraft und Halt geben.
- Auf der Rinde am Stamm wird festgehalten, was das eigene Leben entscheidend geprägt hat.
- Blätter symbolisieren die vergängliche Gegenwart: Was gefällt zurzeit am eigenen Leben? Was wird vermisst?
- Früchte sollen zeigen, was man bislang in seinem Leben erreicht hat, worauf man besonders stolz ist.
- Blüten und Knospen sind die Wünsche für die Zukunft. Was möchte man noch erleben? Was soll noch getan werden?

Die einzelnen Papiere werden auf den großen Baum geklebt. Schon während der gemeinsamen Arbeit am Lebensbaum werden viele Gespräche geschehen, die dem Heilerziehungspfleger eine Vielzahl von Überraschungen bieten können. Man erfährt Dinge, die man nie hat erahnen können, man staunt über Erlebtes, vielleicht erfährt man auch Erschreckendes oder Trauriges. Man vergleicht mit dem eigenen Leben oder mit dem, was man vom Leben der Eltern oder Großeltern weiß.

Aufgaben

Fertigen Sie in aller Ruhe ihren eigenen Lebensbaum an. Machen Sie das nicht allein, sondern mit einem oder mehreren Vertrauten in der Klassengemeinschaft. Sie werden dabei miteinander ins Gespräch kommen. Überlegen Sie, zu welchen Bestandteilen des Lebensbaumes Sie in der Klassengemeinschaft etwas erzählen wollen. Was interessiert Sie an den Lebensbäumen anderer besonders?

Lebensbuch

Neben dem Einkleben von Fotos in ein Album, ist Aufschreiben die klassische Methode, Erlebtes zu bewahren. Wer helfen will, ein Lebensbuch für einen anderen anzufertigen kann z.B. gleichzeitig auch ein eigenes Lebensbuch mit anfertigen. Einmal erstellt, könnte es alljährlich um ein „Jahresbuch" erweitert werden.

Anfangs ist das Lebensbuch noch ein Aktenordner, dann im Laufe dieser biografischen Arbeit werden zahlreiche Texte, Dokumente, Eintrittskarten, Postkarten, viele Bilder und viele andere gefundene Papiere aller Art (Sammelbildchen, alte Rechnungen, Teile einer Gebrauchsanweisung, usw.) zunächst gesammelt und festgehalten. Dazu kommt man mit dem Betreuten ins Gespräch, man räumt zusammen auf und fragt nach der Bedeutung mancher Dinge. Alte Akten, ein Karton voller Fotos, Vergessenes im Keller oder auf dem Dachboden laden zum Gespräch ein. Um Gehörtes festzuhalten, ist ein kleines Diktiergerät von Nutzen.

Alles Mögliche kann gesammelt und ins Lebensbuch eingeheftet werden. Hier eine kleine Auswahl um die eigene Fantasie anzuregen:

- Zu einem früheren Musikidol wird ein Foto des Künstlers geheftet und der Text eines Liedes wird mit aufgeschrieben.
- Das Rezept für den damaligen Lieblingskuchen kann man ebenfalls mit einheften.
- Ein Fußballfan wird sich an manche Mannschaften und Spiele gerne erinnern. Es wird nicht schwer fallen, Berichte oder Bilder dazu aus einem Archiv (Internetsuche, Fachbuch, Fachzeitschrift) zu besorgen und mit ins Buch einzuheften.

- Es ist nicht schwer, Informationen zu praktisch allen gängigen Kinofilmen zu besorgen (Internetsuche). Auch dazu kann man einen Bericht oder ein Bild einheften.
- Jede Stadt oder Gemeinde hat ihre Geschichte in (bebilderten) Büchern festgehalten. Fragen Sie mal in der Heimatstadt des Betreuten nach. Lassen Sie sich das Buch (eventuell als Ausleihe) kommen.
- Besuchen Sie die damalige Heimatstadt zusammen mit Ihrem Betreuten. Machen Sie dort Spaziergänge und Fotos. Was ist neu und was ist geblieben? Vielleicht finden Sie Häuser, Plätze oder Geschäfte, die es früher schon gab. Gehen Sie ins dortige Heimatmuseum. Fragen Sie ganz Spezielles einen Mitarbeiter im Archiv der Stadt. Sie werden mit einer Fülle von Material für das Lebensbuch von diesem „Heimatbesuch" zurückkommen.

Man kann auch ganz gezielte Fragen stellen, die im Kleinen der Lebenswelt der Betreuten Fülle geben. So z. B.
- „Haben Sie früher Tiere gehabt?"
- „Wie war das damals bei Ihrer Konfirmation?"
- „Wo war es im Urlaub besonders schön?"
- „Wo sind Sie früher schwimmen gegangen?"
- „Was haben Sie früher mit anderen Kindern gerne gespielt?"
- „Können Sie sich noch an ein besonderes Weihnachtsgeschenk erinnern?"
- „Hatten Sie früher ein eigenes Fahrrad?"
- „Welche Geschäfte gab es damals in Ihrer Stadt?"
- „Welche Süßigkeiten haben Ihnen früher besonders gut geschmeckt?"
- „War Ihnen Musik wichtig?"
- „Und Kino?"
- „Das erste Mal so richtig verliebt – wie war das damals?"
- „Haben Sie damals heimlich eine erste Zigarette geraucht?"
- etc.

Vorne im Ordner gibt es ein Inhaltsverzeichnis und mithilfe eines Registers findet man beim Blättern schnell ein gewünschtes Kapitel.

Aufgaben

1. Welche Kapitel könnte ein Lebensbuch haben? Bitte suchen Sie dazu Überschriften, die nicht unbedingt chronologisch das Leben des Menschen in den Blick nehmen. Vergleichen Sie Ihre Ideen im Klassenverband. Welche Ideen wären für welche Menschen vielleicht am Interessantesten?

2. Führen Sie die Aufzählung um viele weitere, eher unverfängliche Fragen fort. Erstellen Sie im Klassenverband einen umfänglichen Fragenkatalog, damit Sie diesen für die Praxis zeitsparend und hilfreich einsetzen können.

3. Informieren Sie sich fachlich. Zum Thema Biografiearbeit, Lebensgeschichten bewahren (u. Ä.) gibt es einige Veröffentlichungen.
Besonders zu empfehlen ist das Buch von Sabine Sautter (Hrsg.): „Leben erinnern – Biografiearbeit mit Älteren" (Neu-Ulm, 2004). Erstellen Sie einen Katalog von Büchern zum Thema. Dazu gehören auch Rezensionen, Empfehlungen, Inhaltsverzeichnisse (o. Ä.) zu diesen Büchern. Vielleicht können einige der Bücher für die Schulbücherei angeschafft werden.

4. Auch die Internetadresse www.biografiezentrum.de könnte Ihnen Informationen zum Thema bieten. Schauen Sie einmal hinein und finden Sie noch weitere Internetadressen zum Thema.

5. Fotoalben und sogar Biografien können auch „professionell" als Buchunikate bestellt werden. Für die Zusammenstellung von Bildern und Texten zu einem ganz besonderen Fotoalbum gibt es verschiedene Möglichkeiten. Informieren Sie sich über Möglichkeiten und Kosten.

Beim Schreiben und Sammeln von Bildern sollte man für ein Lebensbuch nicht chronologisch vorgehen. Derartiges Vorgehen wäre viel zu mühsam und schnell würde man den Elan, den es zur Fertigstellung benötigt, verlieren. Einfacher ist es, einzelne Geschehnisse festzuhalten. Man kann je nach Lust und Interesse zwischen den Kapiteln hin- und herspringen, ja nachdem, was einen gerade beschäftigt.

Anfänglich sollte man für ein Lebensbuch Bilder und Texte sammeln, die Antworten geben auf die Frage **„Was ist mir wichtig?"** Was sollen andere, wichtige Menschen von mir in Erinnerung behalten? Das könnte eine durchaus „bunte" Themenliste mit ganz verschiedenen Inhalten werden. Diese Texte werden dann den einzelnen Kapiteln im Buch zugeordnet und stehen dort jeweils am Kapitelanfang.

Aufgabe

Fertigen Sie ihr eigenes Lebensbuch an. Machen Sie sozusagen eine „Probe", bevor Sie einen Betreuten fragen, ob Sie ihm helfen dürfen, wenn er ein eigenes Lebensbuch haben will.

8 Grenzerfahrungen

- *Was ist eine Krise?*
- *Kann eine Behinderung ein Ausdruck einer Krise sein?*
- *Inwieweit ist die Selbstwahrnehmung im Erleben einer Krise relevant?*
- *Wie kann die Begleitung in einer Krise realisiert werden?*

8.1 Zum Begriff der Krise

Im nachfolgenden Kapitel „Grenzerfahrungen" findet der Begriff der Krise (aus griechisch Krisis = Wendepunkt, Höhepunkt einer gefährlichen Entwicklung) in seiner ursprünglichen Sprachbedeutung Anwendung. Mit der Krise ist eine grundlegende Änderung eines Zustandes beschrieben. Diese Beschreibung beinhaltet noch keinerlei Wertung, ob es sich um eine Veränderung in eine positive oder negative Richtung handelt. In unserem alltäglichen Sprachgebrauch hat sich die negative Betonung des Krisenbegriffes durchgesetzt, sodass stets die bedrohlichen Anteile und nicht so sehr die Chancen, die eine Krise ebenfalls birgt, wahrgenommen werden. In den folgenden Betrachtungen von Grenzsituationen wird dagegen versucht, eine offene Interpretation dieses Krisenbegriffes zu verwenden.

Wir nehmen dabei Bezug auf das Krisenmodell von E.H. Erikson, der die Auseinandersetzung mit Krisen als Motor und Grundlage der psychischen Entwicklung des Menschen annimmt. Erikson unterteilt die emotionale Reifung des Menschen in Phasen, an deren Ende jeweils eine Herausforderung (Krise) steht. Gelingt die positive Bewältigung dieser Krise, ist ein weiteres Stück Aneignung sozialer Kompetenz gelungen. Gleichzeitig bieten die bisher „erfolgreich" bewältigten Herausforderungen eine Grundlage für das Gelingen weiterer Entwicklungsanforderungen. Zu Recht kritisiert Horst Eberhard Richter, dass das Modell Eriksons mit dem Erreichen des Erwachsenenalters endet. Somit werden die vielfältigen weiteren Herausforderungen im Laufe des Erwachsenseins nicht als weitere Entwicklungschancen aufgenommen. Ein solches Lernen findet jedoch prinzipiell lebenslang statt. Die nachfolgenden Beispiele von Grenzerfahrungen sind im Wesentlichen Anforderungen, die dem erwachsenen Menschen mit Behinderung begegnen. Dabei ist es das Ziel dieses Kapitels, nicht Vermeidungsstrategien für Krisen bei Menschen mit Behinderung zu vermitteln, was ja in vielen Fällen gar nicht möglich ist, sondern die Krisen sollen durch entsprechende Begleitung zu Lern- und Entwicklungschancen für den betroffenen Menschen gewandelt werden.

> **Aufgaben**
>
> 1. *Vielleicht fragen Sie sich einmal selbst: Wenn Sie wählen könnten, ob Sie, um Krisen zu vermeiden, sich lieber niemals auf Beziehungen zu anderen Menschen einließen, oder ob Sie Enttäuschungen in Kauf nehmen würden und die Begegnung zu anderen Menschen weiter suchen würden. Welche Wahl wäre die aus Ihrer Sicht positivere? Begründen Sie Ihre Entscheidung.*
>
> 2. *Haben Sie selbst schon eine Krise im genannten Sinn durchlebt? Was haben Sie daraus gelernt?*

8.2 Zum Zusammenhang von Beziehungsstörung und Krise

Die Frage jedoch, ob eine Krise eine Chance oder eher eine Bedrohung darstellt, der mit Rückzug und (Selbst-)Isolation begegnet werden muss, wird wesentlich von der Qualität der in der eigenen Geschichte (Biografie) gemachten und aktuellen Beziehungserfahrungen abhängen. Sie prägen unsere Fähigkeit, uns in Beziehungen zu erleben und diese konstruktiv und kreativ zu gestalten. Sie bilden die individuelle „Beziehungskompetenz" eines Menschen. Je weniger Möglichkeiten ich in meinem Leben hatte, Beziehungskompetenzen zu entwickeln, umso weniger werde ich die Chancen einer Krise nutzen können. Für die Arbeit des Heilerziehungspflegers ist dies von großer Bedeutung.

Viele Menschen mit Behinderung haben im Laufe ihres Lebens wenig Beziehungskompetenz entwickeln können, da sie nicht nur häufige, sondern auch fremdbestimmte Beziehungswechsel erleben mussten. Gerade die Erfahrung von Halt als wichtigem entwicklungsförderndem Element hat nur selten stattgefunden. In der praktischen Arbeit wird dem Heilerziehungspfleger immer wieder die Frage nach dem Geben von Halt begegnen, die oft ihre Ursache in dieser frühkindlich fehlenden Erfahrung hat. Dabei geht es nicht um eine einseitige Zuschreibung von Schuld. Gerade die Eltern eines Kindes mit Behinderung sind oft damit überfordert, die (unklaren) Signale des Kindes richtig zu deuten und dem Kind so das Gefühl des „verstanden Werdens" und des Halts zu geben. So tritt bereits früh eine Art Sprachlosigkeit zwischen den Beteiligten auf, die eine Resignation hinsichtlich der Gestaltung von Beziehungen zur Folge haben kann. Dadurch wird beim Menschen mit Behinderung als Schutzmechanismus ein oberflächliches Einlassen auf andere („Bist Du mein Freund? Wie heißt Du? Wie lange bleibst Du?") entwickelt. Die dahinter stehende verinnerlichte Erfahrung bedeutet, die soziale Umwelt ist mir gegenüber verständnislos oder gar feindlich. Veränderungen sind eher bedrohlich. Somit werden viele psychische Energien gebraucht, um den momentanen Zustand aufrechtzuerhalten. Diese Veränderungsangst ist eine Grundvoraussetzung für die Entwicklung von Stereotypien. Sie führt dazu, dass Veränderungen (Krisen) möglichst verdrängt werden sollen. Gleichzeitig wird jedoch durch das starke stereotype Aufrechterhalten des momentan bestehenden Zustandes nur wenig Handlungskompetenz für Veränderungen entwickelt. Tritt nun eine solche Veränderung ein, wird ihre Bewältigung schwierig und als bedrohliche Krise empfunden. Damit schließt sich der Teufelskreis, der ohne Beziehung stiftende Begleitung von außen kaum durchbrochen werden kann.

Aufgaben

1. *Erinnern Sie sich an Ihre positiven und negativen Erfahrungen in und mit Beziehungen. Welche prägen Sie evtl. heute noch? Warum ist das so?*

2. *Wie meistern Sie Ihre Krisen? Wer oder was hilft Ihnen hierbei?*

3. *Spielen Sie im Rollenspiel folgende Situationen zu Ende:*
   - *Die Mutter eines Menschen mit Behinderung ist verstorben. Sie teilen ihm diese Nachricht mit ...*
   - *Einer Ihrer Bewohner ist tödlich verunglückt. Sie teilen das seinen Eltern mit ...*
   - *Ihre Vorgesetzte sagt Ihnen, dass Ihr Arbeitsvertrag leider nicht verlängert werden könne ...*

Tauschen Sie sich über Ihre Erfahrungen aus.

Tipp

Hinweis für den Unterricht: Film „Der Pannwitzblick" (von Udo Sierck)
Dieser Film von Udo Sierck schildert auf eindringliche Weise unterschiedlichste Formen und Erfahrungen von Fremdbestimmung, Grenzerfahrungen und gesellschaftlicher Ächtung aus Sicht von Menschen mit Behinderung. Angesprochen werden Themen wie Euthanasie, Bioethik, aktive Sterbehilfe und Ansätze Peter Singers, aber auch fremdbestimmte klinische Sichtweisen und allgemeine gesellschaftliche Haltungen gegenüber Menschen mit Behinderung.

8.3 Behinderung als Ausdruck einer „Krise"

Menschen mit Behinderung erleben nicht nur Krisen, sie stellen gleichzeitig in ihrer Person für ihre Umgebung (insbesondere ihre Familie) lebenslang „Krisen" dar. Sporken beschreibt Behindertsein als eine „prinzipiell nicht auflösbare Krise", vergleichbar in ihrer Intensität nur mit dem Tod. Dabei gewinnt dieser Vergleich noch an Dramatik, da der Tod als einmaliger Vorgang zeitlich fixierbar, Behinderung dagegen als Prozess permanent wirksam ist. In der alltäglichen Begleitung von betroffenen Menschen und ihren Familien wird deutlich, dass Behinderung nie eine einmalig zu bewältigende Herausforderung darstellt, sondern sich sowohl mit der sich verändernden Art und Schwere der Behinderung als auch dem jeweiligen Lebensalter neu stellt. Erfahrungen des Scheiterns, der Überforderung oder Zurückweisung werden nicht einmalig mit Erkennen der Behinderung erlebt, sondern ziehen sich immer wieder neu durch die Lebensgeschichte.

So ist die Erkenntnis der eigenen Behinderung und/oder der des eigenen Kindes in der Regel kein einmaliges Ereignis, sondern ein Prozess, der die (gemeinsame) Geschichte des Betroffenen (mit seiner Familie) lebenslang begleitet.

Phasen von
- Ungewissheit („Was ist eigentlich los….?"),
- Aggression („Warum gerade ich…?") und
- Depression („Wozu? … alles ist sinnlos …")

wechseln sich mit Zeiten der
- Verhandlung („Wenn…dann muss aber…."),
- Annahme („Ich erkenne erst jetzt …") oder
- Aktivität („Ich tue das….!" ab.

Erst nach der Auseinandersetzung mit diesen unterschiedlichsten Gefühlen und Erwartungen kann sich eine Haltung der Solidarität („Wir handeln…!") entwickeln, die von einem gemeinsamen Tun bestimmt ist.

Dabei verlaufen diese Phasen jedoch nicht regelhaft und aufeinander folgend ab, wie dies lange Zeit angenommen wurde (vgl. Schuchardt, 1988, S. 113), sondern können – je nach der gerade anstehenden Herausforderung – wiederholt auftreten.

> **Beispiel**
>
> *Nach der Atemnot des Kindes unmittelbar nach der Geburt entwickelt sich im Alter von 8 Monaten zusätzlich ein Anfallsleiden. Mit Eintritt der Pubertät beginnt das betroffene Kind starke selbstverletzende Verhaltensweisen zu zeigen, die einige Jahre später dazu führen, dass eine Beschäftigung in einer Werkstatt für Menschen mit Behinderung sich als unmöglich erweist.*

> **Beispiel**
>
> *Oder ein anderes Beispiel: Die Wahrnehmung durch die Öffentlichkeit ist für Eltern eines Kleinkindes mit schwerer Mehrfachbehinderung, das im „Buggy" durch die Einkaufszone geschoben wird, deutlich anders, als sie sich Jahre später mit ihrem inzwischen 15-jährigen Sohn im angepassten Rollstuhl darstellt.*

Diese jeweilig neuen Herausforderungen können bei den betroffenen Eltern möglicherweise zu erneuten Phasen von Depression oder dem Entstehen aggressiver Gefühle führen. Somit stellt die lebenslang nicht auflösbare Krise eine permanente Anforderung an die Auseinandersetzung des Betroffenen, seiner Eltern und Angehörigen mit der Behinderung dar.

> **Aufgaben**
>
> 1. *Befragen Sie Passanten zum Thema: „Eigenes Kind mit Behinderungen". Formulieren Sie Interviewfragen auf dem Hintergrund der Aussagen von Sporken.*
>
> 2. *Sammeln Sie Texte von betroffenen Eltern (aus Selbsterfahrungsberichten). Vergleichen Sie den Verlauf der Erfahrungen miteinander.*
>
> 3. *Wenn im Klassenverband eigene Erfahrungen zum Thema „Geschwisterkind mit Behinderung" vorhanden sind, sollten Sie sich über die persönlichen Erlebnisse informieren. Folgende Fragen könnten hierzu dienlich sein:*
>   - *Wie haben Sie die Entwicklung Ihres Geschwisters erlebt?*
>   - *Wie sind Ihre Eltern hiermit umgegangen?*
>   - *Welche Beziehung haben Sie heute zu Ihrem Geschwister?*
>   - *Wie erlebt Ihr Geschwister heute seine Entwicklung?*

Diese Gedanken hat in den letzten Jahren besonders Dietmut Niedecken (Niedecken, 1997) aufgenommen. Sie vertritt die These, dass eine massive innere Abwehr gegenüber Menschen mit Behinderung existiert, die im Tötungswunsch gipfelt. Dies gilt in gleicher Weise für gesellschaftliche Tendenzen, als auch für die Eltern eines Kindes mit Behinderung selbst. „Um zunächst noch einmal auf die Eltern zu sprechen zu kommen, so ist deren Tötungsfantasie sehr verzweifelt. Denn obwohl sie den Tötungswunsch haben, lieben sie ihr Kind trotzdem. Das Dilemma ist, dass sie sich diese durchaus verständliche Fantasie verbieten wollen, sich Vorwürfe machen, dass sie solche Gedanken überhaupt haben, denn dadurch werden diese so mächtig." (Niedecken, 1998, S. 381) Dieser ambivalente Annahmeprozess beherrscht viele Eltern lebenslang. Es ist von großer Wichtigkeit, sich dessen in der professionellen Begleitung von Angehörigen bewusst zu sein und es verstehen zu können.

Diese Gefühlsambivalenz ist dabei nicht auf die Angehörigen oder die anonyme Gesellschaft beschränkt, sondern betrifft auch den Heilerziehungspfleger und seinen Umgang mit Menschen mit Behinderung in gleicher Weise. „Meiner Erfahrung nach lernt man in keiner pädagogischen/heilpädagogischen oder ähnlichen Ausbildung, auf die negativen Gefühle zu achten. Es wird eher auf die Verantwortung, die man später übernehmen muss, Wert gelegt und auch auf das Schöne, was dieser Beruf mit sich bringt." (Niedecken, 1997, S. 382)

Damit aber wird deutlich, dass Behinderung in der Pädagogik vorrangig als eine interaktionelle Fragestellung verstanden werden muss und weniger als eine individuelle oder gar pathologische Störung, wie dies eher einer psychiatrischen oder psychopathologischen Sichtweise entsprechen würde (vgl. Wüllenweber/Theunissen, 2004, S. 246).

8.4   Selbstwahrnehmung und Selbstwertgefühl

... des Betroffenen

All diese Erfahrungen führen nicht allein dazu, dass Gesellschaft und Angehörige die Behinderung eines Menschen als „prinzipiell nicht auflösbare Krise" erleben, sondern prägen maßgeblich die Selbstwahrnehmung und das Selbstwertgefühl des Menschen mit Behinderung. Der Mensch mit Behinderung erlebt sich als „fremd" in dieser Welt.

Von Geburt an wenden sich die ihm begegnenden Menschen oft seinen Defiziten zu: der Spastik, der Sprachstörung, dem Anfallsleiden usw. Gleichzeitig werden für ihn Erziehungsziele und später Förderziele bzw. Betreuungsziele formuliert, die scheinbar unendlichen Charakter haben. Gleich, mit welcher Anstrengung der behinderte Mensch die jeweils gesetzten Ziele anstrebt, nach Erreichen dieser Ziele werden stets neue Ziele formuliert. Darüber hinaus haben viele Menschen mit Behinderung eine eigene Lebensgeschichte des Scheiterns. Scheitern an Beziehungen (oft schon als Kind in Bezug auf die Eltern), Scheitern in der Schule, Scheitern von Lebensträumen (Heirat, Auto fahren, eigene Wohnung), welches die eigene Selbstwahrnehmung negativ prägt und das Selbstwertgefühl drückt. Diese Erfahrungen können für die Persönlichkeit des Menschen mit Behinderung so prägend sein, dass Dietmund Niedecken Behinderung vor allem als **sozial erworben** definiert. Diese Erfahrungen statten den betroffenen Menschen somit oft nur mit wenig Potenzial aus, um Herausforderungen in seinem Leben positiv bewältigen zu können. Oft bedarf es in besonderen Lebenssituationen weitergehende Unterstützung und Begleitung durch Dritte. Die Frage wann und wie viel Hilfe notwendig ist, stellt gerade auch an den professionell begleitenden Heilerziehungspfleger ganz besondere Anforderungen. Es gilt, eine Balance zwischen (vermutetem) Hilfebedarf und der Autonomie des Betroffenen zu finden.

Denn sehr viele Menschen mit Behinderung haben mit ihrem Handicap einen gelungenen Lebensentwurf gestaltet, der die (eigene Form der) Bewältigung besonderer Herausforderungen einschließt. Diese Bewältigungsstrategien entsprechen vielleicht nicht immer unseren eigenen Handlungsmustern, sind aber wichtiger Teil ihres Selbstbildes.

Eine Missachtung dieser Fähigkeiten würde die Autonomie des Betroffenen sehr verletzen. Es ist eine besondere Anforderung an den Begleiter, dass die Gratwanderung zwischen Unterstützungsbedarf und Stärkung des Lebensentwurfes des Menschen mit Behinderung gelingt.

Diskutieren Sie in Kleingruppen die These von Niedecken, dass Behinderung „sozial erworben" sei. Was spricht dafür? Was dagegen? Formulieren Sie eine eigene These hierzu.

Versuchen Sie anhand von Interviews und/oder Akteneinsichten die Lebensgeschichte eines Menschen mit Behinderungen zu verfassen. An welchen Punkten erlebte dieser das beschriebene Scheitern bzw. eine Krisensituation?

… und die Wahrnehmung durch seine Umgebung

„Ich kenne viele schlaue Leute, die wissen genau, was ich alles nicht kann und was ich auch nie lernen kann. Sie sagen das immer wieder und schreiben es in ihre Bücher. Das bleibt da lange stehen. Und sie zeigen es jedem. Und ich muss dann so bleiben, wie es da steht." (Bach, 1985, S. 12)

Gerade die letzten Ausführungen zeigen, wie stark die Selbstwahrnehmung und das Selbstwertgefühl von Menschen mit Behinderung durch die Rückmeldungen ihrer Umgebung geprägt werden. Welche Bedeutung dies im familiären Zusammenhang haben kann, ist ja bereits oben ausgeführt worden. Aber natürlich hat auch die Wahrnehmung der weiteren sozialen Umgebung einen wesentlichen Einfluss auf die Selbstwahrnehmung des Menschen mit Behinderung. Sehr häufig erlebt diese den betroffenen Menschen als „fehlerhaft", „unvollständig", „hilfebedürftig" oder „schwach", indem eigene Erwartungen, Werte, aber ebenso auch eigene Ängste („Ich möchte nicht so leben, wie …") auf den Betroffenen übertragen werden.

Dabei werden die beeindruckenden Lebensentwürfe von vielen Menschen mit Behinderung und ihre positive Auseinandersetzung mit ihrem Leben nicht genügend wahrgenommen. Im Vordergrund stehen häufig die „Defizite", die vermeintlich dazu führen, dem Betroffenen Vorgaben machen zu müssen, ohne genügend zu prüfen, ob der Mensch mit Behinderung diese Angebote überhaupt wünscht und welche eigenen Vorstellungen er von der Gestaltung bestimmter (Lebens-)Situationen selbst hat.

Heinz Bach lässt Peter in seinem Text so auch auf zwei Aspekte hinweisen:
Zum einen laufen wir in der Begleitung immer wieder Gefahr, unser Bild vom Betroffenen nicht regelmäßig zu überprüfen, um nicht selbst stereotypen Festschreibungen zu erliegen.

Ebenso aber wird die Wahrung des Rechtes auf den Schutz der eigenen Persönlichkeit in der Begleitung von Menschen mit Behinderung immer wieder infrage gestellt („Und sie zeigen es jedem", s.o.). Mit den ganz individuellen Anteilen seiner Persönlichkeit wird der betroffene Mensch rasch zu einer „öffentlichen Person", sei es im Bereich seiner Sexualität, sozialer Verhaltensweisen oder seiner eigenen Geschichte. Zahlreiche Details über den Menschen mit Behinderung werden nicht nur dokumentiert, sondern auch vielen Menschen in seiner Umgebung mitgeteilt. Diese Stigmatisierung und Veröffentlichung sehr persönlicher Mitteilungen über einen Menschen nimmt zu, je mehr der betroffene Mensch durch besondere Verhaltensweisen auffällt.

Deshalb ist es für den begleitenden Heilerziehungspfleger von Bedeutung, seine Wahrnehmung des Menschen mit Behinderung stets erneut zu überprüfen und sich um eine Erweiterung seiner Wahrnehmung, seines Bildes vom Menschen mit Behinderung zu bemühen. Gerade herausfordernde Verhaltensweisen können dazu führen, unsere Aufmerksamkeit fast ganz auf dieses besondere Handlungsmuster zu richten und weniger offen für andere Anteile seiner Persönlichkeit zu sein.

Von der Ver-wicklung zur Ent-wicklung

Die lebensgeschichtliche Erfahrung vieler Menschen mit Behinderung mit Krisen und ihre Wahrnehmung durch die soziale Umwelt haben dazu geführt, dass eine Ent-wicklung ihrer Persönlichkeit nur sehr beeinträchtigt hat stattfinden können. Gerade die Erfahrung, bestimmte Krisen (eigene Rolle in der Familie, Gestaltung sozialer Kontakte, Lernanforderungen, etc.) nicht positiv bewältigt zu haben, führt dazu, dass eher eine Haltung des Rückzuges vorherrscht, anstelle eines Interesses oder einer Neugier auf neue Erfahrungen. Dietmut Niedecken bringt für Menschen mit Behinderung mit dieser Haltung das Bild einer „Schnecke, die sich vor dem Schatten der Welt in ihr Haus zurückgezogen hat" und nur sehr schwer wieder daraus hervorzulocken ist (vgl. Niedecken, 2003, S. 157).

So ist die Lebensgeschichte bei vielen Menschen mit Behinderung – trotz aller auch sehr gelungenen Lebensentwürfe – eher geprägt durch Unsicherheiten, Ängste und sehr wenig Selbstbewusstsein.

In der Begleitung dieser Menschen ist es somit eine vorrangige Aufgabe des Heilerziehungspflegers, sich um ein Verstehen des betroffenen Menschen vor dem Hintergrund seiner Geschichte zu bemühen. Hier kann gerade die Identifikation mit meinem Gegenüber („Wie würde ich mich in dieser Situation fühlen?") von großer Hilfe sein, um daraus erneut zu professionellem Handeln zu gelangen.

Aus dem Verstehen des anderen Menschen kann eben auch der Blick auf bestehende „Verwicklungen" gelingen, die es zunächst zu erkennen gilt, wenn ich den Menschen in seiner Entwicklung unterstützen will. Dies bedeutet in der heilerziehungspflegerischen Praxis, zunächst auf die Verstrickungen des Betroffenen zu achten, ehe ich neue Entwicklungsangebote mache. Manchmal erscheinen uns betroffene Menschen als rätselhaft, wie ein Knäuel, dessen Anfang nicht zu finden ist. Gerade diese Gefühle sind Hinweise darauf, in unserer Hilfeplanung zunächst Angebote zur Bewältigung von solchen Verwicklungen zu machen, die mein aktuelles Handeln behindern, um so von dieser Verwicklung zu einer Entwicklung zu gelangen.

Herausforderndes Verhalten – Aggression, selbstverletzendes Verhalten und Stereotypie als Ausdruck nicht bewältigter Krisen

Eine konkrete Anforderungssituation an den Heilerziehungspfleger stellt in der Praxis die Auseinandersetzung mit Menschen mit Behinderung und herausforderndem Verhalten dar. Diese Anforderung wird um so konstruktiver bewältigt werden, je mehr es mir gelingt, meine Wahrnehmung der Situation offen zu gestalten. Ziel ist es demnach stets, eine Sichtweise der Situation und des betroffenen Menschen zu entwickeln, die **„wahrnehmungserweiternd"** ist.

Schließen Sie die Augen und stellen Sie sich einen Menschen einer Wohngruppe vor, der für Sie besonders eindrücklich ist. Lassen Sie diesen Eindruck einen Moment auf sich wirken und versuchen Sie nun, Ihre Gedanken und Gefühle in Worte zu fassen.

Dabei ist es für die Integration des gezeigten herausfordernden Verhaltens wesentlich, nicht bei der Beschreibung der wahrnehmbaren Symptome zu verharren, sondern die darunter liegenden Ursachen für dieses Verhalten zu suchen.

Sehr häufig wird sich dabei die Nichtbewältigung einer Anforderungssituation als Auslöser für die „Krise" des betreffenden Menschen herausstellen. Dieser Auslöser hat dabei in aller Regel seine Ursache in einer biografischen Erfahrung, die ihrerseits eine ritualisierte Handlung in Form eines aggressiven, selbstverletzenden oder stereotypen Verhaltens auslöst (vgl. Feuser, 1985). Die nachfolgende Skizze soll dieses verdeutlichen.

Der Begriff der „Krise" beschreibt im Zusammenhang mit dem herausfordernden Verhalten oder emotionalen Problemen eines Menschen mit Behinderung die Unterbrechung des Kontaktes zwischen Individuum und Umwelt und somit das Auftreten einer „isolierenden" Situation. Dieser Zustand wird vom Betroffenen als bedrohlich erlebt und **muss** abgewendet bzw. überwunden werden, da er psychisch lebensbedrohlich ist. Wenn die Überwindung des isolierenden Zustandes nicht durch ein angemessenes Reagieren auf die Anforderung möglich ist, muss der Kontakt zur Umwelt auf einer anderen Ebene hergestellt werden.

Entstehung von Stereotypen

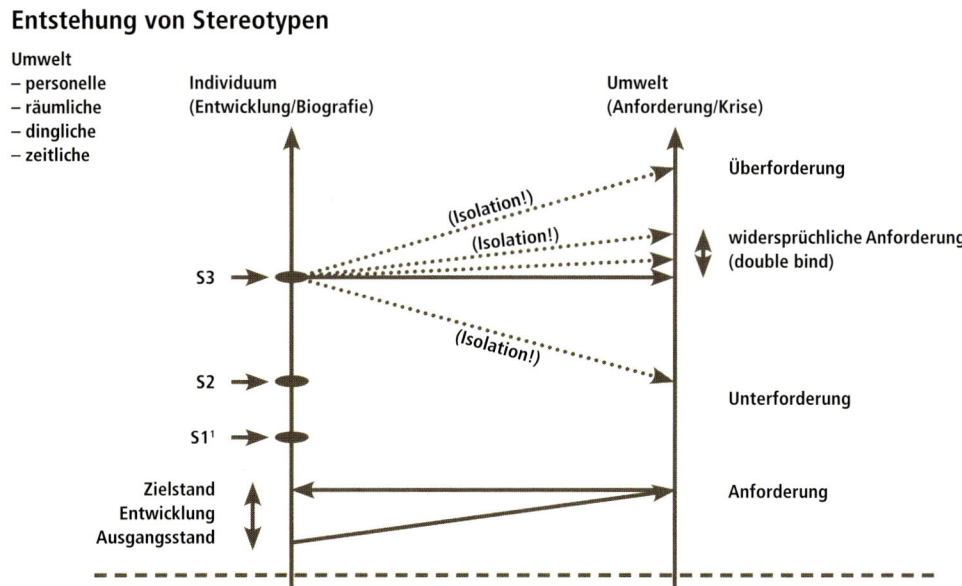

Für den Alltag des Begleitens von Menschen mit Behinderungen ist besonders bedeutsam, dass die o.g. krisenhaften Situationen nicht allein durch **Überforderung** entstehen, die uns in der Beobachtung und Reflexion am ehesten deutlich wird, sondern ebenso in der **widersprüchlichen Anforderung** („Double-bind") und insbesondere in der **Unterforderung**ssituation ihre Ursache haben können. Diese drohende Nichtbewältigung einer Anforderungssituation aktualisiert beim Betroffenen bisher gemachte ähnliche Erfahrungen und die Strategien, die zur Auflösung dieser Krise geführt haben. Dabei bedient sich diese Strategie früherer Handlungsweisen zur Auflösung und Überwindung der (lebens)bedrohlichen Situation, die damit zu einer lebensnotwendigen Handlung werden. Bisherige biografische Erfahrungen stellen eine (modifizierte) Grundlage für ein solches Handeln dar. Der Rückgriff auf eine solche vertraute und in ihrer Wirkung hochgradig vorhersagbare Haltung stellt somit den notwendigen Kontakt zur Umwelt erneut her. Gleichzeitig ermöglicht diese Reaktion jedoch keine neuen Erfahrungen, sondern bewegt sich auf dem bisherigen Verarbeitungsniveau oder gar (weit) unterhalb von diesem. Dies bedeutet in der konkreten Krisensituation, dass die aktuell empfundene Isolation mit ihren bedrohlichen Folgen abgewendet werden kann, gleichzeitig jedoch keine Entwicklung durch den Erwerb neuer Erfahrungen und Handlungsstrategien stattfindet. In bestimmten Situationen kann gar ein Rückgriff auf Handlungen, die einem niedrigeren Entwicklungsniveau zuzurechnen sind, erfolgen. Im Überforderungsfall wird ein Verhalten an die Stelle der erwarteten Reaktion treten, das auf eine Reduktion der Komplexität der Situation zielt. Alle diese unterschiedlichen Reaktionsweisen lassen sich mit dem Begriff des **„Stereotyps"** ausdrücken.

> *Sie haben eine sehr anstrengende Sitzung Ihres Vereins mitgestaltet, in der es um eine sehr wichtige Entscheidung ging. Am Ende der Sitzung stürmen viele Teilnehmer mit eigenen Ideen, Vorschlägen, Kritiken auf Sie ein. Sie halten sich die Ohren zu und rufen laut: „Seid doch mal alle ruhig!" Erst wenn Sie wahrnehmen, dass Ruhe eingekehrt ist, wenden Sie sich wieder der Gruppe zu.*

Beispiel

---

[1] *S1–S3: Stereotype*

Dieses Beispiel, auf unser Thema übertragen, hieße: Eine Überforderungssituation wird mithilfe eines „aggressiven Stereotyps" (Ohren zuhalten, laute Stimme) in ihrer Komplexität reduziert, um wieder Handlungsfähigkeit zu erlangen. Diese Sichtweise macht ein Verstehen des gezeigten Verhaltens meines Gegenübers als prinzipiell sinnvoll – stärker noch „lebensnotwendig" – möglich und hat Einfluss auf meine Haltung dem anderen gegenüber.

Aufgabe

Nennen Sie weitere Beispiele.

Gelingt es mir bei meiner Wahrnehmung des Menschen mit Behinderung diese grundsätzliche Sichtweise zu eigen zu machen, so hat dies wesentliche Auswirkungen auf die Beziehungsqualität zum Menschen mit Behinderung: in Form von aggressivem, selbstverletzendem Verhalten oder verbalen und motorischen Stereotypen.

1. Das jeweilige Verhalten muss damit nicht länger mit normativen (moralischen) Kategorien bewertet werden.

2. Ich kann das Verhalten als nicht gegen mich gerichtet erleben. Wenn mir deutlich wird, dass das aktuell gezeigte Verhalten seine Ursache in biografisch erworbenen Erfahrungen hat, kann ich emotional weit unbelasteter auf den betreffenden Menschen zugehen, als wenn ich mich persönlich angegriffen fühle („Das tut er nur bei mir"). In gleicher Weise ändert sich mit dieser Sichtweise auch die Wahrnehmung der Qualität des gezeigten Verhaltens („Das tut sie doch mit Absicht").

Das nachfolgende Beispiel soll diese Sichtweise noch einmal verdeutlichen:

Beispiel

„Die 9-jährige Marlies, ein Mensch mit geistiger Behinderung, ist unmittelbar nach ihrer Geburt in ein Säuglingsheim gegeben worden. Von dort hat sie zwei weitere Pflegeverhältnisse und zwei weitere Heimaufenthalte hinter sich, als sie wegen ihrer Verhaltensproblematik (massive Aggressionen, Selbstverletzungen und Destruktionen) in ein weiteres Kinderheim wechseln muss. Entsprechend dem o.g. Modell hat Marlies diese Beziehungsabbrüche innerpsychisch als nicht bewältigte Anforderungen ihrer Umwelt wahrgenommen („Ich bin nicht liebenswert"). Die nun erfahrene Zuwendung ihrer beiden Bezugspersonen in der neuen Wohngruppe muss somit eine ambivalente Gefühlssituation hervorrufen: Einerseits der tiefe Wunsch nach Zuwendung und Geborgenheit, dem andererseits die biografische Erfahrung, immer wieder in Beziehungen zu scheitern, entgegensteht. Marlies' innerliche Angst vor neuerlichem Beziehungsverlust: „Wenn ihr feststellt, wie schlimm ich bin, werdet ihr eure Beziehung zu mir beenden", entspricht der (nicht nur für Menschen mit Behinderung geltenden) Angst vor der Aussage: „Wenn du das tust, hat Mama dich nicht mehr lieb." Diese Ambivalenz führt bei Marlies zu einer stetig ansteigenden Spannung, die sie nur durch den Rückgriff auf ihr im Verhalten und Reaktion der Umwelt vertraute problematische Stereotype lösen kann: Entsprechend zeigt Marlies, vor allem bei ihren Bezugspersonen, ein besonders herausforderndes Verhalten. Marlies erlebt hierdurch einerseits erwartete „sichere" Reaktionen (s.o.), kann gleichzeitig aber die Chance dieser Anforderungssituation nicht ergreifen und für ihre Entwicklung positiv nutzen. Für die Beziehung ihrer Bezugspersonen zu ihr bedeutet dies, wenn sie das Stereotyp „Ich bin nicht liebenswert" nicht verstärken wollen, müssen sie Marlies zeigen, dass sie, ungeachtet ihres herausfordernden Verhaltens, nah bei ihr sind.

Die Botschaft „Ich halte Dich und mit Dir aus, wenn Du Dir selbst keinen Halt mehr geben kannst" gibt ihr die Möglichkeit, sich auf eine Stützung und einen Halt von außen einzulassen. Diese Botschaft schließt aber im Sinne von Authentizität (Echtheit) mit ein, dass ich mir meiner eigenen Grenzen bewusst bin, diese Marlies auch benenne und neue Handlungsmuster zur Wahl stelle. Diese Öffnung eigener Grenzen hat die wichtige Funktion, sich als Heilerziehungspfleger vor einer Überforderung – und damit eigenen Grenzverletzung – zu schützen. Sie bedeutet aber gleichzeitig auch eine authentische und überprüfbare Gewissheit („Nichts versprechen, was man nicht einhalten kann") für Marlies, meine „Angebote" und deren Grenzen zu kennen. Die Fortdauer dieser Zugewandtheit dem betroffenen Menschen gegenüber, in Gestalt einer Art „pädagogischer Präsenz", auch in Problemsituationen, schafft für Marlies die Chance, eigene Sicherheit (erneut) zu gewinnen und langsam Vertrauen in diese Art der Beziehung zu entwickeln. Gleichzeitig ermöglicht dies Marlies, ihre herausfordernden Verhaltensweisen nicht mehr zu zeigen."

Das Beispiel von Marlies zeigt einerseits die Wichtigkeit personaler Begleitung, gerade in Krisen. Das Anbieten von Sicherheit durch Beziehung kann wesentlich eine Krise überwinden helfen, im Gegensatz zu Rückzug oder Ausschluss des betroffenen Menschen in schwierigen Situationen. Gleichzeitig erfordert dies ein sehr hohes Maß an Verstehen, Einfühlen („Was braucht er/sie?") und eine sehr hohe Belastungsfähigkeit des Heilerziehungspflegers, um diese Begleitung in Krisen anbieten zu können. Beratung, Reflexion und Stützung durch das gesamte Mitarbeiterteam, fachliche Begleitung von außen, durch pädagogische oder psychologische Fachkräfte sind hier wichtige Hilfen, um dieses Ziel zu erreichen. Darüber hinaus ist es wichtig, die herausfordernde Verhaltensweise eines Menschen als Teil seiner Person anzunehmen und damit zu akzeptieren, dass es Ziel meiner Bemühungen nur sein kann, die Rückgriffe auf problematisches Verhalten seltener „notwendig" zu machen, nicht aber das herausfordernde Verhalten „wegzubekommen". Entsprechend ist die aufmerksame und intensive Begleitung des behinderten Menschen nicht allein in akuten Krisensituationen, sondern dauerhaft notwendig. Dies weist auf zwei weitere Schlüsselbegriffe im Zusammenhang mit Krisen hin:

a) die Akzeptanz des „Soseins" und wiederholtem Anbieten neuer Wege
b) die Autonomie des Menschen mit Behinderung

8.5 Akzeptanz des „Soseins" und das Angebot neuer Wege

Aufgabe

Kreuzen Sie auf der nachfolgenden Liste an:

	Kann ich akzeptieren				
	ja				*nein*
Ein Bewohner mit starkem Speichelfluss möchte mich fest drücken.	○	○	○	○	○
Ein Bewohner schmiert mit Kot.	○	○	○	○	○
Ein Bewohner schreit permanent.	○	○	○	○	○
Ein Bewohner schaukelt permanent.	○	○	○	○	○

Die Beispiele sollen verdeutlichen, wie schwierig die Gratwanderung zwischen gefordertem Verständnis für Verhaltensweisen von Menschen mit Behinderung und eigenen Normen und Werten ist. Dabei ist ein sehr wichtiger Lernprozess, sich der eigenen Grenzen bewusst zu werden und diese aus- bzw. ansprechen zu können. Dies gilt in besonderer Weise bei sexualisierter Sprache und Handlungen von Menschen mit Behinderung oder bei Erleben und/oder Ausgesetztsein von Fremd- oder Selbstverletzungen. Für eine authentische personale Begleitung ist das Bewusstmachen dieser eigenen Grenzen von zentraler Wichtigkeit. Die Chance des Gelingens einer Beziehung zum Menschen mit Behinderung ist nicht so sehr davon abhängig, ob meine Grenzen mit denen meines Gegenübers übereinstimmen, sondern ob ich mir die Unterschiedlichkeit bewusst mache und meinem Partner durch Gespräch oder Haltung vermittle.

Erst durch die Bewusstmachung eigener Gefühle und auch Grenzen in der Begleitung von Menschen mit Behinderung (vgl. oben „Beispiel Marlies") wird es mir möglich, neben die Akzeptanz des „Soseins" des anderen das Angebot immer wieder neuer Schritte zu setzen. Die Balance zwischen dem Sicherheit vermittelnden und die professionelle Beziehung stärkenden „Ich nehme Dich so an, wie Du bist" und dem Entwicklung ermöglichenden, immer wieder-kehrenden Angebot neuer Wege stellt dabei eine besondere Herausforderung an die alltägliche Begleitungsarbeit des Heilerziehungspflegers dar. Dabei kann es in besonders herausfordernden Begleitungen auch hilfreich sein, die Betreuungsarbeit nicht alleine zu übernehmen, sondern sich diesen Auftrag gemeinsam mit Kollegen zu teilen, um eine schwierige Situation auf mehreren Schultern zu tragen.

„Überprüfung der Haltung gegenüber einem Menschen mit Behinderung." Nehmen Sie sich Zeit, einmal die folgenden Fragestellungen in Bezug auf Herr oder Frau XY zu beantworten:

a) Was kann er/sie nicht?

b) Was kann er/sie?

c) Was möchte er/sie?

d) Was braucht er/sie?

1. Zu welcher dieser Fragen fällt Ihnen viel, zu welchen wenig ein?

2. Welche der Fragen sind für Sie leicht zu beantworten, welche schwer?

3. Wie können Sie über den Menschen in Bezug auf einzelne der o. g. Fragen mehr erfahren?

Aufgaben

8.6 Autonomie des Menschen mit Behinderung

Gerade im Zusammenhang mit Krisen benötigt der betroffene Mensch Hilfestellung, damit seine eigenen selbststän-digen Anteile erhalten bleiben und seine Handlungsfähigkeit gestärkt wird. Letztlich können nicht wir, sondern nur der betroffene Mensch selbst einen angemessenen Umweltkontakt wiederherstellen. Gerade im beruflichen Alltag des Heilerziehungspflegers stellt die Aufgabe, die „Autonomie" des Menschen mit Behinderung zu achten, eine ständige Herausforderung dar. Häufig laufen wir Gefahr, für oder über den Menschen mit Behinderung zu entscheiden. Dies gilt in zugespitzter Form in Krisensituationen. Die Bedrohung der Autonomie und damit der Verlust der Übernahme einer Verantwortung für sich selbst kann im beruflichen Alltag aus zwei Richtungen erfolgen:

Zum einen können ungünstige Rahmenbedingungen die personelle Begleitungsmöglichkeit so weit reduzieren, dass auf äußere Begrenzung zurückgegriffen werden muss, die die Verantwortung des Betroffenen beschneidet oder gar aufhebt (Ausschluss aus der Gruppe, Festlegung rigider Regeln, wie z.B.: „Wenn, dann ..."). Der Einfluss ungünstiger äußerer Bedingungen auf herausforderndes Verhalten von Menschen mit Behinderungen ist aus dem Alltag häufig bekannt. Die Notwendigkeit, bestimmte Betreuungsmaßnahmen gleichwohl sicherzustellen, führt oft zu einer Ein-schränkung der Selbstbestimmung der betroffenen Person.

Dabei ist es wichtig, zu sehen, dass bestimmte Halt gebende Regeln oder Maßnahmen oft erst die Voraussetzung dafür schaffen, dass ein Mensch sich „selbstbestimmt" in seiner Umgebung bewegen kann. So kann es förderlich sein, einen Menschen beim Aufräumen seines Zimmers mit klaren Vorgaben zu unterstützen, um zu verhindern, dass er sich im eigenen Chaos nicht mehr zurechtfindet und dann auf ein „Stereotyp" zurückgreifen muss. Im Alltag bleibt es wichtig, die eigene Haltung einem Menschen mit Behinderung gegenüber stets neu zu überprüfen und dem betrof-fenen Menschen ein möglichst hohes Maß an Autonomie und Selbstbestimmung zu belassen. Nur so kann eine Stär-kung und Förderung der Entwicklung von Persönlichkeit und Übernahme von Eigenverantwortung erreicht werden. Fehlende eigene Sicherheit beim Setzen von Grenzen oder die mangelnde **„pädagogische Präsenz"** dürfen nicht mit „Selbstbestimmung" verwechselt werden.

Eine Bedrohung der Autonomie kann jedoch auch erfolgen, wenn die personelle Begleitung umfassend sichergestellt werden kann („Dieter braucht jemanden für sich"). Die Verführung dieser, insbesondere bei Krisen so wünschenswerten Situation, liegt in gleicher Weise in einer situativen Entmündigung des Menschen mit Behinderung. Indem die begleitenden Personen aus der Situation Entscheidungen für den Betroffenen meinen treffen zu müssen, wird dieser immer weniger Verantwortung für sich übernehmen („Gerda kann das sowieso nicht/Frau K. wird dieses Angebot überfordern".). Dies wiederum macht scheinbar ein Mehr an Fremdbestimmung notwendig, was in einem unheilvollen Kreislauf endet.

Lesen Sie hierzu Dietmut Niedeckens Beitrag „Szenisches Verstehen und pädagogisches Handeln" in: Geistige Behinderung 4/2001, S. 313 ff.).

Jede Krisenintervention muss durch den Heilerziehungspfleger neben dem Versuch der Aufhebung isolierender Bedingungen auch auf eine Stärkung der Autonomie des Betroffenen bedacht sein, so sehr auch die äußeren Umstände ja scheinbar das Gegenteil notwendig zu machen scheinen.

Hierbei können Anregungen von Christina Heinrich (Ch. Heinrich, Systemsprenger, 2006) sehr hilfreich sein. In der alltäglichen Begleitung von Menschen mit herausforderndem Verhalten wird es für das Anstoßen eines Entwicklungsprozesses sehr hilfreich sein, sich bewusst zu machen, dass jeder Mensch über ein eigenes Tempo verfügt, welches nicht immer dem unsrigen entspricht. Eine „Entschleunigung" vieler Anforderungssituationen und das Beachten des eigenen Tempos der Beteiligten, kann viele Situationen nicht nur erleichtern, sondern überhaupt erst zu einem positiven Ergebnis führen. Unterstützt wird diese Überlegung zudem, wenn es mir als professionellem Begleiter gelingt, den Glauben an das Entwicklungspotenzial meines Gegenübers zu erhalten. Nicht wir – als Fachleute – entwickeln den Menschen mit Behinderung. Dies kann er stets nur ganz alleine tun. Wir können ihn auf seinem Weg durch unseren Glauben an seine Fähigkeiten, Gelassenheit und Sicherheit im oben beschriebenen Sinn unterstützen.

Das o. g. Bewusstsein des Heilerziehungspflegers über eigene Grenzen kann dazu führen, dass eine Beziehung zu einem Menschen mit Behinderung in ein sehr starkes Ungleichgewicht hinsichtlich der Respektierung eigener Grenzen führen kann. Ein solches Ungleichgewicht kann bereits für sich Ausdruck einer Krise sein. Die bereits erwähnte Besprechbarkeit der Situation im Team, die – falls möglich – fachliche Beratung oder Supervision von außen, können Hilfen bei der konstruktiven Bewältigung einer solchen Krise darstellen. Es kann jedoch auch Ergebnis dieser Beratung sein, dass die Belastungsaspekte der Beziehung überwiegen. Dies wird stets dann der Fall sein, wenn der Heilerziehungspfleger zu der Erkenntnis kommen muss, seine Aufgabe nicht mehr länger psychisch oder physisch gesund tun zu können. In diesem Fall kann es vorrangig wichtig werden, die eigene Person zu schützen.

8.7 Ablösung von der Familie

„Nun war es eine Zeit lang bei der Frau Holle, da ward es traurig und wusste anfangs selbst nicht, was ihm fehlte, endlich merkte es, dass es Heimweh war; obwohl es ihm hier vieltausendmal besser ging als zu Haus. Endlich sagte es zu ihr: Ich habe den Jammer nach Hause gekriegt, und wenn es mir auch noch so gut hier unten geht, so kann ich doch nicht länger bleiben, ich muss wieder hierauf zu den Meinigen."

(aus „Frau Holle", Märchen der Brüder Grimm, Berlin 1983)

Die Aufnahme eines Menschen mit Behinderung in eine Wohneinrichtung stellt, unabhängig von Alter und Motiv, immer einen Trennungsprozess dar. Die eigene Familie ist und bleibt Teil der eigenen Wurzeln. Unabhängig von den real gemachten persönlichen Erfahrungen bleibt diese Teil der eigenen Herkunftsgeschichte. Von daher ist es wichtig, diesen Teil der Herkunftsgeschichte nicht auszuschließen. Je nachdem wie dieser Ablösungsprozess gestaltet wurde, birgt er auch nach Jahren noch mögliche Ursachen für Krisen und herausforderndes Verhalten.

> **Aufgabe**
>
> *Überlegen Sie, ob Sie einen Bewohner kennen, bei dem Sie als Heilerziehungspfleger zu dem Ergebnis kommen, er habe es im Wohnheim weit besser als zu Hause. Versuchen Sie, sich einmal in die Rolle des Bewohners zu versetzen. Wie könnte der Bewohner eine solche Aussage empfinden?*

Dabei birgt dieser Trennungsprozess neben schmerzlichen Anteilen gleichzeitig stets auch Chancen für die eigene Persönlichkeitsentwicklung. Beide Anteile gehören zu dieser Lebensphase und sind zu unterstützen. So wie es Aufgabe des Heilerziehungspflegers ist, mit dem trauernden Bewohner positive Perspektiven des Lebens im Wohnheim zu entwickeln, ist es gleichermaßen seine Aufgabe, genau zu beobachten, wo dieser Prozess bei Menschen stattfindet, die den Umzug ins Wohnheim oder in das betreute Wohnen scheinbar „problemlos" gemeistert haben.

So kann diese Erfahrung ihre förderlichen und persönlichkeitsstärkenden Anteile bei Menschen mit Behinderung entwickeln, wenn der gleichzeitige Verlust nicht geleugnet werden muss. Gerade in der Phase des Einlebens eines Menschen mit Behinderung in eine Wohneinrichtung ist es für den begleitenden Heilerziehungspfleger wichtig, dem neuen Mitbewohner Raum für das Ausdrücken von Trauer und Unsicherheit zu geben. „Vielen von uns haben sich neue Türen dadurch geöffnet, dass wir ohne Warnung in eine traumatische Situation gebracht wurden, die uns gezwungen hat, uns anders als bisher zu verhalten. Für manche Menschen ist das der einzige Anlass zu Veränderungen." (Satir, 1994, S. 72)

> **Aufgabe**
>
> *Gestalten Sie besondere Begegnungen mit dem Betroffenen, indem Sie bewusst Signale setzen, dass Sie offen für solche Empfindungen sind. Schaffen Sie eine stille Atmosphäre. Betrachten Sie mit ihm zusammen ein Fotoalbum der Familie. Erzählen Sie über Ihr und sein Zuhause u. Ä.*

Diese Situationen, eingebettet in positive neue Lebenserfahrungen des Wohnumfeldes, geben dem Menschen mit Behinderung die Gelegenheit, eine eigene Balance dieser neuen Lebenssituation zwischen Familie und Wohneinrichtung zu entwickeln. Gelingt es dem Begleiter, diese Balance zu unterstützen, kann dies große Entwicklungsschritte nicht nur in Bezug auf die Trennungsphase beim betroffenen Menschen freisetzen. Die Spannung, in der gerade erwachsene Menschen mit Behinderung häufig leben, innerhalb der Familie das Wohnheim nicht zu sehr loben zu dürfen und im Wohnbereich nicht zu positiv über das Leben in der Familie zu sprechen, kann sich hierdurch wesentlich mildern. Dies schafft somit nicht allein eine erwachsene Selbsteinschätzung, sondern auch ein gutes Klima für eine partnerschaftliche Kooperation mit den Angehörigen, die nicht auf Konkurrenz ausgerichtet ist.

> **Aufgabe**
>
> *Besuchen Sie mit einer Bewohnerin ihre Familie. Ermuntern Sie sie, ihre Familie einzuladen. Lassen Sie sie Bilder vom Wohnheim und ihrer Familie malen usw.*

In ganz ähnlicher Weise bedarf der unumgängliche Wechsel (innerhalb) der Einrichtung einer sensiblen Begleitung, bei dem auch „Eingewöhnungsschwierigkeiten" als Ausdruck positiver Energien wahrgenommen werden können.

8.8 Profession und Krise

(Professionelle) Begleitung und Krisenintervention

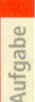

Zeichnen Sie Ihre Lebenslinie. Wenn Sie die Tiefpunkte auf diesem Bild betrachten, wer oder was hat Ihnen in diesen Situationen gut getan bzw. am meisten geholfen? Nun vergleichen Sie diese persönliche Erfahrung mit den Interventionen bei Krisen von Menschen mit Behinderungen, die Sie bisher erlebt haben.

Die pädagogische Praxis wird wesentlich davon bestimmt, wie sehr die Wahrnehmung von den schwierigen Anteilen eines Menschen mit Behinderung bestimmt wird und auf das gezeigte Verhalten fixiert ist. Zunächst bedeutet dies für den Begleiter und das gesamte Betreuerteam, sich der Gefahr einer Fixierung bewusst zu sein und dementsprechend entgegenwirken zu können. Einer Fixierung liegt letztlich keine andere Ursache zugrunde als die o. g. Begründung für das Entstehen einer Verhaltensstörung. Wir könnten somit auch sagen: Durch die Fixierung findet eine Übertragung der (Wahrnehmungs-) Störung auf den Heilerziehungspfleger statt. Die gezeigten problematischen Verhaltensweisen sind so heftig bzw. „einprägend", dass der betroffene Mensch nur noch mit diesen Anteilen gesehen wird. Alle Beobachtungen und Wahrnehmungen laufen darauf hinaus, den Menschen nicht mehr in seiner Gesamtpersönlichkeit, sondern fokussiert auf sein Problem zu erleben und ihn hierauf zu reduzieren. Erlebt der betroffene Mensch jedoch selbst, dass nur auf sein „unerwünschtes" Verhalten reagiert wird, andere Persönlichkeitseigenschaften jedoch kaum mehr wahrgenommen werden, besteht die Gefahr, dass er sich auch nur mehr über dieses Verhalten einbringt. Damit aber würde ein Teufelskreis für beide – Mensch mit Behinderung und Mitarbeiter – entstehen, der genau zum Gegenteil des Gewünschten führt. Ein erster Hinweis auf eine solche Verkürzung der Sichtweise kann der nachfolgende Bericht im Übergabebuch oder in der Dokumentation sein: „Mit D. war heute alles o.k. Er hat nicht getickt." Ständige Besprechungen der schwierigen Verhaltensweisen und die Suche nach einem möglichen Umgang hiermit im Team sind oft die Folge. Häufig führen diese Besprechungen zu einer Erschöpfung, verbunden mit einem Gefühl der Ohnmacht, und schließlich zu einer wachsenden Abwehr der so anstrengend und raumgreifend erlebten Person.

1. *Prüfen Sie die in Gesprächen verwendeten Beschreibungen von Menschen mit herausforderndem Verhalten.*
   Kennen Sie Gefühle über Bewohner wie: „Ständig reden wir über M. Die anderen kommen viel zu kurz. Bei G. haben wir wirklich schon alles probiert." Wie gehen Sie mit diesen Gefühlen um?
2. *Legen Sie sich ein kleines Heftchen an, in dem Sie für einen Zeitraum (z. B. zwei Wochen) ausschließlich positive Erlebnisse und Erfahrungen mit einem schwierigen Bewohner eintragen. Versuchen Sie, danach einmal dem Betroffenen einen Brief über das in dieser Zeit Erlebte zu schreiben.*

Weitgehende Fixierungen können letztlich eine völlige Gleichsetzung des Menschen mit dem von ihm gezeigten Verhalten zur Folge haben. Ist ein Mensch mit Behinderung erst einmal der „Türbrecher" oder der „Kneifer", ist er in einem Stereotyp gefangen, das ihm kaum mehr Handlungsalternativen eröffnet. Hilfreich in der Begleitung von schwierigen Menschen können dabei die nachfolgenden Überlegungen sein:

- Wie kontinuierlich und durchgängig gilt unsere Aufmerksamkeit dem Bewohner, oder befassen wir uns vorrangig mit ihm, wenn er schwierig wird?
- Wie ganzheitlich bleibt unsere Wahrnehmung in Bezug auf unser Gegenüber? Welche Hinweise, Zeichen und Signale neben dem herausforderndem Verhalten nehmen wir noch wahr?
- Gerade bei Menschen, die durch ihr Verhalten sehr viel Raum einnehmen, erscheint es wichtig, auch zu reflektieren, welchen „gedanklichen Raum" der Betroffene einnimmt bzw. welchen wir ihm zugestehen. (Wie häufig finden Besprechungen über diese Person statt?)

Es kann bei der Arbeit mit sehr schwierigen und fordernden Menschen hilfreich sein, im Team deutlich zu trennen zwischen „Befindlichkeitsrunden" (auch darauf zu achten, dass es dabei bleibt) als Gelegenheit, eigene Gefühle zu benennen und auszutauschen, und davon getrennt Besprechungen durchzuführen mit dem Ziel, aus dem Verstehen der Person Handlungsstrategien zu entwickeln.

Ebenso kann es bei Menschen mit Behinderung hilfreich sein, einen nicht direkt Beteiligten (nicht also die Bezugsperson) zu benennen, die als „Verteidiger" den besonderen Auftrag hat, den Blick stets auf **alle** Anteile der Person zu richten. Eine solche offene Betrachtungsweise, die sich an der Frage „Was braucht K.?" orientiert, gibt meinem Gegenüber die Gelegenheit, neue alternative Verhaltens- und Reaktionsweisen zu wagen und somit einen Schritt zur Eigenverantwortung zu gehen.

In seltenen Fällen kann trotz aller Bemühungen die weitere Betreuung eines „schwierigen Menschen" innerhalb des bestehenden Bezugsrahmens nicht mehr fortsetzbar sein. Dann stellt sich häufig die Frage nach einer vorübergehenden psychiatrischen Unterbringung. Diese Entscheidung birgt umso mehr Chancen, je offener sie besprechbar und reflektierbar ist. Geht es vorrangig darum, N. zu helfen, oder brauche ich eine Pause? Will ich überhaupt ein Begleitungsangebot dauerhaft aufrecht erhalten oder wäre es mir lieber, N. würde nicht wieder zurückkehren?

Alle Antwortmöglichkeiten sind legitim und fachlich begründbar. Ein Entscheidungsprozess wird umso konstruktiver für die Betroffenen und das Team (für das diese Frage häufig eine enorme Belastung darstellt) verlaufen, je offener eigene Motive und Haltungen geäußert werden dürfen. Das frühzeitige Zulassen dieser Überlegungen, das Einbeziehen in die Planung der Begleitung und die Reflexion des jeweiligen Handelns bieten neben den Belastungen dieser Entscheidung auch deutlich Chancen. Die Auseinandersetzung mit dieser Frage enthält auch die Gelegenheit, realistische Bilder und Informationen über die Möglichkeiten und Grenzen psychiatrischer Behandlung einzuholen und zu entwickeln.

In ganz ähnlicher Weise gelten diese Fragestellungen auch für die Auseinandersetzung mit der Frage, ob ein Mensch mit herausforderndem Verhalten ein Psychopharmakon erhalten soll. Auch wenn diese Frage zunächst in den Entscheidungsbereich des betroffenen Menschen, seines gesetzlichen Betreuers und des behandelnden Arztes fällt, bedarf es doch einer eigenen Positionierung als professioneller Begleiter. Hier stellen sich ebenso Fragen wie „Welches andere Verhalten wünsche ich mir?", „Dient die gewünschte Veränderung dem Betroffenen oder eher unserem Betreuungssystem?", u.ä.

Eine ganz wesentliche Frage ist zudem, ob der Wunsch nach einer Verhaltensänderung durch ein Medikament gleichzeitig als Eingeständnis des Scheiterns meiner pädagogischen Bemühungen erlebt wird und gar an seine Stelle tritt? (vgl. hierzu, Heiner Bartelt, Eigentlich sind wir ja dagegen – Medikamente und/oder Pädagogik, 2008).

1. *Prüfen Sie innerhalb Ihrer Wohngruppe, welchen Menschen Sie das Attribut „herausforderndes Verhalten" zuschreiben. Wird der Begriff „herausfordernd" innerhalb Ihres Teams auch für Menschen, die still, zurückgezogen und „unauffällig" sind, verwandt?*

2. *Denken Sie an Menschen in einer Wohngruppe, die „herausfordernd" sind. Schreiben Sie spontan zu jedem dieser Menschen drei charakterisierende Begriffe auf. Wie prägen diese Eigenschaften das „Bild" des Betroffenen?*

8.9 „Haltung" als Ausdruck beruflicher Identität des Heilerziehungspflegers

*„Wohlan denn Herz, nimm Abschied und gesunde". (**Hermann Hesse**)*

Die Arbeit des Heilerziehungspflegers im Umgang mit Krisen – ganz gleich, ob es um das Verstehen schwierigen Verhaltens, das Erleben verschiedener Arten von Trennungen im Alter, bei Krankheit oder Tod geht – steht und fällt mit der Fähigkeit, loszulassen. Professionale Beziehungsgestaltung ist stets darauf angelegt, einen Menschen ein Stück seines Weges zu begleiten. Welcher Ausschnitt dabei gewählt wird, wo der Anfang und das Ende der Begleitung liegen, wird in der Regel nur sehr bedingt vom Begleiter bestimmt. Professionelle Begleitung macht sich somit nicht am Umfang, sondern an der **Qualität der Beziehungsgestaltung** fest. Es ist allein noch kein fachliches Verdienst, seit 20 Jahren in einer Wohngruppe zu arbeiten. Dabei soll die Bedeutung der Dauer von Beziehung für die Entwicklung von Vertrauen, Sicherheiten und Gewohnheiten nicht unterbewertet werden. Gleichzeitig kann ich als Begleiter eines Menschen mit Behinderung nur aus der Beziehung zu ihm mein Recht auf Einflussnahme auf ihn herleiten. Weder aufgrund meiner Rolle und keinesfalls aufgrund von Macht („Weil ich es zu bestimmen habe"), sondern nur wenn die Begründung meines Handelns aus der Beziehung zum anderen resultiert, gibt mir dies die Legitimation, auch Grenzen zu setzen oder in die Auseinandersetzung mit dem Menschen mit Behinderung zu treten.

Erst das Bewusstsein, dass jede berufliche Beziehung prinzipiell auf ein Ende hin angelegt ist, macht frei, sich auf die so notwendige Beziehungsarbeit einzulassen. Das Wissen um und die ständige Reflexion eines möglichen Endes der Begleitung des Menschen mit Behinderung widerspricht nicht einer professionellen Beziehungsgestaltung. Gelingt es mir, mich auf den Menschen einzulassen, ohne ihn zu vereinnahmen, und seine Grenzen wahrzunehmen und vor ihnen Halt zu machen, dann wird es mir leichter, meine Arbeit als Heilerziehungspflegerin langfristig physisch und psychisch gesund zu erfüllen.

> *Zeichnen Sie die Umrisse eines Menschen auf eine Tapetenrolle. Stellen Sie sich Ihren Bezugsbewohner vor und stellen Sie sich in Beziehung zu ihm (sowohl die zurzeit von Ihnen wahrgenommene als auch Ihre gewünschte Beziehung). Wie erleben Sie Ihre eigene Balance von Nähe und Distanz in dieser Übung?*
>
> *Nun legen Sie sich selbst auf die Tapetenrolle: Wie geht es Ihnen mit dieser Perspektive?*

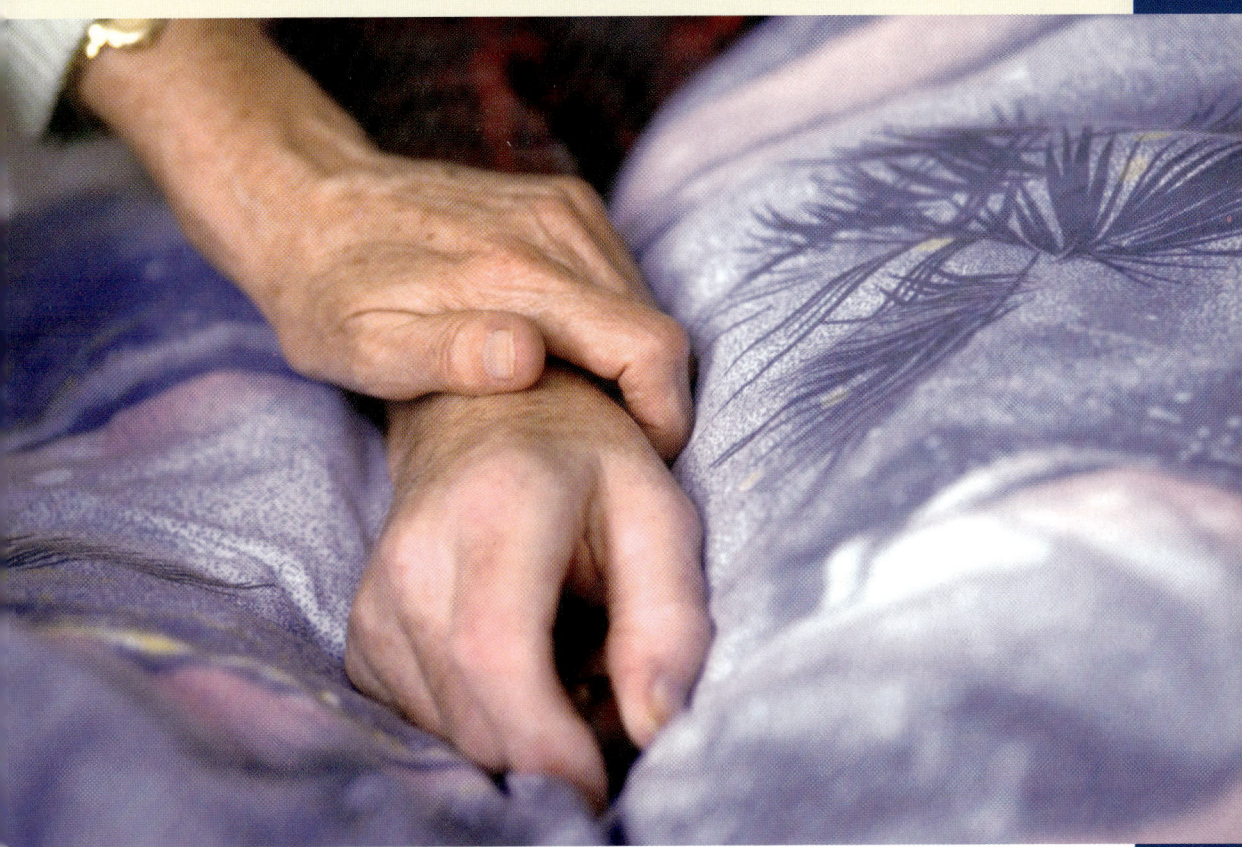

9 Der Umgang mit Abschied, Sterben, Tod und Trauer im Leben von Menschen mit Behinderungen

- *Warum sind das Abschiednehmen und das Sterben immer noch Tabuthemen?*
- *Welche Möglichkeiten gibt es, sterbende Menschen zu verstehen und sensibel zu sein für ihre Bedürfnisse?*
- *Mit welchen Ängsten sehen sich Angehörige konfrontiert?*
- *Wie wird Trauer ausgedrückt?*
- *Welche Hilfen gibt es im Umgang mit sterbenden und trauernden Menschen?*

9.1 Grundlagen

Einführende Gedanken

Dieses Kapitel widmet sich der letzten Lebensphase des Menschen sowie den Menschen, die sich mit der Situation des Abschiednehmens und mit dem Verlust eines nahe stehenden Menschen konfrontiert sehen.

An dieser Stelle sei gesagt, dass das Sterben von Menschen mit Behinderungen sich nicht im Wesentlichen unterscheidet vom Sterben der Menschen ohne Behinderungen.

Das Sterben geschieht immer in einer einzigartigen Weise, so wie auch das Leben individuell gestaltet wird. Unterschiede kann es in den Ausdrucksmöglichkeiten, der Beziehungsgestaltung und der Wahrnehmung geben. Je nach Grad und Schwere der geistigen Behinderung kann das Bewusstsein für die momentane Situation verändert, verringert oder eingeschränkt sein. In der Sterbebegleitung bei Menschen mit geistiger Behinderung kann die Bedeutung der verbalen Kommunikation geringer sein und die nonverbale Kommunikation einen höheren Stellenwert bekommen (vgl. Senckel, 1996, S. 132).

Abschiednehmen als Bestandteil des Lebens

> *„Jedem Anfang wohnt ein Zauber inne, der uns beschützt und der uns hilft, zu leben ..."*
> **(Hermann Hesse, in „Stufen")**

So lang wir leben, werden wir immer wieder mit dem Abschiednehmen konfrontiert. Jeden Tag verabschieden wir uns z.B. von Freunden nach einem Treffen, nach einem Telefonat, nach Feierabend von den Kolleginnen und Kollegen, nach einem Wochenende, wenn wir unseren Gast zum Bahnhof begleiten usw. Abschiednehmen ist Teil des Tagesablaufes, immer wiederkehrend und für viele von uns als ganz natürlich und als dazugehörig empfunden.

Manche Lebensabschnitte sind besonders vom Abschied geprägt. In unserer Erinnerung ist es möglicherweise noch präsent, wie damals der Abschied aus dem Kindergarten, der Schule oder der Auszug aus dem Elternhaus erlebt wurde und wie das Gefühl des Abschiednehmens verbunden war mit verschiedensten Eindrücken: Trauer, dass etwas zu Ende geht, und gleichzeitig auch Freude und Angst vor dem Neubeginn. Abschied wird also durchaus nicht nur mit negativen Gefühlen belegt.

Und dennoch: Abschied nehmen bedeutet für viele Menschen in erster Linie ein Gefühl, welches einhergeht mit dem Begriff der Trauer, des Schmerzes und der Verzweiflung. Diese Assoziation mag sich daraus ergeben, dass der Gedanke an den Tod eines lieben Menschen unmittelbar mit dem Begriff des Abschieds verknüpft ist.

Aufgaben

Nehmen Sie sich ein wenig Zeit für die Beantwortung der Fragen und tauschen Sie anschließend Ihre Gedanken und Erfahrungen aus.

1. Erinnern Sie sich an Abschiede, die Sie erlebt haben. Gibt es Abschiedssituationen, die Sie positiv oder negativ in Erinnerung haben? Was macht einen Abschied für Sie positiv bzw. negativ?

2. Welche Möglichkeiten haben Sie für sich entwickelt, wie Sie mit Abschiedssituationen umgehen?

3. Vervollständigen Sie die folgenden Sätze:
Abschied ist für mich ...
Abschied ist für mich ...
Abschied ist für mich ...

Sterbebegleitung ist Lebensbegleitung

> *„Und um ihm (dem Tod) zunächst seine größte Überlegenheit über uns zu entreißen, lasst uns einen dem Gewöhnlichen ganz entgegengesetzten Weg einschlagen. Nehmen wir ihm seine Unheimlichkeit, machen wir ihn uns vertraut, halten wir mit ihm Umgang..."* **(Michel de Montaigne, 1533–1592)**

Leben und Sterben gehören untrennbar zusammen. Das Sterben zieht sich durch unser gesamtes Leben. Im Leben ist immer schon Sterben, im Sterbenden ist immer noch Leben und Lebendiges. So wird auch die Sterbebegleitung als Lebensbegleitung verstanden. Sie soll in der letzten Lebensphase unterstützend wirken.

Die Auseinandersetzung mit dem Lebensthema Sterben kann von verschiedenen Seiten betrachtet werden. Zum tieferen Verständnis dieser Thematik kann es helfen, sich mit verschiedenen Fragen bzgl. des Sterbens im privaten und beruflichen Kontext auseinanderzusetzen:

- Wie wird in der eigenen Familie mit dem Tod eines Angehörigen umgegangen, welche Erfahrungen wurden gemacht?
- Wie wird in Einrichtungen der Behindertenhilfe mit dem Sterben umgegangen? Ist das Sterben dort möglich?
- Welche Rolle habe ich als Angehöriger, als Heilerziehungspfleger?
- Welche Traditionen, Bräuche, Rituale gibt es im Umgang mit dem Tod, der Trauer, der Bestattung etc.?
- Welche Vorstellungen bzgl. des Lebens nach dem Tod gibt es?

Die Auseinandersetzung mit dem Sterben und dem Tod ist in unserer Gesellschaft immer noch ein Tabuthema und stößt bei vielen Menschen auf „taube Ohren". Von allen Beteiligten fordert die Konfrontation mit dieser Thematik ein hohes Maß an Sensibilität, Achtung, Fähigkeit zur Reflexion und auch Mut. Die Frage der Endlichkeit des Lebens führt uns zwangsläufig in Bereiche, die mit uns zu tun haben; sei es mit Todesfällen, von denen wir schon gehört haben, Todesfälle, die in unserer unmittelbaren Umgebung passiert sind, und nicht zuletzt die Gewissheit, dass auch wir sterben müssen. Was können wir nun tun, um uns das Sterben näherzubringen, Ängste abzubauen und Verständnis zu entwickeln?

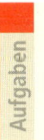

Unterscheiden Sie zwischen Tod und Sterben?
Fürchten Sie eines mehr als das andere?
Was verbinden Sie mit dem Tod?
Was verbinden Sie mit dem Sterben?

Anregungen zur persönlichen Auseinandersetzung

Die Auseinandersetzung mit erlebten Todes- und Trauererfahrungen und die Gespräche darüber können eine sehr konstruktive und heilsame Wirkung haben. Des Weiteren ermöglicht sie den Blick auf bestimmte Verhaltensmuster, die sich im Laufe des Lebens entwickelt haben. Die Konfrontation mit der eigenen Biografie im Umgang mit dem Sterben, dem Tod und der Trauer setzt unter Umständen einen Verarbeitungsprozess in Gang, der verdeutlicht, wo Verletzungen, Kränkungen, Ängste, aber auch Chancen und Möglichkeiten liegen.

Um sich in diesem Zusammenhang mit eigenen Erfahrungen und Erlebnissen auseinanderzusetzen, kann es helfen, das nachfolgende Arbeitsblatt auszufüllen und Vergangenes zu reflektieren.

1. *Suchen Sie sich einen ruhigen Platz und füllen Sie das unten angegebene Arbeitsblatt aus. Nehmen Sie sich Zeit und diskutieren Sie anschließend unter Berücksichtigung folgender Fragen Ihre Erfahrungen:*

   Wie haben Sie diese Konfrontation erlebt?
   Wie fühlen Sie sich jetzt?
   Was ist Ihnen eingefallen, an das Sie schon lange nicht mehr gedacht haben?

   Arbeitsblatt: Lebensgeschichtliche Erfahrungen von Sterben, Tod und Trauer (vgl. Worden, Beratung, 1999, S. 138 f.)

   Der erste Todesfall, den ich erlebt habe, war der von ....

   Ich war damals .... Jahre alt.

   Ich fühlte mich dabei ....

   Am meisten neugierig war ich auf ....

   Am meisten erschreckte mich ....

   Wenn ich heute an den Todesfall denke, empfinde ich ....

   Das erste Begräbnis, an dem ich teilgenommen habe, war das von ....

   Das Interessanteste an dieser Beerdigung war ....

   Am meisten erschüttert war ich bei der Beerdigung von ....

   Der erste persönliche Bekannte, der in meinem Alter starb, war ....

   Ich erinnere mich daran, dass ich gedacht habe ....

   Als mein erster Elternteil starb, war ich .... Jahre alt.

   Der Tod dieses Elternteils war besonders wichtig, weil ....

   Der letzte Todesfall, den ich erlebt habe, war der von ....

   Am meisten weh getan hat mir der Tod von ....

   Im Alter von .... Jahren kam ich persönlich in engste Berührung mit dem Tod, als .....

   Jetzt nach der Beantwortung dieser Fragen verbinde ich mit Sterben und Tod folgende Gefühle und Gedanken:

   Beim Umgang mit Verstorbenen bewegt mich am meisten ....

3. *Überlegen Sie in einem weiteren Schritt, ob es möglich ist, in Ihrem beruflichen Kontext mit Menschen mit Behinderungen diese oder ähnliche Fragen zu besprechen.*

   Was kann Ihnen dabei helfen?
   Was befürchten Sie?

4. *Entwickeln Sie für eine Einrichtung einen Biografiebogen, der sich mit den lebensgeschichtlichen Erfahrungen von Sterben, Tod und Trauer der Bewohner auseinandersetzt. Gibt es schon Erfahrungen in diesem Bereich?*

9.2 Das Phasenmodell des Sterbens nach E. Kübler-Ross und die Bedeutung für die Helfenden

„Jeder der geht belehrt uns ein wenig über uns selber." **(Hilde Domin)**

Hier nun soll der wohl bekannteste Versuch, sterbende Menschen und ihre Gefühlswelt zu verstehen, beschrieben werden. Es handelt sich dabei um eine wissenschaftliche Arbeit von Dr. Elisabeth Kübler-Ross.

Auch wenn das von ihr entwickelte „Phasenmodell des Sterbens" oftmals von Seiten der Kritiker als zu vereinfacht, zu starr und zu veraltet empfunden wird, so stellt es doch ein Instrument dar, das eine Hilfe bietet, um sterbende Menschen zu verstehen. Es soll hier in Kürze erörtert werden, und nach jeder Phase werden Vorschläge zur Unterstützung beschrieben.

Frau Kübler-Ross entwickelte das Phasenmodell des Sterbens, indem sie in den 1960er-Jahren 200 schwerkranke und sterbende Menschen interviewte. Ähnliche Entwicklungen und Prozesse der Sterbenden fasste sie in ihrem Modell zusammen.

Vorweg muss gesagt werden, dass das Modell nicht als Stufenmodell zu verstehen ist, in dem eine Phase nach der anderen chronologisch verläuft, sondern eher einen zirkulären Prozess beschreibt, in dem Gefühle, Gedanken, Äußerungen immer wiederkehrend auftreten können. Es verliert nicht den Blick für die Einzigartigkeit des Menschen, für sein persönliches Sterben und seinen individuellen Ausdruck. Wie die einzelnen Phasen erlebt werden, füllt der jeweilige Mensch mit seiner Biografie, mit seinen Fähigkeiten und mit seiner Persönlichkeit. Jeder Mensch stirbt seinen Tod auf seine einzigartige Art und Weise.

Erste Phase: nicht wahrhaben wollen

Der schwerkranke Mensch wird mit der Tatsache konfrontiert, dass sein Leben bald zu Ende geht. Die Reaktionen auf diese Realität sind meistens Abwehr, Schock und immer wieder die Aussage, dass das einfach nicht wahr sein kann. Jeder Mensch erlebt diesen Schockzustand in seiner ganz persönlichen Art und Weise. Es gibt Menschen, die weiterleben, als wäre nichts geschehen, und andere, die sich sehr mit ihrer Situation auseinander setzen, im Stillschweigen für sich oder im Gespräch mit anderen Menschen. Das Nicht-Wahrhaben-Wollen bietet dem betroffenen Menschen eine Art Schutzfunktion, die ermöglicht, sich langsam mit der Realität zu konfrontieren. Je schonungsloser dem Betroffenen die Wahrheit beigebracht wurde, desto stärker ist dieser Mechanismus.

Die Autoren Specht-Tomann und Tropper schreiben in diesem Zusammenhang, dass Menschen natürlich wissen, was ihnen alles an Schrecklichem passieren kann, doch wenn es um die eigene Existenz geht, stehen Menschen dem fassungslos gegenüber und weisen es von sich (vgl. Specht-Tomann/Tropper, 2000, S. 20).

Die Bedeutung für den Helfenden
Wenn Sie in Ihrer Einrichtung eine ähnliche Situation erleben, sollten Sie wissen, dass der sterbende Mensch sich in einer instabilen Verfassung befindet und Wechselbäder verschiedenster Gefühle erlebt. Das Planen der Zukunft, Hadern mit dem Schicksal und der Verfall in die Depression können abwechselnd vorherrschen (vgl. Dingerkus/Schlottbohm, 2002, S. 27). Wichtig ist es, dem kranken Menschen zu zeigen, dass seine Stimmungen angenommen, akzeptiert und nicht bewertet werden. Von großer Bedeutung ist ebenfalls, dass das gesamte Team, die Mitbewohnerinnen, die Familie und die Freunde über die Situation informiert werden.

343

Zweite Phase: Zorn, Wut

Die Erkenntnis des Sterbenmüssens dringt langsam ins Bewusstsein. Es findet eine Auflehnung statt, die den Betroffenen mit Bitterkeit und Groll erfüllt. Eine häufig gestellte Frage ist in diesem Zusammenhang: Warum gerade ich? (vgl. Mittag, Sterbende, 1994, S. 31). Der Mensch fühlt sich vom Schicksal ungerecht behandelt und neigt zu Gefühlsausbrüchen.

Die Bedeutung für den Helfenden

In dieser für alle Beteiligten schweren Situation sind einfühlendes Verstehen und liebevolle Aufmerksamkeit sehr wichtig. Die Helfenden sollten Verständnis für den Zorn und die Wut entwickeln und ihn nicht gegen sich selbst gerichtet sehen und sich zurückziehen. Der Rückzug könnte dazu führen, dass der Sterbende sich noch verlassener und isolierter fühlt. Sprechen Sie mit den Bezugspersonen über dieses mögliche Verhalten von Seiten des sterbenden Menschen, nehmen Sie die eigenen Gefühle ernst und besprechen Sie im Team die Situation.

Dritte Phase: Verhandeln

Diese Phase wird eher als kurz und flüchtig beschrieben. Nachdem der Zorn vorbei ist, geht der Betroffene nun in Verhandlung mit Gott und der Welt. Er verspricht z. B. regelmäßige Gottesdienstbesuche, gelobt Besserung in seinem Verhalten und hofft auf Wundermittel in der Medizin und bittet um Aufschub, um Unerledigtes zu erledigen. Auch hier reagieren die Menschen unterschiedlich. Manche Menschen reden über ihre Verhandlungen, Träume, Wünsche und Gedanken, andere verharren in Stillschweigen.

Die Bedeutung für den Helfenden

Für den Helfenden ist die Veränderung zu bemerken; aus anstrengenden, sterbenden Menschen werden umgängliche oder friedliche Menschen. Die Schwierigkeit des Helfenden liegt darin, die Hoffnung nicht zu nehmen, aber keine falschen Illusionen zu machen. In einer guten Beziehung ist es sicherlich möglich, diese Ambivalenz anzusprechen, z. B. „Ich wünsche mir auch, dass Du Weihnachten noch mit uns feiern kannst, aber ich weiß nicht, was bis dahin sein wird...!"

Auch hier sind Sensibilität, Empathie und die Einbeziehung des persönlichen Umfeldes des sterbenden Menschen von großer Bedeutung.

Vierte Phase: Depression

Es beginnt eine Zeit der Trauer und der Depression, in der der sterbende Mensch erkennt, dass es zum endgültigen Abschied von geliebten Menschen kommen wird, der Tod unausweichlich ist und dass Erträumtes oder auch Unerledigtes nicht mehr realisiert werden kann. Eine Verschlechterung des körperlichen Zustandes kann mit diesen Gefühlen einhergehen (vgl. Mittag, 1994, S. 32).

Die Bedeutung für den Helfenden

Unter Einbeziehung der Familie, des gesamten Teams, der Mitbewohner etc. kann nach Möglichkeiten und Wegen gesucht werden, unerledigte Dinge noch zu regeln. Wäre es z. B. hilfreich, bestimmte Personen zu treffen, persönliche Sachen zu verschenken? Vielleicht ist auch noch ein Gespräch möglich, das Entlastung bringen kann?

Fünfte Phase: Annahme, Zustimmung

In dieser Phase setzt ein Zustand der Ruhe und des Friedens ein. Der sterbende Mensch hat sich mit seinem Weg und seinem Schicksal einverstanden erklärt. Dieser Zustand geht einher mit einer physischen und psychischen Erschöpfung, die durch die letzten Kämpfe hervorgerufen wurden (vgl. Specht-Tomann/Tropper, Zeit des Abschieds, 2000, S. 36). Viele Menschen haben in dieser Phase ein großes Schlafbedürfnis und einige stellen die Nahrungsaufnahme ein (vgl. Mittag, 1994, S. 35).

Die Bedeutung für den Helfenden

Helfende können nun einfach nur **da sein**. Körperkontakt, behutsame Berührungen, gemeinsames Schweigen, ein Höchstmaß an Sensibilität für die Bedürfnisse des sterbenden Menschen und die Wachsamkeit für die eigenen Empfindungen sind von großer Bedeutung.

Alles sollte mit den Angehörigen bzw. mit den nahestehenden Menschen abgesprochen werden.

Aufgaben

1. *Wenn wir das Phasenmodell des Sterbens umbenennen in ein Phasenmodell des Lebens, passt das für Sie? Warum? Warum nicht?*

2. *Kennen Sie Situationen, in denen Sie diese Phasen bzw. ähnliche Gefühle erlebt haben?*

3. *Wenn ja, wann war das und wie haben Sie die Situationen bewältigt?*

Bedürfnisse, Wünsche, Ängste von sterbenden Menschen

Die Bedürfnisse sterbender Menschen sind vielfältig und individuell. So unterschiedlich Menschen leben, so unterschiedlich ist auch ihr Sterben. Bei der folgenden Nennung der Bedürfnisse wird sich auf Prof. Dr. Franco Rest, FH-Dortmund, seit 2004 wiss. Direktor der Dietrich Oppenberg Akademie für hospizliche Bildung und Kultur, Essen-Steele, bezogen.

Um die Vielfältigkeit der Bedürfnisse ein wenig zu ordnen, werden sechs Grundbedürfnisse benannt, die in einer wichtigen, hierarchischen Reihenfolge zueinander stehen. Die erstgenannten Bedürfnisse bilden die Grundlage für die letztgenannten. Bleibt die Versorgung sterbender Menschen aber in diesen „ersten" Bedürfnissen stecken, wird der Mensch auf einer „primitiven" Ebene festgehalten (vgl. Rest, 1998, S. 147 ff.).

- Als Grundvoraussetzung für alle Bedürfnisse müssen die **Bedürfnisse des Körpers** gewährleistet sein: Die Erhaltung des Atems einhergehend mit der Freihaltung der Atemwege, die Durststillung, das Bedürfnis nach ausreichend Schlaf und Ruhe, der veränderte Schlaf- und Wachrhythmus, die Linderung der Schmerzen spielen dabei eine erhebliche Rolle. Die Ernährung sollte auf die individuellen Bedürfnisse abgestimmt sein. Anregung für die Sinne kann sehr wichtig sein, z. B. das Bedürfnis nach Wärme, gedämpftes Licht, vielleicht Musik oder angemessene Unterhaltung. Der Wunsch danach, vorhandene Fähigkeiten wahrzunehmen und einzusetzen.

- Das **Bedürfnis nach Sicherheit** ist des Weiteren von großer Wichtigkeit. Ist im Notfall jemand erreichbar, werden alle Fragen, Ängste, Zweifel ehrlich beantwortet, wahrgenommen, respektiert. Es wird alles getan, um dem Sterbenden zu vermitteln, dass es um seine Belange geht und nicht um das Wohlgefühl der Begleitenden. Es sollten Möglichkeiten geschaffen werden, in denen der Sterbende über „alles" offen sprechen kann. Die Begleitenden sollten die Sicherheit geben, dass die Sterbestunde nicht allein verlebt werden muss. Die gute Versorgung sollte bis zuletzt beibehalten und kompetent gehandelt und nicht nur auf den körperlichen Zustand reduziert werden.

- Das **Bedürfnis nach Liebe** als ein existenzielles Bedürfnis des Menschen findet auch im Sterben seine große Bedeutung. Wird der Sterbende so angenommen, wie er jetzt ist, wird ihm Zärtlichkeit und Liebe geschenkt und seinem Bedürfnis, Liebe zu geben, Beachtung geschenkt. Soziale Kontakte, Gemeinschaft und das Gefühl der Geborgenheit helfen, die Vereinsamung zu vermeiden.

- Das **Bedürfnis nach Achtung**. Der sterbende Mensch sieht sich in seiner letzten Lebensphase mit dem Ziel konfrontiert, seinem Sterben eine persönliche Todesprägung zu geben (Rest, 1998, S. 148). Diese Suche und die damit einhergehenden Gedanken und Handlungen möchte er respektiert wissen. Es ist wichtig, ihn in seiner Autonomie zu bestärken, zu belassen, nicht über seinen Kopf, z. B. über weitere Therapiemöglichkeiten zu entscheiden, sondern ihn weitestgehend miteinzubeziehen und auch ein NEIN zu akzeptieren. Der sterbende Mensch wird in erster Linie als Mensch behandelt.

■ Das **Bedürfnis nach Selbstverwirklichung**, also der Wunsch danach, sich auch am Ende des Lebens als Person voll zu entfalten. Es ist wichtig, Fragen zur Sinnfindung nicht auszuweichen, nicht alle Verantwortungen abzugeben, um den Sterbenden zu schonen, sondern ihn einzubeziehen in alle Gedanken und Gefühle, die seine momentane Situation betreffen. Wenn gewünscht, kann Unterstützung gegeben werden bei der Regelung „der letzten Dinge" (Testament, Beziehungen klären).

■ Das **Bedürfnis nach Begegnung**. Kontakt wird hergestellt oder erhalten über Gespräche, Lachen, Weinen, Musik, Körperkontakt, Zärtlichkeit, Träumen, Farben, Stille, Dasein.... Der Sterbende weiß sehr viel mehr von seinem Sterben, als die beruflichen Helfer das können. Sie geben ihm Unterstützung dabei, dass „sein" Sterben bedeutsam ist. Dennoch müssen sie loslassen können und auch dem Sterbenden helfen, loszulassen.

<table>
<tr><td>**Aufgaben**</td><td>*Erinnern Sie sich an eine Situation in Ihrem Leben, in der Sie krank bzw. auf fremde Hilfe angewiesen waren. Überlegen Sie und diskutieren Sie nachher in Kleingruppen:*

1. Welche Bedürfnisse hatten Sie?
2. Wie haben Sie diese geäußert?
3. Was hat Ihnen besonders geholfen?</td></tr>
</table>

Bedürfnisse, Wünsche, Ängste von Angehörigen sterbender Menschen

Sterbebegleitung konzentriert sich nicht allein auf den sterbenden Menschen, sondern beinhaltet auch die Begleitung der Familie, Freunde, Angehörigen im weitesten Sinn. Auch für sie ist eine individuelle und sensible Begleitung wichtig. Stehen sie doch vor der schwierigen Aufgabe, loslassen zu müssen und ihr Leben in veränderter Form weiterleben zu müssen. Daher ist dieser Punkt den Angehörigen gewidmet.

Johann Christoph Student benennt in dem von ihm herausgegebenen Hospizbuch vier Ängste, mit denen sich Angehörige sterbender Menschen konfrontiert sehen (vgl. Student, 1999, S. 170ff.). Sie sind den Ängsten der Sterbenden nicht unähnlich:

1. Die Angst vor der Ungewissheit
In unserer Gesellschaft ist das Sterben immer noch ein Tabuthema. Obwohl die Anzahl der Hospizinitiativen und somit die Anzahl der Menschen, die sich mit dem Thema beschäftigen, stetig steigt, ist der Umgang mit sterbenden Menschen immer noch mit Angst besetzt. „Wenn es uns gelänge, das Wissen über Sterben, Tod und Trauer in unsere Alltagserfahrung zu integrieren, dann hätten wir viel erreicht" (Student, 1999, S. 171).

Um der Angst vor der Ungewissheit entgegenzuwirken, ist es notwendig, die Angehörigen z. B. über den Verlauf der Erkrankung zu informieren, sie in Kenntnis zu setzen über mögliche körperliche oder seelische Veränderungsprozesse, die mit dem Sterben einhergehen können. Hauptsächlich ist das die Aufgabe der Ärzte. Heute geschieht es leider häufig, dass zwar die Angehörigen informiert werden, aber der betroffene Mensch aus Rücksichtnahme und Angst vor seinen Reaktionen nicht. „Jeder Mensch weiß, wann er sterben wird, sei es auch nur unbewusst" (Kübler-Ross, in: Student, 1999, S. 171). Sterbende sprechen also ihrerseits nicht mit den Angehörigen, um diese zu schonen. Hier beginnt schon der eigentliche Trennungsprozess von Angehörigen und Sterbenden, weil beide die Situation nicht klar benennen und so in ihrem letzten Zusammensein nicht frei und ehrlich miteinander sprechen und sich begegnen können. Jeder für sich ist isoliert und der Möglichkeit beraubt, die letzte Lebensphase gemeinsam zu erleben.

2. Die Angst vor dem Leiden
Eine angemessene Schmerztherapie ist für eine gute Sterbebegleitung von besonderer Wichtigkeit. Die Angst, einen geliebten Menschen erleben zu müssen, der sich vor Schmerzen windet, ist elementar und schürt bei den Angehörigen

zusätzlich die Angst vor dem eigenen Sterben. Angehörige sollten darüber informiert werden, welche Möglichkeiten der Schmerztherapie es gibt und dass die Befreiung von den körperlichen Schmerzen mit dem Stand der heutigen Medizin zu erreichen ist. Eine gute Zusammenarbeit zwischen Ärzten, Pflegepersonal und Angehörigen ist hierbei Voraussetzung. Dieses Wissen kann für Angehörige und Sterbende eine große Entlastung darstellen und einen besseren Umgang miteinander ermöglichen.

3. Die Angst vor Verlusten

Diese Angst tritt nicht nur auf, wenn jemand bereits verstorben ist, sondern sie ist schon viel früher gegenwärtig. Bedeutet doch die Einlieferung in ein Krankenhaus schon eine Trennung und bringt gravierende Veränderungen mit sich. Familien brauchen Helfer und Begleiter, die es ermöglichen, den Sterbenden in einer vertrauten und angenehmen Atmosphäre zu lassen. Die beste Möglichkeit ist für viele Angehörige und auch für viele Sterbende, dass sie die eigenen vier Wände bis zuletzt nicht verlassen müssen. Diese Vertrautheit kann Sicherheit geben im Umgang miteinander, kann ein Gefühl des Ausgeliefertseins und der Abhängigkeit verringern oder gar abbauen. Die Familien kennen sich zwar mit der „neuen" Situation nicht aus, können aber durch die vertraute Umgebung Stärkung, Trost und Zuversicht finden, mit der Situation zurechtzukommen. „Sterben zu Hause bedeutet gewiss nicht, den Verlust zu umgehen. Aber es bedeutet, solchen Verlust auf das absolut notwendige Maß zu beschränken" (Student, 1999, S. 174).

4. Die Angst vor dem Versagen

Die Begleitung von sterbenden Menschen stellt die Angehörigen vor eine große Herausforderung und ist häufig gekennzeichnet durch den Wunsch, „alles" richtig zu machen.
Geheuchelte Harmonie und falsche Rücksichtnahme aus Angst, zu versagen, erschweren die ohnehin schwierige Situation zusätzlich. Um diese Angst zu mildern, ist es wichtig, ein „wirkliches" Abschiednehmen zu ermöglichen. Helfende können unterstützen und ermutigen, auch schmerzhafte, kränkende Gefühle mit den Sterbenden anzusprechen und auszuhalten, um dadurch einen evtl. bestehenden Konflikt auszuräumen. Dies kann im Trauerprozess für die Hinterbliebenen eine große Erleichterung bedeuten und auch in der Begegnung mit dem Sterbenden für beide Seiten Erleichterung bringen und Liebe spürbar machen.

Aufgaben

1. *Sind Sie in Ihrem privaten Umfeld oder im beruflichen Kontext schon einmal mit Ängsten von Angehörigen konfrontiert worden?*

2. *Beschreiben Sie die Situation und wie Sie sich verhalten haben.*

3. *Was haben Sie gut gemacht? Was würden Sie heute anders machen und warum?*

Hilfen und Grundsätze für die Begleitung sterbender Menschen und deren Angehöriger

Es wurde schon mehrfach erwähnt, dass die Begleitung Sterbender häufig die Begleitung der Familien und Freunde mitcinbezieht. Im Folgenden sollen einige Prinzipien aufgeführt werden, die einerseits Grundlagen für die Begleitung bieten, andererseits praktische Hilfen für die Begleiter darstellen.

Sterbe- und Angehörigenbegleitung besteht praktisch darin, dass
- Autonomie und Würde des Einzelnen gewahrt werden.
  Bedeutung für die Helfenden:
  Die Einbeziehung des todkranken Menschen in allen Fragen der Versorgung, der Pflege und der Therapiemöglichkeiten muss immer gewährleistet sein und ein NEIN muss akzeptiert werden.
- eine Beziehung zu den jeweiligen Menschen aufgebaut wird, die ehrliche, offene Gespräche ermöglicht und durch einen respektvollen Umgang gekennzeichnet ist.
  Bedeutung für die Helfenden:
  Helfende sollten sich selber treu bleiben und nicht aus falsch verstandener Aufopferung und Rücksichtnahme eigene Belastbarkeiten übergehen und in Beziehungen treten, die ihnen nicht gut tun.

- eine Begegnung gleichberechtigter Menschen stattfinden kann.

  Bedeutung für die Helfenden:

  Helfende sollten sich selbst als Ganzes wahrnehmen, mit Ressourcen, Grenzen und den Möglichkeiten zur Selbstreflexion. Der andere wird mit seinen Wünschen und Bedürfnissen akzeptiert, auch wenn die Wünsche sich nicht mit eigenen Vorstellungen decken.

- Nähe zugelassen wird und auch Abgrenzung möglich ist.

  Bedeutung für die Helfenden:

  Helfende müssen nicht alles wissen, dürfen ihre Hilflosigkeit, ihre Traurigkeit ausdrücken, sich Unterstützung und Informationen bei Kollegen usw. holen. Regelmäßiger Austausch im Team kann helfen.

- ein Gleichgewicht zwischen Geben und Nehmen besteht und der Helfende seine Grenzen erkennt.

  Bedeutung für die Helfenden:

  Helfende dürfen evtl. Überforderung eingestehen. Es ist möglich, dass eigene Erfahrungen und Erlebnisse ins Bewusstsein treten, die nahegehen. Distanz zu wahren oder sich mal kurz zurückzuziehen kann für den Helfenden eine große Hilfe sein.

Aufgaben

1. *In der Begleitung von Schwerkranken und Sterbenden kommt es nicht nur auf fachliche Kompetenzen an, sondern auch auf menschliche Qualitäten.*
   Wo liegen Ihre Stärken?

2. *Was können Sie besonders gut in der Begleitung schwerkranker Menschen?*
   Widmen Sie sich Ihren Stärken und besprechen Sie diese.

3. *Überlegen Sie anschließend, ob es schwierig war, Stärken zu benennen. Wenn ja, warum?*

9.3 Körperliche Prozesse am Lebensende

„Wir sterben mit den Sterbenden: Schau, sie gehen und wir gehen mit ihnen. Wir werden geboren mit den Toten: Schau, sie kehren wieder, und sie bringen uns mit." (T. S. Eliot)

Die körperlichen Symptome des nahenden Todes sind vielfältig und in erster Linie gekennzeichnet durch die Veränderungen der Vitalzeichen. Es gibt Symptome, die mit bloßem Auge erkennbar sind, andere sind messbar oder fühlbar (vgl. Sitzmann, 2000, S. 699).

Die Atmung verändert sich. Sie wird unregelmäßig, d.h. zwischen den Atemzügen treten längere Pausen auf. Die Atmung wird schnappend und geht mit gurgelnden und rasselnden Geräuschen einher. Geatmet wird häufig mit offenem Mund, eine regelmäßige und gute Mundpflege sind von großer Wichtigkeit. Die Lippen und die Mundschleimhaut können mit lauwarmem Wasser oder Tee befeuchtet werden. Das Trinken wird zu diesem Zeitpunkt von vielen sterbenden Menschen eingestellt.

Hilfestellungen können des Weiteren durch die Hochlagerung des Oberkörpers und eine gute Zimmerbelüftung gegeben werden.

Der Pulsschlag ist nur schwach fühlbar, unregelmäßig und setzt gelegentlich aus, der Blutdruck fällt ab. Bei der Messung der Vitalzeichen ist ein ruhiges und dabei sicheres Handeln enorm wichtig, um den Sterbenden in seiner Ruhe bzw. in seinem Zustand nicht unnötig zu stören.

Außer bei infektiösen und einigen neurologischen Erkrankungen fällt die Körpertemperatur ab. Der sterbende Mensch hat kalte Hände, Arme und Beine. Leichte wärmende Einreibungen mit einem ätherischen Öl können als angenehm empfunden werden, und der dadurch entstehende Körperkontakt kann eine Möglichkeit sein, mit dem Sterbenden in Kontakt zu treten bzw. zu bleiben.

Warme Socken können ebenso eine wohltuende Wirkung haben. Sollte eine Wärmflasche benutzt werden, darf diese auf keinen Fall direkt auf die Haut gelegt werden, um Verbrennungen zu vermeiden.

Es ist immer einfacher, diese Dinge zu tun, wenn ich von einem Menschen weiß, was er mag. Werden z. B. Einreibungen als wohltuend empfunden? Es gilt immer, die individuellen Wünsche und Bedürfnisse zu wahren und zu erfüllen.

Die Haut wird kalt, blass und bläulich. Die Gesichtsfarbe verändert sich, und häufig wird die Nasenspitze weiß. Das Gesicht eines Sterbenden wird häufig beschrieben, als würde es zurücktreten.

Der Blick eines sterbenden Menschen kann sich verändern. Auch wenn die Augen ganz oder nur halb geöffnet sind, findet keine Fixierung mehr statt. Die Pupillen reagieren immer weniger auf Lichteinfall. Gedämpfte Lichtquellen sollten eingesetzt werden. Sie vermeiden zu grelles Licht und können eine beruhigende Atmosphäre schaffen.

Das Bewusstsein schwindet, der sterbende Mensch reagiert immer weniger. Manchmal verfällt er ins Koma. Auch hier ist es von großer Wichtigkeit, den Kontakt durch stilles Dasein zu halten und evtl. durch sanfte Berührungen zu signalisieren, dass der Mensch nicht alleine ist. Es wird niemals über den Sterbenden hinweg über ihn gesprochen. Er wird sanft und leise über das informiert, was gerade mit ihm getan wird. Es ist besonders wichtig zu wissen, dass der Hörsinn der letzte Sinn ist, der schwindet.

Eine gute Sterbebegleitung ist gewährleistet, wenn die individuellen Wünsche des sterbenden Menschen wahrgenommen, respektiert und erfüllt werden. So kann es z. B. sein, dass es für jemanden ganz wichtig ist, bis zuletzt einen Menschen an seiner Seite zu haben, während ein anderer „leichter" gehen kann, wenn gerade niemand im Zimmer ist.

Auch ist es wichtig, dass der Mensch, der den Sterbenden begleitet, seine eigenen Grenzen kennt und sich Hilfe holt, wenn die Situation schwieriger oder unaushaltbar wird. Möglichkeiten zu Gesprächen über die eigenen Erfahrungen im Umgang mit sterbenden Menschen sollten gegeben sein.

> **Aufgabe**
>
> *Welche Gedanken und Gefühle löst dieses Kapitel bei Ihnen aus?*
>
> *Besprechen Sie Ihre Gedanken in einer Kleingruppe.*

Umgang mit Verstorbenen

Der Tod ist dann eingetreten, wenn sämtliche Lebensvorgänge erloschen sind. Die Totenflecken, die Totenstarre und die Fäulniserscheinungen werden als die sicheren Todeszeichen genannt (vgl. Sitzmann, Pflege, 2000, S. 701 ff.).

Die Totenflecken sind die ersten sicheren Todeszeichen, die in Folge eines irreversiblen Herz-Kreislauf-Stillstandes auftreten. Bei der Totenstarre handelt es sich um einen hohen Spannungszustand der Muskeln, der bei normaler Umgebungstemperatur etwa 3–4 Stunden nach Eintreten des Todes auftritt und sich mit dem Abbau der Muskulatur nach ca. 36–48 Stunden wieder auflöst. Bei der Verwesung von menschlichem Gewebe kann ein fauler Geruch entstehen, der durch die Zersetzung der Aminosäure Ornithin bedingt ist.

Wenn der Tod eingetreten ist, tun Sie, was immer Sie für richtig halten. Je nach Situation kann es wichtig sein, einen Moment inne zu halten, still zu werden, eine Kerze anzuzünden, am Bett des Verstorbenen zu verweilen, zu beten, zu weinen oder eine kurze Weile das Zimmer zu verlassen. Alles, was jetzt geschieht, kann in Ruhe geschehen. Brauchen Sie ein wenig Zeit für den Abschied, sollten Sie sich ihn nehmen.

Zunächst muss der Arzt benachrichtigt werden. Das muss nicht sofort geschehen, sollte aber in den nächsten Stunden erledigt werden. Der Arzt muss den Tod feststellen und die Todesbescheinigung ausstellen. Todesbescheinigungen dürfen nur von Ärzten und nach persönlicher Untersuchung des Leichnams ausgestellt werden. Der Leichnam wird flach auf den Rücken gelegt, der Kopf kann mit einem kleinen Kissen gestützt werden. Es wird alles entfernt, was nicht mehr benötigt wird, wie z.B. Infusionen, Katheter, Sonden, Lagerungshilfsmittel usw. Wunden werden mit Kompressen o.Ä. abgedeckt. Um die Intimität auch im Tod zu wahren, wird der Verstorbene mit einem leichten Tuch bedeckt, wobei das Gesicht frei bleiben kann.

Ob ein Leichnam gewaschen wird, kann von vielen Faktoren abhängen. Zum einen liegt es daran, wie stark der Verstorbene geschwitzt hat, ob er erbrochen hat oder Urin und Stuhl ausgeschieden wurde. Zum anderen bedeutet das Waschen und Pflegen des Leichnams für viele Menschen einen letzten Liebesdienst, den sie mit viel Ehrfurcht ausführen und der darüber hinaus weitere Möglichkeiten zu einem guten Abschied bietet.

Wenn eine Zahnprothese vorhanden ist, kann diese eingesetzt werden. Vielleicht wurde vorher abgesprochen, welche Kleidung der Verstorbene zu tragen wünscht. Soll das Einkleiden des Verstorbenen zu einem späteren Zeitpunkt geschehen, werden die Hände nur übereinander gelegt und noch nicht gefaltet.

Die Augen können mit feuchten Tupfern bedeckt werden, damit sie sich schließen. Der Mund wird geschlossen. Als Hilfsmittel gibt es dafür eine Plastikkinnstütze.

Ob der Verstorbene seinen Schmuck, z.B. den Ehe- oder Freundschaftsring, weiter trägt, wird mit den Angehörigen besprochen, er wird evtl. entfernt oder an ein anderes Familienmitglied weitergegeben. Für Frischluft ist zu sorgen.

Es ist genügend Zeit. Menschen, die den Verstorbenen noch einmal sehen möchten, sollten informiert werden. Ein schöner Brauch ist es, eine Blume auf den Oberkörper zu legen, eine Kerze anzuzünden. Viele Menschen suchen Trost in der Stille am Totenbett, für andere ist es sehr hilfreich, wenn Lieblingsmusik von dem Toten im Hintergrund spielt.

Als Helfender ist es wichtig, ein Feingefühl dafür zu entwickeln, was die Familie des Verstorbenen möchte.

Je nach Verordnung des jeweiligen Landes ist es möglich, dass der Leichnam bis zu 36 Stunden aufgebahrt werden kann. Auch da wird unter Umständen im Einzelfall entschieden und die Frage gestellt: Welche Krankheiten hatte der Verstorbene? Wie sind die Außentemperaturen?

Bei den hier genannten Punkten hilft das Bestattungsunternehmen. Individuelle Wünsche und Vorstellungen können abgesprochen werden.

Es liegt in der Hand der Angehörigen, des Pflegepersonals oder der Einrichtung, wie viel von der Versorgung der Verstorbenen übernommen wird.

Aufgabe

Wenn Sie an einen Toten denken: Was fühlen Sie? Beschreiben Sie Ihre Empfindungen.

9.4 Trauer

Bedeutung der Trauer

Im Umgang mit Sterben, Tod und Trauer gibt es keine sinnlosen oder unpassenden Gefühle.

Trauer ist ein wichtiges und notwendiges Gefühl, das immer dann auftritt, wenn wir einen Verlust zu verkraften haben. Trauer kann in verschiedenen Lebensabschnitten ihre Bedeutung haben.

Nachfolgend werden die Traueraufgaben von W. Worden vorgestellt, die ermöglichen, Sensibilität für die besondere Situation von trauernden Menschen zu entwickeln.

Das Modell wurde gewählt, weil der Begriff der Traueraufgaben etwas Aktives beinhaltet. Der trauernde Mensch hat die Möglichkeit zur Handlung. Auch wenn das Gefühl der Trauer starr und lähmend sein kann, hat der Mensch Aufgaben zu bewältigen, die ihn im Heilungsprozess unterstützen können. Dieses Modell darf allerdings nicht verstanden werden als eine Liste von Dingen, die erledigt werden müssen.

Nach jeder Aufgabe werden Vorschläge gemacht, die den Heilerziehungspflegern Möglichkeiten und Hilfen bieten, im Trauerprozess unterstützend tätig zu sein.

Worden geht davon aus, dass wir im gesamten Leben immer wieder Aufgaben zu bewältigen bzw. Krisen zu überstehen haben, die zur Reifung und zum Wachstum führen (vgl. Worden, 1999, S. 18). Behutsame, liebevolle und konstruktive Begleitungen sind für trauernde Menschen sehr wertvoll und helfen, sich wieder frei entfalten und weiterentwickeln zu können.

Traueraufgaben nach W. Worden

Aufgabe 1: Den Verlust als Realität akzeptieren
Eine ganz normale und übliche Reaktion auf einen Todesfall ist die Schwierigkeit, zu glauben, dass dieser Todesfall auch wirklich geschehen ist. Manche Menschen weigern sich, diese Tatsache anzuerkennen. Menschen haben diese Aufgabe bewältigt, wenn sie das Ereignis des Todes akzeptieren und verinnerlichen, dass die geliebte Person nie mehr zurückkommen wird.

> ■ *Finden Sie Familienmitglieder oder Mitarbeiter, die mit der hinterbliebenen Person offen und ehrlich über den Verstorbenen, dessen Erkrankung, die letzten Begegnungen, die Umstände des Todes etc. sprechen können.*
> ■ *Nehmen Sie Reaktionen und Gefühle des trauernden Menschen ernst, auch wenn diese Empfindungen ganz anders sind als Ihre eigenen Vorstellungen.*
> ■ *Beziehen Sie die Hinterbliebenen in die Vorbereitung des Begräbnisses mit ein.*
> ■ *Bieten Sie Möglichkeiten zum persönlichen Abschied und zur Mitgestaltung der Trauerfeier.*

Das Gegenteil dieser Traueraufgabe ist das „Nicht-wahrhaben-wollen". Es kann sich in verschiedenen Reaktionen zeigen. Es gibt Menschen, die Utensilien und Gegenstände des Verstorbenen so belassen, wie sie zu Lebzeiten waren. So wird z. B. das Zimmer so gelassen, als würde der Verstorbene jeden Moment zurückkehren. Über kurze Sicht ist diese Reaktion durchaus verständlich, wird aber problematisch bei langer Dauer (vgl. Worden, 1999, S. 19).

Aufgabe 2: Den Trauerschmerz erfahren

Es tut weh, einen Menschen zu verlieren. Der Schmerz ist individuell und unterschiedlich in seiner Intensität und Dauer. Hinterbliebene müssen den Schmerz äußern und fühlen dürfen, ohne Rücksichtnahme auf Außenstehende. Unterdrückter Schmerz kann zum lebenslangen Begleiter werden und die Gefahr beinhalten, eine wirkliche Genesung unmöglich zu machen. Schmerzen der Trauer finden in unterschiedlicher Art und Weise ihren Ausdruck. Es kann körperliche und seelische Schmerzen geben. Verdrängter Schmerz kann sich z.B. in permanenten Magenschmerzen, Alpträumen oder psychosomatischen Störungen äußern.

- *Verwenden Sie visuelle oder auditive Hilfsmittel (Fotos, Bilder, Filme, Musik), damit der Trauernde herausfinden kann, wie er sich fühlt.*
- *Finden Sie ggf. über kreatives Tun (zeichnen, basteln, tanzen) einen Zugang zu den Gefühlen.*
- *Bestätigen Sie die Menschen in ihren Gefühlen und sorgen Sie für ein Umfeld, in dem die trauernde Person sich sicher fühlt, angenommen und geliebt.*
- *Finden Sie ein Gedicht, ein Lied, ein Zitat, dessen Worte den Trauernden erreichen.*

Eine 35-jährige Frau mit geistiger Behinderung, deren Vater vor einigen Jahren gestorben ist, rät Folgendes: „Gehe hin und weine mit ihnen. Wünsche ihnen das Beste und versuche, ihnen zu helfen. Du bist da, wenn jemand sich an Deine Schulter lehnen und weinen möchte … Lass alles heraus. Wenn sie darüber sprechen möchten, können sie darüber sprechen, und wenn sie nicht darüber sprechen möchten, kannst Du sie nicht zwingen." (Luchterhand/Murphy, 2001, S. 63)

Aufgabe 3: Sich anpassen an eine Umwelt, in der der Verstorbene fehlt

Diese Aufgabe ist für jede Beziehung anders und steht in Verbindung mit den Rollen, die ein Verstorbener in seinem Leben hatte. Unterschiedliche Menschen müssen sich an unterschiedliche Umstände anpassen. Dass kann z.B. bedeuten, dass nun jemand anderes die Gartenpflege übernimmt, die Mahlzeiten zubereitet, Verabredungen vereinbart oder die Bankgeschäfte erledigt. Mit diesem Wechsel muss der trauernde Mensch fertig werden. Manche Menschen erlernen in diesem Zusammenhang neue Fertigkeiten oder finden andere Menschen, die ihnen bei der Verrichtung dieser Aufgaben im Alltag zur Seite stehen.

Diese Neuorientierung und Anpassung braucht Zeit und liebevolle Geduld. Der Prozess ist sehr schmerzhaft, doch gehört diese Aufgabe zur Bewältigung der Trauer. Die Aufgabe bleibt unerledigt, wenn die Angehörigen auf ihrer Hilflosigkeit beharren, neuen Anforderungen ausweichen und sich zurückziehen (vgl. Worden, 1999, S. 24).

- *Finden Sie jemanden, der sich nun um die Aufgaben, die der Verstorbene hatte, kümmert.*
- *Ermutigen Sie den Trauernden, Neues zu lernen, oder erledigen Sie mit ihm gemeinsam die anfallenden Tätigkeiten.*
- *Regen Sie Gespräche mit Menschen an, die Ähnliches erlebt haben.*
- *Schaffen Sie Möglichkeiten der Erinnerung, wie z. B. das Feiern von Gedenktagen (Geburtstagen, Todestag) oder erstellen Sie ein Fotoalbum mit Fotos der verstorbenen Person.*

Aufgabe 4: Emotionale Energie abziehen und in eine andere Beziehung investieren

Die letzte Aufgabe besteht darin, sich gefühlsmäßig vom Verstorbenen zu lösen und das Augenmerk wieder auf das eigene Leben zu richten. Diese Aufgabe wird häufig als sehr schwierig empfunden, weil die Trauernden das Gefühl haben, den Verstorbenen zu verraten. Die Gewissheit, dass der Verstorbene einen festen Platz im Herzen des trauernden Menschen hat, ist für Hinterbliebene ein wichtiges Gefühl. Menschen, die diese Aufgabe bewältigen, werden in der Lage sein, sich wieder auf neue Beziehungen einzulassen und nicht in der Bindung zu dem Verstorbenen zu verharren.

- *Finden Sie Freizeitbeschäftigungen, die Gemeinschaft fördern und das Kennenlernen von anderen Menschen möglich machen.*
- *Beziehen Sie die Menschen im Wohnheim, in der Familie, im Team mit ein und ermöglichen Sie regelmäßige Verabredungen.*
- *Sprechen Sie offen über das Nichtvergessen des Verstorbenen und den Wunsch nach neuen Bindungen.*

Es gibt keine Patentantwort auf die Frage, wann das Trauern endet. Nach Worden ähnelt diese Frage der Frage: Wie hoch ist oben? Es ist nicht möglich, Zeitangaben über die Dauer der Trauer zu machen. Worden geht davon aus, dass der Trauerprozess beendet ist, wenn der Hinterbliebene sich wieder dem Leben und dem Lebenden zuwenden kann, ohne permanent von Schmerz und Trauer erfüllt zu sein (vgl. Worden, 1999, S. 26).

Das Modell macht deutlich, dass das Trauern ein notwendiger Prozess ist, der durchlebt werden muss, um wieder aktiv und selbstbestimmt am Leben teilnehmen zu können.

Aufgaben

1. *Denken Sie an eine Zeit zurück, in der Sie selbst getrauert haben. Was hat Ihnen persönlich am meisten geholfen?*
2. *Gab es in der Zeit der Trauer Situationen, Ereignisse, bestimmte Verhaltensweisen von anderen Menschen, wodurch Sie sich verletzt fühlten?*
3. *Erinnern Sie sich an Trauerprozesse in Ihrem Leben. Gibt es Gemeinsamkeiten und Unterschiede in der Trauer? Überprüfen Sie, wie lange welcher Trauerprozess jeweils gedauert hat.*

Ausdrucksweisen der Trauer

Genauso wie das Sterben, betrifft das Trauern alle Bereiche des menschlichen Daseins. Viele Trauernde sehen sich mit Gefühlen konfrontiert, die überraschend und intensiv aufbrechen können. Die Tatsache, dass eine Vielfalt von ambivalenten Gefühlen vorherrschen kann und dass diese Zwiespältigkeit ganz normal ist, kann im Trauerprozess helfen. Der Verlust eines geliebten Menschen kann folgende Auswirkungen haben (vgl. Albrecht/Orth/Schmidt, 1995, S. 59 ff.):

Ausdruck von Trauer auf der körperlichen Ebene:
- Gefühl der Schwäche
- Gefühl des Ausgezehrtseins
- Appetitlosigkeit und damit einhergehender Gewichtsverlust
- Schlaflosigkeit
- Nervosität
- gebrochene Haltung
- Herzschmerzen
- Kopfschmerzen
- erhöhte Infektanfälligkeit
- Übelkeit
- Verdauungsstörungen

Ausdruck von Trauer auf der intellektuellen Ebene:
- Konzentrationsstörungen
- Geistesabwesenheit

- Vergesslichkeit
- Unfähigkeit, sich auf etwas anderes einzulassen, neue Eindrücke aufzunehmen

Ausdruck von Trauer auf der psychischen Ebene:
- Angst
- Unruhe
- Hilflosigkeit
- Sinnlosigkeit
- Verzweiflung
- Niedergeschlagenheit
- Depressionen
- Schuldgefühle
- tiefe Traurigkeit
- Reue

Ausdruck von Trauer auf der spirituellen Ebene:
- Abwendung von Gott oder auch Hinwendung zum Glauben
- Infragestellung des Glaubensinhalts
- Frage nach dem Sinn des Lebens, nach der eigenen Existenz

Ausdruck von Trauer auf der sozialen Ebene:
- Rückzug aus Beziehungen oder Suche nach Gemeinschaft
- Unfähigkeit oder Unlust zu neuen Bindungen
- berufliche Schwierigkeiten oder Arbeitsbesessenheit

Hilfen für trauernde Menschen

So individuell das Trauern ist, so viele Möglichkeiten gibt es auch, trauernden Menschen zur Seite zu stehen. Auch hier kann kein Rezept gegeben werden, wie mit Trauernden umgegangen werden muss. Je nach Mensch und Situation äußert sich die Trauer unterschiedlich. In erster Linie ist es besonders wichtig, dass die Helfenden dem Trauernden das Gefühl vermitteln, er wird in seinem Schmerz wahrgenommen, ernst genommen und hat ein Recht auf das ganz persönliche Erleben seiner Trauer.

Manche Trauernde erleben es als überaus schwer, gerade in der Anfangszeit der Trauer, sich im „normalen" Alltag zurechtzufinden. Sie müssen lernen, sich mit der veränderten Lebenssituation zu arrangieren. Andere brauchen den vertrauten Alltag mit seinen Strukturen, um nicht vom Schmerz zugedeckt zu werden und weiter leben zu können.

Weitere praktische Hilfen in der Trauer können z. B. sein:
- *Gehen Sie auf den Trauernden ein, damit er sich nicht allein fühlt.*
- *Ermutigen Sie den trauernden Menschen, behutsam mit sich umzugehen, für sich selbst zu sorgen.*
- *Überlegen Sie sich kleine Freuden für den Trauernden: Schreiben Sie z. B. Grußkarten (auch wenn schon einige Zeit seit dem Todesfall vergangen ist) oder kochen Sie die Lieblingsspeise.*
- *Begleiten Sie den Hinterbliebenen zum Friedhof, zu Plätzen der Erinnerung, zu Orten, an denen er sich wohl fühlt.*
- *Schenken Sie dem Trauernden Ihre Aufmerksamkeit, auch wenn diese nicht immer erwidert werden kann.*
- *Verschweigen Sie Ihre eigenen Gefühle nicht.*

Es kann wichtig und hilfreich sein, wenn trauernde Menschen dazu ermutigt werden, ihre Form der Trauer zu finden. Unterstützen Sie Trauernde auf der Suche nach der eigenen Ausdrucksform, geben Sie Zeit und haben Sie Geduld, wenn Trauernde nicht so aufnahmefähig sind und manchmal abwesend scheinen.
Hinterbliebene müssen Schmerz fühlen, äußern und ausleben dürfen, um wieder genesen zu können. Die liebevolle, wertfreie und unterstützende Anwesenheit vertrauter Menschen wird ihnen helfen, den Ausdruck der eigenen Gefühle zu finden und den Prozess der Trauer durchzustehen.

Hinterbliebene müssen Schmerz fühlen, äußern und ausleben dürfen, um wieder genesen zu können. Die liebevolle, wertfreie und unterstützende Anwesenheit vertrauter Menschen wird ihnen helfen, den Ausdruck der eigenen Gefühle zu finden und den Prozess der Trauer durchzustehen.

Literaturverzeichnis

■ **Achilles, Ilse:** Was macht Ihr Sohn denn da? München: Reinhardt Verlag, 1990.

■ **Adam, Heidemarie:** Mit Gebärden und Bildsymbolen kommunizieren. Würzburg: Edition Bentheim, 1993.

■ **ADFC** – Allgemeiner Deutscher Fahrrad Club (Hrsg.): Ratgeber Behinderte (Broschüre im Eigenverkauf), Bremen: 1994.

■ **Aktion Grundgesetz (Hrsg.)** Die Gesellschaft der Behinderer. Das Buch zur Aktion Grundgesetz. Reinbek: Rowohlt, 1997.

■ **Albers, Stan:** Die Sexualbegleitung. In: Menschen – das Magazin, Nr. 4/2003, S. 87.

■ **Albrecht, Elisabeth/Orth, Christel/Schmidt, Heida:** Hospizpraxis. Ein Leitfaden für Menschen, die Sterbenden weiterhelfen wollen. Freiburg: Herder, 1995.

■ **Arbeitsgemeinschaft für Gruppenberatung (Hrsg.):** Teamarbeit – Mitarbeiterberatung. Linz: 1982.

■ **Arnold, Rolf:** Ich lerne, also bin ich. Eine systemisch-konstruktivistische Didaktik, Heidelberg: Carl-Auer-Verlag, 2007.

■ **Arnusch, Georg/Pivit, Conny:** Was ist unterstützte Kommunikation? In: ISAAC – Deutschland (Hrsg.): Edi, mein Assistent und andere Beiträge zur unterstützten Kommunikation. Düsseldorf: Verlag selbstbestimmtes Leben, 1996.

■ **Arp, Doris:** Vom Umgang mit dem (un)geliebten Rollstuhl, in: zusammen Nr. 8/1999, S. 17-19.

■ **Arp, Doris:** Zärtlichkeit auf Bestellung. In: Das Band – Zeitschrift der Behindertenhilfe, Nr. 1/1996, (Mittelteil). S. 10–12.

■ **Auchter, Thomas:** Haltende Umwelt, Timmendorf, unveröffentl. Manuskript, 1999.

■ **Bach, Heinz:** Die heimlichen Bitten des Peter M., Berlin: Marhold, 1985.

■ **Babst, Jürgen/Andreas, Paul:** Kommunikationsanbahnung BIGmack. Fachbeitrag im Katalog der Firma Prentke-Romick, 2003/2004, S. 15–23.

■ **Bank-Mikkelsen, N. E.:** Das Normalisierungsprinzip. In: Sozialpädagogik 6/1972, ab S. 265.

■ **Bannasch, Manuela (Hrsg.):** Behinderte Sexualität – verhinderte Lust? Zum Grundrecht auf Sexualität für Menschen mit Behinderung. Neu-Ulm: AG SPAK Publikationen, 2002.

■ **Bartelt, Heiner:** Haltung anstatt Festhalten. In: Thema Jugend, Nr. 3/1998, S. 2.

■ **Bartelt, Heiner:** Gewalt in der Begleitung behinderter Menschen: In: Schröder, Detlef/Berthel, C.R. (Hrsg.): Gewalt im sozialen Nahraum II. Frankfurt: 2005, S. 135–143.

■ **Bartelt, Heiner:** Lebenswelten oder Niemandsland? In: Evangelische Stiftung Neuerkerode (Hrsg.): Reader zur Fachtagung „Grenzgänger", Neuerkerode: 2006, S. 23–37.

■ **Bartelt, Heiner:** „Eigentlich sind wir ja dagegen" – Medikamente und/oder Pädagogik. In: Hennicke, Klaus (Hrsg.): Psychopharmaka in der Behindertenhilfe, Fluch oder Segen? Band 17. Berlin: 2008, S. 28–40.

■ **Bauder, Hartmut:** Lieber keine Heimleiter als keine Tiere, in: Orientierung, Nr. 1/2006, S. 1–2.

■ **Bauer, Fritz:** Ratgeber für Behinderte. Berlin: Verlag Gesundheit, 1998.

■ **Bauriedl, Thea:** Veränderungsprozesse in Balint-Gruppen. In: Pühl, Harald/Schmidbauer, Wolfgang (Hrsg.): Supervision und Psychoanalyse. München: Kösel, 1986, S. 38–49.

■ **Beck, Iris**: Normalisierung und Lebensqualität. In: Bundesvereinigung Lebenshilfe für geistig Behinderte e. V. (Hrsg.): Qualitätsbeurteilung und -entwicklung von Wohneinrichtungen für Menschen mit geistiger Behinderung. Marburg: Lebenshilfe Verlag, 1992, S. 11–36.

■ **Beck, Iris**: Qualitätsmanagement und Behindertenhilfe. In: DHG (Hrsg.) Time out? Harte Zeiten für Menschen mit geistiger Behinderung. Bremen: 1994, S. 10–29.

■ **Becker, Gisela**: Lebenslanges Lernen und Reflektieren. In: Bundesvereinigung Lebenshilfe für Menschen mit geistiger Behinderung e. V. (Hrsg.): Mehr als ein Job. Meine Arbeit mit geistig behinderten Menschen. Marburg: Lebenshilfe Verlag, 1999, S. 82–94.

■ **Becker, Wolfgang/Meifort, Barbara**: Pflegen als Beruf – Ein Berufsfeld in der Entwicklung. Bielefeld: Bertelsmann, 1994.

■ **Bernath, Karin/Haug, Martin/Ziegler, Franz:** Projektmanagement. Luzern: Edition SZH/SPC, 1993.

■ **Bettelheim, Bruno**: Ein Leben für Kinder. Stuttgart: Deutsche Verlags Anstalt, 1987.

■ **Brecht, Bertholt**: Dreigroschenoper. Frankfurt am Main: Suhrkamp, 1928.

■ **Breitinger, Manfred:** Alltag und schwere geistige Behinderung, Würzburg: Edition Bentheim, 1998.

■ **Buber, Martin**: Urdistanz und Beziehung. Heidelberg: Schneider, 1978.

■ **Buber, Martin**: Das dialogische Prinzip. Heidelberg: Schneider, 1984.

■ **Buber, Martin**: Reden über Erziehung, Heidelberg: Schneider, 1986.

■ **Buchka, Maximillian**: Alter. In: Greving, Heinrich (Hrsg.): Kompendium der Heilpädagogik. Troisdorf: Bildungsverlag Eins, 2007, S. 7–20.

■ **Bundesvereinigung Lebenshilfe für geistig Behinderte (Hrsg.):** Grundsatzprogramm der Lebenshilfe, Marburg: Lebenshilfe Verlag, 1991.

■ **Bundesvereinigung Lebenshilfe für Menschen mit geistiger Behinderung (Hrsg.):** Ich will, ich kann – EDV-gestützte Kommunikation mit schwerbehinderten Kindern. Marburg: Lebenshilfe Verlag, 1993.

■ **Bundesvereinigung Lebenshilfe für Menschen mit geistiger Behinderung (Hrsg.):** Wohnen heißt zu Hause sein. 2. Auflage, Marburg: Lebenshilfe Verlag, 1995.

■ **Bundesvereinigung Lebenshilfe für Menschen mit geistiger Behinderung (Hrsg.):** Sexualpädagogische Materialien, Marburg: Lebenshilfe Verlag, 1995.

■ **Bundesvereinigung Lebenshilfe für Menschen mit geistiger Behinderung (Hrsg.):** Selbstbestimmung. Marburg: Lebenshilfe Verlag, 1997.

■ **Bundesvereinigung Lebenshilfe für Menschen mit geistiger Behinderung (Hrsg.):** Mehr als ein Job. Meine Arbeit mit geistig behinderten Menschen. Marburg: Lebenshilfe Verlag, 1999.

■ **Bundesvereinigung Lebenshilfe für Menschen mit geistiger Behinderung (Hrsg.):** LEWO. Marburg: Lebenshilfe Verlag, 2001.

■ **Bundesvereinigung Lebenshilfe für Menschen mit geistiger Behinderung (Hrsg.):** Sexualpädagogische Materialien für die Arbeit mit geistig behinderten Menschen. Weinheim/München: Juventa Verlag, 2005.

■ **Ciompi, Luc**: Affektlogik. Stuttgart: Klett-Cotta, 1998.

■ **Cloerkes, Günther** (Hrsg.): Soziologie der Behinderten – Eine Einführung. Heidelberg: Winter, 2001.

■ **Combe, Arno/Helsper, Werner (Hrsg.)**: Pädagogische Professionalität – Untersuchungen zum Typus pädagogischen Handelns, Frankfurt am Main: Suhrkamp, 1996.

■ **Commander, Wiruni/Krott, Kalle**: Hand anlegen. Sexuelle Assistenz in Wohneinrichtungen. In: Zur Orientierung, Nr. 2/2003, S. 25–28.

■ **Deutscher Caritasverband – Generalsekretariat (Hrsg.):** Hilfe für Menschen mit geistiger Behinderung. Begründung und Empfehlung. In: Unser Standpunkt, Nr. 15/1992.

■ **Dingerkus, Gerlinde/Schlottbohm, Birgit:** Den letzten Weg gemeinsam gehen. Sterben, Tod und Trauer in Wohneinrichtungen für Menschen mit geistigen Behinderungen. Münster: Alpha Westfalen-Lippe, 2002.

■ **Doerner, Klaus:** Zwischen individueller Hilfeplanung und Begleitung im Lebensfeld – das Handeln Psychosozialer Profis. Vortrag vom 19.04.2004 beim Landschaftsverband Rheinland.

■ **Domin, Hilde:** Jeder, der geht. In: Pera, Heinrich: Sterbende verstehen. Freiburg: Herder, 1997, S. 51–64.

■ **Eliot, Thomas S.:** Wir sterben mit den Sterbenden. Übersetzt von Bernadin Schellenberger. In: Kearney, M. (Hrsg.): Schritte in ein ungewisses Land. Freiburg: Herder, 1997, S. 88–97.

■ **Epp, Alexander:** Rund um den Rollstuhl. Stuttgart: Trias, 1998.

■ **Erikson, Erik H.:** Wachstum und Krisen der gesunden Persönlichkeit. Stuttgart: Klett, 1953.

■ **Feuser, Georg/Meyer, Heike:** Integrativer Unterricht in der Grundschule. Solms-Oberbiel: Jarick, 1987.

■ **Feuser, Georg:** Gemeinsam – Erziehung behinderter und nicht behinderter Kinder im Kindergarten, Bremen: Diakonisches Werk, 1984.

■ **Feuser, Georg:** Zum Verständnis von Stereotypie und selbstverletzenden Verhaltensweisen. In: Beschäftigungstherapie und Rehabilitation Nr. 2/1985, S. 75–90.

■ **Feuser, Georg:** Autistische Kinder. Solms-Oberbiel: Jarick, 1997.

■ **Fey, Hermann, u.a.:** Mein Mund ist stumm, aber mein Verstand spricht. Eine Einführung in die BLISS-Symbol-Kommunikationsmethode. Heidelberg: Julius Groos Verlag, 1993.

■ **Forgas, Josef:** Soziale Interaktion und Kommunikation. Weinheim: Beltz, 1999.

■ **Frey, Brigitte:** Das Recht auf sexuelle Entwicklung. In: Bannasch, Manuela (Hrsg.): Behinderte Sexualität – verhinderte Lust? Zum Grundrecht auf Sexualität für Menschen mit Behinderung. Neu-Ulm: AG SPAK Publikationen, 2002, S. 103–109.

■ **Fröhlich, Andreas:** Basale Stimulation. Düsseldorf: Verlag selbstbestimmtes Leben, 1991.

■ **Gemert, Gijs van:** Ein pädagogischer Zugang zu geistig behinderten Menschen mit Verhaltensproblemen. In: Geistige Behinderung, Nr. 4/1995, ab S. 178.

■ **Gemert, Gijs van:** Jolanda Venemans Geschichte. In: Geistige Behinderung, Nr. 1/1996 ab S. 77.

■ **Geyler, Dagmar:** Pflegebedürftig und selbstbestimmtes Leben – wo gibt es denn so was? In: Zur Orientierung, Nr. 2/1998, S. 7/8.

■ **Glasenapp, Jan:** Wenn die Beziehung ins Wanken gerät. In: Orientierung Nr. 3/2003, S. 19–21.

■ **Glasenapp, Jan:** Grenzenlossetzerunderfahrenserweiterer – Intensivgruppenmitarbeiter/-innen und ihre Grenzen. In Evangelische Stiftung Neuerkerode (Hrsg.): Reader zur Fachtagung „Grenzgänger", Neuerkerode, 2006, S. 11–22.

■ **Glasenapp, Jan:** Tal, Berg und Kugel – Menschen mit Verhaltensauffälligkeiten und Professionelle im Spannungsfeld von Sicherheit und Freiheit. In: Orientierung Nr. 2/2007, S. 9–12.

■ **Goldbrunner, Hans:** BeziehungsWeise. Mainz: Matthias-Grünwald, 1991.

■ **Greiffenhagen, Sylvia/Buck-Werner, Oliver:** Tiere als Therapie – Neue Wege in Erziehung und Heilung. Mürlenbach: Kynos Verlag, 2007.

■ **Greving, Heinrich (Hrsg.):** Kompendium der Heilpädagogik. Band 1 und 2. Troisdorf: Bildungsverlag Eins, 2007.

- **Greving, Heinrich**: Beziehungs-los – oder Perspektivenwechsel in krisenhaften Kommunikationsprozessen. In: Nolte, Martin (Hrsg.) Reader zur Fachtagung „Wenn die Beziehungen nicht mehr halten", Gescher: 2005, o. S.

- **Greving, Heinrich/Gröschke, Dieter**: Geistige Behinderung – Reflexion zu einem Phantom. Bad Heilbrunn: Klinkhardt Verlag, 2000.

- **Grimm, Gebrüder**: Grimms Märchen, Gesamtausgabe, Balve: Engelbert Verlag: 1983.

- **Gröschke, Dieter**: Praxiskonzepte der Heilpädagogik. München: Reinhardt Verlag, 1997.

- **Haeberle, Erwin**: Die Sexualität des Menschen. Berlin: de Gruyter, 1983.

- **Haeberlin, Urs**: Allgemeine Heilpädagogik. Bern: Haupt, 1985.

- **Haeberlin, Urs**: Das Menschenbild für die Heilpädagogik. Bern: Haupt, 1985.

- **Hähner, Ulrich (Hrsg.):** Vom Betreuer zum Begleiter – eine Neuorientierung unter dem Paradigma der Selbstbestimmung, Marburg: Lebenshilfe Verlag, 2004.

- **Hahn, Martin**: Zusammensein mit Menschen die schwerbehindert sind. In: Geistige Behinderung Nr. 2/1992, S. 107–129.

- **Haus Hall,** Der Direktor (Hrsg.): Leitbild. Gescher: Eigenproduktion, 2001.

- **Haus Hall:** Richtlinien für die Durchführung von Teamtagen im Heim (Konzept), Gescher: Eigenproduktion, 1993.

- **Hauschild, Isolde**: Und wer putzt mir morgen den Hintern ab? In: Zur Orientierung Nr. 4/2003, S. 6–7.

- **Heiden, Hans-Günter**: Jede Absage war ein Schlag ins Gesicht. In: Aktion Grundgesetz (Hrsg.), Reinbek, Rowohlt, 1997, S. 15–27.

- **Heinrich, Christina**: Systemsprenger – eine Herausforderung für unsere Gesellschaft? In: Evangelische Stiftung Neuerkerode, Reader zur Fachtagung „Grenzgänger", Neuerkerode: 2006, S. 39–50.

- **Heller, Hans:** Qualitätsmanagement – Notwendigkeit, Begriffe, Nutzen, Übertragbarkeit. In: Esser, **Klaus** (Hrsg.): Jugendhilfe morgen – Qualitätsmanagement in der Heimerziehung. Freiburg: Lambertus, 1998.

- **Hennicke, Klaus (Hrsg.):** Psychopharmaka in der Behindertenhilfe, Fluch oder Segen? Materialien der DGSGB Band 17. Selbstverlag DGSGB, Berlin: 2008.

- **Hesse, Hermann**: Lektüre für Minuten. Frankfurt: Suhrkamp, 1972 .

- **Hollander, Jutta/Mair, Helmut:** Den Ruhestand gestalten. Case Management in der Unterstützung von Menschen mit Behinderungen. Düsseldorf: Verlag Selbstbestimmtes Leben, 2006.

- **Höhne, Gisela**: Theater trotz Therapie. In: Theunissen, Georg: Kunst, ästhetische Praxis und geistige Behinderung. Bad Heilbrunn: Klinkhardt, 2006, S. 234–250.

- **Huber, Michaela**: Trauma und Traumabehandung – Band 1: Trauma und die Folgen. Paderborn: Junfermann, 2005.

- **Hülskemper, Michel**: Ohne Tiere wäre das Leben ärmer. In: Die Lupe, Zeitschrift für Haus Hall, Herausgeber: Bischöfliche Stiftung Haus Hall, Ausgabe 59/2006, S. 3.

- **Innerhofer, Paul/Innerhofer, Christian**: Qualitätssicherung nach ISO 9000 in sozialen Einrichtungen. In: Opp, Günther/Peterander, Franz: Focus Heilpädagogik. München: Reinhardt Verlag, 1996, S. 370–379.

- **ISAAC** – Deutschland, Gesellschaft für unterstützende Kommunikation (Hrsg.): Edi, mein Assistent und andere Beiträge zur Unterstützenden Kommunikation. Düsseldorf: Verlag Selbstbestimmtes Leben, 1996.

- **Jantzen, Wolfgang**: Nelly – oder die freie Entwicklung eines jeden. Zum Problem der „Nicht-Therapierbarkeit". In: Geistige Behinderung Nr. 4/2001, S. 325–336.

- **Jantzen, Wolfgang/Lanwer-Koppelin, Willehad**: Diagnostik als Rehistorisierung. Berlin: Edition Marhold, 1996.

■ **Kelly, George Alexander**: Die Psychologie der persönlichen Konstrukte, übersetzt von Elke Danzinger-Tholen, Paderborn: Junfermann, 1986.

■ **Kierkegaard, Sören**: Werkausgabe. Düsseldorf/Köln: 1994.

■ **Kiss, Maria**: Den Körper pflegen – die Seele streicheln. In: Zur Orientierung Nr. 2/1998, Einleitung.

■ **Kleinbach, Karlheinz**: Zur ethischen Begründung einer Praxis der Geistigbehindertenpädagogik, Bad Heilbrunn: Klinkhardt, 1994.

■ **Kobi, Emil Erich**: Diagnostik in der heilpädagogischen Arbeit, 5. Auflage, Luzern: Edition SZH/SPC, 2003.

■ **Kobi, Emil Erich**: Grundfragen der Heilpädagogik. Bern: Haupt, 1993.

■ **König, Andreas:** Normalisierung konkret. In: Bundesvereinigung Lebenshilfe (Hrsg.), Marburg: Lebenshilfe Verlag, 1992.

■ **Korczak, Janusz**: Wenn ich wieder klein bin. Göttingen: Vandenhoeck & Ruprecht, 1973.

■ **Korczak, Janusz**: Wie man ein Kind lieben soll. Göttingen: Vandenhoeck & Ruprecht, 1992.

■ **Kristen, Ursi**: Elektronische Kommunikationshilfen. In: Geistige Behinderung Nr. 2/1996 (Schwerpunktthema – Beiheft).

■ **Kristen, Ursi**: Praxis unterstützte Kommunikation – Eine Einführung. Düsseldorf: Verlag Selbstbestimmtes Leben, 1997.

■ **Kristen, Ursi**: Sprechen mit einer Computerstimme. In: Bundesvereinigung Lebenshilfe für Menschen mit geistiger Behinderung (Hrsg.): Ich will, ich kann – EDV-Gestützte Kommunikation mit schwerbehinderten Kindern. Marburg: Lebenshilfe Verlag, 1993, S. 32–44.

■ **Kron, Friedrich Wilhelm**: Grundwissen Didaktik, München/Basel: Ernst Reinhard Verlag, 1993.

■ **Kruse, Hanswerner**: Animation und darstellendes Spiel in der Videoarbeit mit geistig behinderten Menschen: In: Theunissen, Georg: Kunst, ästhetische Praxis und geistige Behinderung. Bad Heilbrunn, Klinkhardt, 1997, S. 164–188.

■ **Kübler-Ross, Elisabeth**: Befreiung aus der Angst. Stuttgart: Kreuz, 1983.

■ **Kübler-Ross, Elisabeth**: Leben bis wir Abschied nehmen. Gütersloh: Verlagshaus Mohn, 1991.

■ **Kübler-Ross, Elisabeth**: Interviews mit Sterbenden. Gütersloh: Verlagshaus Mohn, 1996.

■ **Lamers, Wolfgang**: Technikprothesen. In: Zusammen Nr. 2/2001, S. 4–7.

■ **Landschaftsverband Westfalen-Lippe (Hrsg.):** Mittendrin. Wie Menschen mit Behinderung durchs Leben gehen (Broschüre). Münster: 2003.

■ **Lemler, Karin**: Von einer die auszog, das Sprechen zu lernen. In: Zusammen Nr. 8/1998, S. 15–17.

■ **Luchterhand, Charlene/Murphy, Nancy**: Wenn Menschen mit geistiger Behinderung trauern. Übersetzt von Regina Humbert, Weinheim: Beltz, 2001.

■ **Luxen, Ulrike**: Schwere Verhaltensstörungen als Herausforderung. In: Geistige Behinderung Nr. 4/2001, S. 350–361.

■ **Malmström, Cecilia/Walujo, Sophian:** Grundlagen der SIVUS-Methode, 2. Auflage, Übersetzt von Dian Luciak u. A., München: Reinhardt Verlag, 1996, S. 159–183

■ **Martin, Ernst**: Didaktik der sozialpädagogischen Arbeit: Probleme, Möglichkeiten und Qualität sozialpädagogischen Handelns, 6. vollständig überarbeitete Auflage. Weinheim/München: Juventa Verlag, 2005.

■ **Markowetz, Reinhard**: Freizeit behinderter Menschen. In: Cloerkes, Günther (Hrsg.): Soziologie der Behinderten – Eine Einführung. 2. Auflage, Heidelberg: Winter, 2001, S. 259–294.

■ **Masmeier, Bernd**: ABC der Rechtsbehelfe. In: Zusammen Nr. 9 und 10/1998, S. 24, Nr. 1/1999, S. 25–26.

■ **Mentzos, Stavros**: Neurotische Konfliktverarbeitung. München: Kindler, 1982.

■ **Ministerium für Verkehr, Energie und Raumplanung des Landes NRW** (Hrsg.): Sicher und mobil – Ein Ratgeber, Düsseldorf: 2003.

■ **Mittag, Oskar**: Sterbende begleiten. Stuttgart: Trias, 1994.

■ **Möckel, Andreas/Adam, Heidemarie/Adam, Gottfried (Hrsg.):** Quellen zur Erziehung von Kindern mit geistiger Behinderung – Band 2: 20. Jahrhundert. Würzburg: Edition Bentheim, 1999.

■ **Moor, Paul**: Heilpädagogik – Ein pädagogisches Lehrbuch. Luzern: Edition SZH, 1994.

■ **Neumann, Johannes (Hrsg.):** Arbeit im Behindertenheim – Situationsanalyse und Strategien zu ihrer Humanisierung. Frankfurt: Campus, 1988.

■ **Niedecken, Dietmut**: Namenlos, 4. Auflage, Weinheim/Basel: Beltz, 2003.

■ **Niedecken, Dietmut**: Szenisches Verstehen und pädagogisches Handeln. In: Geistige Behinderung Nr. 4/2001, ab S. 313.

■ **Nolte, Martin (Hrsg.):** Reader zur Fachtagung „Wenn die Beziehungen nicht mehr halten", Gescher: 2005.

■ **Oevermann, Ulrich:** Skizze einer revidierten Theorie professionalisierten Handelns. In: Combe, Arno/Helsper, Werner (Hrsg.): Pädagogische Professionalität – Untersuchungen zum Typus pädagogsichen Handelns, Frankfurt am Main: 1996, S. 70–182.

■ **Omer, Haim/Schlippe, Arist von**: Autorität ohne Gewalt, Göttingen: Vandenhoeck und Ruprecht, 2004.

■ **Omer, Haim/Schlippe, Arist von**: Autorität ohne Beziehung, Göttingen: Vandenhoeck und Ruprecht, 2004.

■ **Opaschowski, Horst W.**: Einführung in die Freizeitwissenschaft, 2. Auflage, Opladen: Leske und Budrich, 1994.

■ **Opaschowski, Horst W.**: Pädagogik der Freizeit. Bad Heilbrunn: Klinkhardt, 1976.

■ **Otterstedt, Carola**: Mensch und Tier – Zur Tiergestützten Pädagogik und Therapie. In: Zur Orientierung 1/2006, S. 12–16.

■ **Pauge, Matthias**: Unterstützungen bei der Benutzung öffentlicher Verkehrsmittel, Unveröffentliches Manuskript, 2008.

■ **Paulmichl, Georg**: Vom Augenmaß überwältigt. Innsbruck: Haymon, 2001.

■ **Paulmichl, Georg**: Der Mensch. Innsbruck: Haymon, 2003.

■ **Piaget, Jean**: Gesammelte Werke, Band 2. Übersetzt von Hand Aebli. Stuttgart: Klett, 1975.

■ **Piaget, Jean** : La naissance de l`enfant. Paris: Delachaux & Nestlé, 1936.

■ **Piccolo, Monika/Kersten, Detlef**: Mit dem Dreirad unterwegs in Münster. In: ADFC – Allgemeiner Deutscher Fahrrad Club (Hrsg.): Ratgeber Behinderte (Broschüre im Eigenverkauf), Bremen: 1994.

■ **Pleyer, Karl-Heinz**: Parentale Hilflosigkeit. In: Systema Nr. 4/2002, S. 67–91.

■ **Pohl, Stefanie**: Team (Konzept), Gescher: Haus Hall, 1995

■ **Praszler, Marion**: Geistig behindert und Mutter – na und? In: Orientierung Nr. 2/2003, S. 11–12.

■ **Pro Familia, Deutsche Gesellschaft für Familienplanung, Sexualpädagogik und Sexualberatung e. V.** (Hrsg.): Körper und Sexualität – Sexualität und geistige Behinderung. Frankfurt, 1998.

■ **Radtke, Peter**: Der lange Marsch hat begonnen. In: Aktion Grundgesetz (Hrsg.) Die Gesellschaft der Behinderer. Das Buch zur Aktion Grundgesetz. Reinbek: Rowohlt, 1997, S. 251–254.

■ **Regenspurger, Otto**: Der blankpolierte Begriff „behindertengerecht". In: Süddeutsche Zeitung v. 29.07.1997, S. 15.

■ **Rest, Franko:** Sterbebeistand, Sterbebegleitung, Sterbegeleit. Stuttgart: Kohlhammer, 1998.

■ **Richter, Horst-Eberhard:** Flüchten oder Standhalten. Reinbek: Rowohlt, 1990.

■ **Röbke, Thomas:** Schatzkiste. In: Menschen – das Magazin Nr. 4/2002, S. 46–50.

■ **Rohrmann, Eckhard/Rosenkötter, Jochen:** Erwachsenenbildung für die Verselbstständigung von Menschen, die wir geistig behindert nennen, in: Bundesvereinigung Lebenshilfe e.V.: Selbstbestimmung, 2. Aufl., Marburg, Lebenshilfe Verlag, 1997, S. 104-106

■ **Rohls, Brigitte:** Praxisorientierte Heilerziehungspflege Bausteine der Pflege. Herausgeber: Greving, Heinrich/Niehoff, Dieter. Troisdorf: Bildungsverlag Eins, 2006.

■ **Ruyter, Pieter A./Stolk, Johannes:** Wann ist professionelle Hilfe gut genug? Über Qualität in der Behindertenhilfe. In: VHN Nr. 65/1996, S. 15–31.

■ **Saal, Ferdi:** Bildung ist die Ausstattung leerer Räume im Haus des Individuums. In: Zusammen Nr. 10/1997, S. 5–7.

■ **Sandfort, Lothar:** Esmeralda – ich liebe dich nicht mehr. Behinderte emanzipieren sich. Frankfurt am Main: Haag und Herchen, 1993.

■ **Satir, Virginia:** Meine vielen Gesichter. Übersetzt von Gabriele Kuby und Reinhild Rillig. München: Kösel, 1994.

■ **Schafflützel, Waltraud:** Ich bin jung und kann schneller springen. In: Zusammen Nr. 5/2004, S. 22.

■ **Schlippe, Arist von:** Familientherapie im Überblick. Paderborn: Junfermann, 1986.

■ **Schmidt-Thimme Dorothea/Zielniok, Walter J.:** Gestaltete Freizeit für Menschen mit geistiger Behinderung. Theorie und Realisation unter integrativem Aspekt. Heidelberg: Winter, 1990.

■ **Schoeppe, Annelore/Schellpieper, Kristina:** Spiel- und Theaterpädagogik mit geistig behinderten Menschen. In: Theunissen, Georg (Hrsg.): Kunst, ästhetische Praxis und geistige Behinderung. Bad Heilbrunn: Klinkhardt, 1997, S. 120–142.

■ **Schröder, Detlef/Pezolt, Peter (Hrsg.):** Gewalt im sozialen Nahraum., Frankfurt: Verlag für Polizeiwissenschaften, 2005.

■ **Schuchardt, Erika:** Jede Krise ist ein neuer Anfang. Düsseldorf: Patmos, 1988.

■ **Schüßler, Wener:** Rollstuhlversorgung – individuelle Anpassung, 3. Aufl., Mülheim an der Ruhr, 2001. *Die Broschüre ist beim Autor erhältlich.*

■ **Senckel, Barbara:** Du bist ein weiter Baum. München: Beck, 1998.

■ **Senckel, Barbara:** Mit geistig Behinderten leben und arbeiten. München: Beck, 1996.

■ **Senckel, Barbara:** Die entwicklungsfreudige Beziehung. In: Geistige Behinderung Nr. 4/2001, S. 337.

■ **Senger, Sandra:** Sexualität genießen. In: Orientierung Nr. 4/2001, S. 16–17.

■ **Siebert, Horst:** Vernetztes Lernen. Systemisch-konstruktivistische Methoden der Bildungsarbeit, München/Unterschleißheim: Verlag Wolters, 2003.

■ **Sitzmann, Friedrich Carl:** Pflegeangebot – Begleitung Sterbender. In: Thieme Pflege. Stuttgart: Thieme, 2000, S. 112–123.

■ **Sozialministerium Baden-Württemberg (Hrsg.):** Alternde und alte Menschen mit geistiger Behinderung in Baden-Württemberg. Stuttgart: 1995.

■ **Specht-Tomann, Monika/Troper, Doris:** Zeit des Abschieds. Sterbe- und Trauerbegleitung. Düsseldorf: Patmos, 2000.

■ **Speck, Otto:** System Heilpädagogik – Eine ökologisch reflexive Grundlegung. München: Reinhardt Verlag, 1988.

- **Speck, Otto**: Arbeit für Menschen mit geistiger Behinderung. In: Zur Orientierung Nr. 1/1998, S. 4–6.

- **Spiess, Walter (Hrsg.)**: Gruppen und Teamsupervision in der Heilpädagogik. Bern: Haupt, 1991.

- **Sporken, Paul**: Hast du denn bejaht, dass ich sterben muss? Düsseldorf: Patmos, 1981.

- **Stadler, Hans**: Rehabilitation bei Körperbehinderung. Stuttgart: Kohlhammer, 1998.

- **Stahmer, Ingrid**: Teamarbeit. In: Kreft, Dieter/ Mielenz, Ingrid: Wörterbuch Soziale Arbeit, Weinheim: Beltz, 1996, S. 520–523.

- **Strasser, Urs**: Wahrnehmen, Beurteilen, Handeln. Luzern: Edition SZH, 1997.

- **Student, Johann-Christoph**: Das Hospiz-Buch. Freiburg: Lambertus, 1999.

- **Thesing, Theodor**: Betreute Wohngruppen und Wohngemeinschaften für Menschen mit einer geistigen Behinderung. Freiburg: Lambertus, 1990.

- **Theunissen, Georg**: Ästhetische Erziehung und basale Pädagogik. In: Zur Orientierung Nr.3/1994, S. 14–17.

- **Theunissen, Georg**: Heilpädagogik im Umbruch. Freiburg: Lambertus, 1991.

- **Theunissen, Georg**: Psychosoziale Hilfen für Menschen mit geistiger Behinderung und Verhaltensauffälligkeiten. In: VHN Nr. 4/1993, S. 422–433.

- **Theunissen, Georg**: Basale Anthropologie und ästhetische Erziehung. Bad Heilbrunn: Klinkhardt, 1997 (a).

- **Theunissen, Georg**: Kunst, ästhetische Praxis und geistige Behinderung. Bad Heilbrunn: Klinkhardt, 1997 (b).

- **Theunissen, Georg**: Wege aus der Hospitalisierung. Empowerment in der Arbeit mit schwerbehinderten Menschen. 2. Auflage. Bonn: Psychiatrie-Verlag, 2000.

- **Theunissen, Georg**: Wege aus der Hospitalisierung. Förderung und Integration schwerstbehinderter Menschen. Bonn: Psychiatrie-Verlag, 2003.

- **Theunissen, Georg**: Erwachsenenbildung und Behinderung. Bad Heilbrunn: Klinkhardt, 2003.

- **Theunissen, Georg**: Heilpädagogik und soziale Arbeit mit verhaltensauffälligen Kindern und Jugendlichen. Freiburg: Lambertus, 2003.

- **Theunissen, Georg**: Kunst und geistige Behinderung. Bildnerische Entwicklung – Ästhetische Erziehung – Kunstunterricht – Kulturarbeit. Bad Heilbrunn: Klinkhardt, 2004.

- **Theunissen, Georg/Hoffmann, Claudia**: Assistenz – Ein Schlüsselbegriff nicht nur für Menschen mit einer Körperbehinderung. In: Orientierung Nr. 3/1999, S. 8–10.

- **Thiele, Gisela**: Soziale Arbeit mit alten Menschen. Handlungsorientiertes Grundwissen für Studium und Praxis. Köln/Wien: Fortis, 2001.

- **Vries, Nina de**: Dann lächelte er das zweite Mal. In: Orientierung Nr. 2/2003, S. 29.

- **Wacker, Elisabeth**: Liebe im Heim. In: Geistige Behinderung Nr. 3/1999, S. 238–250.

- **Walujo, Sophian/Malmström, Cecilia**: Grundlagen der SIVUS-Methode. Förderung der individuellen und sozialen Entwicklung bei Menschen mit geistiger Behinderung, übersetzt von Dian Luciak, 2. Aufl., München, Basel, Ernst Reinhardt Verlag, 1996.

- **Walter, Joachim**: Sexualität und geistige Behinderung. In: Bundesvereinigung Lebenshilfe für Menschen mit geistiger Behinderung (Hrsg.): Selbstbestimmung, Marburg: Lebenshilfe Verlag, 1997, S. 240–248.

- **Walter, Joachim**: Sexualbegleitung und Sexualassistenz bei Menschen mit Behinderung. Heidelberg: Winter (Edition Schindele), 2003.

- **Walter, Joachim**: Vom Tabu zur Selbstbestimmung. In: Orientierung Nr. 2/2003, S. 5–7.

■ **Walter, Joachim/Achilles, Ilse**: Sexualität und geistige Behinderung. Heidelberg: Winter (Edition Schindele), 1996.

■ **Weber, Beate**: Betreuen – Erfahrungen aus der Arbeit mit geistig behinderten Menschen. Bern: Zytglogge, 1996.

■ **Weber, Wilfried**: Wege zum helfenden Gespräch – Gesprächspsychotherapie in der Praxis. 12. Auflage. München: Reinhardt Verlag, 2000.

■ **Weid-Goldschmidt, Bärbel**: Lesen und Schreiben lernen mit nicht sprechenden Körperbehinderten. In: ISAAC – Deutschland, Gesellschaft für unterstützende Kommunikation (Hrsg.): Edi, mein Assistent und andere Beiträge zur Unterstützenden Kommunikation. Düsseldorf: Verlag Selbstbestimmtes Leben, 1996, S. 80–89.

■ **Westermann, Renate/Arp, Doris**: Eine Familie auf Rädern. Vom Umgang mit dem (un)geliebten Rollstuhl. In: Zusammen Nr. 5/1997, S. 18/19.

■ **Worden, James William**: Beratung und Therapie in Trauerfällen – Ein Handbuch. Bern: Huber, 1999.

■ **Wüllenweber, Ernst (Hrsg.)**: Soziale Probleme von Menschen mit geistiger Behinderung, Stuttgart: Kohlhammer, 2004.

■ **Wüllenweber, Ernst/Theunissen, Georg**: Handbuch Krisenintervention, Hilfen für Menschen mit geistiger Behinderung. Stuttgart, Kohlhammer, 2001

■ **Wüllenweber, Ernst/Theunissen, Georg**: Handbuch Krisenintervention. Band 2, Stuttgart, Kohlhammer, 2004.

■ **Zabel, Martina**: Erfahrungen mit einer Sterbebegleitung. In: Geistige Behinderung Nr. 3/1996, S. 258 – 268.

■ **Zemella, Bernd**: Schatzkiste. In: Menschen – Das Magazin Nr. 4/2004, S. 46 – 50.

■ **Zemella, Bernd**: Die Schatzkiste – Hilfe auf dem Weg zur Zweisamkeit. In: Zusammen Nr. 2/2008, S. 22 – 25.

■ **Zinsmeister, Julia**: Sexualität. In: Orientierung Nr. 2/2003, S. 41 – 44.

Bildquellenverzeichnis

Sachwortverzeichnis